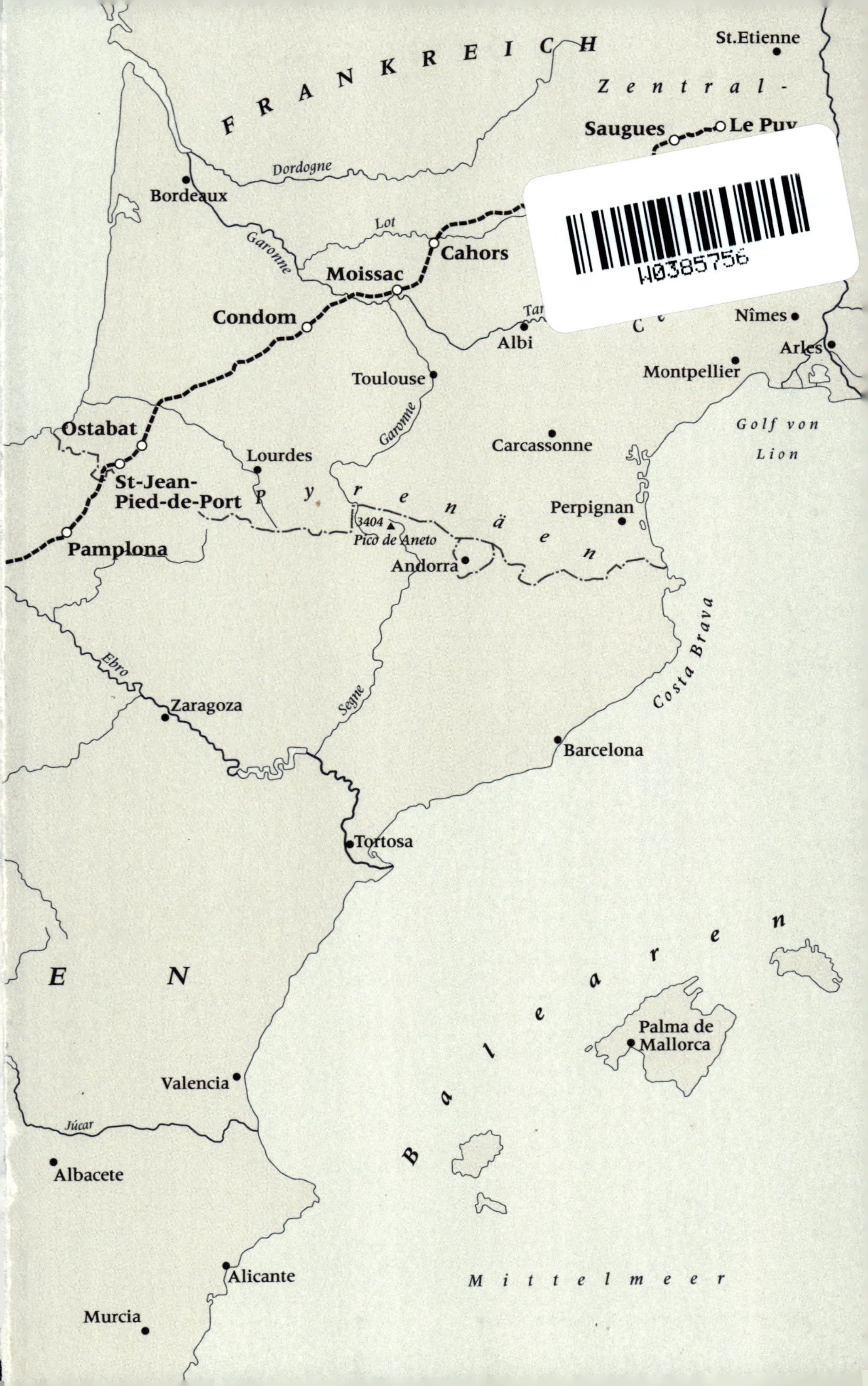
F R A N K R E I C H
Zentral-
St.Etienne
Saugues
Le Puy
Dordogne
Bordeaux
Lot
Garonne
Cahors
Moissac
Condom
Albi
Nîmes
Arles
Montpellier
Toulouse
Garonne
Golf von Lion
Ostabat
Lourdes
Carcassonne
St-Jean-Pied-de-Port
P y r e n ä e n
Perpignan
3404
Pico de Aneto
Pamplona
Andorra
Costa Brava
Ebro
Zaragoza
Segre
Barcelona
Tortosa
E N
Balearen
Palma de Mallorca
Valencia
Júcar
Albacete
Alicante
Murcia
Mittelmeer
W0385756

Carmen Rohrbach

Wandern auf dem HIMMELSPFAD

Eine Frau unterwegs
auf dem Jakobsweg
durch Frankreich
und Spanien

Frederking & Thaler

Carmen Rohrbach, in Bischofswerda geboren, studierte Biologie in Greifswald und Leipzig, beendete ihre Ausbildung am Max-Planck-Institut für Verhaltensforschung in Seewiesen und promovierte in München. Heute arbeitet sie als Reiseschriftstellerin, Kinderbuchautorin und Dokumentarfilmerin. Den spanischen Teil des Pilgerweges hat sie unter dem Titel »Jakobsweg« beschrieben, der Bericht über den französischen Abschnitt wurde unter dem Titel »Muscheln am Weg« veröffentlicht. Bei Frederking & Thaler erschienen »Im Reich der Königin von Saba«, »Am grünen Fluss« sowie zuletzt »Solange ich atme«, die dramatische Geschichte von Carmen Rohrbachs Flucht aus der DDR; als Taschenbücher sind außerdem erhältlich: »Insel aus Feuer und Meer«, »Botschaften im Sand« und »Der weite Himmel über den Anden«.

Inhalt

Teil II
Jakobsweg

Wie ich Pilgerin wurde

Sind es Vorbestimmungen und Fügungen, die uns lenken, oder Zufälle, die das Leben bestimmen? Oft sehen wir erst im Nachhinein die schicksalhafte Weggabelung, die in die falsche Richtung führte oder uns zum ersehnten Ziel brachte.

Wäre ich vor Jahren an einem ganz bestimmten Tag, nämlich am 25. Juli, dem Namenstag des heiligen Jakob, nicht in Andalusien gewesen, wäre ich mit Sicherheit niemals nach Santiago de Compostela gepilgert.

Alles fügte sich an diesem Tag: Ich frühstückte in einer Dorfbar und laute Musik dröhnte aus dem Radio. Plötzlich schaltete sich ein Sprecher ein, der mit großer Begeisterung von einem Weg berichtete, auf dem Pilger zum Grab des heiligen Jakobus unterwegs sind. Neugierig fragte ich den Wirt, was das für ein Weg sei und wo er sich befände. Er rief seinen Neffen, der den *camino* schon einmal gegangen war. Seine Erlebnisse weckten in mir den Wunsch, mich einzureihen in die Vielzahl der Menschen, die seit dem neunten Jahrhundert nach Santiago gepilgert sind, Menschen, die sich mit Wünschen und Hoffnungen, Sehnsüchten und Sorgen auf eine beschwerliche Reise gemacht haben. So authentisch wie möglich wollte ich selbst erfahren, was es bedeutet: Pilgern auf dem Jakobsweg.

Ich pilgerte von den Pyrenäen bis nach Santiago de Compostela, und berichtete von meinen Erfahrungen in dem Buch *Jakobsweg*.

Wer einmal auf dem Jakobsweg unterwegs war, wird gedanklich für immer mit ihm verbunden bleiben, und so ist es nicht verwunderlich, dass ich ein zweites Mal den Pilgerstab in die Hand nahm. Diesmal sollte es durch Frankreich gehen, auf der »via podiensis« von Le Puy in der

Auvergne bis an den Fuß der Pyrenäen – genau zu jener Stelle, an der ich damals meine erste Reise begann. Diese Strecke zählt landschaftlich und kulturell zu den Höhepunkten eines Wegenetzes, das im Mittelalter weite Teile des heutigen Europa verband und einem einzigen Ziel zustrebte: Santiago de Compostela.

Allerdings wollte ich diese Pilgerreise nicht mehr allein machen, sondern den Weg mit einem Gefährten teilen. Dieser Begleiter hat vier Beine, hört auf den Namen Chocolat und ist ein Esel, der willig mein Gepäck trug. In dem Band *Muscheln am Weg* habe ich die Erfahrungen dieser Pilgerreise festgehalten und berichte auch von so manchem Abenteuer, das mir Chocolats Eigensinn beschert hat.

Mit dem jetzt vorliegenden Doppelband werden erstmals alle meine Erfahrungen und Erlebnisse zusammengefasst. *Wandern auf dem Himmelspfad* vermittelt ein lebendiges Bild, was uns der Pilgerweg heute noch bedeuten kann, und lädt ein, selbst auf dem jahrhundertealten Pfad zu wandern.

Oft habe ich mir die Frage gestellt, was Menschen bewegt, ihr sicheres Zuhause für Wochen, oft Monate zu verlassen und sich den Unwägbarkeiten der Natur, der Ungewissheit, den Strapazen und Abenteuern auszusetzen? Eine allgemein gültige Antwort wird es schwerlich geben, aber ich denke, jeder kann die Antwort bei sich finden, denn der Jakobsweg ist vor allem eine Reise zu sich selbst, ein Weg, der ins verborgene Innere eines jeden führt.

In diesem Sinne: Glück auf dem Weg, oder wie man in Spanien den Pilgern gerne zuruft: »Suerte por el camino« und: »Ultreia«. Vorwärts, auf nach Santiago de Compostela!

TEIL I

Muscheln am Weg

Mit dem Esel auf dem Jakobsweg durch Frankreich

Liebe auf den ersten Blick

Mir gefiel einfach alles an ihm, nicht nur seine dunklen Augen und sein schwarz gelocktes Fell, auch seine kräftigen Knie und seine starken Hufe. Er hieß Chocolat und war ein Esel. Nur er sollte es sein, der mich auf dem Pilgerweg durch Frankreich begleitet.

Es war alles andere als einfach, überhaupt einen Esel zu finden. Ich hatte zwar gute Kontakte zu Züchtern in Frankreich, aber sie wollten ihre Tiere nur zusammen mit einem Führer vermieten – bis auf Georges Girard. Er habe sogar mehrere Esel zur Auswahl und er lud mich ein, einfach mal bei ihm vorbei zu schauen. Leicht sei es allerdings nicht, sein abgelegenes Berggehöft im Massif Central zu finden, warnte er mich.

In der Felswildnis der Ardèche-Schlucht kamen mir schnell Zweifel, ob ich den Weg nicht verfehlt hätte. Und ich fragte mich auch, ob es überhaupt möglich sei, an den wild verwucherten Abhängen Esel zu halten; dennoch fuhr ich unverdrossen weiter. Dann tauchten schiefergedeckte Steinhäuser und Stallungen auf. Georges' *ferme?* Trotz lauten Rufens ließ sich niemand blicken – das Gehöft schien menschenleer.

Auf einem vom Wetter verblichenen Schild entzifferte ich den Namen Girard. Also doch! Die Haustür war nicht abgeschlossen und ich öffnete sie vorsichtig einen Spalt. Ein unheimliches Geräusch ließ mich zurückschrecken. Im Halbdunkel des Raumes erhob sich ein Ungeheuer von Hund und knurrte bedrohlich. Ich zog es vor, im Schatten vor dem Haus zu warten. Endlich – es war schon später Nachmittag – hörte ich von weit unten im Tal das Motorgeräusch eines Fahrzeugs, das sich den Steilhang hinaufquälte und langsam näher kam.

Das muss Georges Girard sein, dachte ich, als ein hoch gewachsener Mann aus der Fahrerkabine eines Viehtransporters sprang. »*C'est vous, Carmen? Ça va? Bienvenue*«, begrüßte er mich freundlich. Er habe überraschend ein krankes Pferd zum Tierarzt bringen müssen, entschuldigte Georges seine Abwesenheit, und ohne weitere Worte zu verlieren, eilte er mir mit langen Schritten voraus zu einer Weide am Berghang. Ein kurzer Pfiff genügte und schon kamen sie angaloppiert – keine niedlichen Eselchen, sondern schwarze, zottelige Tiere, größer als ich selbst. Stolz erklärte mir Georges, es handele sich um *noire du Berry*, eine seltene Rasse, die er hier züchte.

Auf zur nächsten Weide. Diesmal waren es zwar graue Esel, aber sie schienen eher noch größer zu sein. Georges sah mich fragend an.

»So soll mein Esel sein«, sagte ich und hielt meine Hand in Brusthöhe.

»Also, komm weiter!«, forderte er mich auf. Wieder ein Pfiff und das Donnern von Hufen. Dann brachen sie aus dem Unterholz hervor, eine Herde riesiger Maultiere. Georges hatte Eselhengste mit Pferdestuten gepaart und war sehr zufrieden mit seinem Zuchterfolg.

Nicht, dass ich mich vor ihrer Größe gefürchtet hätte, aber es würde für mich schwierig sein, einen dieser Giganten zu beladen, und überhaupt, ich hatte mir meinen Begleiter anders vorgestellt. Was tun? Ich solle mir bis morgen alles in Ruhe überlegen, empfahl mir Georges in seiner bedächtigen Art. In der Nacht konnte ich kaum schlafen, suchte nach einem Ausweg. Einfach aufs Geratewohl in den Dörfern nach Eseln zu fragen war keine gute Idee. Sie sind selten geworden, diese Tiere, denn ihre Arbeitskraft wird heute nicht mehr gebraucht.

Am Morgen traute ich kaum meinen Augen. Auf einer Wiese neben Georges' Anwesen grasten sie – meine Traumesel! Und gleich zwei, ein grauer und ein schwarzer! Wie aus dem Bilderbuch! Mein Herz schlug schnell.

»Das sind Chocolat und Pedro«, sagte Georges und amüsierte sich über meine Begeisterung. »Ich habe sie von der Weide eines Nachbarn geholt. Such dir einen aus.«

»Ich nehme beide!«, rief ich spontan.

»Das wird nicht gehen. Zwei Esel auf einmal kannst du nicht führen.«

»Einen führe ich und den anderen hänge ich hinten an.«

»Na, das versuch mal!«, meinte er trocken.

Mit Eseln hatte ich noch keine Erfahrung, aber ich erinnerte mich an meine Reise im Jemen vor drei Jahren, wo ich keine Probleme hatte,

Dromedare aneinanderzubinden. Warum sollte das bei Eseln nicht möglich sein?

»Ah, da kommt Roselyne! Sie kann dir gleich beim Satteln helfen!«, rief Georges.

Schüchtern reichte mir die junge Frau ihre Hand. Aus einem Gesicht voller Sommersprossen mit hohen Wangen strahlten mir grünblaue Augen entgegen.

»Meine Tochter«, stellte Georges sie vor.

Roselyne drückte mir ein Zaumzeug in die Hand. Etwas ungeschickt stülpte ich das Halfter über Chocolats dicken Kopf und befestigte die Führungsleine mit einem Karabinerhaken.

»Bevor du sattelst, darfst du nie vergessen, die Hufe zu säubern«, ermahnte mich Roselyne. »Esel sind da sehr empfindlich. Ihre Hufe entzünden sich, wenn Erde und Steine in der Sohle stecken bleiben.«

Aufmerksam verfolgte ich, wie sie ihre Schulter gegen Pedros Körper stemmte, sein linkes Vorderbein hob, es auf ihr Knie stützte und den Huf mit einem metallenen Kratzer reinigte. Schnell ging das, reihum.

Nun war ich dran, Chocolats Hufe zu putzen. Gegen den Uhrzeigersinn hob ich seine Beine, eines nach dem anderen, legte sie auf meinen Oberschenkel, hielt die Hufe fest in der einen Hand und versuchte mit der anderen, eingetretene Steine aus der Sohle zu entfernen. Ich war nicht so flink wie Roselyne und kam auch recht ins Schwitzen, denn ungeniert lehnte sich der Esel schwer gegen meine Schulter.

»Du darfst den Kopf nie zu tief halten, falls Chocolat ausschlägt«, warnte sie mich. »Esel sind verdammt geschickt. Selbst wenn sie nur auf zwei Beinen balancieren, können sie dich zielgenau treffen.«

Roselyne fand die Idee gut, beide Esel zu satteln, zu beladen und sie zur Probe durch das Gelände zu führen. Zunächst legte sie weiche Polster auf den Rücken von Pedro und Chocolat, darüber den Packsattel, ein leichtes Gestell aus Holz, den sie mit einem flauschigen Wollgurt unter dem Bauch festzurrte. Lederriemen mit ebenso weichen Gurten um Hals und Hinterteil stabilisierten den Sattel, damit er nicht verrutschen konnte. Dann waren auf beiden Seiten die Packsäcke zu befestigen. Das hört sich einfach an, war es aber nicht. Als Georges sah, wie wir uns plagten, kam er uns zu Hilfe. Zu dritt gelang es schließlich, das Gepäck festzumachen. Wie aber sollte ich später, wenn ich allein unterwegs war, die schweren Säcke bis in Schulterhöhe stemmen und gleichzeitig die Schnüre verknoten? Es schien unmöglich.

Im Jemen hatte ich gelernt, wie man Kamele richtig belädt. Die Beduinen beherrschten diese Kunst perfekt und waren geduldige Lehrmeister. Als ich dann mit meinem Dromedar Al Wasim vier Monate lang allein durch die Wüste zog, war das tägliche Beladen trotz der absolvierten Lehre eine anstrengende Arbeit. Dabei lag Al Wasim bei der Prozedur am Boden und sein Rücken befand sich in Höhe meiner Hüften, mit denen ich das Gepäck an seinen Körper drückte. Auf diese Weise waren meine Hände frei und ich konnte problemlos alles verschnüren und verknoten. Ein Esel aber würde kaum niederknien, um sich das Gepäck aufladen zu lassen. Aber irgendeine Lösung würde sich schon finden.

Chocolat konnte es nicht erwarten, bis wir endlich fertig waren. Ruhelos tänzelte er umher. Das ist der richtige Esel für mich, dachte ich. Einer, der nicht störrisch stehen bleibt, sondern ungeduldig wartet, dass es losgeht.

Als Erster stürmte er dann den steilen Pfad bergauf. Ihm machte das Bergsteigen sichtlich Spaß, ich aber musste aufpassen, damit er sich nicht dickköpfig durch jede Engstelle hindurchzwängte. Ob das Gepäck dabei aufgespießt, zerrissen und zerfetzt würde, kümmerte ihn nicht. War der Weg gut passierbar, hielt ich das Ende der Führungsleine locker in der Hand und ging zwei Meter vor ihm her. Sobald Felsbrocken und Bäume im Weg waren, griff ich ins Halfter und drückte ihn kräftig in die von mir gewünschte Richtung.

Schon bei dieser ersten Probewanderung wurde ich belehrt: Einen Esel zu führen ist kein bequemer Spaziergang, bei dem man vor sich hin träumen kann. Nach drei Stunden war ich so erschöpft, als hätte ich den ganzen Tag schwer gearbeitet. Freiwillig verzichtete ich auf den Versuch, die beiden Tiere aneinander zu binden.

Auf Jacobus' Spuren

Im Mittelalter waren alle Gebiete des heutigen Europas von einem weitmaschigen Wegenetz überzogen mit dem einen Ziel: Santiago de Compostela im Norden Spaniens. Nicht nur in Deutschland werden diese alten Wege wiederentdeckt, auch in Österreich und in der Schweiz, in Holland, Belgien, Portugal, Polen, Italien und Skandinavien. In Frankreich gibt es gleich vier Pilgerwege. Der bekannteste beginnt in Le Puy, dem ehemaligen *podium*, wie der Ort auf Lateinisch ursprünglich hieß. Davon abgeleitet wird der Weg deshalb auch *via podiensis* genannt.

In Le Puy, dem berühmten Zentrum der Marienverehrung, beteten die Pilger zur schwarzen Madonna und wanderten dann auf beschwerlichem Weg in Gruppen oder einzeln weiter durch das Massif Central auf steile Höhen und in tiefe Täler. Auch ich entschied mich für diese Route, vor allem wegen ihrer landschaftlichen Schönheit und der zahlreichen romanischen Bauwerke. Ich wollte mich auf die Spuren der mittelalterlichen Pilger begeben, mich in die Vergangenheit zurückdenken und die Zeugnisse einer jahrhundertelangen Geschichte bewundern, mit wachen Sinnen die Natur erleben und mit den heutigen Pilgern ins Gespräch kommen.

Über 700 Kilometer führt die *via podiensis* von Le Puy in Richtung Westen. Sie berührt Orte wie Conques, Cahors und Moissac, die durch ihre Kirchen, Klöster und Kathedralen weltberühmt sind. Mein Ziel sollte Saint-Jean-Pied-de-Port am Fuß der Pyrenäen sein, wo die französisch-spanische Grenze verläuft. Dort war ich vor Jahren zu meiner ersten Pilgerreise aufgebrochen, und seither fühle ich mich dem Jakobsweg und den Menschen, die auf ihm pilgern, tief verbunden. Der Gedanke, den Pilgerstab noch einmal in die Hand zu nehmen, ließ mich nicht ruhen, aber diesmal will ich durch Frankreich pilgern – mit einem Esel.

Wer aber war der heilige Jakob? Was zeichnete ihn aus, dass so viele Menschen seinetwegen Mühsal und Gefahren auf sich nahmen? Welche geheimnisvolle Kraft bewirkte, dass Millionen Menschen ihr Heim verließen, um nach Santiago de Compostela zu pilgern? Fest steht jedenfalls: Ohne sein Grab in Nordspanien gäbe es heute keinen Pilgerweg.

Jakob, Jacobus, Jacques, Sankt Jakob, Santiago, oder wie er in den verschiedenen Ländern noch genannt wird, war Fischer, bis Jesus ihn rief und er seinem Herrn folgte. Als erster Apostel erlitt Jakob das Martyrium. Auf Befehl des römischen Statthalters Herodes Agrippa I. wurde er im Jahr 44 in Jerusalem enthauptet. Was danach geschah, ist nur in Form von Legenden überliefert. Eine dieser Legenden handelt von seinem Grab:

Theodorus und Athanasius, die beiden Jünger Jakobs, schlichen sich in der Nacht heimlich zum Hinrichtungsort. Sie stahlen den Leichnam ihres Meisters, trugen ihn zu einem Boot und segelten unbemerkt davon. Sie wollten den Apostel in das Land bringen, wo er einst missioniert hatte – nach Spanien. Allerdings war Jakob damals der Erfolg versagt geblieben. Es gelang ihm nicht, auch nur einen einzigen Heiden zum christlichen Glauben zu bekehren. Nur ein Hund hatte seinen wortgewaltigen Predigten gelauscht und war ihm von Ort zu Ort gefolgt.

Es müssen schon Engel gewesen sein, die Theodorus und Athanasius auf ihrer gefährlichen Seereise von Jerusalem durchs Mittelmeer und die Meerenge von Gibraltar bis in den Atlantik geleitet haben. Selbst Stürme und widrige Strömungen konnten ihnen nichts anhaben. Unbeschadet erreichten sie ihr Ziel und landeten an der Küste des heutigen Galicien.

Die Jünger, die ihren verehrten Meister stilvoll begraben wollten, baten Königin Lupa, die Wölfin, um Zugtiere für einen Leichenwagen. Da die heidnische Königin den Christen feindlich gesinnt war, fasste sie einen heimtückischen Plan. Sie befahl, die bösartigsten Stiere, von denen sie wusste, dass sie sich bis dahin noch nie hatten einspannen lassen, aus ihrem gemauerten Verlies freizulassen. Aber wie staunte Königin Lupa, als der Leichenwagen friedlich an ihr vorüberzog und ihre wilden Monster lammfromm im Geschirr einhergingen! Die Heidin glaubte an ein Wunder, ließ sich taufen und wurde zur Gott ergebenen Christin. Die Jünger begruben ihren Herrn und bewachten sein Grab, bis sie selbst starben und neben ihm beigesetzt wurden.

Jahrhunderte vergingen, die Gräber waren längst in Vergessenheit geraten, da erinnerte man sich wieder an Jakob. Man erhoffte sich von ihm Hilfe im Kampf gegen die übermächtigen Araber. Aber wie mit ihm in Kontakt treten?

Der Schäfer Pelagio, in einer anderen Fassung der Legende auch als Eremit bezeichnet, vernahm in einer sternenklaren Nacht Engelsgesang und der Himmel begann seltsam zu glühen. Wie ein Finger wies ein Lichtstrahl auf einen Eichenhain. Nacht um Nacht wiederholte sich das himmlische Leuchten. Bischof Theodomir, der von der nächtlichen Erscheinung erfuhr, erkannte sogleich die Bedeutung dieser Botschaft. Mit seinem Gefolge begab er sich zu dem Eichenhain, wo sie im tiefen Gebüsch ein Marmorgrab mit römischer Inschrift fanden. Für den Bischof stand fest, dass es sich hier um das Grab Jakobs handeln musste. Über der Grabstätte wurde eine Kapelle errichtet und später eine Kirche, die sich im Laufe der Jahrhunderte zu einer großartigen Kathedrale entwickelte. Die Stadt, die um den heiligen Ort entstand, wurde dem Apostel Jakob geweiht und hieß fortan Santiago.

Nicht alle Vertreter der Kirche waren von der Authentizität der Jakobs-Reliquie überzeugt. Es ging aber nicht um Wahrheit, sondern um Glauben. Die Kraft des Glaubens kann Berge versetzen, sagt man noch heute, und das christliche Abendland hatte diese Kraft nötiger denn je. Zu jener Zeit, im 9. Jahrhundert, war Spanien von den Arabern besetzt. Im Sturm hatten diese innerhalb eines Jahres das riesige Gebiet von Gibraltar bis zu den Pyrenäen erobert. Nichts schien die Eindringlinge stoppen zu können, die im Namen Allahs und seines Propheten Mohammed in die Schlacht zogen. Schon setzte eine Vorhut über die Pyrenäen mit der Absicht, das Frankenreich zu unterwerfen.

Nur in den einsamen Bergregionen Nordspaniens, in Asturien, sammelten sich Rebellen unter Führung des Ritters Pelayo zum Widerstand gegen den vielfach überlegenen Feind. Ohne den festen Glauben an Gottes Hilfe wäre ihre Sache verloren gewesen. Die Entdeckung des Grab Jakobs war für sie das ersehnte Zeichen. Von nun an zogen die Christen mit dem Ruf: »Santiago! Heiliger Jakob, hilf!« in den Kampf und tatsächlich erschien ihnen der Apostel hoch zu Ross mit Fahne und Schwert in der Hand. Angefeuert von dieser Vision, gelang es den christlichen

Kriegern Zug um Zug, die Anhänger Allahs zu besiegen. Das Eingreifen des Heiligen in das Kampfgetümmel verwandelte ihn zum *matamoros*, zum Maurentöter. *Moros* oder Mauren, so nennt man noch heute die Araber in Spanien.

Die Kunde vom Apostel Jakob als Streiter für die christliche Sache verbreitete sich über ganz Europa und erweckte den Wunsch, den Heiligen an seiner Grabstätte zu besuchen, denn die Menschen des Mittelalters dürstete es nach mystischer und religiöser Hingabe. Legenden waren für sie wie wahrhaftige Geschehnisse und jeder Zweifel war ausgeschlossen. Geradezu süchtig nach Reliquien, waren sie überzeugt davon, dass den Gebeinen des Heiligen übernatürliche Kräfte innewohnten. Als schließlich Papst Alexander III. allen Jakobspilgern Ablass und Vergebung der Sünden gewährte, zogen die Christen in Scharen zum Grab. Die Wallfahrt nach Santiago wurde zu einem gesellschaftlichen Ereignis gewaltigen Ausmaßes, denn auch Bischöfe, Fürsten und selbst Könige machten sich mit großem Geleit auf die Pilgerreise und verhalfen Wirtsleuten, Händlern und Handwerkern zu Einkommen und Wohlstand. So erfanden sich die Menschen ein Pilgerziel und einen Pilgerweg mit unermesslichen Folgen für Kunst und Kultur, Handel und Gewerbe, Wirtschaft und Politik, Wissenschaft und Religion.

Die Geschichte Europas wäre anders verlaufen, hätte es den Jakobsweg nicht gegeben. Die Pilgerfahrt nach Santiago de Compostela war das erste Ereignis, das die Länder eines zukünftigen Europas miteinander verband: mit gemeinsamer Religion gegen einen gemeinsamen Feind für ein gemeinsames Ziel.

Schreie in der Nacht

Es bleibt bei meinem Entschluss: Chocolat, von mir liebevoll Choco genannt, wird mich auf meiner Pilgerreise durch Frankreich auf dem 700 Kilometer langen Weg bis zu den Pyrenäen begleiten – wenn er denn will. Zunächst aber muss er zum Ausgangspunkt meiner Pilgerwanderung nach Le Puy geschafft werden. Für Georges mit seinem Viehtransporter kein Problem.

Eine Eselzüchterin hatte mir erzählt, dass es immer wieder vorsichtige Tiere gebe, die sich weigern, über die Rampe in den Wagen zu steigen. Selbst mit Leckerbissen könne man sie nicht überlisten, und auch ausgeklügelte Tricks würden oft nicht weiterhelfen. Sie selbst hatte Wochen vor einem geplanten Transport damit begonnen, die Futterschüssel Tag für Tag etwas höher die Rampe hinaufzuschieben, bis der Napf schließlich im Inneren des Fahrzeugs stand und der Esel anstandslos hochstieg und dort sein Futter fraß. Als jedoch der Tag der Abfahrt kam, war das alte Misstrauen wieder da und der Esel rührte sich nicht von der Stelle.

Georges beruhigt mich: Mit Chocolat habe es noch nie Probleme gegeben. Ich führe also meinen Esel zur Rampe und steige vor ihm hinauf. Er folgt mir prompt. Alles scheint gut zu gehen – bis ich zurückblicke. Ein Fehler! Chocolat bleibt sofort stehen. Meinen Blick deutet er als Warnsignal, dass etwas nicht in Ordnung ist. Georges kommt mir zu Hilfe. Ein Klaps auf das Hinterteil und ein forscher Zuruf überzeugen Choco.

Packsäcke, Decken, Unterlagen und Sattel hängt Georges mit Schnüren an den Seitenwänden auf. »Ist eine prima Polsterung«, erklärt er. »Esel werden nicht wie Pferde festgebunden. So kann Chocolat während der Fahrt die für ihn angenehmste Stellung finden und die Kurven ausbalancieren.«

Meine Bedenken wegen der schwierigen Strecke mit zahlreichen Serpentinen und steilen Pässen erweisen sich als unbegründet, denn Georges fährt sehr einfühlsam, damit Chocolat ja nichts geschieht.

Am Nachmittag erreichen wir Saint-Christophe in der Nähe von Le Puy und werden von Christian Fabre, einem Freund von Georges, schon erwartet. Er fährt mit seinem Caravan voraus und geleitet uns auf Feldwegen zu einer Weide. Georges öffnet die Rückwand seines Transporters und Choco blickt uns neugierig entgegen. Ohne Zögern stakst er die Rampe herunter und folgt mir bereitwillig auf die ihm unbekannte Wiese. Aus einem Schober holt Christian einen Ballen Heu und füllt eine Tonne mit frischem Wasser.

Georges hält sich nicht lange auf. Er wünscht mir gutes Gelingen für meine Pilgerreise, schwingt sich in sein Fahrzeug und rumpelt auf dem steinigen Feldweg davon. Bevor auch Christian abfährt, bietet er mir an, mich am nächsten Tag in die Stadt mitzunehmen, wo ich vor allem die Kathedrale besichtigen möchte.

Eine wohltuende Stille breitet sich aus. Seit Tagen habe ich diesen Moment herbeigesehnt – endlich bin ich mit meinem Esel allein in freier Natur. Ich freue mich, am Ausgangspunkt meiner Reise zu sein, bin auch erleichtert, dass sich bisher alles nach meinen Wünschen gefügt hat. Trotzdem befällt mich ein zwiespältiges Gefühl: Werde ich die vor mir liegenden Schwierigkeiten bewältigen können? Welche Abenteuer erwarten mich? Wird Choco mir gehorchen?

Die Wiese ist über und über mit purpurfarbenen Orchideen bewachsen. Ich will die prachtvollen Blumen schonen und bemühe mich sehr, eine freie Stelle für mein Zelt zu finden. Die Leinen müssen verspannt, die Matte aufgeblasen, das Lager gerichtet und alle Utensilien übersichtlich verstaut werden. Die Sonne versinkt am Horizont, als ich den Kocher anwerfe, Tee koche und mir aus Zwiebeln, Kartoffeln, Mohrrüben und Zucchini einen Eintopf bereite.

Mein Esel weidet neben mir. Er sucht meine Nähe und ich brauche nur die Hand auszustrecken, um ihn zu streicheln. Das ist der Beginn einer Freundschaft, fühle ich. Sorgen macht mir nur, dass er sich an dem saftigen Gras überfressen könnte. Esel sind Wüstentiere und ihr Organismus ist an trockenes Futter angepasst. Ich beruhige mich erst, als ich sehe, dass er zum Ausgleich am Heu knabbert. Endlich, nachdem er stundenlang gefressen hat, scheint Choco satt zu sein, aber er findet keine Ruhe, läuft ständig hin und her. Bald hat er einen Pfad eingetreten. An der Einzäunung bleibt er jedesmal stehen, wirft herausfordernd den Kopf hoch und schreit seinen durchdringenden Eselsruf. Dabei bebt sein ganzer Körper und sein Bauch arbeitet wie ein Blasebalg.

Er tut mir Leid. Bestimmt hat er Sehnsucht nach seinem Gefährten Pedro. Ich gehe zu ihm, streichle sein Fell und versuche ihn mit zärtlichen Worten zu trösten. Choco genießt meine Berührung, steht still und entspannt sich. Aber bald schon läuft er wieder umher und schreit jammervoll. An Schlaf ist nicht zu denken. Mehr und mehr wandelt sich seine Klage in eine gellende, wütende Forderung. Was soll ich nur tun? Immer wieder schaue ich aus dem Zelt, rufe seinen Namen, stehe auf und gehe in der Dunkelheit zu ihm. Dann beruhigt er sich und drückt seinen Körper eng an mich. Doch kaum liege ich im Schlafsack, nimmt er seine Wanderung wieder auf und schreit in die Nacht hinaus.

Erst in der Morgendämmerung legt er sich neben mein Zelt ins Gras und schläft ein. Später wird sich herausstellen, was Choco die ganze Nacht so umgetrieben hat. Nicht Heimweh plagte ihn, wie ich irrtümlich glaubte, sondern der Geruch der Pferde von der Nachbarkoppel. Da wusste ich noch nicht, dass mich das Thema Pferde noch öfter beschäftigen würde.

Die schwarze Madonna in Le Puy

Frühmorgens holt mich Christian Fabre wie verabredet zur Fahrt nach Le Puy ab. Ich bin sehr gespannt auf diesen außergewöhnlichen Ort, über den ich schon viel gelesen habe. Eine Kehre und noch eine Kehre senkt sich talwärts, dann liegt die Stadt vor mir, weit größer, als ich sie mir vorgestellt habe. Eingerahmt von bizarren Vulkankegeln, füllt sie den ganzen Talkessel aus. Diese Reste aus früher Erdgeschichte verleihen Le Puy ein mystisches Aussehen und vermischen sich in meiner Vorstellung mit der langen Tradition des Pilgerwegs. Hier sammelten sich die Menschen, beteten und schöpften Atem, bevor sie wieder aufbrachen zur kräftezehrenden Überquerung des Massif Central.

Durch Fotografien bin ich auf sie vorbereitet – aber beim Anblick der beiden überdimensionalen Statuen, die auf Felsen über der Stadt thronen, stockt mir doch der Atem: der heilige Joseph in Himmelblau und die Jungfrau Maria in Himbeerrosa. Ein Stilbruch, der zum Lachen reizt und zugleich anrührt durch das kindliche Bemühen um Andacht und Verehrung. Die 20 Meter hohe Figur der heiligen Jungfrau steht schon seit 1860 auf dem Rocher Corneille. Gegossen wurde die Gottesmutter Maria aus dem Stahl von Kanonen, erbeutet auf der Krim, als Franzosen auf Seiten der Türken gegen die Russen kämpften.

Auch die Kirchen von Le Puy überragen weit die Dächer der Stadt, weil sie ebenso auf Vulkanfelsen erbaut wurden: die berühmte Kathedrale Notre-Dame auf dem Rocher d'Anis und die Michaelskirche auf einem besonders hohen Felsen, dem Rocher d'Aiguilhe, der Nadelspitze.

Während wir uns dem Stadtzentrum nähern, erzählt mir Christian eine Legende, die den Rocher d'Aiguilhe zum dramatischen Schauplatz hatte: Ein Mädchen war eines Tages in den Ruf gekommen, seine Unschuld verloren zu haben. Trotz ihres heftigen Widerspruchs glaubte man ihr nicht und ihre Eltern verstießen sie. Die Ächtung konnte sie nicht länger ertragen. In ihrer Verzweiflung rief sie Gott, die Jungfrau Maria und den heiligen Michael zu Hilfe, kletterte auf den 80 Meter hohen Felsen und stürzte sich in die Tiefe. Während sie fiel, fing Michael sie auf und trug sie sanft ins Tal. Die Nachricht von diesem ungewöhnlichen Geschehen lockte eine große Menschenmenge herbei. Viele konnten kaum glauben, was die Augenzeugen berichteten und hätten das Wunder gern selbst gesehen. Das junge Mädchen wollte ihnen diesen Wunsch erfüllen, denn sie war glücklich, wieder anerkannt zu sein, und genoss es, im Mittelpunkt der Aufmerksamkeit zu stehen. Bereitwillig stieg sie erneut auf den Felsen und sprang ein zweites Mal. Diesmal verweigerte der Erzengel seinen Beistand und sie stürzte in den Tod.

Bei meinem Gang durch die verwinkelten Gassen der Altstadt folge ich erstmals dem Zeichen der Muschel. Dieser Wegweiser für Pilger führt mich zur Rue des Tables und zu einer steilen Treppe. Ich zähle 138 Stufen, bis ich vor der mächtigen Westfassade der Kathedrale Notre-Dame stehe. Was mögen die Pilger des Mittelalters empfunden haben, als sie sich, erfüllt von ihrem Glauben, mit Ehrfurcht dem Gotteshaus näherten?

Mich beeindrucken als Erstes die riesigen Torflügel aus Zedernholz. Über und über mit Schnitzwerk verziert, zeigen sie Szenen der Geburt und Passion Christi. Im Laufe der Jahrhunderte ist das Holz gesprungen und die Schnitzereien sind verwittert – aber ich finde sie doch, Worte in arabischer Schrift, die kein Christ an dieser Stelle vermuten würde: *Al mulk Allah* – Alles für Allah. Ein Bekenntnis zum Islam? Keineswegs. Den Gestaltern kam es sicherlich nur auf die ornamentale Wirkung an. Wer wusste damals schon, was die fremden Worte bedeuteten?

Auch die Baumeister haben sich nicht gescheut, arabische Elemente in ihre Werke zu integrieren. Besonders die Fassade fasziniert mich mit der schmückenden Anordnung von rotem, weißem und schwarzem Gestein und der rhythmischen Gliederung durch Rundbögen und Blendarkaden, die dem mächtigen Bauwerk seine Leichtigkeit verleihen.

Aber es waren nicht nur Arabesken, die es den Baumeistern angetan hatten, sie bedienten sich auch orientalischer Bauideen. Sechs byzantinische Achteckkuppeln bilden ein Gewölbe, das die riesige Kathedrale überdacht. Die Kunst der Baumeister ist bewundernswert, trotzdem scheint mir, ist es ihnen nicht gelungen, die orientalische Beschwingtheit mit abendländischer Bedeutungsschwere in Harmonie zu vereinen. Vielleicht liegt es am fehlenden Licht und der Unausgewogenheit der Proportionen, die dem Raum seine Erhabenheit verweigern.

Meine Vorliebe gehört den Kreuzgängen. Diese Orte der Stille mit ihren vier Wandelgängen, den Säulen und Kapitellen, den überdachten Galerien im Geviert, gilt mein Interesse, vor allem, wenn sie romanisch sind. Leider ist der Eingang verschlossen und erst am Nachmittag gibt es wieder Führungen. So lange kann ich nicht warten, deshalb schaue ich mich nach einem Nebeneingang um. Versteckt in einer Kapelle entdecke ich schließlich eine Tür, die zum Kreuzgang hinausführt. Vorsichtig schiebe ich den Riegel zurück, drücke leise die Klinke nieder, öffne die Tür und – löse ein Alarmsignal aus. Ohrenbetäubend heult es durch das ganze Gotteshaus. Zutiefst erschrocken husche ich dennoch durch die Tür und schließe sie hinter mir. Wohltuende Stille!

Nun befinde ich mich zwar am Ort meiner Wünsche, aber ich befürchte, gleich von einem wütenden Wächter vertrieben zu werden. Unauffällig hocke ich mich auf eine steinerne Bank neben der Tür und versuche, in kurzer Zeit so viel wie möglich von dem Gesamteindruck wahrzunehmen und mir alles einzuprägen. Unübersehbar auch hier der arabische Einfluss. Besonders die rot-weiße Streifung der Arkadenbögen erinnert mich an die Alhambra in Granada und die Moschee in Cordoba.

Noch lässt sich kein Aufpasser sehen. Ich werde mutiger und wandle die Gänge entlang. Die Säulen an den Ecken des Gevierts sind auffallend schräg gestellt, um so den Druck der Gewölbe besser abzufangen. Die ältesten Kapitelle befinden sich im südlichen Teil. Sie stammen noch aus der karolingischen Epoche und zeigen tief eingemeißelte Akanthus-Blätter, ein Motiv, das schon griechische Säulen geschmückt hatte. Ohne die lautstarken Erklärungen eines Führers erlebe ich die Spiritualität der Wandelgänge, das Spiel des Lichts auf den polychromen Steinen und die Ruhe, die zur Meditation anregt.

Noch einmal schrillt die Alarmglocke, als ich den Kreuzgang verlasse und wieder die Kathedrale betrete. Kein Wächer bestraft meine Dreistigkeit und so kann ich auch noch die Schwarze Madonna besichtigen. Von

Scheinwerfern angestrahlt, steht die kostbare Figur unter einem Baldachin am Altar. Die berühmte *vierge noire* soll König Ludwig VII., der Heilige, von seinem in Ägypten gescheiterten Kreuzzug mitgebracht haben. Der Jungfrau zu Ehren wurde diese Kathedrale gebaut und in ihrem Namen geweiht.

Die Gnadenmadonna hat tatsächlich ein tiefschwarzes Gesicht. Auf dem Kopf trägt sie eine Krone, und ein golddurchwirktes Silberkleid verhüllt die kleine Holzfigur vom Hals bis zu den Füßen. Durch einen Spalt des glitzernden Gewandes lugt der Kopf eines schwarzen Kindes hervor.

Sie ist es und sie ist es doch nicht. Denn eigentlich wurde sie verbrannt, öffentlich, auf einem Scheiterhaufen. Es war im Jahr 1794, zur Zeit der Französischen Revolution. Die Jakobiner wollten das Volk zu mündigen Bürgern erziehen, es geistige Freiheit lehren und den Aberglauben austreiben. Deshalb vernichtete man die schwarze Madonna als Zeichen dafür, dass der Verstand über den Glauben triumphiere. Die heutige Marienstatue ist eine wertvolle Kopie, die in einer abgelegenen Kapelle vor den Wirren der Revolution verschont geblieben ist.

In einer Apsis der Kathedrale liegt ein schwarzer Stein, flach und von der Größe einer Grabplatte. Mir scheint er ein Fremdkörper aus einer anderen Zeit zu sein. In der Tat gehörte er ursprünglich zu einem Druidenheiligtum, das sich hier auf dem Rocher d'Anis befand, wo heute die Kathedrale steht. In Erinnerung an die machtvollen Götter der Kelten schrieb man dem Stein Wunderkräfte zu, auch noch in christlicher Zeit. Immer wieder wurden Kranke geheilt, die man auf den *pierre de fièvre* legte, den Fieberstein, wie er im Volksmund heißt.

Um die Macht der alten Götter zu brechen, wendeten Christen oft die bewährte Strategie der Integration an und nahmen heidnische Sinnbilder einfach in ihren Glauben auf. So kam der Druidenstein in die Kirche der Christen.

Wie die Gottesmutter Maria soll auch die keltische Göttin, der die Kultstätte auf dem Rocher d'Anis geweiht war, jungfräulich ein Kind zur Welt gebracht haben. Das erklärt die große Verehrung, die Maria gerade in Le Puy entgegengebracht wird, weil sie auf tiefe Wurzeln zurückgeht und nahtlos anknüpft an eine Muttergottheit, der seit uralten Zeiten hier gehuldigt wurde.

Nun aber zieht es mich zum Rocher d'Aiguilhe, diesem nadelspitzen Felsen, auf dem die Kirche des Erzengels Michael wie ein Finger in den Himmel ragt und von dem das seiner Ehre beraubte Mädchen einst in den Tod sprang.

Der Felsen ist der Kamin eines ehemaligen Vulkans. Das Magma stieg im Schlot empor und erstarrte mitten in der Bewegung. Das weichere Gestein verwitterte im Laufe der Zeit; nur die harte Basaltlava, die den Schlot gefüllt hatte, blieb im Kern erhalten und ragt noch heute schlank und spitz in die Höhe.

Eine Urkunde beglaubigt, dass im Jahr 962 der Dekan der Kirche in Le Puy den Auftrag gab, auf dem Felsen eine Michaelskirche zu bauen – bei der Steilheit des Felsens ein gewagtes Unternehmen. 268 Stufen mussten in das harte Gestein geschlagen werden, bevor Steine, Mörtel und Balken mit unvorstellbarer Mühe hinaufgeschleppt werden konnten.

Jeder, der die Kirche besichtigen will, muss diese Stufen erklimmen, gesichert nur durch eine hüfthohe Mauer, dahinter fällt die Wand senkrecht in die Tiefe. Beim Aufstieg blicke ich immer wieder nach oben, aber erst nach der letzten Biegung öffnet sich der Blick und ich stehe plötzlich vor dem Portal der Kirche. Wie schon bei der Kathedrale und dem Kreuzgang überrascht mich die Farbigkeit. Rote, schwarze und gelbe Steine, zu Ornamenten geordnet, erinnern auch hier an arabische Vorbilder.

Über dem Eingang sind zwei Sirenen eingemeißelt, mythologische Wesen, halb Mensch, halb Tier. Darüber halbmondförmige Ausbuchtungen in Kleeblattform, gefüllt mit figürlichen Darstellungen und verwoben mit fein ins Gestein ziselierten Ranken und Blättern. In diesem Pflanzengewirr entdecke ich zwei Gesichter im Profil. Dem einen wächst aus dem geöffneten Mund eine Blattranke, die sich im Halbbogen windet und dann im Ohr seines Gegenübers versinkt. Mir kommt es vor, als ströme pflanzliche Energie von einem Menschen zum anderen. Was wir heute nicht mehr zuverlässig deuten können, was uns eher wie eine verspielte Laune anmutet, hatte im Mittelalter eine ganz bestimmte Bedeutung, die den Menschen half, ihre Position zwischen Tod und Leben, Himmel und Hölle zu begreifen.

Das Portal vereinigt christliche Symbole mit konträren Sinnbildern der antiken Mythologie. Durch die christlichen Abbilder – das Lamm

Gottes, die Heiligen und der segnende Christus – kann der Gläubige Trost und Erlösung finden. Im Gegensatz dazu Höllenhunde, Raubvögel und über der Tür, dem Eintretenden am nächsten, die Sirenen. Sie bringen mit ihrem verführerischen Gesang Verderben über den, der ihnen Gehör schenkt. Eine eindringliche Warnung, den Verlockungen der Sünde nicht nachzugeben. Oder sollen sie jeden Menschen daran erinnern, dass der Leib dem Tod verfallen ist – wie alles Irdische?

Mir bereitet es Vergnügen, mich an der Entschlüsselung solcher Rätsel zu versuchen, aber es ist mir nicht wirklich wichtig, zu einer endgültigen Lösung zu gelangen. Lieber lasse ich die Rätselbilder auf mich wirken, spüre ihre untergründige Kraft und staune, wie sie die Jahrhunderte bis in unsere Gegenwart überdauert haben.

Im Inneren der Kirche bin ich sofort gefangen von der höhlenartigen Wirkung des Raumes mit seinem dunklen Gemäuer, den kräftigen Säulen und dem imposanten Kreuzgratgewölbe. Das Dämmerdunkel wirkt feierlich und voller Geheimnisse. Andächtig schreite ich über den alten Steinboden, bin fasziniert von den figurenreichen Kapitellen und den verblassten Malereien im Gewölbe und an den Wänden. Geweiht ist die Kirche dem Erzengel Michael, der seit Urzeiten den Kampf gegen das Böse führt und Satan in Gestalt eines Drachen bezwingt. Michael ist aber auch Führer der Seelen, die er ins Himmelsreich geleitet. Deshalb befinden sich Gotteshäuser, die seinen Namen tragen, mit Vorliebe auf Bergspitzen, dem Himmel nahe.

Ich gehe wieder hinaus ins Licht, sehe weit unter mir die Dächer der Stadt, die herausragende Kathedrale, lächle über die rosa Madonna und den blauen Joseph auf den beiden Felsen gegenüber, blicke über das von Vulkanen geformte Land mit seinen verwitterten Basaltkegeln und wende meinen Blick schließlich nach Westen, wo irgendwo die *via podiensis* verläuft. Morgen werde ich dort unterwegs sein, werde mich einreihen in die Pilgerscharen, die seit Jahrhunderten diesen beschwerlichen Weg über das Massif Central wählten, wenn – ja, wenn mein Esel Chocolat mir willig folgt.

Jeder Weg beginnt mit dem ersten Schritt

Von Saint-Christophe zum Lac de l' Œuf, 14 km

In der Nacht hat es geregnet und als ich aufstehe, nieselt es noch immer. Choco hat sich unter dem Überzelt einen trockenen Platz gesucht und dort geschlafen, denn Esel meiden die Nässe, wenn es ihnen irgendwie möglich ist. Den Wüstentieren fehlt das wasserabstoßende Fett im Fell und sie werden feucht bis auf die Haut. Weil ich das wusste, bin ich gerüstet mit einem fünf mal sechs Meter großen Überzelt, außerdem einer extra gefertigten Plane, die meinen Esel samt Gepäck vor Regen schützen soll. Diesmal habe ich nicht, wie sonst bei meinen Rucksackreisen, jedes Utensil mit der Federwaage gewogen und oft für zu schwer befunden, sondern mir etwas mehr Komfort gegönnt: ein geräumiges Kuppelzelt, eine Iso-Matte zum Aufblasen, einen Kocher mit Pfanne und mehreren Töpfen, nicht zuletzt die Fotoausrüstung mit zwei Kameras, diversen Objektiven, Stativ und Blitzgerät. Auf zwei Säcke verteilt, kamen immerhin 30 Kilo zusammen. Für Chocolat ist das nicht zu schwer, denn mit 50 Kilo, also einem Fünftel seines Körpergewichts, könnte ich ihn beladen, meinte Georges.

Bleibt noch die Frage, wie ich es schaffe, das Gepäck hochzustemmen und gleichzeitig festzubinden. Für jedes Problem muss es eine Lösung geben, denke ich, und lege um die Packsäcke zwei breite Bänder, an die ich zwei Schlaufen knote. Beim Hochheben muss ich die Schlaufen nur über das Kreuz des Sattels hängen. Bis ich endlich alles verpackt habe, hat der Regen aufgehört und Chocolat und ich beginnen unseren ersten Wandertag bei strahlender Sonne.

Die Pilger, die von Le Puy starten, haben einen steilen Aufstieg vom Talbecken auf die Hochfläche des Velay zu bewältigen – wir dagegen befinden uns schon in 1000 Meter Höhe. Auf ebenen Feldwegen und ruhigen Sträßchen erreichen wir nach ungefähr einer Stunde den markierten

Jakobsweg. Das Wissen, auf einem uralten Pfad zu sein, den vor mir schon tausende Menschen gegangen sind, gibt jedem meiner Schritte eine besondere Bedeutung.

Der Pfad, gesäumt von kniehohen Mauern, schlängelt sich durch saftige Wiesen, auf denen Himmelsschlüssel und Vergissmeinnicht wachsen. Lerchen steigen in den Frühlingshimmel und ein Kuckuck ruft von fern. Goldammern picken am Wegrand und ein Grünspecht lässt sein spöttisches Lachen erschallen. Bewegungslos hockt ein Rotrückenwürger im Weißdorngebüsch und hält scharfäugig Ausschau nach Beute. Steinschmätzer flattern uns voraus, landen auf den Steinmauern und wippen mit langen Schwänzen, schwarz-weiß aufblitzende Signale.

Es ist Mai. Die Luft ist frühlingsfrisch, die Farben leuchten. Mich beflügelt ein Gefühl, als könnte ich gleich vor Freude schweben. An der Führungsleine neben mir trottet Choco dahin. Bei mehreren Probewanderungen rund um Georges' *ferme* ist er mir immer problemlos gefolgt, aber dort war er in vertrauter Umgebung und der Rundweg führte jedesmal zur heimatlichen Weide zurück und zu Pedro, seinem Gefährten. Wie wird er reagieren, wenn er spürt, dass wir diesmal nicht umkehren, sondern immer weiter nach Westen gehen? Wird er plötzlich stehen bleiben, bockig und störrisch sein, wie man es Eseln nachsagt?

Sein Kopf ist in Höhe meiner Schulter und wenn ich seitlich neben ihm gehe, schaue ich ab und zu fragend in seine dunklen Augen: »Wie geht es dir, mein Freund? Bist du zufrieden? Genießt du das Unterwegssein auch so wie ich? Drückt dich das Gepäck irgendwo?« An der Bewegung seiner Pupillen erkenne ich, dass er mich ebenfalls anblickt, aber den Ausdruck seiner Augen weiß ich noch nicht zu deuten.

Im Dorf Ramourouscle sprudelt köstliches Quellwasser aus dem Brunnen. Ich lasse das kühle Nass über Hände und Arme rinnen, benetze mein erhitztes Gesicht und fülle die Wasserflaschen. Meinen Esel habe ich sorgfältig mit der Führungsleine an einen Pfosten gebunden.

Zu saufen bekommt Choco jetzt noch nichts. Roselyne hatte mir eingeschärft, ihn immer erst am Abend zu tränken. Niemals am Morgen vor dem Abmarsch und auch nicht unterwegs, das würde nur schaden, ihn müde und schlaff machen. Esel trinken erstaunlich wenig, denn ihr

Organismus ist an Wassermangel angepasst. In ihrer Heimat, den Steinwüsten Afrikas, liegen Wasserstellen oft weit auseinander und notfalls können Esel, ähnlich wie Kamele, mehrere Tage ohne Wasser auskommen. Ich aber will Choco auf gar keinen Fall dürsten lassen und werde dafür sorgen, dass er jeden Abend reichlich zu trinken bekommt.

Vom Dorfbrunnen sind es gut zwei Kilometer auf einem kaum befahrenen Sträßchen zur Kapelle des heiligen Rochus. Umgeben von blühenden Wiesen und hohen Bäumen, wirkt die Kapelle einladend und freundlich mit ihren hellen Steinen, dem roten Ziegeldach und der Glockenarkade. Ein reizvoller Platz für eine Rast, denke ich. Choco nehme ich das Gepäck ab und binde ihn an eine 15 Meter lange Leine, die ihm genügend Bewegungsfreiheit lässt, sich sein Futter zu suchen. Inzwischen besichtige ich die Kapelle.

Der heilige Rochus wird in Südfrankreich hochverehrt und hat den Apostel Jakob an manchen Orten aus seiner bevorzugten Stellung verdrängt. So auch hier, denn ursprünglich war diese Kapelle dem heiligen Jakob geweiht. Wer aber war dieser Rochus? Im Jahr 1295 in Montpellier als einziger Sohn reicher Eltern geboren, hätte er eigentlich ein unbeschwertes Leben in Wohlstand führen können. Aber das blutrote Muttermal auf seiner Brust in Form eines Kreuzes stigmatisierte ihn für ein leidvolles Schicksal. Nach dem Tod der Eltern verschenkte er sein Vermögen an die Armen und pilgerte nach Rom. Völlig mittellos war er auf milde Gaben angewiesen und dem Hungertod oft nahe. Auch in Rom, wo er sich einige Zeit aufhielt, fristete er ein kümmerliches Dasein. Als die Pest ausbrach und viele die Stadt in Panik verließen, blieb Rochus und pflegte aufopfernd die qualvoll Sterbenden.

Auf dem Rückweg in die Heimat erkrankte er dann selbst und verkroch sich in einer einsamen Hütte im Wald. Er wäre verhungert, hätte ihm nicht ein Hund täglich frisches Brot gebracht. Rochus überwand die Krankheit, kam wieder zu Kräften und konnte seine Heimkehr fortsetzen. Doch kaum war er in Frankreich, wurde er als Spion verdächtigt und in den Kerker geworfen. Fünf Jahre litt er in einem dunklen, feuchten Loch und starb dann elendiglich, erst 32 Jahre alt. Welch tragisches Schicksal, denn nach seinem Tod wurde seine Identität offenbar und man erkannte seine Unschuld.

Das Volk verehrt ihn wegen seiner Selbstaufopferung noch heute und die Kranken bitten ihn um Erlösung von Leid und Schmerz. Er, der so barmherzig war, die Pestkranken zu pflegen und selbst die tödliche Krankheit am eigenen Leib erfuhr, wird ihre Situation am besten verstehen und ihnen helfen, so glauben und hoffen die Notleidenden. Als Pestheiliger ist Rochus weit über seine Heimat hinaus bekannt. Eine berühmte Verehrungsstätte in Deutschland ist der Rochusberg bei Bingen. In zahlreichen Kapellen und Kirchen steht seine Statue. Mit hochgezogenem Rocksaum präsentiert er die Pestwunde an seinem Oberschenkel und zu seinen Füßen liegt oft ein Hund, meist mit einem Stück Brot im Maul.

Als ich die Rochus-Kapelle fotografieren will, kann ich meinen Apparat nicht finden. Wo ist er nur? Hastig durchsuche ich das Gepäck. Eine französische Pilgerin beobachtet mein aufgeregtes Tun.

»Vermissen Sie etwas? Vielleicht einen Fotoapparat?«, fragt sie schließlich.

»Ja, wieso?«

»Ich habe vorhin einen gesehen, in Ramourouscle, am Brunnen«, antwortet sie freundlich.

Ich bin erleichtert, ärgere mich aber gleichzeitig über meine Nachlässigkeit. Ich erkläre Choco, warum ich ihn kurze Zeit allein lassen muss, und renne die zwei Kilometer im Dauerlauf zurück. Mindestens zehn Pilger kommen mir auf der Strecke entgegen. Alle rufen mir lachend zu: »Sie haben wohl Ihre Kamera vergessen? Sie liegt noch am Brunnen!«

Als ich zur Kapelle zurückkomme, steht Choco schon vorn am Weg, so weit es die Leine zulässt, und hält nach mir Ausschau. Als er mich erspäht, begrüßt er mich mit lautem Geschrei. Ich umarme ihn, streichle zärtlich seinen Hals und die langen Ohren und tröste ihn: »*Mon petit*, hab keine Angst, ich lass dich niemals allein. Wir gehören doch zusammen.« Ich freue mich über seine Anhänglichkeit, die zeigt, dass er sich mir schon zugehörig fühlt.

In der Wanderherberge von Montbonnet gibt es zwar ein Bett für mich, aber für Chocolat keine Weide. So stärke ich mich in der Bar »Le Saint-Jacques« mit einem Milchkaffee und fülle den Faltkanister mit frischem

Wasser, bevor wir mit dem Aufstieg zu den Monts du Devès beginnen. Dunkel erhebt sich die vulkanische Bergkette aus dem Wiesengrund, bewaldet mit Kiefern, Fichten und Laubbäumen. Inmitten dieses Bergwaldes liegt der Lac de l'Œuf, wörtlich übersetzt: Ei-See.

Vom Pfad spähe ich in den Wald hinein, ob das Gelände zum Campieren geeignet ist. Zwischen Kiefern entdecke ich eine ebene Fläche, groß genug für das Zelt, mit freier Sicht ins Tal und doch geschützt vor den Blicken neugieriger Wanderer. Während ich das Lager errichte, stillt Choco seinen Hunger mit Waldkräutern und frischem Laub. Ich beneide ihn ein wenig, dass er so problemlos seine Nahrung überall am Wegesrand finden kann, während ich aufwändig planen, einkaufen und kochen muss.

Durch die Bäume leuchtet die Abendsonne und in den Lichtstrahlen tanzen Mückenschwärme. Ein Kuckuck ruft unermüdlich und von einer fernen Weide bimmeln Kuhglocken herüber. Bevor die Nacht hereinbricht, spaziere ich durch den Wald zum Lac de l'Œuf, der oben auf dem Scheitelpunkt der Gebirgskette eingebettet liegt. Wie die Maare der Eifel ist er ein Implosionskrater, der sich mit Wasser füllte und allmählich zu einem Hochmoor verlandet ist.

Es ist seltsam still. Gespenstisch wehen bleiche Bartflechten an knorrigem Kieferngeäst. Dieser Wald wäre die ideale Kulisse für den Auftritt von Zwergen, Trollen und Feen. Aber nichts rührt sich, nicht einmal Reh, Hase oder Fuchs zeigen sich.

Felsenkapelle über der Schlucht

Vom Lac de l'Œuf nach Rochegude, 10 km

Vogelgesang weckt mich frühmorgens um fünf Uhr. Ich öffne das Zelt einen schmalen Spalt. Noch ist es dunkel. Irgendwo steht Choco und füllt seinen Magen. Sehen kann ich ihn nicht, höre nur das Malmen seiner Zähne. Ich bleibe im Zelt und kuschle mich tiefer in den Schlafsack, denn bei vier Grad Celsius ist es unangenehm kalt. Als es um sechs Uhr langsam hell wird, krieche ich aus dem Zelt und Choco begrüßt mich lautstark.

»Ja, freust du dich denn, mich zu sehen, oder verwechselst du mich mit deinem Freund Pedro?«, frage ich lachend und kraule ihn zärtlich.

Über zwei Stunden dauert es, dann ist alles gepackt, Chocos Fell gebürstet, die Hufe gereinigt, Sattel befestigt und Gepäck aufgeladen. Eine kräftezehrende Arbeit, bei der mir die Lust aufs Frühstück vergeht. Ich werde es später nachholen, vielleicht unterwegs einen Kaffee trinken. Nun soll es endlich losgehen!

Während ich den Lagerplatz inspiziere, ob ich nichts vergessen habe, zerrt Choco ungeduldig an der Leine. Das Gepäck auf seinem Rücken ist für ihn das Signal zum Aufbruch. Die Steilheit des Pfades hinauf zum Lac de l'Œuf beeindruckt ihn nicht im Geringsten und ich muss mich anstrengen, mitzuhalten. Gerne würde ich mich auf die märchenhafte Stimmung des wild verwachsenen Bergwaldes einlassen, muss aber ständig den vorwärts stürmenden Esel bremsen, damit die Packsäcke nicht von sperrigen Ästen aufgeschlitzt werden.

Vom Bergrücken der Monts du Devès führt der Wanderweg in sanften Windungen hinab zum Weiler Le Chier. Zwei Frauen in geblümten Kittelschürzen treiben eine Kuhherde aus dem Dorf hinaus auf die Weide. Meine Frage nach einem Café quittieren sie nur mit einem müden Lächeln. Schon seit Jahren gebe es weder ein Café noch einen Lebensmittelladen hier im Ort. Gut, dass ich am Abend zuvor Tee gekocht und in eine Thermosflasche gefüllt habe. Auf einer Bank beim Brunnen frühstücke ich und Chocolat lässt sich die ringsum wachsenden Pflanzen schmecken.

Nun folgt eine steile Wegstrecke mit sperrigen Wurzeln, Steinblöcken und Schlammlöchern. Einmal fließt ein Bach quer über den Weg. Während ich einen Übergang suche, nimmt Choco Anlauf und ehe ich ihn zurückhalten kann, springt er samt Gepäck in hohem Bogen hinüber. Ich bin beeindruckt, wie viel Kraft in dem Eselchen steckt!

»Choco, du Wilder! Konntest du nicht warten?«, schimpfe ich mit meinem übereifrigen Begleiter, freue mich aber insgeheim über seinen Mut. Da ahne ich noch nicht, dass es der Mut der Verzweiflung war – denn Chocolat ist wasserscheu, wie sich noch herausstellen sollte.

Vorbei an einer alten Mühle gelangen wir nach Saint-Privat d'Allier. Häuser, Kirche und Burg drängen sich auf einem Felsvorsprung 300 Meter hoch über dem Flusstal. Seinen Namen verdankt der Ort dem heiligen Privatus, einem Bischof, der im Jahr 258 den Märtyrertod erlitt. Er fiel eroberungswütigen Alemannen zum Opfer, die während der Völkerwanderung das Land verwüsteten.

Wie oft auf dem Weg, markiert das Zeichen der Muschel auch in Saint-Privat d'Allier ein bedeutsames Ziel: eine romanische Kirche aus dem 12. Jahrhundert. Besonders beeindruckt mich die meisterliche Ausführung der Kuppel. Lavagestein, passgenau behauen und fein verfugt, wölbt sich in einem vollendeten Rund. Unwillkürlich vergleiche ich diese makellose Wölbung mit dem Himmel, der uns ja auch wie ein Gewölbe erscheint. Es ist, als solle die Kuppel aus Lavagestein, geboren aus dem glühenden Bauch der Erde, zwei Gegensätze einander näher bringen: Himmel und Erde.

Ich versorge mich in einem kleinen Krämerladen mit Brot und Obst, dann steige ich auf einem schmalen Pfad wieder bergauf. Es ist drückend schwül. Ich keuche ein bisschen, aber Choco lässt sich keine Schwäche anmerken. Unermüdlich stöckelt er weiter. Seine Hufe klappern auf dem steinigen Untergrund.

Oben auf der Felsspitze thronte einst die Burg Rochegude. Heute stehen vom befestigten Felsennest nur noch der Turm und eine Kapelle, die dem heiligen Jakob geweiht ist. Als sei sie mit dem Fels verwachsen, erhebt sie sich kühn über dem Abgrund. Das Dach ist mit Steinplatten gedeckt, die aussehen wie der Schuppenpanzer einer Echse.

Ich spüre die Wärme, als ich mich neben die Kapelle setze und meinen Rücken an die sonnenbestrahlte Mauer lehne. Meine Beine baumeln in der Luft. Unter mir schlängelt sich der Fluss Allier durch eine tiefe Schlucht. Sattgrün leuchten Wälder, Wiesen und Felder. Dort im Tal liegt Monistrol, die nächste Station auf dem Pilgerweg. Beim Blick über das Tal kann ich gegenüber schon das Bergland der Margeride erkennen und einen Weg, der sich in der Ferne verliert. Auf diese Hochfläche müssen wir am nächsten Tag hinauf.

Ich fühle mich wohl an dem luftigen Platz mit dem weiten Ausblick und lasse die Zeit verstreichen. Auf der Wiese unterhalb der Felsen hat Choco längst schon entdeckt, wo die leckersten Gräser wachsen. Zwar sind wir heute erst zehn Kilometer gewandert, doch es war eine besonders anstrengende Strecke mit vielen Auf- und Abstiegen. Deshalb werden wir unsere Rast bis morgen verlängern und dann ausgeruht den berüchtigten steilen Weg ins Tal angehen.

Im Schutz der Felsen mit Turm und Kapelle liegt das Dorf Rochegude, wenige Häuser nur. Neben dem Wanderweg, der wieder aus dem Ort hinausführt, finde ich einen Flecken mit Gras für Choco und genügend Platz für mein Zelt.

Am Abend spazieren zwei Frauen vorbei, gefolgt von einem lustigen gelben Hund. Meine Anwesenheit scheint sie nicht zu stören. Nur ein knappes *bonsoir, madame*, und sie gehen eifrig schwatzend weiter. Wenig später tauchen drei Männer auf. Sie interessieren sich für Choco, fragen, ob er störrisch sei, und sind sichtlich enttäuscht, als ich verneine. Nach ihrem Verständnis gehört es sich wohl für einen richtigen Esel, dass er störrisch ist.

Gefährlicher Abstieg

Von Rochegude nach Montaure, 9 km

Der Himmel ist klar, als ich morgens um sechs Uhr meinen Kopf aus dem Zelt strecke und Choco mir seinen Morgengruß entgegentrompetet. Das Allier-Tal aber ist wie mit dicker, grauer Watte gefüllt. Der Dunst steigt nach oben. Schon wehen zarte Schleier durch die Glockenarkade der Jakobskapelle, umweben Turm und Gemäuer. Die lichten Nebelfetzen verschmelzen zu dichten Schwaden und bald ist jede Sicht verdeckt.

Ich lasse mich nicht entmutigen, schließlich gibt es viel zu tun, bis Choco wanderbereit ist, und später wird sich der Nebel sicherlich auflösen. Diesmal will ich zuerst frühstücken, um für den kräftezehrenden Abstieg gerüstet zu sein. Während ich noch mit Packen beschäftigt bin, kommen schon die ersten Pilger des Weges. Sie haben frühmorgens die Herberge in Saint-Privat d'Allier verlassen und bereits den erschöpfenden Aufstieg bis Rochegude hinter sich.

Die Strahlen der Sonne saugen den letzten Nebeldunst auf, endlich sind wir bereit für den Abstieg in die Schlucht. Chocolat folgt mir vertrauensvoll. Steil führt der Pfad durch den Bergwald hinab, entlang senkrechter Felswände und wild verwachsener Abhänge. Erschrocken erkenne ich, dass der Weg für einen beladenen Esel viel zu gefährlich ist. Aber nun ist es zu spät, es gibt kein Zurück mehr! Nirgendwo eine Stelle, die breit genug wäre, um zu wenden. Nur eine Richtung ist möglich – nach unten! Aber wie? Choco rutscht auf matschiger Lehmerde und stolpert über Wurzeln. Höllenängste durchleide ich bei der Vorstellung, er könnte sich die Beine brechen. Mit aller Kraft presse ich mich gegen ihn, um ihn zu bremsen, denn er stürmt in halsbrecherischem Tempo bergab und Hindernisse will er gar überspringen.

Dann – eine drei Meter tiefe Felswand! Ein seitliches Umgehen ist ausgeschlossen. Wir müssen den Felsen hinab oder wir stecken hier für alle

Zeiten fest. Zentimeterweise taste ich mich rückwärts nach unten und presse beide Hände frontal gegen Chocos Brust. Ein Alptraum! Ich befürchte schon, mein Esel könnte sich überschlagen und mich unter sich begraben.

Aber wir schaffen es! Wie durch ein Wunder überwinden wir unbeschadet das Hindernis. Mir zittern die Knie und ich schwöre mir, dass ich in Zukunft ähnliche Abstiege meiden und lieber weite Umwege in Kauf nehmen will, um mich und meinen Esel nicht wieder in so eine Gefahr zu bringen.

Choco drängelt weiter, er will den schlimmen Steilhang hinter sich bringen. Ich aber vernehme plötzlich lautes Beten und bleibe verwundert stehen. »... der Herr ist mit dir, du bist gebenedeit unter den Weibern und gebenedeit ist die Frucht deines Leibes, Jesu. Heilige Maria, Mutter Gottes, bitte für uns Sünder jetzt und in der Stunde unseres Todes! Amen!«

Das in Eile herausgepresste Gebet klingt, als sei jemand in großer Not, als stehe das letzte Gericht bevor oder als solle der Teufel ausgetrieben werden. Wer mag das sein? Da sehe ich eine Frau die Felswand herabklettern und ihr Anblick überrascht mich sehr. Die von Seelenpein gequälte Betschwester, die ich mir vorgestellt hatte, entpuppt sich als modisch gekleidete Person, jung und sportlich. Aus Schwaben sei sie, was nicht zu überhören ist. Begeistert ruft sie: »Ein Esel! Oh, wie süß! Darf ich ein Foto machen? Bitte, bitte!« Und schon knipst sie ihre Bilder und zwitschert vor jedem Klicken: »Oh, wie süß!«

Ich bin zu keinem Gespräch fähig, zu unerwartet kam für mich die Verwandlung von religiöser Inbrunst in touristisches Gehabe. Die Frau tätschelt Choco am Hals, blickt sich noch einmal um, macht schnell noch ein letztes Foto, winkt und schon ist sie verschwunden. Und nun, wie auf Knopfdruck, schallt es wieder von neuem durch den Wald: »Gegrüßet seist du, Maria, voll der Gnade, der Herr ist mit dir, du bist gebenedeit unter den Weibern ...«

Verwundert schüttle ich den Kopf. Was war das eben? Ich dachte, Beten bedürfe innerer Sammlung. Oder ist die Pilgerin ein vorbildliches Beispiel für gelebte Frömmigkeit, wo das Heilige nahtlos mit dem Profanen verwoben ist, eins ins andere übergeht? Ich weiß nicht so recht.

Vielleicht missdeute ich den Glauben, weil ich ihn von außen betrachte und mein Respekt vor religiösen Handlungen zu groß ist. Mir kam es jedenfalls vor wie eine Entweihung, als die Frau ihr Gebet wegen ein paar Fotos unterbrach.

Möglicherweise rührt mein Befremden auch daher, weil religiöse Rituale im öffentlichen Leben der Menschen heute kaum noch eine Rolle spielen und der Glaube fast völlig in den privaten Bereich abgedrängt wurde. Ich will das weder bedauern noch werten, einfach nur feststellen. Es mag sein, dass ich auch darum auf dem Pilgerweg bin, um Menschen zu begegnen, die den Glauben fest in sich tragen und lebendig halten.

Als wir die grauen Steinhäuser von Pratclaux erreichen – der Name bedeutet versteckte Weide –, weiß ich, dass Choco und ich den schwierigsten Teil des Abstiegs gemeistert haben. Von hier geht es zwar noch weiter bergab, aber auf einem Saumpfad.

Schließlich treten wir aus dem schattigen Bergwald heraus und stehen plötzlich auf einer sonnenhellen Straße, die sich neben dem Fluss durchs Tal windet. Daneben die Eisenbahntrasse der Strecke Clermont–Nîmes. Damit Züge durch die enge Schlucht fahren können, mussten Tunnels in dichter Folge gebaut werden. Bei Eisenbahnfreunden gilt das Allier-Tal als eine der schönsten und aufregendsten Strecken in Frankreich.

Die Häuser der Ortschaft Monistrol säumen die Straße, ein Kraftwerk, industrielle Anlagen, dann eine Brücke, deren luftiger Boden aus eisernem Gitterwerk besteht. Ein Blick genügt und mir ist klar – sie wird meinem Begleiter Angst einflößen. Leider gibt es weit und breit keinen anderen Übergang.

Heute musste ich schon einmal erleben, was es bedeutet, mit einem Esel unterwegs zu sein, dort oben an der Felswand. Erst jetzt wird mir bewusst, dass sicherlich noch viele Hindernisse auf uns lauern, die ich als gewöhnliche Wanderin gar nicht wahrnehmen würde, die aber für mich und Choco zur Katastrophe werden könnten. Eine nervöse Anspannung breitet sich in mir aus, eine bedrohliche Ahnung von Gefahr und Unglück. Zwar werden die beglückenden Erlebnisse meine Befürchtungen überdecken, aber tatsächlich sollte kaum ein Tag vergehen, an dem wir uns nicht einer neuen Herausforderung stellen mussten.

Jetzt also die Brücke: Ich gehe voran, schaue mich nicht um, als sei alles normal. Choco zockelt hinter mir her. Dann – wie ich es befürchtet habe – verstummt das Klappern seiner Hufe. Die Leine strafft sich. Ich wende mich um und er guckt mich an mit einem Blick, der signalisiert: Ja, bist du jetzt völlig verrückt! Da kriegst du mich nie und nimmer rüber! Siehst du denn nicht die gefährlichen Löcher überall?

Was soll ich tun? Ich fühle mich wie eine Mutter, deren Kind sich fürchtet und die irgendwie sein Vertrauen gewinnen muss. Bitten und Betteln, Schimpfen und Strafen würden alles nur noch schlimmer machen. Bestimmt und ruhig rede ich auf Choco ein. Ich habe wohl den richtigen Ton getroffen, meine Stimme muss überzeugend geklungen haben. Vorsichtig macht Choco einen ersten winzigen Schritt mit seinem rechten Bein, dann zieht er das linke nach, steht schließlich mit allen vier Hufen auf dem unheimlichen Gitter. Er schaut mich fragend an: Soll ich tatsächlich weiter?

»Ja, gut machst du das!«, lobe ich ihn. »Komm nur, weiter geht's! Das packen wir schon!«

Mutig geworden schreitet er aus und seine Hufe klappern im flotten Rhythmus. Unter uns rauscht der Fluss und seine Wellen glitzern durch den löchrigen Boden. Am Ende der Brücke atme ich auf. Noch einmal gut gegangen! Was wird uns als Nächstes erwarten?

Nach der Brücke folgen wir einer Straße und bald liegen die letzten Häuser von Monistrol hinter uns. Wir biegen erneut in den Pilgerweg ein, der extrem steil hinauf zum Bergland der Margeride führt. Seine Bezeichnung verdankt das Gebiet dem Dorf Margeride oben auf der Höhe der Pass-Straße. Von dort verbreitete sich der Name auf den gesamten Gebirgszug, der sich zwischen den Tälern des Allier im Osten und der Truyère im Westen erstreckt. Die höchsten Gipfel erheben sich über 1500 Meter und im Winter sind die Pässe wegen der Schneewehen oft unpassierbar.

Wir haben eine Pause eingelegt, danach mag Choco nicht mehr so recht weiter. Zum ersten Mal ist er lustlos, seine Hufe klappern nicht, er schlurft dahin, als trage er Pantoffeln. Der Pfad ist aber auch wirklich steil und ich lasse meinen Esel das Tempo selbst bestimmen. Ab und zu bleibt er stehen und schnauft tief. Graziös winkelt er ein Hinterbein an, entspannt sich und tippt nur mit der Hufspitze auf den Boden. Zuerst legt er nach hundert Schritten einen Halt ein, dann nach fünfzig Metern und schließlich bleibt er alle zehn Meter stehen.

Ich werde misstrauisch und schaue ihn prüfend an. »Bist du wirklich so erschöpft, Choco?«

Seine Augen blitzen und mir geht ein Licht auf. Er hat meine Gutmütigkeit ausgenützt und sein Spiel mit mir getrieben. Wieder, wie schon bei der Brücke unten in Monistrol, erinnert mich sein Verhalten an ein Kind, das seine Grenzen erforscht.

»Na, du Schlawiner!«, lache ich. »Du bist durchschaut. Kannst mir doch keinen Bären aufbinden!« Dann bemühe ich mich um einen strengen Ton: »Nun aber los! Marsch!«

Der Pilgerweg folgt manchmal der Straße, dann wieder führt er auf steinigen Abkürzungen den Steilhang hinauf durch trockenen Kiefernwald mit gelb flammenden Ginsterbüschen und purpurrotem Fingerhut. Granitfelsen und gewaltige Basaltorgeln bestimmen die Landschaft. Im Erdaltertum wallte hier glühende Magma aus dem Bauch der Erde, aber noch bevor die Gesteinsschmelze die Erdoberfläche erreichte, erkaltete sie zu Basalt und Granit. Diese Urgesteine, freigelegt von Wind und Wasser, sind um vieles älter als das Lavaplateau des Velay, das wir in den letzten drei Tagen durchwandert haben.

Am steilsten Abschnitt des Wegs schmiegt sich eine Magdalenenkapelle in eine von Basaltsäulen geformte Grotte. Auch hier waren zuvor schon die Kelten gewesen und hatten in dieser geheimnisvollen Nische hoch oben im Felsen ihre Götter verehrt.

Nach drei Stunden anstrengenden Aufstiegs erreichen wir die Hochebene. Es ist spät am Nachmittag – Zeit, sich nach einem Quartier umzuschauen. Vor uns liegt das Dorf Montaure. Ein paar Häuser aus wetterdunklem Granit glucken eng zusammen. Nur wenige Menschen leben in dieser abgelegenen Ortschaft, wo es weder Bäcker noch Einkaufsläden gibt und erst recht kein *gîte*, wie eine Wanderherberge in Frankreich heißt. Weiter aber will ich nicht gehen. Zwar haben wir heute kaum zehn Kilometer geschafft, aber was für welche! Sechs Stunden schweißtreibendes Auf und Ab!

Der Wald neben dem Pfad wirkt einladend. Weiche Gräser bedecken den Boden, graue Flechten wehen im Wind und mannshohe Farne bieten Sichtschutz. Zwischen Kiefern spanne ich die Plane und baue das Zelt darunter auf. Bevor ich mir etwas zu essen koche, wird Choco versorgt, sein Fell gestriegelt, die Hufe werden von spitzen Steinchen befreit und mit Hufpflegemittel geölt.

Nach dem Essen – Reis mit gebratenen Tomaten und Zucchini – besichtige ich Montaure. Es ist Abend und die Straßen sind menschenleer. An einem Haus entdecke ich wieder den Gruß an die Pilger, die Muschel, und ein Schild mit dem Hinweis, man verkaufe Anstecknadeln für die *pèlerins de St. Jacques*.

Der Abendhimmel hüllt sich in einen dunklen Farbton wie die reife Frucht der Aubergine und ich male mir aus, was hier in Urzeiten der Erde geschah, als Lavaströme wie Höllenzungen aus den Vulkanen des Velay gegen das uralte Granitgestein der Margeride anbrandeten und schließlich erkalteten. Die Erde war in gewaltiger Bewegung damals, lange bevor Menschen lebten.

Rotkehlchen in der Kirche

Von Montaure nach Saugues, 8 km

Gelb glänzt die Sonne durch die Zweige der Kiefern. Bald schon wird ihr Licht von aufsteigenden Dunstschwaden aus dem tiefen Allier-Tal verdunkelt. Choco, von Nebelschleiern umhüllt, erscheint mir wie ein geheimnisvolles Waldtier.

Wir tasten uns langsam voran, ohne die Umgebung richtig wahrnehmen zu können. Plötzlich, als würde der Deckel vom Dampftopf gehoben, lichtet sich der Vorhang – und die Welt ist wieder sichtbar, eine sanft gewellte Hochebene mit Wäldern, Weiden und Feldern. An den Wegrändern blüht Ginster. In den Hecken zwitschern Bluthänflinge, Stieglitze und Goldammern. Kuckuck und Grünspecht rufen abwechselnd und auf den sorgfältig geschichteten Granitmauern wippen die Steinschmätzer.

Wir haben eine Höhe von 1050 Meter erreicht und durchwandern die verstreut liegenden Dörfer Roziers, Le Vernet und Rognac. Grauer Granit prägt den Charakter der Orte und lässt sie irgendwie schwermütig erscheinen. An den gemeißelten Jahreszahlen über den Eingangstüren kann ich das Alter der Gebäude ablesen: 1880, 1888, 1910. Später, nach dem Ersten Weltkrieg, der die Dörfer entvölkerte, gab es keinen Grund mehr, neue Häuser zu bauen.

Kein Tag ohne Schrecken! Diesmal ist der Weg überflutet. Damit nicht genug – beidseits sind Steinmauern und Stacheldraht, ein Ausweichen gibt es nicht. Ich ziehe Schuhe und Socken aus und durchwate den knietief mit Wasser bedeckten Pfad. Mein Beispiel beeindruckt Choco in keiner Weise. Er denkt nicht daran zu folgen. Umkehren? Einen großen Umweg in Kauf nehmen? Bloß nicht – wenn ich ihm jetzt seinen Willen lasse, wird er künftig bei jeder Pfütze kneifen. Wichtig ist, dass er lernt, mir zu vertrauen. Ich nutze die Gelegenheit, stelle die Kamera aufs Stativ und schieße ein paar Fotos mit Selbstauslöser. Thema: Eselführerin mit bockigem Esel.

Ich bespritze seine Beine, plantsche vor seiner Nase und versuche ihn an das nasse Element zu gewöhnen. Lange plage ich mich vergeblich. Allmählich gebe ich die Hoffnung auf und denke an Rückzug. Da kommt mir der Zufall in Gestalt eines Pilgers zu Hilfe. Der überlegt nicht lange und gibt meinem Esel einen Klaps auf das Hinterteil. Choco ist überrascht und weicht ins Wasser aus. Ich nutze den günstigen Augenblick, greife fest ins Halfter und mache mit lauten Befehlen den nötigen Druck. Zögernd und mit furchtsam rollenden Augen stapft er durch den überfluteten Weg. Geschafft!

Unten im Tal liegt Saugues. Am Abhang ragen meterhohe Holzfiguren in den Himmel. In dieser Gegend soll fast jeder ein Meister der Holzschnitzkunst sein. Eine Figur beeindruckt mich besonders: *la bête du Gévaudan*. Das Furcht einflößende Ungeheuer setzt zum Sprung an, den Rachen mit den Reißzähnen drohend aufgerissen, als wolle es die unten im Tal liegende Stadt verschlingen. Das Untier tötete in nur drei Jahren von 1764 bis 1767 über einhundert Menschen, heißt es. Was war das für ein Wesen? Wolf, Hyäne, Löwe oder gar ein Mensch? Der Holzschnitzer hat einen Wolf dargestellt, klapperdürr und mit gieriger Fratze. Kann es aber sein, dass einem einzigen Wolf so viele Menschen zum Opfer gefallen sind? Ob ich in Saugues mehr erfahren werde?

Weit unten im Tal leuchten mir die roten Dächer des Marktortes entgegen, überragt vom »Turm der Engländer«, dem Wahrzeichen der Stadt, grau und trutzig. Er wurde als Wehrturm in der Zeit des Hundertjährigen Krieges errichtet, als die Engländer weite Gebiete Frankreichs erobert hatten. Im Mittelpunkt der Stadt steht die Saint-Médard-Kirche. Geweiht ist sie dem heiligen Medardus, dem ehemaligen Bischof von Noyon, dessen Verehrung auf Wunderberichte im 6. Jahrhundert zurückgeht.

Wir haben Glück und müssen nicht in den Ort hinein. Die einladende Jakobsmuschel über der Tür des ersten Hauses am Ortseingang kennzeichnet es als *gîte*. Der Herbergsvater, Monsieur René, begrüßt mich mit freundlicher Würde. Er liebt Esel, und Choco darf frei auf der Wiese vor seiner Herberge weiden. Kaum hat er das Gepäck vom Rücken, wirft er sich nieder, wälzt sich im Gras, grunzt wohlig und voller Vergnügen.

Ich gehe durch das Haus und kann mir den schönsten Raum aussuchen. Ich wähle ein Eckzimmer mit Holzdielen und drei hohen Fenstern, die vom Boden bis zur Decke reichen und den Blick freigeben auf die Medardus-Kirche, den Wehrturm und die Dächer von Saugues. Nach drei Übernachtungen in Wald und Nebel genieße ich den Luxus von Bett und Dusche.

Der Patron, Monsieur René, stammt aus Saugues, lebte und arbeitete aber zwanzig Jahre lang in Paris, bevor er wieder in seine Heimatstadt zurückkehrte. Seitdem betreibt er mit seiner Schwester zusammen die Herberge, die er mit viel Fantasie und kuriosen Einfällen gestaltet hat; aber auch ein Hauch von Pariser Charme und genialem Chaos fehlen nicht.

Choco fühlt sich in dem weiträumigen Garten wohl und betätigt sich ausgiebig als »Rasenmäher«. Befreit von der Sorge um ihn, kann ich zur Besichtigung des Ortes aufbrechen. Aber ich habe Pech. Ausgerechnet heute ist der »Turm der Engländer« geschlossen, auch das Museum und alle Geschäfte – es ist nämlich Feiertag in ganz Frankreich.

Immerhin – an der Tür des Museums hängt ein eindrucksvolles Plakat und ich kann mir ein Bild machen von dem dramatischen Geschehen längst vergangener Tage. Ein unerschrockener Jäger zielt auf einen zum Sprung bereiten Wolf. Der Name des Jäger ist überliefert: Jean Chastel. Ihm soll es endlich gelungen sein, *la bête du Gévaudan* zu erlegen. Das Morden hörte schlagartig auf. Zufall oder nicht? Ob das Tier wirklich der Übeltäter war, konnte nie bewiesen werden. Fest steht nur, dass Jean Chastel mit der halb verwesten Beute nach Versailles reiste, von König Ludwig XV. empfangen und für seine Tat reich belohnt wurde.

Mein nächstes Interesse gilt der Medardus-Kirche. Sie beherbergt zwei wertvolle Mariendarstellungen. Die eine ist die aus Holz geschnitzte Pieta aus dem 15. Jahrhundert. Die Hände fromm gefaltet, blickt Maria kummervoll auf den toten Körper ihres Sohnes, der nackt über ihren Knien liegt.

Die zweite kostbare Schnitzerei aus dem 12. Jahrhundert zeigt Maria mit Kind, schlicht und in sich ruhend. Eine Haube mit goldener Borte umschließt streng ihr Antlitz. Ihre übergroßen Augen hat sie weit in die Ferne gerichtet, als öffne sich ihr die Unendlichkeit. Auf ihrem Schoß sitzt Jesus in Form eines verkleinerten Erwachsenen, denn für die

Künstler der Romanik gab es keinen Unterschied bei der Darstellung von kindlichen und erwachsenen Körperproportionen.

Ein überirdisch wirkender Ton durchdringt die Stille des Kirchenraumes. Er wird von den Wänden aufgefangen, zurückgeworfen und vielfach verstärkt, als würden die Mauern singen. Die Klänge vibrieren, schwellen an und immer neue Töne schwingen und reifen zum Gesang. Die Musik berührt mich tief. Sie ist erfüllt von Trauer und Leid, von Weinen und Lachen.

Das Lied klingt aus und ich möchte wissen, wer der Sänger war. Gerade noch sehe ich, wie ein Mann mit schulterlangen Haaren die Kirche verlässt. Für einen Moment leuchtet sein rotes Hemd im sonnenhellen Portal, dann ist er aus meinem Blickfeld verschwunden. Ich folge ihm, doch auf einmal scheue ich mich, ihn einfach so anzusprechen. Aber auch er hat mich bemerkt und sein Blick mustert mich neugierig.

»Waren Sie das eben? Haben Sie in der Kirche gesungen? Was war das für ein wundervolles Lied?«, frage ich.

Er lächelt. Sein ungewöhnlich schmales Gesicht wird von den Augen dominiert, Augen, die wie Bernstein von innen zu leuchten scheinen.

»*The river is deep*, ein Gospel«, antwortet er. Die spirituelle Kraft des Liedes habe die Akustik der Kirche auf wundersame Weise verstärkt, schwärmt er begeistert. Adriaen, wie der Sänger heißt, kommt aus Antwerpen und spricht gut deutsch. Nun mischt sich auch sein Freund Robert, der aus Genf stammt, ins Gespräch. Sie lernten sich auf dem Pilgerweg kennen, und da ihre spartanische Lebensweise übereinstimmt, ziehen sie gemeinsam weiter. Ähnlich wie die Bettler-Pilger im Mittelalter klopfen sie an Klosterpforten, klingeln beim Pfarrer und bitten um ein Nachtlager.

»Das klappt bisher ganz gut«, sagt Robert. »Meist bekommen wir Abendessen und ein Frühstück dazu.«

»Was aber ist der Sinn eurer Betteltour?«, frage ich.

Adriaen lacht. »Na, du bist gut! Es ist doch herrlich, wenn man ohne Geld reisen kann. Nur auf dem Pilgerweg geht das so einfach. Außerdem gehört es zur Spiritualität dieses Weges. Ihr bezahlt für euer Bett, esst fein im Restaurant und plant alles genau, deshalb seid ihr gar keine echten Pilger, sondern nur Wanderer.«

»Das stimmt nicht!«, widerspreche ich. »Nur weil ihr von der Hilfsbereitschaft anderer lebt, seid ihr nicht die wahren Pilger.«

»Doch, man muss frei sein von Geld und Besitz, sich ganz der Führung Gottes anvertrauen«, entgegnet Robert und es klingt, als würde er immer nach diesem Prinzip leben, nicht nur jetzt auf dem Pilgerweg.

»Und ihr glaubt tatsächlich, Gott regelt alles für euch und ihr seid nicht für euch allein verantwortlich?«

»Das ist es ja. Gerade weil wir für uns verantwortlich sind, begeben wir uns in die Hand Gottes. Verantwortlicher könnte man gar nicht handeln. Wenn das nur alle Menschen erkennen würden! Es gibt nur einen Weg und der führt zu Gott«, ereifert sich Adriaen und seine bernsteinfarbenen Augen scheinen Funken zu sprühen.

»Aber was ist, wenn euer Dasein hier auf der Erde endet und es gar kein Jenseits gibt?«, frage ich.

»Gott hat uns für die Ewigkeit bestimmt. Unser Leben auf der Erde dauert nur einen Augenblick. So ist das nun mal«, beharrt Adriaen.

Es hat keinen Sinn zu widersprechen, denke ich. Die zwei Lebenskünstler haben sich ein luftiges Netz gesponnen, das sie vor dem Absturz bewahren soll, weil es ihnen vielleicht nicht gelungen ist, sich ein alltägliches Leben aufzubauen. Ein Leben mit den üblichen Pflichten von Familie und Beruf, Pflichten, die auf ihre Art auch ein Netz sind, weil sie auf andere Art Halt geben.

Adriaen streicht seine blonden Haarsträhnen zurück und wechselt unvermittelt das Thema: »Ich will dir was erzählen, vielleicht verstehst du dann besser, was wir meinen. Es war in einer dieser romanischen Kirchen. Wo war es gleich? Ich glaube, in Saint-Privat d'Allier. Dort war ein Vogel in die Kirche geflogen, ein Rotkehlchen. Es flatterte ängstlich umher und ich wollte ihm helfen. Während ich noch überlege, fliegt es über meinen Kopf hinweg durchs Portal hinaus in die Freiheit, ans Licht. Das Rotkehlchen erschien mir wie der Geist Gottes, der sich versehentlich in der Kirche verirrt hatte, und als er sich befreite, war er von hellen Strahlen erleuchtet. Dieser kleine Vogel war für mich ein spirituelles Erlebnis. Auch unsere Seele ist eingesperrt und wird erst frei in der Ewigkeit.«

Stacheldraht

Von Saugues nach Le Falzet, 9 km

Schlaftrunken tapse ich in die Küche der Herberge und erschrecke sehr, als sich ein schwarzer Schatten am Fenster bewegt. Erleichtert stelle ich fest, dass es Choco ist, der seinen Kopf neugierig gegen die Scheiben presst. Barfuß und in kurzem Hemd öffne ich die Tür. Er begrüßt mich lautstark, stupst mich mit seinem dicken Kopf und bekommt als Morgengabe eine gelbe Rübe.

Eigentlich würde ich gern noch einen Tag in Saugues bleiben, weil heute die Geschäfte, der Turm und das Museum wieder geöffnet haben, aber es treibt mich weiter. Bis zu meinem Ziel in den Pyrenäen liegt noch eine weite Strecke vor uns. Während der ersten vier Tage haben wir nur 45 Kilometer geschafft, denn Chocolat, mit dem Gepäck auf dem Rücken, geht nicht nur langsamer als ein Wanderer, er braucht auch immer wieder Pausen zum Fressen. Ein Eselmagen kann nicht auf Vorrat voll gestopft werden; mindestens dreimal am Tag muss Choco auf die Weide. Vielleicht nehme ich zu viel Rücksicht auf ihn, will ihn aber auch nicht überfordern, denn schließlich muss ich erst herausfinden, was er leisten kann und was seine Bedürfnisse sind. Bei dieser Reise spielt er die Hauptrolle und an mir ist es, mich anzupassen und von ihm zu lernen.

Wir sind mittendrin im Gedränge von Autos, Bussen, Lastwagen, Marktständen und Menschengewühl, denn heute ist Markttag in Saugues. Choco bleibt ruhig. Gleichmütig trabt er an meiner Seite, während ich immer nervöser werde. Es ist kaum ein Durchkommen. Obwohl die Verkaufsstände eine halbe Straßenbreite beanspruchen, ist die Durchfahrt für Autos nicht gesperrt. Die Fahrzeuge machen mich verrückt. Sie verpesten die Luft, hupen nervtötend und fahren uns fast über den Haufen.

Und da passiert es! Plötzlich rutscht der Sattel samt Gepäck unter Chocos Bauch. Habe ich vergessen, den Gurt nachzuspannen? Wie alle Esel und Pferde pumpt auch Choco sich beim Satteln auf und lässt erst später die Luft wieder ab. Deshalb muss ich vor jedem Abmarsch immer kontrollieren, ob der Bauchgurt auch wirklich straff sitzt.

Chocolat steht ruhig und blickt mich mit seinen dunklen Augen an, als wolle er sagen: Da haben wir die Bescherung. Mach was! Bring das schnell wieder in Ordnung! Im Gewimmel von Menschen und Autos gelingt es mir schließlich, die festgezurrten Schnallen zu lösen und ihn von neuem zu beladen.

Erleichtert atme ich auf, als Saugues mit seinem Marktgetümmel hinter uns liegt. Der Weg ist gut markiert, denn die *via podiensis* ist auch Teil der französischen Fernwanderwege, der *sentiers de grande randonnée*. Schon von weitem sieht man die rotweißen Wegmarkierungen leuchten. Obwohl ich mir meine Pfade sonst gern selber suche, bin ich diesmal – mit einem ungeduldigen Esel als Weggefährten – dankbar für die Orientierungshilfe.

Über weites Wiesenland erreichen wir ein Flüsschen, die Seuge, die sich leise plätschernd im Talgrund schlängelt, und gelangen durch Nadelwälder nach La Clauze. Von der Burg aus dem 12. Jahrhundert ist nur der achteckige Turm erhalten geblieben, der mitten im Dorf auf einem Felsen steht. Auch die Häuser von La Clauze, kunstvoll aus Granitsteinen geschichtet, wirken mit ihren imposanten Torbögen sehr wehrhaft.

Der gewellte Pfad führt uns weiter durch Wälder und Wiesen. In den Niederungen wachsen wilde Narzissen, zarte Gewächse, weiß und hauchdünn. Ihren Kelch umrandet eine rote Linie, fein und akkurat, als sei sie mit einem Haarpinsel gemalt. Die unermesslich große Zahl dieser Blüten lässt die Landschaft wie mit Schnee bestäubt erscheinen.

Bei Parfümherstellern sind die Narzissen auch heute noch begehrt, sie werden mit einem speziellen Rechen geerntet und dann zu Essenzen verarbeitet. Das mag nur für diejenigen harmlos klingen, die nicht »Das Parfum« von Patrick Süskind gelesen haben, dessen Handlung in Südfrankreich spielt. Der Autor beschreibt eindringlich, wie den anmutigen Geschöpfen der Duft geraubt wird. Schaudernd ahnt man, dass der Protagonist des Romans, der monströse Parfümeur Grenouille, den

Odem schöner Frauen auf ebenso grausame Weise extrahieren wird, um ein Parfüm auf Flakons zu ziehen, dem niemand widerstehen kann.

Nicht schon wieder! Erneut hängt der Sattel unter Chocos Bauch. Sorgfältig hatte ich die Gurte kontrolliert und nachgespannt, war aber schließlich beim letzten Loch angekommen. Ist Choco abgemagert oder liegt es am Fellwechsel? Beim Bürsten gehen ihm die Haare in Büscheln aus und sein wuscheliges Winterfell wird glatt und dünn. Was auch immer die Ursache ist, der Bauchgurt muss so fest sitzen, dass nur noch mein Finger dazwischenpasst.

Gerade bin ich dabei, mit dem Pfriem meines Taschenmessers ein weiteres Loch ins Leder des Gurtes zu bohren, da taucht am Waldrand eine Kuhherde auf. Die Tiere trampeln den Abhang herunter direkt auf uns zu. Eilig ziehe ich das Gepäck zur Seite, da sind die Viecher schon mit großem Getöse heran und drängen sich in den Wanderweg hinein. Die Nähe der dampfenden Tierleiber, ihre scharfen Hörner, der Trommelwirbel ihrer Klauenfüße, alles wirkt beängstigend. Sie schließen uns ein, wir sind mittendrin in der vorwärts stürmenden Herde.

Meinen kleinen Esel überfällt Panik. Nur weg von diesen Ungeheuern! Choco will über die Wiese flüchten, aber sie ist umzäunt. In seiner Angst wirft er sich gegen den Stacheldraht, prallt zurück und springt noch einmal hinein. Endlich habe ich mich durch die Kuhherde zu ihm durchgekämpft, kann ihn festhalten und beruhigen.

Wie ein Spuk waren sie aufgetaucht, die Unglückskühe, und schnell sind sie wieder verschwunden. Das Gepäck ist von spinatgrünem Kuhdung besudelt, aber schlimmer hat es Choco erwischt. Seine Brust ist vom Stacheldraht aufgerissen, Blutstropfen perlen über sein schwarzes Fell. Jetzt muss der Wundspray zum Einsatz kommen, den ich auf Anraten von Roselyn gekauft habe. Doch Choco fürchtet sich vor dem Geräusch der Sprühdose. Also träufele ich die violette Tinktur auf einen Wattebausch und betupfe damit die Wunden. Erleichtert stelle ich fest, dass die Verletzungen nicht bedenklich sind.

Nach diesem Schreck will ich nur noch wenige Kilometer bis Le Falzet gehen, wo es eine Wanderherberge gibt. Schwarzblaue Gewitterwolken lassen es nicht ratsam erscheinen, draußen zu übernachten. Doch die

Herberge ist ausgebucht. Ich wäre notfalls auch mit einem Platz in der Scheune einverstanden und bettele um einen Unterstand für meinen Esel, der sich doch verletzt habe und nun verängstigt sei. Die geschäftige Leiterin der Herberge lässt sich auf keine Diskussion ein. Ob ich mich telefonisch angemeldet habe? Nein? Dann tue es ihr eben Leid. »*Çe n'est pas possible. Je suis navrée!*«

Von anderen Pilgern habe ich schon gehört, dass es besser sei, sich für die Nacht in den Herbergen anzumelden. Doch ich will nicht so genau planen und mich festlegen, denn es ist ein köstliches Gefühl von Freiheit, am Morgen noch nicht zu wissen, wo ich am Abend schlafen werde. Leider muss ich nun auch die Nachteile dieses unabhängigen Wanderns ertragen.

Ich schöpfe neue Hoffnung, als ich am Dorfbrunnen einer Bäuerin begegne. Ob sie ein Zimmer für die Nacht habe oder jemanden weiß, der vermietet, frage ich sie. Nein, sie selber sei darauf nicht eingestellt und die Besitzer der anderen Häuser wohnen nicht ständig hier.

Der Himmel verfinstert sich bedrohlich; ich muss schnell mein Zelt aufbauen, bevor das Gewitter losbricht. Unter Kiefern am Waldrand spanne ich als Erstes das Schutzdach auf. Kaum bin ich fertig, prasselt schon der Regen herunter. Länger als eine Stunde tobt das Unwetter, doch ich hocke geschützt im Trockenen und auch Chocolat stellt sich unter.

Später klart es wieder auf. Zwar wallen über den Baumwipfeln noch immer dunkle Wolken und schleppen schwer an der Feuchtigkeit, die sie über dem Atlantik aufgesogen haben. Aber hinter den Fetzen dieser Regenwolken leuchtet der Himmel strahlend blau.

Wasserscheu!

Von La Falzet zur Furt am Fluss Virlange, 8 km

»In keiner anderen Wanderherberge der *via podiensis* erlebt der Pilger den Geist mittelalterlicher Gastfreundschaft so hautnah wie in der Domaine du Sauvage, mitten in der unwirtlichen Margeride«, erfahre ich aus dem Pilgerführer von Heinrich Wipper. Die Beschreibung regt meine Fantasie an und macht mich neugierig. Mir liegt viel daran, in dem historischen Bauerngehöft aus dem 13. Jahrhundert ein Quartier zu bekommen, deshalb melde ich mich vorsichtshalber an und wir machen uns auf den Weg.

Ein Tag zum Aufatmen, warm und sonnig. Der Wind hat die Regenwolken vom Vortag nach Osten getrieben. Die Ufer des Wiesenbachs im Tal der Virlange sind gesäumt von der verschwenderischen Fülle blühender Orchideen, wilder Narzissen, Stiefmütterchen mit himmelblauen Blüten, dottergelbem Hahnenfuß und zartviolettem Wiesenschaumkraut.

Als sei heute Volkswandertag in Frankreich angesagt, bewegen sich Massen von Menschen durch die Landschaft – und wir sind die Attraktion. Der Anblick meines Esels reizt die Leute zu begeisterten Ausrufen und sie wollen ihn streicheln. »*On peut faire une photo, s'il vous plaît?*«, werde ich immer wieder gefragt. Und ob wir auf dem Jakobsweg pilgern?

»Ja, natürlich!«, antworte ich irritiert. »Was sonst? Sind Sie denn keine Pilger?«

»Ach wo! Nein, wir wandern nur übers Wochenende auf dem GR 65, unserem Fernwanderweg.«

Da wird mir erst klar – ich bin hier nicht, wie ich es von Spanien kenne, inmitten einer Pilgergemeinschaft. Viele sind einfach nur Wanderer, denen oft gar nicht bewusst ist, dass sie sich auf einem uralten Pilgerpfad befinden. Erst langsam entwickelt sich in Frankreich die Tradition des Pilgerns.

Der Pfad führt vom Tal bergauf in einen Wald. Geheimnisvoll ist der Übergang von der sonnenhellen Wiese in den grünen Dom des Buchenhains. Die Baumstämme ragen silbergrau und glatt wie Marmorsäulen in die Höhe und die jungen Blätter schimmern lichtgrün. Sonnenkringel tanzen über den Waldboden; es riecht nach Pilzen.

Nur wenige Kilometer sind es noch zu meinem Tagesziel, der Domaine du Sauvage, dem Landgut »zum Wilden«. Aber zuerst muss noch der Fluss Virlange überquert werden. Weit und breit sehe ich keine Brücke, nur flache Trittsteine helfen, trockenen Fußes ans andere Ufer zu gelangen. Choco wird nicht von Stein zu Stein springen können, das ist mir schnell klar. Es gibt aber eine Furt, nicht tief, jedoch 20 Meter breit, schätze ich.

»Choco, das schaffst du leicht!«, spreche ich ihm Mut zu – und mir auch.

Er probiert es erst gar nicht. Nicht einen Huf setzt er ins Wasser. Bockbeinig steht er am Ufer und starrt auf das vom Wind gekräuselte, dunkle Gewässer und wendet dann seinen Kopf entschieden ab. Ganz klar, ein vernünftiger Esel geht da nicht durch. Und Choco ist vernünftig. Er kann ja nicht erkennen, wie tief das Wasser ist.

Ich zeige ihm, dass es ungefährlich ist, wate vor ihm durch die Furt hin und her, erfolglos. Er schaut nicht einmal zu, widmet sich derweil lieber dem saftigen Gras. Ich locke ihn mit einem Baguette, dem er sonst nicht widerstehen kann. Doch die Angst vor dem trügerischen Wasser ist größer als der Appetit auf die Leckerei. Inzwischen hat sich am gegenüberliegenden Ufer eine Gruppe von Wanderern versammelt, die amüsiert unsere Vorstellung verfolgt.

Ich studiere die Karte. Was soll ich tun? Die Domaine du Sauvage liegt nun einmal auf der anderen Seite des Flusses und wir müssen ihn, wo auch immer, überqueren. Es gibt nur einen Ausweg: den ganzen Weg zurück bis Chanaleilles, dort über die Brücke und auf einer Landstraße erneut in Richtung Sauvage. Auf keinen Fall ist das heute noch zu schaffen. Also noch ein letzter Versuch.

»Wir müssen da durch, Choco! Probier es wenigstens!«

Mein heftiges Drängen bestärkt seinen Argwohn, dass in dem moordunklen Wasser etwas Unheimliches lauert. Eigentlich ist mir ein Esel mit Eigensinn lieber als einer, der stumpfsinnig dahintrottet, wohin man ihn auch führt. Jetzt aber wünschte ich, er würde mir vertrauensvoll durchs Wasser folgen. Es wäre so einfach und das Ziel so nah.

Schon längst habe ich ihm das Gepäck abgenommen, weil ich hoffte, ohne Last würde er sich eher trauen. Schließlich spiele ich meinen letzten Joker aus und versuche es mit der Taktik der Überrumpelung. Ich lasse ihn eine Weile in Ruhe und springe dann schreiend auf ihn zu. Erschrocken galoppiert er los. Ich packe ihn am Halfter, nutze den Schwung und reiße ihn hinein in die Furt. Schon spritzt das Wasser bis an seinen Bauch. Da begreift er und blockt ab. Sein Nacken versteift sich. Wenn ihm jetzt jemand einen Klaps auf den Hintern gäbe – dann könnte es gelingen. Da sitzt ringsum ein Dutzend Leute beim Picknick, doch obwohl ich mich schon so lange plage, hilft mir niemand. Zuerst haben sie gelacht und Fotos gemacht, dann sich gelangweilt abgewendet.

In meiner Verzweiflung muss ich meine Gedanken laut ausgesprochen haben. Ein Wanderer, der nur ein paar Meter entfernt auf einem Stein hockt, fühlt sich herausgefordert. Auf Deutsch mit holländischem Akzent ruft er mir zu: »Ich bin hier im Urlaub und denke nicht daran, für Sie den Esel zu spielen.«

Ich kann mir nicht erklären, warum der Mann so feindselig reagiert. Wortlos wende ich mich ab, gehe mit Chocolat zu einer nahen Wiese am Waldrand. Hier werden wir übernachten, beschließe ich. Morgen früh probiere ich es noch einmal. Wenn mein Esel sich dann immer noch fürchtet, gehen wir eben zurück.

Am Lagerplatz entdecke ich einen prächtigen Steinpilz; er hat einen samtigen Hut, festes Fleisch und, was selten ist, keine Maden. Ich freue mich über die schmackhafte Belohnung und denke, dass der Jakobsweg wie ein Lehrpfad fürs Leben ist. Vielleicht sollte ich heute begreifen lernen, dass man sich nicht darauf versteifen sollte, ein Ziel um jeden Preis zu erreichen.

In der Stille höre ich von fern das Rauschen des Flusses. Der blaue Himmel schimmert durch die dunkelgrünen Kiefern. Die Luft ist klar und frisch. Chocolat ist satt, hat sich mit Vergnügen gewälzt und ruht jetzt in der Wiese neben mir wie ein Riesen-Osterhase. Seine langen Ohren spielen unaufhörlich nach allen Seiten, fangen von überall Töne ein, sensible Schalltrichter, denen nicht das geringste Geräusch entgeht. Auf einmal dreht er beide Ohren in eine Richtung, lauscht konzentriert. Sein Körper spannt sich wie eine Stahlfeder, er springt auf, den Kopf nach vorn gestreckt, die Ohren vorgeklappt. Was er vernimmt, scheint ihm Angst zu machen. Schnell läuft er auf mich zu. Ich lege meine Arme um seinen Hals, eng aneinander gepresst warten wir atemlos, was da auf uns zukommt.

Ich sehe sie, bevor ich sie höre, denn sie nähern sich leise. Es sind Kühe! Die Leitkuh voraus, ein Tier mit haselnussbraunem Fell und spitzen, schwungvoll gebogenen Hörnern. Kein Zweig knackt unter ihren Klauen. Elefanten bewegen sich so, kommt es mir in den Sinn. Prüfend zieht die Anführerin die Luft durch ihre breiten Nasenlöcher. Ihrer Kraft bewusst, kommt sie immer näher und hinter ihr drängt die Herde nach: Mutterkühe mit ihren Kälbern. Das sind keine degenerierten Fleischlieferanten, sondern Tiere, die sich einen Teil ihrer Wildheit bewahrt haben. So mögen schon die Urrinder durch die Wälder gezogen sein, bevor sie von Menschen gezähmt und zu Haustieren gemacht wurden.

Ich bin mir nicht sicher, ob ich die Leitkuh von ihrem Vorhaben abbringen kann, ihre Herde an unserem Lager vorbei zur Tränke an den Fluss zu führen. Aber wenn es mir nicht gelingt, die Rindviecher zu stoppen, werden sie meinen Esel erschrecken, ihm das Futter wegfressen und überall ihre Fladen hinterlassen. Wir oder sie! Ich darf mich nicht länger besinnen, ergreife den Pilgerstock, schlage wild gegen die Bäume, schreie laut und stelle mich der Leitkuh entgegen. Kann ich sie zur Umkehr bewegen, dann wird ihr auch die Herde folgen.

Ich sehe, sie hat keine Angst vor mir. Sie weiß, dass sie mich leicht über den Haufen rennen oder mich mit ihren Hörnern aufspießen könnte. Aber sie hat Erfahrungen mit Menschen, entschließt sich klug zum Rückzug und führt die Herde etwas flussabwärts zur Tränke.

Choco zittert – zu frisch ist die Erinnerung an gestern, als er vor Schreck gegen den Stacheldraht gesprungen war. Wieso nur hat er Angst vor Kühen? Weiß er nicht, dass sie meist harmlos sind? Dennoch fühle ich mich mutig wie eine Löwenmutter, die ihr Baby siegreich gegen eine gefährliche Büffelherde verteidigt hat.

Abendmahl

Vom Fluss Virlange zur Domaine du Sauvage, 7 km

Zelt, Überdach, Sattel und Satteldecke, alles trieft vom Tau, als hätte es geregnet. Außerdem ist es unangenehm kalt. Vier Grad Celsius und 95 Prozent Luftfeuchtigkeit zeigt mein kleines Messinstrument.

Aus dem Nebel tauchen die Kühe wieder auf. Im Morgengrauen haben sie sich fast geräuschlos angeschlichen. Die kluge Leitkuh ist nicht dabei. Diesmal sind es Mutterkühe samt ihren Kälbern, die wie gewohnt auf ihre Weide wollen. Die schweren Körper dampfen in der feuchten Luft. Sie sind so nah, dass ich ihren Atem riechen kann, der aufdringlich meine Nase kitzelt. Sie senken ihre Hörner und ich befürchte, dass sie mich angreifen werden. In meiner Angst wende ich die schon mehrfach erprobte Urschrei-Taktik an. Eine Weile nur lassen sie sich von meiner filmreifen Vorstellung in Schach halten, dann drängen sie wieder vor. Wenn sie plötzlich losstürmen und mich umstoßen, habe ich keine Chance, mich zu verteidigen. Fast fluchtartig verlasse ich mit Choco den Lagerplatz, denn die Kräfte sind zu ungleich verteilt. Hinter uns brechen die Kühe aus dem Wald und nehmen ihre angestammte Weide in Besitz.

Wir kommen wieder zu der Stelle, wo Choco gestern nicht durch den Fluss gehen wollte. Mit seiner Körpersprache gibt er mir zu verstehen, dass ein erneuter Versuch zwecklos ist. Also gehen wir zurück bis zur Brücke von Chanaleilles, wo wir endlich den Virlange überqueren können. Eine asphaltierte Straße führt das Tal aufwärts bis zu einer Höhe von 1270 Meter, dann fällt sie sanft wieder ab. Diesmal ist das Glück auf meiner Seite, denn an diesem Morgen sind kaum Fahrzeuge unterwegs. Der Nebel hat sich längst aufgelöst und das frühlingsfrische Laub der Buchenwälder leuchtet im Sonnenlicht. Üppige Wiesen sind gesprenkelt mit braunen Kühen. Am Straßenrand blühen roter Fingerhut und blaue Stiefmütterchen. Was für ein Genuss, durch diese farbensatte Landschaft zu wandern; am liebsten würde ich singen. Sobald ich aber eine Strophe anstimme, bleibt Choco erschrocken stehen. Man hat mir schon immer gesagt, ich könne nicht singen, aber dass es so schlimm ist, habe ich nicht geahnt. Seine hochempfindlichen Eselohren scheinen bei meinem Gesang derart zu schmerzen, dass er sich weigert, auch nur einen einzigen Schritt weiterzugehen.

Endlich sehe ich unten im Talkessel das ersehnte Ziel, das Gut »Domaine du Sauvage«, ein imposantes Anwesen aus grauem Granitgestein und schieferdunklen Dächern mit Scheunen, Ställen, Lagerhäusern und Fischteichen.

Für heute haben wir es geschafft, freue ich mich. Im Eilschritt marschieren wir auf die Herberge zu. Choco ist besonders gut in Form, kaum kann ich mit ihm Schritt halten. Noch ein letzter sanfter Anstieg, dann sind wir da. Bevor wir aber aus der bewaldeten Senke ins freie Gelände kommen, trompetet mein Esel plötzlich kräftig aus vollen Lungen und will sich gar nicht mehr beruhigen. Er schreit fordernd und lustvoll. Seine Muskeln spannen sich, der Nacken wird steif. Sein kräftiger Körper bebt und die Nüstern sind weit geöffnet. Gerade noch gelingt es mir, sein Halfter fest zu packen und ihn am Davongaloppieren zu hindern. »Choco! Halt! *Arrête*! Was ist denn los? Warten draußen auf der Wiese etwa feurige Stuten auf dich?«, frage ich im Scherz und ahne nicht, wie Recht ich habe.

Da tauchen sie auch schon auf! Eine ganze Herde rassiger Stuten stürmt hell wiehernd auf uns zu. Der Trommelwirbel ihrer Hufe ist mitreißend und für Choco gibt es kein Halten mehr. Ich aber starre angstvoll auf den Stacheldraht und weiß, ich darf nicht loslassen, klammere mich ans Halfter und werde mitgerissen. Choco galoppiert mit 30 Kilo Gepäck auf dem Rücken und schleift mich mehr als 100 Meter mit sich. Er schnaubt, ich keuche. Als sei er vom Teufel geritten, prescht er auf dem Schotterweg vorwärts. Neben uns auf der Wiese, hinter dem Stacheldraht, galoppieren und wiehern die Pferde. Es ist höllisch!

Nicht loslassen! Nur nicht loslassen, hämmert es in meinem Kopf. Mit letzter Kraft drücke ich meinen Esel gegen eine Kiesaufschüttung am Wegrand und kann seine Raserei endlich bändigen, eigentlich ein Wunder mit meinen 50 Kilo gegen seine fünf Zentner Körpermasse.

Georges hatte mir beim Abschied so nebenbei gesagt: »Il *aime les chevaux* – er liebt Pferde.« Bei dieser Bemerkung hatte ich mir nichts weiter gedacht, wusste ich doch, dass Esel im Allgemeinen Pferde mögen und man sie deshalb gemeinsam auf einer Weide halten kann. Erst unterwegs begriff ich, was Georges wirklich gemeint hatte. Chocolat mag Pferde nicht nur, er liebt sie regelrecht – will sich mit ihnen paaren und hat wahrscheinlich schon zahlreiche Maultiere gezeugt. Ich ahne, was mir bevorstehen wird, denn viele Stuten werden noch unseren Weg kreuzen und ihr Geruch und ihr aufreizendes Gebaren werden meinen Esel immer wieder von Neuem in Ekstase versetzen.

Erschöpft und verschwitzt erreiche ich den Gutshof. Dort ist unser Eselsgalopp nicht unbemerkt geblieben. Monsieur Chausse, der Wirt, begrüßt mich lächelnd und belehrt mich sogleich, was in einem solchen Fall zu tun sei: »Das Führungsseil müssen Sie mehrmals fest um Maul und Nase Ihres Esels schlingen und das Ende durch den Ring hier am Halfter stramm ziehen, dann kommt Ihnen der kleine Satan nicht mehr aus. Und wenn das nicht reicht, greifen Sie ihm mit zwei Fingern in die Nasenlöcher hinein und drücken diese zu. Dann bekommt er weniger Luft und wird zahm wie ein Lämmchen. Sie werden es beim nächsten Mal schon sehen!«

Der Ratschlag von Monsieur Chausse leuchtet mir sofort ein. Darauf hätte ich selbst kommen können, aber Choco hatte mir keine Zeit zum Nachdenken gelassen. Ich habe mir auch nicht vorstellen können, dass ein Esel zu einem derart gefährlichen Temperamentsausbruch fähig sein würde.

Beim Blick in ihr Anmeldebuch macht die Herbergsmutter ein besorgtes Gesicht. Meine Reservation galt für gestern, aber als sie Choco sieht, lässt sie sich erweichen. Ich bekomme ein Bett und mein Esel einen schattigen Platz auf der Wiese bei den Forellenteichen.

Die Schlafräume in dem alten Gemäuer sind dunkel und muffig. Durch einen Fensterschacht fällt auch tagsüber kaum Licht. Der Essensraum, der in der Mitte von einer mächtigen Granitstele gestützt wird, ist mit Holztischen und Bänken rustikal eingerichtet, außerdem gibt es einen gemauerten Kamin, einen Herd und eine Spüle. Oben ist auf halber Höhe ein Querboden für ein Gemeinschaftslager eingezogen. Dort hat schon eine schwäbische Pilgergruppe aus Eislingen ihr Quartier belegt.

Die sieben jungen Leute haben beste Laune. Mit ihrem Leiter, Pfarrer Stephan, komme ich schnell ins Gespräch. Obwohl zahlreiche Menschen auf der *via podiensis* unterwegs sind, habe ich seit dem Holländer Adriaen, der mir die Geschichte vom Rotkehlchen in der Kirche erzählte, hier erst meine zweite intensive Begegnung mit echten Pilgern.

Stephan, wie er von allen mit Vornamen gerufen wird, ist den Jakobsweg von Deutschland bis Spanien bereits dreimal zu Fuß gegangen und will seine neue Gruppe diesmal bis Conques führen. Domaine du Sauvage ist für ihn ein ganz besonderer Ort, erzählt er mir, weil er hier vor Jahren seine Weihe erhielt.

Wir tauschen Erfahrungen aus. Die Eislinger Pilger haben die 65 Kilometer von Le Puy in drei Tagen zurückgelegt, während ich mit Choco sieben Tage gebraucht habe. Zuerst bin ich enttäuscht, wie langsam wir im Vergleich sind, doch dann wird mir klar, dass Choco mir ein kostbares Geschenk macht – die Langsamkeit. Er zwingt mich zur Muße, so dass ich die Umwelt mit allen Sinnen noch besser wahrnehmen kann.

Am Abend feiern die Eislinger auf der Wiese vor der Herberge die heilige Messe und wie selbstverständlich werde ich dazu eingeladen. Theoretisch weiß ich ungefähr, wie eine Messe abläuft, tatsächlich erlebt habe ich noch keine, deshalb bin ich leicht befangen.

Pfarrer Stephan, mit T-Shirt und in kurzen Hosen, sitzt mit überkreuzten Beinen vor uns im Gras, wir anderen hocken aufgereiht auf einer sonnenwarmen Mauer. Eine Teilnehmerin liest aus dem Johannes-Evangelium, dann spricht Stephan mit einfachen, eindringlichen Worten über den Jakobsweg. Jeder müsse diesen Weg aus eigener Kraft gehen, aber er dürfe sicher sein, geführt und geleitet zu werden. Stephan resümiert den vergangenen Tag, erinnert an hilfsbereite Menschen, denen man nicht zufällig begegnet sei. Als Instrument Gottes seien sie eben zur rechten Zeit erschienen, was einmal mehr beweise, dass wir uns in Gottes Hand befänden.

In einer Schweigeminute gedenken wir der Menschen, die wir verloren haben und die uns doch immer nahe stehen werden. Es wird gesungen und gebetet.

Ich betrachte die ernsten, gesammelten Gesichter neben mir, bin beeindruckt von ihrem Glauben, der keinen Zweifel zulässt. Mauersegler zickzacken kreuz und quer über uns am Himmel, der so transparent wirkt, als könnte man ins Unendliche sehen. Blitzschnell schießen die Vögel auf der Jagd nach Insekten durch die Luft. Mit ihrem aufgeregten Gekreische könnten sie gefangene Seelen sein, die fieberhaft nach einem Ausweg suchen. Unser Gesang mischt sich mit ihren hellen, spitzen Rufen.

Warm beleuchtet von der untergehenden Sonne, erlebe ich ein heiliges Ritual und fühle mich wie herausgefallen aus der Zeit. Unabhängig welche Götter sie verehrten, fühle ich mich mit Generationen von Menschen verbunden. Ob Sonnengottheit oder Gott der Christen, alles scheint eins zu sein in diesem Moment.

Letzte Strahlen blitzen, dann ist die Sonne verschwunden. Kühle Dämmerung senkt sich über das Land. Stephan bereitet sich jetzt auf das Abendmahl vor. Behutsam nimmt er Brot in die Hände, segnet es, spricht die heiligen Worte der Wandlung und verteilt das Brot – den Leib Christi. Wir stehen im Kreis, halten uns an den Händen, und der Kelch mit Wein, gewandelt in das Blut Gottes, wird von einem zum anderen gereicht. Durch Segnung, Wandlung und Austeilung der Gaben soll Gott in der Gemeinde der Menschen gegenwärtig werden.

Fällt nur mir auf, wie barbarisch dieser Akt ist? Schließlich verzehren wir doch Fleisch und Blut eines zum Menschen gewordenen Gottes. Fast fühle ich mich in frühe Urzeiten versetzt, als Menschenopfer die mächtigen Dämonen besänftigen und Kannibalismus das Überleben des Stammes sichern sollte. Gewiss, es ist nicht wirklich Blut, das wir trinken, und die Handlung ist rein symbolisch. Aber die Vorstellung allein erzeugt bei mir eine Gänsehaut, denn trotz seiner sublimierten Form ist im Hintergrund das blutige Opfer heidnischer Kulte noch wahrnehmbar.

Wahrscheinlich hätte mich die Eucharistie in einer Kirche niemals so stark ergriffen, viel intensiver wirkt sie hier im Freien im Kreis dieser jungen Gläubigen. Was für ein starkes Symbol, denjenigen sinnbildlich zu verspeisen, von dem man glaubt, er habe die Welt geschaffen, und sich gewissermaßen mit dem Blut und Fleisch dieses Gottes zugleich die Welt einzuverleiben! Nur so wird alles eins und alle Grenzen lösen sich auf.

Bei diesem Gedanken ist mir, als wäre ich den Wurzeln der Religion sehr nahe gekommen.

Zum Abschluss singen wir ein Kirchenlied und ich blicke unwillkürlich hinauf zum Dach der Herberge. Ein weißer Täuberich balzt lebhaft um eine schwarze Taube. Der weiße Vogel fliegt auf den Rücken der Partnerin, flattert mit den Flügeln. In diesem Moment entsteht Leben – die sich immer wiederholende Schöpfung.

Verrückt nach Pferden

Von der Domaine du Sauvage nach Saint-Alban, 14 km

In froher Stimmung verlasse ich den Gutshof »Domaine du Sauvage«. Ist es nicht seltsam? Warum freue ich mich, von dort wegzugehen, wo ich mich doch so wohl gefühlt habe? Weil ich reich beschenkt wurde und diese Geschenke am besten bewahren kann, indem ich sie in mir forttrage.

Wir pilgern durch die Weiten eines Wiesengrundes mit lichtgrünen Bäumen, duftendem Ginster und grauen Steinmauern, eine friedvolle Landschaft – wenn da nicht immer wieder Pferdekoppeln wären. Chocos Körper vibriert dann vor Energie. Wird er gar zu wild, stecke ich ihm die Finger in die Nase. Mit diesem Trick behalte ich zwar die Kontrolle über meinen Begleiter, aber das fortwährende Achtgeben macht mich nervös. Ständig muss ich auf der Hut sein, die Pferde lange vor ihm wahrzunehmen.

Wir erreichen die Rochus-Kapelle auf der Passhöhe Col de l'Hospitalet. Der Name erinnert an ein Pilgerhospiz aus dem 12. Jahrhundert, zu dem auch eine Jakobskirche und ein mittelalterlicher Friedhof gehörten. Gäbe es nicht alte Pilgerberichte, wüssten wir nichts von dieser Anlage, denn kein einziger Stein blieb erhalten. In den Schriften des Mittelalters ist auch von einer wundersamen Quelle die Rede. Sie sprudelt noch heute und ihre heilende Wirkung lässt Augenleidende von weit her anreisen. Dem Ginster scheint die Umgebung von Kapelle und Quelle auch bestens zu bekommen. Angezogen vom Duft und den leuchtenden Farben umschwirren dichte Wolken von Insekten die Blüten. Sie suchen Nektar und bestäuben dabei die Pflanzen.

Wie konnte dieses Beziehungsgeflecht entstehen? Für beide, für Pflanze und Tier, ist es von Nutzen, aber wie hat alles angefangen? Wie wusste der Ginster, was Bienen schmeckt? Ich würde gern verstehen, wer oder was sie so hat werden lassen, wie sie sind. Wie konnte sich dieses schöpferische Leben auf der Erde entwickeln? Dem Ursprung auf die Spur zu kommen, das Geheimnis des Lebens zu ergründen – was für eine faszinierende und verführerische Herausforderung. Gerade weil ich mich durch meinen Beruf als Biologin mit Evolutions- und Soziobiologie beschäftigt habe, ist mir klar, dass unser Wissen über Entstehung und Entwicklung des Lebens nur Modelle sein können. Es sind Entwürfe, die zwar die Wirklichkeit ziemlich gut abbilden, ihr aber niemals ganz entsprechen werden. Je mehr wir wissen und erkennen, um so mehr Fragen tauchen auf.

Wissenschaft scheint mir ein Hilfsmittel, ein brauchbares Paar Krücken zu sein, mit denen man sich einigermaßen zuverlässig fortbewegen kann. Ohne sie gäbe es keinen Fortschritt mit all seinen Vor- und Nachteilen. Denkbar ist jedenfalls, dass sich die Menschheit durch ihr übergroßes Wissen und Können eines Tages selbst auslöschen wird.

Es ist Mittag und Zeit für Choco, zu weiden. Auch ich bin froh über eine Rast unter schattigen Bäumen. Ich öffne meine Feldflasche und trinke andächtig Schluck für Schluck des kühlen Wassers aus der Wunderquelle der Rochus-Kapelle.

Im Südwesten reihen sich Hügel und Berge dicht hintereinander. Mit der Entfernung wechseln die Farbtöne von Hellgrün bis Dunkelblau, um sich endlich in den Farben des Himmels aufzulösen. Da ist sie wieder, meine Sehnsucht nach der Ferne …

Plötzlich Hufschlag auf trockener Erde. Erschrocken drehe ich mich um. Direkt auf uns zu kommen zwei Reiter. Ich stürze zu Choco und binde ihn mit dem Führungsseil an einen starken Ast. Da sind die Reiter auch schon heran, ein Mann und eine Frau, die mit Pferden auf dem Jakobsweg pilgern. Sie grüßen freundlich und würden gern ein paar Worte mit mir wechseln, aber mein Esel gebärdet sich wieder einmal wie wahnsinnig, steigt tänzelnd mit den Vorderbeinen hoch, wirft sich mit aller Kraft gegen das Seil, und seine I-ah-Schreie lassen die Luft erzittern. Oben im Sattel amüsieren sich die Reiter über das verrückte Verhalten des kleinen Schwarzen, der ihren hochbeinigen Rössern kaum über den Steigbügel reicht. Ich erkläre, mein Esel wolle sich mit ihren Pferden paaren. Lachend reiten sie weiter und schon beruhigt sich Choco wieder.

Vom bewaldeten Höhenzug geht es hinunter nach Le Rouget. Der Ort ist nach dem roten Sandstein benannt, der hier überall vorkommt. Und tatsächlich, alle Häuser, Mauern und Kreuze dieser Gegend sind aus diesem Material gebaut.

Am Ortsrand von Saint-Alban folge ich etwas verwundert der Wegmarkierung mitten durch die Anlage einer psychiatrischen Klinik, wo gerade die Straße repariert wird. Ein Caterpillar kommt uns bedrohlich entgegen und verursacht einen Höllenlärm. Asphalt köchelt in rußigen Kesseln und giftige Dämpfe entweichen. Eine Planierraupe dröhnt und Lastwagen kurven herum. Über geöffnete Heckklappen prasselt Kies auf den Boden.

Choco ficht das alles nicht an. In stoischer Ruhe geht er neben mir her. Wie er das nur aushält mit seinen sensiblen Ohren? Mich dagegen stören Lärm und Gestank über die Maßen. Mit Winken und Rufen mache ich die Bauarbeiter auf uns aufmerksam und flunkere, mein Esel würde sich fürchten. Sie lächeln verständnisvoll und stoppen gutmütig ihre Maschinen, damit wir gefahrlos vorbeiziehen können.

Mein heutiges Etappenziel, Saint Alban, liegt in einem Talkessel. Auf der verkehrsreichen Hauptstraße gelangen wir in die Stadt. Zwischen fahrenden und parkenden Autos kämpfe ich mich mit Choco durchs Gewühl. In einem Straßencafé sitzen die Pilger, die zuvor an uns vorbeigeritten sind. Als Choco die beiden Pferde entdeckt, brennen sofort wieder seine Sicherungen durch und er bäumt sich auf. Nur mit Mühe kann ich das Führungsseil um sein Maul schlingen und ihm meine Finger in die Nüstern stecken. Vor und hinter uns stauen sich die Autos und ich bin froh, dass wenigstens keiner hupt. Ich ziehe Choco in eine stille Gasse und binde ihn an einen Baum fest. »Ruh dich im Schatten aus. Ich suche für uns ein Quartier und bin bald wieder zurück«, verspreche ich ihm.

Die Wanderherberge in Saint-Alban ist nicht nur ausgebucht, sie hat auch keine Weide für meinen Esel. Fehlanzeige ebenfalls in den Hotels und Pensionen. Jedoch was soll's? Das Wetter droht nicht mit Regen, da können wir unbeschwert im Freien übernachten. Zuvor will ich aber in Saint-Alban die Kirche besichtigen.

Sie ist dem heiligen Alban geweiht, dem ersten Märtyrer Englands. Im Jahr 303 wurde er bei Verulam, in der Nähe Londons, hingerichtet und bald verbreiteten sich Wunderberichte über sein Sterben. Auch in Frankreich hörte man davon und im Jahr 428 pilgerten französische Bischöfe zu seinem Grab.

Mich überrascht die Farbigkeit der Kirche. Die Mauern bestehen aus gelben, rosafarbenen und blutroten Sandsteinen. Scheinbar willkürlich, ohne ordnendes Muster aufgeschichtet, lassen die bunten Quader die Kirche seltsam gesprenkelt erscheinen. Sie bewahrt noch ganz gut den Einfluss aus romanischer Zeit, obwohl sie einige bauliche Veränderungen über sich hatte ergehen lassen müssen. Anstelle eines Turms trägt sie einen Aufsatz mit drei Arkaden, in denen Glocken hängen. Der heutige Eingang wurde erst 1830 durchbrochen und dafür das alte Portal vermauert. Mir gefällt der halbrunde Chor, außen gegliedert durch Blendbögen, die auf schlanken Säulen ruhen. An seinem Mauerwerk sind die roten Steine besonders zahlreich und setzen knallige Farbtupfer.

Im Inneren beeindruckt mich das Kirchenschiff mit seinem spitzbogigen Tonnengewölbe. Das Licht fällt durch fünf schmale Fenster mit Rundbögen in den Chorraum. Ich schaue sie mir genau an und entdecke, dass eines dieser farbigen Glasfenster den heiligen Jakob zeigt.

Mein Esel blickt mir ungeduldig entgegen. »Mein Lieber, sobald wir eine saftige Wiese finden, bleiben wir dort über Nacht«, verspreche ich. Eine Weile müssen wir am Rande einer Schnellstraße entlanglaufen, dann zweigt der Wanderweg ab und führt uns auf eine Anhöhe mit einem verwitterten Doppelkreuz. Auf der einen Seite erkenne ich den gekreuzigten Christus, auf der anderen Maria mit ihrem toten Sohn auf dem Schoß. In der Nähe des Kreuzes auf einer sonnigen Wiese mit Blick auf Saint-Alban unten im Tal, errichte ich mein Nachtlager. Den Wasserkanister hatte ich vorsorglich im Ort gefüllt, doch wir müssen nicht sparen. Bei einem Erkundungsgang entdecke ich einen Tankwagen für das Weidevieh, aus dem ich Wasser zapfen kann. Außerdem habe ich Pilze gefunden, eine erfreuliche Abwechslung meines Speiseplans.

Um neun Uhr abends ist es noch warm und die Sonne verabschiedet sich vom Tag mit einer Symphonie aus Rot- und Orangetönen und der Himmel leuchtet in zartem Grün. Erst die Nacht beendet das Farbenspiel. Tief unter mir im Tal blinken die beleuchteten Fenster von Saint-

Alban zu mir herauf und verkünden Geborgenheit. Ich aber möchte nicht tauschen und fühle mich privilegiert, die Nacht im Freien unter einem grandiosen Sternenhimmel verbringen zu dürfen.

»Gut, dass sie keinen Platz für uns hatten«, sage ich zu meinem Esel und bin glücklich, ihn in meiner Nähe zu haben.

Das Schlammbad

Von Saint-Alban nach Aumont-Aubrac, 15 km

Pünktlich um sechs Uhr weckt mich eine Singdrossel mit leidenschaftlichem Gesang. Im Tal von Saint-Alban staut sich der Nebel, während bei uns auf der Anhöhe die Luft klar und trocken ist. Die Sonne steigt über den Horizont und wirft ihre Strahlen über das Land. Ein heißer Tag beginnt, wolkenlos blaut der Himmel und der Ginster duftet noch betörender als die Tage zuvor. Rotkehlchen singen in den Wipfeln und ein Kaninchen hoppelt furchtlos über den Weg.

Beim Ort Les Estrets überqueren wir auf einer Brücke den Fluss Truyère, der das Bergland der Margeride im Südwesten begrenzt, und steigen wieder auf einen Höhenrücken hinauf. Hier betreten wir eine andere Region des Massif Central – die Vulkanberge des Aubrac.

In einer feuchten Senke passiert es – das jeden Tag fällige Unheil. Der Weg ist in der Mitte schlammig aufgeweicht. Fußabdrücke führen seitwärts auf schmalem Steg am unvermeidlichen Stacheldraht entlang. Dorthin kann ich mit meinem Esel nicht ausweichen – das Gepäck würde zerfetzt werden. Mit äußerster Vorsicht will ich ihn zwischen Stacheldraht und Schlamm hindurchführen, doch mit seinem Ungestüm macht er meine gute Absicht zunichte. Da ihm mein Schieben und Drücken lästig ist, stakst er trotzig mitten hinein in den Sumpf. Sekundenschnell versinkt er in einem Loch. Unaufhaltsam taucht er immer tiefer ein. Schon steckt er bis zum Bauch im Schlick.

Vor Schreck bin ich wie gelähmt. Bevor ich einen klaren Gedanken fassen kann, hilft Choco sich selbst. Er sammelt seine Kräfte und schnellt sich mit ein, zwei, drei Sprüngen aus dem Sumpfloch heraus. Von den Hufen bis zu den Ohren mit Schlamm bedeckt, macht er einen erbarmungswürdigen Eindruck, doch ihn scheint dies nicht zu bekümmern. In seinen Augen sehe ich keinen Schimmer von Angst.

Wir sind gut vorangekommen und erreichen schon mittags unser heutiges Etappenziel Aumont-Aubrac. Ich bin in der Herberge angemeldet und freue mich auf eine warme Dusche und die Möglichkeit, meine verschwitzten Kleider zu waschen. Außerdem will ich Lebensmittel einkaufen und mir Zeit nehmen, die Sehenswürdigkeiten der Stadt zu erkunden.

Chocolat wird für seinen heroischen Sprung aus dem Schlammloch mit einem verwilderten Garten belohnt. Doch ausgerechnet in diesem Augenblick erscheint ein Arbeiter, der die Wiese mähen will. Nur mit Mühe gelingt es mir, ihn zu überreden, sein Vorhaben aufzugeben und sich seine Arbeit von dem Esel abnehmen zu lassen.

Aumont-Aubrac lag ursprünglich am Kreuzungspunkt ehemaliger gallorömischer Handelswege, die aber dem heutigen Straßenbau zum Opfer gefallen sind. Wie immer ist die Kirche mein erstes Ziel. In den Nischen der Granitmauern stehen verwitterte Wegkreuze, die im Mittelalter den Pilgerweg markierten. So entdecke ich zum Beweis an der Westfassade eine steinerne Jakobsmuschel.

Als ich, mit Lebensmitteln beladen, wieder in der Herberge ankomme, hat Choco wahrlich fleißig gearbeitet und die Pflanzenwildnis stark gelichtet. Ich überlege noch, ob es nach dem vielen saftigen Grün jetzt nicht angebracht wäre, seinen Speiseplan zu ändern, da kommen schon freundliche Leute vom Nachbargarten und werfen ihm duftendes Heu über den Zaun.

Die restlichen Plätze im Mehrbettzimmer sind inzwischen alle belegt, unter anderem von Lucia, einer Pilgerin aus der Schweiz.

»Ist das etwa dein Esel?«, fragt sie mich angriffslustig. Kaum habe ich es bestätigt, überfällt sie mich mit Vorwürfen: »Das ist Tierquälerei! Schlepp doch dein Gepäck selber! Warum dieses arme Tier damit schinden?«

»Du irrst, Chocolat ist nicht zu schwer beladen!«

»Quatsch! Wie willst du das denn wissen? Nimm doch deine Sachen selber auf den Rücken, so wie wir alle! Überhaupt finde ich es gemein, den armen Esel auf den Pilgerweg zu zwingen, er kann sich nicht einmal wehren!«

»Ich verstehe nicht, was du mir vorwirfst, Lucia?«

Meine Frage erregt sie erst recht. »So? Du verstehst das nicht? Du missbrauchst das Tier für deine Zwecke und zu deinem Vergnügen. Du bist in der Lage, freiwillig zu entscheiden, ob du die Strapazen der Pilgerwanderung auf dich nehmen willst, der Esel kann es nicht! Er ist dir ausgeliefert auf Gedeih und Verderb und muss sich mit deinem Gepäck abschinden, das ist – ich sage es wieder – Tierquälerei!« Mit diesen Worten bricht sie den Disput ab und lässt mich einfach stehen.

Sie hat nicht ganz Unrecht, denn eine uneigennützige Tierliebe gibt es nicht. Haustiere werden nur deshalb gezüchtet, weil sie uns dienlich sind, ob nun als Nahrungslieferant oder als Seelentröster. Entscheidend aber ist, denke ich, wie wir diese Tiere, die uns ausgeliefert sind, behandeln. Um Chocolat sorge ich mich, so gut ich kann, und bemühe mich, ihm kein Leid zuzufügen. Rastplätze wähle ich danach aus, ob es schmackhafte Gräser und Kräuter für ihn gibt, ich lasse ihn jeden Abend ausgiebig trinken, bürste sein Fell, pflege seine Hufe und streichle ihn, so oft er es will. Und er belohnt mich dafür mit seiner Arbeit und seiner Anhänglichkeit. Darf ich aber die Gefahren vergessen, in die ich ihn geführt habe? Es stimmt – auf seiner Heimatweide würde er ungefährdeter leben als bei unserer abenteuerlichen Wanderung. Könnte er aber wählen, wofür würde er sich dann entscheiden? Ich bilde mir ein, dass Chocolat unsere Pilgerreise genießt. Seine Sinne sind hellwach, die Augen blicken klar, die Ohren fangen ungewöhnliche Geräusche ein und in seine Nüstern dringt oft der betörende Duft von Pferden. Ungeduldig drängt er mich jeden Morgen zum Aufbruch und ich vermute, er hat das frühere, ereignisarme Dasein nicht ungern gegen ein spannendes, wenn auch riskantes Wanderleben eingetauscht.

Aber fragen, ob er mich begleiten will – da hat Lucia Recht –, konnte ich Chocolat nicht.

Lucia sitzt im Garten und schreibt in ihr Tagebuch. Ich möchte gern noch einmal mit ihr über dieses Thema sprechen, sie aber entgegnet: »Ach, vergiss es! Ich habe gesagt, was ich denke, mehr will ich darüber nicht reden.«

So bleibe ich allein mit meinen Gedanken und grüble weiter. Mir fällt die Fabel von dem Mann und seinem Sohn ein, die mit einem Esel zum

Markt ziehen. Wie es der Mann auch anstellt, ob sie nun gleichzeitig auf dem Esel sitzen oder er allein reitet und seinen Sohn nebenher laufen lässt, ob er seinen Sohn in den Sattel setzt und er zu Fuß geht oder gar beide neben dem Esel herlaufen, immer haben die Leute etwas zu bemängeln. Schließlich weiß der Mann sich keinen anderen Rat mehr, als sich den Esel auf die eigenen Schultern zu laden. Da kritisiert ihn keiner mehr – alle greifen sich nur noch entsetzt an den Kopf.

Kein Lagerplatz für Vagabunden

Von Aumont-Aubrac nach Finieyrols, 15 km

Im frühen 12. Jahrhundert verließ Graf Adalard seine flandrische Heimat und machte sich auf den weiten Weg zum Grab des Apostels in Santiago de Compostela. Heimkehrende Pilger hatten immer wieder Schauergeschichten erzählt von Überfällen und Morden entlang des Weges. Besonders schlimm aber sei es im dunklen, tiefen Wald des Aubrac mit seinen berüchtigten Räuberbanden.

Graf Adalard hatte sich deshalb einer größeren Gruppe von Pilgern angeschlossen, um die gefährliche Wegstrecke im Schutz der Gemeinschaft zu bewältigen. Aber die Pilger wurden von einem Unwetter heimgesucht und Adalard verlor den Anschluss an seine Begleiter. Entkräftet und vor Kälte zitternd fand er eine Höhle im Wald und kroch hinein. Am nächsten Morgen, als Tageslicht in die Höhle fiel, durchfuhr ihn das Grauen. Aufgereiht an den Wänden lagen die abgeschlagenen Köpfe von Pilgern. Ausgerechnet in einer Räuberhöhle hatte er Zuflucht gesucht. Sollte er mit heiler Haut davonkommen, gelobte Adalard, würde er eine Schutzstation für Jakobspilger gründen, ein Herbergs- und Wehrkloster. Unversehrt in seine flandrische Heimat zurückgekehrt, vergaß er bald sein Gelübde. Dann aber wurde er im Traum von grausigen Visionen heimgesucht und beeilte sich, das versprochene Kloster bauen zu lassen.

Die Berge des Aubrac bestehen aus Basaltgestein und ruhen auf einem Sockel granitischen Urgesteins. 1300 Meter hoch steigen sie an und erstrecken sich zwischen den Flüssen Truyère und Lot. Die undurchdringlichen Wälder, in denen man sich verirren konnte, sind längst gerodet und die Monotonie der Weiden wird nur von vereinzelten Baumgruppen und Hainen unterbrochen.

Ackerbau lohnt sich nicht in diesem kargen Land, dafür ist die Humusdecke viel zu dünn. Bleibt nur die Viehzucht als Haupterwerb für die

Bevölkerung. Weit über die Grenzen hinaus berühmt sind die Aubrac-Kühe mit dem fuchsroten Fell und den weit ausladenden Hörnern. Im Mai werden sie auf die Bergweiden getrieben, wo sie bis Oktober bleiben und Tag und Nacht im Freien verbringen. An die schreckliche und gefährliche Gegend von einst erinnert heute nichts mehr, aber dünn besiedelt ist das Aubrac noch immer, pro Quadratkilometer leben gerade einmal neun Menschen.

Vom Ort Aumont-Aubrac folgen wir einige Kilometer der Landstraße, denn Stephan, der Eislinger Pfarrer hatte mich eindringlich vor den Feuchtwiesen hinter Aumont-Aubrac gewarnt. Die Hitze staut sich flimmernd über dem Asphalt der verkehrsreichen Straße. Wir bewegen uns am äußersten Rand und werden doch vom Luftzug vorbeidonnernder Lastwagen fast mitgerissen. Gefährlich wird es für uns vor allem, wenn sich Fahrzeuge trotz Gegenverkehrs überholen.

Mein Esel bleibt immer wieder stehen, denn im Graben wachsen Kräuter, die in der Hitze duften und seine Nase verführerisch reizen. Ein Kampf zwischen uns entbrennt: Er will fressen und ich will die Autostraße so schnell es geht hinter uns bringen.

Ich atme auf, als wir bei Lasbros endlich wieder in den Pilgerweg einbiegen. Später erreichen wir die Wegkreuzung Les quatre chemins mit der bei Pilgern beliebten Café-Bar »Chez Régine«. Hier, weitab von jeglicher Ortschaft, wirkt das Café besonders einladend und ich lasse mich mit einem *grand café au lait* verwöhnen. Entzückt von meinem Esel, schenkt ihm die freundliche Wirtin einen Beutel mit trockenem Weißbrot.

Ich lausche den Gesprächen der Pilger, die mit am Tisch sitzen. Franz, ein Österreicher mit dem Aussehen eines Gebirglers, braun gebrannt, mit wettergegerbtem Gesicht und eisgrauen, wachen Augen, erzählt: »Stellt euch vor, da bin ich doch einem Pilger begegnet, der hatte überhaupt kein Geld bei sich. Der Mensch hat nur von dem gelebt, was ihm die Leute gaben. Einmal musste er fünf Tage lang hungern. Absichtlich war er ohne Geld unterwegs, aus Prinzip, wie er mir sagte.«

»Ich habe drei Ungarn getroffen, die pilgerten auch ohne Geld. Sie nannten es franziskanisch leben, nach Franz von Assisi«, berichtet Horst, ein Rheinländer.

»Solche Leute mag ich nicht«, meldet sich Sigrid aus Stuttgart zu Wort. »Die nützen doch nur die Gutmütigkeit ihrer Mitmenschen aus.«

»Da bin ich mir nicht so sicher«, sagt Horst, »da steckt schon mehr dahinter. Seinen Stolz zu überwinden und zu betteln, dazu muss man erst einmal in der Lage sein. Wer von uns könnte sich der Hilfe anderer total ausliefern? Die ungarischen Pilger haben mir gesagt, dass sie sich als Gefäß Gottes fühlen, in das Menschen ihre Gaben füllen. Indem sie sich demütigen und erniedrigen, rufen sie das Erbarmen ihrer Mitmenschen hervor, bewegen diese zu guten Taten. Sie sind wie Werkzeuge, die Gott benützt, um Menschen auf einen guten Weg zu führen.«

»Seid ihr auch der Angie begegnet, einer Schweizerin?«, fragt Sigrid. »Ich glaube, sie ist 75 Jahre oder noch älter.«

»Was ist mit ihr?«, frage ich neugierig.

»Das ist auch so eine Geschichte, die zum Pilgerweg passt«, erzählt Sigrid. »Die Angie ist wie unter einem inneren Zwang losmarschiert, ohne Karte, ohne Sprachkenntnisse und ohne viel über den Pilgerweg zu wissen. Nur dass sie nach Westen laufen musste, da war sie sicher.«

»Und damit kommt sie durch?«, will Franz wissen.

»Nun ja, alle helfen ihr, weil sie so alt und zerbrechlich wirkt, aber sie ist zäh und sie weiß genau, was sie will.«

»Jeder sieht die Welt mit seinen Augen. Die Wahrheit findet er nur in seinem eigenen Inneren. Letztendlich ist man ganz allein für sein Tun und Handeln verantwortlich«, sagt Horst nachdenklich.

Warum jetzt nicht im Schatten vor sich hinträumen? Chocolat gibt mir jedenfalls deutlich zu verstehen, dass er lieber faul und genussvoll den Tag beschließen würde. Als sei er plötzlich uralt geworden, schleppt er sich mühsam mit steifen Beinen dahin, schlurft mit den Hufen und lässt den Kopf tief hängen. Ein Anblick zum Erbarmen. Mir wird klar, das Etappenziel Nasbinals erreichen wir heute nicht mehr. Angestrengt halte ich Ausschau nach einem Lagerplatz, doch die Landschaft ist mit Stacheldraht verbaut. Dahinter ausgedehnte Viehweiden, nirgendwo ein zugängliches Plätzchen. Meine Bemühungen, Chocolat zum Weitergehen zu bewegen, fruchten kaum. Mit letzter Kraft, scheint es, schleppt er sich ins Dorf Finieyrols.

Die Häuser aus grauem Granitgestein und mit schweren Schieferdächern machen einen verlassenen Eindruck. Nur eines mit blauen Schwertlilien im Vorgarten könnte bewohnt sein. Am Ortsende führt ein Kiesweg einladend zum letzten Haus hinauf. Es ist ein zweistöckiges Gebäude mit rostroten Fensterläden. Mit der eleganten Rundtreppe vor dem Eingang wirkt es wie ein Herrschaftssitz, doch zwischen den Fugen des Steinpflasters im Hof wuchern kniehoch Gräser und Blumen. Hier wohnt schon lange niemand mehr, denke ich. Das Anwesen und seine Umgebung wirken aber nicht verwahrlost, eher wie im Dornröschenschlaf, von einer blühenden Pflanzenwelt eingesponnen.

Auch Chocolat gefällt es hier auf Anhieb. Befreit vom Gepäck und nach dem obligatorischen Wälzen erforscht er den Weideplatz nahe dem Haus und zupft sich die saftigsten Kräuter und Gräser heraus. Der geeignete Platz für mein Zelt wäre im Hof, trocken und windgeschützt. Aber ohne Erlaubnis? Ich habe Skrupel, mich ohne Genehmigung des Besitzers hier niederzulassen. Leider lässt sich nirgends eine Menschenseele blicken, deshalb beschließe ich, zu dem Haus mit den Schwertlilien zurückzugehen, das noch am ehesten den Eindruck machte, als sei es bewohnt. Ich klopfe und tatsächlich öffnet ein junges Mädchen die Tür. Sie sei allein, sagt sie, und ihre Eltern kämen erst am Abend. Sie bestätigt mir, dass niemand in dem Haus am Ortsrand wohnt, und ich erzähle ihr von meiner Absicht, dort zu zelten. »Gehen Sie besser weiter«, empfiehlt sie mir. »Das würde ich gerne tun«, entgegne ich, »doch mein Esel weigert sich und ich kann keinen anderen Platz für ein Nachtlager finden.« Ich bitte sie, ihren Eltern auszurichten, dass ich eine Pilgerin sei, ganz bestimmt nichts Unrechtes tue und auch keinen Abfall hinterlassen werde. Sie nickt und wir verabschieden uns.

Stunden vergehen, ab und zu bellt ein Hund, sonst ist kein Laut aus dem Dorf zu hören. Ein Hausrotschwanz zwitschert sein einfaches Lied vom Dachfirst und gelbe Schmetterlinge gaukeln über den Hof. Mein Zelt steht und ich fange an, das Abendessen zu bereiten. Da stürmt ein vierschrötiger Mensch den Kiesweg herauf und faucht wütend: »Was hast du hier zu suchen? Verschwinde auf der Stelle!«

»Was wollen Sie denn? Wer sind Sie eigentlich?«, frage ich, ohne mich von seinem harschen Auftritt einschüchtern zu lassen.

»Ich bin der Eigentümer! Das ist mein Haus!«

»Wirklich?«, frage ich ungläubig. »Ich habe mich doch im Dorf erkundigt und man sagte mir, hier wohne niemand.«

»Lüge! Wer soll das gesagt haben?«

»Da war ein Mädchen im Haus mit den Blumen.«

»Schluss mit dem Palaver! Du zahlst oder verschwindest!«

»Wie viel verlangen Sie denn?«

»Das kostet dich einen Hunderter.«

»Was? Sind Sie verrückt!«, entfährt es mir. »Das meinen Sie doch nicht im Ernst. Ich benutze ja nichts von Ihrem Eigentum außer diesen freien Platz im Hof.«

»Mein letztes Wort: Bezahl oder verschwinde!«

Mir fallen plötzlich die Erzählungen aus dem Mittelalter ein, als diese einsame Bergwildnis bei Pilgern gefürchtet war, weil sie sich oft heillos verirrten und von Räubern ausgeraubt wurden. Bin ich etwa einem neuzeitlichen Beutelschneider in die Hände gefallen? Der Mann weiß so gut wie ich, dass ich bleiben muss. In einer Stunde bricht die Nacht herein, bis dahin hätte ich nicht einmal fertig gepackt und wohin sollte ich auch gehen im Dunklen mit einem müden Esel? Schon will ich ihm notgedrungen das Geld geben, da kommen mir Zweifel, ob er auch wirklich der Besitzer ist.

»Ich werde mich erst mal im Dorf erkundigen, ob Sie der Eigentümer sind«, sage ich zu ihm.

Er lacht höhnisch: »Ja, frag nur. In zehn Minuten bin ich zurück, dann zahlst du oder haust ab.«

Wieder klopfe ich an die Tür des Iris-Blumen-Hauses und wieder öffnet das Mädchen. Ich erzähle ihr, was inzwischen passiert ist.

»Ja, es stimmt schon, ihm gehört das Haus«, bestätigt das Mädchen. »Mein Vater hat ihn angerufen. Unser Dorf ist nämlich kein Lagerplatz für Vagabunden. Sie sollen einen Denkzettel bekommen.«

»Aber ich bin doch eine Pilgerin.«

»Egal, wir wollen einfach nicht, dass jemand in unserem Dorf kampiert.«

Die halbe Nacht verbringe ich mit Warten auf die Rückkehr des Störenfrieds. Vergeblich. Ob er doch nicht der Besitzer war?

Die große Weite

Von Finieyrols zur Almhütte, 18 km

Jubilierend steigen Lerchen in die Höhe und verlieren sich im Blau des Himmels, bis nur noch der Klang ihrer Lieder zur Erde dringt. Wiesengrün öffnet sich das Land weit bis zum Horizont. Kilometerlange Steinwälle, die wie ein Spinnennetz die Landschaft kreuz und quer überziehen, unterbrechen das eintönige Grün. Es muss Generationen gedauert haben, bis alle lästigen Steine gesammelt und zu Mauern aufgeschichtet waren. Ebenso ungewöhnlich sind die riesigen Granitblöcke, die überall verstreut auf den Wiesen liegen und sagenhaften Gestalten gleichen.

Die einzigen Lebewesen, die uns in dieser einsamen Landschaft begegnen, sind die rotbraunen Aubrac-Rinder. Die Kühe haben ihre Kälber bei sich und drängeln sich dicht am Zaun, um uns neugierig zu beäugen. Chocolat fühlt sich sicher, solange die Wiederkäuer brav hinter der Abgrenzung bleiben.

Wir gelangen nach Rieutort d'Aubrac mit Bauernhäusern aus vergangenen Jahrhunderten, wuchtig aus Granit gebaut mit weit herabhängenden Schieferdächern. Ein steinerner Brunnen spendet sprudelndes Wasser, füllt eine Steinwanne, fließt weiter in einen Steintrog und sickert von dort zurück ins Erdreich.

In Montgros halten wir die erste Rast des Tages. »Chez Rosalie«, das kleine Bistro am Ortsrand, bewirtet seine Gäste im Freien. Im Schatten großer Sonnenschirme fühle ich mich gut aufgehoben und lausche den Gesprächen der Gäste ringsum. Sie sind alle Jakobspilger. Hannes aus Saarbrücken, neben dem ich Platz genommen habe, ist wie ich in Le Puy gestartet und will weitergehen bis Santiago de Compostela.

»Warum nehmen Sie diese Strapaze auf sich?«, frage ich ihn.

»Schauen Sie, ich habe etwas Schlimmes erlebt. Meine Kinder hatten einen Autounfall. Ihnen ist nichts passiert, aber die Kleine, meine Enkelin, ist ins Koma gefallen und dann gestorben. Ich werde damit nicht fertig. Ein Bekannter hat mir vom Pilgerweg erzählt und da war mir klar, ich muss diesen Weg gehen. Die Kleine wird davon nicht mehr lebendig, aber mir hilft es vielleicht weiter.«

»Muss es denn der Pilgerweg sein? Hätte ein beliebiger Wanderweg, ohne religiösen Hintergrund, nicht dieselbe Wirkung?«

»Nein, auf keinen Fall. Ich wandere nicht, ich pilgere! Dabei glaub ich nicht, dass meine Enkelin im Himmel oder im Paradies ist, so stelle ich mir das nicht vor. Ich spüre aber, dass es etwas Unbestimmtes, etwas Unerklärliches geben muss. Meine Pilgerreise hilft der Kleinen irgendwie, dort, wo sie jetzt ist, und deshalb fühle ich mich besser.«

Es ist fast Mittag, als wir Nasbinals erreichen. Kein einsames Dorf, wie die bisherigen Orte des Aubrac, sondern eine Stadt mit Bäcker und Lebensmittelgeschäften, mit dichtem Verkehr auf der Hauptstraße, einem rosenumsäumten Platz mit Kriegerdenkmal für die Gefallenen der Weltkriege und einer romanischen Kirche, die im 13. Jahrhundert von Mönchen des Aubrac-Klosters errichtet wurde.

Die Außenseite des Chors schmücken Rundbögen mit Säulen, die in die Granitmauer eingebunden sind. Farblich vom grauen Gestein abgesetzt, haben die Steinmetze im Mittelalter aus rostrotem Lavatuff seltsame Gesichter und Fratzen gemeißelt, die von den Dachsparren auf mich herabstieren. Ein behäbiger achteckiger Glockenturm krönt die Vierung. Kurios finde ich ein rundes Türmchen, das in den Winkel zwischen Langhaus und Querschiff hineingezwängt wurde. Dieser schlanke Rundturm trägt ein Schieferdach in Form eines pfiffigen Hütchens.

Schmuckstück der Kirche ist wieder einmal das Portal. Über Jahrhunderte unangetastet, präsentiert es sich unverfälscht im Stil der Romanik. Auf Granitsockeln stehen beidseits je zwei Säulen. Auf dem rechten vorderen Kapitell zielt ein Armbrustschütze auf einen Ritter, der ihn mit einer Lanze aufspießen will und sich selbst mit einem Schild schützt.

Im Inneren der Kirche sind es der Hauptchor, die Seitenapsiden und die Vierungskuppel, die mein Interesse wecken. Starrende Fratzen, wie schon außen am Chor, sind oben an der Kuppel eingemauert.

Das Kirchenschiff war ursprünglich von einem Tonnengewölbe bedeckt und wurde in späteren Jahrhunderten mit Kreuzrippen verstärkt.

Kunstliebhaber waren schon immer von dieser romanischen Kirche entzückt. Der Schriftsteller Helmut Domke schrieb: »... ein kleines Gotteshaus von der Vollkommenheit einer Bachschen Fuge«. Nun gut, man darf sie nur nicht mit all dem vergleichen, was den Pilger noch an Großartigem erwartet auf seinem weiten Weg nach Santiago de Compostela.

Es ist einsam geworden auf unserem Weg zur Passhöhe. Weit breitet sich die Graslandschaft vor uns aus. Nur dunkle Buchenhaine sorgen für Abwechslung und wirken wie mit dem Pinsel in das Grün hineingetupft. Wer nicht empfänglich ist für die berauschende Wirkung der Weite, findet diese Gegend monoton, karg, einsam. Genau das aber macht den Reiz für mich aus. Je näher wir der Passhöhe kommen, desto mehr fühle ich mich befreit von der Enge des Tales. Ich wünschte, es ginge so weiter, immer höher. Aber nach dem Pass senkt sich der Weg schon wieder abwärts zum Ort Aubrac – für mich zu früh. Das einsame Hügelland hat mich verzaubert und hält mich fest in seinem Bann. Abseits vom Weg auf der höchsten Erhebung fällt mir die Ruine einer Almhütte auf. In ihrem Windschatten werde ich bleiben und mein Zelt aufbauen.

Zuletzt war Chocolat nur noch müde dahingetrottet, aber als ich ihn in Richtung Almhöhe lenke, wirft er den Kopf in den Nacken und stapft munter bergan. Er scheint mit mir eins zu sein, dass uns dort oben die grenzenlose Freiheit und die Weite des Himmels erwartet.

Der Last ledig, wälzt er sich nicht wie üblich und beginnt sofort zu fressen, nein – er springt mit allen vieren in die Luft. Als ströme er über vor Freude, hüpft er im Kreis wie ein Böcklein. Dann erst wirft er sich auf den Boden, dreht sich auf den Rücken, streckt seine Beine in die Höhe, rollt von einer Seite zur anderen und grunzt vor Wohlgefühl. Chocolat gebärdet sich, als sei er in eine heiß geliebte, vertraute Umgebung zurückgekehrt. Nach allem, was ich von ihm weiß, kann er noch nie hier gewesen sein. Vielleicht aber erinnert ihn die Passhöhe an seine Sommerweide im Gebirge über der Ardèche-Schlucht?

Langsam verklingt der Tag. Ich lehne mich mit dem Rücken an die sonnenwarmen Steine der alten Almhütte und beobachte die Sonne, wie sie hinter den Hügeln versinkt. Ihr Widerschein spiegelt sich am Himmel in rötlichen Farben, allmählich werden sie silbern, dann grau, und schließlich senkt sich die Nacht über das weite Land. Die Sterne strahlen klar und die scharfe Sichel des Mondes erhebt sich langsam am Horizont. Eisige Kälte treibt mich ins Zelt.

Die Kunst des Loslassens

Von der Almhütte nach Saint-Chély-d'Aubrac, 12 km

Der Weg zum Ort Aubrac führt über zahlreiche Viehweiden, die von Stacheldrahtzäunen voneinander getrennt sind. Für Wanderer gibt es enge Durchlässe, Trittsteine oder Treppchen, mit denen sie bequem über die Zäune gelangen können. Mit Choco habe ich keine Chance, diese Hindernisse zu überwinden. Was tun? Ich nehme alle meine Kraft zusammen und ziehe die tief eingerammten Pfosten samt Stacheldraht aus dem harten Boden. Der Weg ist frei und ich führe Choco auf die benachbarte Weide. Aber nicht lange, bald stehen wir wieder vor einem neuen Gatter. Es ist harte Arbeit und ich muss mich richtig zwingen, den Zaun auch wieder ordentlich zu verschließen.

Unterhalb der Passhöhe liegt der berühmt-berüchtigte Ort Aubrac. Im Mittelalter bekannt als *in loco horroris et vastae solitudinis*, Schrecken der Einsamkeit. Hier war es, wo sich der Edelmann Adalard im tiefen Wald verirrte, in der Räuberhöhle mit den grausigen Köpfen nächtigte und als Dank für seine Rettung ein befestigtes Kloster bauen ließ. Bis zu 500 Pilger konnten früher im Klosterhospiz Unterschlupf finden.

Nur Wehrturm, Kirche und ein paar Wirtschaftsgebäude sind vom alten Kloster erhalten geblieben. Im Turm hängt noch die Glocke, die früher bei Nebel geläutet wurde, um verirrten Pilgern den Weg zum rettenden Hospiz zu weisen. Ich trete ein in die gotische Kirche, gleich neben dem Glockenturm. Verloren in einer Ecke des Chors stehen kleine sakrale Figuren und ersetzen den Altar. Flackernde Kerzen betonen die Leere der hohen Kirchenhalle. Zwitschernd flattern Schwalben durch den Raum, entkommen durch Löcher in den zwei Meter dicken Mauern ins Freie und fliegen flugs wieder herein.

Bevor wir uns an den Abstieg nach Saint-Chély-d'Aubrac wagen, gönne ich mir eine Rast im Straßencafé nahe der Klosterkirche. An den bunten Rucksäcken, die an den Stühlen lehnen, ist unschwer zu erkennen, dass es sich hier um einen Treffpunkt der Jakobspilger handelt.

Ein Mann, der mit seinem Hund unterwegs ist, sagt, es sei gar nicht so einfach, mit einem Tier zu wandern. Er müsse auf drei Dinge gleichzeitig achten: auf den Weg, die Markierung und seinen Hund. Wenn er wüsste, wie dramatisch sich erst das Pilgern mit einem Esel gestaltet!

Von ihrem Zuhause in der Schweiz hat sich ein Ehepaar auf den Weg gemacht und will bis Santiago durchhalten.

»Warum gehen Sie den Pilgerweg?«, frage ich und bin überrascht, dass die Befragten sofort eine Antwort parat haben. Wahrscheinlich ist es die entscheidende Frage, die sich jeder stellt, bevor er loszieht. Ohne langes Nachdenken sagt die Schweizerin: »Für mich ist es das Loslassenkönnen. Der Weg lehrt mich, dass man nichts festhalten kann. Dadurch werde ich frei für Neues. Jeden Abend ein Ankommen, jeden Morgen ein Aufbruch. Zuerst hat mich das zermürbt. Ich wollte schon aufgeben, dann habe ich irgendwie doch weitergemacht und jetzt bin ich froh darüber.«

»Und die religiöse Bedeutung des Weges, ist die für Sie ebenso wichtig?«, erkundige ich mich vorsichtig.

»Nun ja, ich bin nicht so sehr gläubig. Es ist für mich mehr das Erleben der Natur, das mich beglückt, und die Geschichte des Weges, die mich interessiert. Vor allem die mittelalterlichen Kirchen, die beeindrucken mich schon sehr.«

Ihr Mann hat uns zugehört und sagt jetzt: »Ich bin da anderer Meinung, denn der Jakobsweg ist nur wegen seiner religiösen Bedeutung überhaupt zu verstehen. Daraus bezieht er seine Kraft und Stärke und übermittelt diese auf uns Pilger. Niemals würde ich sonst eine Strecke von mehr als 2000 Kilometern schaffen. Nur weil es der Pilgerweg ist, bin ich dazu im Stande. Viele Jahre schon war es mein Wunsch, den ganzen Weg zu gehen, von zu Hause aus, und dazu habe ich jetzt die nötige Zeit, ich bin nämlich seit einem Jahr in Rente.«

Mit den besten Wünschen für eine glückliche Ankunft in Santiago de Compostela verabschiede ich mich von den beiden. Wir pilgern weiter auf dem gleichen Weg, der sich doch für jeden von uns anders gestaltet.

Vom Ort Aubrac, der seinen Namen der ganzen Gegend verliehen hat, fällt das Gebirgsplateau steil ab nach Saint-Chély-d'Aubrac, meinem heutigen Ziel. Vier anstrengende Stunden geht es abwärts. Gewarnt von Pfarrer Stephan, weiß ich, dass der Abstieg ähnlich problematisch ist, wie der von Rochegude nach Monistrol; deshalb entscheide ich mich für die mehrfach längere Strecke auf der Straße, die sich in zahlreichen Serpentinen hinab ins Tal windet. Der Verkehr ist zwar gering, aber ich sorge mich, dass sich Chocolats Hufe auf dem harten Belag zu sehr abnutzen könnten. Beim Auskratzen ist mir bereits aufgefallen, dass der Abstand vom Hornrand zur Sohle kürzer geworden ist. Zwar müsste ich mir keine Sorgen machen, denn wilde Esel laufen in Nordafrika ständig über steiniges Gelände und Geröll, den starken Abrieb gleicht normalerweise das schnelle Wachstum aus. Bei Hauseseln, die auf Wiesen mit weichem Boden leben, muss deshalb das Horn regelmäßig abgeraspelt werden. Da Esel wesentlich härtere Hufe als Pferde haben, werden sie nur selten mit Eisen beschlagen. Ich weiß aber noch nicht recht einzuschätzen, ob bei meinem Esel das Nachwachsen die tägliche Abnutzung ausgleicht.

Endlich bietet eine Lichtung einen guten Platz für eine Rast. Choco grast friedlich und ich packe meinen Proviant aus. Nach einer Weile blicke ich auf und erstarre vor Schreck. Stacheldraht hat sich um seine Hinterbeine gewickelt, rostiger Draht, der lose herumlag. Während er sich zu befreien versucht, verheddert er sich nur noch mehr darin. Choco hält inne, als ich ihn beruhigend kraule; dann krieche ich unter seinen Bauch und löse langsam und vorsichtig den stacheligen Draht von seinen Beinen. Geschafft! Aufatmend will ich mich aufrichten, da knallt mir sein Hinterhuf gegen das Knie. Im ersten Schmerz schreie ich laut auf.

Mein Schreck verfliegt schnell, denn Choco hat mir lediglich einen harmlosen Schlag versetzt, der kaum zu spüren gewesen wäre, hätte er nicht ausgerechnet die Kniescheibe getroffen. Er wollte nur seinem Unmut wegen der Belästigung mit dem Draht ein wenig Luft machen. Sofort versöhnen wir uns wieder. Nach diesem Tritt ist mein Vertrauen in ihn eher noch gewachsen. Obwohl er ziemlich ärgerlich war, hat er seine Kraft nicht gegen mich missbraucht.

Erst gegen sechs Uhr abends erreichen wir Saint-Chély-d'Aubrac. Für die anstrengende Tour wird mein Esel mit einer abgeschlossenen Weide belohnt, auf der er sich frei bewegen kann.

Begegnung mit Justin

Von Saint-Chély-d'Aubrac nach Saint-Côme-d'Olt, 16 km

Über den Gebirgsbach spannt sich eine steinerne Brücke. Ihre Brüstungsmauer schmückt ein Kreuz aus dem 16. Jahrhundert, dem das Wetter seine Spuren eingegraben hat. Doch der gekreuzigte Chistus ist noch gut erkennbar, ebenso Maria mit dem Jesuskind auf der dem Wasser zugewandten Seite. Am Schaft der Säule sehe ich die Darstellung eines Pilgers mit Stab, Pelerine und Brotsack, eine Abbildung die mich durch ihre Einfachheit rührt.

Diese Brücke mit dem Kreuz muss ich überqueren, um Choco von seinem Schlafplatz abzuholen. Wie wird er reagieren, nachdem er die ganze Nacht allein war? Zum ersten Mal habe ich ihn nicht festgebunden, da die Weide sicher abgeschlossen war. Ob er sich nun einfangen lässt? Kaum hat er meine Stimme gehört, trabt er schon vom anderen Ende der Wiese auf mich zu. Glücklich umarme ich meinen Esel und empfinde es als kostbares Geschenk, dass er sich mir freiwillig anschließt.

Im frühen Morgenlicht marschieren wir durch die stille Ortschaft, überqueren den menschenleeren Marktplatz, wo auf einer Säule ein Hahn aus Metall, Frankreichs Wappentier, seine Federn plustert und den Schnabel stolz in den Himmel reckt. Vor der Herberge belade ich Chocolat, dann überqueren wir die Brücke und steigen den gegenüberliegenden Berghang hinauf. Beim Blick zurück sehe ich zum letzten Mal Saint-Chély-d'Aubrac, eng an den Berghang gepresst wie ein Schwalbennest.

Bald wandern wir über eine weite Hochfläche mit Getreidefeldern und Waldinseln, doch vom Westen droht eine Gewitterfront. Schwarze Wolkenberge verfinstern den Himmel. Nur ein schmaler Spalt ist noch frei, durch den die Sonne blendend strahlt und das Land grell beleuchtet. Kornfelder lodern gelb, Wiesen leuchten giftgrün, und Wälder dunkeln wie in Tinte getaucht.

Schnell spanne ich die extra angefertigte Regenplane über meinen Esel, fädle Schnüre durch Ösen und binde sie unter seinem Bauch zusammen. Leider bewährt sich die Plane nicht – der Wind fährt von unten in sie hinein und bläht sie auf wie ein Segel. Bleibt als Schutz vor dem Unwetter nur das Blätterdach eines Baumes. Nach einer Stunde haben wir das Schlimmste überstanden. Erleichtert blicke ich den Wolken nach, die der Sturm dramatisch über die Hochfläche treibt. In der Ferne zeigen dunkelviolette Schlieren, wo sich die Wolken erneut erleichtern und ihre Regenlast auf die Erde prasseln lassen.

Ein Wald von Kastanienbäumen nimmt uns auf. Mit ihren hochgewölbten Kronen und den gezähnten Blättern beweisen sie mir, dass ich in einem südlichen Land bin. Im Herbst werden die braunen Maronen in großen Mengen gesammelt, zu Marmelade, Mus und Pasteten verarbeitet und als Spezialität der Region in den Geschäften zum Kauf angeboten.

Auf federnden Pfaden wandern wir durch den dichten Kastanienwald, der von wechselvollen Licht-und-Schatten-Spielen belebt wird. Auf einer Lichtung gönnen wir uns eine längere Pause, damit Choco fressen kann. Eine Gruppe von Pilgern wandert vorbei und fast alle wollen wissen: »Ist er störrisch?«

»Aber nein!«, antworte ich entschieden und ernte enttäuschte oder ungläubige Mienen. Ein folgsamer Esel passt einfach nicht zur landläufigen Meinung.

Drei junge Frauen aus Belgien gesellen sich zu uns. Ihnen erkläre ich: »Es gibt keine störrischen Esel, nur Menschen, die diese Tiere falsch behandeln. Bei Chocolat weiß ich inzwischen, dass er immer einen Grund hat, wenn er stehen bleibt. Entweder ist das Gepäck verrutscht oder er hört ein ungewöhnliches Geräusch. Esel sind nämlich sehr aufmerksame, neugierige und überaus kluge Tiere, sie interessieren sich einfach für alles, was in ihrer Umgebung vor sich geht. Und sie folgen nicht automatisch unseren Befehlen, sondern denken erst mal darüber nach, bevor sie sich entscheiden, etwas zu tun oder eben auch nicht.«

»Denken? Esel können denken?«, ruft Jasmin überrascht aus.

»Aber ja! Natürlich lösen sie keine Rechenaufgaben, doch in Chocolats Augen kann ich sehen, wie er das Für und Wider abwägt, wenn er mit etwas Neuem konfrontiert wird. Er überlegt bei jeder Situation, was für ihn das Beste ist, und verhält sich dann entsprechend. Wichtig für ihn ist vor allem, Gefahren zu vermeiden und an einen guten Futterplatz zu gelangen.«

»Das klingt einleuchtend«, sagt Jeanette.

»Hätte ich nie für möglich gehalten. Dabei sagt man doch, Esel seien dumm«, meint Marie.

Jasmin geht zu Choco und streichelt ihn sanft. Er hält still, schließt halb die Augen und genießt.

»Warum seid ihr auf dem Pilgerweg?«, stelle ich meine Standardfrage, denn ich möchte die Motive möglichst vieler Menschen erfahren, denen ich begegne.

»Ach, einfach so, weil es herrlich ist!«, antwortet Marie spontan. Sie ist mit 22 Jahren die Jüngste. Jasmin zählt 28 und Jeanette 32 Jahre.

»Wir sind Freundinnen und wandern gern«, sagt Jasmin, die sich wieder in unseren Kreis gesetzt hat. »Da kam uns der Pilgerweg gerade recht. Die rund 200 Kilometer von Le Puy bis Conques wollen wir in acht Tagen schaffen. Es soll landschaftlich der schönste Teil der *via podiensis* sein.«

»Was bedeutet euch denn der Weg?«, frage ich weiter.

»Die Natur ist uns vor allem wichtig und sie ist großartig hier!«, sagt Jeanette begeistert. »Meine Vorliebe sind Pflanzen. Viele seltene Arten wachsen ganz einfach am Wegrand, darüber freue ich mich. Außerdem gefallen mir die Dörfer, die wie verwunschen wirken. Da fühle ich, was es heißt: Die Zeit bleibt stehen.«

»Spielt denn die Religion für euch eine Rolle?«

»Nein, das weniger«, antwortet Jasmin.

»Dennoch sind wir auch Pilger, eben auf unsere Weise«, sagt Marie.

Herzlich verabschiede ich mich von den Frauen und ziehe mit Chocolat weiter. An der Wegbiegung drehe ich mich noch einmal um und rufe ihnen zu: »Bis bald! Wir sind eher langsam und ihr werdet uns bestimmt gleich einholen.«

»Mal sehen. Wir sind auch nicht die Schnellsten.«

Statt der drei Belgierinnen überholt uns ein Mann mit Rucksack auf dem Rücken und Sandalen an den Füßen. Kein üblicher Anblick, denn Wanderer und Pilger tragen normalerweise geschlossene Schuhe. Alle Pilgerberichte widmen sich dem leidigen Schuhproblem und schildern schmerzvolle Erfahrungen mit Blasen, blutigen Zehen und wund geriebenen Fersen. Mit meinen Füßen habe ich Glück, sie halten viel aus. Ich bevorzuge hoch geschnürte Wanderschuhe mit kräftigen Profilsohlen. Bei jeder Rast ziehe ich sie aus und erfrische die erhitzten Füße durch Barfußlaufen.

Mehr als 1000 Meter sind Choco und ich abgestiegen vom Gebirgsplateau des Aubrac hinunter ins Tal des Lot. Diesen Fluss, der sich wild durchs Land schlängelt, bevor er in die Garonne mündet, werde ich auf meinem Weg noch einige Male überqueren.

Wir erreichen den Ort Saint-Côme-d'Olt, unser heutiges Etappenziel. Das dem Ortsnamen angehängte d'Olt bedeutet in der okzitanischen Mundart »Lot«. Wie so oft erinnern auch in diesem Fall geografische Begriffe an alte und manchmal längst vergessene Sprachen.

Unser Quartier müssen wir im Ort beziehen, denn die bewaldete Berglandschaft ist für ein Übernachten im Freien ungeeignet. Inzwischen habe ich begriffen, dass Reservierungen auf der *via podiensis* unabdingbar sind, vor allem weil ich für Chocolat jedesmal eine Weide brauche. Am Telefon versicherte mir der Wirt vom »Hôtel des Voyageurs«, dass ich Chocolat bei ihm problemlos unterstellen könnte. Als wir den Abstieg geschafft haben und müde vor dem Hotel eintreffen, ist es schon später Nachmittag.

»Wo kann ich meinen Esel hinführen?«, frage ich den Wirt als Erstes.

»Da in die Garage. Hier ist der Schlüssel.«

»Garage? Mein Esel ist doch kein Auto!«

Der Wirt überlegt eine Weile und bringt uns dann zu einer Toreinfahrt. Nicht nur die Betonwände stören mich, sondern auch der Steinboden, auf dem kein Grashalm wächst.

»Nein, das ist auch kein guter Platz!«, sage ich. Was aber soll ich tun? Es ist das erste Mal, dass es mit Chocos Unterbringung Probleme gibt. Weiterwandern kommt nicht in Frage, dazu ist er zu erschöpft – und wohin auch? Das Terrain ist weit und breit zum Campieren ungeeignet. Der Wirt ist gutmütig und bereit zu helfen; er hatte sich nur nicht vorstellen können, welche Bedürfnisse ein Esel hat. Schließlich macht er ein eingezäuntes Grundstück ausfindig, das aber mit zwei Meter hohem

Brombeergesträuch zugewuchert ist. In der Not weiß ich mir keinen anderen Ausweg, schlage mit dem Stock um mich und trample das Dornengestrüpp so weit nieder, bis ich einen freien Platz für Choco geschaffen habe. Da er Dornenpflanzen frisst, ist auch das Futterproblem gelöst.

Über den wild rauschenden Lot spannt sich mit vielen Bögen eine Brücke – der beste Platz, um die malerische Ortschaft zu überblicken. Inmitten der glänzenden Schieferdächer erhebt sich die im Jahr 1530 erbaute gotische Kirche, deren Turmspitze in sich verdreht ist. Was wie ein missglücktes Werk anmutet, ist beabsichtigt. Baumeister Salvanh hat den Glockenturm vorsätzlich so entworfen. Da er zu seiner Zeit ein berühmter Baumeister war, gelang es ihm auch, die konservativen kirchlichen Bauherren von seiner bizarren Idee der gewundenen Kirchenspitze zu überzeugen. Ich kann mir lebhaft vorstellen, dass die merkwürdige Konstruktion bei seinen Zeitgenossen nicht unbedingt mit Begeisterung aufgenommen worden war.

In der gotischen Kirchenhalle empfängt mich zauberhaftes Licht. Die Abendsonne fällt durch die Glasfenster und wirft farbige Muster auf Wände, Säulen und Pfeiler. Vertieft in den Anblick des Farbenspiels, wähne ich mich allein in der Kirche.

»Wie geht es Ihrem Esel?«, fragt plötzlich jemand auf Französisch.

Überrascht drehe ich mich um und sehe den Mann, der mir wegen seiner Sandalen aufgefallen war. Er heiße Justin, erfahre ich, stamme aus Paris, sei von Le Puy gestartet und wolle bis nach Santiago de Compostela pilgern.

»Immer wieder sah ich diese ovalen Muster im weichen Boden, da dachte ich mir, die können nur von einem Esel stammen. Das sind nämlich meine Lieblingstiere.«

»So? Sie kennen sich aus mit Eseln?«

»Weniger, ich mag sie einfach nur.«

Bevor ich zum Hotel gehe, besuche ich noch einmal Choco in seinem Dornenverhau. Die Ranken schmecken ihm offensichtlich, denn er hat schon ein weite Fläche um sich herum freigefressen. Überraschend taucht der Wirt noch einmal auf und schleppt einen Ballen Heu herbei. Choco wird es genießen und ich freue mich über die unerwartete Geste.

Die Meerjungfrau in der Kirche

Von Saint-Côme-d'Olt nach Estaing, 17 km

Von Saint-Côme-d'Olt folge ich dem linken Ufer des Lot sechs Kilometer flussabwärts in Richtung Espalion. Noch bevor die ersten Häuser der Ortschaft auftauchen, zweigt ein Wiesenweg ab, der mich direkt zur Kirche Saint-Hilarian de Perse führt. Ihre Mauern empfangen mich in einem Rot, das im hellen Sonnenlicht fast unwirklich erscheint. Ihr wahres Alter ist nicht bekannt, aber schon im Jahr 1060 wurde sie in einer Schenkungsurkunde an die Abtei Conques erwähnt. Der heilige Hilarian, dem die Kirche geweiht ist, soll an dieser Stelle im Jahr 730 von Arabern enthauptet worden sein. Der Märtyrer nahm daraufhin sein abgeschlagenes Haupt in die Hände, ging zu einer Quelle und reinigte es von Blut – so wird es jedenfalls in der Heiligenlegende berichtet. Kephalophoren, wie man diese Kopfträger bezeichnet, werden hochverehrt und gelten als wundertätig. In Frankreich sind sie besonders zahlreich – von 700 ist die Rede.

Ich bin allein in der Kirche, niemand stört die intensive Andacht. Und auf einmal scheint mir, als würden die Mauern der Kirche erklingen, als strömten Töne aus den Steinen und formten sich zu Musik, die Jahrhunderte überbrückt und wie eine verebbende Klangwelle mein Ohr erreicht.

Nie werde ich müde, romanische Baukunst zu bewundern. Ihre Baumeister haben es verstanden, Kirchen zu schaffen, die in vollkommener Harmonie in sich selbst ruhen. Als hätten sie ein uraltes Wissen über Steine besessen, gelangen ihnen Werke von fast mystischer Ausstrahlung.

Das Portal wird von drei Säulen flankiert, auch sie sind aus rotem Gestein. Im Tympanon, dem Bogenfeld über dem Eingang, ist das Pfingstgeschehen figurenreich dargestellt. Zehn Apostel, in ihrer Mitte Maria, empfangen den Heiligen Geist, der als Taube senkrecht aus dem Himmel niederstürzt.

Wie im Nachklang heidnischer Vergötterung von Gestirnen sind Sonne und Mond als Personen abgebildet. Von einem Strahlenkranz umgeben, hält die Sonnen-Frau ein Ährenbündel in der Hand, das Zeichen von Demeter, Göttin der Fruchtbarkeit. Die männliche Figur, die den Mond symbolisiert, balanciert auf dem Kopf einen Halbmond, auch er ein uraltes Fruchtbarkeitssymbol. Mich erstaunt, dass Sonne und Mond den gleichen Geschlechtern zugeordnet sind wie in der deutschen Sprache, während es in romanischen Ländern üblich ist, Sonne männlich und Mond weiblich zu definieren, also französisch: *le soleil* und *la lune*.

Unterhalb dieses pfingstlichen Ereignisses befindet sich ein Figurenfries, der das Jüngste Gericht zum Thema hat. Ganz rechts erkenne ich Jesus in einer Mandorla, umgeben von den vier Symbolen der Evangelisten: Engel, geflügelter Stier, geflügelter Löwe und Adler. In der Mitte des Reliefs dominiert eine Waage, mit der die Sünder gewogen werden. Tückisch versucht der Teufel dem Himmel die Seelen zu entreißen und drückt eine Waagschale mit dem Daumen nach unten. Die linke Seite des Reliefs ist ganz der Hölle vorbehalten: windende Schlangen, ein Drache, der Sünder verschlingt, grinsende Teufel und über allem Luzifer auf seinem Thron.

In Espalion überschreite ich zum zweiten Mal den Lot, der hier eine Schleife bildet, und folge weiter seinem Ufer auf schattigen Pfaden. Nachtigallen lassen sich trotz Sonnenlicht nicht daran hindern, ihre vibrierenden Triller und sehnsuchtsvollen Schluchzer laut in den hellen Tag hinauszuschmettern.

An einer Wegkreuzung weist ein Schild die Richtung zur Kirche Saint-Pierre-de-Bessuéjouls. Als sie zwischen den Bäumen auftaucht, kann ich einen Freudenschrei nicht unterdrücken. Welch ein Glück, an einem Tag gleich zwei herrliche Bauwerke bewundern zu können! Auch diese Kirche zeugt von der hohen Kunst mittelalterlicher Steinmetze, die aus rotem Sandstein ein Kleinod geschaffen haben.

Mich beeindruckt vor allem die Michaels-Kapelle im Obergeschoss. Wer allerdings nur flüchtig in die Kirche hineinschaut, übersieht möglicherweise die zwei Aufgänge im hinteren Teil des Kirchenraums. Sie sind dermaßen schmal, dass jeweils nur eine Person hindurchpasst. Über ausgetretene Steinstufen, hautnah von Mauern umgeben, steige ich erwartungsvoll hinauf und gelange in in einen archaischen Raum. Mit meterdickem Gemäuer, schwerem Gewölbe, Säulen und Kapitellen ist hier die Vergangenheit konserviert. Der Altar gilt als einer der ältesten und schönsten der *via podiensis*. Abgebildet sind Michael als Drachentöter, neben ihm ein Engel mit Spruchband. Vielleicht der Erzengel Gabriel? Ranken und Blattwerk füllen die übrigen Flächen.

Geschützt vor Witterungseinflüssen, sind die Figuren auf den Kapitellen perfekt erhalten. Sie wirken frisch, als hätte der Bildhauer sie erst kürzlich geschaffen. Einige Kapitelle zeigen karolingische Flechtbandmuster so gekonnt in den Stein geschlagen, dass man meinen könnte, echtes Korbgeflecht zu sehen. Tiere, Engel, Fabelwesen zieren andere Kapitelle. Fasziniert betrachte ich eine Meerjungfrau, umgeben von zwei Zentauren, den mystischen Wesen der Antike – halb Mensch, halb Pferd. Aufregend an der Meerjungfrau ist, dass sie zwei Fischschwänze hat und diese weit nach den Seiten spreizt. Mit den Händen fasst sie ein bogenförmiges Gebilde, ähnlich einem Tau oder einer Schlange, und spannt es über ihrem Kopf.

Warum diese mythologischen Figuren aus der Antike in einer christlichen Kirche? Ich denke, es war der Nachhall der alten Götter, der das Mittelalter noch beeindruckte. Um ihre Kraft zu brechen, hatte man sie dämonisiert und in die Unterwelt verbannt. Ihrer Bildnisse bediente man sich als Abwehrzauber, weil gegen das Böse am besten das Böse hilft, so dachte man damals. Der gemalte Teufel sollte dem Leibhaftigen den Zutritt in die Kirche verwehren, als würde er vor seinem eigenen Bild erschrecken.

Meerjungfrauen, auch Sirenen genannt, diese nach Blut lechzenden Zwitterwesen babylonisch-assyrischen Ursprungs, sind ferne Erinnerungen an eine Muttergottheit, die verantwortlich war für den Kreislauf von Tod und Leben. Seit langem ist sie schon entmachtet, diese Fruchtbarkeit spendende Erdmutter der Steinzeit. Meerjungfrauen, Nixen, Nymphen, Undinen, Melusinen, Loreleien, Sirenen verkörpern nur noch bruchstückhaft einen Teil ihrer negativen Aspekte. So bringen Fischsirenen tödliches Verderben über denjenigen, der ihrem betörenden Gesang lauscht. Deshalb die Figur auf dem Kapitell: Sie soll die Menschen warnen, nicht der Sünde zu verfallen. Eindringlicher könnte man die Versuchungen der Sexualität kaum darstellen als durch eine Frauensperson, die mit ihrem entblößten Genitalbereich lockt und gleichzeitig mit ihrem ekligen Fischschwanz verschreckt.

Hinter der Kirche finde ich einen schattigen Platz zum Rasten. Chocolat wälzt sich ausgiebig im Staub und macht sich dann an die Futtersuche. Marie, Jasmin und Jeanette, die belgischen Pilgerinnen, kommen des Wegs und ich freue mich sehr, sie noch einmal zu sehen. Sie setzen sich zu mir und singen französische Lieder. Angelockt vom Gesang versammeln sich noch andere Pilger. Für Choco eine willkommene Gelegenheit, Zärtlichkeiten einzuheimsen. Er mag Menschen, geht von einem zum anderen und lässt sich streicheln.

Er wird mir immer vertrauter, der Lot – zum dritten Mal steigen wir in sein Tal hinab. Im Dorf Verrières sitzen die Leute vor ihren blumengeschmückten Häusern, genießen die Abendsonne und nicken uns wohlwollend zu. Mir gefällt dieses Dorf, das die Vergangenheit romantisch bewahrt und gleichzeitig voller Leben ist. Ich wäre gern über Nacht geblieben, halte aber vergeblich Ausschau nach einer Herberge.

An einer Schleife des Lot liegt der Ort Estaing, überragt von einer Burg, pittoresk und doch stilecht. Sie ist schon etwas Besonderes. Auf einem Felsen mitten in der Stadt kündet sie von der Macht des berühmten Herrschergeschlechts derer von Estaing, einer Dynastie, die dem Land mit außergewöhnlichen Persönlichkeiten, mit Feldherren und Kirchenfürsten diente. Aber der Ruhm ihrer Waffen und ihrer kirchlichen Würden verblich, als kaum noch Pilger auf dem Weg nach Santiago de Compostela vorbeikamen. Der Letzte seiner Sippe, kinderlos und verarmt, verkaufte seinen Namen samt Adelsprädikat an den Vater des ehemaligen Präsidenten Frankreichs: Giscard d'Estaing.

Um in die Stadt zu gelangen, überqueren wir den Lot auf einer gotischen Steinbrücke. In die Fugen ihres Gemäuers krallen sich weiß und rot blühende Pflanzen. Über der Brückenmitte erhebt sich die Statue des einstigen Bischofs von Rodez, dem vom Papst selig gesprochen François d'Estaing.

Den Schlüssel für die Herberge hier in Estaing solle ich mir im »Café du château« abholen, gleich neben der Brücke, hatte es am Telefon geheißen. Der Wirt, ein dicker Mann mit grauen Haaren und trüben, gelblichen Augen, tut schwer beschäftigt. Erst muss er abkassieren, anschließend neue Getränke ausschenken, dann gießt er sich ein Glas Rotwein ein, setzt sich zu einem Bekannten und wickelt Geldgeschäfte ab. Ich verliere die Geduld und dränge den Wirt, mir endlich den Schlüssel auszuhändigen, denn mein Esel warte draußen, müde und bepackt.

»Die Herberge ist offen«, sagt der Wirt beiläufig, ohne mich richtig anzusehen.

»Und wie finde ich sie?«

»Immer geradeaus durch die Stadt.«

»Und wo ist die versprochene Weide für meinen Esel?«

»Gleich nebenan.«

Als ich am Ortsende vor einer Kirche stehe, kann ich es zunächst nicht glauben, dass es sich wirklich um die Herberge handelt. Aber ein Schild neben der Tür ist eindeutig. Das ehemalige Kirchenschiff ist mit Trennplatten in Kammern aufgeteilt, in denen je zwei Feldbetten stehen. Ein Vorhang bietet Sichtschutz zum Mittelgang. Nach oben sind die Quartiere offen, so dass man in die Holzverstrebungen des Daches blickt. Es riecht intensiv nach Weihrauch, denn nach jahrelangen Opfergaben ist das Gebälk vollgesogen vom geweihten Duft.

Mein Esel grast friedlich auf der eingezäunten Wiese gegenüber der Herberge. Während ich unter der Dusche stehe, höre ich Pferdegewieher. Blitzschnell bin ich angezogen und stürze hinaus. Tatsächlich, da sind Pferde! Die Besitzerin der Weide ist mit einem Transporter eingetroffen und staunt nicht schlecht über den Esel, der sich auf ihrem Grundstück tummelt.

Ich erkläre ihr, wie es dazu gekommen ist und dass mein Esel pferdeverrückt sei. Sie lächelt verständnisvoll und meint, ich könne Choco auf eine andere Weide führen, die ihr auch gehört. Die Bergweide entpuppt sich als Paradies mit duftenden Kräutern und schattigen Apfelbäumen. Schade, dass ich schon Quartier bezogen habe – hier hätte ich gern gezeltet. Andererseits freue ich mich auf das Abendessen mit Justin, dem Pilger in Sandalen, den ich hier wieder getroffen habe. Da die Herberge eine gut ausgestattete Küche hat, kam er auf die Idee, zu kochen, und lud mich dazu ein.

Vor Überraschung verschlägt es mir dann fast die Sprache, denn Justin hat den Tisch bereits gedeckt und trägt auf: eine Riesenschüssel Salat, gebratene Auberginen, Lammkeule mit Zucchinigemüse und als Nachspeise cremiges Dessert aus Himbeeren. Nach vierzehn Tagen Eintopfessen vom Campingkocher schmeckt dieses Menü einfach herrlich. Im Kamin lodert Feuer. Der Rotwein funkelt in den Gläsern und Justin erzählt von seinen Eindrücken auf dem Pilgerweg. Zum Schluss meint er: »Mir gefällt es, unterwegs zu sein, und ich freue mich jeden Morgen, wenn ich aus einer Ortschaft hinauswandere, alles hinter mir lasse, das Negative und das Positive, wieder leer bin wie ein unbeschriebenes Blatt. Das ist Freiheit, dann fühle ich mich berauscht von der Leichtigkeit des Seins.«

Chocolat verliert die Stimme

Von Estaing nach Golinhac, 15 km

Er holt tief Luft, die Muskeln vibrieren und pressen, doch aus seiner Kehle dringt kein Laut. Choco müht sich krampfhaft, mich wie jeden Morgen mit einem kraftvollen I-ah-a-a zu begrüßen. Da, endlich bricht ein Ton hervor, aber er ähnelt dem Qietschen einer eingerosteten Türangel.

»Was ist denn mit dir los, *mon petit chéri*? Bist du im Stimmbruch?«, frage ich scherzend. Dann fällt mir ein, dass ich mich schon gestern über ihn gewundert habe, wie auffallend zurückhaltend er sich beim Anblick der Pferde benahm. Sind seine männlichen Hormone etwa am Schwinden? Vor wenigen Wochen erst war Chocolat kastriert worden. Mindestens ein halbes Jahr nach der Operation würde das Testosteron sein Verhalten noch bestimmen, hatte Georges Girard mir gesagt. Wenn die Wirkung jetzt schon nachließe, wäre ich einerseits erlöst, weil ich bei Pferdebegegnungen nicht mehr diese zermürbenden Kämpfe mit ihm ausfechten müsste. Anderseits stimmt mich sein brüchiges Gekrächze traurig, denn es hatte mir gefallen, wie er mich mit kernigem Geschrei begrüßte. Erst jetzt wird mir richtig bewusst, welche Folgen die Kastration für ihn haben wird.

Als wir Estaing verlassen, regnet es. Justin, dem ich wegen der ungeeigneten Regenplane mein Leid klage, rät: »Wickele sie doch einfach außen um die Packsäcke, so bleiben wenigstens Schlafsack, Zelt und Kleidung trocken.«

Wir verabschieden uns; jeder will den Weg für sich allein erleben. Wer weiß, vielleicht treffen wir uns am Abend in der nächsten Herberge wieder, wenn ich nicht schon vorher einen Zeltplatz finde.

Als ich mit meinem Esel aus der Ortschaft hinaus über die Brücke ziehe, erinnere ich mich an unser Gespräch gestern Abend vor dem

Kaminfeuer, an die Freiheit und die Leichtigkeit des Seins, von denen Justin gesprochen hatte. Ich empfinde ähnlich: Die Sesshaften bleiben zurück im immer Gleichen, die Vogelfreien wandern davon, neuen Herausforderungen und Abenteuern entgegen.

Chocolat und ich folgen eine Weile dem Lot, steigen dann wieder einen Waldpfad zu einer Hochfläche hinauf. Diese *via podiensis* ist wahrlich ein tägliches Auf und Nieder. Die Wolken haben sich ausgetröpfelt, die Sonne scheint warm, und weit reicht der Blick über das Plateau mit seinen Feldern, Weiden und Wäldern. Im hellen Licht des Tages springt ein Baummarder über die Wiese. Er hält inne und ich kann in Ruhe sein glänzendes Fell bewundern und den dottergelben Fleck, der an seiner Kehle leuchtet. Das Tier bemerkt uns nicht und bleibt minutenlang sichtbar, bevor es im Gebüsch verschwindet.

Nach fünf Stunden haben wir 15 Kilometer bewältigt und erreichen Golinhac. Im Wanderführer als ansehnlicher Ort beschrieben, wirkt er auf mich seltsam leblos. Die Neubauten sind meiner Meinung nach misslungen, eine geistlose Architektur. Beton ist vorherrschend, dazu noch schlecht verarbeitet. Ein neu gestalteter Platz vor der Kirche scheint eher abstoßend, als dass er zum Aufenhalt einladen würde. Lieblos in Kübel gesetzte Pflanzen fristen ein kümmerliches Dasein. Mauern und Umfassungen sind eckig und sperrig. Die Kirche selbst, obgleich ihre Fundamente aus romanischer Zeit stammen und sie einen berühmten Altar beherbergt, macht auf mich den Eindruck, als wäre sie ohne spirituelle Kraft. Nur ein Hund belustigt mich, ein Mischling, den ich wegen der Farbe seines Fells spontan Champagner taufe. Er bewacht einen Vorgarten, springt artistisch auf ein säulenartiges Podest und posiert dort voller Würde, dreht seinen Kopf einmal nach links, dann nach rechts, immer bedacht auf eine vorteilhafte Figur, so als wolle er fotografiert werden. Ich tue ihm den Gefallen.

Die Herberge hat im Gegensatz zum Ort eine außerordendlich gelungene und reizvolle Architektur, innen mit einer attraktiven Holzkonstruktion. Leider ist sie von einer Jugendgruppe voll belegt. Justin, der vor mir da war, konnte gerade noch ein Bett ergattern.

Ich spreche mit dem Herbergsvater Emile und er erlaubt mir, auf der Wiese nebenan mein Zelt aufzustellen. Ich beeile mich, weil wieder eine

Regenfront naht. Kaum bin ich mit dem Aufbau fertig, prasselt es schon herunter, aber wenigstens ist der Boden unter dem Zelt trocken geblieben.

Mein kluger Esel hat sich bereits während der ersten Tropfen einen Baum zum Unterstellen gesucht. Es gefällt mir, ihn in meiner Nähe zu haben. So angenehm die drei letzten Nächte in einer komfortablen Unterkunft für mich auch waren, so habe ich es doch bedauert, dass er draußen allein sein musste. Auch Choco scheint unseren gemeinsamen Lagerplatz zu genießen. Als es zu regnen aufhört, grast er um das Zelt herum und holt sich immer wieder seine Streicheleinheiten bei mir ab.

Am Abend kommt die Sonne noch einmal hinter den Wolken hervor und ich spaziere mit Justin durch Golinhac. Statt Sandalen trägt er jetzt Gummistiefel, da die Wege voller Pfützen sind. Er klagt über die Jugendlichen, die lärmend die Küche in Beschlag genommen hätten. Ich möchte mich für sein gestriges Menü revanchieren und bereite auf meinem Gaskocher Basilikum-Nudeln mit Tomatensauce, ein Gericht, das mir immer gelingt. Justin verhält sich nicht wie ein gewöhnlicher Wanderer, selbst bei diesem improvisierten Essen am Boden vor meinem Zelt verzichtet er nicht auf Servietten. Er zaubert sie aus seinem Rucksack hervor, ebenso ein Besteck mit kunstvollen Holzgriffen.

»Das wiegt doch viel zu viel«, kritisiere ich.

»Lieber verzichte ich auf etwas anderes. Mit Besteck aus Blech würde mir kein Essen schmecken.«

»Ich packe nur das Nötigste in meinen Rucksack. Alles andere belastet nur, das habe ich bei zahlreichen Bergtouren gelernt.«

»Hör mir auf mit dem Rucksack!«, ruft er ärgerlich. »Ich hasse Rucksäcke! Alles ist durcheinander und heillos verknüllt und was ich auch suche, liegt immer ganz unten. Jedesmal muss ich den Sack ausschütten und neu packen. Wie satt ich das habe!«

»Bist du das erste Mal mit Rucksack unterwegs?«, frage ich.

»Ja, normalerweise mache ich Tagestouren und da reicht eine Umhängetasche.«

»Dann bist du aber mutig, dass du dich gleich an den Pilgerweg gewagt hast«, sage ich verwundert. Justin hat mir bisher wenig von sich erzählt. Er wirkt verschlossen, hat aber einen hintergründigen Humor und ich unterhalte mich gern mit ihm.

»Ich wandere viel, eben nur nicht mit Rucksack. Als Fotograf bin ich oft in der freien Natur, da finde ich meine besten Motive.«

»Eigenartig, ich habe bisher noch keine Kamera in deiner Hand gesehen«, sage ich überrascht.

»Kannst du auch nicht. Meine Fotoausrüstung liegt zu Hause, in Paris. Ich habe sie absichtlich dort gelassen, weil ich mich durch meinen Beruf nicht vom Pilgern ablenken lassen will. Ich will frei sein von der Pflicht, überall nach dem ultimativen Bild zu suchen.«

»Aus welchem Grund gehst du denn auf Pilgerschaft?«, frage ich nun direkt.

»So einfach kann ich das nicht sagen. Es hat etwas mit meinen Träumen zu tun, mit dem Vergehen der Zeit, dem Älterwerden, mit der Vergänglichkeit, mit dem Wunsch, die Endlichkeit bewusst zu leben.«

»Deshalb der Pilgerweg?«, hake ich nach.

»Ja, seit ich pilgere, sind meine Gedanken klar und hell. Ich kapiere allmählich, wer ich bin und warum manches in meinem Leben so passiert ist und nicht anders.«

Die Impfung

Von Golinhac nach Sénergues, 15 km

Mit Besen und Schäufelchen sammle ich am Morgen »Eseläpfel« und fülle sie in einen Müllbeutel, denn hoch und heilig habe ich Herbergsvater Emile versprechen müssen, absolut nichts im Gras zurückzulassen – und seine Großherzigkeit wollte ich auf keinen Fall enttäuschen. Ich kann nicht sagen, dass die Arbeit mir unangenehm ist. Die Kotballen duften aromatisch nach gepressten Pflanzen und sind fest genug, um sie mit der Schaufel aufnehmen zu können. Die schätzungsweise vier Kilo schwere Sammlung begeistert Emile. Er blickt in den Beutel hinein, schnuppert genüsslich und bedankt sich – er werde mit meines Esels Hinterlassenschaft seine Rosen düngen und zum Erblühen bringen.

Justin schaut grau und zerknittert aus. Er hat eine schlimme Nacht hinter sich. Die Erzieher hatten die Jugendlichen nicht im Griff. Bis tief in die Nacht dröhnte Musik und schon um fünf Uhr in der Früh waren sie aufgestanden, hatten lärmend ihre Sachen gepackt und lautstark gefrühstückt. Justin verabschiedet sich von mir und Choco, macht sich auf den Weg nach Conques. Er fühlt sich aber so schlecht, dass er zweifelt, ob er die 25 Kilometer schaffen wird.

Wieder liegt Nebel über dem Land, aber er steigt schnell auf und ich erwarte einen sonnigen, heißen Tag. Gleich zwei Bäche nacheinander müssen wir überqueren. Es führen zwar Stege hinüber, aber die Geländer stehen für meinen Esel zu eng beieinander. Diesmal lässt sich Choco nicht vergeblich bitten. Er zögert nur kurz, dann watet er hinter mir durch den Bach und das Wasser spitzt ihm hoch bis zum Bauch. Ist sein Vertrauen in mich so gewachsen, dass er mir unbedenklich folgt? Hat er keine Angst, weil er im klaren Bach bis zum Grund sehen kann? Ist es gar der Mangel an Testosteron, der seinen Widerstand erlahmen lässt? Vielleicht wirkt alles zusammen.

Die rotweißen Zeichen des Pilgerweges leiten mich zum Ort Sénergues, der früher abseits der Route lag. Am Ortseingang fällt mir ein dreistöckiges Gebäude mit himmelblauen Fensterläden auf. Es ist die Herberge »Domaine de Sénos«. Die Gemeinde hat das verfallene Bauernhaus restauriert, großzügig ausgebaut und an Isabelle und Benoît verpachtet. Nun ist mir auch klar, warum der Pilgerweg umgeleitet wurde.

Etwas unentschlossen stehe ich vor diesem eindrucksvollen Haus, als mir ein hochgewachsener, schlaksiger Mann entgegenkommt und mich in ein Gespräch über Esel verwickelt. Er selbst habe sieben Tiere und wolle sie mir gern zeigen. Außerdem sei er der Herbergsvater. »Übernachten Sie doch in unserem *gîte*«, fordert er mich auf.

»Und was mache ich mit meinem Esel?«

»Den können Sie bei Maurice unterstellen, der hat eine prima Weide.«

Ich überlege kurz: Bis Conques sind es zehn Kilometer, die würden wir an diesem Tag noch bewältigen, aber ich habe dort keine Herberge mit Platz für meinen Esel ausfindig machen können. Schön wäre auch, mit jemandem zu fachsimpeln, der sich mit Eseln auskennt.

Benoît holt seinen Van und bringt mich auf die andere Seite des Tals zu einer Weide, die er extra für seine Esel von einem Bauern gepachtet hat. Er öffnet das Gatter und sofort sind wir von einer Herde Esel umringt. Sie drängeln und schubsen, jeder will zuerst gestreichelt werden. Stolz wie ein Vater nennt mir Benoît ihre Namen: »Mondaine, Mirabelle, Kimono ... « und er beschreibt mir ihre Eigenschaften. Jeder Esel habe seinen speziellen Charakter, so wie wir Menschen auch. Mit einer Eselin vollführt er ein zirkusreifes Kunststück: Auf Befehl legt sich das Tier nieder, rollt sich auf die Seite und bleibt vertrauensvoll liegen, selbst als er sich vorsichtig auf den Körper des Esels stellt. Plötzlich fällt mir etwas ein, das ich fast vergessen hätte: Mein Esel muss geimpft werden! Georges Girard hat mir den Impfpass mitgegeben und mir eingeschärft, dass Chocolat unterwegs eine Auffrischung des Impfschutzes gegen Grippe und Tetanus benötigt. Ob Benoît einen Tierarzt kennt?

»Aber klar doch!«

Sofort ruft er mit dem *portable* den Tierarzt an und es vergeht keine halbe Stunde, bis Jacques Tabardel mit seinem Impfköfferchen erscheint. Zu dritt gehen wir Chocolat auf der weitläufigen Weide suchen.

Wie Kinder sich manchmal fürchten, sobald sie einen Doktor im weißen Kittel sehen, so bäumt sich mein Esel auf und verdreht die Augen. Dabei trägt der *vétérinaire* weder einen weißen Kittel, noch wirkt er sonst irgendwie beängstigend. Woher weiß Choco nur, dass er gepikst werden soll? Benoît und ich halten ihn fest und der Tierarzt nähert sich mit der Spritze. Doch der kleine Esel ist viel stärker als wir zwei zusammen. Er reißt sich los und stürmt davon. Bald habe ich ihn wieder eingefangen, binde ihn an einen Baum und kraule beruhigend seinen Hals. Docteur Tabardel weiß, wie man mit einem ängstlichen Esel umgehen muss. Er spricht mit einschmeichelnder Stimme auf ihn ein, streicht ihm sanft übers Fell und sticht die Nadel so gefühlvoll ein, dass Choco nicht einmal zuckt.

Ich erzähle dem Arzt von der Kastration und er bestätigt mir, dass die Hormone noch monatelang nachwirken. Warum Choco plötzlich nicht mehr verrückt nach Pferden ist, weiß er nicht zu deuten, und scherzt: »Vielleicht entsagt er freiwillig der Sünde, weil er auf dem heiligen *chemin de St. Jacques* geläutert wurde.«

Am Abend sitze ich mit Benoît und seiner Frau Isabelle bei einem Glas Rotwein vor dem Kaminfeuer. Ich bin heute ihr einziger Gast. Am Tag zuvor hatten sie eine Gruppe von 25 Personen, für die Isabelle ein dreigängiges Menü kochen musste. Mit ihren schwarzen Locken wirkt sie wie ein junges Mädchen. Nie hätte ich vermutet, dass sie Mutter von vier Kindern ist, zwei Jungen und zwei Mädchen, wie sie stolz betont. Der Älteste sei ihr schon über den Kopf gewachsen, was ich gern glaube, denn Isabelle ist zierlich und reicht ihrem Mann kaum bis zur Schulter. Doch man spürt sofort, dass die energiegeladene Person genau weiß, was sie will, und es auch versteht durchzusetzen. Beide haben vorher in einem Heim für behinderte Kinder gearbeitet, nun wollen sie sich mit der Wanderherberge eine neue Existenz aufbauen.

Isabelle stellt mir die Frage, die ich sonst die anderen beantworten lasse: »Aus welchem Grund pilgerst du?«

»Ich will Erfahrungen sammeln«, weiche ich aus.

Doch Isabelle, energisch wie sie ist, gibt sich mit solch diffuser Antwort nicht zufrieden.

»Da muss doch mehr dahinter stecken«, bohrt sie weiter.

Da berichte ich von meiner ersten Pilgerreise durch Spanien, von diesem einzigartigen Erlebnis, das mich seitdem nicht losgelassen hat und den Wunsch wach hielt, zurückzukehren, meine Erfahrungen zu vertiefen und den französischen Teil des Pilgerwegs kennen zu lernen.

»Warum aber mit einem Esel?«, will sie jetzt wissen.

»Wie wichtig Chocolat für mich ist, habe ich erst unterwegs richtig begriffen. Er motiviert mich, diese weite Strecke durchzuhalten, und eigentlich ist er es, der mich führt, nicht umgekehrt. Mit ihm erlebe ich alles doppelt, aus meinem und aus seinem Blickwinkel. Er ist wie ein Lehrer für mich, der mich auf vieles aufmerksam macht, was ich ohne ihn gar nicht bemerken würde, da er sensiblere Sinnesorgane hat als wir Menschen. Andererseits muss ich für ihn sorgen, bemühe mich um sein Wohlergehen, dadurch fixiere ich mich weniger auf mich selbst, bin abgelenkt von schlechten Stimmungen. Jedenfalls zusammen mit ihm habe ich immer gute Laune.«

Isabelle stimmt mir lachend zu: »Ja, das kann ich von mir auch sagen. Unsere Esel würden wir nicht mehr hergeben wollen.«

»Einmal Esel – immer Esel«, bringt es Benoît auf die kürzeste Formel.

Es ist Mitternacht, als wir uns trennen. Beim Blick aus dem Fenster sehe ich den Mond, wie er goldgelb am Horizont erscheint. Rund und prall strahlt er in mein Zimmer, von Wolkenschleiern zart umspielt.

Die gestohlene Märtyrerin

Von Sénegues nach Conques, 10 km

Gallien, das heutige Frankreich, war von den Römern besetzt. Wer sich weigerte, ihre Götter anzubeten, wurde zur Zeit von Kaiser Diokletian gnadenlos verfolgt. Garadezu lebensgefährlich war es, sich zum Christentum zu bekennen. Fides, die Tochter einer wohlhabenden, gallorömischen Familie, widersetzte sich dem Dekret und ließ sich taufen. Ihr Schicksal erfüllte sich schnell. Der römische Prokonsul Dacius, als unerbittlicher Christenhasser gefürchtet, verurteilte die junge Christin zum Tod. Zuerst sollte die Kleine den Feuertod auf dem Rost sterben wie der heilige Laurentius. Weil aber die Flammen sie verschonten und zur Seite wichen, schlug ihr der Henker mit dem Schwert den Kopf ab. Ihre Seele verwandelte sich in eine weiße Taube und stieg hinauf in den Himmel. So geschehen im Jahr 303.

Fides war erst zwölf Jahre alt, als sie sterben musste. Weil sie so jung für ihren Glauben den Tod auf sich nahm, erregte ihr Schicksal das Mitleid und die Fantasie der Menschen. Und noch heute gedenken sie der Heiligen mit einem festlichen Umzug am Tag ihrer Hinrichtung, dem 6. Oktober.

Fantastische Wunderberichte rankten sich um die heilige Fides oder Foy, wie sie in Frankreich genannt wird. Doch es vergingen 700 Jahre, bis Bernard d'Angers, ein Dommeister, alle mündlichen Überlieferungen sammelte und im »Buch der Wunder der heiligen Fides« verewigte. Nach dieser langen Zeitspanne war es nahezu unmöglich, die historische Wahrheit von der Legende zu trennen, und so weiß man auch nicht, wie weit die Geschichte vom Diebstahl der Reliquie stimmt, die der Dommeister ebenfalls in seinem Buch aufgenommen hat. Sie handelt davon, wie die Gebeine der Fides von Agen, ihrem Geburts- und Sterbeort, nach Conques kam.

Im 9. Jahrhundert gründete ein Mönch namens Dadon im einsamen Tal von Ouche und Dourdou ein Benediktinerkloster. Die beiden Flüsse haben dort einen muschelförmigen Talgrund geformt, deshalb der Name Conques, abgeleitet vom lateinischen Wort *concha*, die Muschel. Das Kloster stand unter dem Schutz der Karolinger, wie alte Kirchenurkunden beweisen, in denen die fränkischen Könige und Kaiser als Wohltäter bezeichnet werden. Trotz dieser Gunst blieb der Aufschwung aus, denn zu jener Zeit hatte ein Kloster ohne Reliquie keine Chance, zu Ruhm und Bedeutung zu gelangen. Da fiel der begehrliche Blick des Abts auf die heilige Fides von Agen. Ein Mönch namens Aravisius wurde auserwählt, den Plan in die Tat umzusetzen. Er ließ sich in Agen als scheinbar gottesfürchtiger Priester nieder und erschlich sich das Vertrauen der Einwohner und Geistlichen. Zehn Jahre dauerte es, dann war er am Ziel seiner Mission – er wurde zum Wächter der Reliquie ernannt.

Ob Aravisius in diesen langen Jahren nicht manchmal Zweifel heimsuchten? Hatte er keine Gewissensbisse, die Menschen, die ihm vertrauten, zu betrügen? Darüber sagt die Legende nichts aus. Listig wartete er ein hohes Kirchenfest ab und als die Kleriker sich zum Festmahl versammelten, öffnete Aravisius heimlich das Marmorgrab und nahm die Knochen der kleinen Fides an sich. Die Nachricht vom gelungenen Diebstahl eilte ihm auf wundersame Weise voraus. Vor Freude strahlend kamen ihm Abt und Mönche von Conques in feierlicher Prozession entgegen und Agen hatte für immer das Nachsehen. Seit dem Jahr 883 bis heute werden die Gebeine der Sainte-Foy in Conques verwahrt.

Der Himmel schien das »fromme Verbrechen« zu billigen, denn zahlreich waren die Wunder, die Fides in Conques seitdem bewirkte: Sie befreite Gefangene, heilte Kranke, machte Blinde sehend und ließ Lahme gehen. Aus allen Himmelsrichtungen strömten Gläubige herbei, und die Pilger, auf ihrem Weg zum Jakobsgrab, versäumten nicht, hier zu beten.

Wem dieser Reliquiendiebstahl zu unwahrscheinlich, zu exotisch erscheint, wird sich mit einer mehr pragmatischen Version anfreunden können: Da zu jener Zeit die Normannen weit ins Landesinnere vorstießen, dabei raubten, mordeten und plünderten, vergrub man eiligst die Kirchenschätze oder brachte sie an einen sicheren Ort. Vielleicht auch die Überreste der heiligen Fides, zumal Agen an der Garonne liegt und für die Normannen mit ihren wendigen Schiffen leicht zu erreichen war.

Für die Mönche jedenfalls hatte sich erfüllt, was sie sich begierig erträumten: Conques wurde berühmt und reich! Schon 1050 musste ein größeres Gotteshaus gebaut werden, weil die bisherige bescheidene Klosterkirche die zahlreichen Besucher nicht mehr fassen konnte. Stolz beauftragten die Mönche berühmte Baumeister und Steinmetze mit dem Entwurf einer der prächtigsten romanischen Basiliken jener Zeit.

Allmählich aber versiegte der Pilgerstrom und das in den Bergen schwer erreichbare Conques büßte seine Bedeutung als Wallfahrtsort mehr und mehr ein. Im Jahr 1424 wurde der Konvent sogar aufgelöst und nur noch wenige Gläubige besuchten die einst berühmte Klosterkirche zum Gottesdienst. Von Jahrhundert zu Jahrhundert verfiel die Kirche immer mehr und im 19. Jahrhundert war sie in einem absolut desolaten Zustand: die Türme halb abgebrochen, das Dach durchlöchert, die Mauern von Gras und Büschen überwuchert. Die romanische Abteikirche Sainte-Foy schien unaufhaltsam dem Untergang geweiht. Doch gerade noch zur rechten Zeit begann eine Renaissance, ein Umdenken. Alte Bauwerke wurden plötzlich wieder geschätzt. Prosper Mérimée initiierte die Rettungsarbeit und heute sind die Franzosen zu Recht stolz auf ihr *monument national*.

Mit diesen Geschichten und Legenden im Kopf beginne ich mit dem Abstieg von Sénergues nach Conques. Der Pfad ist feucht, der Wald dunkel und die Bäume sind mit Efeu bewachsen. Wie grüner Pelz hängen Luftwurzeln und Kletterpflanzen von Ästen und Zweigen. Nur selten ertönt ein Vogellaut.

Für Chocolat ist der Abstieg schwierig, aber endlich habe ich gelernt, ihm zu vertrauen, dirigiere ihn nicht mehr ängstlich, sondern überlasse die Wegfindung ihm ganz allein. Seine Augen wandern hin und her, sondieren den Boden, und wenn er dann seine Hufe aufsetzt, stehen sie fest und sicher.

Zwischen dem Blätterdach unter uns tauchen die spitzen Helme von drei Kirchtürmen auf. Der Weg fällt weiter steil bergab und allmählich schälen sich aus dem Grün die Mauern eines Kirchenschiffs und die gestaffelten Dächer der Häuser ringsum. Eng an die Flanke des tiefen Waldtals gedrängt, liegen das Städtchen Conques und die Abteikirche Sainte-Foy.

Auf einer abschüssigen, mit braunen Flusskieseln gepflasterten Gasse betrete ich andächtig den heiligen Ort. Die Art meiner Fortbewegung zu Fuß und mit Esel weckt in mir das Gefühl, der Vergangenheit zu begegnen. Die engen, steilen Gassen mit ihren aus rohen Feldsteinen gemauerten Häusern vermitteln noch heute die Atmosphäre einer mittelalterlichen Stadt.

Nach einer Straßenbiegung öffnet sich unvermittelt ein Platz – und ich stehe vor dem Portal. Mir stockt der Atem. Im Tympanon, dem Bogenfeld über dem Eingang, fesselt mich ein Bilderwerk, plastisch und figurenreich, wie ich keines zuvor gesehen habe. Auch Fotos konnten mich nicht wirklich darauf vorbereiten. Der Eindruck ist überwältigend. Wie gebannt schaue ich und kann Einzelheiten zuerst gar nicht wahrnehmen. Das Relief wirkt auf mich wie ein aufgewühltes Meer voller Figuren, die miteinander verschlungen, ineinander verknäult sind. Erst allmählich erschließt sich mir, dass die Figurenflut gegliedert und durch Spruchbänder mit mahnenden und erläuternden Inschriften in einzelne Zonen geteilt ist.

In der Mitte thront Gott als Weltenrichter in einer Mandorla aus Wolken und Sternen. Über ihm halten Engel das Kreuz als Zeichen des Leids und der Auferstehung. Zwei Engel blasen die Posaune und verkünden das Jüngste Gericht. Die rechte Hand Gottes weist nach oben, die linke nach unten – eine zwingende Geste, mit der die Trennung in oben und unten, Gut und Böse, Himmel und Hölle vollzogen wird.

Über 120 Figuren sind abgebildet und veranschaulichen christliche Weltvorstellung und Heilsgeschichte, mittelalterliche Moral und den unerschütterlichen Glauben, dass eines Tages gute Taten belohnt und böse bestraft werden.

Vom Bann dieser Erzählung komme ich so schnell nicht los. Grabplatten heben sich und Verstorbene steigen heraus. Die einen werden von Engeln empfangen und durch eine Tür mit abgerundeten Verzierungen ins Paradies geleitet. Die Tür zur Hölle dagegen ist eckig und kantig. Die Sünder werden von Teufeln geschlagen, gewürgt, gehängt, verschlungen, in Stücke gerissen, am Spieß geröstet, Zungen werden abgeschnitten und Augen ausgestochen. Die Teufel grinsen dazu, blecken die Zähne und glotzen hämisch. Diese Darstellungen des Schreckens lassen mich schaudern, weil ich weiß, dass Menschen immer wieder fähig waren, sich diese Grausamkeiten auch wirklich zuzufügen.

Auf der Seite der Guten ist unter vielen anderen Karl der Große zu sehen. Von einem Geistlichen an der Hand geführt, stellt er nicht den mächtigen Kaiser dar, sondern vielmehr einen devoten Büßer, der sich bückt und krümmt. Auch Fides, die zwölfjährige Märtyrerin, fehlt natürlich nicht. Zweifelsfrei ist sie die Auserwählte, denn die göttliche Hand streckt sich ihr entgegen. Aravisius, der »fromme Dieb«, versteckt sich im äußersten Winkel des Bogenfeldes – selbstverständlich auf der Seite der Gerechten.

Vor 900 Jahren hat der Künstler dieses Werk aus Stein geschaffen. Sein Name ist nicht überliefert, aber der urgewaltigen Wirkung seiner Schöpfung kann sich bis heute niemand entziehen. Ursprünglich war das Relief bunt bemalt und mit Blattgold ausgelegt, was die Pilger des Mittelalters um so mehr staunen ließ. Obwohl das Kunstwerk über Jahrhunderte der Witterung ausgesetzt war, sind noch immer Farbspuren zu erkennen.

Über dem Tympanon spannt sich ein steinerner Bogen und wie hinter einem Vorhang lugen fünfzehn Gesichter hervor. Eine humorvolle Idee des Künstlers, ein pfiffiges Detail, das die bedeutungsschwere Aussage des Jüngsten Gerichts auflockern soll. Neugierig lüften diese kleinen Männlein den Steinvorhang, als wollten sie sehen, wer in die Kirche hineingeht. Der Bildhauer könnte mit dieser Darstellung aber auch etwas ganz anderes gemeint haben, kommt mir plötzlich in den Sinn. Vielleicht soll der Steinbogen gar kein Vorhang sein, sondern den Horizont versinnbildlichen, und die Figuren wagen einen Blick über den Erdenkreis hinaus, jenseits der Grenzen des uns Bekannten und Vertrauten.

Mit großem Respekt betrete ich das Innere der Kirche. Sofort überrascht mich die Raumhöhe des Längsschiffs. Die Höhe von 22 Meter entspricht dreimal der Breite der Kirche, wodurch sich die unerwartete Höhenwirkung verstärkt. Durch die Fenster mit ihrem opaken Glas fällt sanftes Licht. Das dunkel eingefasste milchweiße Glas wirkt stilvoll und edel. Die Schönheit dieser Fenster ist nicht selbstbezogen, wie mir scheint, sondern lenkt die Aufmerksamkeit auf wundersame Weise in den Kirchenraum zurück.

Die Aufgänge zu den Emporen sind leider verschlossen, was ich sehr bedaure, denn von unten kann ich die Fabelwesen an den Säulenkapitellen der oberen Galerien nur erahnen.

Mein Quartier beziehe ich außerhalb von Conques in der »Moulin de Cambelong«, einer ehemaligen Mühle im Talgrund am spritzigen Gebirgsfluss Dourdou. Am Tor zum Mühlen-Hotel treffe ich auf einen jungen Mann in knapp sitzendem weißem Jäckchen und kurzer Schürze. Mit Pagenfrisur und rotbackigem Jungengesicht könnte er der Küchenjunge sein.

»Wissen Sie vielleicht, wo ich meinen Esel unterbringen kann?«, frage ich.

»Klar, ich bin hier für alles zuständig, wenn es sein muss, auch für Esel«, scherzt er, greift sich ohne Umstände die Leine und öffnet für Choco das Gatter eines verwilderten Gartens. Erst später klärt sich auf: Der »Bursche für alles« ist Chef Hervé Busset höchstpersönlich, in der Gegend berühmt für seine Kochkünste.

Am späten Nachmittag spaziere ich noch einmal nach Conques hinauf, besichtige die Rochus-Kapelle, den Friedhof und das Schatzmuseum, das den größten mittelalterlichen Kirchenschatz Frankreichs beherbergt. Viel Wertvolles ist in Frankreich durch Revolution und Säkularisierung für immer vernichtet worden. Nur im damals vergessenen Bergwinkel Conques blieben die Schätze unangetastet, vor allem die berühmte Statue »Majesté de Sainte-Foy«, der Reliquienbehälter der Fides.

Die Figur ist kaum einen Meter groß und zeigt Fides auf einem Thron sitzend, in Gold und Edelsteine gewandet, steif und unnahbar. Bevor sie ins Museum kam, stand die Figur in der Abteikirche und jeder konnte sie bewundern und zu ihr beten. Bernard d'Angers, der auch die Legenden über die heilige Fides sammelte, schrieb im Jahr 1010: »Ganz in Gold und von edlen Steinen funkelnd, einer menschlichen Figur ähnlich, scheint es dem Betrachter, als ob sie ihn ganz und gar lebendig anschaue und seine Gebete erhöre.«

Auf mich dagegen wirkt die Statue in ihrer prachtvollen Selbstgefälligkeit eher plump, obwohl sie als Meisterwerk mittelalterlicher Goldschmiedekunst gerühmt wird. Als ich jedoch lese, was Wissenschaftler herausgefunden haben, interessiere ich mich doch wieder für sie: Die einzelnen Teile der Figur sind unterschiedlich alt. Der mit Goldblech überzogene hölzerne Rumpf stammt aus dem 9. Jahrhundert, die Bergkristallkugeln des Thrones waren im 14. Jahrhundert angebracht worden und die steif vorgestreckten Arme entstanden im 16. Jahrhundert. Der Kopf – und das war die größte Überraschung – saß ursprünglich auf der Büste eines römischen Kaisers, vielleicht sogar desjenigen, der die kleine Fides zum Tod verurteilt hatte.

Über das Pflaster der Rue Charlemagne gehe ich durch die Porte du Barry und freue mich an den verwinkelten Häusern, von denen jedes seinen eigenen Charakter hat. Ein Ehepaar begegnet mir, der Mann trägt eine Baskenmütze, die Frau ein geblümtes Kleid. Lächelnd erwidern sie meinen Gruß und fragen: »*Vous êtes en pèlerinage?*«

»Ja. Wieso? Sieht man mir an, dass ich eine Pilgerin bin?«

»Im Moment nicht so sehr, aber wir haben Sie vorhin mit einem Esel gesehen.«

Die beiden wohnen hier und befragen mich wissbegierig nach Woher und Wohin. Ich freue mich über das unerwartete Gespräch, und als ich mich von den beiden verabschiede, ruft mir der Mann nach: »Wir alle sind auf dem Weg. Sie pilgern nach Santiago. Wir gehen auf unserem Weg weiter, auch wenn wir Conques gar nicht verlassen. Alle sind wir unterwegs auf einer großen Pilgerreise und das Leben ist der Weg.«

Choco reißt aus

Von Conques nach Decazeville, 23 km

Dunkle Wälder, tiefe Schluchten, sonnige Hochebenen, steile Pfade, enge Brücken und immer wieder Wasserläufe, die wir durchwaten müssen. Schritt um Schritt durchmessen wir das Land. 212 Kilometer ist Chocolat in 17 Tagen mit mir durch Frankreich gezogen, ein Drittel der Gesamtstrecke liegt hinter uns. Im Rückblick summieren sich die vielen kleinen Schritte zu einer erstaunlichen Distanz. Wie wird es weitergehen?

Vom Hotel »Moulin de Cambelong« im Talgrund ist es nicht weit zu einer Steinbrücke, die den Dourdou überwölbt. Die Einheimischen nennen sie »Römische Brücke«. Mag sein, dass ihre Fundamente aus der Zeit der Römer stammen, doch ihre hohen Bögen wurden erst 1410 gemauert.

Am jenseitigen Ufer steigen wir wieder in die Höhe, wandern durch Buchen- und Kastanienwälder. Lianengleich hängen Ranken der Waldrebe im Geäst und Efeu umklammert die Baumstämme. Der Wald geht allmählich über in eine lichte Hochebene. Am Feldrain blühen blaue Kornblumen und roter Mohn. Auf sonnenwarmen Steinen liegen Smaragdeidechsen und huschen davon, sobald unser Schatten auf sie fällt.

Vom Rand des Gebirgsplateaus blicke ich noch einmal zurück ins tiefe Tal, wo im Dunst verborgen Conques liegt. Aus dem sonnenbeleuchteten Nebelmeer ragen einzelne Bergrücken und Gipfel hervor, in der Ferne, kaum noch erkennbar, die Höhen des Aubrac unter einem Himmel mit dramatisch geformten Wolken. Der Wind reißt sie auseinander und fügt sie zu immer noch wilderen Figuren zusammen.

Unser Erscheinen in den Ortschaften wird von den Bewohnern immer freudig begrüßt. Manchmal kommen Kinder mit Brot und Mohrrüben für Chocolat und wollen ihn streicheln. Großeltern erklären ihren

Enkeln: »*Regardez*, eine Pilgerin mit Esel auf dem *chemin de St. Jacques.*« Und selbst über die müden Gesichter der alten Bauern huscht ein Lächeln.

Mittags erreichen wir wieder eine Kapelle des heiligen Rochus. Die lebensgroße Statue mit Muscheln am Hut, Pilgerstab und Kalebasse lässt zwei Pilgerinnen schwärmerisch ausrufen: »Oh, wie schön! Der heilige Jakob!« Die Pestbeule am entblößten Bein und den Hund zu seinen Füßen haben sie übersehen. Rochus, der nach Rom pilgerte und zeitlebens nie in Santiago war, wird dennoch oft mit den Insignien der Jakobs-Pilger dargestellt.

Das breite Vordach der Kapelle biete Schutz bei Regenwetter, so steht es im Führer, und wie bestellt setzt ein heftiger Schauer ein. Mein Esel muss sich entscheiden, nass zu werden oder die Stufen zur Kapelle hochzusteigen. Er findet eine dritte Lösung: Unter tropfenden Bäumen wartet er das Unwetter ab – mit tief hängendem Kopf.

Der Regen schenkt mir Muße, im Gästebuch der Kapelle zu lesen. Ein Pilger, der von Tübingen durch den Schwarzwald, die Vogesen und Burgund wanderte, hatte hier nach 1300 Kilometer erst die Hälfte der Strecke nach Santiago geschafft. Die Sätze des 84. Psalm stärkten ihn und er zitiert: »Glücklich, denen Du Kraft gibst, wenn sie auf dem Weg sind zu Dir, wenn sie durch das trockene Tal ziehen, das Tal der Angst. In der Wüste lässt Gott für sie Quellen rinnen und Regen fallen, dass es blüht wie im Garten. Sie wandern mit wachsender Kraft, bis sie Gott finden auf dem heiligen Berg.«

Ein anderer hat geschrieben: »Wir sind alle Pilger. Auf verschiedenen Wegen erreichen wir ein gemeinsames Ziel.«

Dieser Eintrag könnte gut ein Motto sein für alle Jakobs-Pilger. Doch beim Nachdenken gerate ich in Zweifel. Ist es nicht gerade umgekehrt? Sind wir nicht auf dem gleichen Weg unterwegs und gelangen zu unterschiedlichen Zielen? Wie es fast immer ist mit griffigen Sprüchen – sie stimmen nicht. Beginnt man sie zu zerpflücken, verlieren sie ihre Kraft und Schönheit. Allerdings, wenn mit »Ziel« das Ende des Lebens gemeint ist, dann hatte der Schöpfer der Zeilen durchaus Recht.

Kaum hat es aufgehört zu regnen, steigen Lerchen in den blank gefegten Himmel. Sengend brennt die Sonne herab und die Wiesen beginnen zu dampfen. Nur selten noch sehe ich Kuhherden auf dem grünen Land, das Gras wird hier gemäht und in Kunststoffhüllen gepresst. Wie urzeitliche Wesen liegen die Ballen in der Gegend herum, bevor sie in die Mastbetriebe geschafft werden.

Wir müssen eine längere Strecke auf einer Straße gehen. Was uns beiden gar nicht gefällt. Seinen Missmut demonstriert Choco, indem er mit winzigen Schrittchen sich kaum vorwärtsbewegt. Sorgen, dass er sich die Hufe auf dem harten Straßenbelag ablaufen könnte, mache ich mir nicht mehr. Der Tierarzt hatte mich beruhigt und mir gezeigt, dass Chocos Hufe noch einige Zentimeter Reserve haben.

Hinter dem Dorf Fonteilles biegen wir endlich wieder in einen Wiesenweg ein, wie immer geleitet von den weißroten Markierungen und der Pilgermuschel. Der nächste Ort ist Decazeville, eine Industriestadt an der *route nationale* 140. Es wäre schon ein Zufall, dort einen Übernachtungsplatz mit einer Weide für Chocolat zu finden. Also außerhalb der Stadt im Freien schlafen? Schlecht, denn schon braut sich wieder ein gewaltiges Gewitter am Horizont zusammen. Und bis Livinhac, wo sich ein *gîte* befindet, werden wir es an diesem Tag bestimmt nicht schaffen.

Gründlich studiere ich deshalb die Karte und Choco darf so lange an Pflanzen naschen. Zwar habe ich mir fest vorgenommen, ihn nie unangebunden stehen zu lassen, aber nachdem es am Weg weder Baum noch Pfosten gibt, hänge ich das Führungsseil locker über den Sattel und denke, Choco wird sich schon mit seiner Lieblingstätigkeit, dem Fressen, beschäftigen.

Während ich im Adressenverzeichnis der Pilgerherbergen blättere, hat Chocolat aber eine Idee. Ihn lockt ein frisch gepflügtes Feld in der Nähe. Aus den Augenwinkeln sehe ich, wie er Vorder- und Hinterbeine einknickt und sich auf den Bauch plumpsen lässt. Ich kann mir zu gut vorstellen, was jetzt passieren wird: Samt Gepäck will er sich in der vom Regen aufgeweichten Ackererde wälzen. Mir bleibt nur noch Zeit für einen hysterischen Schrei, um ihn von seinem Vorhaben abzubringen. Meine heftige Reaktion jagt ihm einen gehörigen Schrecken ein. Er rappelt sich schnell auf, macht ein paar Sprünge und galoppiert davon. Die Bewegung bereitet ihm sichtlich Spaß. Schluss mit dem langweiligen Wandern, scheint er zu denken, jetzt erobere ich mir die Welt! Leichtfüßig wie eine Antilope springt er dahin. Das Gepäck hüpft auf und nieder, als sei es federleicht. Bald sehe ich nur noch seine Ohren über die Grashalme spitzen. Eine Verfolgungsjagd beginnt – für meinen Esel die reinste Freude. Wird die Distanz zwischen uns größer, drosselt er sein Tempo. Habe ich aufgeholt, legt er wieder zu. Er galoppiert und ich keuche. Ein, zwei Kilometer geht es so dahin und ich fürchte schon, ich werde ihn nie einholen, da hat er ein Einsehen und bleibt unvermittelt stehen.

Die Schlechtwetterfront holt uns ein und wir wandern im Regen weiter. Ein Bewohner von Le Combe weist mir den Weg zu einem etwas abseits gelegenen *gîte*. Ich bin unschlüssig, denn im Pilgerführer wird diese Herberge nicht erwähnt. Schließlich riskiere ich es und folge dem Rat. Bald bereue ich meinen Entschluss, denn die Landstraße windet sich kilometerweit vom Höhenzug hinunter ins Tiefland. Nirgendwo sehe ich ein weiteres Hinweisschild und wir kommen Decazeville immer näher. Wieder bergauf zu unserem Weg zu gehen, dazu ist es jetzt zu spät. Schon tauchen die ersten Häuser der Industriestadt auf, wohin ich absolut nicht wollte. Nun bleibt mir nichts anderes übrig, als ausgerechnet hier eine Unterkunft für mich und Chocolat zu finden.

Schon zur Zeit Napoleons wurden in Decazeville Kohle und Eisen im Tagebau gewonnen. Einer seiner Minister, Herzog Decaze, nach dem der Ort benannt ist, hatte die wirtschaftliche Entwicklung angekurbelt. Die Grube »La Découverte« mit ihren abgestuften Terrassen und riesigen Abraumhalden sieht aus wie eine Wunde, die man in die Landschaft geschlagen hat.

Am Rand einer schnurgeraden Schnellstraße laufen wir durch öde Vororte. Der Straßenbelag glänzt regennass, die Reifen der Fahrzeuge dröhnen und die Scheinwerfer blenden uns. Überall Häuser und Straßen, nirgendwo ein Fleckchen Grün. Aus dem Himmel schüttet es auf uns herab. Ergeben trottet mein Esel neben mir her. Aber wie lange noch? In mir wächst die Furcht, er könnte es bald leid sein und sich nicht mehr vom Fleck rühren.

Endlich erreichen wir das Stadtzentrum. Wie befürchtet, hat die Pilgerherberge der Pfarrgemeinde keinen Platz für Choco. Weiter geht es durch den Feierabendverkehr. Menschen strömen in die hell erleuchteten Geschäfte und drängen mit prallen Taschen wieder heraus. Die Bürgersteige sind verstopft und die Straßen voll parkender und fahrender Autos, Stoßstange an Stoßstange. Müde und genervt kämpfen wir uns durch das Gewühl. Plötzlich wird der Gehsteig von unten mit hunderten von Strahlern beleuchtet. Choco erschrickt und weigert sich, über diesen Teufelsspuk zu gehen. Trotz meiner Angst vor den Autos muss ich mit ihm auf die Straße ausweichen. Völlig unerwartet für mich, nehmen die Autofahrer Rücksicht und zockeln langsam hinter uns her.

Endlich – wir haben Decazeville von einem Ende zum anderen durchquert – sehe ich an einem der letzten Häuser ein Schild: »Hôtel Foulquier«. Der Wirt hat noch ein Zimmer frei und hinter den Garagen liegt ein verwilderter Garten, das ideale Quartier für Choco. Auch der Regen hat aufgehört.

Ende gut, alles gut – diesmal ist der Spruch zutreffend. Mein ausgehungerter Esel stürzt sich aufs Futter und hält mit Fressen nicht eher inne, bis er kugelrund wie eine dicke Schwarzwurst im Gras niedersinkt.

Im Zeichen von Kreuz und Muschel

Von Decazeville nach Guirande, 15 km

Auf dem Pilgerweg gibt es Wegweiser in vielfältiger Form. Da sind die schon erwähnten rotweißen Farbmarkierungen, aber auch von Privatleuten und Wandervereinen aufgestellte Tafeln aus Holz, Stein oder Keramik weisen hilfreich den Weg. Manche dieser tröstlichen Zeichen sind verblichen, andere wieder strahlen in frischer Farbe. An Dorfbrunnen hängen Schilder, *eau potable*, als Hinweis, dass die Pilger das Wasser unbeschadet trinken können.

Ungezählt sind die Kreuze an Feldrainen, an Straßenböschungen, am Waldweg und vor Ortschaften. Aus Stein oder Metall gefertigt, gleicht keines dem anderen. Auf ihren Sockeln bemerke ich viele Steinchen, manchmal sogar verwelkte Blumensträuße. Niemand geht an diesen Kreuzen unachtsam vorbei. Unwillkürlich fühlt man sich aufgefordert innezuhalten. Die meisten heben einen Stein auf und legen ihn unter das Kreuz. Sich nach einem Stein zu bücken, ihn mit den Fingern zu umschließen und ihm mit der Wärme der Hand geheime Wünsche, Hoffnungen, Sehnsüchte zu übergeben, ihn schließlich in die Masse der anderen zu legen, ist ein persönliches und zugleich anonymes Zeichen. Meine Steine sind jetzt an diesem und jenem Kreuz, wo, weiß nur ich allein. Für mich ist es eine seltsam archaische Geste, ähnlich einem magischen Ritual.

Ich erinnere mich an das *cruz de ferro* am Rabanalpass in Spanien, ein vier Meter hohes Eisenkreuz, von dem nur noch die oberste Spitze aus einem mächtigen Steinhaufen herausragt. Jeder vorbeiziehende Pilger fügt seinen Stein zu den unzähligen Steinen hinzu, die sich dort seit Jahrtausenden häufen. Wie alt dieser Brauch ist, weiß niemand genau zu sagen. Bei vielen Völkern und Kulturen gelten Ansammlungen von Steinen als heilige Plätze, wie Mani-Mauern in buddhistischen Ländern und Owoo-Kultstätten in der Mongolei. Auch bei modern geprägten Menschen rühren Steine an verschüttete Erinnerungen und wecken mystische Empfindungen.

Aber das eigentliche Zeichen der Jakobspilger, das Signum, das nur ihnen gehört, ist die Muschel, genannt *pecten jacobaeus*, die Jakobs-Muschel. Legenden verbinden dieses Meerestier aus dem Atlantik mit dem Heiligen. Als die Jünger mit seinem Leichnam an Bord nach Sturm und schwerem Wellengang glücklich das Land erreichten, war ihr Schiff über und über mit Muscheln bedeckt. Fortan galt die Muschel als Symbol für die Rettung aus höchster Not.

Pilger, die vom Grab des heiligen Jakob nach Hause zurückkehrten, brachten Muscheln von der Altlantikküste mit, um zu beweisen, dass sie tatsächlich in Santiago de Compostela gewesen waren. Sie gaben sie weiter an diejenigen, die sich nach ihnen auf den Weg machten. An Hut und Mantel genäht, konnte nun jeder sofort erkennen, dass es echte Jakobspilger waren, die ihnen begegneten. Und so ist es Brauch geblieben, bis heute. Es vergeht kein Tag, an dem ich nicht diese Muscheln sehe: in Kirchen und Kapellen, an Brunnen, Pforten und Türen, an Bäumen und Mauern, an den Rucksäcken der Pilger und an den Wänden der Herbergen.

Es fällt mir nicht schwer, die Industriestadt Decazeville zu verlassen. Nach mühseligem Auf und Ab über glitschige Waldpfade stehen wir wieder einmal an den Ufern des Lot. Ich frage nach einer Hängebrücke, die laut Pilgerführer zur anderen Seite des Flusses führt. Die Auskunft, sie sei wegen Baufälligkeit seit Monaten gesperrt, befreit mich von der Sorge, ob Choco es gewagt hätte, eine frei schwingende Hängebrücke zu betreten. Über eine moderne Brücke glangen wir problemlos nach Livinhac.

Hinter der Stadt geht es wieder steil die Hänge hinauf nach Montredon, einem malerisch gelegenen Ort, den die Michaelskirche überragt. Ringsum dehnt sich eine sanft geschwungene Landschaft mit Getreidefeldern, Wiesen, Hecken, Eichenhainen und Kastanienwäldern. Auf kleinen Sträßchen wandern wir in guter Stimmung dahin. Am blauen Himmel über uns bilden sich schneeweiße Haufenwolken, die sich immer höher türmen.

Als Nachtquartier habe ich mir diesmal einen Gutshof in der Nähe des Dorfes Guirande ausgesucht. Am frühen Nachmittag treffen wir ein und werden wiehernd von Pferden begrüßt. Schwarz, weiß, dunkelbraun, fuchsrot, fahlgelb und gescheckt stehen sie am Koppelzaun, tänzeln affektiert und versuchen, meinen Esel zu reizen. Doch der lässt sich nicht beeindrucken. Er bläht zwar die Nüstern und schnuppert, scheint zu überlegen – doch gleichmütig wendet er sich ab. Seine Ruhe stimmt mich traurig; lieber würde ich weitere Kämpfe mit ihm ausfechten, als ihn seiner Triebe beschnitten zu erleben.

Die *ferme* soll ein Geheimtipp für Individualisten sein. Normalerweise bin ich auf meinen Reisen nicht wählerisch und überhaupt nicht anspruchsvoll, aber der ehemalige Viehstall, den mir der Verwalter als Unterkunft anbietet, ist mehr als gewöhnungsbedürftig. Mit Argwohn betrachte ich die aufeinander gestapelten stählernen Bettgestelle. Nach mir treffen noch drei weitere Pilger ein, die sich von einem »Leben im Stall« auf durchgelegenen Matratzen nicht abschrecken lassen.

Heute bleibt mir viel Zeit, ausführlich Tagebuch zu schreiben, und am Abend komme ich mit Maurice, einem Pilger aus Straßburg, ins Gespräch. Auf einer Bank unter Apfelbäumen genießen wir die frische Luft und den weiten Blick auf die Gipfel und Bergrücken, bewundern das Farbenspiel der untergehenden Sonne und das türkisfarbene Leuchten am Horizont. Rundum zufrieden ist auch Choco. Er liegt zu meinen Füßen und ich höre überdeutlich, wie das viele Heu und frische Grün, das er gefressen hat, in seinem kugelrunden Bauch gewaltig zu grummeln beginnt.

In nur sieben Tagen ist Maurice 250 Kilometer von Le Puy bis Guirande marschiert.

»Dann sind Sie ja täglich mehr als 35 Kilometer gelaufen!«, sage ich bewundernd. Dass wir für die gleiche Strecke 19 Tage, also fast dreimal so viel Zeit benötigt haben, getraue ich mich kaum zu sagen. »Wollen Sie einen Rekord aufstellen oder warum gehen Sie so schnell?«

»Nein, nein! Sportliche Ambitionen habe ich absolut keine«, behauptet Maurice. »Es hat sich so ergeben, ohne Absicht. Ich freue mich natürlich, dass ich so fit bin, aber ich lege keine Etappenziele vorher fest, marschiere so weit und so lange, wie ich Spaß daran habe, und dann schaue ich irgendwann auf die Karte und überlege, wo ich übernachten könnte.«

»So hatte ich mir das auch gedacht, aber meist sind die Herbergen dann ausgebucht.«

»Mir macht das nichts aus«, sagt er, »ich gehe eben ein paar Kilometer weiter zum nächsten *gîte*.«

»Ich habe noch keinen getroffen, der so weite Strecken schafft.«

»Über meine wiedergekehrte Kraft staune ich selbst am meisten, denn ich bin nicht gesund, das heißt, ich hoffe schon, dass ich es wieder bin, aber ich war todkrank, hatte Krebs, habe Chemotherapie und Bestrahlung hinter mir. Ich dachte lange Zeit, ich überleb's nicht.«

»Vielleicht wollen Sie sich jetzt beweisen, dass Sie die Krankheit überwunden haben?«

»Nein, jedenfalls nicht bewusst. Meine körperliche Fitness ist eher wie ein Geschenk, das mir zufliegt und das ich dankbar annehme. Es ist wie ein Wunder! Wenn ich daran denke, wie schwach ich voriges Jahr noch war – nach drei Schritten hatte ich schon keine Luft mehr.«

»War die Krankheit für Sie der Auslöser, nach Santiago zu gehen?«

»Ja und nein. Es kommen jedenfalls mehrere Gründe zusammen. Vor drei Jahren habe ich meine Tätigkeit als Lehrer beendet und das war kein glückliches Ende. Heute verstehe ich gar nicht mehr, wie ich diesen Beruf ergreifen konnte. Nie mehr will ich in diese Falle tappen, andere Menschen belehren zu wollen. Ein für alle Mal habe ich mich davon verabschiedet.«

»Das stelle ich mir schwierig vor, eine Arbeit machen zu müssen, die man ablehnt.«

»Na ja, viele Jahre war mir dieser Beruf gar nicht so unlieb, man hat ja eine Machtposition. Gerade das ist aber das Schlimme, die Macht, die man über andere hat, jedenfalls sehe ich es jetzt so. Früher konnte ich das genießen. Deshalb war das Ende für mich ja auch so niederschlagend. Ich fiel in ein tiefes Loch. Mein Leben war wie ausgelöscht. Ich sah keine Zukunft mehr für mich.«

»Ob das Ihre Krebserkrankung ausgelöst hat?«

»Mag sein, dazu kam das Schicksal meiner Tochter, auch sie ist Lehrerin. Aber seit Jahren schon ist sie arbeitslos. Sie hat keine Perspektive, lebt in einem winzigen Zimmer und dreht sich im Kreis. Ihr Elend habe ich nicht mehr ertragen können. Ich musste weg!«

Wir schweigen eine Weile, dann frage ich: »Was werden Sie nach Ihrer Ankunft in Santiago tun?«

»Ich werde weiterpilgern nach Finisterre, ans so genannte Ende der Welt, zum Kap an der Atlantikküste.«

»Na gut, aber dort ist Schluss, weiter geht es nicht. Was dann?«

»Das überlege ich mir, wenn es so weit ist. Jetzt bin ich erst einmal dankbar für jeden einzelnen Tag. Ich lebe bewusst jeden Tag vom Morgen bis zum Abend und sorge mich nicht um den nächsten. Mit meinem Denken und Fühlen bin ich ganz in der Gegenwart. Das ist das Privileg des Pilgers und ich koste es aus. Ein wenig habe ich das Ende allerdings schon geplant, damit ich nicht abermals in ein Loch stürze. In Finisterre treffe ich mich mit zwei Freunden. Wir wollen gemeinsam mit dem Auto durch Spanien und Portugal reisen. Das wird mich auffangen. Danach werde ich wahrscheinlich nach Straßburg zurückgehen, wo meine Tochter lebt. Was ich dort tue, weiß ich noch nicht genau.«

»Vielleicht können Sie mit Ihren neuen Erfahrungen als Pilger Ihrer Tochter helfen, den Kreis zu durchbrechen?«

»Nein, nie mehr will ich in das Leben anderer eingreifen!«

»Ich denke, Sie tun es doch, allein durch Ihr Beispiel.«

»Meinetwegen, aber mit keinem einzigen Wort werde ich andere Menschen jemals wieder beeinflussen wollen. Das ist vorbei, für alle Zeiten vorbei!«

Adam und Eva im Paradies

Von Guirande nach Cassagnole, 16 km

Sie sind nackt, wie es sich im Paradies gehört. Von der Frucht der Erkenntnis haben sie noch nicht gekostet und dürften sich eigentlich ihrer Unkeuschheit nicht bewusst sein, dennoch halten Sie sich ein Blatt vor ihre Scham. Es wäre aber schade, das Portal der romanischen Kirche in dem kleinen Dorf Saint-Félix nach derart kleinlichen Überlegungen beurteilen zu wollen.

Das Relief stammt aus dem frühen 11. Jahrhundert. Ich bin verwundert, in einem unbedeutenden Dorf dieses wertvolle romanische Kunstwerk zu entdecken. Die Kirche selbst ist aufwändig restauriert und sieht aus wie frisch gemauert.

Wie es sonst nur Kinderzeichnungen vermögen, beruht die ergreifende Wirkung des Portalreliefs auf der einfachen und direkten Darstellung. Adam, ein reifer Mann mit Bart, lässt sich den Apfel nicht von Eva reichen, sondern ist eigenständig genug, selbst nach der Frucht zu greifen. Eva nimmt sie aus dem Maul der Schlange. Als Frau hat sie eine besondere Beziehung zu diesem zwiespältigen Tier, das sowohl Leben wie Tod verkörpert und in den mythologischen Kreis der uralten Fruchtbarkeitsgöttinnen gehört. Nicht ohne Grund ist es gerade die Schlange, die als Verführerin in der biblischen Geschichte auftritt. Bildlich steht die Schlange, die sich geschmeidig der Umgebung anpasst, ihre alte Haut abstreift und durch Löcher in die Erde eindringt, für Sexualität und Verführung.

Die Schlange auf dem Relief erinnert mich eher an eine Würgeschlange als an eine Giftschlange, wie man hätte vermuten können. Sie hat einen kräftigen Körper und ihr Schwanz rollt sich zu einer Spirale. Das Tier übertrifft an Länge die beiden menschlichen Figuren und schlingt sich elegant um einen Baum, an dem weder Zweige noch Blätter wachsen.

Das »Relais de St. Jacques«, in der Nähe des Dorfes Cassagnole, habe ich nur gefunden, weil ich amüsiert den Pfeilen mit dem grünen Pilgermännchen gefolgt bin. Welch ein Kontrast – gestern noch die Übernachtung im Stall und heute im geschmackvoll eingerichteten Zimmer in gepflegter Umgebung. Die Herbergsleute Jean und Michèle haben ein zerfallenes Gehöft gekauft und mit viel künstlerischem und handwerklichem Gespür ein Kleinod geschaffen, eine Oase für erschöpfte Pilger. Kaum vorstellbar, dass es vor wenigen Jahren an diesem anmutigen Ort nur Ruinen und Brennnesseln gegeben haben soll.

Chocolat muss ihn schon lange vor mir bemerkt haben, denn er ist kaum überrascht, als uns ein kleiner »Grauer« auf der Weide vor dem Haus entgegenspringt. Der Gefährte für die Nacht ist ein Abbild seines Freundes Pedro, der zu Hause bleiben musste. Ob sich die zwei Esel vertragen werden? Über den Zaun beschnuppern sie sich neugierig. Keine Frage – sie mögen sich auf Anhieb und ich öffne für Choco das Gatter.

Sie spielen miteinander wie junge Hunde, necken und verfolgen sich, laufen weg und tollen herum. Immer wieder halten sie für einen Moment inne, beriechen und beknabbern sich. Zärtlich streift der Graue mit seinem Maul über Chocolats Rücken. Sie legen ihre Hälse aneinander, messen ihre Kräfte, drücken sich nieder, bis beide auf die Knie sinken. Einer springt dann plötzlich auf und galoppiert davon, der andere hinterher und ein neues Spiel beginnt.

Ich sitze unter einem blühenden, betörend duftenden Lindenbaum und schaue hinunter auf die Wiese, wo die beiden sich vergnügen. Wie schön, dass Chocolat hier einen Kameraden gefunden hat. Gleichzeitig beneide ich den grauen Esel. So wie er werde ich nie mit meinem Choco tollen können. Erst im Spiel mit dem anderen zeigt sich, was an Schalk, Übermut, Narretei in ihm steckt. Er ist schon acht Jahre alt, gebärdet sich aber jetzt, als sei er noch ein ganz Junger.

Die Herberge scheint ein Treffpunkt zu sein für Pilger aus aller Welt, nicht nur aus Europa. Da sind Javier aus Mexiko, Maria aus Bolivien und Barbara aus Kanada. So viele Menschen unterschiedlicher Herkunft unter der Idee des Pilgerns vereint, das schafft ein einmaliges Gefühl der Gemeinschaft. Es ist, als würden wir alle einer Musik lauschen, die unsere Herzen verbindet.

Zu meiner Freude treffe ich auch Justin wieder. In Conques war er zwei Tage geblieben und hatte ein Konzert in der Abteikirche Sainte-Foy erlebt, das ihn außerordentlich beeindruckt hat. Begeistert berichtet er mir von diesem Erlebnis und den allgewaltigen Klängen in den geheiligten Mauern.

Die Wirtsleute Jean und Michèle stellen es den Pilgern frei, Abendessen und Frühstück bei ihnen zu nehmen oder sich selbst zu versorgen. Justin und ich entscheiden uns, die Gemeinschaftsküche zu benutzen. Gern schnipple ich die Zutaten und überlasse Justin die Zubereitung, erinnere ich mich doch zu gut an seine Kochkünste in Estaing.

Was Essen betrifft, bin ich ungewöhnlich anspruchslos. Es ist mir völlig egal, was ich esse, Hauptsache, es sind Magenfüller, die lange satt machen. Wenn es mal nichts gibt, ist es auch nicht so schlimm. Von Kindheit an habe ich trainiert, lange zu hungern, ohne Kraft zu verlieren, um mich für Expeditionen in die Wildnis vorzubereiten. Obwohl es mein Bestreben ist, von Nahrung so unabhängig wie möglich zu sein, kann ich ein köstliches Gericht durchaus genießen und nehme es dankbar an wie ein Geschenk.

Auch diesmal setzt Justin seine Ehre daran, ein vollständiges Menü aufzutischen. Was das Kochen angeht, ist er ein Perfektionist und duldet keine Kompromisse. Aus seinem Rucksack zaubert er ein Dutzend Gewürze hervor, in kleine Beutel verpackt und sauber beschriftet. Er freut sich über das formschöne Geschirr, das im Küchenschrank der Herberge bereitsteht, und natürlich dürfen Servietten nicht fehlen. Nur der ideale Platz zum Essen muss noch gefunden werden. Was sucht Justin nur, frage ich mich – in der Küche steht doch ein Tisch mit Stühlen? Aber dieser profane Ort scheint ihm nicht zu genügen. Schließlich entdeckt er die versteckte Tür zu einem Balkon und obwohl dieser winzig ist, gelingt es uns, einen Tisch mit zwei Stühlen dort aufzustellen. Windgeschützt, umgeben von den Mauern des alten Steinhauses, speisen wir in der lauen Luft mit Blick auf das verwinkelte Gehöft und hinab zur Weide, wo Chocolat und sein neuer Freund Körper an Körper friedlich im Gras ruhen.

Hieroglyphen

Figeac

Vielleicht liegt es an ihrem Beruf? Als Postbeamtin bringt Denise so leicht nichts aus der Ruhe. Obwohl eine Gruppe von Pilgern drängelt, endlich ihren Stempel in den Pilgerausweis zu bekommen, muss Denise mir zuerst einen Teil ihrer Lebensgeschichte erzählen. Ein Jahr ist es her, dass sie eine fünfmonatige Auszeit genommen hatte, um von Paris nach Santiago zu pilgern. Diesmal hat sie nur drei Wochen Zeit, deshalb wollte sie die Strecke mit dem Fahrrad zurücklegen. Nun sei sie aber hier im »Relais de St. Jacques« hängen geblieben. Die Besitzer, Jean und Michèle, mit denen sie sich angefreundet hat, wollten sie unbedingt behalten und so arbeitet sie die restliche Urlaubszeit hier.

Jetzt sind endlich die wartenden Pilger an der Reihe. Denise drückt akkurat einem nach dem anderen den begehrten Stempel in den Pilgerausweis. So kann jeder belegen, dass er den Weg tatsächlich zurückgelegt hat. Zudem sind die Stempel ein beliebtes Sammelobjekt, denn keiner gleicht dem anderen. Originelle Figuren, Symbole, Schriftzeichen und Namen der Herbergen machen sie unverwechselbar.

Denise, die in Figeac Brot kaufen will, bietet mir eine Mitfahrgelegenheit an und auch Justin schließt sich an. Figeac ist eine interessante Stadt und ein Tag wird nicht reichen, alles zu besichtigen. Deshalb will ich mich auf die drei wichtigsten Bauwerke konzentrieren: die Abteikirche Saint-Sauveur, die romanische Kirche Notre-Dame-du-Puy und das Geburtshaus von Jean-François Champollion.

Kaum hat uns Denise in der Altstadt abgesetzt, will ich als Erstes zur Abteikirche. Doch Justin möchte am Abend ein Fischgericht kochen. Deshalb ist für ihn der Einkauf das Wichtigste, um den er sich sofort kümmern will. »Die Lebensmittel können wir doch zuletzt besorgen«, versuche ich ihn umzustimmen. Da komme ich bei Justin aber schlecht an: »Die beste Auswahl an Fisch gibt es am Vormittag«, beharrt er und da hat er wohl Recht.

Zuerst also zum Fischhändler. Wir entscheiden uns für Schwertfisch und deponieren ihn im Eis zum Abholen am Nachmittag. Dann inspizieren wir diverse Gemüseläden. Beim einen sind die Tomaten frischer, beim anderen die Gurken knackiger. Justin notiert sich alles. Später werden wir nach dieser Liste den Einkauf tätigen.

Beim Erkunden der Geschäfte erweist sich Justin als idealer Stadtführer und ich bekomme einen umfassenden Eindruck des mittelalterlichen Zentrums. Viele Häuser haben noch ihre gotische Gestalt: Fenster mit Spitzbögen, Erkertürmchen, Fachwerk, hochgewölbte Eingangstore, Arkaden und offene Dachgeschosse, deren Balkenkonstruktion freiliegt. *Soleilho* werden diese luftigen und doch geschützten Dachböden genannt, die für viele Orte in dieser Gegend typisch sind. Im Mittelalter war Figeac eine wohlhabende Stadt, später verlor sie ihre Bedeutung, und da den Einwohner das Geld für Neubauten fehlte, blieb die gotische Altstadt fast vollkommen erhalten.

Die Gründung Figeacs ist vermutlich dem Franken Pippin zu verdanken, dem Vater von Karl dem Großen. Pippin war zunächst nur Verwalter des Frankenreichs und oberster Kriegsherr, bevor er die Herrschaft der Karolinger begründete und im Jahr 751 zum König gewählt wurde.

Pippin war aber auch ein gläubiger Mann. Eines Tages ritt er durch das Tal des Célé, einem Nebenfluss des Lot. Da sah er zwei Tauben über sich hinwegfliegen, deren Flugbahnen ein Kreuz am Himmel bildeten. Als die Tauben am Flussufer landeten und Olivenzweige niederlegten, sah Pippin darin ein Zeichen Gottes und beschloss, an dieser Stelle ein Kloster zu bauen. Die Stadt, die bald im Schutz des Klosters entstand, existiert bis heute: Figeac.

Am Rand der Altstadt liegt die Kirche Notre-Dame-du-Puy auf einer Anhöhe. Leider ist die romanische Kirche aus dem 12. Jahrhundert, deren Kapitelle mit Fabelmotiven mich sehr interessiert hätten, verschlossen. Aber der Vorplatz der Kirche entschädigt für den steilen Aufstieg mit einem eindrucksvollen Blick auf die mit roten Dachpfannen bedeckten Häuser der Stadt. Früher müssen es Scharen von Pilgern gewesen sein, die hier Unterkunft fanden. Die Gemäuer einiger Herbergen existieren noch, sind aber inzwischen zu exquisiten Hotels umgewandelt worden. Eine Besichtigung lohnt sich allemal, denn mit den ursprünglichen Fassaden, Erkern, Fensterbögen, Innenhöfen, Säulen und Kapitellen vermitteln sie noch viel mittelalterliches Flair.

Schon im Jahr 1092 wurde mit dem Bau der Abteikirche Saint-Sauveur begonnen, aber es dauerte Jahrhunderte, bis sie endlich fertig gestellt war. Immer wieder musste sie vergrößert werden, um Platz für die wachsende Zahl der Pilger zu schaffen. Das Resultat der langen Bauzeit ist eine Kirche, unter deren Dach sich verschiedene Stilepochen mischen.

Im »Musée Champollion« erfahre ich die spannende Geschichte der Hieroglyphen. Bereits als Kind faszinierte den kleinen Jean-François die geheimnisvolle Bilderschrift der alten Ägypter, die niemand deuten konnte. Sein Vater, ein wohlhabender Apotheker aus Figeac, förderte das Interesse seines Sohnes und schickte ihn zum Studium der Ägyptologie nach Paris.

Gelehrte, die Napoleon auf seinen Kriegszügen begleiteten, schafften damals massenhaft Kunstschätze aus Ägypten nach Paris. Ein unscheinbarer Stein, kaum einen Meter groß und 70 Zentimeter breit, blieb zunächst unbeachtet. Er lag in einer Kiste mit dem Schild »Stein von Rosette«, weil er in der Nähe der ägyptischen Hafenstadt Rosette am westlichen Nildelta gefunden worden war. Erst Jean-François Champollion fiel auf, dass in dem Stein drei unterschiedliche Schriften eingraviert waren: Altgriechisch, Ägyptisch kursiv und Hieroglyphen. Er fand bald heraus, dass die beiden ihm bekannten Schriften den gleichen Text wiedergaben. Für ihn lag nun nahe, dass auch die unlesbare Bilderschrift denselben Wortlaut beinhalten müsste. Der Zufall hatte ihm den Schlüssel zur Entzifferung in die Hand gespielt. Jetzt musste er ihn nur noch nutzen.

Wie elektrisiert machte er sich an die Arbeit, die schwierig war, denn Bildzeichen können für einen Buchstaben, eine Silbe oder auch für ein Wort stehen. Jahre vergingen, dann hatte er das Geheimnis dieser schwer verständlichen und kunstvollen Schrift gelüftet. Endlich war es möglich, die Rätselbilder der Pharaonengräber zu lesen.

An seinem 200. Todestag wurde Champollion in seiner Heimatstadt posthum eine besondere Ehre zuteil. Der Künstler Joseph Kossuth schuf ein ästhetisches und einprägsames Denkmal: Im Innenhof des Place des Écritures, umgeben von altem Gemäuer, Säulen und Torbögen, bedeckt eine riesige begehbare Basaltplatte den Boden – eine vergrößerte Darstellung des Steins von Rosette. Wer über die eingravierten Schriften hinwegschreitet, wird sich unwillkürlich an die wissenschaftliche Glanzleistung Champollions erinnern.

Wacholder, Flaumeichen und Kreuzdorn

Von Cassagnole bis nahe Gréalou, 11 km

Der Abschied von Denise, Jean, Michèle und Justin ist herzlich. Sie umarmen mich fest und wünschen mir »*Ultreia!*«, ein Gruß, mit dem schon Pilger des Mittelalters sich Mut machten: Vorwärts! Immer weiter! Auf nach Santiago!

Mein Esel folgt mir ohne Zögern, was nicht selbstverständlich ist. Zwei Tage und Nächte hatte er mit seinem neuen Freund auf der Weide herumtollen können und ich bin erstaunt, dass er sich so leicht von ihm trennt.

Die Landschaft, die sich 160 Kilometer von Figeac bis Moissac erstreckt, wird das Quercy Blanc genannt, wegen seines weißen Kalkbodens. Urzeitlich war diese Gegend von Wasser bedeckt. Im Laufe mehrerer geologischer Epochen haben sich riesige Mengen Sedimente am Meeresgrund abgelagert und zu Kalkgestein verfestigt. Viele Millionen Jahre später, als das Meer längst zurückgewichen war, zersägten Flüsse den gigantischen Kalksteinblock, zerlegten ihn in ein Landschaftspuzzle. Hunderte Meter tief haben sich die Flüsse Dordogne, Célé, Lot und Tarn eingegraben und schlängeln sich zwischen senkrechten weißen Kalkwänden hindurch.

Der reichlich niedergehende Regen auf den Hochplateaus, den Causses, versickert schnell in Spalten, Rissen und Fugen, die sich in allen Richtungen durch die Felsen winden. Das Wasser reibt, zersetzt und löst fortwährend Kalkteilchen, trägt sie fort, lagert sie wieder ab und schafft ein gigantisches unterirdisches Höhlensystem. Das Wasser rauscht durch schmale Gänge, formt kuppelartige Höhlen, verschwindet in Sickerschächten, befreit sich endlich aus dem steinernen Gefängnis und sprudelt als Quelle hervor, klar und kalt.

In einigen Höhlen haben Menschen der Steinzeit seltsame Zeichen und Figuren auf die Wände gemalt oder in sie hineingeritzt. Eine von ihnen ist die Höhle Pech Merle in der Nähe Cahors', die im Jahr 1920 entdeckt wurde. Besonders eindrucksvolle Darstellungen von Wildpferden sind mit schwarzer Farbe auf die Felswände getupft, umgeben von Abdrücken menschlicher Hände. Im Jahr 2000 haben Forscher bei Cassac eine weitere Höhle gefunden mit 28 000 Jahre alten Felsgravuren. Die Ritzzeichnungen sind zu 25 Meter langen Bilderfolgen geordnet, die wie Fresken wirken. Aber leider liegen die Höhlen einige Kilometer abseits des Pilgerwegs. Wer zu Fuß unterwegs ist, überlegt sich solche Umwege.

Blendend weiß ziehen sich kalkige Wege wie Linien über das Tafelland und erinnern mich ständig daran, dass ich auf altem Meeresgrund gehe. Ich war auf Schwierigkeiten gefasst, die das Wandern über die Kalkhochflächen des Quercy für uns bereithalten könnten, stellte mich auf unfruchtbares und menschenleeres Land ein, ohne Schatten, ohne Wasser. Aber die Realität übertrifft leider noch meine Vorstellungskraft. Das öde Land ist an vielen Stellen dicht bewachsen mit Buchsbaum, Wacholder und Kreuzdorn. Die stacheligen Gewächse geben nur widerwillig schmale Durchlässe frei. Immer wieder müssen wir uns mühsam durch Gebüsch und Pflanzentunnel zwängen und schrammen mit den Packsäcken an Dornen und Zweigen entlang.

Nur schwer kann ich mir vorstellen, dass diese Ödnis für irgendwen nützlich sein könnte, aber kilometerlange Absperrungen aus Mauern und Draht beweisen, dass Menschen von der Landschaft Besitz genommen haben. Nachdem wir fast vier Stunden ohne Unterbrechung marschiert sind, entdecke ich eine Lücke in dem Steinwall. Natürlich versuche ich, die Sitten zu respektieren, und will nicht in Konflikt mit den Besitzern des Landes geraten, aber hier in diesem Ödland?

Der Boden ist steinig. Da wächst nicht viel außer Disteln, gelblichem Gras, immergrünem Kreuzdorn und stechendem Spargel. Dunkle Wacholderbüsche stehen vereinzelt da, geduckt und verbogen wie Hutzelmännchen. Eichenwald grenzt an die freie Fläche. Grashüpfer zirpen zart, sonst ist es völlig still. Fast unheimlich. Mich fesselt die Einöde, die wilde Kargheit, die steinige Dürre. Wie zufällig blicke ich hinauf zum Himmel und sehe zwei silbern glänzende Flugzeuge. Hören kann ich sie nicht, dazu fliegen sie zu hoch. Der eine glitzernde Punkt bewegt sich von Süd nach Nord, der andere von Ost nach West; hinter ihnen bleiben ihre

Kondensstreifen zurück. Weiß auf blauem Grund erscheint ein Kreuz am Himmel. Wie war das noch mit den Tauben, die mit ihrem Flugbild ein göttliches Zeichen zum Klosterbau setzten? Die gekreuzten Streifen will ich für mich als Wink deuten, hier mein Lager aufzuschlagen und erst morgen weiterzuziehen.

Im Schatten bemooster Flaumeichen und geschützt von Steinmauern finde ich einen traumhaften Platz für mein Zelt. Im Gebüsch singen Rotkehlchen und Buchfinken. Am Abend wagt sich ein Rehbock auf die freie Fläche hinaus. Sein rotbraunes Fell leuchtet im Abendlicht. Unbekümmert äst er eine Weile, dann fächelt ihm der Wind Chocos Geruch zu. Der Bock wirft den Kopf hoch, prüft witternd die Luft, dann entdeckt er den Esel, ein für ihn seltsames Wesen. Entschlossen stakst er ein paar Meter auf Chocolat zu. Der hat jetzt auch den Bock wahrgenommen. Was wird geschehen? Eine Verbrüderung zwischen Haus- und Wildtier? Der Rehbock besinnt sich kurz und – sicher ist sicher – springt zurück in den Wald. Dabei stößt er heisere Töne aus, die wie Hundegebell klingen.

Erwachen im Regen

Von Gréalou nach Pech Niol, 22 km

Im Morgengrauen, noch bevor es hell wird, fallen die ersten Regentropfen auf mein Zeltdach. Ich kann es kaum glauben. Nachts war der Himmel noch sternenklar gewesen, als ich aus dem Zelt blickte, um nach Chocolat zu schauen.

Regen! Das hat mir gerade noch gefehlt! Ausgerechnet kurz vor dem Aufstehen und dem Packen! Ich weiß zwar, worauf ich mich einlasse, wenn ich draußen übernachte, trotzdem ist es immer wieder ärgerlich, von schlechtem Wetter überrascht zu werden.

Während ich in großer Eile das Gepäck in die Säcke stopfe und mit der wasserdichten Plane umwickele, gießt es bereits in Strömen. Als wäre das nicht genug, kommt auch noch ein Gewitter hinzu. Es blitzt und donnert über mir. Nur schnell weg von hier!

Urplötzlich hört der Regen auf. Kaum aber habe ich den schwitzigen Regenponcho abgelegt, schiebt sich schon die nächste dunkle Wolkenwand heran und entlädt sich über uns.

Nach zwei Stunden auf schlammigen Erdpfaden und durch triefende Flaumeichenwälder erreichen wir Gréalou. Immerhin hat der Ort eine Bar und ich denke, ich habe mir einen Kaffee verdient. Vier Pilger poltern mit Wanderstiefeln die Holztreppe herunter in die Gaststube. Offenbar haben sie hier übernachtet. Mit verknitterten Gesichtern essen sie ihr Frühstück, ohne miteinander zu sprechen. Wahrscheinlich ärgern sie sich über das Regenwetter. Bei ihrem Anblick fühle ich mich gleich viel besser. Sie haben den nassen Anfang noch vor sich, ich dagegen habe meine Regentaufe schon hinter mir. Steckt man erst mal mittendrin im Schlamassel, ist alles gar nicht mehr so schlimm. Nur die ersten Tropfen stören; werden es mehr, begegnet man der Nässe mit Gleichmut. Jedenfalls mir geht es so.

Nicht weit hinter Gréalou erstreckt sich ein Gebiet mit zahlreichen Dolmen. Der eindrucksvollste liegt direkt am Pilgerweg und wurde erst 1977 ausgegraben. Quer über zwei senkrecht stehenden Steinplatten liegt ein drei mal vier Meter großer, tonnenschwerer Deckstein und bildet den Hohlraum für eine Grabkammer. In dieser Kammer haben Menschen aus der rätselhaften Megalithzeit ihre Toten zur Ruhe gebettet. Perlen und andere Grabbeigaben, die man fand, wurden in das Museum von Cahors gebracht und können dort besichtigt werden.

Nur wenige Schritte vom Dolmen entfernt, steht ein Kreuz, als wollte man mit dem christlichen Zeichen ein Gegengewicht zur Magie der Steine schaffen. Langsam umrunde ich den Dolmen, dessen weißes Gestein seltsam nackt wirkt. Es regnet nicht mehr, der Himmel ist farblos wie ein Laken und die Luft flimmert. Zufällig blicke ich nochmals zum Kreuz hinüber und sehe einen Steinkauz dort hocken. Klein ist er, kaum so groß wie eine Amsel. Sein schönes, hell-dunkel gesprenkeltes Gefieder ist locker aufgeplustert. Mit seinem runden Körper, dem runden Kopf und den runden Augen ähnelt er einem putzigen Männlein. Doch der Blick seiner gelben Augen ist stechend. Jetzt kneift er eines zu, dann hebt er das Lid langsam wieder an und blickt dabei unverwandt in meine Richtung. Als wolle er sich verabschieden, knickst er mit den Beinen, breitet die Schwingen aus und fliegt davon, so weich und lautlos, wie es nur Eulen vermögen.

Steinkäuze habe ich schon öfter tagsüber gesehen, aber dass mir der kleine Nachtvogel gerade in der Nähe des Dolmen begegnet und noch dazu auf einem Kreuz – könnte das etwas zu bedeuten haben?

Nass hatte der Tag begonnen, aber längst ist die Feuchtigkeit versickert und verdunstet. Die Sonne bescheint sengend das steinige Land. Mit Stacheln und Dornen, harten und wachsumschichteten Blättern schützen sich die Pflanzen vor dem Vertrocknen. Lange wandern Choco und ich in völliger Einsamkeit über das hitzeflimmernde Plateau.

Von der Hochfläche steigen wir einmal mehr hinunter ins Tal des Lot. In einer Schleife des Flusses liegt Cajarc, dessen Häuser in fast konzentrischen Kreisen um die Kirche gruppiert sind. Einst herrschte hier die mächtige Familie Hébrard de Saint-Sulpice. An sie erinnert nur noch das mit den Spitzbogenfenstern und Arkaden geschmückte Haus »l'Hébrardie«. Über Mittag ist es still in der Stadt. Die Läden sind geschlossen, erst am späten Nachmittag werden sie wieder geöffnet. Unschlüssig ziehe ich durch die Straßen, erschöpft von der Hitze und vom Laufen, aber es findet sich kein Platz, wo wir bleiben könnten.

Schon liegt Cajarc hinter uns, wir überqueren erneut den Lot und steigen hinauf nach Gaillac, einem Dorf, das sich mit seinen Häusern fest an einen Felsen klammert. Am Weg sehe ich die Ruinen einer Magdalenenkapelle aus dem 12. Jahrhundert, von der nur noch die zerbrochene, von Efeu überwucherte Apsis erhalten ist. Hier sollen die Schiffer gebetet haben, bevor sie sich den Stromschnellen des Lot anvertrauten.

Wir rasten in einem Park und ich schaue Choco beim Fressen zu. Es langweilt mich nie, ihn zu beobachten. Ein Mann setzt sich zu mir auf die Bank und fragt mich neugierig aus. Dann erzählt er mir die Legende vom Saut de la Mounine, dem Affenfelsen, im nahen Montbrun: »Sie müssen sich ein schönes und sanftes Mädchen vorstellen, das sich unsterblich in den Sohn des benachbarten Burgherrn verliebte. Er hieß Renault de Savagnac. Ihr Vater jedoch, der strenge Herr von Montbrun, erboste sich darüber, denn beide Familien waren schon lange miteinander verfeindet. Er verbot seiner Tochter jeden Kontakt mit Renault. Nicht einmal mehr denken sollte sie an ihn. Das verliebte Mädchen gehorchte aber nicht und traf sich heimlich weiter mit ihrem Liebsten. Der Vater erwischte sie und in seiner rasenden Wut verurteilte er seine Tochter zum Tod. Sie sollte auf die Spitze des Felsens geschleift und von dort in den Abgrund gestürzt werden. Alle waren über die unnachgiebige Härte des Vaters entsetzt. Ein Einsiedler, der sich der Verurteilten erbarmte, riet zu einer List: Ein Äffchen könnte man in die Kleider des Mädchens stecken und statt seiner in die Tiefe stoßen. Als der Vater glaubte, seine Tochter in den Tod fallen zu sehen, erlosch sein Zorn und ihm wurde schlagartig bewusst, was er getan hatte. Wegen seines unsinnigen Stolzes hatte er seine einzige Tochter für immer verloren! Er bereute bitterlich und versank in tiefe Trauer. Sein Klagen und Jammern nahm kein Ende, bis die Tochter sich aus dem Versteck hervorwagte. Als er sie lebend wiedersah, wusste er sich vor Glück und Freude nicht zu fassen. Er versöhnte sich mit dem verfeindeten Nachbarn und das Mädchen durfte ihren innig geliebten Renault endlich heiraten.« Eine Romeo-Julia-Geschichte mit Happy-end. Noch heute heißt der Felsen Mounine, wie der geopferte Affe.

Hinter Gaillac beginnt der Aufstieg zum Plateau Causse de Limogne-en-Quercy, einer dünn besiedelten Hochfläche. In dieser Gegend heißen die Hügel nicht mehr *puy*, sondern auf Okzitanisch *pech*, und einzeln stehende Gehöfte nennt man hier *mas*.

Die Anhöhe Pech Niol ist dicht mit Flaumeichen bewachsen, niedrige, krumme, verbogene Bäume. Es ist windstill. Ermattet kämpfen wir uns einen steinigen Pfad hinauf. Weit sind wir an diesem Tag schon gegangen, weil wir wegen des Gewitters so früh am Morgen aufgebrochen sind. Es wird Zeit, unser Lager zu richten, deshalb binde ich Chocolat fest und mache mich im Wald auf die Suche. Ich weiß genau, wie der ideale Platz aussehen soll, doch scheint es aussichtslos, in dieser Wildnis eine freie Fläche zu finden. Als würde ich von unsichtbarer Hand geführt, gehe ich zielstrebig einen Pfad entlang, biege an einer Wegkreuzung nach links und habe dabei das sichere Gefühl, richtig zu sein. Und wirklich, wenig später entdecke ich sie, eine traumhafte Natur-Terrasse. Im Schatten der Bäume gedeiht süßes Gras und auf den offenen, steinigen Flächen wachsen Disteln und Trockengräser, die ideale Mischung für Chocos Futter. Nur mein Abendbrot fällt mager aus, denn ich habe gerade noch eine Büchse mit Ölsardinen und eine halbe Gurke.

Die Sonne ist untergegangen, die Dämmerung senkt sich herab – plötzlich Geflatter, aufgeregtes Krakeelen. Ein Pulk Singvögel lärmt in den Eichen. Ich schaue genau hin und entdecke im Geäst eine Waldohreule. Die zweite Eule an diesem Tag! Die Ohrfedern sind spitz aufgestellt. Mit ihrem braun gefleckten Federkleid und dem in Schreckstellung lang gezogenen Körper ähnelt sie täuschend einem dürren Ast, wären da nicht die feurig gelben Augen, die sie verraten. Die Kleinvögel geben keine Ruhe, wagen jetzt sogar Sturzangriffe auf ihren Feind. Solange es noch hell ist, fühlen sie sich der Eule überlegen, vor allem, weil sie so viele sind. Immer mehr Vögel werden vom Krach angelockt und machen mit beim Eulenhassen. Die Waldohreule erträgt den Aufruhr nicht länger und fliegt davon, gefolgt vom Schwarm der Singvögel.

Der Bäcker von Limogne

Von Pech Niol nach Limogne-en-Quercy, 12 km

Pflatsch! War das eben ein Tropfen? Ich will es nicht wahrhaben. Plitsch, platsch, schon prasselt es auf die Zelthaut. Wie gestern öffnen sich im Morgengrauen die Wolken, obwohl der Abendhimmel gutes Wetter angekündigt hatte. Weder verdächtige Haufenwolken noch bedrohliches Abendrot hatten mich vor dem Schauer gewarnt. Jetzt bin ich froh, das Überzelt aufgespannt zu haben. Während es gießt, kann ich aufrecht stehend unter der Plane packen. Nichts soll uns aufhalten, beschließe ich, und noch im Regen machen wir uns auf den Weg.

Eine Singdrossel schmettert, trotz nassem Gefieder, unverdrossen ihre Jubellieder, klar und hell. Schwer ist die Erde vom Regenguss und jeder Hufschlag dröhnt, als würde eine Trommel geschlagen. Der dumpfe Rhythmus unterstreicht die märchenhafte Stimmung des Waldes, in dem Feen, Zwerge und Kobolde versteckt sein könnten. Da winden, drehen und krümmen sich Äste und Zweige ineinander, dicke Moospolster umhüllen Bäume und Mauern und ich wäre wenig überrascht, würde plötzlich eines der Fabelwesen in dem geheimnisvollen Grün erscheinen.

Bei Mas del Pech endet der Zauberwald und wir treten hinaus in eine weite Hügellandschaft. Auf einer Anhöhe liegt St.-Jean de Laur und ich freue mich schon auf das Frühstück und ein heißes Getränk, aber die Wegmarkierung führt mich weit an dem Ort vorbei zu Weilern mit fremdartigen Namen wie Mas de Bories, Mas de Dalat und Mas de Bassoul mit nur ein bis drei Bauernhäusern, menschenleer und verlassen.

Am Ortseingang von Limogne-en-Quercy liegt die Pilgerherberge, in der ich uns angemeldet habe. Niemand da, die Tür ist abgeschlossen. Von einer Telefonzelle aus rufe ich an. Eine Männerstimme meldet sich und ich bekomme einen Dialekt zu hören, der mich nur entfernt an

Französisch erinnert. Außer *oui* kann ich kein Wort identifizieren. Zwar habe ich keinen Schimmer, worauf sich das Ja bezogen hat, doch es macht erst einmal Mut. Da kein Gespräch möglich ist, lege ich den Hörer auf, bleibe vor der Herberge stehen und warte, dass sich irgendetwas ereignet.

Nach einer Weile fährt ein Lieferwagen vor. Er hält neben mir. Der Fahrer kurbelt das Fenster herunter und spricht mich an. An dem Kauderwelsch erkenne ich, dass es sich um denselben Mann handeln muss, mit dem ich eben telefoniert habe. Wenn ich erwartet hätte, dass er aussteigen, aufschließen und mir das Zimmer zeigen würde, habe ich mich geirrt. Bei laufendem Motor redet er auf mich ein. Angestrengt fische ich in dem fremdartigen Klang nach einem erkennbaren Sinn. Schließlich meine ich, etwas zu verstehen.

»Der Hintereingang ist offen?«, wiederhole ich. »Haben Sie das gemeint?«

»*Oui, madame, oui!*«, bestätigt er und sein Gesichtsausdruck zeigt seine Verwunderung, dass ich ihn so schlecht verstehe. Der schwerblütige Mann ist nicht eigentlich unfreundlich. Untersetzt, mit vollem Gesicht, buschigen Augenbrauen und vorstehenden blassblauen Augen macht er einen eher schlichten und gutmütigen Eindruck. Er trägt eine Baskenmütze und wirkt wie ein Bauer, der sich die langen Jahre harter Arbeit mit üppigem Essen und zu viel Wein versüßt hat.

Wie soll ich mich nur mit ihm verständigen? Ich muss wissen, wo der Platz für Choco ist, wie viel ich zu zahlen habe und ob ich ihm das Geld jetzt gleich aushändigen soll. Und plötzlich rutscht mir ein Satz auf Spanisch heraus. Die Augen des Mannes leuchten auf. Klar und verständlich antwortet er und in der für uns beide fremden Sprache finden wir eine gemeinsame Basis. Auf diese Weise erfahre ich, dass es hinter dem Haus eine Weide gibt, seine Frau am Abend zum Kassieren kommt und die Herberge früher einmal eine Schule war.

Aus dieser zufälligen Erfahrung klug geworden, versuche ich bei künftigen Problemen mit Spanisch weiterzukommen, und habe besonders bei der Landbevölkerung hier im Süden fast immer Erfolg. Durch vielfältige Kontakte mit dem Nachbarland, bei Viehmärkten zum Beispiel, haben sie sich so nebenbei im Gespräch einen spanischen Wortschatz angeeignet. Und im Übrigen sei der südfranzösische Dialekt dem Spanischen sowieso ähnlich, sagen sie. Na ja, das jedenfalls kann ich nicht bestätigen.

In den oberen Räumen der Herberge befand sich ehemals die Wohnung des Schuldirektors. Die Küche ist perfekt eingerichtet und edle Möbel schmücken den saalartigen Aufenhaltsraum. Eine Vitrine aus dunklem Eichenholz ist voll mit Geschirr, Weingläsern, Tischdecken und Servietten, ausreichend für eine große Tischgesellschaft.

Ich habe die freie Auswahl und entscheide mich für ein Einzelzimmer im dritten Stock mit Blick zum Hof. Dort weidet schon Chocolat und macht sich hungrig über das üppige Grün her. Als ich seinen Namen rufe, schaut er sich nach mir um. Aber er entdeckt mich nicht, denn wie sollte er sich vorstellen können, dass ich mich zwölf Meter hoch über ihm aufhalte, also schon fast im Himmel? Wieder rufe ich, da antwortet er: »I-ah-ah-a-a-a«, ohne mich zu sehen. Ich freue mich, denn seit er mit dem grauen Esel auf der Weide in Cassagnole zusammen war, hat seine Stimme an Volumen wieder zugenommen.

Da ich Choco gut untergebracht weiß, will ich den Nachmittag nutzen und die Ausstellung »Vergangene Lebensformen im Quercy« besuchen. In den oberen Räumen des Informationszentrum von Limogne sind liebevoll Gegenstände des häuslichen Lebens, der bäuerlichen Arbeit und des ländlichen Handwerks ausgebreitet: Sägen, Dreschflegel, Töpfe und Korbwaren, Brotöfen und Getreidemühlen, Werkzeuge vom Hufschmied, Töpfer und Holzschuhschnitzer.

Lange stehe ich vor Fotografien mit Eseln, die mit hängendem Kopf ihre schweren Lasten schleppen. Die Bildtexte erläutern, dass noch vor wenigen Jahren Esel die schweren Milchkannen zu den Kilometer weit entfernten Sammelstellen schleppen mussten. Im Winter eine Tortur, wenn hoher Schnee die ungebahnten Wege fast unpassierbar machte.

Wie hart muss das Leben früher gewesen sein in diesem kargen, dünn besiedelten Quercy. Dennoch stimmt es mich wehmütig, dass die Zeugnisse einer früheren Zeit nur noch Sammlerwert haben. Die mit viel Mühe hergestellten Gegenstände des täglichen Lebens werden nie wieder praktische Verwendung finden. Es erlischt eine Lebenskultur und mit ihr gehen Erfahrungen, Kenntnisse, Fertigkeiten verloren, die Menschen sich über Generationen erworben und mit denen sie ihr Leben jahrhundertelang gemeistert haben.

Nun aber ist es höchste Zeit, mich mit Lebensmitteln zu versorgen, damit ich nicht wieder vor verschlossenen Türen stehe. Beim Metzger ist der Laden voll. Da aber drei Verkäufer hinter der Theke bedienen, wird es wohl nicht lange dauern, hoffe ich. Doch alle drei bemühen sich ausschließlich um eine einzige Kundin, die immer neue Wünsche äußert und offenbar für eine Großfamilie einkauft. Keiner der Wartenden lässt sich Ungeduld anmerken. Im Gegenteil – scherzend und lachend geben sie der Nachbarin ihre Ratschläge.

Schließlich bekomme ich doch noch meine Hartwurst und mache mich eilig auf zum Bäcker. An der Ladentüre hängt ein Plakat mit der Information, der Inhaber, Jean-Paul Feltz, habe ein vierfaches Meisterdiplom und sei nicht nur Bäcker, sondern auch Koch, Konditor und Speiseeis-Hersteller.

Ich betrete den Laden. Mein »*Bonjour*« beantwortet Jean-Paul mit »guten Tag«. Er sei Elsässer, fügt er erklärend hinzu.

»Aber woher wussten Sie denn, dass ich Deutsche bin?«

»Wusste ich gar nicht, habe ich nur vermutet, weil bei mir viele Pilger einkaufen. Und von denen kommen die meisten aus Ländern, in denen Deutsch gesprochen wird.«

»Ich glaube, Ihre Adresse hängt in der Herberge aus, oder?«

»Sie haben Recht, ich koche dort oft das Abendessen.«

»Oh, das passt! Ich bin hungrig wie ein Wolf!«, sage ich erfreut.

Er bedauert, dass er für heute noch keinen Auftrag hat. Es seien wohl nicht genug Pilger gekommen.

Auf meine neugierige Frage, wie es ihn vom Elsass in den Süden Frankreichs verschlagen habe, erzählt er mir seine Geschichte. Gebannt lausche ich, ohne Wahrheit von Erfindung trennen zu können. Wie er nach Limogne kam, klingt fast wie ein Krimi: Zwei Freunde, die er seit 15 Jahren kannte und denen er vertraute, lockten ihn hierher. Zusammen wollten sie ein Geschäft gründen und er sollte ihr stiller Teilhaber sein; dafür riskierte er seine ganzen Ersparnisse. Über Nacht flüchteten sie mit dem Geld, ließen ihn mittellos in Limogne zurück und blieben spurlos verschwunden. Jahre später ist er ihnen zufällig nochmals begegnet. Sie waren völlig heruntergekommen und hatten sein Geld längst ausgegeben. Er brachte es aber nicht übers Herz, seine ehemaligen Freunde anzuzeigen.

Jean-Paul Feltz musste neu beginnen, sich noch einmal von null hocharbeiten. Da habe es ihm schon geholfen, dass er in vier Berufen ausgebildet sei, aber er habe auch jede, absolut jede, Arbeit angenommen, betont Jean-Paul, ob als Hilfsarbeiter oder als Aushilfe. Er habe sogar Steine auf den Feldern gesammelt und zu Mauern aufgeschichtet und beim Straßenbau geschuftet. Keinen einzigen Tag sei er ohne Beschäftigung gewesen, bis er genug Geld gespart hatte, um sich den Laden und die Backstube kaufen zu können.

Ob es für ihn als Fremden schwierig sei, hier ein Geschäft zu führen in Konkurrenz zu den Ortsansässigen, frage ich.

»Klar!«, sagt er und lacht schallend. »Die Leute haben mich gefragt, bist du denn verrückt? Nein, habe ich gesagt, ich bin Elsässer!«

Bei den Nonnen im Kloster

Von Limogne-en-Quercy nach Vaylats, 15 km

Chocolat frisst mir aus der Hand. Mohrrüben und Äpfel sind seine bevorzugten Leckerbissen. Während ich ihn sattle und belade, stecke ich ihm immer wieder etwas Gutes zu und er lässt sich gern ablenken.

Die rotweißen Wanderzeichen weisen uns aus Limogne hinaus, vorbei an einem Teich, der früher den Frauen als Waschplatz diente. Die »Waschbretter« sind noch erhalten und könnten jederzeit wieder benützt werden. Es sind schräg gestellte Kalksteinplatten, deren raue Oberfläche sich zum Rubbeln verschmutzter Wäsche bestens eignet.

Wie gestern schon wandern wir durch dichte Eichenwälder. An den Wegrändern wachsen botanische Kostbarkeiten, besonders das rote Waldvögelein, eine prächtige, einen halben Meter hohe Orchidee, deren schnabelspitze Blüten verlockend leuchten, oder die Bienen-Ragwurz, ebenfalls eine Orchidee. Ihre samtigen, rot-braun-gelben Blüten imitieren nicht nur das Aussehen von Insekten, sondern verströmen auch deren Geruch. Mit dem Duft wollen sie männliche Insekten verführen, die Blüten zu besuchen und zu bestäuben.

Abseits des Wanderwegs soll es laut Karte wieder einen Dolmen geben. Ich nehme den Umweg in Kauf, denn die Begegnung mit diesen geheimnisvollen Grabmälern berührt mich jedes Mal auf ganz besondere Weise.

Versteckt in einem Eichenhain und umgeben von blühenden Wiesen, entdecke ich den Dolmen. Vier riesige Steinplatten stehen sich aufrecht gegenüber und werden von einer mächtigen Platte überdacht. Kaum vorstellbar, wie es Menschen ohne technische Hilfmittel vermochten, die Quader von kilometerweit entfernten Steinbrüchen herbeizuzerren und den Deckstein hoch auf die Seitensteine zu wuchten.

Die Toten wurden in den Hohlraum zwischen die Steine gelegt. Am Ende der Bestattungszeremonie bedeckte man den Dolmen mit Erde, wobei ein künstlicher Hügel entstand. Allmählich überwucherte Vegetation die Wölbung. Im Inneren befand sich die Grabkammer, wo die Toten wie in einem schützenden Kokon lagen, als würden sie auf ihre Verwandlung warten. Ob die Erbauer dieser Grabmäler an ein Weiterleben nach den Tod glaubten oder an eine Wiedergeburt? Wir wissen es nicht. Die Monumente ihres verschollenen Glaubens geben uns unlösbare Rätsel auf.

Mit großem Aufwand schufen sie für ihre Verstorbenen eine sichere Ruhestätte, für ewige Zeiten, wie sie vermutlich dachten. Aber die Schicht aus Erde haben die Archäologen abgetragen, die Toten untersucht und die Beigaben, die vielleicht für die Reise in die Ewigkeit bestimmt waren, in ein Museum verfrachtet und in Vitrinen zur Schau gestellt. Nur die bloßen, das Grab umgrenzenden Steine, entweiht und den Blicken preisgegeben, zeugen von der einstigen Stätte der Totenverehrung. Der Anblick stimmt mich melancholisch.

Andererseits wüssten wir ohne die Forschungen der Archäologen noch weniger von dem rätselhaften Volk, das lange vor dem Bau ägyptischer Pyramiden diese gigantischen Steinmonumente schuf. Um dem Ganzen wenigstens einen Namen zu geben, hat man sich den Sammelbegriff Megalith-Kultur einfallen lassen. *Mega* bedeutet groß und *lithos* ist das griechische Wort für Stein, also Große-Steine-Kultur. Das berühmte Stonehenge in England gehört zum Beispiel zu diesem Kulturkreis. Jedoch nicht die Kelten, wie viele glauben, haben Dolmen, Menhire und Steinkreise geschaffen. Das ist unmöglich, weil das Volk der Kelten erst Jahrtausende später eine Rolle spielte.

Die Erbauer der Steinmonumente lebten in früher Vorzeit, vor etwa 5000 Jahren. Damals lernten die Menschen Kupfer zu schmelzen und Bronze herzustellen. Ötzi, der Mann aus dem Eis des Similaungletschers in den Alpen, war ihr Zeitgenosse. Sie müssen sich weit über die Erde ausgebreitet haben, denn in Nord-, Süd- und Westeuropa, in Afrika und Asien, an Küsten, auf Inseln und entlang der Flüsse schufen sie ihre Bauwerke. Sogar bei meiner Kamelwanderung im Jemen fand ich Grabmäler aus der Megalith-Kultur. War es ein Seefahrer- und Handelsvolk, das den Steinkult vom nördlichen Ende Europas, dem heutigen Irland, übers Mittelmeer bis Afrika, Asien und zur Südsee verbreitete?

Die Dolmen künden von der Sehnsucht der Menschen, den Tod zu überlisten, so scheint es mir. Mit gewaltiger Anstrengung schufen sie einen steinernen Kokon, als könnten sie so die Toten vor dem Zerfall schützen. Der Stein als Gewähr für Unsterblichkeit.

Ein letzter Blick hinein in die Höhlung des Dolmen, dann ziehe ich mit Choco weiter. Wolkenbruchartiger Regen kommt über uns und schwemmt die Erde hinweg. Rotbraune Bäche rinnen die Pfade entlang.

Ein Mann, der trotz der nassen Kälte nur Badehose und Turnschuhe trägt, rennt an uns vorbei. Er joggt im Regen, aber seine Bewegungen sind verkrampft und sein rosiger, schwammiger Körper wirkt wenig sportlich. Als wäre er plötzlich von der Idee heimgesucht worden, den Kontakt zur Natur suchen zu müssen, hastet er schwerfällig und ächzend dahin.

Kaum hundert Meter weiter entdecke ich inmitten der Waldeinsamkeit ein neugotisches Schloss mit Türmchen und Erker. Der Jogger in Badehose, der mir gerade begegnet ist, muss der Schlossherr sein, denn weit und breit gibt es keine anderen Häuser. Das Tor bewachen zwei imposante Gockel aus Gips, auch entlang der Freitreppe sind kunterbunte Hähne aufgestellt. Zwar weiß ich, dass Franzosen auf ihr Wappentier ungeheuer stolz sind, dennoch muss ich über das aufgeplusterte Federvieh schmunzeln. Denn wie man aus Fabeln und Sprichwörtern weiß, schlägt man eitlen Hähnen den Kopf ab und wirft sie in den Kochtopf, wenn sie zu laut krähen. Aber vielleicht wachsen Franzosen mit der Vorstellung heroischer Hühnervögel auf.

Der Wald wird lichter und bald wandern wir durch Wiesen, auf denen bereits Sommerblumen blühen: Margeriten, Glockenblumen, Skabiosen und violette Witwenblumen. Der Weg führt uns in den kleinen Ort Bach. Der Name klingt nicht gerade französisch und tatsächlich ist das Dorf nach einer deutschen Familie benannt, die sich im 18. Jahrhundert hier ansiedelte und von der noch immer Nachkommen im Dorf leben. Einerseits ist ihnen ihre deutsche Herkunft bewusst, andererseits legen sie Wert darauf, »echte« Franzosen zu sein. Das brachte sie während des Zweiten Weltkrieges in tödliche Gefahr. Um zu beweisen, dass sie nicht mit den deutschen Besatzern kollaborierten, betätigten sich Mitglieder der Familie im Widerstand. Gaston Bach wurde deshalb von den Deutschen im Jahr 1944 hingerichtet. Eine Gedenktafel an einer Hauswand in Limogne erinnert an sein Opfer.

Spät am Nachmittag erreichen Chocolat und ich den Ort Vaylats, wo wir uns im Kloster angemeldet haben, denn die Nonnen vom Orden der Töchter Jesu vermieten Zimmer an Pilger.

Mit seiner hohen Steinmauer wirkt der Konvent gut behütet, doch seine Pforten sind weit geöffnet. Ich ziehe an einer Schnur, die eine Glocke in aufgeregtes Bimmeln versetzt. Ein Fenster im obersten Stock wird geöffnet und eine Nonne mit dunkelblauer Haube verspricht, jemanden zu schicken.

Mindestens eine halbe Stunde vergeht und mein Esel knabbert hungrig am kurz gemähten Rasen des Vorgartens. Endlich erscheint Schwester Jean-Gabriel und begrüßt mich herzlich. Sie greift tatkräftig nach Chocolats Leine, als hätte sie alle Tage mit Eseln zu tun, und führt ihn über Kieswege hinter das Kloster zu einer Wiese, wo die Nonnen gewöhnlich ihre Wäsche trocknen. Mit einem Holzhammer rammt sie einen Eisenpfahl in den Boden und lässt es sich nicht nehmen, Chocolat höchstpersönlich daran festzubinden. Sie will nämlich sicher gehen, dass er nicht in das benachbarte Maisfeld gelangen kann.

Das Zimmer, das sie mir dann zuweist, befindet sich in einem Nebengebäude unter dem Dach, hat dunkelbraune Stützbalken, schräge Wände und einen von unzähligen Füßen glatt geschliffenen Steinboden. In der Mitte thront ein bequemes Bett mit rustikalem Holzgestell. Durch das Dachfenster blicke ich über bemooste Ziegel zum Hauptgebäude hinüber und der Duft blühender Lindenbäume weht in den behaglichen Raum herein.

Die Brücke des Teufels

Cahors

Schwester Jean-Gabriel fährt wie der Leibhaftige. Mit hundert Sachen rattert sie über die Landstraße, bringt den alten Lieferwagen auf Hochtouren. Die Kurven nimmt sie mit Schwung und vom Gegenverkehr lässt sie sich nicht einschüchtern. Ich drücke mich fest in den Beifahrersitz. In einer halben Stunde bewältigen wir eine Strecke, für die ich mit meinem Esel zwei Tagesmärsche benötigt hätte.

Mehr als drei Wochen habe ich mich nur zu Fuß fortbewegt, Schritt für Schritt eine Strecke von über 300 Kilometern durchmessen, da ändern sich Dimensionen und Empfindungen. Zurückgeworfen ins motorisierte Zeitalter, erscheint mir die Fahrt unfassbar rasant. Die Landschaft fliegt vorbei, alles verschmilzt miteinander – Rausch der Geschwindigkeit.

Die Schwester fährt zum Einkauf nach Cahors und hat mich eingeladen mitzukommen, damit ich die Stadt ohne Esel in Ruhe besichtigen kann. Am Abend, meint sie, könne ich mit dem Bus ins Kloster zurückfahren. Chocolat bleibt so lange unter der Obhut von Marie-Jacques, einer zerbrechlich wirkenden Nonne mit barscher Stimme. Trotz hohen Alters und gekrümmtem Rücken wuselt sie mit eiligen Trippelschritten die Klostergänge entlang, hackt und jätet rastlos auf den Feldern rund ums Kloster.

Marie-Jacques ist nicht einverstanden, als ich Chocolat von der abgeweideten Wiese zu einer frischen führe, weil sie befürchtet, der Esel könnte ins Maisfeld hineinlaufen. »*Le maïs est à nous!*« – das ist unser Mais, sagt sie streng und bringt Choco zur alten Stelle zurück. Bald darauf, wie zur Versöhnung, schleppt sie auf dem Rücken einen Ballen Heu herbei. Dann steckt sie Chocolat heimlich Leckerbissen zu, die sie aus ihren unergründlichen Rocktaschen kramt. Marie-Jacques verbirgt scheu ihren weichen Kern und zeigt nach außen eine harte Schale.

Der Konvent wurde im Jahr 1820 gegründet und wird heute von 25 Nonnen bewohnt, die dem Orden »Filles de Jésus« angehören. Die meisten sind über 80 Jahre alt. »Das Kloster ist unser Alterssitz«, klärt mich Schwester Jean-Gabriel auf. Mit ihrem rosigen, glatten Gesicht, den nur leicht angegrauten Haaren, die gelockt unter ihrer dunkelblauen Haube hervorlugen, wirkt sie auf mich tatkräftig und mitten im Leben stehend. Unser Gespräch gestaltet sich schwierig wegen des knatternden Motors und der scheppernden Karosserie. Und dann sind wir schon in Cahors, mitten in einem Gewirr von Häusern und Straßen.

Das Schicksal der Stadt ist seit Jahrtausenden mit dem Fluss Lot verbunden, der sie in einer Schleife umrundet und schützt. Die Kelten siedelten hier als Erste und nannten den Ort Divona, nach einer Quelle, die in der Nähe entsprang. Die Quelle sprudelt noch heute, ihr Wasser ist begehrt und bekannt als »Fontaine des Chartreux«. Als die Römer in Gallien eindrangen und die Kelten nach harten Kämpfen besiegten, fügten sie dem Ortsnamen Divona die keltische Stammesbezeichnung »Cardurca« hinzu, woraus später Cahors wurde. Römische Bauwerke gaben dem Ort ein prachtvolles Aussehen: Forum, Thermen, Theater, gallorömische Villen und ein 20 Kilometer langer Aquädukt, der frisches Wasser aus den Bergen in die Stadt leitete. Der schiffbare Lot erleichterte den Handel und brachte Wohlstand in die Stadt, die weit über ihre Grenzen berühmt war für Gänsedaunen, Leinengewebe und Trauben. Sie reiften an den südlichen Hängen des Lot und wurden zu fruchtigen Weinen vergoren.

In den Stürmen der Völkerwanderung versank alles in Schutt und Asche, aber mit dem Erstarken des Christentums unter Bischof Desiderius gelang es, den Niedergang zu überwinden. Das war im 7. Jahrhundert und Cahors erlebte eine zweite Blütezeit. Mit seiner Leidenschaft für das Bauen gelang es Desiderius, aus den Trümmern des antiken Divona Cardurca eine neue Stadt zu formen. Wieder war es die günstige Lage am Wasserweg und der Geschäftssinn der Bürger, die Cahors aufblühen ließen. Kaufleute und Bankiers aus Cahors spielten nicht nur in Frankreich eine entscheidende Rolle, sondern in der ganzen damals bekannten Welt.

Der Hundertjährige Krieg (1337–1453) zwischen England und Frankreich zerstörte die hoffnungsvolle Entwicklung. Die Engländer hielten ganz Südfrankreich besetzt, allein Cahors war noch frei, weil der Fluss Lot die Stadt wie eine Bastion umschloss und die Bewohner mutig Widerstand leisteten. Erst der Verrat ihres Königs lieferte die zuvor uneinnehmbare Stadt den Engländern aus. Mit einem Schlag war alles wie ausgelöscht. Von diesem Niedergang sollte sich Cahors nie wieder richtig erholen.

Wenn auch nichts mehr daran erinnert, dass Cahors im Mittelalter geschäftiger Umschlagplatz des Geldes war, beweisen doch einige prunkvolle Häuser den erfolgreichen Unternehmergeist auch späterer Generationen: In der Rue Lastié steht ein Gebäude aus dem 16. Jahrhundert mit Arkaden, über denen eine Reihe von drei Zwillingsfenstern entlangführt. In der gleichen Straße bewundere ich einen Ziegelbau mit kunstvollem Fachwerk. Wieder andere Gebäude schmücken sich mit Erkern und prachtvoll geschnitzten Türen. An einem historischen Fachwerkbau entdecke ich den *soleilho*, eine offene Dachgalerie, wie ich sie schon in Figeac gesehen habe. Mit dem Bau dieser beeindruckenden Wohnhäuser wollten Kaufleute ihren Reichtum zur Schau stellen und ihren kunstsinnigen Geschmack demonstrieren.

Ziel meines Rundgangs ist die Kathedrale Saint-Étienne. Sie überrascht mich durch ihre Größe und ihre klobigen Formen, die mich eher an eine Festung denken lassen. Gleich zwei Türme flankieren die Westfassade. Da sie nicht separat stehen, sondern im Mauerwerk der Fassade verschmolzen sind, erscheint die Front wie ein gewaltiger Bergfried, streng und starr. Immerhin lockert eine Fensterrose den trutzigen Anblick etwas auf.

Um 1100 legte man den Grundstein und nach nur 19 Jahren Bauzeit wurde der Hauptaltar von Papst Kalixtus II. geweiht. Obwohl Anfang des 12. Jahrhunderts erbaut, zeigt die Kathedrale deutlich den Übergang von der Romanik zur Gotik. Am reinsten erhalten hat sich die Romanik am Nordportal. Diese Seite der Kathedrale liegt leider an einer Nebenstraße, auf der sich fortwährend Autos durchquälen. Auf dem schmalen Bürgersteig vor der Kirche blicke ich nach oben und versuche das Tympanon zu entschlüsseln. Gelesen habe ich, dass es sich der Himmelfahrt Christi widmet, einem Thema, das an Portalen selten zu finden ist.

Im Mittelpunkt steht Christus. Von einer ovalen Mandorla umhüllt, fällt sein Gewand in weiten Falten geschmeidig an ihm herab. Die Hände hat er segnend erhoben. Neben ihm biegen und verrenken sich zwei Engel in ekstatischer Entzückung. Sie sind die Einzigen, die mit ihrem entfesselten Tanz außer Kontrolle geraten sind. Dagegen verharren die Jünger in himmlischer Ruhe und in anmutiger Pose unter filigranen Bögen. Nur elf von ihnen hat der Steinmetz für würdig befunden. Judas fehlt. Dabei war doch gerade er es, der dem göttlichen Plan zur Erfüllung verhalf. Ohne ihn hätte es keine Erlösung gegeben und keine Himmelfahrt Christi.

So friedlich und sanftmütig das Tympanon zunächst auf mich wirkt, bei genauem Hinsehen fehlen auch hier nicht die obligaten Szenen von Gewalt: Drei Männer holen weit aus und schleudern Steine auf den heiligen Stephanus, der kniend, Augen und Hände gläubig zu Christus erhoben, den Märtyrertod erleidet.

Das Innere der Kathedrale wird beherrscht von riesigen Kuppeln, die zwei quadratische Räume überdecken. Diese Kuppeln sind die größten Frankreichs. Mit 37 Metern sind sie sogar höher als das Kirchenschiff von Notre Dame in Paris. Wie schon in Le Puy haben sich die Baumeister von Byzanz inspirieren lassen und die Kuppeln der berühmten Hagia Sophia nachempfunden.

Die Leistung der Architekten bewundere ich, ihr Können, ihre Kreativität, ihre Anstrengung. Die Kathedrale ist gewaltig in ihren Ausmaßen, aber leider – sie gefällt mir nicht besonders. Ich spüre keine Harmonie der Proportionen, mich ergreift keine Zuneigung und ich vernehme keine Melodie. Irgendetwas klingt auch hier, aber die Töne fügen sich nicht melodisch aneinander, sondern verirren sich in Disharmonie.

Das unbestrittene Symbol Cahors' ist die Brücke Pont Valentré. Sie spannt sich mit sechs Bögen über den Lot und spiegelt sich in seinem Wasser. Weniger der Verbindung nach außen diente sie, sondern der Abschottung, dem Schutz gegen Feinde und Gegner. Drei viereckige Türme sind in der Brücke massiv verankert und oben mit Zinnen und Pechnasen bewehrt. Mit 40 Meter Höhe demonstrierten sie eindrucksvoll ihre Wehrhaftigkeit und ermöglichten den Wächtern einen hervorragenden Ausblick. Diese Wehrbrücke ist ein perfektes Beispiel der Militärarchitektur des Mittelalters, sie gilt aber auch als eine der schönsten Brücken Frankreichs.

Im Jahr 1308 wurde mit dem Bau der Brücke begonnen und niemand ahnte, dass es 70 Jahre dauern würde, bis die Pont Valentré endlich eingeweiht werden könnte. Eine derart kolossale Brücke durfte nicht allein Menschenwerk sein und so flehte der Baumeister sämtliche Heiligen, die Jungfrau Maria, selbst Gottvater um Hilfe und Beistand an, doch die Himmelsbewohner waren offenbar anderweitig beschäftigt und ließen ihn im Stich. Die Probleme nahmen überhand, sogar Pfeiler stürzten ein und der Meister wusste sich keinen Rat mehr. Vom Himmel verlassen, wandte er sich in seiner Not an den Teufel. Der schien auf den Ruf gewartet zu haben. Bereitwillig eilte er herbei, um tatkräftig zu helfen. Nicht einmal einen Lohn verlangte er, nur die Seele des Brückenbauers, die hätte er gern. Und der versprach sie ihm auch. Flugs ging der Teufel an die Arbeit. Auf einmal gelang alles – Bögen, Pfeiler, Geländer, Wachtürme fügten sich in höllischer Geschwindigkeit zusammen und wuchsen in die Höhe. Der Meister war überglücklich, gleichzeitig aber wurde ihm himmelangst. Er sann und grübelte, wie er seine Seele retten könnte. In seiner Verzweiflung vertraute er sich seiner Frau an. Sie hatte eine Idee und drückte ihrem Mann ein Sieb in die Hand. »Befiehl dem Teufel, Wasser mit dem Sieb zu holen, um den Mörtel anzufeuchten. Warte damit aber, bis der letzte Stein eingefügt werden muss«, belehrte sie ihren Mann und umarmte ihn fest.

Der Baumeister tat, wie ihm seine Frau geraten hatte. Mit dem Sieb in der Hand flitzte der Teufel hektisch hin und her. Aber es gelang ihm nicht, einen einzigen Tropfen Wasser vom Fluss heraufzuschaffen. Der Mörtel trocknete indessen ein und der Teufel konnte seinen Kontrakt nicht erfüllen. Das Werk blieb unvollendet, wenn auch nur wegen eines einzigen Steines.

Noch immer hängt der Teufel hoch oben am mittleren Turm. Mit fratzenhaft verzerrtem Gesicht drückt er den vermaledeiten letzten Stein in die Lücke des Gemäuers. Er darf ihn nicht loslassen, denn sobald sich der Stein löst und in den Fluss fällt, beraubt er sich der Chance, doch noch die Seele des Baumeisters zu holen.

Niemand kann mir sagen, wo der Bus abfährt, der mich ins Kloster zurückbringen soll. Im Touristenbüro weist man mir zwar freundlich den Weg und am Busbahnhof fahren viele Busse ab, nur nicht der nach Vaylats. Ein Anruf in der Zentrale des Busunternehmens klärt mich auf und mit Hilfe des Stadtplans finde ich die abgelegene Straße, aber keine Spur einer Haltestelle. Nirgendwo ein Hinweisschild. Beunruhigt gehe ich die Straße auf und ab. Drei Minuten vor Abfahrt biegen vier Busse hintereinander in die Straße ein. Alle sehen gleich aus, Nummern und Zielortangaben fehlen. Nun habe ich die Wahl! Mir bleibt wenig Zeit, den richtigen Bus herauszufinden. Panisch rase ich von einem zum anderen. Der Fahrer des vierten Busses meint, er fahre zwar nach Vaylats, könne mich aber trotzdem nicht mitnehmen.

»*Pourquoi?*«, frage ich fassungslos. Er antwortet, seine Fahrgäste seien Schüler mit Monatskarten und es gebe keine Individualtarife. Schließlich erbarmt er sich meiner, ruft seinen Chef an und erkundigt sich, ob er mich mitnehmen dürfe und welchen Fahrpreis er abrechnen solle. Dann nickt er mir auffordernd zu und erleichtert steige ich ein.

Im Kloster führt mich mein erster Weg zu Chocolat. Er liegt satt im Gras, springt aber sofort auf, als er mich sieht, und blickt mich erwartungsvoll an, als hoffe er, wir würden gleich losmarschieren.

»Noch ein wenig Geduld, *mon petit*, genieße den Ruhetag. Morgen früh geht's weiter zu neuen Abenteuern!«

Marie-Jacques hat ihn während meiner Abwesenheit gut betreut. Ein neuer Ballen Heu liegt da und sein Fell glänzt, als hätte sie es gebürstet. Allerdings hat sie die 15 Meter lange Leine mit einer Schlaufe auf ein Drittel verkürzt, damit er ja keines ihrer Maisblättchen anknabbern kann.

Die Römerstraße

Von Vaylats nach Flaujac-Poujols, 15 km

Im Übernachtungspreis sind Frühstück und Abendessen inbegriffen und werden zu festgesetzten Zeiten serviert. Gestern Abend und heute Morgen hatte ich allein im holzgetäfelten Essraum an einer langen Tafel gespeist, jetzt stehen vor den Türen der anderen Gästezimmer Wanderschuhe, ein Zeichen, dass neue Pilger angekommen sind. Gespannt gehe ich zum Hauptgebäude hinüber.

»*Bonsoir et bon appétit!*«, grüße ich etwas verunsichert in die Runde. Da ruft mir eine bekannte Stimme zu: »Komm her, hier ist noch Platz für dich!« Es ist Justin. Er hatte meinen Esel im Klostergarten entdeckt und wusste schon, dass ich zum Abendessen kommen würde. Außer Justin sitzen noch Angela und Ruben aus Köln und Cassie aus Boston am Tisch. Eine Nonne trägt das Essen auf. Es gibt ein köstliches Vier-Gänge-Menü und Rotwein aus Krügen.

»Wie hast du denn in Amerika vom Pilgerweg erfahren?«, frage ich Cassie.

»Einfach nur durch Zufall. Mein Nachbar war in Spanien und sah dort immer wieder Menschen mit schweren Rucksäcken. Alle gingen den gleichen Weg. Er wunderte sich, was das für Leute waren und wohin sie wanderten. Man erzählte ihm von Santiago de Compostela und er war so inspiriert, dass er am liebsten selbst gepilgert wäre. Zurück in Boston schwärmte er tagelang vom Pilgerweg. Er selbst kann aus gesundheitlichen Gründen nicht so weit gehen und so habe ich seine Idee verwirklicht und bin vergangenes Jahr den Weg von den Pyrenäen bis nach Santiago de Compostela gepilgert. Das war super! Nun will ich auch den französischen Teil des Weges gehen.«

»Du kennst also den spanischen Pilgerweg«, sage ich. »Dann kannst du ja vergleichen. Wie beurteilst du die beiden?«

»Mir gefällt es hier wie dort, obwohl sie grundverschieden sind. Hier in Frankreich ist vor allem das Essen besser, das genieße ich sehr, und die Unterkünfte sind meistens sehr komfortabel. Der Weg allerdings ist anstrengender, ständig geht es auf und ab, und die Natur ist wilder und sehr ursprünglich. Der sportliche Aspekt, das reine Wandern, steht in Frankreich mehr im Vordergrund. In Spanien aber wirst du sofort zum Pilger, weil dich alle als einen solchen behandeln. Die Spanier rufen dir zu: *suerte por el camino, ultreia!* Und die Herbergen heißen *refugios* und dort übernachten ausschließlich Pilger, keine Wandergruppen. Aber diese Unterkünfte sind oft sehr, sehr einfach. Manchmal haben wir mit unseren Matten und Schlafsäcken sogar auf dem nackten Boden gelegen. Am Ende jeder Tagesetappe trifft man fast immer die gleichen Leute. Das ist dann ein Hallo, ein Fragen, Erzählen und Austauschen. Es bildet sich sehr schnell ein Gemeinschaftsgefühl und Freundschaften entstehen. Es sind unglaublich viele Menschen in Spanien unterwegs und die Herbergen sind übervoll, aber ich habe nie erlebt, dass einer abgewiesen wurde. Insgesamt steht der religiöse Aspekt im Vordergrund, man besucht gemeinsam Messen und betet.«

»Cassie, das war ja eine perfekte Analyse. Ich bin den *camino* auch gegangen und kann dir nur zustimmen. Du hast es auf den Punkt gebracht!«

»Ich habe Jura studiert«, sagt sie. »Da lernt man Plädoyers zu halten. Ich war mal Anwältin. Inzwischen engagiere ich mich aber für Umweltprojekte und bin für die Finanzierung und Verwaltung der Spenden verantwortlich.«

Die Tür öffnet sich und Schwester Jean-Gabriel schwebt herein. Sie will wissen, ob es uns geschmeckt hat, dann drückt sie jedem einen Stempel mit den Insignien des Klosters in den Pilgerausweis.

»Wissen Sie, dass Ihr Name im Internet steht?«, fragt Cassie.

»Was? Mein Name? Das kann doch nicht sein!«

»Doch!«, beharrt die Amerikanerin. »Ein Pilger hat sein Tagebuch ins Internet gestellt. Er war hier im Kloster und hat Sie kennen gelernt.«

»Na so was! Im Internet!« Schwester Jean-Gabriel kichert. »Da müssen wir uns doch glatt einen Computer anschaffen.«

Danach wollen sie alle Chocolat sehen und Cassie kramt trockenes Brot für ihn aus dem Rucksack.

Am nächsten Morgen frühstücken wir gemeinsam. Angela, Ruben, Cassie und Justin wollen an diesem Tag bis Cahors pilgern. Ich bin froh, dass ich gestern schon dort war und mich jetzt nicht mit Chocolat in das Gedränge der Stadt begeben muss. Auf der Karte habe ich eine Abkürzung gefunden, die an der Stadt vorbei auf die Hochfläche hinaufführt. Dort müsste ich wieder auf den Pilgerweg treffen, der von Cahors kommt.

Bis ich Chocolat gesattelt und beladen habe, sind meine Pilgerfreunde längst auf und davon. Schwester Jean-Gabriel eilt herbei und legt zum Abschied wie segnend beide Hände auf Chocos Kopf. Mich beschenkt sie mit einer herzlichen Umarmung.

Schwester Marie-Jacques lugt versteckt hinter einer Ecke hervor, winkt und tut gleich wieder geschäftig. Von Choco hat sie sich früh am Morgen zärtlich verabschiedet, wie ich heimlich beobachten konnte.

Der Wanderweg ist mit Kies aufgeschüttet. An einer Seite von einer Steinmauer begrenzt, führt er kilometerlang fast schnurgerade durch das Land. Er wird *cami ferrat* genannt – befestigter Weg – und ist eine von den Römern angelegte Straße, die früher einmal Rodez mit Cahors verband. Nach dem Niedergang des Römischen Reiches blieben die historischen Straßen noch über Jahrhunderte als Handelswege erhalten, bis unsere motorisierte Zeit breitere Verkehrswege verlangte.

Es inspiriert mich immer wieder, auf alten Wegen zu gehen, mir die Menschen vorzustellen, die vor mir hier gegangen sind, welche Schicksale sie hatten, was sie geträumt und gefühlt haben. Die Wenigsten waren reich genug, sich ein Pferd zu leisten oder gar mit der Kutsche zu fahren. Handwerker, Händler, Pilger hatten selten die Wahl und mussten, wollten sie von Ort zu Ort gelangen, einfach zu Fuß gehen. Wir dagegen können wählen zwischen den verschiedensten Verkehrsmitteln: Zug, Bus, Auto, Flugzeug – und doch entdecken immer mehr Menschen, wie wichtig es für sie ist, sich wieder Schritt für Schritt fortzubewegen. Nicht aus äußerer Not begeben sie sich auf den Weg, sondern für ihr inneres Befinden, wie Cassie, die sogar von Amerika angereist kam, um auf der *via podiensis* zu pilgern.

Angela, Ruben, Cassie und Justin haben gerade ihre Rast beendet, als Choco und ich den Weg entlangkommen. Im Schatten einer alten Mühle sitzen sie zusammen und begrüßen mich mit freudigem Hallo, als hätten wir uns Tage nicht gesehen.

»Echt stark!«, freut sich Ruben. »Nun sehe ich Chocolat tatsächlich in Aktion, beladen und bepackt.« Leider müssen sie gleich weiter, da sie bis Cahors noch 15 Kilometer vor sich haben.

Am späten Nachmittag, kurz vor Flaujac-Poujols, biege ich mit Choco in ein stilles Seitental ab. Bald finde ich den idealen Platz zum Campen, einen Flecken Ödland mit trockenen Gräsern, Hasenklee und Kräutern. Es ist schön, nach der komfortablen Übernachtung im Kloster wieder draußen zu sein, mein Zelt aufzustellen, auf der bloßen Erde zu sitzen und Chocolat in meiner Nähe zu haben. Einen Moment war ich versucht, ihn frei weiden zu lassen, denn der Wiesenstreifen ist von einer dichten Hecke abgeschirmt und auf der anderen Seite von Wald begrenzt. Nur an den beiden Schmalseiten könnte er sich davonmachen. Das war zunächst weniger meine Besorgnis, vielmehr wollte ich erreichen, dass er sich aufs Fressen konzentriert. Ist er nämlich nicht angebunden, zupft er lässig hier ein Blättchen, nimmt dort ein Hälmchen zwischen die Zähne und wandert unruhig hin und her, weil er offenbar meint, das Futter sei überall dort am besten, wo er gerade nicht ist.

Plötzlich hebt Choco den Kopf, starrt hinüber zum Berghang, die Ohren auf Empfang gestellt, die Muskeln gespannt. Seine Haltung signalisiert mir, dass er etwas Ungewöhnliches wahrnimmt. Beunruhigt frage ich mich, wer oder was es sein könnte.

Dann, wie aus dem Nichts, graue Schatten und wildes Getrappel. Am Hang wälzt sich eine Schafherde herab. Tierleiber dicht an dicht, wie eine donnernde Lawine.

In Panik bäumt Chocolat sich auf und will voller Angst davon. Zum Glück – die Leine hält und verhindert seine Flucht.

Warum aber fürchtet er sich vor Schafen? Ich kann mir nur denken, dass bei ihm ein Fluchtreflex ausgelöst wird, wenn Tiere in Massen auftauchen, sich hastig bewegen und mit dröhnenden Hufen über den Boden stampfen.

Einsam sind die Tapferen

Von Flaujac-Poujols nach Granejouls, 15 km

Ich öffne den Reißverschluss meines Zeltes und schrecke vor Kälte zurück. Gerade einmal fünf Grad zeigt das Thermometer an. Für die Jahreszeit zu kalt, würde der Wetterbericht sagen. Immerhin haben wir Juni. Gestern Mittag hatte ich 28 Grad gemessen. Wegen des krassen Unterschieds zwischen Tag und Nacht schlägt sich Tau in dicken Tropfen nieder. Alles ist feucht, als hätte es geregnet. Chocolat hat sich unter eine Baumkrone am Waldrand geflüchtet. Klamm, mit hängenden Ohren, wartet er auf bessere Zeiten. Sein Morgengruß klingt eingerostet.

Jetzt beginnen auch die Vögel mit ihrem Gesang. Deutlich kann ich Pirol, Rotkehlchen, Singdrossel und Fitislaubsänger unterscheiden, dazwischen rätscht heiser ein Eichelhäher. Endlich geht die Sonne auf, aber es dauert, bis ihre Strahlen das enge Tal bescheinen. Chocolat weiß genau, was gut für ihn ist. Sobald der erste Sonnenfleck aufleuchtet, stellt er sich in das Licht des frühen Morgens und lässt sich wärmen.

Als wir weiterziehen – keine Spur mehr von Nässe und Kälte. Ein heißer Tag kündigt sich an. Die gemähten Wiesen sind übersät mit Heuballen, gepresst und gerollt. Neben einem Haus am Wegrand fällt mir ein altes Fass auf, das einem Hund als Unterschlupf dient. Der Hund liegt ausgestreckt im Fass, nur seine Schnauze ragt heraus. Völlig untypisch für einen Hund, nimmt er von uns keinerlei Notiz – nicht einmal einen kurzen Beller ist ihm Chocolat wert. Unwillkürlich muss ich an Diogenes denken, den Philosophen, der ebenfalls in einem Fass hauste und nichts anderes wollte, als in Ruhe gelassen zu werden. Auf die gönnerhafte Frage Alexander des Großen, was er sich wünsche, entgegnete er nur lapidar: »Geh mir aus der Sonne!«

Zuerst vernehme ich dumpfes Grollen, das sich bald zu ohrenbetäubendem Lärm steigert. Leider führt der Pilgerweg direkt auf eine Baustelle zu, mehrere hundert Meter breit ist die Erde aufgerissen. Bagger wühlen, Walzen quetschen, Motoren röhren, Mammutfahrzeuge transportieren den Mutterboden ab, andere karren Kies heran.

Eine Autobahn wird gebaut, lese ich auf einem Schild. Wie eine klaffende Wunde durchbricht die Trasse die Landschaft. Wege, Pfade, Verbindungen zwischen Dörfern, seit Jahrhunderten benutzt, werden abgeschnitten, zerteilt, verschwinden für immer. Ein Wegenetz hat auch sein Leben, ist ein Stück gewachsene Kultur mit eigener Geschichte. Wege passen sich der Landschaft an und richten sich zugleich nach den Bedürfnissen der Menschen. Wer das Netz der Wege zerstört, vernichtet ein gemeinsames Werk von Mensch und Natur.

Chocolat und ich müssen die Baustelle queren, weil sich die rotweißen Wanderzeichen auf der gegenüberliegenden Seite der zukünftigen Autobahn fortsetzen. Den Lastwagenfahrern und Baggerführern biete ich mit meinem Esel gewiss einen anachronistischen Anblick. Langsam verebbt der Lärm und wir lassen den Albtraum hinter uns. Ich atme auf und ahne nicht, welche wirklichen Gefahren uns heute noch bevorstehen.

Schließlich erreiche ich die Abzweigung, die ich zuvor auf der Karte ausgemacht habe. Ich verlasse den Pilgerweg, der weiter nach Cahors führt, und wähle eine Abkürzung, die laut Beschilderung als Reitpiste angelegt wurde und mit orangefarbenen Punkten markiert ist. Die Farbe glänzt noch frisch, ist also erst wenige Tage alt. Um die Piste zu bahnen, hat man im Wald einfach Bäume umgesägt, gerade breit genug für Pferd und Reiter. Choco mit den Packsäcken zu beiden Seiten bleibt hin und wieder zwischen zwei Baumstämmen stecken. Da muss ich dann das Gepäck vom Sattel nehmen und ihn nach der Engstelle neu beladen. Wer diesen Pfad angelegt hat, dürfte noch nie von einer natürlichen, der Landschaft harmonisch angepassten Wegführung gehört haben. Mir kommt es vor, als habe der Wegeplaner mit dem Lineal einfach einen geraden Strich auf der Karte gezogen und diesen gefühllos in die Natur übertragen.

Auf der Karte sehe ich, dass es bis Granejouls nicht mehr sehr weit sein kann, aber, o Schreck, dazwischen liegt ja die *route nationale* N 20, eine große Überlandstraße. Noch wandern wir im Wald, aber der Verkehrslärm dringt schon beängstigend durch die Vegetation wie das Rauschen eines gewaltigen Wasserfalls.

Plötzlich ein Schild mit der Aufforderung: »Achtung! Reiter absteigen!« Dann, etwa hundert Meter nach dem Warnschild, führt der Pfad aus dem Wald hinaus ins Freie. Vor mir liegt die Verkehrsader, gleißend hell im Sonnenlicht mit einem fortwährenden Strom von Fahrzeugen. Noch mache ich mir keine Sorgen wegen der Überquerung, befinde ich mich doch auf einem offiziell angelegten Weg. Irgendwo wird es schon einen sicheren Übergang geben.

Am Waldrand suche ich einen kräftigen Baum und binde Chocolat fest. Dann gehe ich bis zum Rand der Straße, um mir einen Überblick zu verschaffen. Auf der gegenüberliegenden Seite leuchten mir die orangefarbenen Punkte entgegen, dort setzt sich also der Pfad fort. Aber weit und breit kann ich keine Überführung entdecken. Ich will es noch nicht glauben. Das kann doch nicht wahr sein! Wer diese Reitpiste geplant hat, kann nicht im Ernst wollen, dass man die Schnellstraße hier schutzlos überquert! Was soll ich tun?

Aufmerksam beobachte ich den Verkehrsstrom. Hin und wieder reißt er für wenige Augenblicke ab, ein Moment der Stille, eine Lücke. Allein könnte ich schnell hinüberrennen, aber zusammen mit Chocolat?

Noch zögere ich, die Knie werden mir weich beim Gedanken an die Gefahr. Zwar hatte mein Esel bisher bei Konfrontationen mit Fahrzeugen nie Angst gezeigt, aber wenn er diesmal doch in Panik gerät, sich losreißt und auf die Fahrbahn springt? Sollte ich nicht lieber umkehren, zurück auf den Pilgerweg, und den Umweg über Cahors wählen, selbst wenn es uns drei Tage kostet? Letztlich entschließe ich mich für das Wagnis. Es müsste gelingen, wenn ich nur genügend Geduld aufbringe und auf den richtigen Moment warte, bis die Verkehrslücke groß genug ist.

Ich binde Chocolat los und gehe mit ihm bis dicht an die Straße heran. Eine Hand fest an sein Halfter geklammert, in der anderen den Wanderstock, warte ich mit meinem Esel am Straßenrand auf unsere Chance. Starten können wir erst, wenn beide Seiten gleichzeitig frei sind.

Von den Windstößen der vorbeidonnernden Laster werden wir gebeutelt, auch Choco kneift die Augen schmal zusammen. Das an- und abschwellende Geräusch der rollenden Räder versetzt mich in eine Art Trance. Bilder kommen mir in den Sinn: ein Reiter, der wild durch eine einsame Landschaft galoppiert, und gleichzeitig ein Lastwagen, der über einen Highway rast. Es scheint keinen Zusammenhang zwischen den beiden Szenen zu geben und doch werden Reiter und Fahrzeug am Ende schicksalhaft aufeinander treffen. Diese einprägsamen Bilder habe ich vor Jahren in dem amerikanischen Film »Einsam sind die Tapferen« gesehen, mit Kirk Douglas in der Hauptrolle. Er spielte einen Cowboy, der aus dem Gefängnis ausbricht und gnadenlos von der Polizei gehetzt wird. Seine einzige Chance besteht darin, über die Grenze zu entkommen. Fast hat er es geschafft, nur eine Fernstraße muss er noch überqueren, dann ist er in Mexiko. Es ist Nacht, der Regen peitscht ihm in die Augen und nimmt die Sicht. Unschlüssig verharrt er an der Böschung. In diesem Moment taucht der Laster auf. Die Scheinwerfer blenden. Das Pferd scheut. Es bäumt sich auf und macht einen Satz auf die Straße. Der Schwerlaster rast heran, erfasst Pferd und Reiter und schleudert sie in den Straßengraben. Kein anderes Fahrzeug war auf der nächtlichen Straße unterwegs, so als wäre dieser eine Wagen für den Cowboy bestimmt gewesen. Dass ein Lastwagen und ein Reiter nachts auf einsamer Straße aufeinander prallen, ist höchst unwahrscheinlich. Was für eine schicksalhafte und zugleich zynische Fügung!

Gerade jetzt, im Zugwind des Verkehrs, fällt mir dieser Film wieder ein. Mir graut davor, dass unter den vielen Fahrzeugen, die auf uns zurollen, sich eines befinden könnte, das meine Schicksalslinie schneidet. Unmöglich, das Zusammentreffen zu verhindern, denn jeder überblickt immer nur einen kleinen Ausschnitt seiner Wirklichkeit.

Jetzt oder nie! Die Straße ist frei! »*En route! Vite!*«, befehle ich Choco und ziehe ihn hinter mir her. Auf dem Mittelstreifen zögert er. »Schnell weiter!«, treibe ich ihn an. »Wir haben es gleich geschafft!« Aber es dauert noch eine kleine Ewigkeit, bis wir endlich alle vier Fahrbahnen überquert haben und auf der gegenüberliegenden Seite angekommen sind.

»Toll gemacht!«, lobe ich meinen Esel. »Du bist tapfer und klug, *mon petit Choco!*«

Weiter geht es durch karstiges Ödland. Weil es hier keine Stacheldrahtzäune gibt, will ich die günstige Gelegenheit nutzen und unter freiem Himmel übernachten. In der Nähe von Granejouls, sichtgeschützt zwischen Büschen und Bäumen, finde ich den idealen Platz, trocken und, wie zur Belohnung für Choco, mit würzigen Kräutern bewachsen.

Weiße Wege

Von Granejouls nach Lascabanes, 16 km

Chocolat hat inzwischen Deutsch gelernt. Anweisungen wie »Komm zu mir! Los geht's! Halt! Weiter!« versteht er problemlos und reagiert entsprechend. Nur bei dem Befehl »Kopf hoch!« hat er selbst nach einem Monat noch seine Schwierigkeiten. Ich bin mir allerdings sicher, dass er mich längst versteht, mir aber aus gutem Grund nicht gehorchen will, wenn verführerischer Duft seine Nüstern kitzelt. Es ist der Duft von Pferdeäpfeln, an denen er mit Leidenschaft schnüffelt. Er spürt sie auf, selbst wenn sie vom Regen aufgeweicht oder von der Sonne getrocknet sind. Wenn ich nicht rechtzeitig reagiere und seinen Kopf hochziehe, taucht er genüsslich sein Maul hinein, versucht zu kosten, will sich hinwerfen und im Mist wälzen. Ich würde ihm ja gern das Vergnügen gönnen, aber wenn ich an die Wurmeier und Krankheitserreger im Pferdemist denke, bin ich lieber eine strenge Eselführerin.

Doch der Boden hält für Choco auch ohne Pferdeäpfel geheimnisvolle Botschaften bereit. Mir scheint, sein scharfer Geruchssinn kann sogar Spuren verfolgen, die mehrere Tage alt sind. Wenn er beim Gehen seine Nase dicht über den Boden hält, erinnert er mich eher an einen Hund als an einen Esel.

Wenige Kilometer hinter L'Hospitalet endet der Reitpfad und mündet wieder in den Original-Pilgerweg, die *via podiensis*. Ich bin erleichtert, dass alles gut gegangen ist, und freue mich über die Zeit, die ich durch die Abkürzung gewonnen habe. Auf unserem weiteren Weg südwestlich von Cahors durchqueren wir das so genannte Herz des Quercy Blanc, ein von Flüssen zergliedertes Kalkplateau.

Eine bunte Vielfalt an Pflanzen gedeiht auf dem mageren Karstboden und seltene Tiere haben hier ein Refugium gefunden. Berauschend duftet es nach Gewürzkräutern, die kleinwüchsig den steinigen Grund bedecken. Die Ranken des Etruskischen Geißblatts dagegen wuchern üppig. Seine handtellergroßen Blüten sind filigran gegliedert, schillern rot, weiß, gelb und verströmen einen betörenden Duft. Sie umgarnen krummwüchsige Eichen, umweben Wacholderbüsche und überspannen selbst den widerstandsfähigen Ginster.

Der Himmel ist wolkenlos, die Sonne steht im Zenit und die grell weißen Wege blenden meine Augen. Zeit für eine Mittagsrast im Schatten unter Eichen. Sanfter Wind kühlt meine Haut. Mit 35 Grad erleben wir unseren heißesten Tag. Ein Baumpieper fühlt sich von der Mittagsglut inspiriert und beginnt seine Balzflüge. Von einem hohen Ast schwingt er sich senkrecht in die Luft, breitet die Flügel aus und gleitet zurück. Während des Segelflugs zwitschert er lebhaft wie ein Kanarienvogel und endet mit sehnsuchtsvollen Tönen. Immer wieder steigt er in den hitzeflimmernden Himmel, jubiliert aus voller Kehle und schließt sein Lied mit einem melancholischen Abgesang. Dieser lebensfrohe Gesang mit dem traurigen Ende prägt sich mir ein und verbindet sich für mich unauslöschlich mit diesem sonnenflirrenden Tag.

Und weiter geht es über die blendend weißen Wege, die sich den einsamen Höhenzug entlangwinden. Weiß die Wege, blau der Himmel, grün die Vegetation, gesprenkelt vom Gelb des Ginsters. Die Sonne dörrt uns aus, aber Choco beweist, dass seine Vorfahren einem heißen Wüstenklima entstammen. Die Hitze aktiviert geradezu seine Lebensgeister, lässt seine Muskeln vibrieren und entfacht in ihm ungeahnte Energien. Eine unsichtbare Kraft treibt ihn vorwärts und ich habe Mühe, mit ihm Schritt zu halten.

Allmählich lassen wir die Kalkhochflächen hinter uns und beginnen den Abstieg in das Trockental von Lascabanes. Dort gedeihen auf bewässerten Feldern Tabak, Bohnen, Mais, Sojabohnen und Getreide.

Choco hat sie schon lange vor mir gewittert. Stampfend trabt sie zum Zaun, eine Schimmelstute, schwer wie ein Schlachtross, das einen Ritter samt eiserner Rüstung tragen könnte. Chocos Augen funkeln und ich versuche mir vorzustellen, welche Gefühle ihr Anblick bei ihm auslöst. Ich bin erstaunt, dass er plötzlich wieder auf Pferde reagiert, als habe er einen Hormonstoß erhalten. Sei es wegen der aktivierenden Sonne oder weil die königliche Stute gar zu prächtig ist, jedenfalls stimmt er einen Gesang an, als hätte seine Stimme nie versagt. Ich freue mich natürlich für ihn und gehe mit ihm zum Koppelzaun.

Die Nähe der imposanten Stute lässt ihn zögern. Vorsichtig hebt er den Kopf, streckt den Hals ganz lang und schiebt sein Maul zwischen die Holzbalken. Sie kommt ihm entgegen. Ihre Lippen berühren sich sanft und es sieht aus, als würden sie sich küssen.

Lascabanes ist mit Blumen geschmückt. Blumenkästen an den Fenstern genügten nicht, sie sind auch noch entlang der Gehsteige aufgereiht. Die schmale Straße, die den Ort durchquert, ist so sauber, als würde man sie täglich kehren. Eigentlich wollte ich wieder im Freien übernachten, doch als ich den »Gîte Rando Étape« sehe, ändere ich meine Meinung schnell.

Die kleine Gemeinde hat längst keinen eigenen Pfarrer mehr und das alte Pfarrhaus neben der Kirche stand schon lange leer, bis jemand auf die Idee kam, in dem Gebäude eine Pilgerherberge einzurichten. Die Herberge wirkt auf mich überaus romantisch. Ein blühender Rosenstrauch schmückt den Eingang und eine Außentreppe führt zu einem von Holzstelen gestützten, mit Weinlaub umrankten Balkon hinauf.

»Sie haben Glück«, sagt die Wirtin. »Gerade hat jemand angerufen und abgesagt. Bei uns ist der Platz knapp, in unseren fünf Zimmern können wir höchstens siebzehn Personen unterbringen.«

Chocolat hat es auch gut getroffen. Er darf sich im verwilderten Kirchgarten tummeln. Dort kann er wählen zwischen Stauden, Disteln, Kräutern und vielen anderen Pflanzen. Und dann erst der Ascheplatz! Noch bevor er seinen Hunger stillt, wirft er sich in den feinen, schwarzgrauen Staub, wälzt sich lustvoll hin und her, rudert mit den Beinen in der Luft und stöhnt vor Wonne. Choco, wie alle Esel übrigens, denkt nicht daran, sich nach dem Staubbad zu schütteln. Wenn ich ihn später bürste, werde ich von einer dunklen Aschewolke eingehüllt sein.

Angela und Ruben sehe ich hier wieder. Sie waren einen Tag länger als geplant in Cahors geblieben. Cassie, die Amerikanerin, traf dort einen Pilger aus ihrem Heimatort. Was für ein Zufall! Zwei Amerikaner aus der gleichen Stadt, die sich zu Hause nie begegnet sind, lernen sich in einem französischen Straßencafé kennen! Sie fanden Gefallen aneinander und entschieden sich für einen gemeinsamen Abstecher nach Rocamadour, einem der berühmtesten Wallfahrtsorte Frankreichs.

Auch ich wäre gern zu diesem Marienheiligtum gewandert – Rocamadour befand sich auf meiner Wunschliste sehenswerter Orte. Aber ich wollte Chocolat den über 100 Kilometer langen Umweg ersparen.

In Rocamadour soll einst der heilige Amadour gelebt haben. Es heißt, er sei ein Diener der Jungfrau Maria gewesen und habe Jesus, als er noch ein Knabe war, auf seinen Knien reiten lassen. Auf himmlische Anweisung soll Amadour später von Jerusalem zu den Kalkhochflächen der Causses gewandert sein und in einer Höhle als Einsiedler gelebt haben, bis er starb und dort begraben wurde. Sein mumifizierter Leichnam, den man im Jahr 1166 fand, wird noch heute den Pilgern in einer Vitrine gezeigt. Seitdem geschehen erstaunliche Wunder, die aber nicht ihm, sondern allein der Fürsprache der heiligen Maria zugeschrieben werden.

Spaziergang – einmal ohne Gepäck

Auch Esel genießen Zärtlichkeit

Über die steinige Hochebene des Aubrac

Choco bleibt standfest

Choco nimmt Witterung auf

Die Kathedrale von Le Puy – Ausgangspunkt der via podiensis

Kapelle Saint-Roch bei Montbonnet

Pilgerbrücke über den Lot bei Espalion

Wer kann Choco schon widerstehen?

Nach einer langen Nacht im Heustadel

Geballte Holzschnitzkunst am Weg nach Saugues

Landmarke mit Muschel im Wald von Conques

Kirche Saint-Hilarian de Perse – Kreuzgratgewölbe

Abteikirche Sainte-Foy in Conques – Detail des Tympanon

Kirche Sainte-Radegonde in Saint-Félice – Eva verführt Adam

Klosterkirche Saint-Pierre in Moissac – Höllenhund über dem Portal

Abteikirche Sainte-Foy in Conques – Rast vor dem Portal

La Place des Écritures in Figeac – Basaltplatte mit Hieroglyphen

Kapelle Saint-Jacques in Rochegude – hoch über dem Allier-Tal

Mittelalterliche Brücke bei Conques über den Dourdou

Verlassene ferme im einsamen Aubrac

Romantische Pilgerherberge im Pfarrhaus von Lascabanes

Morgennebel über dem Tal der Virlange

Choco stellt sich quer – Zeit für eine Rast

Im Bergland der Margeride

Gewitterwolken über dem Tal des Lot

Auf der Sommerweide – wieder daheim

Die Erde – eine Schöpfung Satans?

Von Lascabanes nach Montcuq, 9 km

Chocolat zwängt seinen wuscheligen Kopf durch das geöffnete Küchenfenster. Er lässt die Köchin, die das Frühstück für die Pilger bereitet, nicht aus den Augen. Gestern Abend hat sie ihn mit Äpfeln verwöhnt, was er sich natürlich gemerkt hat, und jetzt verlangt er ungeniert neue Leckerbissen.

An die letzte Nacht werde ich mich noch lange erinnern, denn meine Zimmernachbarn veranstalteten ein Schnarchkonzert der besonderen Art, dem nicht einmal mein Ohropax gewachsen war. Irgendwann muss ich dann doch eingeschlafen sein. Aber – damit muss man rechnen – schon früh um fünf, wenn es noch nachtdunkel ist, klingeln die Wecker um die Wette, beginnt das morgendliche Ritual einer jeden Pilgerherberge mit Geraschel, Geklapper und Geschepper. Alle wollen möglichst vor Sonnenaufgang unterwegs sein, um die Kühle des frischen Morgens zu nutzen.

Regelmäßig bin ich die Letzte, denn Chocolat braucht zum Frühstücken ein bis zwei Stunden. Denn ist sein Magen leer, giert er unterwegs nach jedem Grashalm, neigt ständig den Kopf zum Boden und bleibt einfach stehen.

Dem allgemeinen Aufbruch haben sich Martine und Roland nicht angeschlossen und leisten mir Gesellschaft im Frühstücksraum. »Es ist unser letzter Tag, deshalb haben wir uns nur eine kurze Etappe bis Montcuq vorgenommen. Von dort fahren wir zurück – unser Urlaub ist leider vorbei«, erklären sie mir.

Bereits gestern Abend habe ich mich mit ihnen angefreundet. Roland ist Gartenarchitekt und Martine arbeitet in einem Heim für Behinderte. Kaum konnte ich es glauben, als sie mir erzählte, sie habe drei Söhne und sei schon Großmutter. Martine sieht einfach toll aus, sie ist groß und schlank und schwarze Locken umrahmen ihr schmales Gesicht, in dem grüne Augen leuchten. Noch lange saß ich mit ihr im Mondlicht auf dem weinumrankten Balkon und sie erzählte mir, dass sie Roland erst seit einigen Monaten kennt.

»Hat sich denn während der Pilgerwanderung eure Beziehung verändert?«, fragte ich.

»O ja! Es war wie eine Prüfung, woran ich vorher gar nicht gedacht hatte. Wir wollten nur gemeinsam etwas erleben. Doch das Pilgern war dann viel härter und schwieriger, als ich es mir vorgestellt hatte. Wir wissen nun, welches unsere Schwächen und Stärken sind und können uns jetzt aufeinander verlassen, in jeder Situation.«

Es ist das erste Mal, dass ich am Morgen nicht allein mit Choco losziehe, sondern in Begleitung. Es hat sich einfach so ergeben, weil Martine gerade begonnen hat, mir von ihrer Arbeit mit Behinderten zu berichten, und ich mehr über ihr Leben erfahren will.

»Ich biete meinen behinderten Patienten die Möglichkeit, sich künstlerisch auszudrücken, ihre Gefühle, zum Beispiel in Bildern, wiederzugeben. Besonders gern übe ich mit ihnen Tänze ein und manchmal spielen wir sogar Theater«, erzählt sie mir voller Begeisterung.

»Wie lange arbeitest du schon im Heim?«

»Seit zwölf Jahren.«

»Ich glaube, du hast dir da keine leichte Aufgabe gewählt.«

»Du hast Recht, die Arbeit ist schön und zugleich schrecklich, bereichernd und oft auch frustrierend. Gegensätze, wie sie größer nicht sein können, mit täglich neuen Herausforderungen.«

Beim Bauernhof in der Nähe der Kapelle Saint-Jean wird der Weg beidseits von Koppeln begrenzt. Wiehernd traben Pferde zum Zaun und ich bitte Roland, ein paar Fotos von mir und Choco zu machen, wie wir durch das Spalier der Rösser ziehen. Heiß brennt die Sonne herab. Kein Schatten. Wie gestern führt der kalkweiße Weg über den Scheitel eines Bergzugs. Ein tolles Motiv, meint Roland und versucht, uns ins rechte Bild zu setzen. Fotografieren braucht Zeit und so ist es bereits Mittag, als wir Montcuq erreichen.

Der Ort liegt auf einem Hügel und wird überragt von einem mächtigen Turm, dem Rest einer mittelalterlichen Burg. Die ersten Häuser des

Städtchens empfangen uns freundlich mit Blumengärten, in denen Malven, Ringelblumen und Rosen blühen. Eine schmale Straße führt zum Hauptplatz mit vielen Läden und zwei Straßencafés. Mit meinem Esel errege ich wie immer Aufsehen, hier aber werden wir besonders wohlwollend von den Einwohnern und Gästen begrüßt, die zahlreich unter den Sonnenschirmen der Cafés sitzen und ihre kühlen Getränke genießen. Sogar ein Bäcker kommt angelaufen und schenkt mir für Chocolat eine Tüte trockenes Brot.

»Lasst uns zum Abschied noch etwas zusammen trinken«, schlägt Roland vor. Im »Café de France« steht die Wirtin auf Grün: grüne Schirme, grüne Stühle, grüne Tische. Wir bestellen eisgekühlte Limetten-Limonade in extra großen Gläsern, natürlich in Grün.

Weil es von hier keinen Zug oder Bus gibt, wollen die beiden per Anhalter weiterkommen.

»Falls euch niemand mitnimmt, kommt ins ›Hôtel du Parc‹ von Montcuq«, sage ich. Dort habe ich mich einquartiert und ausgebucht ist es auch nicht."

»Pass auf, wenn du Montcuq sagst. Du darfst nicht, wie sonst üblich, den k-Laut am Ende weglassen, sonst klingt es wie, na ja, du weißt schon, wie der Körperteil, auf dem man sitzt. Die Einwohner von Montcuq wären sicherlich beleidigt, wenn du ihre Stadt mit einem Hintern in Verbindung brächtest.«

Mit den erfrischenden Getränken im Schatten haben wir uns von der Hitze des Tages erholt und die lockere, fröhliche Stimmung der Menschen ringsum überträgt sich auf uns. Wir tauschen Adressen aus und verabschieden uns mit herzlichen Umarmungen.

Das »Hôtel du Parc« habe ich gewählt, weil mir Daniel Adams, der Chef des Hauses, am Telefon gesagt hatte, mein Esel werde bei ihm ein Paradies finden. Und er hatte nicht zu viel versprochen. Das Hotel liegt zwar ziemlich weit außerhalb der Ortschaft, hat aber einen weitläufigen Park mit Teichanlagen.

»Kommst du mit zum Turm?«, fragt mich jemand, als ich gerade das Gepäck von Chocos Rücken abnehme. Ich muss mich gar nicht erst umdrehen, die Stimme erkenne ich sofort – es ist Justin.

»Das ist ja eine Überraschung! Ich dachte, du bist schon weit voraus!«, rufe ich erfreut aus.

»Im Gegenteil! Wenn ich mich nach einer Pilgerin mit Esel erkundigte, hieß es immer, die sei schon weg. Ich glaubte, ich hole dich nie mehr ein«, sagt Justin.

Durch die Gassen von Montcuq geht es steil hinauf zum *donjon*, dem Wehrturm aus dem Mittelalter. Umsichtig, wie es seine Art ist, hat sich Justin den Schlüssel zum Turm im Touristenbüro besorgts. Mich befällt ein merkwürdiges, fast unheimliches Gefühl, als wir durch die schwere Türe ins Innere des Turms gelangen. Ich sehe mich um in dem saalartigen Raum, er ist leer und nur spärlich fällt Licht durch schmale Schießscharten. Hierher haben sich also die Bewohner geflüchtet und sich zitternd vor Angst hinter zwei Meter dicken Mauern vor ihren Feinden verkrochen.

»Im Erdgeschoss war früher die Waffenkammer. Lass uns hinaufsteigen – es soll vier Stockwerke geben«, schlägt Justin vor.

Über eine Wendeltreppe gelangen wir in die oberen Räume. Tauben flattern erschrocken hoch und Federn wirbeln durch die Luft. Diese mit Kaminen ausgestatteten Turmzimmer sind ebenfalls leer, abgesehen vom Taubendreck.

»Ziemlich ungemütlich. Weißt du etwas über die Geschichte des Turms?«, frage ich.

»Ja, schon. Das Drama nahm seinen Anfang, als die Stadt einigen Katharern Zuflucht gewährte. Sie waren auf der Flucht vor Simon de Montforts, der im Auftrag von Kirche und Krone die Kreuzzug-Heere zur Vernichtung der Katharer führte. Beim Sturm auf die Stadt blieb kein Haus verschont, nur der Turm entging der Vernichtung.«

»Kreuzzüge gegen Katharer? Davon habe ich noch nie gehört. Katharer? Bedeutet das nicht Ketzer?«

»*Katharoi* ist griechisch und heißt die ›Reinen‹. Sie wollten die besseren Menschen sein, die wahren Christen«, erklärt mir Justin.

»War das nicht eine Sekte? Jetzt erinnere ich mich, dass ich über sie gelesen habe. Ihre religiöse Bewegung soll das christliche Abendland wie ein Lauffeuer erfasst haben.«

»Ja, da hast du ganz Recht. Du würdest dich wundern, wie spannend die Geschichte der Katharer ist. Jedenfalls umgibt sie noch immer eine faszinierende Aura des Geheimnisvollen, auch wenn das meiste, was man über sie weiß, von ihren Todfeinden, den Schergen der Inquisition, überliefert wurde. Die waren natürlich nicht an einer wahrhaften Darstellung interessiert.«

»Stimmt es, dass die Katharer den Teufel anbeteten? Sie sollen behauptet haben, Satan habe die Erde und die Menschen erschaffen.«

»So hat es die Inquisition dargestellt. Dem Teufel haben sie aber keineswegs gehuldigt. Im Gegenteil, sie fürchteten das Böse und wollten es durch strengste Askese überwinden. Es war eine Armutsbewegung, die Pomp und Prunk der katholischen Kirche ablehnte. Sie wollten zurückkehren zur Einfachheit der Urchristen, wie es die Apostel vorgelebt hatten.«

»Dann war es eine alternative religiöse Bewegung, ähnlich wie später die Reformation?«

»So nun auch wieder nicht. Nur in diesem einen Punkt, der sich auf das Ideal anspruchsloser, apostolischer Lebensführung bezog, gab es Übereinstimmung. Ihr dualistisches Glaubenskonzept war ziemlich kompliziert. Sie waren davon überzeugt, dass zwei gegensätzliche Mächte, ein guter und ein böser Gott, im ewigen Widerstreit miteinander lägen. Einmal siegt dieser, dann wieder jener. Gegenwärtig, so glaubten sie, sei der böse Gott am Zuge und habe alles geschaffen, was auf Erden existiert.«

»Philosophisch gesehen stimmt es«, werfe ich ein, »man braucht Gott nur durch ein anderes Wort zu ersetzen, zum Beispiel durch den Begriff Prinzip. Immer und überall wirken zwei Prinzipien, ob man sie nun gut und böse nennt oder negativ und positiv, Geist und Materie, männlich und weiblich, Tag und Nacht, Yin und Yang. Es sind immer Gegensätze, die sich in Paaren zusammenfügen, eines nicht denkbar ohne das andere.«

»Interessant, was du da sagst, denn die Wurzeln der Katharer-Bewegung liegen im Osten, mit einer langen Vorgeschichte, die bis in den Iran zu Zarathustra und noch weiter bis Indien reicht und mindestens tausend Jahre älter ist als das Christentum. Neue Nahrung bekam der Dualismus im 10. Jahrhundert durch die Bogomilen in Bulgarien. Bogomil war ein besonders fanatischer Priester. Mit bestechender Eindringlichkeit predigte er, alles Materielle auf der Welt sei böse, geschaffen von Satan, dem Gegengott. Er war überzeugt, die einzige Rettung aus dem Unheil liege in Weltflucht, Entsagung und Abkehr von allem Irdischen. Seine Anhänger führten ein hartes Büßerdasein, beteten ständig, wanderten im Land umher und lebten von Almosen.«

»Eines verstehe ich nicht«, unterbreche ich ihn. »Wenn die Anhänger Bogomils derart weltabgewandt und verarmt im fernen Bulgarien lebten, wie konnten dann so viele Menschen in Westeuropa in den Bann dieser Sekte geraten?«

»Zuerst gärte die Lehre der Bogomilen unter den Armen, ergriff dann die Handwerker, das Bürgertum, Angehörige des Adels, zuletzt sogar den Hochadel in Bulgarien. Schließlich kamen bogomilische Wanderprediger auch nach Westeuropa. Diese Sendboten müssen von feuriger Beredsamkeit gewesen sein und verkörperten auch, was sie predigten. Bleich und mager vom unerbittlichen Fasten, mit besorgten Gesichtern wegen der Schlechtigkeit der Welt und doch von der stillen Freude des rechten Glaubens erleuchtet, liefen ihnen die Menschen in Scharen zu. Die Saat fiel auf fruchtbaren Boden, wie man sagt.«

»Wie soll ich mir das vorstellen? Im Mittelalter war das Leben, verglichen mit unserem heutigen, doch schon schwierig genug. Und da kamen diese aberwitzigen Wanderprediger daher und forderten strenge Askese – und die Menschen verzichteten sogleich auf ihr bisschen Wohlstand? Ergaben sich freiwillig in ein freudloses Dasein? Warum nur?«

»Enthusiastische Frömmigkeit und asketische Weltflucht waren typisch für das Mittelalter und entsprangen wahrscheinlich einer tiefen Lebensangst. Die Existenz war ja ständig gefährdet. Jeder lebte in Unsicherheit, ausgeliefert den Gegebenheiten, die er weder durchschauen noch beeinflussen konnte. Da gab es Seuchen, Hungersnöte, Unwetter, Kriege, Willkür der Herrscher und nicht zuletzt die Kirche mit ihrer Predigt von der Erbsünde. Die katharische Lehre erklärte, woher dieses Elend rührte. Weil die Welt dem Satan gehörte, deshalb war sie so schlecht. Zugleich zeigte sie den Ausweg – man müsse sich nur abwenden von der Welt, dem Leben entsagen und auf das Jenseits hoffen.«

»Gar nicht so verschieden von den Katholiken, die doch auch an ein besseres Dasein im Paradies glauben. Warum nur hat die Kirche die armen Katharer so unglaublich grausam verfolgt? Sie zu Tausenden als Ketzer auf den Scheiterhaufen verbrannt?«

»Für die katholische Kirche war es eine Existenzfrage. Sie war in ihren Grundfesten bedroht. Mehr noch, am gesamten Gefüge der mittelalterlichen Welt wurde gerüttelt, denn die Katharer negierten die Standesunterschiede und erklärten alle kirchlichen Einrichtungen und Rituale für unrein: Taufe, Beichte, Eucharistie und fromme Werke. Wahrer Glaube müsse innerlich sein, war ihre Überzeugung. Da die Menschen in Massen und mit unvorstellbarer Begeisterung den Ideen der Katharer verfielen, verlor die kaholische Kirche mehr und mehr ihre Macht und ihren Einfluss. Deshalb verfolgte sie die Katharer unerbittlich und verbrannte sie als Ketzer auf den Scheiterhaufen. Sie wollte jede Spur, jede Erinnerung an sie auslöschen, was ihnen fast gelungen wäre. Kaum jemand weiß heute noch, wie umfassend ihre Bewegung war.«

»Wann hat sich denn das alles abgespielt?«

»In Europa formierte sich die Bewegung so um 1140, da traten sie erstmals in Köln unter der Bezeichnung *Katharoi* an die Öffentlichkeit. Die Eroberung ihrer berühmten Bergfeste Montségur in Südfrankreich läutete ihr Ende ein. Das war ziemlich genau 100 Jahre nach ihrem Auftritt in Köln. Aber die Inquisition hörte nicht auf, nach heimlichen Ketzern zu fahnden, und die Scheiterhaufen loderten noch Jahrhunderte weiter.«

»Und hier in diesem Turm hielten sich auch Katharer versteckt?«

»Schon möglich. Ich weiß aber nur, dass die Bürger von Montcuq ihnen Unterschlupf gewährten. Deshalb wurden ja ihre Burg und der ganze Ort zerstört.«

Im Schatten der Platanen

Von Montcuq nach Lauzerte, 14 km

Ihre Rinde schimmert silbern und wenn ich mit meiner Hand darüber streiche, erinnert mich ihre Glätte an Marmorsäulen. 300 Jahre seien die Platanen alt, versichert mir Monsieur Adams. Mit ihren mächtigen Stämmen begrenzen sie eine Terrasse, wie ich sie mir romantischer nicht vorstellen kann. Der Besitzer vom »Hôtel du Parc« muss mich nicht lange dazu überreden, mir das Abendmenü im Freien unter Platanen servieren zu lassen, und ich nehme gerne die Gelegenheit wahr, Justin einzuladen und mich für seine Kochkünste zu revanchieren.

Wir schauen zu den ausladenden Baumkronen in die Höhe und bewundern die miteinander verwobenen Blätter und Äste, die sich über uns zu einem grünen Gewölbe zusammenschließen.

Noch immer geht mir unser Gespräch über die Katharer nicht aus dem Sinn. Justin hat mir auf dem Rückweg zum Hotel noch mehr erzählt über die rigiden Gebote und Gebräuche, die mit der Vorstellung zu tun hatten, die Erde sei eine Schöpfung Satans. Deshalb galt auch die Ehe als Sünde, denn durch Fortpflanzung würden dem Satan nur neue Untertanen geboren. Lebenslanges Zölibat und hartes Fasten, das waren die unabdingbaren Forderungen, um dem Reigen der Wiedergeburten auf Satans Erde zu entgehen. Wenn ein Sterbenskranker wider Erwarten überlebte, hat man ihm die Nahrung verweigert, damit seine Seele nicht von neuem verunreinigt würde.

»Seltsam, dass gerade Frauen in Scharen zu den Katharern überliefen und zu ihren treuesten Anhängern gehörten. Wie erklärst du dir das?«, frage ich Justin.

Er zuckt die Schultern. »Wahrscheinlich mal wieder eines dieser weiblichen Phänomene. Du als Frau müsstest das doch eher verstehen als ich. Für mich werden Frauen immer ein Rätsel bleiben.«

»Unsinn!«, entgegne ich heftig. »Ich kann es nicht ausstehen, wenn mit mystifizierter Weiblichkeit argumentiert wird!«

»Na, beruhige dich wieder! Warum regst du dich denn so auf?«

»Weil es das nicht gibt – weibliches Phänomen!«

»Dann erkläre mir doch, warum unter Katholiken Frauen als unrein gelten, als Trägerin der Erbsünde verteufelt werden und trotzdem zu den eifrigsten Beterinnen gehören?«, fragt Justin und wartet gespannt auf meine Antwort.

»Stimmt, eine auffallende Parallele! Trotzdem ist das kein Beweis, dass Frauen sich grundsätzlich anders verhalten, nur weil sie Frauen sind. Meiner Meinung nach hat das mit Unterdrückung, mit Schwachsein und daraus resultierendem Selbsthass zu tun. Nimm Menschen beliebiger Herkunft, die von anderen gedemütigt, beschimpft, missachtet werden, dann dauert es nicht lange und viele dieser Unterlegenen werden die Argumente ihrer Peiniger übernehmen und sie sich zu eigen machen. Das scheint ein psychologischer Mechanismus des Überlebens in einer ausweglosen Situation zu sein. Wenn man sich selbst verachtet, wird man dem Unterdrücker, dem Starken, dem Mächtigen ähnlich. Eine absurde, aber oft die einzige Chance, sich zu erhöhen und zu befreien. Von der passiven, duldenden Rolle kann man so in eine aktive, handelnde schlüpfen und ist dann Opfer und Täter in einer Person.«

»Interessant, deine Theorie. Nun verstehe ich auch, warum es für dich wichtig ist, Gefahren zu bestehen und Abenteuer zu erleben, und warum du mutiger als jeder Mann sein willst.«

»Ach, nein! Wieder so ein Quatsch! Da gibt es doch überhaupt keinen Zusammenhang!«

»Wirklich nicht? Na gut, lassen wir das – unser Essen wird nämlich kalt und es riecht doch so gut.«

Wir haben das Menü des Abends bestellt: Spinatsuppe mit Sahne, Lachstörtchen mit hauchdünnen Gurkenscheiben und als Hauptgang Forelle, frisch aus dem Parkteich, in Butter gebraten und mit Nüssen bestreut, und zum Dessert eine köstliche *mousse au chocolat*. Zum ersten Mal auf dem Pilgerweg leiste ich mir ein Essen im Restaurant und bin sehr angetan von der französischen Küche, die Monsieur Adams, der *maître de maison*, vorzüglich beherrscht.

Der Mond schimmert durch das Laubdach der Platanen, Fledermäuse flattern um die Lampen und fangen Insekten im Flug. Als ich spät in der Nacht noch einmal nach Chocolat schaue, glühen seine Augen im Licht meiner Taschenlampe.

Der nächste Morgen beginnt mit einem ausgiebigen Frühstück auf der Terrasse unter den Platanen. Am Nebentisch sitzt ein Mann, der mir sogleich wegen seiner Pilgermuschel am Hut auffällt.

»Haben Sie heute noch einen weiten Weg vor sich?«, frage ich.

»So genau weiß ich das noch nicht«, antwortet er. »Vielleicht gehe ich bis Lauzerte.«

Einmal im Gespräch, erfahre ich, dass er Antoon heißt, Holländer ist und den ganzen Weg von zu Hause bis Santiago de Compostela zu Fuß gehen will.

»Wie kamen Sie auf die Idee?«, fragt Justin, der an unserer Unterhaltung teilnimmt.

»Drei Jahre habe ich diesen Plan in mir getragen und seiner Verwirklichung entgegengefiebert. An einem Freitag war der letzte Tag meines Berufslebens und – was denken Sie? – noch am Samstag zog ich die Wanderschuhe an und schulterte meinen Rucksack. Keinen Tag länger wollte ich warten.«

Während Justin und Antoon weiter beim Frühstück sitzen und sich unterhalten, sattle und belade ich Chocolat, dann verlassen wir zu viert das Hotel. Auf einem baumbeschatteten Weg geht es eine Anhöhe hinauf, dann auf schmalen Pfaden durch einen Wald, später durch Getreideäcker und an Feldern mit Sonnenblumen vorbei, deren Blüten noch nicht geöffnet sind.

Am Himmel entdecke ich einen Greifvogel, der größer ist als ein Bussard, vielleicht ein Schlangenadler? Im Fang hält er nämlich eine Schlange, die sich lebhaft windet und schätzungsweise einen Meter lang ist.

Hinter Bäumen liegt ein Dorf verborgen und am Weg ist ein Verkaufsstand aufgebaut. Walnüsse, Honig, Trauben und Wein werden angeboten. Die Preise stehen auf einer handgeschriebenen Liste mit der Aufforderung, das Geld einfach in eine Schachtel zu legen. Eine sympathische Geste des Vertrauens.

»Die meisten Pilger sind in Gruppen unterwegs oder wenigstens zu zweit. Warum haben Sie sich dafür entschieden, allein zu pilgern?«, frage ich Antoon.

»Allein bin ich nie«, antwortet er, »denn meine Frau wandert mit mir. Sie ist vor zwei Jahren gestorben. Wir hatten geplant, den Jakobsweg gemeinsam zu gehen, und ich habe das Gefühl, sie ist bei mir, immer.«

»Sie glauben an ein Weiterleben nach dem Tod?«

»Das ist keine Frage, die ich mir stelle. Niemand kann sie beantworten, also ist es müßig, darüber zu spekulieren. Zwar kann ich mir wünschen, meine Frau irgendwann wiederzusehen, aber es hängt nicht davon ab, ob ich daran glaube. Es hat also gar keinen Zweck, sich Fragen zu stellen, die einem niemand beantworten kann.«

»Antoon – vorhin im Hotel haben Sie mir erzählt, Sie seien früher einmal Mönch gewesen«, mischt Justin sich ein. »Wie passt das zu dieser skeptischen Einstellung?«

»Bestens! Ich bin nach wie vor ein gläubiger Mensch. Was aber hat mein Glaube mit der Existenz Gottes zu tun? Er existiert, auch wenn ich nicht an ihn glaube, und er exisiert nicht, selbst wenn ich an ihn glaube. Glaube und Gott sind voneinander völlig unabhängig. Übrigens bin ich nicht wegen Glaubenszweifeln aus dem Orden ausgetreten, sondern weil es keine Novizen mehr gab. Im Kloster waren nur noch alte Männer und die wurden von Tag zu Tag älter. Meine Aufgabe war zu lehren, und weil mir die Schüler fehlten, habe ich den Orden schließlich verlassen müssen.«

»Schade, dabei habe ich schon gedacht, Sie seien wegen einer romantischen Liebesgeschichte ausgetreten, um Ihre Frau heiraten zu können«, sage ich.

Antoon lacht. »Die Idee gefällt mir. Aber meine Frau lernte ich erst später außerhalb des Klosters kennen. Wir waren zehn Jahre miteinander glücklich, die schönste Zeit meines Lebens. Dafür hat es sich gelohnt zu leben.«

Der Himmel ist wolkenlos blau. Die Luft flimmert. Es ist schwül und ich fühle den Schweiß über meine Haut rinnen. Justin zieht einen Fetzen Zeitungspapier aus der Hosentasche und liest uns vor: »Sonnig, keine Wolken, kein Regen, weiterhin sommerliche Temperaturen, heiß, 38 Grad im Schatten.«

Belustigt lache ich über seine Voraussagung. Justin kauft nur wegen des Wetterberichts die Zeitung, reißt den Bericht heraus und steckt ihn ein, um ihn immer wieder zu lesen, als könnte er dadurch das Wetter beschwören.

Wir rasten neben einem brachliegenden Feld, das durch die unterschiedlichen Farben der vielen Blumen an die Palette eines Malers erinnert. Chocolat ist wieder einmal unersättlich und findet beim Fressen kein Ende. Antoon und Justin verlieren die Geduld. Sie ziehen weiter und versprechen, in Lauzerte auf mich zu erwarten.

Der Ort ruht auf einem Hügel, umgeben von Obstgärten, Wein- und Getreidefeldern. Ausgrabungen beweisen, dass auf der Anhöhe einst eine keltische Siedlung lag. Der Name soll vom lateinischen *lucerna*, die Lampe, herrühren. Im Mittelalter erhielt Lauzerte dann eine Stadtmauer. Bastide nennt man diese befestigten Städte, von denen es in Südfrankreich noch etwa 300 gibt. Aber wie es mit Befestigungen so ist, sie konnten weder die Zerstörung durch die Engländer im Hundertjährigen Krieg noch die Plünderungen durch die Hugenotten während der Religionskriege 1547 verhindern.

Ich folge einem Hinweisschild und gelange zu einem Campingplatz am Fuß des Stadthügels. Mein Esel findet hier reichlich Futter und ich kann mich im Schwimmbecken von der Hitze des Tages erholen.

Vergnügt bellend kommt ein brauner, dickfelliger Mischlingshund daher und hechelt neugierig um Choco herum. Der Körper des Esels versteift sich, misstrauisch beobachtet er aus den Augenwinkeln das zappelige Getue des Hundes. Der duckt sich nieder, springt auf, macht einen Satz nach vorn und wieder zurück – eindeutige Aufforderung an Choco, mit ihm zu spielen. Der aber ist empört über das läppische Gebelle und Gespringe, ist er doch ein würdevoller Esel. Deutlich lässt er sich anmerken, dass er den Hund nicht mag, aber der Tollpatsch kriegt davon nichts mit. Im Gegenteil, die passive Haltung des Esels ermutigt ihn zu noch übermütigeren Annäherungen.

Hinterhältig wartet Choco auf den richtigen Moment. Auf einmal kickt er seitwärts aus und knallt dem Ahnungslosen seinen Huf an den

Brustkorb. Es tönt dumpf, der Hund überschlägt sich und jault jämmerlich. Doch noch immer hat er nicht begriffen und meint wohl, dies sei nur die etwas rauere Variante eines Spiels gewesen. Nachdem er sich kräftig geschüttelt hat, kreist er wieder mit neuer Hoffnung um Choco herum. Schließlich wird es diesem zu dumm, tief senkt er den Kopf und stürmt wie ein Rammbock auf den armen Hund zu. Dieser erkennt gerade noch rechtzeitig den Ernst der Lage und entkommt den drohenden Hufen meines Esels durch panische Flucht.

Falsche Wege gibt es nicht

Von Lauzerte nach Durfort-Lacapelette, 11 km

Choco habe ich auf einer Wiese beim Campingplatz angepflockt, dann steige ich den Hügel hinauf, um mich in Lauzerte mit Justin und Antoon zu treffen. Fachwerkhäuser und weiträumige Arkaden umgeben den Marktplatz. Am Rande des Platzes entdecke ich eine merkwürdige Erscheinung. Einem Triangel gleich wölbt sich das Pflaster nach oben, als hätte ein Riese einen Zipfel des schweren Belages angehoben, um ein darunter verborgenes Geheimnis zu lüften. Diese pfiffige Idee zur originellen Gestaltung des Marktplatzes stammt von einem Künstler der Gegend. Schade nur, dass er die Allegorie, die seinem Kunstwerk innewohnt, nicht zu Ende geführt hat. Interessant wäre es gewesen aufzudecken, was sich unter der Oberfläche des Pflasters verbirgt. Stattdessen hat er den freigelegten Untergrund mit glasierten Kacheln erneut versiegelt.

Meine beiden Pilgerfreunde erwarten mich schon beim Rotwein unter den Arkaden. Als ich eintreffe, erzählt Antoon gerade, dass in seinem Heimatort zahlreiche Menschen an seiner Pilgerreise Anteil nehmen. Unbekannte Leute schicken ihm postlagernd Briefe zu den einzelnen Stationen am Weg, um ihm Mut zu machen und ihn zu beglückwünschen. Sogar vom Bürgermeister hat er Post erhalten.

»Die Menschen geben mir das Gefühl, stellvertretend für sie zu pilgern. Mag sein, dass viele den gleichen Traum haben, ihn aber selbst nicht verwirklichen können. Nun schreiben sie mir, wie dankbar sie sind, dass ich es wage.«

»So ähnlich ist es mir in Spanien ergangen«, sage ich. »Dort haben mich Dorfbewohner voller Dankbarkeit umarmt, weil ich auf dem Weg nach Santiago de Compostela war. Alte Frauen gaben mir Münzen, damit ich sie in den Opferstock der Kathedrale werfe.«

»Es gibt auf dem Pilgerweg keinen falschen Weg, selbst wenn es zunächst so scheinen mag«, behauptet Antoon und erzählt ein Erlebnis: »Einmal habe ich mich geirrt, ganz schlimm vertan, denn ich bin den rotweißen Zeichen in umgekehrter Richtung gefolgt. Ehe ich es bemerkte, war ich fast wieder dort, wo ich am Morgen losgegangen bin. Ihr könnt euch gewiss vorstellen, was ich da empfunden habe. Ich war total erschöpft und hatte keinen Kilometer hinzugewonnen, war umsonst den ganzen Tag marschiert. Und doch – gerade durch dieses Missgeschick lernte ich einen Menschen kennen, dem ich sonst kaum begegnet wäre, der aber seitdem für mich ungeheuer wichtig ist und mit dem ich künftig in Kontakt bleiben werde. So erwies sich der falsche Weg letztlich als der richtige.«

»Nur – meist ahnen wir nicht, welcher Weg uns wohin führt«, ergänzt Justin.

»Niemand hätte Lust, etwas zu tun, wenn er alles im Voraus schon wüsste«, sage ich.

»Ich wollte euch damit deutlich machen, dass jeder Weg, auch wenn er zunächst als Irrweg erscheint, wichtig für uns sein kann. Wir müssen nur offen genug sein und annehmen, was für uns bestimmt ist.«

Justin wechselt das Thema. Er kramt wieder einmal einen Zeitungsausschnitt aus einer seiner Taschen. »Wisst ihr schon, dass über dem Atlantik vier Zyklone ihr Unwesen treiben? Das ist der Beginn einer Reihe von Tiefdruckgebieten, die bald das Festland erreichen. Dann ist hier Land unter.«

»Oje, deine Sandalen kannst du dann gleich einpacken. Dann kommen deine Gummistiefeln wieder zum Einsatz«, sage ich.

»Genau! Aber was werdet ihr tun, wenn eure Wanderschuhe nicht mehr trocknen?«

Am nächsten Tag strahlt die Sonne vom Himmel. Mais und Sonnenblumen wuchern kräftig ins Kraut und an den Rebstöcken rankt üppiges Weinlaub. Justins Regenvorhersage scheint sich vorerst nicht zu erfüllen. Als ich Lauzerte verlasse, begegne ich ihm noch einmal, wir gehen ein Stück des Weges gemeinsam und verabschieden uns dann, wie wir es schon mehrmals getan haben, mit dem Wunsch, uns wieder zu treffen. Wochen später, als ich längst schon zu Hause war, bekam ich Post, eine

Karte aus Santiago und einen langen Brief aus Paris. Justin hatte es also geschafft, sein Ziel erreicht und – ich musste lachen – auf Sandalen, wie er mir stolz versicherte.

Charakteristisch für die Landschaft des Quercy sind seine Taubenhäuser. Früher hatte jeder Bauernhof seine eigene Taubenzucht. Nur gelegentlich landeten die Vögel im Kochtopf – wichtiger war der Mist, den sie produzierten. Der war für die Bauern unverzichtbar, um dem mageren Karstboden den fehlenden Stickstoff zu liefern und die Erde fruchtbar zu machen. Die Besitzer der Taubenställe legten großen Wert auf Originalität und schufen für ihre Vögel mit viel Fantasie formschöne Gebäude aus Kalkstein, Ziegeln und Fachwerk, mit Kegeldächern und Türmen, rund oder achteckig.

Das Taubenhaus bei Le Chartron ruht auf vier Säulen, die oben mit einer Steinscheibe abschließen, damit sich weder Marder noch Ratten einschleichen können. Es erinnert mich an die Speicherhäuser, die *horreos*, die ich in der spanischen Provinz Galicien gesehen habe.

Ein Mähdrescher walzt dröhnend über ein reifes Getreidefeld. Mit gebührendem Abstand und etwas eingeschüchtert gehen Choco und ich am Feldrand entlang. In wenigen Stunden verrichtet eine Maschine die Arbeit, für die Menschen früher tagelang schuften mussten. Heute sitzt ein einzelner Fahrer in der klimatisierten Kabine, abgeschlossen von der Außenwelt. Schließlich steht kein Halm mehr. Über ein Rohr ergießt sich aus dem Inneren des Mähdreschers eine Flut goldgelber Körner in einen Anhänger. Ratternd und rüttelnd fährt das Ungetüm davon, den nächsten Schlag zu mähen.

Auf einer Anhöhe, umgeben von Weinfeldern, Wiesen und Laubwäldern, liegt der Gasthof »La nouvelle aube« – Die neue Morgenröte –, unser heutiges Etappenziel. An der Pforte begrüßt mich die Wirtin und überreicht mir ein blitzblankes Glas mit kühlem Wasser. Eine symbolträchtige Geste für mich als Pilgerin, die sie ganz selbstverständlich zelebriert. »*Ça va?* Ein heißer Tag heute, nicht wahr? Bitte erfrischen Sie sich«, sagt sie herzlich und lächelt mich an. Ihr rosiges Gesicht wird von grauen Haaren umrahmt, die sie im Nacken zu einem praktischen Zopf geflochten hat.

»La nouvelle aube« ist ein Gasthof der besonderen Art. Einst das Landhaus eines Adligen, haben die Wirtsleute nur wenig an dem historischen Gebäude verändert. Madame de Smet-Brunneel und ihr Mann sind Flamen. Vor Jahrzehnten verließen sie ihre nördliche Heimat und suchten im Süden Frankreichs ein neues Domizil. Mit den Gästen sprechen sie Französisch, aber untereinander noch immer Flämisch.

Das Haus hat drei Stockwerke. Ich wähle ein Zimmer ganz oben, das von schweren Eichenbalken gestützt wird. Durchs Fenster blicke ich hinaus zum Garten, wo Choco seinen neuen Rastplatz erkundet.

Madame de Smet-Brunneel ist berühmt für ihre Kochkunst und viele Gäste kommen von weit her, um sich von ihr verwöhnen zu lassen. Ihre Spezialität ist es, flämische und französische Rezepte mit Raffinement zu verbinden.

Nach dem Essen komme ich mit meinem Tischnachbarn ins Gespräch. Erny stammt aus Luxemburg und hat auch, wie Antoon, vor seiner Haustür die Pilgerreise begonnen.

»Für mich ist es wichtig, ein Gleichgewicht zu finden zwischen den verschiedenen Einflüssen und Wirkungen, die der Weg auf mich hat. Wenn der Rhythmus meiner Schritte zum Echo meines Atems wird, dann schwingt mein Körper in völligem Gleichklang mit der Umwelt«, berichtet er mir.

»Das erlebe ich auch so ähnlich«, bestätige ich.

»Bei mir steckt aber noch etwas anderes dahinter«, sagt er nachdenklich, »denn ich musste mich erst wie Münchhausen am eigenen Schopf aus dem Sumpf ziehen.«

»Wie meinen Sie das?«

»Das ist eine lange Geschichte. Schon früh, als Jugendlicher, hatte ich ein Alkoholproblem, habe regelmäßig getrunken, jeden Tag.«

»Und Sie haben damit aufgehört?«

»Da, schauen Sie!« Zum Beweis hält er sein Glas mit Wasser in die Höhe. »Sie werden es kaum glauben, mit dem Verzicht auf Alkohol und einem intensiven Training wurde ich sogar Sieger im 100-Kilometer-Lauf und das in meinem fortgeschrittenen Alter.«

»Wie haben Sie es nur geschafft, vom Alkohol loszukommen?«, frage ich ihn.

»Es war die Angst vor dem Abgrund, an dem ich plötzlich stand. Die ganzen Jahre war ich auf ihn zugetrieben. Dann war es so weit. Ich wusste, jetzt würde ich abstürzen, wenn ich mich nicht selbst rette. Auf einmal war alles am Zerbrechen, meine Ehe, mein Beruf, meine Gesundheit. Jetzt bin ich auf der sicheren Seite. Gerade noch rechtzeitig! Meine Frau ist nach einunddreißig Jahren noch immer bei mir, das ist doch was! Meine Arbeit macht mir nach wie vor Spaß und ich fühle mich so gesund wie nie zuvor.«

Die wunderbare Leichtigkeit der Steine

Moissac

Chlodwig, König der Franken, stand auf einer Anhöhe. Stolz blickte er über das Land, das er nach schweren Kämpfen den Westgoten abgerungen hatte. Nun war es sein Eigen und zum Dank für den ruhmvollen Sieg wollte er ein Kloster gründen. Er musste nur noch den Platz bestimmen. Mit kräftigem Arm schleuderte er sein Schwert in den Himmel. Rasend schnell drehte es sich in der Luft, flog weit dahin, bis es am Ufer des Tarn in die Erde stieß. Dort, in den sumpfigen Niederungen, kurz vor der Mündung des Tarn in die Garonne, wurden das Kloster und die Stadt Moissac gebaut.

Das ist zwar nur eine Legende, die ungefähr im Jahr 500 spielt, aber immerhin ist auf der Weiheplatte der Klosterkirche der Name von Chlodwig I., Gründer des fränkischen Reiches, eingraviert.

Als würde ein Fluch auf Kloster und Stadt lasten, wurden sie über die Jahrhunderte von Katastrophen heimgesucht. Erst verwüsteten Araber die Bauwerke, gefolgt von den Normannen, die mit Schiffen die Garonne heraufkamen, plünderten und mordeten. Dann waren es ungarische Reiterheere, die auf ihren Eroberungszügen bis hierher galoppierten. Später wurde Moissac in den Strudel der Kreuzzüge gegen die Katharer hineingezogen, dann in den Hundertjährigen Krieg mit den Engländern und im späten Mittelalter in die Glaubenskriege gegen die Hugenotten. Die Französische Revolution setzte den Schlusspunkt unter die unglückliche Geschichte. Das Kloster ging in Staatseigentum über, wertvolle Skulpturen wurden verstümmelt, die Bibliothek verbrannt und die Kirchenschätze eingeschmolzen. Schließlich war vom einst mächtigen Konvent kein Stein mehr auf dem anderen. Nur die Abteikirche Saint-Pierre blieb als Einzige erhalten. Deren Schicksal schien aber endgültig besiegelt, als sie dem technischen Fortschritt des 19. Jahrhunderts weichen sollte. Um die Eisenbahnlinie Bordeaux–Sète zu bauen, wollte man sie kurzerhand abreißen. Ein Glück, dass zu dieser Zeit der Denkmalschutz in Frankreich schon aktiv war. Die Eisenbahngesellschaft wurde gezwungen, ihre Schienen an der Kirche vorbei zu verlegen. Allerdings keinen Meter mehr als nötig wollten die Gleisbauer von der geraden Linie abweichen, darum donnern die Schnellzüge unmittelbar hinter den Mauern des Kreuzganges vorbei.

Ich finde es schon erstaunlich, dass nach all diesen furchtbaren Vernichtungsschlägen überhaupt noch Sehenswertes erhalten geblieben ist. Besonders zwei Werke begründen den Ruhm der Abteikirche Saint-Pierre: der Kreuzgang und das Portal. Sie entstanden während des »Goldenen Zeitalters« im 11. und 12. Jahrhundert, als die Äbte von Moissac zu den einflussreichsten in ganz Mitteleuropa gehörten. Kaum jemand kann sich der Wirkung dieser einzigartigen baulichen Kostbarkeiten entziehen. Sie gehören zum Schönsten, was romanische Bildhauerkunst aus Stein geschaffen hat. Für viele ist deshalb die Abteikirche Saint-Pierre in Moissac eine der wichtigsten Stationen des Pilgerwegs, wenn nicht gar der Höhepunkt.

Im Geviert des Kreuzgangs reckt sich eine uralte Zeder in die Höhe, deren Schatten mit der Sonne wandert. Mit ihrem harzigen Duft und dem Rascheln ihrer Nadeln im Wind bildet der Baum einen lebendigen Pol inmitten der zu Stein gewordenen Geschichten, von denen die 76 Kapitelle erzählen.

Andächtig durchschreite ich die Galerien, lasse den Rhythmus der Säulen und Bögen, die Aus- und Durchblicke, Licht und Schatten auf mich wirken. Tage könnte ich hier verbringen und hätte doch nicht alles gesehen: die Vielfalt und Harmonie, der Reichtum an Reliefs und Plastiken, Szenen des Alten und Neuen Testaments, die Kapitelle mit Ornamenten, Pflanzen und Tieren.

Pater Pierre Sirgant muss mich schon eine Weile beobachtet haben. Mit aufgeschlagenem Buch in der Hand kommt er mir im Kreuzgang entgegen, über seine Lesebrille mustert er mich prüfend, bevor er mich mit sanfter Stimme anspricht: »Leider müssen Sie den Kreuzgang jetzt verlassen, die Besuchszeit ist vorüber.« Ich nutze die Gelegenheit und frage ihn, warum einige Kapitelle so schwer beschädigt sind.

»Eine Tragödie, die sich während der Französischen Revolution abspielte, als Truppen in die Kirche eingedrungen waren«, klärt er mich auf.

Wie übermächtig muss der Hass gewesen sein, dass Menschen blindwütig auf die Kunstwerke einschlugen und die Köpfe der Figuren zerschmetterten, denke ich. Aber religiöse Exzesse dieser Art gehören keineswegs der Vergangenheit an, wie Ereignisse der jüngsten Geschichte auf unserem Globus zeigen.

Während mich Pater Sirgant zum Ausgang des Kreuzganges begleitet, sagt er, ich solle nicht vergessen, auch das Portal der Abteikirche genau zu betrachten, denn es sei einzigartig.

Pater Pierre Sirgant hat nicht zu viel versprochen. Vor dem romanischen Portal der Kirche Saint-Pierre halte ich vor Bewunderung den Atem an. Nicht das sonst übliche Weltgericht, wie zum Beispiel in Conques, mit dem Aufstieg der Gerechten in den Himmel und der grausamen Bestrafung der Sünder in der Hölle ist dargestellt, sondern die Herrlichkeit Christi am Ende aller Zeiten. Dabei hat sich der Bildhauer genau an den Wortlaut der Offenbarung des Johannes gehalten. Pater Pierre Sirgant hatte zu mir gesagt: Das Portal sei wie eine Pforte, die zur Erde hin geöffnet sei und geradewegs in den Himmel hineinführe.

Auf einem Thron ruht Christus, gehüllt in ein langes Gewand, das geschmeidige Falten wirft. Rings um den Thron sitzen 24 Älteste, die in der einen Hand die Leier, in der anderen einen Becher halten. Alle blicken auf zu Christus, ihre Haltung ist locker und gelöst. Die Beine übereinander geschlagen oder bequem ausgestreckt, scheinen sie es zu genießen, unter sich zu sein.

Christus ist ganz in sich gekehrt. Seine Augen sind blicklos in unerreichbare Ferne gerichtet. Er sieht nichts und niemanden, als sei die Gegenwart ausgelöscht und die Herrschaft der unendlichen Ewigkeit angebrochen. Ein Rätsel, wie der Künstler es vermochte, dem Stein diesen Ausdruck zu verleihen.

Die Seitenwände des tief liegenden Portals sind mit Bildwerken vom Leben Jesu gefüllt. Als Frauenfiguren stehen sich Laster und Tugend gegenüber, Geiz und Habsucht.

Am Mittelpfosten, der das Bogenfeld stützt, sind drei Löwen ineinander verschlungen. Links und rechts dieser Bestiensäule erblickt man beim Eintreten Paulus und den Propheten Jeremias. Noch nie zuvor hat mich eine Figur so berührt wie die des Jeremias. Die Haare fallen ihm über die Schultern, sein Bart, leicht gewellt, reicht ihm bis zur Brust und jedes einzelne Haar ist fein gesträhnt. Die Linien seines Gewandes streben nach oben, verleihen dem Körper eine unwirkliche Leichtigkeit und wie bei den Gemälden El Grecos sind seine Glieder überlang gestreckt. Völlig in sich ruhend, ist Jeremias dennoch durchdrungen von religiöser Inbrunst und visionärer Ekstase. Sinnend neigt er den Kopf und blickt traumverloren ins Nirgendwo. Entsagungsvoll ergibt er sich seinem Schicksal und wirkt trotz seiner entrückten Haltung menschlich und gegenwärtig. Fast meine ich, ihn irgendwo und irgendwann schon einmal gesehen zu haben. Doch es ist wohl die Melancholie, die ihn mir so vertraut erscheinen lässt.

Die Gascogne

Von Moissac nach Aire-sur-l'Adour, 9 Etappen, 170 km

Die von Justin prophezeiten Tiefdruckgebiete rauschen Welle um Welle heran und Regen lässt die Pilgerpfade im Wasser versinken. Neun Tage wandere ich mit meinem Esel unter grauem Himmel dahin. Immer neue Staffeln triefender Wolken ziehen über uns hinweg.

In diesen Tagen erfahre ich, wie vielgestaltig Regen sein kann. Sprühregen, der mich mit feinen Strahlen einhüllt wie prickelnder Champagner, oder Landregen, der wie aus einer Riesendusche auf mich niederströmt. Verwundert registriere ich auch, wie verschieden Regen klingen kann, versuche, diesen Klangreichtum in mir aufzunehmen: Tropfen, wie das Ticken eines Chronometers. Rieseln, wie das Ausschütten von Getreidekörnern. Plätschern, Platschen, Pladdern verstärkt sich im Trommelrhythmus wechselnder Intensität, schließlich das Verschmelzen der Klangbilder zum Rauschen eines Wasserfalls.

Dem Wetter preisgegeben, nur vom Regenumhang vor der Nässe geschützt, erlebe ich den Regen wie ein sich ständig wandelndes Wesen. Brechen dann die Wolken auf, und sei es nur für kurze Zeit, lässt das Licht der Sonne alle Widrigkeiten schnell vergessen und zeigt mir für Augenblicke die Schönheit des Landes. Bei Moissac enden die schroffen Kalkhochflächen des Quercy: Sie gehen über in flache Hügel und senken sich hinab in das breite, fruchtbare Tal der Garonne. Auf ertragreichen Böden gedeihen Weizen und Wein, Sonnenblumen, Melonen und Knoblauch.

Sobald sie auf Brücken oder durch Furten die Garonne überwunden hatten, betraten die Pilger des Mittelalters ein völlig anderes Land, deren Bewohner sich mit einer für sie fremd klingenden Sprache verständigten, nämlich dem Okzitanischen. Die Vorfahren der Gascognern entstammen einer bunten Mischung unterschiedlicher Volksstämme: iberisch, keltisch, baskisch, römisch, westgotisch, fränkisch sind dabei nur die wichtigsten.

Nach dem Niedergang des Fürstentums Gascogne im Jahre 1032 folgten eine Vielzahl lokaler Herrscher. Entlang des Jakobswegs entstanden Kirchen und Klöster sowie planmäßig angelegte Städte mit wehrhaften Mauern – die schon erwähnten *bastides*.

Wegen ihrer historischen Orte, der sanften Hügel und fruchtbaren Ebenen wird die Gascogne gern als »die Schöne« gepriesen. Schönheit aber ist Ansichtssache. Meinem Geschmack entsprechen eher das raue Aubrac und das karstige Quercy. Ich kann mich deshalb des Eindrucks nicht erwehren, dass die kulturellen und landschaftlichen Höhepunkte bereits hinter mir liegen. Dabei ist die Gascogne keineswegs arm an Kunstwerken. Da ist Saint-Antoine mit einem mozarabischen Hufeisenportal, das die gelungene Mischung von islamischen und christlichen Baustilen vollzieht. Sehenswerte Kirchen kann man auch in den vier berühmten Bischofsstädten bewundern, in Lectoure, Condom, Éauze und Aire-sur-l'Adour, und in Nogaro beeindrucken die Reste einer Abtei aus dem 11. Jahrhundert noch immer mit ihrer verblichenen Schönheit.

Wie ein Fluss erscheint mir jetzt der Pilgerweg, der nach stürmischem Beginn als wilder Gebirgsbach nun gemächlich dahinfließt. Es ist, als sei ich Teil des Wegs geworden, den ich Tag um Tag von neuem unter meinen Füßen spüre. Entfernungen spielen keine Rolle mehr und ich zähle längst nicht mehr die Kilometer bis nach Saint-Jean-Pied-de-Port, meinem Ziel in den Pyrenäen. Allein die Richtung ist wichtig. Ich habe sie verinnerlicht, als sei sie mir eingraviert. Das tägliche Gehen ist für mich beglückend, und ein beständiges Gefühl von Freiheit durchströmt mich. Auf dem Pilgerweg zu wandern macht frei von Zwängen und Verpflichtungen, die sonst das Leben regeln und einengen. Das Zusammensein mit Choco und die Nähe zur Natur tragen auch zu meinem Hochgefühl bei, und mir wird deutlich, auf wie viel ich sonst verzichte.

Von weitem bin ich mir nicht ganz sicher, wer mir entgegenkommt. Aus der Nähe betrachtet, hat der Mann alle Merkmale, die einen Pilger auszeichnen: Hut, Rucksack, Pilgerstab und vor allem die Pilgermuschel. Er wandert aber in umgekehrter Richtung nach Osten, statt nach Westen.

»Sie haben sich wohl in der Richtung geirrt! Dort geht es lang!«, rufe ich ihm zu und deute mit der Hand nach Westen.

Der Mann lächelt verschmitzt: »Nein, für mich nicht, seien Sie unbesorgt! Zuerst bin ich nach Santiago de Compostela gepilgert und jetzt gehe ich wieder heimwärts«, meint er lakonisch.

Vor Verblüffung wiederhole ich wie sein Echo: »Hin und zurück? Von Santiago nach Hause? Zweimal dieselbe Strecke?«

Er schüttelt entschieden den Kopf: »Nein, es ist nicht derselbe Weg. Auf gar keinen Fall! Beide sind völlig verschieden. Der Weg nach Santiago ist – wie soll ich es sagen –, na ja, vielleicht der heroische Weg. Für mich hat es fast etwas Heldenhaftes, wenn ein Pilger seine vertraute Umgebung verlässt und sich hinaus ins Ungewisse wagt.«

»Genau! Und wie ist es mit dem Heimweg? Wie sehen Sie den?«

»Für mich ist es der Weg der Liebe. Das Kostbarste, was ich gewinnen kann. Und das Einzige, für das sich alle Mühe lohnt.«

Chocolat nutzt das Gespräch auf seine Weise und weidet am Wegrand. Ich würde gern mehr hören, mehr erfahren von dem seltsamen Pilger und sage: »Mein Esel hat Hunger und auch wir könnten doch hier ein wenig zusammen rasten.«

»Gern! Ich sehe schon, Sie interessieren sich für meine Theorie.«

»Theorie? Wieso?«

»Eben, dass man wieder herausfinden muss aus der Mitte, dass es nicht genügt, das Ziel zu erreichen, wenn es einen nicht zurück zur Liebe führt. In Santiago begegnet der Pilger dem Heiligen, der Gottheit. Er schöpft Kraft aus dieser spirituellen Quelle, knüpft eine innere Verbindung zu Gott. Und was passiert dann? Er steigt ins Auto, in den Zug oder Bus, vielleicht sogar ins Flugzeug und katapultiert sich zurück. Wie wird er sich dabei fühlen?«

»Leer und ausgebrannt. Wie betäubt, als hätte er einen Schlag auf den Kopf erhalten«, antworte ich. »So ist es mir bei meiner ersten Pilgerreise ergangen. Da bin ich Stunde um Stunde, Tag für Tag, wochenlang nach Santiago gewandert, und als ich ankam, konnte ich es nicht begreifen. Ich fühlte mich elend und wollte das Ende der Pilgerreise, meine Ankunft, nicht akzeptieren. Ein kleiner Trost war es dann für mich, dass ich noch ein Stück weitergegangen bin, nach Finisterre.«

»Sie sagen es! Da hat der Pilger sein ganzes Sehnen und Streben auf ein Ziel gerichtet und ungeheuer viel Energie in sich gesammelt. Wird diese Energie am Ziel plötzlich frei, kann sie zerstörerisch wirken, wenn sie nicht in die rechte Bahn gelenkt wird.«

»Aber deswegen den langen Weg zurückgehen? Das scheint mir doch etwas übertrieben«, gebe ich zu bedenken.

»Aber nein! Diesen Weg zurück sollte man weder meiden noch abkürzen. Letztlich ist er der Wichtigere von beiden«, beharrt der Pilger.

»Na ja, ich weiß nicht. Lieber ist mir der Weg in die Ferne«.

»Eben darum. Sie sind damals zu schnell heimgekehrt, mit unverdauten Erlebnissen. Wie jemand, der hastig die Nahrung verschlingt. Dann liegt der Brei schwer im Magen und gärt vor sich hin. So wird die Heimkehr vergällt und von Reise zu Reise verstärkt sich dieses ungute Gefühl.«

»Ach, das glaube ich nicht. Ich nehme mir ja zu Hause die Zeit, meine Erinnerungen gewissermaßen wiederzukäuen und sie noch einmal zu durchleben.«

»Das ist aber nicht das, was ich meine. Vielleicht genügt es nach einer normalen Urlaubsreise, sich die Fotos anzuschauen und Freunden das Erlebte zu erzählen. Aber doch nicht beim Pilgerweg, denn der ist eine existentielle Lebenserfahrung, die nur dann ihre positive Energie entfalten kann, wenn man sich für den Heimweg genauso viel Zeit nimmt wie für den Hinweg. Glauben Sie mir, man braucht diese Zeit, um sich neu auszurichten. Der Wallfahrtsort rückt aus dem Blickfeld und die Familie, die Freunde, die Aufgaben zu Hause bestimmen mehr und mehr das Denken. Gestärkt vom Ziel, wird das Erlebte verinnerlicht und mitgenommen in den Alltag, in das wahre Leben.«

»Die Menschen sind aber verschieden. Mich zum Beispiel drängt es wirklich nicht allzu sehr heimwärts. Ich gehe nur nach Hause, um wieder aufbrechen zu können.«

»Trotzdem sollten Sie sich für den Rückweg Zeit nehmen, vielleicht würden Sie dann begreifen, dass Ihre Heimat nicht dort ist, wo Sie meinen. Sie hätten dann die Chance herauszufinden, was Sie in Ihrem Leben ändern sollten. Ihr Herz wird Sie unweigerlich zu dem Ort und zu den Menschen leiten, wo Sie hingehören. Erst wer seine Liebsten umarmt, der ist wirklich am Ziel angekommen.«

Durch das fruchtbare Béarn

Von Aire-sur-l´Adour nach Saint-Jean-Pied-de-Port,
6 Etappen, 126 km

Terrassierte Abhänge, auf denen Wein und Obstbäume gedeihen, fette Weiden und fruchtbare Äcker – das ist das Béarn, ein von Gebirgsbächen durchströmtes Hügelvorland der Pyrenäen. Auf den Feldern wachsen üppig Mais und Sojabohnen. Die weite Hügelebene ist aber auch mit viel Wald durchsetzt, Edelkastanien und Eichen vor allem. Vereinzelte Schirmpinien zeigen, dass wir schon tief im Süden Frankreichs sind. Über einen Hügelkamm wandern Choco und ich hinab ins Adourtal.

Der Adour ist ein wasserreicher Gebirgsfluss, der wie die Garonne aus den Pyrenäen im großen Bogen dem Atlantik zufließt. Dort, wo sein Talgrund eben und breit ist, liegt Aire-sur-l'Adour. Die Stadt mit dem wohlklingenden Namen war ehemals Hauptort des keltisch-iberischen Stammes der Aturenser. Als die Römer das Gebiet erobert hatten, gründeten sie hier die Stadt Adura, die im 5. Jahrhundert zum Regierungssitz der Westgoten wurde. Aber schon im Jahr 507 besiegten die Franken unter Chlodwig I. die Westgoten und Aire-sur-l'Adour wurde fränkisch.

Auf der Anhöhe über der Stadt steht die Benediktiner-Abtei Sainte-Quitterie. Schon von weitem sehe ich den dreistöckigen Turm des romanischen Baus aus dem 11./12. Jahrhundert, der später teilweise umgestaltet und mit einem gotischen Portal versehen wurde.

Im Inneren ist die Anlage der romanischen Kirche noch gut erkennbar. An das breite Querschiff sind der Chor und je eine Seitenkapelle gesetzt. Unter dem Chor liegt die Krypta, von schweren Gewölben überzogen. In einer Nische steht ein erstaunlicher Sarkophag aus dem 5. Jahrhundert. Der Stil der Reliefs ist zwar römisch-antik, aber die Darstellungen beziehen sich auf die christliche Mythologie: Daniel in der Löwen grube, die Erweckung des Lazarus, die Erschaffung Adams, der

Sündenfall und Szenen aus dem Leben des Propheten Jonas. Der Frankenkönig Chlodwig soll diesen Sarkophag aus Marmor für die heilige Quitterie gestiftet haben. Während man bei uns wenig weiß über diese Heilige, ist sie im Süden Frankreichs und in Spanien wohl bekannt. Sie wird bei bohrendem Kopfschmerz um Hilfe angefleht, und Verrückte und Wahnsinnige erhoffen von ihr Heilung – vielleicht, weil sie selber den Kopf verlor.

Quitterie wurde im Jahr 476 enthauptet, denn sie soll sich geweigert haben, den arianischen Glauben anzunehmen. Einer Legende nach trug sie ihren abgeschlagenen Kopf zu jener Stelle, wo später die Kirche Sainte-Quitterie gebaut wurde. Als sie ihr Haupt dort niederlegte, entsprang sogleich eine Quelle, die in einem Taufbecken gefasst wurde.

Der Hintergrund ihres Märtyriums ist der Kampf um den »richtigen« Glauben, der das Christentum seit Anbeginn zerriss und immer neue Opfer forderte. Die Westgoten waren während der Völkerwanderung aus Skandinavien ans Schwarze Meer und von dort über Italien ins damalige Gallien eingedrungen, bevor sie schließlich, vom Frankenkönig Clodwig besiegt, nach Spanien auswichen. Auf ihrem generationenlangen Eroberungszug wurden diese germanischen Heiden zu Christen, allerdings hingen sie der Lehre des Arius an. Arius, ein alexandrinischer Priester, war überzeugt, zwischen Christus und Gott bestehe keine Wesenseinheit. Als die Westgoten nun Gallien erobert hatten, entzündete sich der Konflikt mit der ansässigen gallorömischen Bevölkerung, die katholischen Glaubens war. Auf dem Höhepunkt der Auseinandersetzungen wurde Quitterie hingerichtet und die Katholiken hatten eine Märtyrerin mehr.

Der Geruch frischer Gebirgsluft weht mir schon seit einigen Tagen entgegen. Gäbe es nicht den Dunst, der die Sicht verhängt, wären die Berge sicher schon zum Greifen nah.

Ungeduldig bewege ich mich auf einen Punkt zu, wo sich die Pilgerstraßen aus dem Norden zu einem einzigen Weg vereinen: die *via turonensis* von Paris, die *via lemovicensis* von Vézelay und die *via podiensis* von Le Puy. Endlich erreiche ich die berühmte Stele, genannt »Stein von Gibraltar«, die das Zusammentreffen der drei französischen Pilgerwege markiert. Bewegt entziffere ich die Namen der Wege auf der kreisförmigen Grundplatte. Darüber erhebt sich ein trapezförmiger Schaft, den eine Pilgermuschel ziert. Mit der krönenden Scheibe als Abschluss, erinnert mich das Denkmal an Grabsteine, die ich früher schon auf baskischen Friedhöfen gesehen habe.

Deutlich spüre ich die Bedeutung dieses Steins: Hier treffen die Pilger aus unterschiedlichen Richtungen zusammen und so ist er wie ein Symbol der Einheit. Ein Pilger formulierte es so: »Gleichgültig ist, wer wir sind und woher wir kommen, wichtig ist, dass wir weiterziehen.«

Sabine und Tobias sind auf der Hochzeitsreise. Sie treffen kurz nach mir am »Stein von Gibraltar« ein. Wir machen uns bekannt und sie erzählen mir von ihren Erlebnissen. »Es hätte uns nichts Besseres einfallen können, als die Flitterwochen auf dem Pilgerweg zu verbringen«, begeistert sich Sabine.

»Manchmal allerdings gab es schon Momente, da hab ich mich gefragt, warum machen wir das eigentlich? Warum tun wir uns diese Strapaze an?«, sagt Tobias nachdenklich.

»Aber spätestens am Abend in der Herberge waren wir wieder bester Laune und uns durchströmte das Glück, gemeinsam etwas geschafft zu haben«, erinnert sich Sabine.

»Dieses Spektrum der Gefühle, von ganz oben bis tief hinab, das habe ich zuvor noch nie so erlebt, nicht in dieser Dichte«, ergänzt Tobias. »Genauso wie der Weg, mal steil die Berge hinauf, dann wieder abwärts in die dunklen Täler.«

»Habt ihr manchmal daran gedacht, aufzugeben?«, frage ich.

»Nein, nicht wirklich, obwohl ich schon meine Grenzen erfahren habe«, antwortet Tobias. »Der Pilgerweg ist eine Extremsituation, und wenn es schwierig wurde, dann habe ich gedacht, wenn wir das jetzt gemeinsam durchstehen, dann kann uns auch in unserer Ehe nichts auseinander bringen.«

»Ich hoffe, dass es uns gelingt, unsere Erfahrungen in den Alltag hineinzutragen«, sagt Sabine. »Wenn wir dann mal Schwierigkeiten miteinander haben, können wir sagen: Weißt du noch, wie schön es auf dem Jakobsweg war? Damals haben wir alle Probleme bewältigt, lass es uns auch diesmal wieder versuchen.«

»Ich freue mich riesig, weil wir noch einen so weiten Weg vor uns haben!«, ruft Tobias, nimmt Sabine zärtlich in die Arme und küsst sie etwas verschämt.

Vom »Stein von Gibraltar« sind es nur noch 30 Kilometer bis Saint-Jean-Pied-de-Port, meinem Ziel. Endlich sehe ich auch den Gebirgszug der Pyrenäen, wie er blaugrau in den Himmel ragt.

Welche Gefühle, Hoffnungen, Ängste werden die Pilger im Mittelalter bei diesem Anblick bewegt haben? Ihnen stand noch eine gewaltige Anstrengung bevor – der Aufstieg in ein Gebirge, so hoch, wie es die wenigsten zuvor jemals gesehen hatten. Ihre Gedanken und ihre Gespräche werden von diesem Ereignis gefesselt gewesen sein. Schritt um Schritt waren sie den Bergen näher gekommen und die weite Strecke von 760 Kilometern bis Santiago de Compostela lag noch vor ihnen.

Für mich aber bedeutet jeder weitere Schritt, dass ich mich dem Abschluss meiner Pilgerreise nähere. Trotzdem verspüre ich keine Melancholie wegen des bevorstehenden Endes, sondern bin eher ergriffen vom Beginn meiner Erinnerungen.

Ich stehe vor dem kleinen Bahnhof von Saint-Jean-Pied-de-Port, wo ich vor Jahren voller Erwartungen ausstieg, um nach Santiago de Compostela zu pilgern. Damals war ich mit Problemen belastet, von denen ich hoffte, sie würden zurückbleiben, wenn ich diesen weiten Weg ginge. Stattdessen schleppte ich sie mit mir, wie meinen Schatten. Da der Weg nach Westen führte, sah ich meinen Schatten jeden Morgen vor mir, musste immer hinter ihm hergehen, als wäre er die dunkle Seite meines Wesens. Dieser Schatten zwang mich, über mein Leben nachzudenken, über meine Fehler und Schwächen, und irgendwann war ich bereit, mich mit mir zu versöhnen.

Und dann hatte ich eines Tages ein ergreifendes Erlebnis. Ich war allein in einer kleinen Kirche und begann zu weinen. Dabei hatte ich das Gefühl, als würden meine Tränen allen Unrat einfach hinwegschwemmen. Eine Bäuerin trat in die Kirche, kniete nieder und betete, während meine Tränen weiter flossen. Die Frau stand auf und wollte schon die Kirche verlassen, als sie zu mir herüberschaute. Noch einmal kniete sie sich hin, faltete die Hände, und plötzlich war ich mir ganz sicher, dass sie jetzt für mich betete. Schließlich kam sie auf mich zu, berührte mich sacht an der Schulter und sprach einige tröstende Worte. Sie sah meine Sorgen und nahm Anteil. Das hat mich damals tief ergriffen und mir inneren Frieden geschenkt.

Noch immer stehe ich auf dem Bahnhof von Saint-Jean-Pied-de-Port. Ein Zug fährt ein und viele Menschen mit Rucksäcken steigen aus, Männer und Frauen, alte und junge, den Wanderstab in der Hand und die Pilgermuschel am Hut. In ihren Gesichtern spiegelt sich Freude, Erwartung und Neugier. Die Menschen sehen fröhlich aus, obwohl sie sich für einen schweren Weg entschieden haben, auf dem sie ihrem Schatten nicht werden ausweichen können. Auf einer Tafel am Weg lese ich: »Und jetzt, Bruder Pilger, nimm deinen Stock, deinen Umhang und den Mantel, deinen Hut mit der Muschel und mach dich auf den Weg zum heiligen Jakob. Freude im Herzen, Liebe in deiner Seele, den Ruf der Pilger auf deinen Lippen: Santiago! Ultreia!«

Chocolats Heimkehr

Wie kann ich Chocolats Geruch beschreiben? Wenn ich neben ihm gehe, meinen Arm um seinen Hals lege, ihn kraule, streichle, bürste, dringt sein Duft in meine Nase. Er riecht nach reifen Weizenkörnern, nach goldgelbem Stroh, nach dem sonnenwarmen Fell einer Katze. Gern drücke ich meine Nase zwischen seine wolligen Ohren, schnuppere und versuche, mir seinen Wohlgeruch für immer einzuprägen.

Drei Tage habe ich Zeit, mich von meinem Esel zu verabschieden. Auf einem kleinen Bauernhof bei Saint-Jean-Pied-de-Port warte ich mit ihm auf Georges Girard, der uns mit seinem Eseltransporter in die Ardèche-Schlucht zurückfahren wird. Ich bin froh, dass ich Chocolat nur geliehen und nicht gekauft habe. So muss ich ihn nicht an irgendeinen Fremden verkaufen, von dem ich nicht wüsste, ob er ihn gut oder schlecht behandelt – ihn vielleicht sogar zum Schlachter bringt.

Ob Chocolat seinen Besitzer wieder erkennt? Wie wird er reagieren? Schon der Gedanke, dass er ihn stürmisch begrüßen könnte, macht mich eifersüchtig. Als es dann so weit ist, stehen sich beide fast fremd gegenüber. Georges ruft überrascht aus: »Ist das wirklich mein Chocolat? So kräftig habe ich ihn nicht in Erinnerung! Ich dachte, nach dem langen Marsch sei er klapperdürr.«

Choco steht still da, senkt den Kopf und zuckt ein bisschen zusammen, als Georges ihn am Halfter nimmt. Vielleicht hat er in diesem Moment eine Ahnung, dass unsere gemeinsame Reise jetzt ein Ende hat.

Die Rückfahrt – Choco im Anhänger, ich neben Georges in der Fahrerkabine – erlebe ich wie einen Film, der rasend schnell zurückgespult wird. Wir fahren auf Nebenstraßen, die parallel zum Pilgerweg verlaufen. Manchmal sehe ich im Vorbeifahren die rotweißen Wegmarkierungen leuchten, wenn die Straße den Pfad kreuzt. Die Landschaft, die ich Schritt um Schritt durchmessen habe, erkenne ich kaum wieder. Sie hat sich verändert. Die jungfräulichen Farben des Frühlings sind der satten Färbung des Sommers gewichen. Sonnenblumen, die noch im Wachsen waren, sind voll erblüht und der Ginster, dessen Duft mich berauschte, ist längst verwelkt.

Während ich über das Land fahre, erinnere ich mich an Stationen, Höhepunkte und Herausforderungen der Pilgerreise, erlebe im Rückwärtsgang alles noch einmal. Wieder begegne ich der Garonne und dem Lot, den ich so oft überschritten habe, und kann kaum fassen, dass ich diese weite Strecke wirklich zu Fuß gegangen bin. Mir ist zumute, als sei ich herausgefallen aus der Zeit, als hätte ich während der Pilgerreise in einer anderen Realität gelebt. Mit jedem Kilometer, mit jedem Ort, durch den wir fahren, wird der Schleier der Verzauberung durchsichtiger, bis ich mich am Ausgangspunkt wiederfinde – in Le Puy.

Ich atme tief ein, halte die Luft an, so lange ich es vermag, und stoße sie entschlossen wieder aus. Das war es, denke ich. Das war meine Pilgerreise! 48 Tage zu Fuß über eine Strecke von 700 Kilometern, für die Georges mit dem Auto gerade einmal zwei Tage benötigt. Die Rückfahrt hilft mir, wieder zurückzufinden. Ich kann Abschied nehmen, mich erinnern und neu anknüpfen an das schnelle Zeitempfinden der Gegenwart.

Am Nachmittag des zweiten Tages erreichen wir das Gebiet der Ardèche und die Sommerweide auf einem 1200 Meter hohen Plateau. Georges öffnet den Anhänger. Wenn ich geglaubt hatte, Chocolat würde nach der langen Fahrt benommen und mit steifen Beinen aus dem Wagen klettern, so hatte ich mich gründlich getäuscht. Ohne Zögern stürmt er die Rampe hinab ins Freie, blickt sich kurz um und zieht die kühle Bergluft durch seine weit geöffneten Nüstern tief ein. Er weiß, hier ist er zu Hause.

Ein Gebirgsbach sprudelt den Wiesenhang hinab. Einzeln stehende Baumriesen und ein Wäldchen spenden Schatten, auf der Wiese wachsen Arnika und Margeriten. Die Weide ist mit 16 Hektar so groß, dass ich die andere Seite des Zauns nicht sehen kann – ein Paradies für Esel.

Unsere Ankunft ist nicht unbemerkt geblieben. Wiehernd traben Pferde heran. Mein Esel stakst erwartungsvoll auf sie zu. Die Rösser umringen und beschnuppern ihn. Da naht noch jemand zur Begrüßung – sein alter Freund Pedro, der graue Esel. Sie berühren sich sanft mit den Mäulern, legen die Hälse aneinander, stehen einen Moment ganz still. Dann löst sich Chocolat aus der Umarmung, macht einen Luftsprung und galoppiert davon, Pedro setzt hinterher. Ausgelassen tollen sie über die Wiese. Mit einem Anflug von Wehmut blicke ich ihnen nach.

Georges wartet und möchte weiterfahren. Eine kurvenreiche Bergstraße bis zu seinem Haus liegt noch vor uns. »*Un instant, Georges, s' il vous plaît*», bitte ich, denn ich verspüre den heftigen Wunsch, Choco noch ein letztes Mal zu umarmen. Ich rufe nach ihm. Er blickt zu mir herüber, unterbricht sein Spiel und verabschiedet sich von mir mit einem kräftigen I-AAH-AAH. Weit hallt sein Gesang über das Plateau. Meine Hand umschließt fest die kleine Glocke, die Choco auf unserer Wanderung um den Hals getragen hat.

Teil II

Jakobsweg

Wandern auf dem Himmelspfad

Von Deutschland nach Frankreich

Der Küster kommt gegen sieben Uhr morgens. Er betritt polternd die Kirche, stellt sich in die Mitte der Haupthalle und stößt plötzlich in alle vier Ecken Schreie aus. Ich sitze oben auf der Empore, unter der Orgel, und erschrecke sehr, glaube ich doch, dass er damit seinen Ärger über mein Eindringen in die Kirche kundtut. Was würde er als Nächstes machen, nachdem er bereits so gewaltig gestampft und gebrüllt hat? Mich die Treppe hinabstoßen, an den Haaren zur Kirchentür zerren und hinauswerfen? Doch welche Überraschung, der Mann schaut überhaupt nicht zu mir herauf. Er geht zum Altar, kniet nieder und betet. Offenbar hat er andere ungebetene Gäste mit seinem Schreiritual vertreiben wollen. Trotzdem fühle ich mich sehr unbehaglich. Nach dem Gebet hat der Küster vielerlei zu tun. Ich warte und warte, zuerst geduldig, dann immer dringlicher, denn meine Blase drückt unangenehm, und auch im Bauch rumort es mächtig. Der Mann ist nun in einem Nebenraum, aber ich höre ihn deutlich herumwirtschaften, und sicher würde er mich hören, wenn ich die knarrende Holztreppe hinabsteige. Doch ich muss raus! Der Küster ist mir nun gänzlich egal. Ich setze den Rucksack auf und – da hat er mich schon bemerkt. Flink hastet der alte Mann die schmale Treppe empor. Schon steht er vor mir, ein hagerer, leicht gebeugter Mann mit grauen Schläfen und buschigen, schwarzen Augenbrauen, unter denen mich seine dunklen Augen unwirsch mustern. Ein Schwall französischer Worte prasselt auf mich nieder. Wahrscheinlich glaubt er, ich sei eine Streunerin, die die Kirche verunreinige. Ich kann nur drei Wörter auf Französisch: merci, merde, je t'aime, aber damit werde ich mich wohl kaum verständlich machen können.

»*Yo voy a Santiago de Compostela. Soy una peregrina.* Ich gehe nach Santiago de Compostela. Ich bin eine Pilgerin«, sage ich auf Spanisch, das ich ganz gut beherrsche, in der Hoffnung, er werde wegen der Verwandtschaft der beiden Sprachen wenigstens den Sinn verstehen. Und dann zählte ich ihm die Hauptstationen meiner Reise auf: »St.-Jean-Pied-de-Port, Roncesvalles, Pamplona, Logroño, Burgos, Fromista, León, Astorga, El Cebreiro, Samos, Puertomarin«, und nach tiefem Durchatmen und mit meinem strahlendsten Lächeln: »Santiago de Compostela!« Er schaut mich verblüfft an, zuerst ratlos, doch dann huscht ein Verstehen über das strenge Gesicht. Er tritt zur Seite, gibt mir den Weg nach unten frei und – habe ich mich getäuscht oder hat er sich sogar leicht verbeugt vor einer Pilgerin, die allein zu Fuß nach Santiago de Compostela wandert, wie in früherer Zeit Millionen Menschen aus ganz Europa?

Damals im Mittelalter sind die Pilger von ihrer Haustür aus losgelaufen. Sie mussten, wenn sie unterwegs nicht umgekommen waren und endlich das lang ersehnte Ziel erreicht hatten, auch wieder zu Fuß heimwärts gehen. Ich stelle mir vor, dass dieser Rückweg auf schon bekanntem Pfad sehr mühselig und langweilig gewesen sein muss. Wahrscheinlich aber irre ich mich, denn die meisten Menschen sind vermutlich gerne wieder heimgekehrt. Mir fällt das Weggehen leicht, es ist mit Freude und Erwartungen verbunden. Immer ist es ein Aufbruch in eine ungewisse und deswegen aufregende Zukunft, für die es sich lohnt zu leben. Die Rückkehr dagegen erscheint mir jedes Mal so grau und unerquicklich, dass ich mich fragen muss, warum ich überhaupt heimfahre. Und ich habe dann keine andere Antwort parat als diese: Damit ich wieder losgehen kann.

Diese Menschen damals aber wagten eine Pilgerreise, die im Zeichen des Todes stand. Zu unsicher war in dieser Zeit das Reisen. Überall am Weg lauerten Gefahren. Viele kamen durch Entkräftung, Kälte und Schneestürme um. Andere wurden von Räubern getötet. Manche wurden Opfer von Seuchen und verdorbener Nahrung. Alte Gerichtsurteile zeigen, dass ein Menschenleben wenig galt. Wurde einer des Diebstahls überführt oder auch nur dringend verdächtigt, landete er unweigerlich am Galgen. Welcher Mut, welche Mühe und Entsagung gehörten dazu, sich auf den Weg nach Santiago zu machen? Ich nehme an, dass diese Menschen das alles auf sich nehmen konnten, weil sie einen starken Halt in sich trugen, nämlich ihren Glauben. Der Glaube war gleichzeitig die Triebfeder für ihre Entscheidung, das »Jakobsgrab« aufzusuchen, sei es, um Buße für eine schwere Sünde zu tun oder um Hilfe gegen Krankheit und Leiden zu erflehen. Andere hatten in einer schwierigen Lebenssituation ein Gelübde abgelegt, das erfüllt werden musste, nachdem ihr Flehen erhört worden war. Doch was mag mich in heutiger Zeit dazu bewegen, eine Fußwanderung zum heiligen Jakobus zu unternehmen? Ausgerechnet ich, die niemals beten gelernt hat, nicht mal getauft ist und Kirchen nur betritt, um sie zu besichtigen oder gegebenenfalls darin zu übernachten? Noch weiß ich es nicht. Während der Wanderung hoffe ich mehr Klarheit zu bekommen.

Ich bin aufgebrochen, um Antworten zu finden, Auskünfte über mich selbst. Was ich bin, was ich soll, wie ich weiterleben kann. Aber warum ausgerechnet eine Pilgerreise? Wenn ich Zeit zum Überlegen nötig hätte – und beim Gehen denkt es sich am besten –, könnte ich doch auch das Nordkap oder die südlichste Spitze von Europa zum Ziel wählen. Aber als ich von Santiago de Compostela hörte, stand für mich fest: Das solltest du tun, da musst du hin. Ich bin ziemlich Hals über Kopf aufgebrochen, es war schon eher eine Flucht. Am Morgen, als ich aufwachte, es war der 18. Mai, wusste ich noch nicht, dass ich gerade an diesem Tag losgehen würde. Da ahnte ich, es würde wieder einer jener schlimmen Tage werden, wie gestern und vorgestern, wie viele Tage eben. Ich würde mich tapfer an den Schreibtisch setzen und mich zum Arbeiten zwingen, aber ich würde mich nicht konzentrieren können und das, was ich dann geschrieben hätte, wäre nicht zu verwenden. Dann wieder dieses Lauern, ob das Telefon klingelt. Und wenn es tatsächlich läuten würde, dann würde ich nicht abheben aus Ärger über mich selbst, weil ich so sehr gewartet habe, und aus Furcht vor der Enttäuschung, dass es nicht der erwartete Anrufer ist. Oder ich würde selbst wählen, um – käme wirklich eine Verbindung zustande – schnell wieder aufzulegen, ohne mich gemeldet zu haben. Nein, aus diesem albernen, aber lähmenden Kreislauf musste ich raus! Ich packte meinen Rucksack, ohne dass ich mir richtig bewusst war, wozu ich mich entschlossen hatte. Im Rucksackpacken habe ich Routine. Das kann ich fast ich im Schlaf, so oft habe ich das schon gemacht. Entscheidend ist, so wenig wie möglich mitzunehmen – nur das Nötigste eben.

Früher war ich stolz, Riesenrucksäcke tragen zu können, die die Hälfte meines eigenen Gewichtes hatten. Doch inzwischen bin ich klüger geworden. Wandern macht einfach mehr Spaß, wenn man nicht wie ein Lastesel schleppen muss. Und es ist doch erstaunlich, mit wie wenigen Dingen man unterwegs auskommt.

Nachdem ich mit dem Packen fertig war, bin ich mit dem Rucksack eilig zum Bahnhof und habe mir dort erklären lassen, welche Fahrkarte ich lösen muss, um möglichst nahe an die Pyrenäen nach St.-Jean-Pied-de-Port zu gelangen. Von meiner Münchner Haustür aus wollte ich nicht loslaufen. Ich hatte keine Lust, so lange in Autoabgasen und Verkehrslärm zu wandern. Im Unterschied zu Frankreich und Spanien ist der »Jakobsweg« in Deutschland nicht erhalten geblieben. Wie Schnüre, die sich zu einem Seil vereinen, ziehen sich die Wege durch Frankreich konzentrisch auf die Pyrenäen zu. In Spanien endlich, ab Puente la Reina, vereinen sich alle Wege zu einem einzigen – dem »camino de Santiago«. Für Hin- und Rückreise braucht man zu Fuß von Deutschland aus etwa vier Monate. Doch früher waren viele Pilger ein halbes Jahr und länger unterwegs, wenn sie an manchen Stationen eine ausgedehnte Andacht hielten, Umwege zu berühmten Heiligtümern einschlugen oder sich in den Hospitälern gesund pflegen lassen mussten.

Ich konnte mich auch nicht entscheiden, die Wanderung in Frankreich schon zu beginnen, weil mir erstens nur drei französische Wörter geläufig sind und ich zweitens nicht wusste, welche der vielen möglichen Routen ich wählen sollte. Immer würde ich denken, die anderen Wege, die ich nicht ginge, wären viel schöner, aufschlussreicher und interessanter gewesen. Warum sollte ich einen auswählen und die anderen vernachlässigen? Da war es besser, dachte ich, gleich bei St.-Jean-Pied-de-Port am Fuß der Pyrenäen zu beginnen, mit einer Strecke von etwa 900 Kilometern bis Santiago de Compostela vor mir.

Zuerst musste ich mit dem Zug nach Paris fahren, da es leider keine Direktverbindung zu den Pyrenäen gab. Ich war nicht gerade begeistert, diese Strecke zu fahren, denn ich wollte möglichst bald mit einer Pilgerwanderung beginnen und hatte mich voll auf Spanien eingestellt.

Es war schon spät am Nachmittag, als ich in München losfuhr. Glücklicherweise fand ich ein Abteil für mich allein. Mitten in der Nacht schreckte ich aus tiefem Schlaf auf, geweckt von der lauten Stimme eines Schaffners. Einige Waggons – auch der, in dem ich mich befand – waren abgehängt worden. Schlaftrunken zog ich meinen Rucksack aus dem Gepäcknetz herab, hastete aus dem Abteil, öffnete die Waggontür und sprang auf den Bahnsteig hinab. Der Schaffner wies mir die Richtung und es gelang mir gerade noch, auf den bereits fahrenden Zug zu springen. Nun drängelten sich viele Leute um die wenigen Sitzplätze. Müde traf ich am Morgen in Paris auf dem Gare de l'Est ein. Für die Weiterfahrt musste ich zum Bahnhof d'Austerlitz wechseln. Ich war gezwungen, die Metro zu benutzen, doch hatte ich im Vertrauen darauf, dass ich in Frankreich nichts brauche, gar kein Geld getauscht. Schwarzfahren kam nicht in Frage, da sich die Sperren ohne Ticket nicht öffnen lassen. Die Gesichter der Menschen, wie wohl in allen großen Städten zu Arbeitsbeginn, schienen mir an diesem Morgen besonders grau und abweisend. Wahrscheinlich lag das aber mehr an meinem ziemlich desolaten Zustand nach der durchwachten nächtlichen Bahnfahrt. Die Leute hasteten an mir vorbei. Wie könnte ich nur durch die Sperre kommen? Da plötzlich drückte mir ein Mann einen Fahrschein in die Hand. Ich konnte mich weder bedanken, noch hatte ich sein Gesicht sehen können, so schnell war er in der Menge wieder untergetaucht.

Im Zug nach Bayonne hatte ich wieder ein Abteil ganz für mich allein. Ich holte den Schlaf nach und wachte erst wieder auf, als der Zug bereits durch Südfrankreich fuhr: grüne Wiesen und grüne Hügel, gesprenkelt mit elfenbeinfarbenen Rindern, ab und zu ein steingraues Dorf.

Als der Zug Bayonne erreichte, stand auf dem Nebengleis bereits der Anschlusszug nach St.-Jean-Pied-de-Port. Alle Abteile waren voller Menschen, irgendwo quetschte ich mich dazwischen. Mir fiel bald ein alter Mann auf. Er trug einen dunklen Anzug aus feinem Stoff, der aber an Armen und Knien schon schäbig und abgewetzt war. Unter der Baskenmütze hingen dünne graue Haare hervor. Er hatte ein mageres Gesicht mit einer auffallend spitzen Nase. Ich wurde auf ihn aufmerksam, weil er unruhig von einer Abteilseite auf die andere hinüberwechselte, aufgeregt die Fenster herabkurbelte und sich weit hinausbeugte. Der Fahrtwind wirbelte ihm die spärlichen Haare ins Gesicht und mit der Hand hielt er die Baskenmütze fest. Ich verfolgte seinen Blick, sah bewaldete Hügel und grün beweidete Hänge, einen kleinen sich schlängelnden Fluss, die Ufer mit Weiden bewachsen. Nichts Besonderes, eine ruhige, stille Landschaft. Doch gewiss sah der Mann etwas ganz anders als ich. Immerfort wendete er den Kopf, hierhin und dorthin, suchte etwas zu entdecken, etwas wieder zu finden, vielleicht wie jemand, der nach langer Zeit in seine Heimat zurückkehrt. Ich versuchte seine Aufgeregtheit nachzuempfinden, auch wenn ich persönlich nicht so fühlen kann. Für mich gibt es keine Heimat, die mein Herz beim Gedanken an sie in Aufregung versetzen könnte. Vielleicht hatte ich zeit meines Lebens sehnsuchtsvoll in die Ferne geblickt, meine ganze Phantasie auf das Erreichen meiner Ziele fixiert, sodass für den heimatlich vertrauten Ort keine Gefühle mehr übrig blieben? Dennoch erinnere ich mich, dass auch ich einmal eine Heimat geliebt und mich dort geborgen und zu Hause gefühlt hatte. Der erste mir vertraute Ort war ein verwilderter Garten, mit großen Bäumen, wucherndem Buschwerk, hohem Gras, in dem ich mich verstecken konnte, und summenden Insekten, die sich manchmal in meinen Haaren verirrten. Eine ganze Welt war dieser Garten für mich, in dem ich die meisten Tage meiner ersten fünf Jahre erlebte. Als ich viele Jahre später meine kindliche Glückswelt wiedersah, war sie bis zur Unkenntlichkeit verdorben. Die lebendige, summende und brummende Blumenwiese, die mir einmal über den Kopf wuchs, war zu einem kurz geschorenen Rasen verunstaltet worden. Die sich vielfach verästelnden Büsche waren verschwunden, ebenso die Obstbäume, auf denen ich dem Himmel entgegenklettert war. Stattdessen sah ich eine kümmerliche Thujahecke, so künstlich wie aus Plastik, und zu allem Schrecken noch eine Blautanne, einen Baum, der in einem Garten wie die verkörperte Unnatur wirkt. Meine erste kleine Heimat war zerstört worden, sie existierte nicht mehr. Ich kann an sie nur zurückdenken als an etwas Vergangenes, doch werde ich sie nie im Leben wiederfinden. Auch meine zweite Heimat ist zerstört worden. Es war das Weinstädtchen Freyburg. Abgeholzt sind die dichten Buchenwälder, die ich als Kind durchstreifte.

Das Wasser des Flusses Unstrut ist vergiftet. Ich konnte noch in der Unstrut schwimmen und bis auf den Flussgrund tauchen, um Kiesel heraufzuholen, immer mit der Erwartung, einmal einen Edelstein oder Goldklumpen in der Hand zu halten. Vielleicht ist jedes Wiedersehen mit der Heimat, von der man sich lange entfernt hat, eine bittere Enttäuschung.

Wenn man die Veränderungen nicht mitvollziehen konnte, bewahrt die Erinnerung ein schöneres, vielleicht auch verklärtes Bild.

Der Franzose, der immer noch von einer Fensterseite des Zuges zur anderen hin und her eilte und seinen Kopf hinausstreckte wie ein Huhn den seinen aus einem Gitterkäfig, machte auf mich keinen frohen Eindruck. Spitz stach die Nase aus dem blassen, ernsten Gesicht und die Augen bewegten sich unstet auf der Suche nach etwas, was sie nicht finden konnten. Ich wünschte ihm, dass er am Bahnhof von einem lieben Menschen abgeholt wird.

Ich stieg aus in St.-Jean-Pied-de-Port. Es regnete sachte. Ich lief durch die schmalen Straßen. Pflaster und Dächer glänzten regennass. Ich folgte einer Gasse, die bergauf führte. An einigen Türen sah ich das Pilgerzeichen, die Muschel: ins Holz geschnitzt, aus Metall gearbeitet oder die aus dem Meer, die richtige handtellergroße Pektenmuschel. Seit die Menschen zum Grab von Jakobus pilgern, ist sie der Beweis, dass man tatsächlich in Santiago war. Nur wenige Tagesmärsche von der Jakobstadt entfernt wird sie vom Atlantik an den Strand gespült. Legenden erzählen von der Entstehung der Muschel als Pilgerzeichen. So soll ein Ritter, der zum Grab gepilgert war, auf der Flucht vor Wegelagerern ins Meer gesprungen sein. Als er schließlich wieder rettendes Land erreichte, war er über und über mit Muscheln bedeckt. Das wurde als Zeichen gewertet, dass ihm der heilige Jakobus beigestanden hatte. Eine andere Geschichte geht noch weiter zurück in die Vergangenheit: Eine Barke näherte sich dem Land. Im Boot befand sich der Leichnam des Heiligen, den seine Jünger in Spanien bestatten wollten. Wieder kam ein Reiter ins Spiel. Der arme Mann erschrak mächtig, weil das Boot mitten in der Nacht von einem überirdischen Licht erstrahlte. Voller Angst sprang er samt Pferd von den Klippen hinab ins Meer. Er wurde gerettet, und abermals hafteten an seinem Körper unzählige Muscheln.

Der Stadtname St.-Jean-Pied-de-Port bedeutet: der heilige Johann am Fuß des Passes; gemeint ist der Pass von Roncesvalles oder auch Ibañeta-Pass genannt. Das Städtchen ist die letzte Ortschaft vor der französisch-spanischen Grenze und gehört zum französischen Departament Pyrénées-Atlantiques. Der Auszug der Pilgergruppen fand früher feierlich unter dem Geläute aller Glocken statt. Denn nun galt es, die Pyrenäen zu überschreiten. Eine harte, strapazenreiche Strecke lag vor ihnen. Viele trugen dazu noch schwere Kreuze bis zum Ibañetapass hinauf.

Die Altstadt von St.-Jean-Pied-de-Port ist von einer mächtigen Wehrmauer umschlossen. Die Bezeichnung »umschlossen« stimmt nicht mehr, denn Häuser und Straßen befinden sich inzwischen außerhalb der Mauer. Ich stieg die steilen Stufen zur Mauer hinauf. Oben war ein breiter Wehrgang. Ich schaute durch die Schießscharten hinab, sah Bistros mit tropfnassem Gestühl davor und von oben die Regenschirme, einige als bunte Scheiben, andere als große schwarze Pilze, die sich wie von selbst durch die Straßen zu bewegen schienen. In einem Gemüsegarten kläffte ein winziger schwarzer Hund zu mir herauf. Er war wütend, vielleicht weil ich, für ihn unerreichbar weit, hoch oben auf der Stadtmauer stand. Während meiner Wanderung sollten sich die Hunde mir gegenüber meist so erbost verhalten.

Es war inzwischen später Nachmittag geworden. Ich wollte mir kein Zimmer in der Stadt nehmen. Nach der langen Bahnfahrt verspürte ich große Lust zu laufen und Natur um mich zu haben, wollte Erde unter und Himmel über mir fühlen. Nur spielte das Wetter nicht mit, denn es regnete zwar leicht, aber ohne Unterlass. Wie würde es erst dort oben sein? Einen vollen Wandertag braucht man, bis der Pass überwunden ist. Da ich wegen des Gewichtes kein Zelt dabei hatte, war es mir zu unsicher, mich darauf zu verlassen, irgendwo einen Unterschlupf zu finden. Ich beschloss, erst am nächsten Tag mit dem Aufstieg zu beginnen. Für diese Nacht galt es, noch auf französischem Boden einen Schlafplatz ausfindig zu machen. Ich hatte keine konkrete Vorstellung, wusste nur, dass ich einen einsamen, ungestörten Ort suchte. Zuerst folgte ich dem Fluss Nive. Die dichte Vegetation am Ufer war tropfnass. Hier würde ich kein trockenes Plätzchen zum Schlafen entdecken. Es begann schon zu dämmern. Da schien es mir besser, eine kaum befahrene Landstraße als Wanderung zu wählen: Weideland, runde Kuppen, ein Wäldchen dazwischen; es hörte sogar auf zu regnen. Und sofort machten sich die Vögel in den Büschen und Bäumen beiderseits der schmalen Straße bemerkbar. Sie schüttelten die Regentropfen aus dem Gefieder und schmetterten aus vollen Kehlen. Es war ja Frühling. Da gab es die clownhaften Stieglitze mit ihren roten Kopfhauben und den quittengelben Flügeln, die zitronenfarbenen Girlitze, die in höchsten Tönen ihre Lieder sirrten, als würde eine dünne Schnur ganz schnell durch die Luft geschwungen, und sogar Schwarzkehlchen, die mit »wid wid, fit, kr-kr« lockten. Lauter Vögel, die bei uns in Deutschland sehr selten geworden sind, und hier hüpfen sie in Mengen im Straßengebüsch herum, selbst in der Nähe der Ortschaften. Dabei werden Singvögel in Südfrankreich sogar gejagt – in Deutschland dagegen sind sie geschützt. Aber kein Lebewesen hat etwas von der guten Absicht, unter Naturschutz zu stehen, wenn ihm andererseits der Raum zum Leben zerstört wird. Wie der Garten meiner Kindheit, der, von allen Pflanzen und Tieren gesäubert, in eine sterile Rasenfläche umgestaltet wurde.

Endlich erreichte ich doch noch eine Ortschaft. Sie sah neu gebaut aus: meistens Einfamilienhäuser im Einheitsstil. Alle Fensterläden und alle Türen waren weinrot gestrichen. Menschen sah ich keine.

So ging ich eben weiter und kam nach Lacarre. Zu regnen hatte es nicht wieder begonnen, aber die Erde war noch voll gesogen von all der Nässe. Ich verspürte immer noch keine Lust, Menschen zu begegnen und mich dem Lärm eines Gasthauses, einer Auberge, auszusetzen, wo ich um ein Nachtlager hätte fragen müssen. Außerdem besaß ich ja nur spanische Peseten. Es begann bereits dunkel zu werden. Da erblickte ich am Ortsrand eine Kirche. Ich drückte sachte die Klinke hinunter – mein Herz hüpfte vor Freude – offen! Ein warmer, stiller Raum. Ich fühlte mich sofort geborgen und aufgenommen, als wäre ich hier zu Hause, und lief die Treppe zur Orgel empor. Schöne glatte Holzdielen, Platz genug für meine Matte und den Schlafsack. Ich hatte gerade den Rucksack abgesetzt und den Regenponcho zum Trocknen ausgebreitet, da hörte ich ein lautes Knacken, und ein Schlüssel drehte sich knirschend im Schloss – eingeschlossen! Oh! Und ich hätte doch noch mal hinausgemusst. Vorsichtig schlich ich zur Tür, drückte behutsam die Klinke nieder – tatsächlich! Sie war zu! Na, trotzdem war ich froh über mein Glück, noch vor dem Zuschließen dagewesen zu sein.

In der Nacht wachte ich auf. Weiches Mondlicht fiel durch die hohen Fenster, streifte über die Holzbänke und legte sich auf das samtige Altartuch. Um wie viel schöner ist doch eine Kirche bei Nacht, dachte ich und wollte den Raum mit seiner stillen Ausstrahlung und seinem alles umfassenden Frieden noch lange genießen, doch da schlief ich wohl schon.

Gegen sieben Uhr kam der Küster und schloss die Tür auf.

Von Saint-Jean-Pied-de-Port nach Roncesvalles

Ohne zu säumen, laufe ich nach St.-Jean-Pied-de-Port, denn ich habe es eilig, die Strecke über den Pass zu schaffen. Dabei würde die Morgenstimmung zum Bleiben verlocken. Die Wiesen geben dampfend die Feuchtigkeit ab. In dicken Schwaden steigt der Nebel empor und wird von den Sonnenstrahlen vergoldet. Ein roter Milan kreist der Sonne entgegen, weit spreizt er den gegabelten Schwanz. Ein Bussardpärchen schraubt sich höher und höher. Das Männchen stößt schrille, lang gezogene Schreie aus. Es ist sein Balzruf. Er soll das Weibchen zur Paarung stimulieren und mögliche Rivalen abschrecken.

Mit einem Satz springt eine Rötelmaus aus der noch nassen Krautschicht auf den Asphalt. Sie hockt sich auf die Hinterbeine und beginnt in Seelenruhe, ihr etwas ramponiertes und feuchtes Fell mit dem Schnäuzchen zu lecken, mit den Vorderpfoten zu striegeln und zu kämmen. Es ist noch ein junges Tier, erst halb so groß wie eine erwachsene Rötelmaus, deshalb ist sie vielleicht so unvorsichtig, sich ohne Deckung auf die Straße zu setzen. Ich schleiche mich an, nur noch ein Meter, jetzt nur noch ein halber! Langsam nähern sich meine geöffneten Hände der Maus. Es ist doch gar zu verlockend, das Tierchen mit einem schnellen Zugriff zu fangen. Ich will es jedoch nicht zu sehr erschrecken oder ihm gar weh tun. Doch ich brauche überhaupt nicht zuzugreifen. Die junge Maus ist so zutraulich und wohl unerfahren, dass sie von selbst in meine Hände hüpft. Da sitzt sie nun – kann man sich so etwas vorstellen? – und leckt und putzt und säubert ihr Fellchen. Die kleinen rosa Vorderpfoten striegeln eifrig das Köpfchen, blitzschnell fahren sie über die fast ganz im dichten Fell verborgenen Ohren und klappen die winzigen Ohrmuscheln emsig hin und her. Die Maus hat einen dicken Kopf – er ist halb so groß wie der rundliche, rötlichbraune Körper. Es ist ein wunderbares

Gefühl, wie sich dieses kleine Wesen vertrauensvoll in die Hand kuschelt. Belustigt denke ich, ob das gar eines der vom heiligen Jakob bewirkten Wunder ist? Eine wild lebende Maus, die geradewegs in meine Hand springt und sich dort auch noch wie zu Hause fühlt – wer hat das schon mal erlebt? Mit beiden Händen forme ich für die junge Maus ein schützendes Gehäuse, wie eine Muschel. Ich fühle mich sehr verführt, das kleine Tierchen als Maskottchen auf meine Wanderung mitzunehmen. Aber ich weiß, dass sie das nicht überleben würde, und so bin ich vernünftig. Langsam, zögernd setze ich die Rötelmaus an den Straßenrand zurück. Und ich merke, wie sie sich kaum entschließen kann, wieder in die Freiheit zu gehen. Offenbar hat sie sich in der warmen Menschenhand geborgen gefühlt. Nun geht es aufwärts, den Pyrenäen entgegen. Eine abwechslungsreiche Wegstrecke führt mich zunächst einen Hang hinauf und ich komme an Zäunen mit dichten Brombeerhecken vorbei, hinter denen sich vereinzelt Bauernhäuser und Gärten verstecken. An einer Wegbiegung schaue ich nach unten, zurück auf den schon gegangenen Weg, und sehe zwei Wanderer mit knallroten Rucksäcken und bunter Wanderkleidung. Wenn sie auch über den Pass wollen, ist es bald vorbei mit dem schönen Gefühl, hier allein zu sein, befürchte ich. Der Mann holt mit zügigen Schritten schnell auf, seine Begleiterin hinkt hinterher, obwohl sie den kleineren Rucksack trägt. Wieder die übliche Konstellation eines Paares, denke ich. Und ich habe gar keine Lust, ihnen zu begegnen und meine einsame, ruhige Besinnlichkeit von ihnen stören zu lassen. Doch der Mann hat mich schnell entdeckt und ruft auf Deutsch laut zu mir herauf: »Hallo, Sie da! Warten Sie mal!« Nur unwillig bleibe ich stehen. Aber schon bald korrigiere ich meine Vorurteile. Denn durch bloße Äußerlichkeiten wie teure und überbunte Wanderausrüstung hatte ich mich zu einem vorschnellen Urteil verführen lassen. Jetzt erfahre ich von ihnen, warum sie mich so dringend sprechen wollten. Sie hatten unterwegs einen belichteten Film gefunden und wollten sich vergewissern, ob ich ihn vielleicht verloren hätte. Während wir zusammen weitergehen, erzählen sie mir, dass er Ingenieur und sie Lehrerin ist. Schon seit Jahren wandern sie jeden Urlaub und schlafen sogar im Zelt. Gestern dann, nach 25 Tage langer Wanderung durch Frankreich, hatten sie wegen des Regens zum ersten Mal in einer Auberge übernachtet. In weiteren 27 Tagen wollen sie ihr Ziel Santiago erreichen. Das wäre eine recht beachtliche Leistung, denke ich, will mir selbst aber viel mehr Zeit nehmen, denn ich möchte den Weg erfahren, erleben, begreifen, ihn ganz in mich aufnehmen. Deshalb erkläre ich den beiden, dass ich gern allein wandern würde, und gebe ihnen einen großen Vorsprung. Die Wartezeit nutze ich an einem kleinen Bachlauf, der hier dem Berghang entspringt, um meine Morgenwäsche nachzuholen und stille meinen Hunger mit der mitgebrachten Verpflegung. An solchen Stellen werden auch die Pilger des Mittelalters gerastet haben. Wasser, Brot und ein Stück Käse dienten ihnen als Wegzehrung. Damals zog man noch nicht mit prallen Rucksäcken durch die Gegend. Ein kleines Bündel, über die Schulter geworfen, eine Kalebasse für das Trinkwasser, mehr brauchte man nicht. Kleidung zum Wechseln? War es möglich, wurde sie gewaschen, während man nackt in der Sonne saß und wartete, bis die Wäsche trocken war. Wie unkompliziert und anspruchslos die Menschen in Europa bis vor kurzem noch waren! Von vielen Skulpturen, Reliefs, Fresken, Radierungen und Holzschnitten, die Pilgerszenen zeigen, wissen wir, wie man sich für die Pilgerschaft kleidete. Gegen Wetterunbilden schützte ein dicker Umhängemantel, die Pelerine, und auf dem Kopf ein breitkrempiger Filzhut, der mit der Pilgermuschel verziert war. Sie war vom Beweisstück sehr schnell zum Symbol geworden und man trug sie bereits beim Aufbruch. Der Beutel über der Schulter oder die Ledertasche mit langen Riemen war ebenfalls mit Muscheln besetzt. Wichtig war auch der Pilgerstab. Er diente als Stütze, zur Verteidigung, als Hilfe beim Überqueren von Bächen, zum Herabschlagen der Früchte von Bäumen, außerdem hing an ihm die Kalebasse als Trinkgefäß.

Ich will mich auf den Pilgerweg noch mehr einstimmen und hole aus dem Rucksack die Aufzeichnungen über Jakobus und die Entdeckung seines Grabes. Ich lese, wie Jakob der Ältere am See Genezareth in Galiläa als Sohn des Fischers Zebedäus und der Salome, einer Verwandten Marias, geboren wurde. Gemeinsam mit seinem Bruder Johannes wurde er später einer der zwölf Apostel von Jesus Christus. Schon bald nach dem Tod Christi soll er in Spanien, damals eine römische Provinz, missioniert haben. Sein Bemühen war erfolglos, deshalb kehrte er wieder nach Jerusalem zurück und nahm dort in der Gemeinde der Christen eine hohe Stellung ein. Wahrscheinlich stärkte er die Position der Christen so sehr, dass er für den jüdischen Hohenpriester Abjathar eine Gefahr war. Von Hass und Neid erfüllt, sann Abjathar, wie er den Christen unschädlich machen könnte. Schließlich gelang es dem Hohenpriester, einen Aufstand im Volk anzuzetteln. Nach Niederschlagung der Revolte beschuldigte er Jakob als Rädelsführer, ließ ihm einen Strick um den Hals legen und Herodes Agrippa, dem römischen Statthalter, vorführen. Herodes Agrippa fällte im Jahr 44 das Todesurteil, und Jakob wurde enthauptet. Soweit die historisch nachvollziehbaren Vorgänge. Nun beginnt das Feld der Legenden: Eine berichtet, der Leichnam sei in der Nacht von seinen Anhängern entwendet und ans Meer gebracht worden. Dort hätte schon ein Schiff gewartet. Als der Tote hineingelegt wurde, sei es losgefahren und von himmlischen Kräften an die spanische Küste geleitet worden. Eine andere erzählt, seine Jünger Theodorus und Athanasius hätten den Toten mit einem Boot von Jerusalem bis zum fernen Galicien gebracht. Damals war der Reiter ins Meer gesprungen und mit Muscheln überdeckt wieder aufgetaucht. Schwere Prüfungen mussten Theodorus und Athanasius über sich ergehen lassen, bis sie den Heiligen endlich bestatten konnten. Die heidnische Königin Lupa stellte ihnen unlösbare Aufgaben. Aber der tote Jakob stand den beiden Männern bei. Er half ihnen, einen Drachen zu töten, und zähmte wutschnaubende Stiere. Athanasius und Theodorus sollen treu das Grab bewacht und nach ihrem Tod neben dem Heiligen bestattet worden sein. Diesen Legenden kann man zwar keine beweiskräftigen Tatsachen entgegenhalten, dennoch gibt es Hinweise, Jakobus sei zuerst in Jerusalem begraben worden. Im 6. Jahrhundert wurde die Reliquie vermutlich auf der Halbinsel Sinai im Kloster Raithin aufbewahrt. Zuletzt soll sie im Menaskloster bei Alexandria gewesen sein, aus dem die Mönche im 7. Jahrhundert vor den Arabern flüchten mussten. Nirgendwo ist in den alten Schriften vermerkt, dass Jakob der Ältere in Spanien, der damaligen römischen Provinz, missioniert hätte. Erst im 8. Jahrhundert gibt es Schriftstücke mit dieser Darstellung, wobei man sich sehr geschickt auf ältere Autoren beruft, etwa auf den heiligen Hieronymus, der um 390 lebte, in dessen Originalschriften aber eine Missionstätigkeit des Apostels nicht erwähnt wird. Was auch immer die Wahrheit ist, fest steht, die wundersamen

Legenden hatten mehr Einfluss auf das Denken des Mittelalters als die historischen Wahrheiten.

Ebenso sagenumwoben wie die Grablegung war auch die Entdeckung des Grabes selbst im 9. Jahrhundert: Einmal soll es ein Hirte gewesen sein, der Nacht für Nacht von seltsamen Lichterscheinungen, begleitet von betörender Musik, aufgeschreckt wurde. Schließlich ertrug der Hirt die merkwürdigen Vorgänge nicht mehr und berichtete dem Bischof davon. In einer anderen Legende sah der Eremit Pelagius nachts Lichtschein und hörte Engelschöre. Um das Jahr 825 erfuhr der Bischof Theodomir von Iria Flavia von den merkwürdigen Ereignissen. Iria Flavia ist heute eine kleine Küstenstadt der Provinz Galicien, die in Padron umbenannt wurde. Dort soll der Legende nach das Boot mit dem Leichnam und den zwei Jüngern angelegt haben. Vorsorglich ordnete Bischof Theodomir zunächst einmal drei Fastentage an. Das war sehr geschickt, denn Nahrungsentzug verstärkt immer die Einbildungskraft. Danach zog er an der Spitze der zahlreich herbeigeströmten und neugierigen Gläubigen zum Ort des überirdischen Ereignisses. Die Landschaft darf man sich nicht als freies, leicht zugängliches Gelände vorstellen. Es gab dichte Eichenwälder und üppige Vegetation. Der Bischof ließ zielgewiss eine Schneise durch das verwachsene Unterholz schlagen. Bald fanden sie eine Grabkammer, ein mit Marmorplatten verkleidetes Mausoleum, wie es die Römer für wichtige Persönlichkeiten errichtet hatten. Keine Überlieferung sagt, welche Relikte im Sarkophag lagen. War es ein Skelett mit abgeschlagenem Kopf? Gab es Inschriften oder andere Hinweise, die auf den Apostel deuteten? Niemand weiß das bis heute. Vielleicht, weil alle Anwesenden von der zweifelsfreien Gewissheit gepackt waren, die Ruhestätte von Jakobus gefunden zu haben, suchten sie nicht nach Beweisen. War doch der Begräbnisplatz von himmlischem Licht und Engelsgesang angezeigt worden. Derart göttliche Zeichen wogen schwerer als irdische Beweise. Den kirchlichen Würdenträgern kam die Grabfindung sehr gelegen. Es war das Wunder, das lange erwartet, herbeigesehnt und dem vielleicht herbeigeholfen wurde. Denn der Islam bedrohte die Christenheit auf gefährliche Weise. Im Jahre 711 war es dem arabischen Heer gelungen, nach Spanien, das zu dieser Zeit von den Westgoten beherrscht wurde, einzudringen. Die Westgoten hatten auf ihrer langen Wanderung durch Europa das Christentum angenommen und zweihundert Jahre in Spanien geherrscht. Dann stritten sich zwei Sippen um die Königswürde. Diese Uneinigkeit ermöglichte den Arabern einen erfolgreichen Angriff. In kaum zehn Jahren besetzten sie das ganze Land. Nur im äußersten Norden, am Rand der Pyrenäen und im sich anschließenden kantabrischen Gebirge, hielten kleine Bergfürstentümer durch zähe Verteidigungskriege und listige Verhandlungen der Übermacht der Araber stand. Es war aber zu befürchten, dass die Araber bald so stark sein würden, über diese letzten Widerstandsnester hinwegzufegen, die Pyrenäen zu übersteigen und... Nein, so weit durfte es gar nicht erst kommen! Deshalb musste der christliche Glaube wieder gestärkt und das Selbstbewusstsein der Gläubigen aufgerichtet werden. Die Menschen sollten nicht mehr in Angst vor dem krummsäbelschwingenden Halbmond zittern, sondern erkennen: Die »islamischen Teufel« sind besiegbar. Gab es Wirksameres, die Menschen aufzurichten, ihnen Mut zu machen und an ihrem Glauben festhalten zu lassen, als ein Zeichen von oben, von Gott selbst? Im rechten Augenblick hatte er ihnen das Grab des Apostels offenbart. Vom Glauben gestärkt, gewannen die Christen eine Schlacht nach der anderen. Das Land, in dem der Heilige höchstpersönlich missioniert hatte und begraben lag, durfte den Ungläubigen nicht überlassen werden. Und so hatte Jakob noch Jahrhunderte nach seinem Tod die Geschicke des Abendlandes entscheidend beeinflusst. Mir scheint möglich, dass ohne ihn die Geschichte in Europa ganz anders verlaufen wäre. So gesehen ist es egal, wessen Knochen im Marmormausoleum gelegen haben, ob es wirklich seine eigenen waren oder die eines uns unbekannten Westgoten oder Römers. Ausschlaggebend war, was die Menschen glaubten, denn im Glauben entwickeln Menschen ungeahnte Kräfte.

Nun muss ich endlich weitergehen; ein langer Weg liegt noch vor mir. Ich packe meine Aufzeichnungen zusammen und verstaue sie im Rucksack. Während des Laufens kann ich ja weiter nachdenken.

Zunächst lässt mich ein steiler Bergpfad nach Luft ringen. Laubbäume, meist Buchen mit weit ausladenden Kronen, bilden ein grünes Gewölbe. Es geht immer höher. Wind frischt auf. Ich trete hinaus auf eine baumlose, karstige Almlandschaft, die zugleich alle meine Sinne und Gedanken in Anspruch nimmt. Blaugrau, ineinander verschlungen, schwingen die weiterführenden Höhenzüge in die Ferne. Ich hatte mir die Pyrenäen anders vorgestellt – mit Schluchten, Steilwänden und Abgründen, schroffer, gewaltiger und ungezähmter. Stattdessen sehe ich gerundete Bergketten, wenngleich von enormer Ausdehnung. Der Wind bläst kräftig und kalt. Am Himmel, gehäuft und dann wieder wild zerrissen, dahineilende Wolken, die die Sonne einkreisen, sich in Formationen entschlossen vor sie schieben und dann wieder Durchschlupf freilassen, durch den die Sonne wutentbrannt gewaltige Strahlenbündel schießt.

Ein abgegrenzter Weg ist jetzt nicht mehr vorhanden. Eher ist es ein kaum sichtbarer Pfad über lockeres Kalkgeröll und festen Felsboden. Eine wie vom Wind verblasene Schafherde drängt sich zusammen, aneinander Schutz suchend. Die Pferde scheinen da weniger empfindlich zu sein. Sie stemmen ihre braunen und schwarzen Körper dem Wind entgegen, die hellen Mähnen und Schweife wehen auf wie Signale. Ein hohes Wiehern ertönt, dann galoppieren sie davon, und ich bin wieder allein in dieser vom Wind leer gefegten Welt. Am Himmel tobt noch immer der Kampf zwischen den Wolken und der Sonne, da entdeckte ich den ersten Bartgeier. Mit breiten Flügeln, so breit und starr wie Holzbalken, segelt er pfeilgeschwind über die Bergkuppen, schnell verliert er sich in der saphirblauen Ferne. Da taucht der zweite auf. Er gleitet ruhiger, majestätischer. Schließlich packt ihn eine Windböe und entführt auch ihn meinem Gesichtsfeld. Neue Geier erscheinen und verschwinden wieder. Ich vermute, es sind immer dieselben, die in weiten Kreisen die Pyrenäen nach Nahrung absuchen. Mit meiner Erscheinung sind sie inzwischen vertraut. Sie kommen weit herunter. Ich sehe das glänzende Auge, die Schönheit jeder einzelnen Feder und hörte, wie die Luft durch die kräftigen Schwingen pfeift. Ob der heilige Jakob ein zweites Wunder vorbereitet und einen Geier auf meiner Schulter landen lässt? Spaßeshalber streckte ich den Arm aus, wie ein Falkner, um dem Vogel einen Platz zum Aufbaumen anzubieten. Ach nein, schade, der Geier hat wohl sein Interesse an mir verloren und zieht wieder dem Himmel entgegen.

Ich möchte mich eigentlich ausruhen, doch es ist zu kalt zum Hinsetzen. Nach der Karte habe ich mehr als die Hälfte der Strecke noch von mir. Nicht verwunderlich, dass diese Etappe bei den Pilgern gefürchtet war. Es sind über 40 Kilometer, nicht zu vergessen die etwa 1000 Höhenmeter, die überwunden werden müssen.

Nach der Karte zu urteilen, führt die französisch-spanische Grenze über den Col de Bentartea. Ich versuche, mich zu orientieren. In dieser weit zu überblickenden Karstlandschaft ragt ein gerundeter Kalkhügel heraus. Das wird er wohl sein, der Col de Bentartea. Ich habe ihn überschritten, doch keine Hinweise auf eine Grenze gesehen, keine Schilder, keine Pfähle. So gehe ich vermutlich bereits auf spanischem Boden. Keine von Menschen markierte Trennungslinie und auch keine landschaftliche Änderung zeigen die Abgrenzung an, und doch befinde ich mich in einem anderen Land. Allein die Vorstellung genügt mir, jetzt in Spanien zu sein, um mir ein Gefühl von Ankunft zu vermitteln. Was verbindet mich ausgerechnet mit diesem Land? Warum weckt der Klang dieses Wortes »Spanien« Empfindungen in mir, als sei es mein Land? Ich komme nicht zum ersten Mal.

Bei meinen früheren Reisen merkte ich, dass die Identifikation aber nicht so weit geht, um hier zu bleiben. Vielleicht ist diese gefühlsmäßige Beziehung zu Spanien auch nur durch Einbildungen zu erklären, die sich mir in der Kindheit eingeprägt haben, Visionen von einer exotischen Ferne, in der die Sonne so heiß scheint, dass Apfelsinen auf Bäumen wachsen und reifen können, diese goldenen, aromatischen Früchte, die es nur an Weihnachten gab, gerade dann, wenn es bei uns besonders kalt war.

Der Wind hat sich gedreht und weht mir nun stark von rechts vorne entgegen. Die Wolken haben die Sonne besiegt und verhängen tief die Sicht. Graupelkörner lösen sich aus den schwarzgrauen Wolkenbäuchen und schlagen hart auf die Erde. Es tut weh, wenn die kleinen Eisklumpen auf Gesicht und Hände prasseln. Kein Baum, kein Felsvorsprung, wo ich mich unterstellen könnte. Stunden unterwegs. Ich würde nicht nur gern rasten, sondern überhaupt für diesen Tag die Wanderung beenden. Nach vielen Monaten Schreibtischarbeit bin ich an das Laufen noch nicht wieder gewöhnt. Meine Füße sind eingezwängt in feste Wanderschuhe. Von der Belastung sind sie geschwollen und brennen auch. Hoffentlich reibe ich mir keine Blasen. Auch die Schultern und Hüftknochen, auf denen der Rucksack lastet, schmerzen. Es ist sehr anstrengend, gleich am ersten Tag der Wanderung mit einer langen Gebirgsstrecke zu beginnen. Die Erschöpfung breitet sich in meinem Körper aus, ergreift von mir Besitz. Obwohl ich wünschte, mich einfach niedersinken zu lassen, zwinge ich mich zum Weitergehen, zwinge mich dazu, immer wieder einen Fuß vor den anderen zu setzen. Der felsige Boden ist feucht vom Schneegraupel. Der Wind peitscht mir jetzt Regen ins Gesicht. Mühselig schleppe ich mich weiter. Je schwächer mein Körper wird und sich gegen die Anstrengung sperrt, um so unerschütterlicher festigt sich mein Wille. Ich werde laufen, so lange, bis ich Roncesvalles erreiche, nehme ich mir vor. Es bereitet mir Freude, meinem Körper Leistung abzuringen. Ich empfinde Befriedigung, mich der eigenen Grenze anzunähern und zu spüren: Jetzt kann ich nicht mehr – und dann nicht aufzuhören, sondern immer weiterzugehen! Das ist Qual und Lust gleichzeitig. Diese Pyrenäenüberschreitung ist noch Spiel. Zur Not habe ich den Schlafsack gegen die Kälte, und die Biwakhülle schützt halbwegs gegen Nässe. Nur, sehr ungemütlich wäre es halt schon. Die lustvolle Qual entwickelt sich erst dann, wenn kein Netz zum Auffangen mehr da ist, wenn sich das spielerische Ausloten der Gefahr in tödlichen Ernst zu wandeln beginnt. Für mich ist das der Augenblick, wo ich beginne, wirklich zu leben. Erst auf diesem schmalen Grat zwischen Leben und Tod merke ich, wie mir das Leben plötzlich wertvoll wird, wert, es zu leben, wert es zu lieben. Um dieses intensive Lebensgefühl öfter zu haben, könnte ich mich auf vielerlei Weise Gefahren aussetzen, doch das fände ich albern. Ich kann die Gefahr nur dann genießen, wenn sie sich aus einer zufällig ausgelösten Auseinandersetzung mit der Natur ergibt. Als Kind war es mein Lieblingsspiel, mir Katastrophen auszumalen: riesige Überschwemmungen, Vulkanausbrüche, Erdbeben und Bergstürze, Waldbrände und Hungersnöte. Gegenüber diesen wilden Phantasien schien mir die Wirklichkeit fade und trostlos. Nicht nur, dass ich an keinen Schöpfer mehr glauben kann, ich sehe auch keinen übergeordneten Sinn im Leben. Das Leben kann schön sein, ich weiß. Ich denke an die kleine Rötelmaus, die sich vertrauensvoll in meine Hand kuschelte, oder an den Bartgeier, der wie eine Erscheinung über mir schwebte. Erlebnisse wie diese sind Augenblicke des Glücks, sie machen das Leben nicht sinnvoller, wohl aber erträglicher. Obwohl ich das Leben so gering achte, hält es sich an mir fest. Oder bin ich es selbst, die sich im letzten Moment doch immer noch festgehalten hat? Nun bin ich wieder an einem Ende angelangt. Vielleicht ist diese Pilgerwanderung ein Versuch des Festhaltens, eine Bitte, am Leben bleiben zu können, ein Suchen nach Sinn? Ich habe ein Ziel: Santiago. Es ist ein weiter Weg. Bis ich dort ankomme, kann viel passieren. Aber nicht die Ankunft in Santiago ist wichtig. Ich kann nicht wie die Menschen im Mittelalter darauf hoffen, dass mir dort ein Wunder begegnet. Was ich suche, muss ich unterwegs finden. Beschäftigt mit meinen Gedanken und erschöpft vom Laufen, habe ich kaum auf den Weg geachtet. Nun meine ich, zu weit nach links abgekommen zu sein. Mit Kompass und Karte stelle ich fest, dass ich mich auf der alten Römerstraße befinden müsste. Sie führt auch nach Roncesvalles, doch nicht über den Ibañetapass. Umzukehren kommt wegen der bald beginnenden Nacht nicht in Frage.

Die Römerstraße ist kein gepflasterter Fahrweg, wie damals vielleicht einmal, sondern ein grasbewachsener, schmaler Pfad. Steil führt er nach unten, in die mit Wäldern bedeckten Südhänge der Pyrenäen. Ich bleibe stehen und schaue zurück. Die jetzt tief hängende Sonne blitzt am Rande der Wolkenbänke hervor. Die Strahlenbündel treffen auf einen hohen Grat. In der dunkelgrauen Umgebung leuchtet er wie mystisch erhellt in goldener und smaragdgrüner Färbung. Und gerade in diesem Moment ziehen Schafe über den Grat, eins hinter dem anderen. Weiße Gestalten, umgeben von dem goldgrünen Leuchten, durchschreiten sie wie in einer schweigenden Prozession den Lichtkreis und verschwinden langsam in der einsamen Weite.

Ich folge der Römerstraße weiter abwärts und gelange in einen seltsamen Wald. Es sind Buchen mit braunen, vertrockneten Blättern. Gespenstisch ist dieser Anblick, überall nur Bäume, deren Blätter an den Ästen abgestorben sind, als hätte ein Drache seinen Glutatem ausgespien.

Jetzt wabert Nebel und umhüllt die Buchen und ihre toten Blätter. Schemenhaft nur kann ich die Stämme erkennen. Gleich Schattenbildern formen sie dunklere Strukturen im nebligen Grau. Nun verhüllen die Nebelschleier die verdorrten Laubkronen vollständig. Kein Ast stört die gerade Linie der Buchenstämme. Der Anblick erinnert mich an die Moschee Mezquita in Cordoba. Ich verspüre Ehrfurcht, friedfertige Eintracht, mystischen Gleichklang und Geborgensein in einem stillen Geheimnis.

Erst jetzt bemerke ich die Stille. Kein Vogelruf, nicht einmal ein Knistern und Rauschen. Der Nebel dämpft jeden Ton, selbst meine Schritte sind kaum hörbar.

Schlagartig verschwindet der Nebel, als ich an den Rand des toten Waldes gelange.

Mischwald schließt sich an. Weiche Moospolster laden zum Rasten ein. Ich lasse mich aber nicht verführen. Es beginnt zu dunkeln und da es nach Regen aussieht, will ich nicht im Wald übernachten. Der Weg fällt nun nicht mehr so steil ab. Die Blütenkerzen des Aphodill leuchten weiß im Dämmerlicht und schwarze Wegschnecken, länger als eine Handspanne, kriechen schleimig über den Waldboden. Plötzlich ein lautes Knacken und Rascheln im Unterholz. Ich erschrecke heftig. Bevor ich an Flucht denken kann, bricht ein großes Tier aus dem nachtdunklen Wald. Vor Schreck kann ich mich kaum rühren. Da ist der mächtige Körper nur noch eine Armlänge von mir entfernt. Erleichtert lache ich – es ist nur eine Kuh! Ein schönes Tier. Im Abendlicht glänzen die Spitzen ihrer weit geschwungenen Hörner elfenbeinfarben. Überrascht von der plötzlichen Gegenwart eines Menschen, ist die Kuh mitten auf dem Weg stehen geblieben. Sie schwingt ihren Kopf hin und her und schnauft verlegen. Beruhigend spreche ich auf sie ein. Da trollt sie sich langsam. Jetzt tritt sie leise und vorsichtig auf, kaum ein Zweig knackt.

Ich gehe weiter. Der Wald lichtet sich. Ich sehe Steinmauern und Gebäude – das ist Roncesvalles.

Roncesvalles

Der Pater redet viel und schnell. Ich muss mich erst wieder an die spanische Sprache gewöhnen und habe deshalb Mühe, ihn zu verstehen. Er ist ein kleiner, lebhafter Mann mit rundem, lebensfrohem Gesicht.

Ich habe in dem Restaurant neben dem Kloster gerade mein »Pilgeressen« bekommen, wie es in der Speisekarte bezeichnet wurde: Spiegeleier, Pommes frites, Tomatensoße und Rotwein, als Pater Sampedro eintritt und sofort auf mich zukommt.

»*Usted es una peregrina, verdad*«, sagt er zur Begrüßung, »Sie sind eine Pilgerin, nicht wahr? Ich erkenne Sie an Ihrem Rucksack. Bei mir bekommen Sie einen Pilgerausweis und wenn Sie wollen, können Sie auch in unserer Pilgerherberge übernachten. Ich muss jetzt die Messe lesen. Kommen Sie danach zu mir!« Und schon ist er wieder zur Tür hinaus. Ich bin überrascht: Pilgerausweis, Pilgerherberge? In welche Zeit habe ich mich denn da verirrt? Das gab es früher einmal. Aber heute? Im Mittelalter erhielten die aufbrechenden Pilger von ihrer Heimatgemeinde eine Urkunde mit dem Stempel des Bischofs, als Ausweis, wahre Pilger und keine Landstreicher zu sein. Unentgeltlich durften sie ein Lager für je eine Nacht in den Herbergen beanspruchen, außerdem bekamen sie mindestens ein Stück Brot als Wegzehrung, in den reichen Gemeinden auch Suppe, oft sogar noch Fleisch und Wein.

»Das Pilgerrecht verpflichtete jeden Bürger, ob arm oder reich, die Pilger zu beherbergen«, berichtet der Pater, als ich ihn nach der Messe aufsuche.

»Wer vor einem Pilger die Tür verschloss, verdarb es sich mit dem heiligen Jakob.« Er lächelte pfiffig. »Sind Sie noch nicht zu müde vom Weg? Dann können wir noch ein wenig plaudern.« Er führt mich in einen schmalen Raum, der mit dunklem Holz verkleidet ist. Hohe Bücherregale und verschlossene Schränke verstellen bis zur Decke die Wände.

In einer Ecke stehen ein runder Holztisch und Lederstühle mit breiten Armstützen. Wir setzen uns. Erst jetzt, in dieser holzbraunen Umgebung, fällt mir auf, dass auch der Pater ganz in Braun gekleidet ist: mittelbrauner Pullover, kaffeebraune Hose, dunkelbraune Schuhe. Doch nicht nur die Kleidung, auch seine Haare sind braun und seine buschigen Augenbrauen ebenso. Am auffallendsten aber sind seine kastanienbraunen Augen, glänzend und groß wie Glasmurmeln.

»Es kam vor, dass man den Pilgern keine Unterkunft gewähren wollte«, beginnt er mit seiner Erzählung. »Einmal baten zwei Pilger, die sehr erschöpft waren, in einer Ortschaft um ein Nachtlager. Niemand ließ sie ein. Ganz am Rande des Städtchens wohnte ein armer Mann. Er war der Einzige, der sich der Not Leidenden erbarmte. Die Pilger zogen am nächsten Morgen weiter. In der darauf folgenden Nacht verwüstete ein Feuer die Stadt. Alle Häuser brannten nieder. Nur die Hütte des armen Mannes, der die Pilger beherbergt hatte, wurde von der Feuersbrunst verschont.« Der Pater macht nur eine kurze Pause und fährt gleich fort: »Solche Geschichten erzählten sich die Menschen in den Wirtsstuben und Raststätten und wann immer sie sich unterwegs begegneten. Von Jahrhundert zu Jahrhundert wurden solche Anekdoten weiterberichtet, als wären sie eben erst geschehen, und mit vielen neuen Details ausgeschmückt. Der heilige Jakob hat als Schutzpatron besonders den armen Pilgern beigestanden und Geiz und Habgier bestraft. Kennen Sie die Geschichte von der Frau mit dem Brot?« Ich kenne sie natürlich nicht, aber ohne meine Antwort abzuwarten, beginnt er sofort: »Die Frau hatte das Brot schnell unter der Asche versteckt, als der Pilger um eine Wegzehrung bat. Er sagte strafend: Frau, ich weiß, Ihr habt Brot im Ofen, doch es soll Euch zu Stein werden. Die Frau erschrak sehr, als sie tatsächlich statt des Brotes einen großen Stein im Herd fand. Da wusste sie, der Besucher war der heilige Jakob höchstpersönlich gewesen, verkleidet als armer Pilger. Aufgeregt lief sie ihm auf die Straße nach, doch weit und breit war niemand mehr zu sehen.«

Ich möchte den Pater fragen, was er selbst von diesen Legenden hält. Aber er kommt mir mit seiner Frage zuvor: »Wandern Sie aus religiösen oder aus sportlichen Motiven nach Santiago?« »Mein Beweggrund ist persönlicher Art. Ich suche etwas, aber ich weiß nicht so recht, was ich suche«, sage ich unsicher. Einen Moment lang fühle ich mich unbehaglich. Bin ich nicht ein falscher Pilger, der an einer religiösen Wallfahrt teilnimmt, ohne selbst gläubig zu sein?

Aber Pater Sampedro, um mir vielleicht die Verlegenheit zu ersparen, ist schon wieder bei einem anderen Thema. Er berichtet von Roland, dem Gefolgsmann Karl des Großen. Der letzte Kampf des Ritters Roland im Jahr 778 hat hier stattgefunden. Zusammen mit zwölf weiteren Getöteten ist er unter der kleinen Kapelle Sancti Spiritus begraben. Sie kennen doch sicher das Rolandslied?

Ich kann nicht antworten. Der Redeschwall des Paters ist pausenlos, und seine braunen Augen funkeln vor Vergnügen. Sterbend wollte Roland sein Wunderschwert *Durendal* an einem Fels zerschlagen, den er dabei spaltete, damit es nicht in die Hände der Sieger fiel. Er besaß auch ein berühmtes Horn, *Olifant* genannt, das meilenweit zu hören war. Aber aus Stolz hat er zu spät um Hilfe gerufen. Dabei zersprang es. Pater Sampedro, Sie glauben also, dieser Ritter hat tatsächlich gelebt und alles hat sich so zugetragen? gelingt mir ein Einwurf.

Claro, el vivi – sicher, er hat gelebt! *Pero, la verdad, como podernos saber hoy* – aber die Wahrheit, wie können wir sie heute wissen? Das Heldenepos über Roland wurde irgendwann im 12. Jahrhundert in Frankreich niedergeschrieben, als er schon mindestens 300 Jahre tot war. So wurde Leben und Tod dieses Ritters legendenhaft verklärt. Im Rolandslied wird auch sein Kampf gegen den Riesen Ferragut geschildert. Halten Sie in Estella die Augen offen, denn dort werden Sie am Königspalast ein Relief finden, das diesen Kampf darstellt. Der Riese Ferragut ist da nicht größer als Roland. Seine Riesenhaftigkeit war nur symbolisch gemeint. Wir verstehen mit unserer heutigen Logik die bildhaften Denkweisen der Menschen im Mittelalter nicht mehr.

Wer hat denn eigentlich den Roland getötet? frage ich. Sie müssen den Zusammenhang kennen. Um 778 hatten die Mauren, wie die Araber genannt wurden, fast ganz Spanien besetzt. Karl der Große, damals erst König des Frankenreiches, erhielt eine Geheimbotschaft: Er solle Zaragoza von der Araberherrschaft befreien. Die Einwohner von Zaragoza würden ihm die Stadttore öffnen. Erfreut führte der König sein Heer über die Pyrenäen und weit durch das von den Mauren besetzte Spanien bis

Zaragoza. Wahrscheinlich flößte der große Heerzug den Arabern großen Respekt ein, denn sie griffen nicht an. Doch die Stadttore blieben trotz aller Versprechungen verschlossen. Was war geschehen? Wahrscheinlich war den Bürgern Zaragozas aufgegangen, dass sie das bisherige Regime gegen ein viel rigideres eintauschen würden. Die Araber übten durchaus keine Schreckensherrschaft aus. Nur die Eroberungsfeldzüge am Anfang und die späteren Blitzeinfälle der Almoraviden und Almohaden, fanatische islamische Sekten, waren blutig gewesen. Verglichen mit der christlichen mittelalterlichen Welt bauten die Araber ein modernes und vor allem tolerantes Staatsgebilde auf, in dem Religions- und Meinungsfreiheit gewährt waren. Christen und Juden konnten ihren Glauben behalten und ausüben. Ich bin erstaunt, dass ausgerechnet ein Pater so viel Verständnis für die damaligen Gegner aufbringt. Ich beschäftige mich viel mit spanischer Geschichte, erwidert er. Die Zeit der Reconquista, der Rückeroberung Spaniens durch die Christen, interessiert mich am meisten. Ich bin der Meinung, Geschichte sollte als objektive Wissenschaft betrieben werden. Wir können sie nicht drehen und wenden oder umschreiben, auch wenn sie uns anders vielleicht besser gefallen würde. Die maurischen Sultane und Emire waren sehr humane und gebildete Herrscher gewesen. Besonders der Kalif von Cordoba, Abd ar-Rahman, führte das Land zu hoher wirtschaftlicher und kultureller Blüte. Die Araber gründeten die ersten Universitäten auf spanischem Boden, zum Beispiel in Salamanca. Ihnen verdanken wir es, dass Wissen aus der Antike in unsere Zeit hinein gerettet werden konnte. Sie kopierten die Werke der griechischen Philosophen und übersetzten sie. Ohne die Araber wäre dieses ganze Wissen verloren gegangen, denn die Originale wurden beim Brand der Bibliothek in Alexandria zerstört, und auch viele andere Werke gingen durch Kriegswirren und Diebstahl verloren. Doch lassen Sie mich zum getreuen Roland zurückkehren. Wo war ich stehen geblieben? Ach so, ja, Karl der Große belagerte also vergeblich die Stadt Zaragoza. Schließlich zog er enttäuscht ab. Er musste wohl auch wieder daheim für Ordnung sorgen. Wegen seiner langen Abwesenheit wurden unterworfene Völker seines großen Reiches rebellisch. Im Osten sollen sich die Sachsen im Aufstand befunden haben. Auf dem Rückzug lässt der König dann Pamplona zerstören, nur etwa 40 Kilometer von hier entfernt. Sie werden die Stadt bald kennen lernen, in zwei Tagen sind Sie dort. Pamplona war schon ... Er rechnet schnell: Ja, es sind über tausend Jahre vergangen, also genau vor 1209 Jahren war Pamplona bereits eine blühende Stadt und das Zentrum der Baskengemeinden. Deswegen glaube ich, dass die Basken den Hinterhalt legten, um sich für die Zerstörung ihrer Stadt zu rächen, und nicht die Araber, wie oft behauptet wird. Im Rolandslied wird erwähnt, der Ritter sei mit seinem Schwiegervater Ganelon in Streit geraten. Und Ganelon hätte veranlasst, dass Roland zum Führer der Nachhut bestimmt wurde, und habe ihn dann an die Feinde verraten. Der Recke soll mit seinem Wunderschwert *Durendal* viele Gegner getötet haben. Schließlich unterlag er aber trotzdem der Übermacht.

Obwohl der Pater lebhaft und fesselnd erzählt, gelingt es mir kaum noch, die Augen offenzuhalten. Der Tag war anstrengend. Ich sehne mich danach, mich auszustrecken und zu schlafen. Meine letzte Kraft wird dafür aufgebraucht, der schnellen spanischen Rede zu folgen.

Wahrscheinlich bemerkt der Pater meinen übermüdeten Zustand, und er holt die Schlüssel. Während wir durch schmale Gänge schreiten und über hohe Treppen steigen, frage ich ihn, ob er selbst schon einmal nach Santiago gepilgert sei.

»Nein, bis Santiago bin ich noch nicht gekommen«, lautet seine Antwort, »aber hier in der Provinz Navarra habe ich jeden Meter abgelaufen, mit einem gelben Farbtopf in der Hand.«

»Ein Topf mit gelber Farbe, *para que* – wozu denn das?«, frage ich überrascht.

»Um den Weg zu markieren. Immer mehr Menschen kommen aus allen Ländern Europas, eine Renaissance des alten Pilgerwesens beginnt. Wir Spanier wollen diese Bewegung unterstützen. Wir freuen uns, wenn Traditionen wieder lebendig werden, und fühlen uns verantwortlich, den Menschen zu helfen, die unseren Weg, den *»camino de Santiago«*, gehen. Die neuen Pilger sollen nicht irgendeinen Weg gehen, sondern wirklich den richtigen finden, der die Erinnerung an Millionen Menschen und ihre Schicksale trägt. Mit großer Mühe und Sorgfalt haben wir ihn mit Hilfe historischer Aufzeichnungen und Karten rekonstruiert. Manchmal ist er draußen nicht mehr zu sehen; er wurde umgepflügt, und Getreide wächst jetzt darüber. Dann habe ich auf jeder Seite des Feldes an einen Baum oder Stein einen gelben Farbfleck gepinselt. Man kann um das Feld herumlaufen, es gibt neue Wege, aber der Pilger soll den originalen Verlauf erkennen können.«

Während seiner langen Rede sind wir vor einer Tür angelangt. Er schließt sie auf. »*Buenas noches* – Gute Nacht«, verabschiedet er sich. »Sie werden morgen sicher früh losgehen. Schließen Sie dann einfach die Tür hinter sich. *Suerte por el camino* – viel Glück auf dem Weg!«

Überrascht betrachte ich das Zimmer. Das ist keine einfache Unterkunft für einen Pilger, sondern ein komfortabel eingerichtetes Gästezimmer: ein mit frischer Bettwäsche überzogenes Federbett, Tisch und Stühle, Bilder an den Wänden, alles sehr freundlich und sauber. In einem Nebenraum befindet sich die Küche, und sogar eine Dusche mit warmem Wasser ist vorhanden. Diese Herberge war aber eine der Ausnahmen. Leer stehende Gebäude oder unbenutzte Schlafräume sind die üblichen *refugios*, die den heutigen Pilger erwarten, der ein unentgeltliches Nachtquartier sucht. Ich liege im Bett und denke über diesen Tag nach, den ersten meiner Pilgerreise. Nur ein Tag – ist es möglich, dass sich an einem einzigen Tag so viel ereignen kann? Zuerst der französische Küster, der mit seinen Rufen die heidnischen Dämonen aus der Kirche vertreiben wollte, um mich dann auf der Empore zu entdecken. Der Sonnenaufgang über den Nebelwiesen. Die Maus, die keine Angst vor meiner Hand hatte. Die Pyrenäenüberschreitung und die unsichtbare französisch-spanische Grenze. Die Geier und der Wind, die Wolken und die Sonne. Die Schafe, die über den Kamm zogen. Der vertrocknete Buchenwald, der sich durch den Nebel in eine mystische Säulenmoschee verwandelte, und dann die harmlose Kuh, die mich doch so sehr erschreckte. Mir klingt noch die Stimme des Paters Sampedro in den Ohren. Ich höre sein tiefes, rollendes »r« und erinnere mich an seine glänzenden Kastanienaugen, da schlafe ich auch schon.

Von Roncesvalles nach Linzoain

Ich bin sehr zeitig aufgewacht. Ohne länger zu verweilen, schultere ich den Rucksack, ziehe die Zimmertür hinter mir zu, wie es mir Pater Sampedro gesagt hatte, und trete auf den gepflasterten Klosterhof hinaus. Es beginnt gerade erst, hell zu werden.

Vor meinem zweiten Wandertag will ich die im Klostergelände gelegene Stiftskirche besichtigen. Auf einer draußen aufgestellten Informationstafel lese ich, dass die »Iglesia Colegial« 1219 fertig gestellt und eingeweiht wurde. Gestiftet hatte sie Sancho VII., weil er in einer Schlacht siegreich gewesen war. Die kleine Kirche ist im romanischen Stil erbaut. Sie gefällt mir. Ich öffne die Tür und trete ein. Es ist noch dunkel. Und während sich meine Augen an das Dämmerlicht im Inneren des Raumes gewöhnen, denke ich nach über Zusammenhänge zwischen Krieg und Kirche. Die Herrscher führten Feldzüge, eroberten und töteten. Um sich den Beistand Gottes für ihre Taten zu sichern, ließen sie eine Kapelle, ein Kloster oder eine Kathedrale erbauen. Heute bewundern wir nur noch die Schönheit der Bauwerke und die Kunstfertigkeit der Baumeister und Handwerker.

Ein Leuchten durchflutet die Kirche. Überrascht blicke ich um mich. Als wären plötzlich Scheinwerfer angeschaltet worden, erstrahlt die Kirchenhalle in hellem Licht. Es ist die Sonne! Sie ist über die Pyrenäen gestiegen, scheint nun in das enge, waldreiche Tal und durchleuchtet die bunten Glasfenster der kleinen Kirche. Ein Sonnenstrahl trifft eine Madonnengestalt auf dem Hochaltar. Es ist die »*Virgen de Roncesvalles* – die Jungfrau von Roncesvalles«, eine geschnitzte Zedernholzfigur, mit Silber verkleidet und reich mit Edelsteinen und Gold geschmückt. Ein wunderbarer Anblick. Ich glaube zu verstehen, wie sich in solchen Momenten ein gläubiger Mensch fühlt. Nach langem Beten in der dunklen Kirche muss dieses plötzliche Eindringen von Licht ganz besonders auf ihn wirken. Und wenn gar die »Jungfrau«, an die er glaubt und an die er seine Gebete richtet, nun wie eine überirdische Erscheinung erstrahlt, dann könnte das für ihn die ersehnte Antwort sein: Er wurde erhört, er ist nicht mehr allein, seine Lebenslast ist ihm abgenommen, eine höhere Macht wacht und richtet über ihn und trägt die Verantwortung für alles, was geschehen mag.

Der silbernen Jungfrau zur Seite stehen zwei liebliche Engel, die die Jakobsmuschel in den Händen halten, darüber wölbt sich ein Baldachin.

Die Statue soll auf wundersame Weise hierher gelangt sein: Eines Abends, als schon die Nacht hereinbrach, erblickte ein Schäfer einen Hirsch, an dessen Geweihstangen zwei Sterne glänzten. Der Mann nahm all seinen Mut zusammen und folgte ihm. So gelangte er zu einer Quelle, aus der eine zauberhafte Melodie erklang. Der Hirsch verschwand, als hätte er sich in nichts aufgelöst. Völlig verwirrt ging der Hirt zurück. Am nächsten Abend wiederholte sich die Erscheinung. Als der sternengeschmückte Hirsch zum dritten Mal erschien und an der Quelle wieder traumhafte Musik erklang, benachrichtigte der Schäfer den Bischof von Pamplona. Der Bischof veranlasste eine Untersuchung, und man fand die silberne Madonna. So geschah es im 10. Jahrhundert.

Kunsthistoriker vermuten heute, dass das mit Silberblech ummantelte Schnitzwerk im 14. Jahrhundert in einer Toulouser Werkstatt geschaffen wurde.

Ich nehme meinen Rucksack auf die Schultern und schaue von der Kirchentür aus auf das Augustinerkloster und den großen, düsteren Blockbau des alten Pilgerhospitals zurück. Niemand ist zu sehen. Dem wuchtigen Mauerwerk der Gebäude ist anzumerken, dass es schon vielen Wetterunbilden standgehalten hat. Nur wenige Schritte weiter komme ich an zwei kleinen Kapellen vorbei, der Santiago-Kapelle und der Sancti Spiritus, auch *Silo de Carlo Magno* genannt, denn hier sollen die Helden der Rolandssage, wie Pater Sampedro behauptet hatte, begraben sein.

Die schmale Straße ist asphaltiert und von Laubbäumen beschattet. Das Gehen bereitet mir Schwierigkeiten. Die Füße schmerzen noch vom gestrigen Gewaltmarsch. Jeder Vorwand ist mir recht, Rast zu machen. Bald ergibt sich einer: Talabwärts steht links an der Straße ein Pilgerkreuz. Das ist das erste Santiago-Kreuz auf dem Weg. Es stammt aus dem 14. Jahrhundert und ist das älteste des *camino*. Auf einem dreistufigen Sockel erhebt sich eine Säule aus fünf Steinquadern, den Abschluss bildet ein steinernes Kreuz. Verwittert, mit blaugrauen und grünlichen Flechten überzogen, steht es da und ist dennoch zeitlos, gerade so, als ob es noch viele kommende Jahrhunderte überdauern würde. Die Pilgerscharen vergangener Zeit verharrten hier in Andacht und baten um eine glückliche Ankunft in Santiago und um gesunde Heimkehr.

Die schmale Fahrstraße fällt weiter ab. Die Orte Burguete, Espinal, Mezquiriz, Ureta, Viscarret und Linzoain haben noch viel von ihrem ursprünglichen baskischen Aussehen bewahrt. Die Menschen grüßen mich freundlich. Sie wissen, dass jemand mit einem Rucksack auf dem Rücken ein Pilger ist, und überrascht fragen sie: »*Sola* – allein?«

»*Claro, como no* – klar, warum nicht!« ist meine Standardantwort.

»*Que valiente* – Oh, wie mutig«, rufen sie bewundernd aus und schütteln doch gleichzeitig den Kopf; sie können nicht verstehen, dass es mir Spaß macht, allein zu wandern. Ein Mann drückt sein Erstaunen so aus: »*Pobrecita, tan sola! Este es demasiado aburido. Que lástima, que yo no tengo tiempo* – armes Mädchen, so allein! Das ist doch viel zu langweilig. Wie schade, dass ich keine Zeit habe mitzukommen.«

Durch Burguete führt nur eine einzige Straße, beiderseits mit weißgekalkten zweistöckigen Häusern. Türen, Fenster und Fensterläden sind oft leuchtend rot oder grün angestrichen. Mitunter finden sich anstatt der Türen auch gewölbte Toreingänge, von Steinen umrahmt und mit steinernen Wappen verziert. Nach Espinal zweigt der Pilgerweg von der wenig befahrenen Straße ab. Der Weg ist nun steinig und schlängelt sich durch ein Hochtal, hebt sich hügelan und fällt wieder ab. Es ist schön, so zu wandern; wenn nur die Beine nicht so schmerzen würden! Bei jedem Halt ziehe ich die Schuhe aus, massiere die geschwollenen Füße und creme sie mit Hirschtalg ein, um Blasen vorzubeugen. An Fersen und Ballen haben sich bereits Druckstellen gebildet. Eigentlich hätte ich genügend Zeit, einen oder mehrere Tage zu pausieren und dem strapazierten Körper Erholung zu gönnen. Doch ich kann nicht lange ruhig dasitzen. Der Frühling ist mir ins Blut geschossen. Es ist ein Frühling in voller Blüte und so viel freie Natur ringsum, wie man sie in Deutschland kaum noch findet! Ein wenig hinkend taumle ich den geschwungenen Weg entlang, wie trunken von den Düften der blühenden Weißdornhecken und den in flammender gelber Blüte stehenden Ginsterbüschen. Aus jedem Busch singen, flöten, pfeifen, jubilieren, schmettern, zwitschern, trällern und trillern Gelbspötter, Mönchsgrasmücken, Stieglitze, Bluthänflinge und selbst die Nachtigallen lassen ihren nächtlich schluchzenden Gesang unter dem wärmenden Licht der Sonne ertönen. Orchideen prunken violett. Schmetterlinge umgaukeln die Blüten. Käfer krabbeln über den Pfad. Zikaden, Grillen und Heuschrecken sirren endlose Lieder. Eine zauberhafte Welt. Wie schön kann die Erde sein! Wenn der Mensch sie lässt, dann lebt die Natur. Ein Kuckuck ruft, und lachend antwortet ihm sein Weibchen. Ihr Ruf klingt tatsächlich wie Lachen. Pfeilgeschwind wie ein Sperber rauscht das Kuckucksweibchen an Ästen und Zweigen vorbei und baumt auf. Sie ist rostrot, mit einer schwarzbraunen Querzeichnung auf der Brust. Da kommt schon das Männchen, blaugrau und unermüdlich »Kuckuck« rufend. Sie entschwindet laut kichernd mit »kwickkwickkwick«.

Ein warmer Fallwind weht kräftig vom Pyrenäenkamm herunter. Als würden diese warmen Winde zusammen mit der Sonne das Leben zum Brodeln bringen, quillt es aus der Erde empor, sprießt, grünt und blüht. Die Ortschaft Ureta besteht aus einer Hand voll kleiner Häuser. Ein Bauer sagt mir, dass nur noch ein Gebäude von ihm und seiner Frau bewohnt sei, alle anderen Leute wären in die Stadt gezogen. »*Ahí se gana mucho dinero.* Dort verdienen sie jetzt viel Geld«, behauptet er. »*Un campesino tiene que trabajar duro desde de mañan hasta la noche, pero el gana poco, casi nada.* Ein Bauer dagegen muss hart arbeiten, von früh bis spät, aber er verdient nur wenig.« Die verlassenen Häuser sehen keineswegs verwahrlost aus. Im Gegenteil, mit geschlossenen Fensterläden scheinen sie geduldig auf ihre Bewohner zu warten. »*A Santiago, verdad?* Nach Santiago, nicht wahr?«, meint der Mann. »*Y sola? Muy brava!* – und allein? Sehr mutig! *Me gustaria tambien irme a Santiago* – ich würde auch gern nach Santiago gehen.« Er möchte noch mehr sagen, doch da ruft ihn seine Frau ins Haus – das Mittagessen sei bereits auf dem Tisch. An einem baumbeschatteten Flüsschen steht eine alte, nicht mehr benutzte Mühle. Das hölzerne Wasserrad ist vermodert. Vor den blinden Glasscheiben des kleinen

Fensters hängen Vorhänge aus Spinnennetz. Kühle steigt aus dem leise murmelnden Wasserlauf. Ich will eine längere Rast machen, um zu essen. Es ist schon weit über Mittag. Am Morgen hatte ich nur ein trockenes Stück Brot verzehrt, denn ich war zu begierig gewesen, mit der Wanderung zu beginnen. Zu einem gemütlichen Frühstück ließ ich mir deshalb keine Zeit. Dann hatte die Natur mit ihren Düften, den Farben, den vielfältigsten Tönen meine Sinne so sehr berauscht, dass ich keinen Hunger verspürte. Im Rucksack sind noch die Vorräte aus Deutschland. Ich lange kräftig zu, auch damit die Last leichter wird: Brot, Käse, Wurst, Zwiebeln und Knoblauch. Ich genieße es, mich beim Wandern auf diese Weise zu ernähren. Nun noch eine dicke Scheibe von der Wurst zum Abschluss. Ich esse sie gleich so, ohne Brot. Die Luft trägt den Geruch der warmen Erde, und die Dünste, die vom Wasser und dem modrigen Holz aufsteigen, mischen sich mit denen von Zwiebel und Knoblauch. Eine unbändige Freude durchströmt mich. Wie gut es mir doch geht. Was brauche ich mehr? Ich habe alles: Brot, Wasser und Sonne, viel Sonne, Himmel und Erde. Wie um meine Gefühle zu bestätigen, beginnt wieder eine Nachtigall betörend zu singen. Ich bin frei, befreit von unerquicklichen Grübeleien, vergeblichen Hoffnungen und müder Resignation. Könnte ich doch immer so weiterwandern, wünsche ich mir!

In Viscarret umlagern wuchtige Baskenhäuser mit hochgewölbten Einfahrten den Platz vor der Kirche. Es ist ein bescheidenes Kirchlein mit romanischem Portal. Goldammern picken zwischen dem Kopfsteinpflaster nach Körnern und Krümeln. Ein Haus an der Straße besitzt nur ein einziges, winziges Fenster. Dieses kleine Fenster in der wuchtigen Mauer sieht hübsch aus, weil es ganz von einem Topf mit einer buschigen, rot blühenden Blume ausgefüllt ist. Ein struppiger, gelber Hund liegt schläfrig auf der Straße. An zwei gegenüberliegenden Fenstern beäugen sich zwei Katzen. Eine ist getigert, teufelsschwarz die andere. Die Schwarze reckt sich in die Höhe, dehnt und streckt sich, reißt das Maul auf und macht fauchend einen Buckel. Die Getigerte schaut gelangweilt zu. Schließlich dreht sie sich gemächlich um, den Schwanz schwingt sie dabei wie eine Standarte empor.

In Viscarret gab es früher eine Pilgerherberge, von der aber nichts erhalten geblieben ist.

Am Ortsausgang begegnet mir ein Bauer, der am Strick ein Pferd auf die Weide führt. Ein Fohlen stakst noch etwas ungelenk nebenher. Plötzlich springt es mit allen vieren zugleich in die Luft. Und dann rast es los, galoppiert mit dem Frühlingswind um die Wette. Wiehernd wirft die Mutter den Kopf empor. Das Kleine läuft gehorsam zurück und stupst der Stute übermütig die Flanken. Der Bauer, ein kräftiger, untersetzter Mann, mit einer wilden schwarzen Haarmähne, muskulösen braun gebrannten Armen und kantigem Gesicht, in dem schwarze Augen glühen, ruft mir zu: »*Santiago! Suerte!* – nach Santiago! Viel Glück!«

Nach Linzoain steigt der Pfad zur Erro-Höhe auf. Die Landschaft öffnet sich weit. Wie Meereswellen liegen die Höhenzüge hintereinander, vom dunklen Grün der Wälder bis zum dunstigen Blau der nun schon ferneren Pyrenäen. Ohne scharfe Trennung geht das Gebirge in die welligen Hochflächen der navarresischen Landschaft über. Ein Milan kreist im Himmelsblau. Ich bin überrascht, als er anfängt zu trillern. Die Erro-Höhe scheint mir für mein Nachtlager geeignet zu sein. Heute habe ich nur eine Strecke von etwa 18 Kilometern zurückgelegt, bin aber übervoll vom Erlebten. Kaum zu glauben, dass ich erst seit zwei Tagen wandere. Auf einem Trockenhügel finde ich einen sichtgeschützten Platz. Umgeben von Kiefern, Wacholder, Buchsbaum und Ginster breite ich auf einem Grasfleck Matte und Schlafsack aus. Neben mir wachsen rote, weiße und gelbe Knabenkrautorchideen. In einer hat eine Spinne silberne Fäden gesponnen. Der Ginster duftet und mischt sich mit dem würzig-harzigen Geruch des Wacholders und der Kiefern. Von Ferne bimmeln Kuhglocken. Es bleibt noch lange hell. Die sinkende Sonne vergoldet das frische Laub der Eichen. Ich liege auf dem Rücken und beobachte, wie der Himmel allmählich dunkler wird. Ganz deutlich spüre ich, dass sich ein geheimnisvoller Vorgang abspielt: Das Licht schwindet, etwas Neues, etwas anderes, bisher nicht Dagewesenes, kommt über die Erde. Während sich das Licht entfernt, legt sich ein zwar unsichtbares, dennoch fühlbares Etwas über die Erde. Es ist nicht greifbar, dazu ist es aus zu feinem Stoff, aber doch so fest, dass es dem Wind leichten Widerstand bietet. Auch die Geräusche: Die Kuhglocken, das Kirchturmläuten von Linzoain und vereinzelte letzte Vogelrufe klingen gedämpfter und verhallen mit einem hohlen Ton.

Der Wechsel von Tag zu Nacht ist mir vertraut. Ich schlafe leidenschaftlich gerne unter freiem Himmel, doch der lange Aufenthalt in der Stadt hatte mich abgestumpft. Meine Sinne waren betäubt und ich hatte vergessen, dass es dieses Wunder gibt. Jeden Tag ereignet es sich zweimal, zur Abend- und Morgendämmerung, und wir merken nichts davon in der Stadt!

Mitten in der Nacht wache ich auf. Über mir ist es hell. Zwinkernd kneife ich die Augen zusammen, bis ich die Sterne erkenne. Sie funkeln aber keineswegs kalt, sondern leuchten in verschiedenen Farben. In ihr weißes Licht sind zarte Spuren einer bunten Farbpalette gemischt: warmes Rot, feines Grün, glitzerndes Blau und mattes Gelb. Wie ein silbriger Dunst fließt die Milchstraße in breitem Strom von Ost nach West. Still ist es, kein Käuzchen ruft. Nur ein leiser Windhauch zieht über die Lichtung.

Von Linzoain bis Guendulain

Der Lärm der Straße dringt bis in mein Zimmer. Es ist Freitagabend. Arbeitsschluss. Die Stadt ist voller Menschen. Jungen mit Kofferradios. Die Musik dröhnt. Ich mag nicht noch einmal hinausgehen. Während ich im Pensionszimmer auf dem Bett liege, versuche ich, mir klar zu machen, warum die Stadt Pamplona mir so sehr missfällt.

Nach der einseitigen Rucksackverpflegung hatte ich mich auf ein schmackhaftes Essen in einem Restaurant gefreut. In den Gaststätten saßen fröhliche, laute Menschen. Ich hätte schon noch irgendwo einen Platz dazwischen gefunden, aber ich spürte zu deutlich mein Fremdsein. Ich trug in mir noch das Licht, die Farben, den Klang und den Geruch der Wiesen, Wälder und Felder. Ich konnte mich nicht so schnell an die Stadt und die Menschen gewöhnen. Die Stadt selbst schien mir hässlich. Graue Häusermauern sperrten die Sonne aus und stinkende Fahrzeuge verpesteten die Luft. Die Menschen traten in beängstigenden Massen auf. Sie lachten zu laut und zu viel. Die Männer fuchtelten wild mit den Händen in der Luft, grätschten breit die Beine und wiegten sich herausfordernd in den Hüften. Die Frauen trippelten hochhackig in engen Röcken einher und lächelten aufreizend mit ihren knallrot geschminkten Lippen. War es möglich, dass nur drei Tage in der Natur mich einer Welt, an der ich doch sonst teilnahm, so sehr entfremdet hatten?

Aus der Tür eines Restaurants quoll verführerischer Essensgeruch. Ich versuchte hineinzugehen, um etwas zu bestellen. Doch schnell schloss ich die Tür wieder und zog mich in meine Pension zurück. Dies kam einer Flucht gleich, denn ich wollte nichts mehr sehen und hören von dieser Stadt und ihren Menschen.

Die Geräusche dringen bis in mein Zimmer. Ich bin froh, nicht mehr dort draußen zu sein, und gleichzeitig würde ich doch gern dazugehören und mit den Leuten lachen und fröhlich sein. Das erste Mal auf dieser Reise empfinde ich, dass ich allein bin. Auf den von Wind umbrausten Pyrenäenhöhen fühlte ich mich nicht einsam. Dort war ich mir selbst genug. Die Natur war gewaltig und mächtig, sie füllte mich ganz aus. Auch gestern, bei der berauschenden Wanderung durch Täler und über Hügel, hätte mich ein Reisegefährte nur gestört. Dann hätte ich den Ginster nicht so intensiv gerochen, die Orchideen nicht so lange bewundert und die Spinne in ihrem silberfädigen Netz womöglich übersehen. Beim plappernden Gespräch wäre das Vogelkonzert übertönt worden. Doch jetzt wünsche ich mir einen Gefährten zur Seite, der mir helfen würde, am Leben in der Stadt teilzunehmen. Ich fühlte mich vereinsamt. Um die trübsinnige Stimmung zu vertreiben, erinnere ich mich daran, wie schön und viel versprechend dieser Tag begonnen hat. Ich erinnere mich an den Augenblick, als ich auf der Lichtung aufwachte:

War es das Tageslicht oder das Gezwitscher eines Bluthänflings, das mich weckte? Die Sonne war noch nicht über dem Horizont erschienen. Am Himmel verkündeten rosa Wolken ihr Nahen. Ich war glücklich. Ich spürte den Atem der Erde und atmete im gleichen Rhythmus. Den köstlichen Gleichklang genießend lag ich auf dem Rücken und schaute hinauf in den Himmel. Er wurde von einem breiten weißen Wolkenband überspannt. Von Osten kamen rosa Wolken rasch angesegelt. Bald erreichten sie die Linie der ruhenden Wolkenbank. Diese thronte zwar hoch oben in erdferner Kälte, während die kleinen rosa Wolken knapp über den Baumwipfeln dahinzogen und trotzdem kamen sie nicht unter ihr vorbei. Sobald sie sich der weißen Wolkenbank näherten, wurden sie mit großer Geschwindigkeit emporgezogen und verschwanden. Zuerst erkannte ich nicht, was da geschah. Es ging viel zu schnell. Wieder befand sich eine rosa Wolke unter dem weißen Band. Gespannt schaute ich zu. Würde sie es schaffen? Da löste sie sich schon auf. Ein gewaltiger Sog riss sie auseinander, aber ich konnte mit den Augen nicht folgen, sah nur, dass die Wolkenbarriere wieder um ein Stück größer geworden war. Unvorstellbare Kräfte tobten entfesselt dort oben. Nur scheinbar sah es freundlich und harmlos aus: blauer Himmel, weiße und rosa Wolken. Weil ich genauer hingeschaut hatte, entdeckte ich den gewaltigen Luftsog. Unwillkürlich berührte ich die Erde, als wollte ich mich ihres Haltes und ihrer Festigkeit versichern. Neue rosa Geschwader näherten sich, für Sekunden verspürte ich den aberwitzigen Wunsch, sie vor der Gefahr zu warnen. Ohne Unterbrechung wurden am östlichen Horizont neue Wolken ausgespuckt und in die Schlacht geworfen. Aber die große Wolkenbank war stärker und zog sie alle nach oben, um sie sich einzuverleiben. Sie wuchs und wuchs und überdeckte bald den Himmel. Dann begann ich ausgeruht meinen dritten Wandertag. Kiefern und Eichen säumten zu beiden Seiten den Weg mit dichtem Unterholz aus Weißdorn, Wacholder, Buchsbaum und Ginster. Wie ein Umhang verhüllte Efeu die Bäume bis zu ihren Kronen. Die große Wolke, die am Morgen die kleineren verschluckt hatte, verhüllte noch immer vollständig den Himmel. Erst als die Sonne höher gestiegen war, löste sich der diesige Dunst auf, aber trotzdem wurde es nicht so frühlingswarm wie gestern. Das Laufen ging jetzt besser, da die Füße kaum noch schmerzten.

Plötzlich aufsteigender Rauch über dem Wald ließ mich einen Brand befürchten. Doch nachdem ich noch drei Kilometer weitergegangen war, konnte ich erkennen, dass das staubgraue Monster einer Fabrik unten im Tal der Arga für die Luftverschmutzung verantwortlich war. Da mein Weg durch das Flusstal führte, musste ich dicht an diesem hässlichen, stinkenden Ungetüm vorbei. Tief aufgerissene Erde und hoch aufgetürmte Abraumhalden begleiteten mich mehrere Kilometer lang. Später erfuhr ich, dass es eine Fabrikanlage für die Herstellung von Magnesium ist. Erst in Larrasoafia gab es wieder einen erfreulicheren Anblick. Das Dorf war rundherum schön, eigentlich das schönste, durch das ich bisher gekommen war. Die Häuser waren mit geschnitzten Dachsparren und blumengeschmückten Balkonen verziert. Auf den Dächern thronten runde Essen aus Stein und Ton, oben bekrönt durch eine dachförmige Abdeckung. Im ersten Stock ragten große Halbkugeln aus dem Mauerwerk; es waren Backöfen, abgestützt durch Holzpfeiler. Das Gebäude der alten Pilgerherberge stand noch, aus Feldsteinen errichtet und mit Stützpfeilern stabilisiert. An der südlichen Stirnseite sah ich eine vermauerte Tür, vermutlich war das der ehemalige Zugang. Die Anlage machte eher einen ärmlichen Eindruck, und doch wird sie für frühere Pilger eine Wohltat gewesen sein. Hier konnten sie übernachten. Im nahen Fluss Arga, der damals sicher noch nicht so verschmutzt war, schöpften sie

Wasser zum Trinken und Kochen oder nahmen bei warmer Witterung ein Bad und wuschen ihre Kleidung.

Auf meinem weiteren Weg durch das Flusstal der Arga verwöhnte mich die Natur noch einmal mit all ihrer Schönheit. Doch schon bald konnte ich auf einer Anhöhe die Silhouette einer Stadt erkennen mit Kathedrale und Kirchen und einer für mittelalterliche Städte typischen mächtigen Wehrmauer. Ich wusste, es konnte sich nur um Pamplona handeln, die frühere Hauptstadt des Königreiches Navarra. Gerade auf diese Stadt war ich besonders neugierig, denn sie war eine der wichtigen Stationen auf dem Pilgerweg.

Ich schaute nochmals zurück. Die Pyrenäen konnte ich vom Tal aus nicht mehr sehen. Der Startpunkt meiner Wanderung, St.-Jean-Pied-de-Port, war jetzt 80 Kilometer entfernt. Das Zehnfache des Weges lag noch vor mir. Mir wurde bewusst, dass ich mich trotz der Fülle der Erlebnisse noch am Anfang meiner Pilgerreise befand. Froh, einen noch so weiten Weg bis Santiago vor mir zu haben, schritt ich auf Pamplona zu. Bald wurde das Gehen zur Marter. Bei Villava mündete der Pfad in eine verkehrsreiche Hauptstraße, der Zufahrtsstraße nach Pamplona. Lastwagen dröhnten vorbei. Ich ging am äußersten Straßenrand und war trotzdem in ständiger Gefahr, von ihnen überrollt zu werden. Abgaswolken erstickten mich fast. Ich sah nur hässliche Gebäude, Gewerbe- und Industriebauten. Wegen des harten Straßenbelages schmerzten mich meine Füße wieder. Sie fühlten sich an, als würden die Knochen aus ihrem Verbund gelöst werden, als hätten sie sich in unförmige Klumpen aus Knochen, Sehnen und Haut verwandelt. Nirgends sah ich eine Möglichkeit zu rasten. So schleppte ich mich nach Pamplona hinein und mich interessierte nur noch, eine Pilgerherberge zu finden. Ich fragte viele Passanten, doch keiner wusste etwas von einem Refugio. Manche lächelten amüsiert.

»Eine Pilgerin, na so was? Was für eine närrische Idee!«, werden sie gedacht haben.

Während der Wanderung war ich an Kreuzen, Kirchenportalen, Kapellen, Pilgerherbergen und mit verwitterten Steinen eingefassten Quellen vorbeigekommen, alles hatte die Erinnerung an die Zeit der großen Pilgerfahrten wachgerufen. Und jeder, der mir begegnet war, hatte mir Glück auf dem Weg nach Santiago gewünscht. Für die Menschen in den Dörfern hatte meine Pilgerwanderung eine große Bedeutung, es war schön gewesen, ihre Anteilnahme zu spüren.

Deshalb enttäuschte mich nun das Desinteresse der Pamploner. Auch im Informationsbüro für Tourismus schüttelte man nur den Kopf. Ich kapitulierte und ließ mir eine preiswerte Pension empfehlen.

Unablässig tobt der Lärm bis weit in die Nacht hinein unten in der schachttiefen Straße vor meiner Unterkunft. Straßauf, straßab flanieren die Leute von einer Kneipe zur anderen und werden dabei immer lustiger und lauter, noch übertönt von dem Geschrei der Losverkäufer. Schlimm auch die Fahrgeräusche, das Quietschen der Bremsen und das Knallen der Türen und das ständige Hupen. Ich halte es hier nicht aus; gleich morgen werde ich, entgegen meinem ursprünglichen Plan, weiterziehen. Es ist nur schade, dass mir dadurch die vielen Sehenswürdigkeiten dieser Stadt entgehen. Ich wäre gern über die Stadtwälle spaziert, dann hätte ich durch die Schießscharten noch mal bis zu den Pyrenäen blicken können. Auch hatte ich vorgehabt, mich im *Museo de Navarra* über die Geschichte dieser Stadt zu informieren. Einiges weiß ich schon, doch hätte ich mir gern die Fundstücke angesehen. Menschen lebten hier schon in der Steinzeit vor 30000 Jahren. Man fand ihre Steinwerkzeuge und entdeckte bisher über 30 Höhlen in den nahen Pyrenäen und den kantabrischen Kordilleren. In den Höhlen haben die Jäger ihre Beutetiere an die Wände gemalt. Sie benutzten dazu bunte Erden, Holzkohle und zerriebene Mineralien, die sie mit Tierfett und Blut vermischten. Die Felsgemälde in Ocker, Sepia, Zinnober und Schwarz sind so vollendet, dass wir sie schon als Kunstwerke bezeichnen können. Ob diese Steinzeitmenschen die Vorfahren der Basken waren, lässt sich natürlich nicht mehr beweisen. Manches deutet darauf hin, etwa die eigenständige Sprache der Basken, das Euskara, das mit keiner anderen Sprache verwandt scheint. Vielleicht ist es die älteste erhalten gebliebene Sprache der Menschheit.

Es fasziniert mich, mir vorzustellen, wie Menschen früher gelebt haben. Wenn ich eine Reise plane, informiere ich mich nicht nur über die gegenwärtige Situation, sondern vertiefe mich intensiv in ein Studium der Geschichte und Kultur eines Landes. Gerade die Zeiten, über die es noch keine historische Aufzeichnungen gibt, interessieren mich am meisten, vielleicht weil sie der Phantasie den größten Spielraum lassen.

Die Pyrenäen bildeten niemals eine Sperre, eine Trennmauer, denn immer schon strömten Völkerscharen über das Gebirge in die weite spanische Landschaft. Zuerst waren es die Kelten, die um 700 v. Chr. die Pyrenäen überquerten. Sie waren ein indogermanischer Volksstamm, der in Mitteleuropa den Raum von Böhmen und Ungarn bis zum Rhein besiedelt hatte. Dieses kriegerische Reitervolk beherrschte schon die Eisenbearbeitung. Sie trugen im Kampf eiserne Rüstungen. Aber auch kunstvoll gehämmerter Schmuck aus Gold und Silber und Zaumzeug mit Gold, Email und Korallen verziert sowie Tierfiguren aus Stein sind erhalten geblieben. Die Kelten besiedelten den Norden Spaniens. In der Provinz Galicien finden sich noch heute Überreste der keltischen Kultur.

Die Römer brauchten dann fast 200 Jahre, um die Bevölkerung zu unterwerfen. Erst Augustus konnte im Jahr 18 v. Chr. die letzten sich verzweifelt wehrenden Stämme besiegen. Straßen wurden angelegt, große Städte gebaut, Korn, Wein und Olivenöl nach Rom geliefert und die lateinische Sprache samt Rechtswesen eingeführt. Doch gelang es den Römern nie, das Baskengebiet völlig zu kontrollieren. Das Gebirge bot den Menschen sichere Schlupfwinkel. Nur bis Pamplona drangen die römischen Armeen vor.

Um 500 n. Chr. begann eine unruhige Zeit. Im Zuge der großen germanischen Völkerwanderung kamen wieder Reiter, Fußvolk, Karrenzüge über die Pyrenäenpässe. Erwartungsvoll drangen sie in das Land ein, von dessen Reichtum und Schönheit sie gehört hatten: Vandalen, Alanen, Sueben. Aber nur den Westgoten gelang es, sich in Spanien anzusiedeln. Sie hatten lange in enger Nachbarschaft mit den Römern gelebt und manches von deren Kultur, Religion und Lebensart übernommen. Fast 200 Jahre lang herrschten die Westgoten über Spanien.

Nun müsste ich Pater Sampedro hier haben. Er würde sicher über sein Lieblingsthema der maurischen Herrschaft und der Reconquista anschaulich berichten. Ich aber bringe diese Sanchos, Alfonsos und Fernandos, wie die navarresischen Herrscher hießen, ständig durcheinander. Pamplona war von 738–750 in maurischem Besitz. 750 dann eroberten die Basken ihre Stadt zurück und obwohl sie sich 778 unter den Schutz

Karls des Großen stellten, ließ er Pamplona bei seinem Rückzug zerstören, denn er wollte keine befestigte Stadt im Rücken haben. Kein Wunder, dass die betrogenen Basken wutentbrannt die Nachhut des Heeres angriffen und Ritter Roland und die anderen Recken töteten. Pamplona wurde wieder aufgebaut und Hauptstadt des Königreiches Navarra, das bis 1841 bestand. In verwirrender Vielfalt lösten die Könige einander ab. Der erste Herrscher war wohl der legendäre Inigo Iniguez, den einige Baskenstämme um 810 zu ihrem Anführer machten. Aber erst Sancho Garces I., der bis 925 das Zepter führte, ist historisch verbürgt. Er konnte die Mauren vertreiben und die Grenzen Navarras bis zum Ebro ausdehnen. Von nun an war der Weg frei nach Santiago de Compostela. Vorher mussten sich die Pilger am kantabrischen Gebirge entlang ihren Weg suchen. Einem der vielen Herrscher bin ich schon »begegnet«: Sancho VII., *el fuerte*, der Starke. In Roncesvalles hatte er die kleine Kirche gestiftet, in der ich den Sonnenaufgang erlebte und die Silbermadonna in ihrem Strahlenglanz sah. Sancho lebte von 1154–1234. Der stärkste Ritter seiner Zeit sei er gewesen, und niemand, weder im Turnier noch in der Schlacht, hätte ihn besiegen können. Mit den vereinten Christenheeren fügte er 1212 den Mauren bei »Navas de Tolosa« eine entscheidende Niederlage bei. Er erbeutete einen kostbaren Smaragd, der den Turban des Sultans Miramamolin geschmückt hat und ließ als Dank für den Sieg in Roncesvalles die Kirche bauen. Dort liegt er auch zusammen mit seiner Frau Clemencia begraben. Sein Neffe und Nachfolger Teobaldo I. hat das Grabmal errichten lassen. Die 2,25 Meter lange Grabfigur soll der tatsächlichen Größe von Sancho VII. entsprochen haben. Vielleicht war er ein paar Zentimeter kleiner, aber sein einziger Lebensinhalt war der Kampf. Mit Richard Löwenherz zog er gegen Frankreich, beide unschlagbar bei männlichen Kraftspielen und mitleidslos beim Töten. Seine Ehe mit Clemencia, einer Deutschen, Tochter des deutschen Kaisers Friedrich Barbarossa, blieb jedoch kinderlos. Als er nach vierzig Regierungs- und Kampfesjahren mit achtzig Jahren starb, folgte ihm der Sohn seiner Schwester Doña Blanca auf den Thron, jener Teobaldo, der ihm das Grabmal bauen ließ. Das Vertiefen in die Geschichte längst vergangener Zeiten hat mir geholfen, meine depressive Stimmung zu überwinden. Wie klein und wie unbedeutend ist das eigene Schicksal, gemessen an den

Zeitläufen und den Millionen Menschen, die gelebt haben und gestorben sind. Verschwunden sind sie und mit ihnen ihre Sorgen und Kümmernisse, ihre Talente und Fähigkeiten, ihre Träume und Hoffnungen, ihre Verbrechen, Opfer und Heldentaten, aber alles wiederholt sich in den nachfolgenden Generationen immer und immer wieder, wohl so lange es Menschen auf der Erde gibt.

Als ich am nächsten Morgen aufwache, ist meine Stimmung schon wieder sehr trist und melancholisch. Es regnet. Es gießt. Es schüttet. Mir ist miserabel zumute. Nun nützt es nichts mehr, meine Selbstzweifel durch Denken in historischen Zusammenhängen relativieren zu wollen. Am liebsten würde ich heimfahren. Ich hasse diese Stadt Pamplona. Zuerst der Lärm und die mit Autoabgasen verpestete Luft, und nun auch noch der Regen. Ich will wandern – wie kann ich das, wenn das Wasser in Strömen herabstürzt?

Missmutig hänge ich mir den Regenponcho über und verlasse die Pension. Auf der Straße hängen in Schaukästen Aufnahmen der berühmten »Feria de San Fermin«, dem größten Fest in Pamplona, Anfang Juli zu Ehren des heiligen Fermin. Nach den Fotos zu urteilen, ist es ein überschwängliches, turbulentes Volksfest. Interessiert betrachte ich die vielen bunten Bilder. An Straßenecken, Plätzen, Fotogeschäften und vor Restaurants hängen diese Fotoschaukästen. Auf fast allen Aufnahmen sehe ich Stiere, die im Galopp, wie schwarze Flutwellen, durch die engen Straßen der Altstadt jagen. Männer in weißer Festtracht und roter Schärpe oder einfach in Straßenanzügen stellen sich den wilden Stieren entgegen, rennen vor ihnen weg oder versuchen, in Panik über die Absperrungen zu klettern. Die Pamploner nutzen diesen Auftrieb der Stiere in die Arena, um ihren männlichen Mut zu beweisen. Allzu Übermütige oder Ungeschickte werden von den Stieren zu Boden geworfen. Ich sehe aber auch Fotos, auf denen Stiere Männer auf die Hörner nehmen und durch die Luft werfen. Ich kann mir vorstellen, dass solche »Begegnungen« dann nicht ohne größere Blessuren enden.

Der Regen ist doch nicht so schlimm. Der Poncho wird mich und den Rucksack schon weitgehend vor Nässe schützen. Also setze ich meine Pilgerwanderung fort. Wenn nur erst Pamplona hinter mir läge! An der Kirche San Ignacio verweile ich einige Augenblicke. Sie wurde zu Ehren des heiligen Ignacio erbaut, doch so heilig war er gar nicht von Anfang an. Geboren wurde er als Inigo de Loyola um 1491 als jüngster Sohn eines baskischen Adligen. Leidenschaftlich gern las er Ritterromane und er hatte nur ein Ziel – ein heldenhafter Kämpfer zu werden. Bald konnte er seinen Mut beweisen. 1521 nutzten die Franzosen einen Aufstand in Spanien, um über die Pyrenäen vor die Stadtmauern Pamplonas zu ziehen. Der junge Offizier Loyola verschanzte sich mit den Verteidigern in der Zitadelle, die Bewohner Pamplonas dagegen stellten sich auf die Seite der Franzosen. Der Kommandant der Zitadelle erkannte die ausweglose Situation und entschloss sich zur Übergabe. Doch Inigo de Loyola erhob Einspruch und schaffte es, den Kommandanten zu einem heroischen, aber sinnlosen Widerstand zu überreden. Die Franzosen schossen in Salven ihre Kanonenkugeln auf die Zitadelle. Eine Kugel schlug direkt vor Loyola ein und zerschmetterte ihm beide Beine. Er überlebte mit schrecklichen Schmerzen, die ihn monatelang nicht verlassen sollten. Zuerst wollten die Wunden nicht heilen, dann mussten die verkehrt zusammengewachsenen Knochen nochmals gebrochen werden. Als dann später unter dem Knie ein Knochenstück herausragte, wurde der Knochen einfach abgesägt. Um das nun kürzere Bein wieder auf die richtige Länge zu korrigieren, quälte man den Armen mit einer Streckmaschine. Inigo soll alle diese Leiden und Martern ohne Betäubungsmittel und ohne Schmerzenslaute ertragen haben. Um sich die Zeit zu vertreiben, begann er zu lesen. Da er seine geliebten Ritterromane nicht bekommen konnte, griff er zu den einzig vorhandenen Schriften: Geschichten aus dem Leben des Franziskus von Assisi und seines Schülers Dominikus. Wie vorher die Ritterromane seine Phantasie beflügelt und zum Nachleben inspiriert hatten, so glaubte er sich jetzt durch diese Erzählungen zu einem religiösen Leben berufen. Aber vielleicht war es auch die Einsicht, seine Karriere als Offizier nicht mehr fortsetzen, nicht mehr reiten und kämpfen zu können.

Nun widmete er sein Leben ausschließlich seinem neu gewonnenen Glauben. Sein leidenschaftlicher Charakter brauchte einfach ein Ventil, ein neues Ziel. Ignacio, wie er sich nun nannte, gründete mit dem gleichen fanatischen Eifer, der gleichen verbohrten Unerbittlichkeit und der lebensverachtenden Strenge gegen sich und andere, die er schon als

Offizier gezeigt hatte, den Orden der Jesuiten. Seine Heiligsprechung war dann nur noch eine Frage der Zeit.

Endlich liegt Pamplona hinter mir. Die Straße konnte ich bald verlassen und wieder einem Pfad folgen. Er führt über eine kleine Holzbrücke. Ich schaue hinab in das Flüsschen. Dicke Regentropfen platschen ins Wasser. Die Frösche quaken. Es macht mir jetzt sogar Spaß, im Regen zu laufen. In Gedanken versunken nähere ich mich dem Ort Cizur Menor. Erschreckt zucke ich zusammen, als der erste Hund wild am Zaun emporspringt und bellt. Es hilft nicht, beschwichtigend auf ihn einzureden. Vielleicht hört er am Ton meiner Stimme, dass ich erschrocken und verärgert bin über sein lautes Bellen. Das Kläffen schallt mir hinterher. Gerade als er sich beruhigt, belfert der nächste Köter. Er hängt an einer Kette. Die Eisenkette reißt ihn bei jedem Sprung zurück. Das Hundegeblaffe treibt mich wie einen unerwünschten Eindringling durch Cizur Menor und lässt mir keine Ruhe zum Verweilen. Menschen sehe ich keine. Auf einer kleinen Anhöhe, links vom Dorf, entdecke ich eine Ruine, den Rest einer romanischen Kirche. Nur die Außenmauern, das Dach und das Portal stehen noch. Wenn auch zerfallen, vermittelt die Kirche eine stille Schönheit. Farne wachsen in den Mauerzwischenräumen, im Dach verankert sich eine Birke, und Flechten zieren die Steine.

Schon wieder droht mir ein Hund, groß mit schwarzem Zottelfell rennt er zielstrebig auf mich zu. Er hält den Kopf schief, und Geifer tropft ihm aus dem Maul. Ich fürchte mich normalerweise nicht vor Tieren. Ihre Reaktionen sind mir vertraut. Doch Haustieren gegenüber fühle ich mich unsicher. Ihre tierischen Instinkte und Verhaltensweisen sind fast immer durch das Zusammenleben mit den Menschen verdorben. Vor diesem Schwarzen mit dem schiefen Kopf und dem Schaum an den Lefzen habe ich regelrecht Angst. Ich bücke mich und hebe einen Stein auf. Meist genügt diese Geste, um einen Hund zu vertreiben. Doch dieser schwarze Köter wird durch den Stein in meiner Hand erst recht zum Angriff gereizt. Wie ein Berserker bellt er und schnappt wütend in die Luft. Ich hebe schnell weitere Steine auf und werfe sie dicht vor ihm auf den Boden, dass der Sand aufspritzt, vermeide aber, ihn zu treffen. Er bellt wütend. Mit einer Steinkanonade gewinne ich Abstand. Schließlich dreht er sich um und trabt zur Ruine zurück. Später, als ich mich nochmals umschaue, sehe ich ihn oben auf dem Hügel. Schwarz und einsam steht er dort im Regen, und mir scheint, er zittert sogar. Jetzt fühle ich fast Mitleid mit ihm. Er sieht traurig aus und allein. Vielleicht ist er gar nicht tollwütig, wie ich fast befürchtete, sondern war nur freudig erregt, weil endlich jemand zu ihm kam – und ich hatte ihn mit Steinen weggetrieben.

Lange Zeit führt jetzt der Pilgerweg durch grüne Getreidefelder. Ackersenf säumt die Feldraine, und vereinzelt stehen Mohnblüten wie Blutstropfen im grünen Feld. Der Regen rinnt weich und warm vom Himmel und hüllt die Landschaft in einen wogenden Schleier. Durch das milchige Weiß des Regens erkenne ich undeutlich die Silhouetten von Ortschaften hoch oben auf den Hügeln. Gekrönt mit romanischen Kirchen, ähneln die Dörfer aus der Entfernung einer Festung. Das Dorf Guendulain dagegen liegt im Tal. Es ist grau und ärmlich. Vielleicht ist es wegen des Regens, dass ich auch hier keine Menschen sehe – nur die Hunde toben wieder. Ich steige auf den nahe gelegenen kleinen Berg. Dort befinden sich eine Kirche und das Schloss der früheren Barone von Guendulain, nach denen der Ort benannt ist. Die romanische Kirche ist noch verfallener als die bei Cizur Menor. Die Tür hängt lose in den rostigen Scharnieren. Sehr vorsichtig trete ich ein. An den Wänden sehe ich nur noch blasse Schatten der einstigen Malereien. Durch den Dachstuhl tropft Wasser. Ein Seitenflügel ist zusammengebrochen. Steinschutt türmt sich auf dem Boden. Kein Altar, kein Kirchengestühl ist mehr vorhanden. Doch gerade durch die Mitleid erregende Zerstörung scheint mir diese Kirche einem Lebewesen nicht unähnlich zu sein. Einst war sie schön und jung, jetzt ist sie alt und zerbröckelt langsam, doch trotz des Verfalls ist noch ihre frühere Schönheit zu ahnen. Die kleine Kirche führt mir deutlich die Gesetze von Werden und Vergehen vor Augen.

Ich gehe hinüber zum Schloss und sehe auch hier den Verfall. Durch einen hohen Torbogen gelange ich in das Innere der Ruine. Mir scheint, die zwei Stockwerke haben Wind und Regen bis jetzt widerstanden. Zuerst inspiziere ich das Erdgeschoß. Leere Räume, Fenster und Türen fehlen, der Boden ist stellenweise mit Bruchsteinen und Ziegeln bedeckt. Das Gebäude umschließt einen Patio in der Mitte. Pflanzen haben vom Innenhof Besitz ergriffen. Holunderbüsche, Brennnesseln, Vogelbeerbäume und Birken füllen ihn ganz aus. Eine intakte Steintreppe führt in das oberste Stockwerk. Auch hier sind die Zimmer leer und kahl. Der Steinboden ist sauber, als hätte jemand erst kürzlich gefegt. Ein Raum gefällt mir besonders. Er ist kleiner als die anderen und schließt sich als letzter einer Zimmerflucht an. Steinerne Sitze vor den Fensteröffnungen laden zum Ausruhen ein, und ich setze mich. Das Fenster reicht mir bis zur Taille. Bequem kann ich hinausschauen und habe schnell das Gefühl, eine Bewohnerin des Schlosses zu sein. In Gedanken statte ich mein Zimmer mit Möbeln, Teppichen und Bildern aus, schmücke es mit Blumen und denke mir aus, wie ich hier wohl gelebt haben könnte.

Heute bin ich zwar erst drei Stunden gewandert, aber ich beschließe, bis morgen zu bleiben, denn es ist sehr verführerisch, einmal für sich allein ein Schloss zu besitzen, und wenn auch nur für einen Tag oder eine Nacht. Unter dem Fenster verströmen weiße Blütendolden der Holunderbüsche einen berauschenden Duft. Regen, Nebel und Wolken verschleiern die umliegenden Felder und Hügel, geben ausschnittweise die Landschaft frei und verdecken sie bald wieder. Eine Stimmung zum Träumen. Wer wird vor mir hier gewesen sein? Frauen, immer waren es Frauen, die aus dem Fenster schauten und warteten. Sie warteten und wussten nicht, worauf: dass ein Mann zu ihnen kommt und dann das Leben endlich beginnt. Und so vergingen die Tage und vielleicht ein ganzes Leben. Es hat etwas Passives, Duldendes, am Fenster zu sitzen. Für ihr Unglück konnten die Frauen die ganze Welt verantwortlich machen, nur nicht sich selbst, denn sie saßen an ihrem Fensterplatz und warteten, aber es kam meist nicht, das Glück. Einige aber sind schon immer ausgebrochen und haben ihren Weg gesucht. Ihr Mut, ihre Leiden, ihre Kämpfe und Opfer haben mitbewirkt, dass es für mich heute selbstverständlich ist, meinen eigenen Weg zu gehen. Trotzdem habe ich mich als Kind nie an Frauenvorbildern orientiert. Frauen hatten noch nicht lange genug Gelegenheit gehabt, sich zu verwirklichen. Ihr Bild sah immer noch blass aus im Vergleich zu Männern. Überhaupt galt mir die Realität des Alltags wenig. Als Kind bewunderte ich nur diejenigen, die sich im Dschungel halb verhungert mit der Machete vorwärts kämpften, Wüsten durchquerten und dabei verdurstend einer Fata Morgana entgegentaumelten, die sturmumtoste Berggipfel bestiegen, von Schneelawinen verschüttet wurden, von Haien verfolgt in die finstere Tiefsee tauchten, in die rot glühenden Kraterschlünde der Vulkane stiegen und das Geheimnis der Höhlen erkundeten. In meiner Umgebung gab es solche Menschen nicht. Nur in Büchern las ich Berichte von Forschungsreisen und Expeditionen. Mit einer durch nichts zu erschütternden Gewissheit war mir klar, dass ich nichts anderes im Leben tun würde, als durch die Welt zu gehen, um sie zu erforschen. Von Feuerland bis Kamtschatka, von Spitzbergen bis zur Antarktis wollte ich reisen, auf die höchsten Gipfel steigen, in die Tiefe der Meere tauchen, Wüsten durchqueren und durchs ewige Eis ziehen. Das war keine Idee, die langsam wuchs, sondern sie war bereits da, als mein Bewusstsein erwachte. Es kann kaum sein, dass mein Wandertrieb eine Reaktion auf die damals in meinem Land verordnete Bewegungsunfreiheit war. Vielmehr dürfte es sich schlicht um eine Flucht vor den Realitäten des Lebens gehandelt haben. Sich den Anforderungen des Alltags zu stellen, mit seinen ständig gleichen Abläufen, war für mich als Kind nur schwer zu ertragen: aufstehen, sich waschen, anziehen, essen, trinken, zur Schule gehen, Hausaufgaben machen und dann wieder zu Bett gehen. Verständlich, dass ich schon als Zehnjährige begann, von Katastrophen zu träumen, die diese Ordnung zerstören würden. Ich versteckte mich auf dem Dachboden oder im Keller und las ein Buch nach dem anderen. Für mich war das Gelesene realer als die Gegenwart. Verzweifelt versuchte ich, dem Gleichlauf des Alltags zu entkommen. Die häufigsten Fluchtversuche unternahm ich mit dem Essen: Ich wollte unabhängig von einer regelmäßigen Nahrungsaufnahme sein. Manchmal aß ich viele Tage gar nichts, um zu sehen, wie lange ich hungern könnte. Dann wieder stopfte ich, so viel mein Magen fassen konnte, in mich hinein. Ein andermal versuchte ich, mich nur von einer Sorte Nahrungsmittel zu ernähren. Wochenlang verzehrte ich dann nichts anderes als Haferflocken. Ich nannte das »Expeditionstraining« und stellte mir vor, ich hätte mich im Urwald verirrt und die Notration sei aufgebraucht. Aus dem Abfalleimer holte ich Weggeworfenes und auf dem Schulhof durchstöberte ich die Papierkörbe nach Essbarem, hob sogar angebissene Brötchen von der Straße auf. Nur diese Fundstücke erlaubte ich mir zu essen, denn auch im Urwald würde ja hin und wieder etwas Essbares zu finden sein. Irgendwann war die Expedition beendet, ich fand zur Zivilisation zurück. Welche Freude, alles, was ich rigoros von mir gewiesen hatte, durfte ich nun wieder verzehren! Der Genuss war unvergleichlich. Ich entdeckte, wie beglückend es ist, einige Zeit auf selbstverständliche Dinge zu verzichten. Herrlich, dieser erste Biss in ein frisches Marmeladenbrötchen, und sogar mit Butter! Wie hatte ich mich in der Hungerszeit nach einem weich gekochten Ei gesehnt! Mit größtem Vergnügen klopfte ich nun mit dem Löffelchen auf das Ei, pellte langsam die Schale ab, das Eiweiß glänzte matt, und dann endlich schmeckte ich das gelbe, halbflüssige Eigelb auf dem Löffel, genüsslich schluckte ich es hinunter. Diese Tage der Rückkehr waren die glücklichsten in meiner Kindheit. Sie waren hell und licht, von Freude durchstrahlt. Ich war erfüllt von Liebe und Zuneigung für meine Umwelt. Mit frohen Augen tanzte ich durch die Wohnung, war friedfertig gegenüber den Geschwistern, half der Mutter und nahm am Familienleben teil. Doch dieses Glück dauerte nicht lange, bald waren das Marmeladenbrötchen und das Frühstücksei wieder zur Gewohnheit geworden, und niemand wunderte sich mehr über mein vorbildliches Verhalten. Dann wurde ich wieder unwillig und mürrisch, verkroch mich in Winkel und Ecken und fand alles grau, langweilig und verachtenswert. Dann war für mich wieder der Zeitpunkt für ein neues Training gekommen. Ich probierte, wie lange ich es ohne zu trinken aushalten kann. Manchmal versagte meine Stimme, und ich konnte kaum noch sprechen, so trocken war meine Kehle. Meine Eltern waren inzwischen an manche meiner Eigenartigkeiten gewöhnt. Nur einmal, als mich meine Mutter eines Nachts beinahe erfroren auf dem Balkon fand, verlor sie restlos die Geduld. Ich spürte die Kälte bereits nicht mehr. Schnee lag schon auf mir, als sie mich zufällig entdeckte. Sie legte meinen zusammengekrümmten, steifen Körper in heißes Badewannenwasser und rief verzweifelt: »Jetzt ist es genug! Ich mache das nicht mehr mit!« Kläglich hob ich den Kopf über den Rand der Badewanne und bat: »Nicht böse sein, ich wollte doch nur für die Antarktis trainieren.«

Es hat aufgehört zu regnen. Die Farben der Landschaft werden klar und intensiv. Variationen in Grün, getüpfelt vom Gelb des Ackersenfs und geflammt von Mohn. Ich freue mich, ein Schloss zu besitzen. Dass es nicht mehr bewohnbar und zerfallen ist, erhöht noch den Reiz, regt die Phantasie zu Traumbildern an.

In einem Mauerloch, nur zwei Meter von meinem Fensterplatz entfernt, entdecke ich ein Turmfalkennest. Die hell trillernden Bettellaute der Jungen sind nicht zu überhören. Das Männchen kommt erfolgreich vom Beutejagen zurück. Im Schnabel trägt es eine Maus. Der Kopf des toten Tieres hängt auf der einen Seite aus dem Schnabel, der lange Schwanz auf der anderen Seite. Obwohl ich mich nicht rühre, wagt es der Turmfalke nicht, zum Nest zu fliegen. Verunsichert durch meine Gegenwart, baumt er an einem Ast auf. Genau kann ich das Turmfalkenmännchen, das man auch Terzel nennt, sehen. Eindrucksvoll kontrastiert die satte Rostfärbung des Rückens mit dem blaugrauen Kopf und Schwanz. Vom Auge zieht ein schwarzer Streifen abwärts. Es sieht fast so aus, als trüge er einen Wangenbart. Die Bettelrufe der Jungen werden lauter. Der Terzel kann diesem fordernden Geschrei nicht mehr widerstehen. Er breitet die Flügel aus und pfeilt auf die Mauernische zu. Die Jungen begrüßen seine Ankunft mit schrillem Gekreisch. Er reagiert mit erregten, vibrierenden Tönen: »wrriiiiihh, wrrriiiiihiiii.«

Die Fütterszene kann ich nicht beobachten, da sie sich tief verborgen im Mauerwerk abspielt. Mit hellem »kikikikikikiki« fliegt der Turmfalke wieder aus der Bruthöhle heraus. Auffallend sind im Flug seine schmalen, bogenförmigen Schwingen. Der lange, blau-graue Schwanz wirkt wie ein auf den Bogen gespannter Pfeil. Der Terzel fliegt über die Wiesen und Felder im weiten Umkreis vor meinem Fensterplatz. Ich kann beobachten, wie er rüttelt. Das ist eine besondere, dem Turmfalken eigene Flugtechnik. Wie ein Fächer ist der Schwanz ausgebreitet, und die Flügel schlagen schnell und heftig in kurzen Schwingungen auf und nieder. So kann er sich fast auf der Stelle in der Luft halten. Plötzlich klappt er die Flügel eng an den Körper und stürzt wie ein Geschoss mit rasender Geschwindigkeit der Erde entgegen. Kurz über dem Boden fängt er sich und steigt im weiten Bogen wieder empor. Wahrscheinlich hatte sich das Beutetier, vielleicht eine Maus oder ein größeres Insekt, vor ihm schnell in Sicherheit gebracht. Nun rüttelt der Falke erneut an anderer Stelle und späht nach unten, ob sich dort ein anderes Lebewesen regt. Ich habe so gespannt dem Terzel zugeschaut, dass ich gar nicht gesehen habe, wie das Weibchen herangeflogen kam. Sie bemerkte mich erst, als sie kaum noch eine Armlänge vom Fenster entfernt ist. Eine hastige Kehrtwendung, und auch sie baumt auf dem Ast auf, wie vorher der Terzel. Das Falkenweibchen ist schlichter gefärbt. Kopf, Rücken und Schwanz sind rotbraun mit vielen dunkelbraunen Tupfen und Flecken. Die lichtbraune Unterseite ist mit dunklen Einsprengseln verziert. Ihre großen, schwarzen Augen fixieren mich. Die Augen eines Greifvogels haben ein wesentlich besseres Auflösungsvermögen als die eines Menschen. Sie können noch winzige Details wahrnehmen, die für uns überhaupt nicht mehr sichtbar sind. Zwar hatte ich so ruhig gesessen, als sei ich ein Teil des Mauerwerks, aber wahrscheinlich hatte sie im letzten Moment an einer Kleinigkeit, vielleicht an meinem Lidschlag oder der Bewegung der Pupillen, erkannt, dass ich ein lebendes Wesen bin und ihr vielleicht gefährlich werden könnte. Doch bald wagt sie es, angespornt vom hungrigen Krakeelen ihrer Brut, zur Nisthöhle zu fliegen.

Schon bevor es Menschen auf der Erde gab, haben Turmfalken in Felswänden oder Baumhöhlungen gebrütet. Später, als die Menschen mehr und mehr sesshaft wurden und begannen, Häuser zu bauen, erschlossen sich den Falken neue Brutplätze. Die ursprünglich scheuen Vögel folgten den Menschen sogar in die Städte. Kirchtürme und andere hohe Gebäude wurden für sie zu einer Art Felsenlandschaft, bestens geeignet, dort ihre Nachkommen großzuziehen.

In stetem Wechsel fliegen die Eltern heran und lassen sich bald nicht mehr durch meine Anwesenheit stören. Im duftenden Holunder schlagen die Nachtigallen und ein gelbschwarzes Pirolmännchen lässt seinen melodischen »düdlüoh«-Ruf erschallen. Im nahen Dorf Guendulain bellt ab und zu ein Hund. Später höre ich Kirchenglocken. Mit abnehmendem Licht, einer hinter Wolken verborgenen Sonne, verändern sich die Farben. Die Bäume und Büsche werden fast schwarz und zwischen blaugrünen Feldern glänzt die Erde isabellfarben.

Die Menschen, die früher in diesem Schloss gelebt haben, die Barone und Baronessen derer von Guendulain – wer waren sie wohl? Welches Schicksal mögen sie gehabt haben? Wurden sie von den Bewohnern des Dorfes gefürchtet oder verehrt? Das Schloss steht sicher schon seit Jahrzehnten leer, und im Dorf sind vielleicht nur noch ein oder zwei Häuser bewohnt. Die Erinnerung an die Vergangenheit erlöscht. Es gibt hier bald niemanden mehr, der die Geschichte weitererzählen könnte.

Ich breite die Matte auf dem kühlen Boden aus, entrolle den Schlafsack, krieche hinein und blicke hinauf auf die leere Fensteröffnung. Kein Stern leuchtet.

In der Nacht wache ich auf, weil heftiger Wind durch die Fensteröffnungen hereinbläst. Es pfeift und heult schaurig durch die leeren Räume. Schlaftrunken ziehe ich Matte und Schlafsack in eine Zimmerecke, um vor dem Sturm besser geschützt zu sein. Aber immer wieder werde ich von den Geräuschen geweckt. Kurze Schlafphasen wechseln sich ab mit halbwachen Zuständen. Dabei sind die Träume so real, als würde ich es tatsächlich erleben. Plötzlich sitzt auf meinem Handrücken eine Riesenzecke. Ich sehe sie ganz deutlich. Das Tier ist blutrot und groß wie ein Zehnpfennigstück. Ich verspüre weder Angst noch Ekel, aber trotzdem möchte ich die Zecke entfernen, um ungestört weiterschlafen zu können. Sie lässt sich aber nicht einfach wegwischen. Gerade habe ich das Insekt mit meinen Zähnen abgebissen, da treten vier Männer in den Raum. Ich liege im Schloss Guendulain in meinem Schlafsack auf dem Boden und sehe, wie sie durch die Türöffnung hereinkommen. Sie sind alle vier mit ähnlich dunkelblauen Anzügen bekleidet. Ihre Gesichter sind maskenhaft starr. Sie tragen eine Bahre. Darauf liegt eine kranke oder tote Person. Sie stellen die Bahre neben meiner Schlafmatte ab. Da wechselt die Szene abrupt, und ich befinde mich vor einer Kommission, die die Teilnehmer für eine Expedition auswählt. Vor mir kommt Volker Huhle dran, ein Schulkamerad. Er beantwortet alle Fragen detailliert, und die Kommission ist von ihm begeistert. Ich höre kaum zu, denn die Fragen scheinen mir unwichtig. Dann komme ich dran. Ein Mitglied der Kommission, eine Frau, fragt mich: »Wie heißt die wissenschaftliche Bezeichnung für die Schuppen der Fische?« Ich sage ihr, da solle sie besser in einem Lexikon der Biologie nachschlagen. Ich wüsste zwar diesen Ausdruck nicht, könne aber anhand einer einzigen Schuppe das Alter des Fisches bestimmen. Dazu wäre nur ein Mikroskop notwendig, denn Fischschuppen haben Jahresringe wie Bäume, die man unter dem Mikroskop zählen kann. Unbeeindruckt von meinem Wissen, werden mir weiterhin nur theoretische Fragen gestellt. Diese Fragerei finde ich blödsinnig und verliere schließlich die Geduld. Ich werfe der Kommission vor, sie würde nur Bücherwissen abfragen, doch um eine Expedition durchzuführen und zu überleben, wäre praktisches Wissen notwendig, vor allem müsse man schnell reagieren können und sich in jeglicher Situation selbst zu helfen wissen. Da wirft sich erneut der Sturm mit Macht gegen das alte Gemäuer des Schlosses. Wild faucht er und die Kommission wird hinweggewirbelt, die Traumszene erlischt und ich merke, dass ich von meiner Matte heruntergerutscht bin, der Wind treibt sie nun über den Boden. Ich fange sie ein, lege sie unter den Schlafsack und muss wohl bald wieder eingeschlafen sein.

Von Guendulain bis Lorca

Am Morgen verlasse ich »mein« Schloss. Vögel hatten mich geweckt, aber es hatte nicht lieblich geklungen, sondern aggressiv wie Kampfschreie.

Es regnet nicht, aber tief liegende Wolken verhängen immer noch den Himmel. Sanftes Grün beiderseits des Weges. An den Getreideähren perlen Wassertropfen. Dorngrasmücken warnen mit gedehntem »wäd wäd tze tze« und lassen, wenn ich vorbeigegangen bin, wieder ihr raues, knarrendes Gezwitscher hören. Auf dem Hang vor dem Ort Zariquiegui liegt ein Friedhof. Im Geviert eine hohe, weiße Mauer. In der Mitte wächst eine große Zypresse. Der Stamm des alten Baumes ist faserig und runzelig. Die Gittertür ist abgeschlossen, doch der Friedhof ist so winzig, dass ich ihn von der Tür aus durch die Gitterstäbe ganz überblicken kann. Ich sehe eingesunkene, mit hohem Gras bewachsene Gräber. Einfache Holzkreuze tragen den Namen des hier begrabenen Toten.

Hinter Zariquiegui führt ein fast völlig zugewachsener Pfad zum Monte Perdón hinauf, und ich muss aufpassen, den Weg nicht zu verfehlen.

Ich habe Durst und mir fällt wieder ein, dass ich in »meinem« Schlosszimmer eine Suppe gekocht und dabei alles Trinkwasser aufgebraucht habe. Ich wollte zwar meine Wasserflasche wieder füllen, fand aber keinen Brunnen und sah auch keine Menschen, die ich um Wasser hätte bitten können. Und so früh am Morgen an einer Haustür klopfen wollte ich auch nicht gerne. Der Durst wird immer quälender. Früher einmal soll es einem Pilger ähnlich ergangen sein. In großer Hitze schleppte er sich den steilen Weg auf den Monte Perdón hinauf. Als er den Durst kaum noch ertragen konnte, erschien ihm der Teufel! Er versprach dem Durstigen köstliches, kristallklares, kühles Wasser. Er müsse dafür nur Gott, die Jungfrau Maria oder wenigstens den Apostel Sant' Yago, wie der heilige Jakob auf Altspanisch heißt, verleugnen. Der Pilger widerstand dem Teufel trotz des quälenden Durstes und hielt treu an seinem Glauben fest. Sant' Yago ließ zur Belohnung auf dem Gipfel eine Quelle entspringen. Und siehe da – sie sprudelt heute noch und stillt auch meinen Durst. Vorsichtshalber fülle ich gleich beide Trinkwasserflaschen. Von dem 1037 Meter hohen Bergkegel kann ich die navarresische Landschaft gut überblicken. Mir gefällt, wie die Dörfer gleich Burgen auf den Höhen liegen. Die Felder sind von Büschen umrahmt und werden von kleinen Waldflecken immer wieder unterbrochen – eine harmonische von Menschen geschaffene Kulturlandschaft. Die Ortschaften Uterga, Muruzubal und Obanos liegen vor mir. Der Rucksack lastet schwer auf meinen Schultern. Ich spüre jetzt jedes Kilo mehr an Gewicht, besonders auch die zwei Liter, die ich vorhin glaubte mitnehmen zu müssen.

Bei Obanos mündet der Pilgerweg, der über den Somportpass die Pyrenäen querte, in den von mir gewählten Pfad, der über den Pass von Roncesvalles führte. Von hier an gibt es nur noch einen einzigen Weg nach Santiago. »*Y desde aqui todos los caminos a Santiago se hacen uno solo* – ab hier vereinigen sich alle Wege zu einem einzigen nach Santiago« steht auf einer Tafel am Wegesrand unterhalb eines modernen Denkmales von 1965. Diese bronzene Pilgerstatue sieht Don Quijote sehr ähnlich.

Ich biege ein in den Pilgerweg, der vom Somportpass kommt, und folge ihm etwa vier Kilometer. Es ist ein Umweg, aber ich will Santa Maria de Eunate sehen. Sie ist zwar nur eine kleine Kirche, soll aber etwas ganz Besonderes sein. Pappeln säumen den Weg, und dann, nach etwa einer Stunde, sehe ich sie, Eunate! Das Bauwerk hat tatsächlich eine intensive Ausstrahlung. Vielleicht, weil es einsam ohne eine benachbarte Ortschaft zwischen Wiesen und Feldern liegt, oder ist es die ungewöhnliche Form, die ihren Zauber ausmacht? Santa Maria de Eunate ist in Form eines Achtecks gebaut und sieht daher fast kreisrund aus. Im Osten schließt sich ein zierlich gegliederter Chor an mit vier bogenförmigen schmalen Fenstern. An einer Seite erhebt sich ein niedriges Türmchen und auf der Kuppel sitzt ein dreieckiger Glockenturm mit zwei offenen Fensterbögen. In einem seiner Bögen hängt noch eine Glocke. Im Abstand von drei Metern wird die Kirche von einem arkadenartigen

Bogengang umrandet. Nur die Bögen, welche jeweils auf eckigen Pfeilern oder schlanken Doppelsäulen ruhen, sind noch vorhanden. Vielleicht war die Arkadengalerie einmal überdacht und hatte früher die Funktion eines Kreuzganges? Wer hat diese Kirche gebaut und wann? Und warum gerade hier, in vollkommener Einsamkeit? Der romanische Baustil, die schmalen, mit Alabaster gefassten Fenster, die Bandrippen der achtseitigen Kuppel und die Kapitelle, auf denen Ornamente, Fabelwesen und Dämonenhäupter dargestellt sind, sprechen für eine Bauzeit im 12. Jahrhundert. Doch niemand weiß, wer auf die Idee kam, ausgerechnet hier, so weit entfernt von jeder Siedlung, eine Kirche bauen zu lassen.

Ich erinnere mich, schon einmal eine achteckige Kirche gesehen zu haben, bei Segovia, einer Ortschaft nördlich von Madrid. Für diesen Bau hatten Mitglieder des Templerordens den Auftrag erteilt. Vielleicht ist auch Eunate von den Tempelrittern erbaut worden? Bis zum 13. Jahrhundert spielten die Ritter des Templerordens eine wichtige Rolle beim Schutz und Ausbau des Pilgerweges. Sie bevorzugten Zahlensymbolik, und das Oktogon hatte ihrer Meinung nach magische Bedeutung. Während der Kreuzzüge nach Jerusalem waren die Templer mit orientalischer Kultur und Wissenschaft in Berührung gekommen, diese Kenntnisse brachten sie nach Europa und nutzten sie bei der Konstruktion ihrer Bauwerke. Die kleine Kirche aber bewahrt wohl für immer ihr Geheimnis. Sie ist voller Magie und Poesie. Ihre Proportionen ruhen im Gleichgewicht und strahlen für mich die vollkommene Harmonie aus. Der helle, gelbe Sandstein betont die elegante Leichtigkeit und friedvolle Heiterkeit, die von dem Bauwerk ausgeht. Ich gehe noch näher an die Kirche heran. Nun erst wird deutlich, wie klein sie eigentlich ist: Bis zum Dachrand schätze ich sie kaum mehr als acht Meter hoch und mit der Kuppel zusammen vielleicht fünfzehn Meter. Der Sandstein ist natürlich im Laufe der Jahrhunderte vom Wind zerfurcht und vom Regen ausgewaschen und zerbröckelt. Die vielen Vertiefungen nutzen wilde Bienen und Schlupfwespen, um Nester für ihre Brut anzulegen. Sie schwirren emsig um das verwitterte Gemäuer. Langschwänzige Mauereidechsen liegen auf den sonnenwarmen Steinen. Im Dachgestühl nisten wahrscheinlich Eulen. Eunate dient heute den Menschen nicht mehr als

Kirche, aber ich bin überzeugt, sie ist zu einem Tempel der Natur geworden.

Eine Stunde Rückweg zu meinem Pilgerweg liegt vor mir, aber den Umweg bereue ich in keiner Weise. Aus einiger Entfernung blicke ich noch einmal zurück. Da steht sie, Santa Maria de Eunate, einfach mitten im Feld, in ihrer Einsamkeit voller Poesie. Ich verspüre plötzlich eine Sehnsucht, ohne zu wissen, wonach. Noch lange Wanderstunden vermischen sich in mir Freude und Traurigkeit.

Nach den vielen Bauerndörfern, an denen ich vorbeikam, ist Puente de la Reina wieder eine richtige Stadt. Sie hat sich aber manches aus früheren Jahrhunderten bewahrt. Gleich am Ortseingang gelange ich über buckeliges Kopfsteinpflaster, vorbei an dunklen Steinhäusern, zu einem niedrigen Gewölbebogen, der so gar nicht als Stadttor zu taugen scheint. Eng und dunkel ist er und vermittelt eher das Gefühl einer rituellen Einweihung, einer geheimnisvollen Initiation.

Vorsichtig, auf etwas Ungewöhnliches gefasst, bewege ich mich durch den Durchlass. Auf der anderen Seite versperren links die hohen Mauern eines Klosters die Sicht, rechts fällt mein Blick auf ein romanisches Portal. Es ist bereits stark verwittert, doch noch immer wirkt es mit seinen plastischen Figuren und den gestaffelten Bögen sehr eindrucksvoll. Gitterartig sind die Säulen mit Ornamenten überzogen. Mehlschwalben umflattern wie große, schwarze Schmetterlinge das alte Portal. Sie haben ihre halbkugelförmigen Nester über dem Tympanon gemörtelt. »*Este es la iglesia del crucifijo* – das ist die Kreuzkirche« ertönt es laut hinter mir. Erschrocken zucke ich zusammen und drehe mich um. Hinter mir steht ein junger Mann: schwarze Haare, schwarze Augen, ein zu einem breiten Grinsen verzogener Mund, die Hände in den Hosentaschen vergraben.

»*Quiere Usted visitar la iglesia* – möchten Sie die Kirche besichtigen?«, fragt er höflich, seine Augen aber mustern mich frech und herausfordernd. »Ich heiße Angel«, fügt er noch hinzu.

»*Si, esta abierta* – ja, ist sie offen?«, frage ich leicht verwirrt.

»*No, pero yo tengo la llave* – nein, aber ich habe den Schlüssel.« Stolz zieht er einen großen Eisenschlüssel aus der Tiefe seiner Hosentasche. »*Vamos* – gehen wir!«, verfügt Angel und schließt die Portaltür auf.

»Die Kirche wurde von den Tempelrittern gegründet«, erzählt er mit gedämpfter Stimme. »Die ganze Stadt gehörte ihnen. Sie waren einmal der mächtigste Orden, so mächtig, dass die anderen Angst bekamen, der Papst und die Könige, und deshalb eine Intrige anzettelten. Der Orden wurde verboten, seine Mitglieder verfolgt und viele verbrannt.« Als hätte er diesen Vortrag eingeübt, fährt er fort: »Dadurch verfiel auch diese Kirche. Erst 300 Jahre später, als sie schon eine Ruine war, wurde sie vom Johanniterorden wieder aufgebaut. Größer als vorher. Sehen Sie, hier gibt es jetzt zwei Kirchenschiffe; ursprünglich war nur eines vorhanden. Das Portal, das Sie vorhin bewunderten, stammt noch aus der Zeit der Tempelritter.«

»Woher wissen Sie das alles?«, frage ich und würde gern noch mehr über die Templer erfahren.

»Nur so«, antwortet Angel lakonisch.

Nun bin ich erst recht neugierig und möchte wissen, wer er ist.

»Sind Sie von Beruf Touristenführer?«, versuche ich weiterzukommen.

Er lacht verschämt. »Nein, ich gehe doch noch zur Schule, aber mein Vater führt oft die Fremden hier herum. Deshalb weiß ich einiges. Da, sehen Sie, das ist das Kruzifix, nach dem die Kirche benannt ist.«

Das Kreuz hat die ungewöhnliche Form eines Y und sieht aus, als ob es aus einer Astgabel geschnitzt wäre.

»Sie sind doch *una Alemana*, eine Deutsche, *verdad* – nicht wahr?«, vermutet er wohl wegen meiner Aussprache. »Also es heißt, dieses Kreuz hätten Pilger aus Deutschland hierher in unsere Kirche gebracht, aber genau weiß man es nicht. Mein Vater sagt, es stamme aus der Zeit um 1400.«

Wir verlassen die Kirche. Ich möchte mich verabschieden. Angel schaut sehr frustriert drein.

»Was, Sie bleiben nicht länger hier, eine Nacht wenigstens ?«

Der enttäuschte Gesichtsausdruck und sein bittender Ton irritieren mich.

»Der Weg nach Santiago ist weit«, antworte ich lakonisch. »Heute bin ich erst einen halben Tag gegangen. Ich muss noch bis Sonnenuntergang weiterlaufen.«

Angel öffnet staunend den Mund. Er starrt mich ungläubig an.

»Sie gehen zu Fuß nach Santiago?«, bringt er schließlich heraus. »Sind Sie eine Heilige?«

»Nein!« Jetzt muss ich lachen. Und weil er so kindlich verdutzt aussieht, duze ich ihn unwillkürlich. »Wie kommst du denn darauf? Oft waren es sogar Menschen, die eine schwere Schuld oder ein Verbrechen begangen hatten, die sich als Büßer auf den Weg nach Santiago machten.«

An seinem Gesichtsausdruck sehe ich, welche Gedanken er in seinem Kopf wälzt: Was mag die getan haben? Es juckt mich sehr, seiner Fantasie Nahrung zu geben und ihm eine Gruselgeschichte zu erzählen. Nur mühsam beherrsche ich mich. »Über dich muss ich mich doch sehr wundern, Angel«, sage ich stattdessen. »Du wusstest so gut Bescheid über die Kirche – aber über die Pilger weißt du gar nichts?«

»Doch, doch«, widerspricht er eifrig. »Dort«, sagt er und zeigt auf den barocken Klosterbau aus dem 18. Jahrhundert, »befand sich eine Pilgerherberge. Im Mittelalter bekamen die Pilger hier Brot, sogar Milch und Wein und ein schönes, weiches Bett«, sein Gesicht hellt sich erwartungsvoll auf, »und sie blieben zwei Tage, um sich auszuruhen.«

»Ich gehe weiter, Angel!«

»Heute macht das doch niemand mehr zu Fuß. Die Touristen, die mein Vater führt, kommen mit dem Auto oder mit dem Bus. Warum gehen Sie zu Fuß?«

Um die Antwort möglichst knapp zu halten, sage ich: »Ich will ein Buch schreiben.«

»Oh, dann komme ich auch drin vor?«, fragt er eitel.

»Ja, versprochen!«

»Dann gehe ich noch ein Stück mit Ihnen!«

Mir ist seine Begleitung ganz angenehm. Nicht nur, dass er mir etwas über die Geschichte seiner Stadt erzählen kann – er ist auch ein hübscher Junge.

Er führt mich eine schmale, kopfsteingepflasterte Straße entlang, die »*calle mayor*«, wie er sagt, mit braundunklen Häusern beidseits. Die Straße verläuft so schnurgerade in Ost-West-Richtung, dass ich den Eindruck habe, sie gab es schon, bevor die Ortschaft hier gebaut wurde. Angel bestätigt meine Vermutung: »Sie ist ein Teil des alten Pilgerweges.« Er zeigt auf ein wundervolles, tief gestaffeltes romanisches Portal. »*Este es la iglesia de Santiago* – die Santiagokirche.«

»Das ist das schönste Portal, das ich bis jetzt gesehen habe!«, rufe ich begeistert aus. Es wirkt sehr ungewöhnlich, ja erinnert eher an archaische, heidnische Darstellungen mit den Menschenköpfen aus Stein, die als Kapitelle oben die Säulen abschließen. Im Tympanon sind Rundbögen ins Halbrund gesetzt, kleine Hufeisenbögen, wie sie in der arabischen Baukunst oft zu sehen sind. Allerdings ist die Verwitterung auch an diesem Portal schon weit fortgeschritten, und viele der kleinen Figuren auf den Kapitellen und Archivolten sind kaum noch zu erkennen. Die Tür ist abgeschlossen. Diesmal vermag Angel keinen Schlüssel aus der Tasche zu zaubern.

»Ich möchte Ihnen gern die berühmte Santiago-Figur zeigen. Warten Sie einen Moment – *solamente un momento!*«

Ich mache mich auf eine längere Wartezeit gefasst und will die Zeit nützen, um meinen Hunger zu stillen. Kaum habe ich Brot und Käse ausgepackt, kommt er wieder angerannt und schwingt lachend den Schlüssel. Das Innere ist viel reicher ausgestattet als die »*Iglesia del Crucifijo*«. Es gibt mehrere vergoldete Barockaltäre und einen Hochaltar mit einem szenenreichen Retabel, einem Altaraufsatz. Man merkt, dass die Kirche umgebaut und erweitert wurde, zuletzt im 18. Jahrhundert. Eigentlich stammt auch hier nur noch das Portal aus der Gründungszeit. Mir gefallen goldgeschmückte Kirchen nicht sonderlich. Doch die zwei Meter große, geschnitzte Figur des Apostels Jakobus ist sehenswert. Er ist als Pilger dargestellt mit einem langen Stab und einem faltenreichen, gerafften Gewand. In der Hand trägt er die Bibel. An seinem Hut befinden sich eine große und zwei kleinere Pilgermuscheln. Ein kunstvoll gelockter Bart fällt ihm auf die Brust. Das Gesicht ist geprägt von Askese und strahlt Ruhe und Überlegenheit aus.

»Die Holzplastik ist sehr wertvoll, sagt mein Vater. Sie wurde im 14. Jahrhundert geschaffen«, unterbricht Angel meine stille Betrachtung.

Draußen bedanke ich mich bei ihm, weil er sich auch noch bemüht hat, den Schlüssel zu besorgen, doch er will mich noch bis zur Brücke begleiten, sagt er.

Die *calle mayor* mündet in die Brücke ein. Sie überspannt den Rio Arga.

»*El puente de la reina* – die Brücke der Königin, nach dieser Brücke wurde die Stadt benannt«, sagt Angel. »Es heißt, die Brücke habe die Gemahlin von König Sancho Garces III. gestiftet. Sie hieß Doña Mayor. Mein Vater weiß genau, wann sie gelebt hat, so um 1000 war das, glaub ich. Aber Vater sagt, in Wirklichkeit sei die Brücke von ihrer Schwiegertochter, der Doña Estefani, gestiftet worden. Wer weiß, wie das gewesen ist, aber bezahlen musste sie sicher Sancho!«

»Bezahlt haben sie in jedem Fall die Menschen, die damals hier lebten mit ihren Steuern und Abgaben, und die haben sie auch gebaut«, sage ich.

»Na ja, wenn Sie das so sehen, haben Sie auch nicht Unrecht.« Und dann nimmt er noch einmal Anlauf. »*Vamos un poco al bosce* – gehen wir noch etwas in den Wald?«, fragt er mich mit bittenden Augen.

Diese Direktheit verblüfft und amüsiert mich gleichzeitig. Ich sage ihm, es habe mir Freude gemacht, ihn kennen zu lernen, und betone, nun müsse ich aber weiter nach Santiago. Er hört gar nicht auf meine Worte, schaut an mir vorbei und geht dann wortlos weg. Doch dann dreht er sich noch einmal um und ruft mir nach und ich höre an seiner Stimme, wie enttäuscht und beleidigt er ist. »*Una santa! Solamente una santa!* – Eine Heilige! Doch nur eine Heilige!«

Bevor ich weiterwandere, betrachte ich die Brücke noch genauer – eine Bilderbuchbrücke! Mit sechs Bögen wölbt sie sich über den Fluss. Jeder einzelne Bogen ist so bemessen, dass er sich, zusammen mit der Spiegelung im Wasser, zu einem Kreis ergänzt. Die Baumeister im 11. Jahrhundert haben Fähigkeiten und Kenntnisse besessen, die meiner Meinung nach in späteren Jahrhunderten leider vergessen und verloren gegangen sind oder einfach ignoriert wurden. Dieses Bauwerk hält seit 900 Jahren allen Belastungen stand, sogar Autos rollten einige Jahrzehnte darüber – erst seit neuestem ist sie für Fahrzeuge gesperrt –, und all die Jahrhunderte mussten nur unwesentliche Ausbesserungen vorgenommen werden. Im warmen Schein der Nachmittagssonne leuchten die Steine der alten Brücke honiggelb. Da erinnere ich mich an eine Legende: Manchmal, so erzählen sich die Leute, erscheint ein fremdartiger Vogel. Ohne sich von den Menschen und ihren betriebsamen Tätigkeiten einschüchtern zu lassen, fliegt er auf die Brücke und säubert mit seinem Schnabel die Steine. Er trägt sogar in seinem Gefieder Wasser vom Fluss herbei, das er auf dem Mauerwerk versprüht. Emsig putzt er das Gemäuer, bis es rein und glänzend ist. Dann wissen die Menschen, dass ihnen gute Jahre bevorstehen. Seit langem, so sagt man, ist der Vogel nicht mehr gesehen worden.

Inzwischen ist es Nachmittag und ich wandere weiter nach Westen. Die Sonne scheint mir jetzt warm ins Gesicht. Weit öffnet sich der Blick auf Getreidefelder, dazwischen Olivenbäume und Mandelbaumhaine. In flache Hügelketten eingebettet oder oben auf den Höhen liegen kleine Ortschaften. Endlich eine Rast, denn gegessen habe ich den ganzen Tag kaum etwas – nur der eine Biss ins Weißbrot vor der Santiagokirche und ein Stück Käse, bevor Angel schlüsselschwingend angerannt kam. Weil ich allein wandere, bin ich nicht gezwungen, mich anderen anzupassen und kann meine Essenszeiten und Pausen frei bestimmen. Die Erde am Wegesrand ist sonnenwarm, der Wind streicht sanft über meine Haut. Silbern glänzt das Laub der Oliven, frisches Grün sprießt aus knorrigen Weinstöcken, die Erde dazwischen ist rotbraun. Eine Schafherde zieht grasend vorüber, begleitet von zwei Schäfern und ihren Hunden. Noch bevor ich mit dem Essen fertig bin, kommen die beiden Männer auf mich zu. Natürlich stellen sie wieder die Fragen nach dem Woher und Wohin und warum allein. Ein Schäfer schüttelt den Kopf und meint, er würde es nicht verstehen, der andere hingegen nickt bedächtig und behauptet, er verstehe das.

»Nein!«, sagt der Erste.

»Ja!«, widerspricht der andere.

Eine Weile noch schauen beide schweigend auf die Erde. Dann wünschen sie mir Glück auf dem Weg und stapfen mit schweren Schritten ihren Tieren hinterher.

Oben auf einem Hügel liegt Maneru. An einigen Hängen prunken alte Adelswappen. Auf einer Bank vor der Kirche sehe ich drei Mädchen. Wie Püppchen sitzen sie brav und still und wagen sich in ihrer Festtagskleidung nicht zu rühren. Weiß, rosa und rot sind die Kleider und dazu passend die Schleifen im Haar. Ich setze mich zu ihnen, um sie kennen zu lernen. Es sind drei Schwestern, die jüngste in Weiß ist acht Jahre, die mittlere zehn und die älteste im roten Kleid ist zwölf Jahre. Von ihnen erfahre ich, dass heute Sonntag ist, deswegen hätten sie auch ihre schönen Kleider an. Sie sind sehr stolz auf ihre Gewänder und verzichten deshalb auf Spiele, bei denen sie sich schmutzig machen könnten. Sie präsentieren sich selbst wie kostbare Ausstellungsstücke und üben so ihre Rolle ein, die sie später als erwachsene Frauen spielen wollen: mittels äußerem Schein aufzufallen, damit sich ein Mann für sie interessiert. Mich mustern sie mit verblüfftem Ausdruck in den Augen. Sie sehen staubige Wanderschuhe, windzerzauste Haare, und meiner alten Hose und dem ausgebleichten Baumwollhemd haften die Spuren von bereits fünf Wandertagen an.

Tief steht die Sonne im Westen, als ich eine Stunde später nach Cirauqui gelange. Auch diese Ortschaft liegt auf einer Anhöhe. Weiß gekalkte Häuser, ausladende Balkone, geschnitzte Dachsparren, Toreinfahrten mit Adelswappen, Treppen, Fenster und Türbögen – ein idyllischer Ort, der die Vergangenheit bewahrt. Auf Stühlen und Bänken sitzen die Menschen in der Abendsonne vor ihren Häusern. Cirauqui ist gestaffelt gebaut, ganz oben erhebt sich die Kirche San Román. Sie sieht unbedeutend aus, doch dann biege ich um die Mauer und stehe vor dem Portal und atme tief durch! Jedes Mal wieder wirken diese romanischen Portale auf mich wie Erscheinungen, immer denke ich, nun habe ich das Schönste von allen entdeckt, um dann später von einem noch eindrucksvolleren überrascht zu werden. Dieses hier ist ganz besonders. Es öffnet sich weit nach außen, dann aber neigen sich die Säulen und Bögen zur Mitte, und wie mit magnetischer Kraft wird man zum Eingang gezogen. Nur die romanische Baukunst schafft diese Sogwirkung. Auffallend bei diesem Portal ist der zehnfach ausgelappte und gezackte islamische Türbogen, ein deutlicher Hinweis auf den starken arabischen Einfluss selbst noch im 12. Jahrhundert.

Hinter Cirauqui ist der Pilgerweg plötzlich mit Steinen gepflastert, die durch die Benutzung während der Jahrhunderte rund und glatt geschliffen sind. Hier verlief einst eine Römerstraße, und nur dieser Abschnitt ist erhalten geblieben. An ihrem Ende eine fast ganz zerfallene alte Steinbrücke. Auch sie soll von den Römern gebaut worden sein. Dann setzt sich der Erdweg fort, vorbei an dem schon seit 300 Jahren aufgegebenen Ort Urbe. Nur noch Mauerreste sind zu sehen und ich stelle mir vor, was hier früher geschehen sein mag. Die Sonne ist inzwischen untergegangen. Wolken sind wieder aufgezogen, und die Luft riecht nach Regen. In der Ferne sehe ich die Häuser von Lorca und beschließe, dort nach einem Quartier zu fragen.

Die Wirtin hat ein großmütterliches, rundes Gesicht und viele graue Löckchen auf dem Kopf. Klein und lebhaft läuft sie in der Gaststube hin und her, scherzt mit den Gästen, schenkt Wein aus, brutzelt gleichzeitig etwas in der Küche, holt Nachschub aus dem Keller und versorgt die Tiere im Stall. Sie brät für mich ein Omelett und stellt ein Glas Rotwein auf den Tisch. »Nein, in Lorca gibt es kein Refugio«, antwortet sie. Doch ich könne im Nebenraum auf dem Fußboden schlafen. Schnell mustert sie meinen Rucksack und stellt fest, ich hätte ja anscheinend alles dabei zum Übernachten.

Die Gaststätte ist klein, warm, dunkel. Zwölf Männer hocken an den Tischen. Der Alkohol rötet allmählich ihre Gesichter. Plötzlich, wie auf ein geheimes Kommando, öffnen sie die Münder und singen. An ihren Hälsen schwellen die Adern. Jorge, der Sohn der Wirtin, setzt sich mit seinem Weinglas an meinen Tisch. Er deutet auf die Sänger, lacht und sagt: »Früher wären Sie als Pilgerin hier nicht so ungeschoren davongekommen!«

»Wieso?«

»Nun, deren Vorfahren waren recht wilde Gesellen. Sie warteten unten am Fluss mit scharf geschliffenen Messern auf unerfahrene Pilger.«

»War Lorca denn ein Räubernest?«

»Ach wo, so schlimm waren wir nicht.« Jorge lacht wieder. »Nein, die Leute hier haben nur vom giftigen Wasser des Flusses profitiert.«

»Wie denn das?«, frage ich verständnislos.

»Viele Pilger waren beritten, und wenn die Pferde vom Wasser des Rio Salado tranken, krepierten sie bald. Darauf haben die Einheimischen nur gewartet. Im Nu waren sie zur Stelle, weideten die Kadaver aus und verteilten das Fleisch unter sich.«

»Na, dieses Fleisch hätte ich nicht essen wollen.«

»Wenn Sie Hunger gehabt hätten wie die Menschen, die damals hier lebten, hätten Sie es auch nicht so genau genommen. Das Fleisch war ja in Ordnung, die Pferde sind nur wegen der Salze im Flusswasser gestorben«, behauptet Jorge und erzählt weiter: »Allmählich sprach es sich natürlich unter den Pilgern herum. Sie warnten sich gegenseitig vor unserem Fluss. Da machten es sich die Frauen und Mädchen mit ihrem Strickzeug am Ufer bequem und sagten den Vorüberkommenden, dies sei noch gar nicht der Rio Salado, während die Männer in den Büschen mit gewetzten Messern warteten.«

Nun gönnt sich auch die Wirtin eine Ruhepause und nimmt auf dem dritten Stuhl an unserem Tische Platz. Sie heißt Carmen und freut sich, als ich ihr sage, ich hieße ebenso. Sie möchte gern wissen, wie dieser Name in meiner Sprache ausgesprochen wird, und ist etwas enttäuscht, dass es in Deutsch keine andere Aussprache dafür gibt. Sie fragt nach meinen Eltern und Geschwistern, fragt, ob ich verheiratet sei und wie viele Kinder ich habe.

»*Hijita* – Töchterchen«, so nennt sie mich, »da musst du dich aber beeilen – ohne Kinder ist das Leben rein gar nichts wert.«

Sie selbst hat zwei verheiratete Töchter, die in Pamplona leben. Ihr Sohn Jorge, der Jüngste, dem sie zärtlich die Wange tätschelt, habe noch keine eigene Familie gegründet. »Jorge hat eine *novia*, eine Verlobte«, plaudert sie aus. »Es ist ein gutes Mädchen. Sie ist von hier, aus Lorca«, betont sie. »Jorge erbt mal die Gaststätte. Das ist wichtig, denn ein paar Leute müssen ja auch hier bleiben. Wo soll das hinführen, wenn alle in die Stadt abwandern?«

Von Lorca bis Torres del Rio

Den sechsten Tag bin ich nun schon zu Fuß unterwegs. Ungefähr 110 Kilometer habe ich zurückgelegt, das sind im Durchschnitt knapp 20 Kilometer am Tag. Etwa die achtfache Strecke liegt noch vor mir. Ich könnte größere Etappen bewältigen; es war mir jedoch wichtiger, für die Begegnungen mit den Menschen Zeit zu haben und für all das, was es am Weg zu sehen, zu hören, zu fühlen und zu denken gab. Aber die enthusiastische Stimmung, die mich bisher beflügelt hatte, ist verschwunden. Immer laufen. Es scheint endlos. Wozu? Die Füße tun weh. Der Rucksack hängt unerträglich schwer auf dem Rücken, drückt auf die Schultern und die Hüftknochen. Die Unbequemlichkeiten: das Schlafen auf hartem Boden, selten die Möglichkeit, sich am Abend oder Morgen zu waschen, und wenn, dann nur mit kaltem Wasser, die eintönige Ernährung, meist nur Brot, Käse, Tomaten, Zwiebeln, mal eine Suppe oder eine Büchse Fisch. Das alles stört mich ja eigentlich nicht, aber wozu nehme ich es auf mich? Es ergibt keinen Sinn – Santiago? Was will ich dort? Das ist doch kein Ziel für mich! Statt mich Kilometer um Kilometer vorwärts zu mühen, sollte ich lieber etwas Sinnvolleres tun. Ich habe keine Lust mehr.

Dabei hatte der Tag gut begonnen. Carmen, die warmherzige Wirtin, stellte mir gleich frühmorgens, als ich in die Küche kam, heißen Milchkaffee und Obst und Kekse auf den Tisch. In froher Stimmung begann ich meine Wanderung. Es hatte in der Nacht geregnet, und nun dampften aus dem feuchten Boden weiße Nebelschwaden. Die Sonne schien blässlich durch den Dunstvorhang. Lerchen stiegen empor und waren bald unsichtbar im Nebel, nur ihre jubilierenden Töne schallten herunter. Die roten Tupfen des Mohns waren behangen mit perlenden Tautropfen und leuchteten in den reifenden Kornfeldern. Die Luft war weich und samtig. Ich hatte das Gefühl, als sei die Erde gerade neu erschaffen worden. So friedlich, so rein, so schön. Menschen der umliegenden Dörfer begegneten mir. Geschultert trugen sie Hacken und Schaufeln. Sie gingen zu tief gefurchten Feldern, um Spargel zu stechen. Bachstelzen, schwarz-weiß, umflatterten die arbeitenden Menschen und pickten auf der rotbraunen Erde nach Würmern und Insektenlarven.

Doch bald war diese Idylle vorbei, der Pilgerweg mündete vor der Brücke über den Rio Ega in eine viel befahrene Landstraße. Laster donnerten vorüber. Von der Brücke blickte ich auf den Rio Ega hinunter. Schmutzig wälzte er seine Wasser. Es roch faulig. Aus einem dicken Rohr floss offenbar ungeklärtes Abwasser in den Fluss. In einem Pilgerführer aus dem Mittelalter heißt es noch, dass das Wasser des Rio Ega kristallklar und sauber sei und unbedenklich von Mensch und Tier getrunken werden kann. Der Rio Ega fließt an der Stadt Estella vorbei, meiner nächsten Etappe. Estella, ein viel versprechender Name für eine Stadt. Wird das »E« am Wortanfang weggelassen, heißt es Stella, das bedeutet Stern. Bella, die Schöne, wurde Estella im Mittelalter genannt. Es soll eine blühende Metropole gewesen sein mit Kirchen und Palästen, lange Zeit die Residenzstadt der Könige von Navarra und wichtiges Handelszentrum mit regelmäßigen Wochenmärkten. Angetan von der märchenhaften Beschreibung erwartete ich, zumindest einen Abglanz des alten »*Estella la bella*« vorzufinden. Doch durch die Altstadt mit ihren verwinkelten Gassen lärmen Touristen mit ihren Ansprüchen: Sie suchen hier Zerstreuung und Unterhaltung, Restaurants und Hotels, Weinstuben und Bars. Die Stadt strengt sich an, diesen Wünschen gerecht zu werden, hat alte Viertel abgerissen, um wie in vielen anderen Städten einem falsch verstandenen Fortschritt den Weg zu bahnen. Ich sehnte mich, kaum hatte ich die Stadt betreten, sogleich wieder nach den Feldern und Wiesen der navarresischen Landschaft. In Spanien gehören Dorf und Stadt zwei verschiedenen Zeitepochen an. Auf dem Land ist die Vergangenheit noch lebendig.

Als gäbe es keine Entwicklung, leben dort die Menschen auf eine seit Jahrhunderten fast unveränderte Weise. Den Städten dagegen versucht man mit aller Gewalt eine moderne Maske überzustülpen. Wer da vom Bewahren des Alten spricht, wird nur belächelt. Wahrscheinlich ist es dieser Kontrast, der heute meine Stimmung so negativ beeinflusst: einmal das einfache, bescheidene Leben in den Dörfern und dann wieder dieser Fortschrittswahn in den Städten. Spanien hat diese zwei Fenster, durch eines kann ich in die Vergangenheit blicken, die mir wesensverwandt ist, durch das andere sehe ich eine Neuzeit, die mich abstößt. Ich musste mich deshalb zwingen, wenigstens einige Stunden in Estella durch die Straßen und Gassen zu gehen, Brücken zu überqueren und hohe Treppen zu steigen, denn ich wollte die romanischen Kirchen und Paläste sehen, die von der mittelalterlichen Residenzstadt noch übrig geblieben sind.

Jetzt sitze ich hier oben bei der Kirche San Miguel. Treppenkehre um Treppenkehre bin ich emporgestiegen mit dem schweren Rucksack auf dem Rücken. Es hat sich gelohnt! Ich blicke hinab auf eine Szenerie von Dächern, Dachfirsten, Türmen und Kaminen. Keine Straßen, keine Fahrzeuge, keine Menschen sind zu sehen. Sorgfältig vermeide ich, die breite Umgehungsstraße direkt unter mir in den Blickwinkel zu bekommen. Mauersegler schießen pfeilgeschwind, spitze, helle Schreie ausstoßend, über die Dächer.

Die Kirche San Miguel beeindruckt mich zuerst gar nicht so sehr. Weder außen noch im gotischen Innenraum kann ich etwas entdecken, das mich anrührt, bis ich vor dem Nordportal stehe. Sofort möchte ich meinen Ausruf zurücknehmen, den ich in Puenta la Reina machte. Dieses ist nun wirklich das Portal der Portale! Schauen, schauen, schauen – es ist wie das Aufblättern eines fantastischen Bilderbuches. Figuren, Fabelwesen, Ornamente – diese Fülle an kleinen Szenen auf den Kapitellen und Archivolten. Auf beiden Seiten des Portals stehen große Apostelfiguren, lang und schlank in ihren herabwallenden Gewändern. Als plastisches Relief der Erzengel Michael – er kämpft seinen großen Kampf mit dem Drachen – und daneben auf einem zweiten Relief die drei Frauen am Grab Jesu, denen zwei Engel die leere Gruft zeigen. Der Künstler hat den drei Gestalten so viel lebendige Bewegtheit zu geben verstanden, dass sich in ihren Gesichtern und Haltungen eine ganze Gefühlsskala von Trauer, Erschrecken, Hoffnung und Freude widerspiegelt. Um das Jahr 1185 wurde dieses Bilderportal geschaffen. Lange stehe ich davor, entdecke in der Überfülle des Dargestellten immer noch Neues. Mir kommt der

Gedanke: War ein Künstler im abergläubischen Mittelalter nicht gefährdet, wenn er die Fähigkeit besaß, aus Steinen »lebendige« Figuren zu schaffen? Lag es nicht nahe, ihn der Magie, der Verschwörung mit Dämonen, Hexen, Teufeln zu bezichtigen? Wir wissen heute kaum etwas über die Baumeister, Bildhauer und Steinmetze des Mittelalters. Ihre Namen sind selten überliefert und noch seltener Mitteilungen über ihr Schicksal.

Ich fühle mich hin und her gerissen zwischen dem Wunsch, die Stadt zu verlassen, und der Neugier, wenigstens noch den Königspalast zu sehen. Von der hohen Treppe der Kirche San Pedro de la Rua schaue ich hinunter auf die Plaza San Martin. Ein ruhiger, harmonisch geschlossener Platz, umgeben von historischen Gebäuden, dem Rathaus aus dem 16. Jahrhundert und dem Palast der Könige von Navarra. In der Mitte das runde Becken eines Springbrunnens. Zwei Mädchen in weißen Kleidern umkreisen ihn und spritzen mit ihren Händen kleine Wasserfontänen empor.

Der Königspalast ist eines der wenigen nichtkirchlichen Bauwerke der Romanik, das bis heute erhalten geblieben ist. Gegen 1160 ließ Sancho der Weise den Palast errichten. Sein Sohn war der über zwei Meter große Sancho *el fuerte*, der sein Leben lang kämpfte, aber keine Nachkommen zeugte. – Königspalast – Estella – Rolandssage ... Auf einmal fällt mir wieder ein, was Pater Sampedro in Roncesvalles erzählt hatte. Hier soll der Kampf des Ritters Roland mit dem Riesen Ferragut abgebildet sein. Es ist ein viereckiger Bau aus hellen Sandsteinquadern. Das Wort »Königspalast« lässt ein anderes Gebäude erwarten. Gewiss, es ist ein herrschaftliches Haus, aber ein Palast ...? Das Untergeschoss besteht aus einer einzigen Halle, die sich mit vier Arkadenbögen nach außen öffnet. Die vier Fenster im Obergeschoss werden jeweils aus drei schlanken Säulen gebildet. Nach oben schließen die Fenster mit vier Bögen ab. An den kleinen Kapitellen der Fenstersäulen findet sich zierlicher Schmuck, aber nirgendwo die versprochene Kampfszene. Schließlich entdecke ich sie. Die Fassade wird beidseits von zwei übereinander stehenden Halbsäulen begrenzt. Auf dem Kapitell der unteren linken Säule sind zwei Ritter zu Pferde zu sehen, die ihre Lanzen kreuzen. Trotz der Verwitterung des Gesteins ist noch deutlich das fein gearbeitete

Zaumzeug der Pferde zu erkennen, das Kettenhemd der Reiter und das Ornament auf den Schilden. Nichts deutet darauf hin, dass hier der Kampf zwischen einem Riesen und einem Menschen dargestellt sein soll. Pater Sampedro hatte Recht, es sind zwei Ritter, die sich im tödlichen Entscheidungskampf befinden. Er meinte, der eine Reiter symbolisiere das Christentum, der andere den Islam.

Nach Estella ist der Pilgerweg über weite Strecken mit der Landstraße identisch. Ich atme auf, als er zum Kloster Irache abbiegt und wieder als Feldweg durch die Landschaft führt, doch nur zu bald mündet er zurück in die verkehrsreiche Straße. Es ist die Hauptverkehrsader. Ich studiere die Karte genau, um irgendeinen Umweg zu finden, doch es bleibt mir nichts anderes übrig, ich muss Kilometer um Kilometer auf der Asphaltstraße traben. Es ist gefährlich, denn die Fahrzeuge rasen hautnah an mir vorbei. Bei riskanten Überholmanövern springe ich vorsichtshalber schnell in den Straßengraben. Es ist ein sehr warmer Tag geworden. Der heißeste bisher. Der zarte Nebel des Morgens ist schon lange verdunstet. Jetzt prallt die Sonne herunter und bringt den Asphalt zum Kochen. Die feucht verschwitzte Haut verpappt mit dem aufgewirbelten Staub. Ich ärgere mich. So was Dummes! Das macht keinen Spaß mehr, und trotzdem gehe ich weiter. Warum, wozu? In den Pyrenäen vor sechs Tagen war es zwar anstrengend und mühsam, aber es hatte mir Freude bereitet, dem müden Körper meinen Willen aufzuzwingen. Da war die Natur ringsum, das wilde Spiel der Wolken mit Wind und Sonne, die kreisenden Bartgeier, die halbwilden Gebirgspferde und die in goldenes Licht getauchte Schafherde, die über die weiten Kämme zog.

Ich verfluche die Straße und gehe trotzdem weiter. Ich könnte ja einfach ein Auto anhalten und so weit mitfahren, bis der alte Pilgerweg wieder abzweigt. Allerdings habe ich mir nun einmal vorgenommen, nach Santiago zu Fuß zu gehen. Entweder ich lege jeden Kilometer aus eigener Kraft zurück oder ich breche das Unternehmen ganz ab und fahre gleich nach Hause. Also beschließe ich, so lange zu laufen, bis sich meine Stimmung wieder bessert. Doch schon bald muss ich mich in den Straßengraben setzen und die Schuhe ausziehen. Das feste Schuhwerk ist zwar gut als Halt für die Füße, zumal bei zusätzlicher Belastung durch den Rucksack, doch wenn es so heiß wie heute ist, können die Füße nicht abkühlen und reiben sich wund. Ich wechsle die Socken und befestige die feuchten am Rucksack zum Trocknen. Doch es war schon zu spät. Bei jedem Schritt spüre ich, wie sich die Druckstellen zu Blasen entwickeln. Nichts wie Schuhe aus! Denn die lange Strecke könnte ich nicht mit wunden Füßen gehen. Es ist ein ungewohntes Gefühl, barfuß mit Rucksack auf einer Landstraße zu laufen. Der Belag ist sehr grobkörnig und von der Sonne fast glühend aufgeheizt. In meine Fußsohlen prägen sich die spitzen Kiesel und Steinchen schmerzhaft ein. Meine Aufmerksamkeit wird jetzt ganz davon beansprucht, eine möglichst glatte Stelle für den nächsten Schritt zu finden. Auch den Pilgern früherer Zeiten machte die Fußbekleidung Schwierigkeiten. Oft hielten die Schuhe den Strapazen des Weges weniger gut stand als die Menschen. Ein Glückspilz, wer neue Schuhe auftreiben konnte und auch noch die richtige Größe erwischte! Sonst wird ihnen nichts anderes übrig geblieben sein, wie jetzt mir, als barfuß zu gehen. Immer habe ich Barfußgehen als Vergnügen empfunden und es so oft wie möglich getan, aber diesmal weiß ich bald nicht mehr, wie ich meine Füße noch aufsetzen soll. Manchmal versuche ich im Straßengraben oder im angrenzenden Feld meinen geplagten Füßen Abkühlung zu verschaffen. Aber die üppig sprießenden Disteln treiben mich schnell wieder auf den heißen Asphalt zurück. So bleibt mir denn nichts anderes übrig, als öfter eine Pause zu machen und mich einfach an den Straßenrand zu setzen.

Endlich sehe ich die Kulisse von Torres del Rio. Dort will ich bis morgen bleiben. Im Ort soll es ein Refugio, eine Pilgerherberge, geben, »Santa Barbara« genannt. Als ich ziemlich erschöpft und hinkend den Ortseingang erreiche, laufen aufgeregt einige Frauen auf mich zu: »*Que pasa contigo?* Mädchen, was ist denn mit dir passiert?«

Ich zeige auf meine wunden Füße. Geschwind holen sie alle möglichen Schuhe herbei. Ein Paar blaue Plastiksandalen passen schließlich. Eine Frau fragt mich, warum ich denn unbedingt nach Santiago gehen wolle. Das hatte ich mich selbst schon den ganzen Tag lang gefragt, als ich meine geschundenen Beine zum Weitergehen zwang und mir meine Schritte wie Wassertropfen erschienen, die in einer Wüste verdampften. Warum gehe ich gerade diesen alten Pilgerweg, gehe ihn ohne den Glauben, der die Pilger damals beseelte, der ihnen leuchtete und sie stärkte? Was soll ich der Frau auf ihre Frage antworten? Dass es mir Spaß macht, Strapazen zu erleben und zu überwinden, dem Körper Leistung abzuringen, wenn er vor Müdigkeit schreit und nur noch in kühle, unbewusste Dunkelheit sinken will? Das würde sie wohl kaum verstehen, sie, der Arbeit und Leben genug Strapazen und Mühsal bescheren. Oder würde sie begreifen, wenn ich ihr erzählte, wie glücklich es mich macht, so frei dahinzuziehen, am Morgen noch nicht zu wissen, wo man am Abend schläft, einzutauchen, zu verschmelzen mit der Landschaft, während sich die Konturen des eigenen Körpers verlieren, man sich aber zugleich innerlich geweitet bis zum Horizont erfährt? Schließlich antworte ich, nach Santiago ginge ich wegen des Weges. Es sei für mich wichtig, unterwegs zu sein.

»*Tu buscas el camino*! Ach so, du suchst noch den Weg!«, ruft sie aus. »Du wirst bestimmt ankommen. Er wird dich hingeleiten, zur Seligkeit im Herrn; ich werde für dich beten.« Auf ihre Worte, mit so viel Herzlichkeit und Wärme gesagt, will ich nichts erwidern. Ich frage nach dem Refugio. »Zu Ramón Sostres willst du?« Sie schlägt entsetzt die Hände zusammen. »Da kannst du nicht hin! Der arme Ramón, er ist verrückt geworden. Sein eigenes Haus hatte er den Pilgern zur Verfügung gestellt, weil er immer so einsam war. Nun ist er ganz und gar verrückt. Nein, da darfst du nicht hingehen.«

»*Entonces, donde puedo dormir*? Wo kann ich sonst übernachten?«

»Torres del Rio ist nur ein armes Dorf, wir haben keine Herberge. Frage den *cura*, den Pfarrer, er wird dir helfen.« Die Dorfstraße steigt buckelig an. Die Häuser sind blendend weiß getüncht. Plötzlich sehe ich inmitten des Dorfes eine achteckige Kirche – sofort erinnere ich mich –, achteckig, wie die Kirche von Eunate. Wohl ist die Eunatekirche schöner, auch weil sie rätselhaft allein auf freiem Feld steht, doch diese hier, Santo Sepulcro genannt, könnte immerhin derselben Bauepoche entstammen und auch den gleichen Auftraggeber gehabt haben – die Tempelritter? Immer wieder »begegne« ich diesem geheimnisvollen Orden, ohne Genaues über ihn erfahren zu können.

An dem achteckigen Zentralbau ist im Osten eine Apsis und im Westen ein Treppenturm angebaut. Wieder rührt mich die schlichte Einfachheit, der harmonische Zusammenklang der Proportionen und

Formen. Da wird eine Pforte geöffnet, und der *cura* tritt heraus. Er bleibt stehen und mustert mich ernst und schweigend, als erwarte er eine Erklärung. Ich muss komisch aussehen, verschwitzt und staubig mit blauen Sandalen und den baumelnden Wanderschuhen und Socken am Rucksack, so beeile ich mich mit der Mitteilung, ich sei eine Pilgerin. Er nickt und winkt mir zu, ihm zu folgen. Wir gelangen in ein kleines Haus und dort in ein Kämmerchen. Es ist kühl und dunkel. Noch immer ohne ein Wort gesprochen zu haben, streckt er die Hand aus. Da ich nicht reagiere, fragt er schließlich: »Haben Sie keinen Pilgerpass?«

»Ach so, natürlich!« Schnell hole ich den Ausweis, den ich in Roncesvalles erhalten habe, aus dem Rucksack. Es ist das erste Mal, dass ihn jemand zu sehen verlangt. Der *cura* drückt einen Stempel auf das Papier. Weil er so schweigsam ist, wage ich nicht, ihn nach einer Übernachtung zu fragen. Stattdessen bitte ich ihn, Santo Sepulcro innen besichtigen zu dürfen. Er nickt wieder und sagt dann doch noch einen Satz: »Die Tür ist offen.«

Es dauert einige Zeit, bis ich im Dämmerlicht etwas erkennen kann. Nur wenig Licht fällt durch die schlitzartigen Öffnungen ins Innere. Dann haben sich meine Augen daran gewöhnt, und ich blicke hinauf zu dem ungewöhnlichsten Deckengewölbe, das ich je gesehen habe. Die Kuppel wird gebildet von vielfach sich überkreuzenden Rippen, die sich zu einem strengen symmetrischen Muster verbinden. Die von den Ecksäulen des Oktogons aufsteigenden Bandrippen führen nur bis zum ersten Drittel der Kuppel. Auch alle anderen Rippen gehen stets an der Mitte vorbei, sodass dort eine runde Fläche frei bleibt. Deutlich ist wieder der islamische Einfluss erkennbar, die Kuppel erinnert mich eher an eine maurische Moschee als an eine christliche Kirche.

Die Ortschaft Torres del Rio, zu deutsch »Türme des Flusses«, beginnt im Tal, das von einem kleinen grünen Flüsschen, dem Linares, durchflossen wird, und zieht sich verwinkelt eine Anhöhe hinauf. Auf der Kuppe sind keine Häuser mehr, dafür eine zweite Kirche. Dort sitze ich auf einer Mauer und lasse meine Beine in der Nachmittagssonne baumeln. Bis zur nächsten Ortschaft, Viana, sind es noch 15 Kilometer Fußmarsch. Nein, für heute bin ich genug gelaufen. Doch wo kann ich übernachten? Ich habe heute keine Lust, im Freien zu schlafen. Außerdem ist die Landschaft zu übersichtlich: Getreidefelder, Weinstöcke, Hecken, eine Baumreihe, nirgendwo ein sichtgeschütztes Plätzchen, wo ich mich mit meinem Schlafsack niederlassen könnte. Und ich bin ganz ehrlich zu mir – ich mag nicht einen Meter weit mehr gehen. Abschätzend betrachte ich die Kirche. Die Tür ist abgeschlossen, das habe ich schon ausprobiert, aber da ist das weit vorgezogene Dach, darunter könnte ich doch ... Warum nicht hier mein Schlaflager einrichten? Im Schutze einer Kirche wird mich wohl niemand belästigen.

Lange bleibe ich nicht allein. Zuerst erscheinen die Kinder. Dann, eine nach der anderen, zu zweit oder in kleinen Gruppen, die Frauen des Dorfes. Bald stellt sich heraus, dass sie nicht wegen mir kamen, wie ich mir zuerst einbildete. Die Frauen lassen sich an der Westseite der Kirche auf dem Boden nieder oder auf Steinen und Holzstücken, lehnen den Rücken an die warme Außenmauer, legen die Hände in den Schoß, blicken über die weiträumige Landschaft, während die Sonne langsam untergeht, schwatzen mit der Nachbarin zur Rechten und zur Linken, rufen einen Scherz über alle Köpfe hinweg, trösten ein Kind, das sich beim Spiel sein Knie oder den Ellenbogen zerschrammt hat, oder flechten dem anderen den aufgelösten Zopf neu. Jeden Nachmittag, wenn sie ihr Tagwerk beendet haben, sitzen sie hier und warten auf den Sonnenuntergang. Dann gehen sie nach Hause und kochen für die Familie das Abendessen.

»*Aqui siempre encontramos, cada tarde, aparte hay lluvia pero lluvia es muy raro*. Hier treffen wir uns immer, außer es regnet einmal, aber Regen ist sehr selten«, sagen sie. Den Frauen sieht man an, dass sie hart arbeiten müssen. Bauersfrauen, deren breitflächige Gesichter sonnengebräunt sind, bei den Jungen spannen sich geblümte Kittelschürzen über kräftige Körper.

»Es tut gut, miteinander zu sprechen, zusammenzuhalten, sich zu helfen«, erklären sie mir.

»Nicht alle im Dorf sind so wie wir«, redet eine der Frauen weiter. »Einige sind sehr einsam, sie kapseln sich ab, vor allem die alten Männer. Ramón Sostres ist so einer, krank ist er geworden, verrückt, weil er mit niemandem mehr sprach.«

»Auch die Brüder Valesco sind merkwürdig«, nimmt eine weitere Frau das Wort. »Vier Brüder sind es. Keiner hat geheiratet. Immer nur gearbeitet und gespart, nichts haben sie sich gegönnt. Der Jüngste mag jetzt 80 Jahre alt sein, der Älteste ist gewiss über 90.«

Alle Frauen nicken bestätigend mit den Köpfen.

»Schmucke Burschen waren es gewesen und so fleißig«, bedauert die Älteste der Frauen. »Ach, ein Elend. Keine Frau, keine Kinder, keine Enkel. Ganz allein sind die Armen, jetzt, wo sie alt sind«, rufen die Frauen durcheinander.

Die Sonne senkt sich rot auf die Kornfelder. Wie schwarze Pfeile jagen die Mauersegler in rasanten Schwüngen und Sturzflügen durch den Abendhimmel. Plötzlich lässt eine Frau ein warnendes Zischen hören. Das Geplauder bricht sofort ab, alle werfen die Köpfe empor, blicken in eine Richtung, der nächste Blick geht zu ihren Kindern – ja, sie sind alle noch da und in Sicherheit. Ihre Mienen entspannen sich und sie schauen zurück in die Richtung, aus der Gefahr zu drohen schien. Ich strenge mich an, aber ich sehe nichts, nur vier Jugendliche, die den Feldrain entlanggehen: Drei Burschen tragen Gerten, die sie durch die Luft schnalzen lassen, und ein Mädchen ist barfuß, mit langem Rock und wehenden schwarzen Haaren.

»Was ist mit denen, was erschreckt Euch so?«, frage ich in die Runde. Zuerst keine Antwort. Alle beobachten aufmerksam, welchen Weg die vier einschlagen. Erleichterung, sie gehen am Dorf vorbei.

»Das waren Zigeuner«, antworten die Frauen.

»Warum habt ihr Angst vor ihnen?«

»Angst haben wir nicht direkt, aber man muss aufpassen. Man weiß nie, was sie im Schilde führen«, betonen die Dorffrauen.

Ich liege schon im Schlafsack, da kommt Maria, die Frau, die mich gefragt hatte, warum ich nach Santiago ginge, noch einmal zur Kirche herauf. Sie sieht mich mitleidig an und fragt besorgt, ob es nicht zu hart sei auf dem Steinboden und ob ich mich nicht fürchten würde, so allein in der Nacht. Sie überreicht mir ein Essenspaket: Weißbrot mit einem Omelett dazwischen. Ich bin schon am Einschlafen, da erscheint wieder eine Frau, Aurora. Sie bringt mir ebenfalls Brote mit Ei und Wurst.

Gegen Mitternacht wache ich auf. Ein lauter Knall! Für einen Augenblick ist es taghell. Gleich darauf wieder ein dröhnender Donnerschlag. Gewitter! Blitz auf Blitz erhellt die Nacht und jedes Mal gleich darauf der

Donner – das Unwetter ist direkt über dem Dorf. Es ist faszinierend, das Gewitter so direkt erleben zu können, und ich bin froh über den ideal gewählten Übernachtungsplatz. Das Kirchendach bietet guten Schutz, auch vor dem Regen, der jetzt in Sturzgüssen herabprasselt. Die Blitze werden seltener, der Donner hallt schon von fern. Da sehe ich einen Lichtschein. Das Licht bewegt sich, wird größer, kommt näher – kommt direkt auf mich zu! Ich krieche schnell aus dem Schlafsack, um bereit zu sein, mich zu verteidigen.

»Haben Sie keine Angst, wir sind es«, sagt eine Frauenstimme. Ich erkenne sie, es ist Rosita, eine der Frauen, die mit an der Kirchenmauer gesessen hatte, begleitet von ihrem Mann, der den Regenschirm über beide hält.

»Wir haben uns Sorgen gemacht wegen des Gewitters und wollten Sie zu uns ins Haus holen. Irgendein Plätzchen findet sich da schon«, bietet Rosita an.

Es tut mir Leid, dass sich die beiden vergeblich in Regen und Dunkelheit auf den Weg gemacht haben, denn ich möchte lieber unter meinem Kirchendach bleiben. Ich wache auf, als es schon hell ist. Ein klarer, leuchtender Morgen. Wieder schwirren Mauersegler durch die Luft. Ein Tag, so recht zum Wandern! Schnell ist der Rucksack auf den Rücken geschwungen.

Von Torres del Rio nach Logroño

Jesus begegnete ich in Logroño. Er begrüßte mich mit dem alten Pilgerruf: »Santiago, Ultreia!«

Er erzählte viel und rauchte eine Zigarette nach der anderen. Was er erzählte, interessierte mich. Wir setzten uns im Park von Logroño auf eine Bank. Jesus war viermal in Santiago gewesen.

»In diesem Urlaub werde ich wieder pilgern. Ich nehme meine kleine Tochter mit. Sie ist zwölf. An den Wochenenden habe ich mit ihr geübt. Sie wird es schaffen.«

»Warum pilgerst du so oft nach Santiago, Jesus?«

»Ich weiß nicht. Ich muss es einfach immer wieder tun. Es ist schön. Es reinigt mich. Ich lebe nicht so gesund. Hier, die Zigaretten, und nicht nur das, manchmal trinke ich mehr, als ich sollte, und esse zu viel, die Arbeit, der Ärger, all das ist ungesund. Nicht nur mein Körper profitiert von der Pilgerreise, auch innerlich, meine Seele, das ist wichtig. Und ich lerne dazu, treffe unterwegs Menschen, die mehr wissen als ich. Ich habe sogar Französisch gelernt, weil ich mich einer französischen Pilgergruppe angeschlossen hatte.«

Jesus ist vierzig Jahre alt. Er ist klein und untersetzt. Braune Haare hängen ihm strähnig in die viereckige Stirn. Die engen Augen verstecken sich unter vorgewölbten Augenbrauen. Der Mund ist farblos und besitzt keine Konturen, er hebt sich kaum von der übrigen Gesichtshaut ab. Seine Hände sind kräftig mit kurzen Fingern, an denen mir die eckig geschnittenen und vom Rauchen gelb gefärbten Nägel auffallen.

Ich betrachtete gerade die Kirche San Bartolomé mit ihrer expressiven Portalplastik, als er mich ansprach. Ich reagierte abwehrend, weil ich heute bereits öfter belästigt worden war. Bisher war ich vor zudringlichen Männern sicher gewesen. Die Bewohner der Dörfer, die Bauern und

Schäfer, denen ich begegnete, waren zwar neugierig, sie versäumten nie, nach dem Woher und Wohin zu fragen, und wunderten sich, warum ich allein wanderte, keiner aber machte anzügliche Bemerkungen, als Frau war ich für sie ohne Bedeutung. Da ich mich als Pilgerin auf dem Weg nach Santiago befinde, bin ich in ihrer Vorstellung unantastbar wie eine Heilige. Nur Angel in Puente la Reina war eine gewisse Ausnahme. Seine Blicke und Anspielungen amüsierten mich, ja sie schmeichelten mir sogar, vielleicht weil er noch sehr jung war und sein Werben deshalb so unschuldig wirkte. Heute in der Frische des Morgens war ich von Torres del Rio zuerst einen Feldweg entlanggegangen. Der vom Gewitterregen aufgeweichte Boden gab bei jedem Schritt schmatzende Töne von sich, und dicke Batzen Lehm blieben an meinen Schuhen hängen. Heidelerchen saßen auf Grasbuckeln am Feldrain und sangen ihre Sehnsuchtslieder. Weinfelder, Mandelbäume, Oliven und Getreide waren durchflochten mit Mohn und Kornblumen. Ich hörte einen Wiedehopf rufen. Er blieb verborgen im hohen Gras, ließ aber unermüdlich seine dumpfen Töne erschallen. Weiße Haufenwolken türmten sich am Himmel. Dann kam wieder eine Fahrstraße, viele Kilometer weit. Sie war schmal, kaum zwei Wagen hatten nebeneinander Platz. Trotzdem fuhren die Autos mit großer Geschwindigkeit und sehr dicht aufeinander. Immer wieder sprang ich in den Straßengraben. Dringend suchte ich eine Abzweigung, aber es gab nur geschlossene Feldfluren. Einige Fahrer machten mir obszöne Handzeichen. Meine Wut steigerte sich, als andere ihr Fenster herunterkurbelten, langsam neben mir herfuhren und mich mit dreisten Worten aufforderten, einzusteigen. Es schien mir am klügsten, überhaupt keine Reaktion zu zeigen. Ich tat einfach so, als verstünde ich kein Spanisch, ja, als wäre da überhaupt niemand, und ging starr geradeaus blickend meinen Weg. Verständlicherweise war ich deshalb sehr verschlossen, als sich dann Jesus mit mir unterhalten wollte. Da er sich aber für meine Pilgerreise interessierte, verlor ich bald mein Misstrauen. Er wußte viel zu erzählen.

»Weißt du eigentlich, dass du dich jetzt in der Provinz Rioja befindest? Wir haben hier den besten Wein ganz Spaniens.«

»Was macht denn die besondere Qualität eures berühmten Weines aus?«

»Nun, wir haben die beste Erde, fruchtbares Land, das der Ebro bewässert, und die Sonne, du merkst ja selbst, wie heiß sie herunterbrennt. Die Kunst des Kelterns lernten wir schon früh von den Kellermeistern aus Frankreich, die auf ihrem Weg nach Santiago hier durch unsere Gegend kamen. Manche blieben sogar für immer, wenn ihnen ein hübsches Mädchen begegnete.«

»Logroño ist durch den Pilgerweg groß geworden«, erzählt Jesus weiter, »vorher war es nur ein winziges Dorf. Dann kamen die Pilger und brauchten Unterkünfte, Essen und Kleidung. Es siedelten sich Handwerker und Händler an. Die Stadt wuchs und wuchs. Wenn du dir den Stadtplan ansiehst, erkennst du, wie sich Logroño linear von Ost nach West erstreckt, das ist die Richtung des Pilgerweges, *la ciudad como el camino*, die Stadt richtet sich nach dem Weg.«

»Wie ist das eigentlich mit Logroño? Ich habe gelesen, die Stadt sei oft zerstört worden?«

Jesus hackt mit der Schuhspitze ein kleines Loch in die Erde vor der Bank und lässt sich Zeit mit der Antwort. »Na ja, unsere Stadt lag eben an der Grenze zwischen den Königreichen Navarra und Altkastilien, da ist es halt dauernd zu Kämpfen gekommen. Oft blieb kein Stein auf dem anderen. Man sagt, deswegen habe Logroño keine Atmosphäre, kein Gesicht. Ich bin aber nicht dieser Meinung, ich finde, es ist eine schöne Stadt.«

»Entschuldige, Jesus, ich wollte Logroño nicht schlechtmachen.« Und schnell frage ich, um ihn abzulenken: »Was weißt du von Cesare Borgia?« Mir war plötzlich das Denkmal eingefallen, das ich in Viana gesehen hatte. Da gab es einen Widerspruch, in diesen klaren und edlen Gesichtszügen der Büste und den Beschreibungen, in denen er als gewissenloser Gewaltmensch, als Verderber der Menschheit geschildert wird. Weil man befürchtete, sein Begräbnisplatz in der Kirche Santa Maria würde die heilige Stätte entweihen, wurde die prunkvolle Tumba zerstört, als Viana an das Königreich Kastilien geriet. Seinen Leichnam verscharrte man vor der Kirchentüre.

»Ach, der Borgia!«, ruft Jesus aus. »Ich weiß nicht viel. Nur dass er seine Schwester geliebt haben soll. Die Lucrezia muss ja ein schönes Weib gewesen sein! Aber sehr verrucht und verdorben!«

»Das kann doch nicht der Grund gewesen sein, weswegen man den Cesare so verteufelte?«, bohre ich weiter.

»Man sagt, er habe seinen Bruder Giovanni ermordet, um dessen Besitztümer zu erben. Er muss äußerst machtbesessen gewesen sein und eine starke Kämpfernatur. Man nannte ihn *el toro*, den Stier.« Unwillkürlich klingt Bewunderung in Jesus' Stimme. »Er war dabei, halb Italien zu erobern. Aber dann starb sein Vater, Papst Alexander VI. Als Papst hatte er nur eines im Sinn gehabt, nämlich die Macht derer von Borgia zu vergrößern. Damit hatte schon Papst Kalixt III., auch ein Borgia, angefangen, ein Großonkel des Cesare.«

»Sag mal, das verstehe ich nicht, wieso konnte sich Alexander VI. als Papst denn zu seinen Kindern bekennen? Das Zölibat hätte er wenigstens dem Schein nach wahren müssen?«, frage ich.

»Kann ja sein, dass er die Kinder gemacht hat, bevor er Kardinal und später Papst wurde. Jedenfalls gab es große Empörung, als ausgerechnet der Borgia zum Papst ernannt wurde, weil dessen Lebenswandel alles andere als tugendhaft war.« Mir fällt auf, dass Jesus doch viel mehr weiß, als er vorher zugeben wollte, und ich frage ihn deshalb, woher er sein Wissen habe.

»Das hört man eben so. Ich will dir noch mehr erzählen. Als der Papst, Cesares Vater, starb – wahrscheinlich ist er vergiftet worden –, war die Karriere des Sohnes vorbei. Er hatte viele Feinde, die ihm seine Erfolge neideten und lieber selbst an die Macht gelangen wollten. Der Cesare dachte aber nicht daran, mit seinen Eroberungen aufzuhören. Er unterwarf die Emilia Romagna, Umbrien, Siena und plante, sich auf die Städte Florenz, Bologna und Neapel zu stürzen. Doch da nahm man ihn gefangen und verschleppte ihn auf Befehl des Königs von Kastilien nach Spanien, um ihn dort in den Kerker zu werfen. Er war schon ein wilder Hund, *un corajudo*, gewesen, der Cesare, so einfach ließ der sich nicht unterkriegen. Er flocht sich ein Seil und stieg zum Turmfenster hinaus. Nur war das Seil zu kurz. Er hörte schon die Wachmannschaften rufen, die seine Flucht entdeckt hatten. Da blieb ihm nur der Sprung in die Tiefe, dieser Teufelskerl! *El tuve cojones*, er hatte Mut. Obwohl er sich schwer verletzte, gelang ihm die Flucht auf dem Rücken eines Pferdes, das ihm Getreue bereithielten.«

»Wie ging es denn dann weiter?«

»Das ist alles, was ich weiß. Mehr gibt es wohl auch nicht über ihn zu berichten, denn schon bald darauf wurde er mit nur 33 Jahren bei einem Kampf getötet. Das muss 1507 das gewesen sein.«

»So lange ist das schon her! Und da spricht man immer noch über ihn?« staune ich.

»Man spricht ja nicht über ihn. Ich habe nur berichtet, was ich wusste, weil du mich gefragt hast.«

»Du hast doch vorhin gesagt, du hättest darüber erzählen gehört.«

»Der Rafael Ojeda, das ist der *cura*, Pfarrer im Barrio Yague, der kennt die ganze Geschichte der Borgia-Familie, mit ihm unterhalte ich mich öfter. Der weiß eben alles! Den müsstest du kennen lernen. Don Rafael ist ein guter Mensch. Stell dir vor, in der schlimmen Franco-Zeit hat er vielen das Leben gerettet. Er versteckte die Leute, gab ihnen Geld und sorgte dafür, dass sie über die Grenze nach Frankreich flüchten konnten. Er ist wirklich ein richtig guter Mensch«, schwärmt Jesus.

Inzwischen ist es später Nachmittag geworden. Ich muss mir ein Nachtlager suchen. Zwar habe ich heute nur wenige Kilometer zurückgelegt, kaum zwanzig, aber das Gespräch mit Jesus war mir wichtiger. Ich will ja nicht in Rekordgeschwindigkeit ans Ziel gelangen, sondern mit den Menschen unterwegs in Kontakt kommen, einen Einblick gewinnen. Nun aber ist es zu spät, die Stadt heute noch zu verlassen.

»Jesus, gibt es in Logroño ein Refugio? Ich will hier übernachten.«

»Nein, nur eine Unterkunft bei der Caritas. Da darfst du nicht hingehen. Man bestiehlt und belästigt dich dort. Es ist ein Unterschlupf für Leute, die keine Wohnung und keine Arbeit haben. Ich weiß etwas Besseres. Ich bringe dich zu Pater Rafael!«

Ich protestiere: »Nein, nein! Ich bin doch nicht hilfebedürftig. Da nehme ich lieber ein Zimmer in einer Pension.« Aber Jesus ist von der Idee, mich mit seinem Vorstadtpfarrer bekannt zu machen, nicht mehr abzubringen.

»*El es un hombre bueno! Un hombre tan bueno!* Es ist ein guter Mensch, ein wirklich guter Mensch«, wiederholt er immer wieder.

Das Barrio Yague ist ein Stadtviertel von Logroño. Die grauen, hässlichen, renovierungsbedürftigen Mietshäuser zeigen, dass hier der ärmere Teil der Bevölkerung lebt. Jesus begleitet mich und nutzt die Zeit, das Thema »Don Rafael« weiter auszuschmücken. »Er stammt nämlich aus einer sehr angesehenen Familie. Seine Eltern sind reich, wahrhaft reich, aber sie haben ihn enterbt, weil er sein Jurastudium abgebrochen hat und stattdessen Pfarrer bei den Armen geworden ist. Nun besitzt er weniger als die Leute hier. Wenn er etwas bekommt, verschenkt er es sofort.«

Inzwischen bin ich recht neugierig auf diesen Pfarrer. Jesus geht voran, in ein Haus mit abblätterndem Putz, das ebenso grau ist wie die anderen. Die Haustür ist ohne Farbanstrich und hängt schief in den Angeln. Ein dunkler, muffiger Treppenaufgang. Nach mehrmaligem Klopfen kommt von drinnen ein Murren. Wir treten ein. Flur, Küche, Zimmer – es sieht aus wie in einer abgenutzten Studentenbude. Auf einem Bett liegt apathisch ein junger Mann. Eine zierliche schwarze Katze streicht um unsere Beine und steigt dann in einen Korb mit neugeborenen Kätzchen. Es klopft an der Tür. Zwei Frauen treten ein und wollen Don Rafael sprechen. Weil der Pfarrer nicht da ist, gehen sie in die Küche, spülen herumstehende Tassen und Gläser unter kaltem Wasser ab und brühen Pulverkaffee auf. Sie sprechen lebhaft, und ihrer Intensität und Lautstärke nach geht es um Wichtiges. Ich kann den Zusammenhang nicht verstehen, nur dass es Probleme mit einer Kommission gibt. Jesus will etwas sagen: Er nickt, er schüttelt den Kopf, er hebt die Hände. Vergeblich, er kommt nicht zu Wort. Der Redestrom ist nicht zu unterbrechen. Es sind selbstbewusste Frauen. Man spürt, sie sind es gewöhnt, vor einer großen Menschenmenge zu reden. Die Dunkelhaarige mag Mitte dreißig sein, ihre Züge zeigen noch die Spuren vergangener Schönheit. Sie macht einen ernsten, verbitterten Eindruck. Ihr Madonnengesicht ist herb geworden, wie einstmals blühendes Land, dem das Wasser fehlt, die hohe Stirn ist gefaltet und von den Nasenflügeln furchen sich tiefe Linien zu den Mundwinkeln. Die andere Frau ist klein mit aschblonden Haaren. Sie kommt mir bekannt vor. Ich brauche eine Weile, bis mir einfällt, dass so die Arbeiterfrauen ausgesehen haben, die ich bisher nur aus Filmen kannte. Filme, die in der Zeit spielten, als August Bebel und Karl Liebknecht die Sozialdemokratische Partei in Deutschland gründeten und Rosa Luxemburg und Clara Zetkin die Fabrikarbeiterinnen aufriefen, sich gegen Unrecht und Ausbeutung zu wehren.

Don Rafael tritt durch die Tür. Ich hatte versucht, mir vorzustellen, wie er wohl aussehen würde. Nur weil ihn die anderen so nennen, wird mir klar, dass er der *cura*, der Pfarrer, ist. Unwillkürlich hatte ich an einen großen, ernsten Mann gedacht, eine Mischung zwischen gütiger Vaterfigur und weisem Gelehrten. Doch durch die Tür wirbelt ein kleiner, rundlicher Kerl. Trotz seiner Beleibtheit ist er erstaunlich beweglich. Ich schätze sein Alter auf Ende vierzig. Der runde Kopf ist fast ohne Haare. Der Blick aus dem Gesicht mit den Pausbacken und dem Doppelkinn drückt Wärme und Gutherzigkeit aus. Seiner Kleidung ist anzumerken, dass für ihn die äußere Erscheinung absolut keine Rolle spielt. Schnell hat er einen Kaffee aufgebrüht, ihn ebenso schnell ausgetrunken, den Jungen im Bett aufgemuntert, seinen Klagen aufmerksam zugehört, Jesus herzlich umarmt, den Frauen einige Anweisungen gegeben, mir einen Schlafplatz zugewiesen und gesagt, morgen früh wolle er sich über den Pilgerweg mit mir unterhalten, aber jetzt müsse er wieder fort. Schnell, schnell, schiebt er die zwei Frauen aus der Tür und ist verschwunden.

Ich frage Jesus, was mit dem Jungen im Bett los sei, der einen ganz willenlosen Eindruck macht.

»Ach, der hat Probleme. Don Rafael hat ihn aufgenommen, bis er wieder auf die Beine kommt. Ist ja auch schlimm hier, für die Jugendlichen in diesem *barrio*, sie haben keine Arbeit, keine Orientierung und keine Zukunft. Stattdessen Alkohol und Drogen.«

Es ist schon dunkel, als sich Jesus verabschiedet.

Am nächsten Morgen besteht der Pfarrer darauf, dass ich mit ihm frühstücke. Die Küche sieht verheerend aus. Wahrscheinlich hatte man nachts hier noch gegessen und geraucht.

Trotzdem findet Don Rafael in einem Wandschrank sauberes Geschirr und deckt ein Tischchen in seinem Arbeitszimmer. Er braut einen Tee aus getrockneten Kräutern. Stellt Milch, Honig und Weißbrot dazu, schält sorgfältig einen Apfel, den er in kleine Stücke zerschneidet. Er setzt sich mir gegenüber, zwängt seinen fülligen Körper in einen kleinen Korbstuhl.

»Erzählen Sie, was beeindruckt Sie an dem Pilgerweg?«, eröffnet er das Gespräch. Aufmerksam hört er zu. Sein Blick ist ungewöhnlich intensiv, als würde er jedes einzelne Wort in sich einsaugen wollen.

»Und die Bäume? Sprechen sie mit Ihnen, spüren Sie deren Energie?« Er behauptet, der Mensch bekäme Kraft von den Bäumen. Er nennt es *»el mundo vegetal«*.

»Diese vegetative Kraft ist sehr wichtig. Die Menschen schenken ihr meist keine Beachtung, aber wer sensibel ist, der spürt sie. Ich könnte meine Aufgabe hier in dem Viertel gar nicht erfüllen, wenn mir nicht die Bäume helfen würden.« Ich bin erstaunt. Ich hatte den Pfarrer bis jetzt eher als sachlichen, pragmatischen Menschen eingeschätzt.

»Auf der Meseta, das ist die Hochebene Kastiliens, gibt es nur wenige Bäume. Sie stehen da wie einsame Wächter in einer fast grenzenlos weiten Landschaft. Diese Bäume haben eine ungeheure Ausstrahlung. Ich hatte das Gefühl, sie ziehen mich magisch an.«

»Sie sind auch zu Fuß nach Santiago gepilgert?«

»Ja, zusammen mit Jesus und noch einigen anderen. In Galicien ist es dann ganz anders«, fährt er fort. »Dort sammeln die Bäume ihre Kraft in den Wäldern. Es ist ein rätselhaftes, geheimnisvolles Land. Dort gibt es drei Augen.«

»Drei Augen ... ?«

»Ich sage Ihnen nicht, wo sie sind. Man darf sie nicht suchen. Sie sehen einen an, wenn man offen dafür ist. Es sind drei Augen, vielleicht werden Sie von ihnen angeblickt.«

»Was kann es bedeuten, wenn ich sie entdecke?«

»Nicht Sie entdecken die Augen, sondern sie zeigen sich Ihnen.«

Da bin ich mir jetzt schon sicher, wenn ich nach Galicien komme, werden jene Augen gewiss ihre Lider geschlossen halten. Möglich, dass andere Menschen tatsächlich mystische Erscheinungen haben, mir jedoch ist noch nie etwas Unreales begegnet. Ich erlebe die Natur als sich selbst genügend, selbst erfüllend und gestaltend. Ich kann mir nicht vorstellen, dass sie ihre Erscheinungen auf die Menschheit ausrichtet, dann bekämen die Menschen ja eine Wichtigkeit, die sie ganz offensichtlich nicht haben. Gewiss hat die Natur eine Wirkung auf uns, ich merke es an der Euphorie, die mir beim Wandern ein Gefühl vermittelt, als würde ich vom Boden abheben. Mir ist aber bewusst, dass die Schönheit der Landschaft, die mich so anrührt, nichts mit mir zu tun hat. Sie ist, wie sie ist, egal ob ich sie als schön oder hässlich empfinde, ob ich davon beglückt werde oder aber gleichgültig bleibe. Sie ist unabhängig von meiner Existenz. Die Menschen nehmen sich selbst viel zu wichtig und glauben, die Welt sei für sie da und wegen ihnen. Sie wollen immerfort nur sich selbst widergespiegelt sehen. Zu mir spricht kein Gott und kein Geist, und es blinzeln mir auch keine Baumaugen zu, weil ich gar nicht glauben würde, dass sie mich meinen, stattdessen würde ich wahrscheinlich nur Astlöcher sehen.

Ich bin bemüht, mir meine Skepsis nicht anmerken zu lassen, denn ich will Don Rafael nicht verletzen. Die Gelegenheit scheint mir günstig, ihn über die Tempelritter auszufragen

»Das ist ein Kapitel für sich«, antwortet er bedächtig. »Sie werden Ihnen unterwegs oft begegnen, überall haben sie ihre Spuren hinterlassen. Sie waren sowohl Ritter als auch Geistliche. Ihren Orden gründeten sie während der Kreuzzüge nach Jerusalem um das Jahr 1119. Zweihundert Jahre lang beeinflussten sie die Geschichte Europas, denn sie besaßen Macht und Wissen. Die Tempelherren hatten Bücher aus dem Orient mitgebracht, sie experimentierten mit Alchemie und magischen Zahlenquadraten, schließlich wurde der Orden 1312 verboten und viele Templer wegen Ketzerei, Teufelsspuk, Hexenkunst und was weiß ich noch angeklagt und auf dem Scheiterhaufen verbrannt. Das können Sie alles nachlesen. Dahinter verbergen sich aber noch viele Geheimnisse, Rätsel, Magie. Vielleicht gibt es sogar heute noch Templer, die sich aber öffentlich nicht als solche zu erkennen geben. Wissen Sie übrigens, dass früher nicht Santiago das Endziel war, sondern *finis terre*?«

»Finisterre, wo ist das?«, frage ich.

»Es ist eine Landzunge, die in den Atlantik ragt. Es bedeutet das Ende der Welt, denn die Menschen des Mittelalters konnten ja nicht wissen, dass sich jenseits des Meeres ein weiterer Kontinent anschließt.«

»Warum sind die Leute denn bis *finis terre* gepilgert?«

»Nun, einmal ist der Legende nach das Schiff mit dem Leichnam des Jakobus an dieser Küste gelandet. Das muss aber einige Kilometer südlicher bei der Ortschaft Padron gewesen sein. Eher glaube ich, dass es die große Faszination, dieser kaum zu ertragende Schauder war, auf dem am weitesten ins Meer ragenden Zipfel Land zu stehen, am äußersten Rand des Irdischen, und in die Unendlichkeit blicken zu können. Das war das große Ziel, das allerletzte, die Ewigkeit.«

»Dann sind also die Pilger, nachdem sie Santiago erreicht hatten, noch bis *finis terre* gegangen?«

»Nein, natürlich nicht alle. Für die meisten war in Santiago Schluss. Es waren nur wenige, die eine von der Allgemeinheit abweichende Religiosität hatten, Mystiker, die anders fühlten, anders dachten, die ihren Gott nicht am Altar, sondern in der Natur fanden.«

»Sie selbst sind auch bis *finis terre* gegangen?«

»Selbstverständlich! Und wissen Sie, was ich dachte, als ich das anbrandende Meer sah? Ich wußte plötzlich, dass *finis terre* als Pilgerziel viel älter als Santiago ist, denn bevor es Kirchen gab, hat Gott durch die von ihm geschaffene Natur zu den Menschen gesprochen. Und ich bin sicher, ihm selbst gefällt es besser so.«

Don Rafael führt mich aus dem Viertel heraus bis zur Abzweigung des Pilgerweges.

»So ist es einfacher, als wenn ich es Ihnen erst langwierig erklären würde, außerdem tut mir Bewegung gut.«

Uns begegnen viele Leute, alle grüßen den Pfarrer. Er stellt Fragen, macht Scherze, spricht ein aufmunterndes Wort, gibt einige Ermahnungen. Man spürt, dass er für die Menschen in diesem Viertel eine Hoffnung verkörpert, einen Halt, eine Hilfe. Er sagt: »Es gibt keine sozialen Institutionen, die diese Aufgaben übernehmen. Da kommen sie eben mit ihren Sorgen und Problemen zu mir, ich helfe ihnen, so gut ich kann. Ich glaube, das ist wichtiger, als eine Predigt zu halten. Aber ich kann nicht wirklich etwas ändern, ich meine, ich kann die Voraussetzungen nicht ändern, damit die Menschen hier einen Sinn in ihrem Leben sehen und sich nicht mit Alkohol und Drogen betäuben. Da, sehen Sie, diese furchtbare Fabrik, vor fünf Jahren gab es sie noch nicht, jetzt verpestet sie die Luft und vergiftet die Erde.«

»Aber sie gibt den Menschen doch wenigstens Arbeit«, sage ich.

»Solche Arbeit brauchen sie nicht. Sie zerstört das Leben.«

»Aber was soll man tun?«, frage ich.

»Das meine ich eben. Wir können die industrielle Entwicklung nicht rückgängig machen. Man kann nichts tun, nur helfen, die schlimmsten Nöte lindern. Zu allen Zeiten gab es Probleme, früher war das Leben nicht leichter und besser als jetzt, nur anders. Niemand kann die Welt ändern.

Sie ist, wie sie ist. Aber dem Einzelnen kann man helfen. Wen Gott zu mir führt, für den bin ich da.«

Das sind die Abschiedsworte Don Rafaels. Er gibt mir die Hand, legt die zweite darüber, drückt sie warm und kräftig. Er sagt nichts. Blickt mir in die Augen, gutmütig, wissend, schalkhaft. Mit einem Kopfnicken verabschiedet er mich. Als ich schon weit entfernt bin, blicke ich mich um. Da steht er noch an der gleichen Stelle, klein, rundlich, einsam. Ich winke. Er hebt nicht die Hand.

Von Logroño nach Nájera

Elf Kilometer sind es bis Navarette auf einem Feldweg. Nicht mehr das Gelbgrün des reifenden Korns, sondern Wein, Wein, Wein! Knorrig stecken die Rebstöcke in rotbrauner Erde. Frischgrüne Blätter treiben üppig aus der trockenen Rinde. Lange noch denke ich an die Begegnung mit Pfarrer Rafael Ojeda. Eigentlich sind es Widersprüche, sein Glaube an die Bäume, an die mystische Kraft des *»el mundo vegetal«*, die sonderbare Geschichte mit den drei Augen in Galicien und dann wiederum sein tatkräftiger Einsatz für die Bewohner des Vorstadtviertels Yague und die ganz unsentimentale Einschätzung seiner Möglichkeiten, der Pragmatismus seiner Ansichten. Einerseits die Hilfe für Revolutionäre und Verfolgte während der Franco-Diktatur, andererseits sein Glaube an Gott und die Unveränderbarkeit der Welt. Hier die Aufgabe jeglichen Privatlebens – in seiner Wohnung gehen die Menschen aus und ein, schlafen, essen, diskutieren –, dort seine Einsamkeit, sein Verlorensein in der Welt.

Im Rhythmus des Gehens verschmelzen die beiden gegensätzlichen Aspekte seiner Person für mich allmählich zu einer Einheit.

Ein heftiger Wind treibt mich vorwärts und beschwingt meine Schritte. Ich atme den Duft von Thymian, Disteln und trockener Erde. Die Ortschaften liegen in der Rioja nicht mehr auf den Erhebungen der Landschaft, sondern sind eingebettet in den Senken.

Navarette muss einstmals eine wohlhabende und bedeutende Stadt am Pilgerweg gewesen sein. Betrachte ich die Fassaden der ehemaligen herrschaftlichen Häuser, die heute vor sich hinbröckeln, kommt in mir eine merkwürdige, traurige Stimmung auf. Zu sehr spüre ich das Vergehen der Zeit, die Vergänglichkeit alles Irdischen, das hier zu einer seelenlosen Atmosphäre geführt hat. Außerhalb, am Ortsrand, ein überraschender Anblick: Links an der Straße steht ein Portal. Ein Portal, ganz für sich allein, ohne Kirche. Nach innen gestaffelte Säulen, darüber maurische Zackenbögen in vollkommenem Halbrund. Auf den Kapitellen Kleinplastiken. Naive, derbe Figuren, manche in ihrer drastischen Eindeutigkeit unfreiwillig komisch wirkend, wie die Szene, wo Kain den vor ihm knienden Abel am Haarschopf packt, in der erhobenen Faust den Stein. Die Geste wirkt wie mitten in der Bewegung eingefroren. Sie erinnert mich an das Märchen von Dornröschen, als der Koch dem Lehrling eine Ohrfeige geben wollte, aber seine Hand, zum Schlag erhoben, erstarrte, hundert Jahre lang. Wollte der Künstler mit der Art seiner Darstellung die Tötung Abels aufhalten, eine Frist setzen? Er hat die letzte Sekunde vor dem Tötungsakt in Stein gebannt. Er gab Kain eine Bedenkzeit, die bereits 800 Jahre andauert.

Durch die Kunst der Bildhauer wurde Vergangenes bewahrt und den Menschen übermittelt, denn damals konnte fast niemand lesen. Die Vorstellungswelt wurde deshalb nicht von Büchern geprägt, sondern von Portalplastiken, den Skulpturen und Gemälden in den Kirchen. Diese nährten Phantasie und Imagination, gaben bildhaft Kenntnis von der Geschichte und wirkten gleichnishaft und symbolträchtig auf Moral und Wertvorstellungen. Allmählich verwittern nun diese einprägsamen in Stein geschlagenen Bilder. Sie werden nicht mehr benötigt. Was sie erzählen, hat kaum noch etwas mit uns zu tun, vieles können wir überhaupt nicht mehr deuten, es ist rätselhaft und unverständlich geworden. Wenn die Konturen der Steine unkenntlich verwittert sind, löst sich der Bann, der auf dem erhobenen Arm lag, dann wird Abel erschlagen, aber es wird niemanden mehr geben, den das interessiert.

Ohne Kirche wirkt das Portal seltsam allein gelassen, von beiden Seiten wird es von einer anschließenden Mauer gestützt. Ich erkenne erst, als ich näher trete, dass das Portal weiterhin als Einlasspforte dient, allerdings nicht mehr in eine Kirche, sondern in einen Friedhof. Säulengleich ragen die dunkelgrünen Zypressen empor, dazwischen weiße Steinkreuze, geschmückt mit Bildern Verstorbener, Sarkophage, Monumente, Inschriften, Blumen in Vasen und Töpfen. Der marmorweiße Gesamteindruck kontrastiert mit dem Dunkel der Lebensbäume. Mit einer Schubkarre fährt ein Mann durch die Gräberreihen, sammelt vertrocknete Blumen und Kränze ein. Ich möchte von ihm gern etwas über das Portal erfahren und spreche ihn deshalb an. Er versteht nicht, was ich will: Ja, das ist der Eingang, ob etwas nicht in Ordnung sei? Das Portal sei alt, ja, na und? Ein anderer Mann, den ich hinter den Grabaufbauten nicht wahrgenommen habe, hört den Disput und mischt sich ein: Natürlich sei es romanisch, aus dem 12. Jahrhundert. Vor hundert Jahren habe man es hier aufgestellt. Selbstverständlich sei es vorher Teil einer Kirche gewesen. Es habe zu der Pilgerstätte des Ordens San Juan de Acre gehört. Leider seien davon nur noch Ruinen vorhanden, am anderen Ende von Navarette könne man die eingestürzten Mauern sehen. Nur dieses Portal konnte gerettet werden. Nach dieser knappen, präzisen Auskunft verschwindet er wieder hinter den Gräbern. Ich frage den Mann mit der Schubkarre, wer das gewesen sei.

»Nie gesehen, der ist nicht von hier«, knurrt er und schiebt seine Karre zum Abfallhaufen.

Nach dem Friedhof von Navarette schließt sich für mich ein zweistündiges Martyrium an, denn wieder ist der Pilgerweg zur Straße ausgebaut. Die Männer in ihren Autos drücken wild auf die Hupen, blenden die Scheinwerfer auf, schneiden Grimassen, halten an, fahren vor und zurück. Ich fühle mich wie die heilige Jungfrau von Orleans, die Imponier- und Drohgebärden prallen ab, als trüge ich ein schützendes Kettenhemd.

Endlich zweigt der Pilgerweg nach rechts ab. Als ich die Straße nicht mehr sehe und höre, lege ich mich auf die Erde. Ich spüre, wie hart sie ist. Wegen der Trockenheit ist sie zersprungen in viele kleine Schollen. Ein warmer Wind weht über meinen ausgestreckten Körper. Es duftet nach würzigen Kräutern. Langsam weicht der Druck, und ich kann wieder befreit atmen.

Spät erreiche ich Nájera, nach 28 Kilometern Tagesmarsch. Zuerst einige Fabriken, dann gesichtslose Neubauten. Die Altstadt befindet sich jenseits des Flusses Najerilla, mit schmalen Straßen und Gassen, heimeligen Plätzen, Kirchen und altehrwürdigen Gebäuden. Auch Nájera war königliche Residenzstadt. Das schönste Bauwerk ist das Kloster Santa Maria la Real. Ich läute an der Klosterpforte. Ein Mönch öffnet. Er schüttelt den Kopf, nein, es sei jetzt keine Besuchszeit mehr. Ohne viel

Hoffnung auf Erfolg sage ich, ich wäre eine Pilgerin, zu Fuß unterwegs nach Santiago. Als hätte ich ein Zauberwort gesprochen, hellt sich sein Gesichtsausdruck auf. »*Una peregrina, verdad* – eine Pilgerin, tatsächlich? Na, dann kommen Sie mal herein.«

Er führt mich zu einem Raum. »Sie können den Rucksack abstellen und auch hier übernachten. Sie haben ja sicherlich alles Nötige dabei.«

Ich bin überrascht. So ein Angebot! Als Fremder und noch dazu als Frau darf ich im Kloster schlafen. Ich war der Meinung, die Mönche würden sich vor allem Weltlichen und besonders Weiblichen so weit wie möglich fern halten, und nun wird mir ganz selbstverständlich ein Nachtlager angeboten. »Es ist eine Tradition, der wir verpflichtet sind«, sagt der Mönch, ein Franziskaner. »Früher, als alle Menschen noch zu Fuß gingen, war es Aufgabe der Klöster, den Pilgern Unterkunft und Essen bereitzustellen. Heute kommen nur noch wenige. Sie sind eine Ausnahme. Deswegen können wir leider auch nicht extra für Sie kochen. Nun folgen Sie mir – ich will Ihnen unser Kloster zeigen.«

Der Mönch steigt mit mir hinab in die Krypta. Eine Lampe leuchtet in einer Wandvertiefung.

»Das war die Stelle, an der die Jungfrau Maria dem König Garcia Sanchez III. erschien«, sagt der Franziskaner. Garcia war der Sohn von Doña Mayor, die die Brücke von Puenta la Reina stiftete. Verheiratet war er mit Doña Estefania, die auch als Stifterin der selbigen Brücke gilt. Der Mönch erzählt mit einfachen, monotonen Worten die Legende: »Eines Tages befand sich König Garcia auf der Jagd. Er sah eine Taube und warf seinen Falken empor, um sie zu erjagen. Die Taube entfloh in eine Höhle, der Falke setzte im Jagdeifer hinterher. Der König ritt heran, stieg vom Pferd und trat in die dunkle Grotte ein. In der Tiefe leuchtete ein Licht. Garcia tastete sich vorwärts und erblickte Maria, die Muttergottes. Nachdem sie ihm aufgetragen hatte, ein Kloster zu errichten, verschwand sie. Zurück blieb eine Holzplastik – eine Madonna mit Kind. Zu ihren Füßen, friedlich beieinander, saßen der Jagdfalke und die Taube.

Wunder mussten sich damals entweder auf der Jagd oder bei Kriegszügen ereignen, den Hauptbeschäftigungen des Adels. Eine Kirche oder ein Kloster, die gewissermaßen im Auftrag einer Heiligen errichtet wurden, waren angesehener und erhöhten den Einfluss seines adligen

Stifters, besonders wirkungsvoll, wenn der Himmel gleich einen verehrungswürdigen, heiligen Gegenstand mitlieferte.

»*Die Virgen de la Terraza* ist im Retabel am Hochaltar angebracht. Sie ist zu kostbar, um sie hier unten zu lassen. Als Ersatz haben wir eine spätere – gotische – Marienfigur hergestellt«, sagt der Franziskaner.

Als heiliger Ort diente die Kirche als Begräbnisplatz für viele Könige Navarras, Kastiliens und Leóns. Nebeneinander gereiht füllen die Sarkophage das Pantheon. In der Capilla de la Cruz weist der Mönch besonders auf den Sarkophag der Doña Blanca hin. Sogleich vermute ich, diese Doña Blanca sei die Schwester des Sancho *el fuerte*, der in Roncesvalles bestattet liegt. Doch der Mönch klärt mich auf, mit den spanischen Adligen sei es sehr schwierig, denn über Generationen hinweg haben sie ihren Kindern immer die gleichen Namen gegeben, sodass man sich heute kaum noch zurechtfindet mit den Blancas, Urracas, Sanchos, Garcias, Alfonsos und Fernandos. »Diese Doña Blanca war die Tochter des Königs Garcia Ramirez von Navarra. Sie wurde mit dem König von Kastilien, Sancho III., verheiratet und starb im Jahr 1156 in Toledo bei der Geburt ihres ersten Kindes«, berichtet der Mönch.

Ich denke mir, dass sie wahrscheinlich noch sehr jung gewesen war, eigentlich ein Kind, nach unseren heutigen Maßstäben. Meist wurden die Mädchen bereits mit knapp fünfzehn Jahren verheiratet. Doña Blanca erfüllte die von ihr verlangte Aufgabe, gebar einen Sohn und starb, ohne selbst richtig gelebt zu haben. Das Kind überlebte die schwere Geburt, bestieg nach dem Tode seines Vaters als Alfonso VIII. den Thron und regierte bis 1214.

Auf der Sarkophagwand sieht man die Sterbeszene: Die Tote sinkt zurück, Engel empfangen ihre Seele. Links und rechts jammern Klageweiber. Auch der König ist als Trauernder dargestellt.

Der mir zum Schlafen zugeteilte Raum ist leer bis auf ein Marienbild an der Wand. Ich bin noch nicht müde. Warum soll ich nicht mal meine karge Ernährung mit einem üppigen Mahl in einem Restaurant aufbessern? Bisher habe ich mir wenig gegönnt, nur das »Pilgeressen« in Roncesvalles und das Omelett in Lorca. Restaurants gibt es viele in der Altstadt, doch alle öffnen erst nach 21 Uhr. Die Wartezeit verbringe ich auf einem kleinen, sehr sauberen Platz, dessen Boden mit Kacheln gefliest ist. Im Viereck sind Bänke angeordnet, okkupiert von Frauen mit ihren Kindern. Die Frauen sind übermäßig geschminkt: knallrote Lippen, schillernde Lidschatten, die Haut mit Make-up zugepappt. Sie tragen modische Kleidung, und die Pfennigabsätze klappern, wenn sie, meist einen Kinderwagen vor sich herschiebend, im Kreis gehen. Die lauten Stimmen der Frauen und das Kreischen der Kinder bricht sich an den Häuserwänden ringsum und schallt vielfach zurück. Groß ist der Kontrast zwischen den kalten Gruftkammern der königlichen Vergangenheit von Nájera, wo ich eben noch weilte, und der Quirligkeit dieses kleinstädtischen Platzes.

Alle Stühle in der Gaststätte »Paraiso« sind noch unbesetzt. Länger kann ich nicht warten, wegen meines Hungers und weil ich nicht zu spät an der Klosterpforte um Eintritt bitten will. Ich bestelle eine *trucha*, Forelle. Es ist komisch, der einzige Gast zu sein. Der Fisch ist gut, will mir aber trotzdem nicht recht schmecken. Ich fühle mich einsam. Ich esse schnell und verlasse das Lokal. Die Belegschaft des kleinen Platzes hat gewechselt. Statt der Mütter und Kinder besetzen jetzt junge Pärchen die Bänke oder spazieren im Kreis herum. Lebhaftes Schwatzen, Kichern und Lachen hallt durch die Nacht. Die Häuser drücken sich dicht an das Kloster heran. Seine starken Mauern aber halten den betriebsamen Lärm fern. Weltabgeschiedene Ruhe. Langsam schreite ich durch die hohen Gänge, öffne leise die schwere Tür zum Kreuzgang. Freude durchströmt mich. Noch nie konnte ich nachts in einem Kreuzgang sein. Eine geheimnisvolle Stille. Das Dunkel wird von den schimmernden Säulen aufgehellt. Das Mondlicht verfängt sich in dem zarten Steinfiligran der Arkadenbögen. Gebannt stehe ich da und schaue. Die stille Schönheit durchdringt mich wie ein Rausch. Gleich einem Geist wandle ich die Säulengänge entlang und streichle mit der Hand sacht über die Steine. Fast schon glaube ich, selbst ein Wesen zu sein aus längst vergangenen Zeiten, das der Mond zu somnambulem Leben erweckt hat.

Von Nájera nach San Millán de la Cogolla

Eine heiße Dusche, ein mehrgängiges Essen: Suppe, Gemüse, Kartoffeln, Leber, Nachtisch und Obst, Rotwein aus einem grünbäuchigen Krug. Ein weiß bezogenes Federbett in einem holzgetäfelten Raum ... Nicht, dass ich meinem kargen Pilgerdasein untreu geworden bin und mich in einem teuren Hotel eingemietet hätte – nein, ich bin zu Gast bei den Augustinern im Kloster San Millán de Yuso. Die Mönche bestürmten mich mit so viel Herzlichkeit, da konnte ich nicht widerstehen. Nun liege ich in dem breiten, weichen Bett in einem Zimmer für Gastnovizen und denke zurück an den Tag, der so besonders ereignisreich gewesen war:

Die Nacht zuvor, in Nájera, war das Lager hart und kalt auf dem steingefliesten Boden. Sehr früh erwachte ich. Die Morgendämmerung erlebte ich im Kreuzgang. Er gehörte mir nun nicht mehr allein. Mönche, schwarzgekuttet, schritten die Gänge entlang, eiligen Schrittes die einen, andere gemächlich, während sie ihr Brevier lasen.

Rote Felsen umgaben das Kloster. Hier war in Vorzeiten Garcia zur Jagd geritten. Viele Höhlen waren in den roten Lehmhang eingegraben, Schattenplätze für das Vieh.

Der Pilgerweg verlief zwischen Weinfeldern und Getreide. Zementkanäle auf Stelzen zerschnitten hässlich die Landschaft. Zur Bewässerung ließ sie Franco installieren, um den Ertrag dieser fruchtbaren Gegend zu erhöhen.

Mein nächstes Ziel, das Dorf Azofra, war nur zwei Wanderstunden vom Kloster Santa Maria la Real entfernt. Azofra hat heute knapp 500 Einwohner. Früher, als noch Tausende von Pilgern nach Santiago strömten, soll es hier Raststätten und Hospitäler gegeben haben, aber nicht einmal Ruinen sind übrig geblieben. In der Dorfkirche, hörte ich, gibt es eine Holzfigur, die Jakobus als Pilger darstellt. Noch vom Sonnenlicht geblendet, betrat ich den dunklen Kirchenraum. Ich dachte gerade daran, dass wohl der Künstler damals unter den vielen Pilgern ein Modell für sein Werk ausgewählt haben wird, als sich plötzlich jemand direkt hinter mir räusperte. Ich fuhr herum. Da saß der Pfarrer im Dunkel der Bankreihen und beobachtete mich. Er hatte gesehen und gehört, wie ich staubig und verschwitzt eintrat, wie ich den schweren Rucksack nicht gerade sanft absetzte und ihn bedenkenlos gegen das Gestühl krachen ließ und wie ich in meinen Wanderschuhen zum Altar polterte und die Schnitzfigur fixierte, ganz so wie jemand, der etwas für sich in Besitz nimmt, schnell, anmaßend, rücksichtslos. Ich schämte mich. Widergespiegelt in den Augen eines anderen Menschen wurde mir bewusst, wie unsensibel und ungehörig ich mich verhalten hatte. Aber eigentlich hätte ich das vorher merken müssen, mein Verhalten also selbst kontrollieren sollen und nicht erst dann, wenn man von anderen beurteilt wird. Verwirrt stand ich da und wäre am liebsten noch mal eingetreten, diesmal ganz anders, leise, an der Tür abwartend stehen geblieben, bis der Raum bereit wäre, mich aufzunehmen. Der Pfarrer unterbrach meine Erstarrung.

»*Extranjera?* Sind Sie Ausländerin?« Ich spürte, er wollte mir eine Brücke bauen, um mir meine Verlegenheit nicht noch peinlicher werden zu lassen.

Ich versuchte, mich in ein besseres Licht zu stellen, indem ich etwas murmelte von: weitem Weg, Sonne, Staub, Hitze, Erschöpfung.

Er lächelte. »So, so, nach Santiago also. Und warum? Sie sind nicht katholisch!« Es klang nicht wie eine Frage, eher wie eine Feststellung.

»Nein«, antwortete ich.

»Evangelisch?«

»Nein, ich bin nicht gläubig.«

Schweigen. Ich wartete auf seine nächste Frage.

»Aus sportlichem Interesse also?«

»Nein, auch nicht. Ich will einfach unterwegs sein.«

Er schwieg. Es gäbe vieles zu sagen, vieles zu fragen. Unterwegs sein ist wie auf der Flucht sein, vor sich selbst und vor den Pflichten des Lebens. Keine Verantwortung tragen, bevor eine Bindung, eine Abhängigkeit entstehen kann, ist man schon weiter, woanders.

Der Pfarrer entschied sich offenbar schnell, nicht weiter in meinem Seelenleben zu forschen. Er wechselte das Thema und sagte in bestimmendem Ton: »Gehen Sie nach San Millán de Suso! Es ist ein kleines Kloster in den Bergen, zwanzig Kilometer von hier entfernt. Es liegt nicht direkt auf dem Pilgerweg, aber es kann für Sie wichtiger sein als Santiago. San Millán de Suso, merken Sie sich den Namen.«

Ich verließ den Pilgerweg und folgte einer kaum befahrenen Landstraße. Nach einer Stunde kam ich nach Cañas. Wenige geduckte Bauernhäuser, überragt von dem gotischen Bauwerk eines Nonnenklosters. Der Tag war sehr heiß und ich füllte eben meine Wasserflasche am Klosterbrunnen, als eine Frau mit blauer Kittelschürze geradewegs auf mich zukam.

»Wenn Sie möchten, zeige ich Ihnen die Klosterkirche, das Museum und die Schätze«, bot sie an. Sie sei von der Äbtissin beauftragt, Fremde zu führen, gegen eine kleine Spende, die dem Kloster zugute komme. Ich folgte der Frau. »Im Jahr 1170 gründeten Zisterzienser das Kloster«, dozierte die Frau. Sie gebärdete sich tatsächlich wie eine Fremdenführerin, spulte den auswendig gelernten Text herunter. Ich spürte ihre Ungeduld, wenn ich mir Zeit nehmen wollte, um die Atmosphäre auf mich wirken zu lassen. Ich gab auf. Sie stürmte voran, zeigte hierhin und dorthin, leierte Zahlen, Namen, Begriffe herunter. Nur das Grabmal der Doña Urraca Lopez de Haro ist mir in Erinnerung geblieben. Ich weiß nicht, wer sie war, nur dass sie 1170 bis 1262 gelebt hat, also 92 Jahre alt geworden ist. Damals wie heute ein langes Menschenleben, doch vergangen und fast vergessen, würde nicht der Sarg an sie erinnern. Die Skulptur auf dem Sargdeckel zeigt sie in Lebensgröße, jung und schön mit einem grazilen Körper, den ein faltenreiches Gewand umhüllt. Ihr Gesicht ist zart und lieblich und doch auch von Ernst und Trauer geprägt. Leider werde ich nie erfahren, wie ihr Leben war.

Die Eingangspforte zum Kloster blieb für mich verschlossen. Nur ein winziges Fenster öffnete sich in der schweren Holztür. Ich entrichtete meinen Obolus für die Führung. Die Nonne, deren Gesicht ich kaum durch die Öffnung sah, bedeutete mir, einen Moment zu warten. Ich hörte trippelnde, sich eilig entfernende Schritte. Stille. Das Trippeln kam wieder. Heftiges Atmen. Eine Hand streckte sich durch das Türfensterchen. Die Hand hielt mir eine Tafel Schokolade hin. Ich rührte mich nicht. Die Hand mit der Schokolade zog sich zurück. Stattdessen sah ich den blassen Mund der Nonne.

»Nehmen Sie doch«, bat sie. »Die Schokolade habe ich extra für Sie aufgehoben, für jemanden, der so viel Kraft und Mut hat, nach Santiago zu pilgern. Bitte, ich möchte sie Ihnen so gern schenken.«

Der Mund verschwand. Wieder wand sich die Hand mit der Tafel mir entgegen und wedelte auffordernd. Ich griff nach der Schokolade, gleichzeitig schoss mir die Röte ins Gesicht. Die Nonne drückte ein Auge an das Türloch. Ich hörte sie flüstern.

»Danke, Sie machen mir eine große Freude.«

Hätte sie mir doch Brot oder ein Stück Kuchen, einen Apfel oder eine Apfelsine gegeben, ich hätte es gern und dankend angenommen. Aber dieser Gabe fühlte ich mich nicht würdig. Ich spürte, die Schokolade stellte für die Nonne eine Kostbarkeit dar, die sie selber nicht wagte anzurühren. Es war ein Irrtum, gerade mich damit auszuzeichnen, denn ich bin keine Pilgerin auf Gottes Wegen, wie sie annahm, sondern nur auf meinen eigenen Spuren unterwegs. Fast erwartete ich, als Betrügerin entlarvt zu werden, die einer gutherzigen, mitleidvollen Nonne deren vielleicht kostbarsten Besitz wegnahm. Und richtig, oder täuschte ich mich? Die Führerin flüsterte nun dicht am Fensterchen mit der Nonne, dann bedeutete sie mir, ihr zu folgen. Sie führte mich in eine Kapelle, zeigte auf die Bankreihen und sagte: »Setzen Sie sich. Sie werden gleich kommen«, und ließ mich allein.

Der karge Raum war zweigeteilt. Auf meiner Seite fünf Reihen Bänke aus hellem Holz. Weiß gekalkte Wände. Weiter nichts. In der Mitte trennte den Raum ein schweres Eisengitter bis hoch zur Decke. Dahinter dunkelbraunes Chorgestühl. Als ich noch die seltsame Räumlichkeit betrachtete, mir Gedanken machte, warum und auf wen ich hier warten sollte, öffnete sich eine mir vorher verborgen gebliebene Tür jenseits des dunklen Gitters. Lautlos wie ein Geist glitt eine weiß gekleidete Frau mit Kopfhaube und schwarzem Umhang herein. Wie schwebend näherte sie sich einem Kruzifix, kniete nieder, erhob sich schwerelos und ließ sich auf einem Sitz im Chorgestühl langsam niedersinken. Ihr folgten eine zweite, und nach und nach, in stetig fließender Bewegung, sechzehn

Frauen. Als sie alle saßen, erhoben sie ihre Stimmen und begannen zu singen. Sie sangen hell und klar, nur ihre Laute erfüllten den Raum. Seltsam war mir zumute. Sechzehn Nonnen saßen, durch ein Gitter von mir getrennt, und sangen. Und ich, eine ihnen Fremde, durfte an dieser intimen Zeremonie teilhaben. Welche mochte die mit der Schokolade sein? Ich hatte durch das Fensterchen nur Teile ihres Antlitzes gesehen, und ihre einheitlichen schwarz-weißen Trachten und die Kopfhauben, die die Gesichter eng umschlossen – keine Haarsträhne lugte hervor –, erschwerten ein individuelles Unterscheiden. Doch da war eine, sie trug noch keinen schwarzen Umhang, sehr jung noch, vielleicht eine Novizin, ganz in Weiß gekleidet, weiß auch ihr Gesicht, klar und rein, aber irgendwie fast leblos. Mit ihrer in Demut erstarrten Haltung machte sie auf mich den Eindruck einer Gefangenen, nein, eher wie jemand, der sich freiwillig zur Opferung entschlossen und sich schon weit vom Irdischen dieser Welt entfernt hat.

Plötzlich eine tiefe Stimme. Männergesang mischte sich in den ätherischen Klang der Frauenstimmen. Das geschah so unverhofft, und der Kontrast zwischen den Stimmen war so gegensätzlich, dass eine Gänsehaut meinen Körper überlief. Nie habe ich deutlicher die verborgene Erotik in einem katholischen Ritual gespürt wie in diesem Moment, als der Priester seinen männlichen Gesang mit dem weiblichen mischte. Zuerst war er noch fern, seine Stimme wehte von draußen herein. Wie eine anbrandende Welle schwoll sie allmählich, wurde lauter, umspülte besitzergreifend die hohen Töne des Frauengesanges. Der Priester kam durch die vordere Tür, durch die ich auch hereingeführt worden war. Singend schritt er den schmalen Gang zwischen Bänken und Wand entlang. Volltönend jetzt der Gesang. Er war ein sehr großer, kräftiger Mann. Über dem gewaltigen Brustkorb spannte sich sein Ornat. Singend kniete er nieder, singend neigte er den Kopf, erhob sich und nahm seinen Sitz, getrennt von den Nonnen, außerhalb des Gitters ein. Sein Canto überwand mühelos diese Trennung, es umhüllte, umfing die Frauen, drang gleichsam in sie ein. Rein äußerlich bemerkte ich bei den Nonnen keine Regung, aber seit sich das männliche Timbre, zuerst von weit, dann unaufhaltsam anschwellend in ihren Gesang mischte, veränderte sich die Klangfarbe ihrer Stimmen. Die tiefen männlichen Laute gaben den sich immer höher schwingenden weiblichen Tönen Halt und Bestimmung. Mir erschien dieser Gesang wie die unverfälschte Ausprägung des männlichen und weiblichen Elementes, sublimiert in einem heiligen Choral. Noch jetzt, viele Stunden später, im Kloster San Millán de Yuso, erinnere ich mich lebhaft daran und spüre noch die Erregung, die von ihm ausging. Ich bemühe mich, das Erlebte richtig einzuordnen. Ich finde es bewundernswürdig, wie manche Menschen ihre Gefühle und Triebe so weit beherrschen und abstrahieren können, dass sie diese nicht mehr real erleben müssen, sondern sie in vergeistigter Form zum Ausdruck bringen – sie in Kunst verwandeln. Dann sehe ich aber wieder das bleiche Gesicht der Novizin vor mir und frage mich zweifelnd, wie frei sie in ihrem Entschluss wohl war, sich für das Leben im Kloster zu entscheiden, in dem Liebe nur noch in sublimierter Form als Anbetung und Verehrung des Göttlichen existieren darf. Vermutlich werde ich es nie erfahren. Aber – bin ich denn in meinen Entscheidungen schon deshalb frei, nur weil ich auf der anderen Seite des Gitters stehe? Bin ich nicht – wie wir alle – von wiederum anderen Gesetzen abhängig und damit fremdbestimmt, ohne es zu merken?

Im Kloster Cañas fiel mir auch wieder die Fülle der Mariendarstellungen auf. Ich habe mich schon oft gewundert, wie der Marienkult bis in unser aufgeklärtes Zeitalter hinein überlebte, und ich denke darüber nach, wie die Rolle der Frauen seit Jahrhunderten von der katholischen Kirche geprägt wurde. Und bis heute gilt noch immer die von Lust und Begierde freie, unbefleckte Empfängnis als Ideal. In Spanien, wo die Kirche noch stärkeren Einfluss hat als in Deutschland, ist Maria, die als Jungfrau ein Kind gebar, das unerreichbare Vorbild. Denn die gläubige katholische Frau muss, wenn sie Mutter werden will, ihre Unschuld aufgeben und wird, nach dem von der Kirche geprägten Verständnis, durch die Befruchtung »beschmutzt«. Später wird sie, gewissermaßen als Dank für ihr Opfer, die Liebe ihrer Kinder einfordern. In ihnen sieht sie deshalb ihren wichtigsten Lebensinhalt.

Sicher, dieses Frauenbild wurde von Männern entwickelt. Männer, die glaubten, nur so ihre Ängste vor dem Weiblichen und ihre Begierde nach der Frau bewältigen zu können. Die Frauen sind es jedoch, die sich dieses Bild zu Eigen machten. Sie richten nur zu oft ihr Verhalten in

Gesellschaft und Familie danach. Meine Begegnungen mit Spanierinnen sind leider zu kurz gewesen, um genügend Vertrauen zu entwickeln, über solche subtilen Dinge zu sprechen. Aber ich beobachte das Verhalten der Frauen, ihre Bewegungen und Blicke geben mir einigen Aufschluss. Immer wieder sehe ich, wie insbesondere Söhne von ihren Müttern vergöttert werden. Und die Mutterrolle ist für viele Frauen wichtiger als die Beziehung zu ihrem Mann. Zu ihm besteht mitunter eine große Distanz. Nicht wenige Frauen, die verheiratet sind, bemühen sich nun nicht mehr, attraktiv für ihren Mann zu sein, sie kleiden sich unauffällig, oft sogar nachlässig, und ihre Figur verändert sich unvorteilhaft. Wahrscheinlich würde ich auch bei sehr vertrauten Gesprächen nicht mehr erfahren als durch Beobachtungen. Ich glaube, diese Verhaltensweisen sind so verinnerlicht, dass sie den Frauen selbst nicht bewusst sind. Für einen Jungen, der zum Mann heranreift, muss diese Situation erst recht schwierig sein. Er wird so erzogen, dass die Frau einerseits für ihn etwas Heiliges, Unberührbares ist wie die Mutter, oder rein und unschuldig wie die Jungfrau Maria. Diesen Frauentypus darf er nicht begehren. Durch seine Begierde würde er ihre Unschuld beflecken und sich selbst das schöne Bild verderben. Also muss er, wenn er seine Lust stillen will, das Gegenteil suchen, statt der Heiligen die Hure. Mir fällt ein, mit welch tiefem Ausdruck der Enttäuschung mich Angel als *santa* bezeichnet hatte. Und die Autofahrer ... Aus ihrer Sicht ist es zu verstehen, wenn sie mich belästigen. Eine anständige Frau läuft ihrer Meinung nach nicht allein auf der Landstraße herum, wer das tut, kann nur eine Hure sein, *una puta*. Und ein richtiger Mann darf sich, bei seiner Ehre, so eine Gelegenheit nicht entgehen lassen.

Vom Kloster Cañas war ich weitergewandert auf einer kaum befahrenen Landstraße. Die Weinfelder liegen hinter mir im Ebrotal. Beidseits meines Weges nach San Millán dehnten sich wieder Getreidefelder, das Korn reifte jetzt schon Ende Mai der Ernte entgegen. Saftig grün die Bachniederungen. Der Straßenrand war mit buschigen Hecken bewachsen, und auf den herausragenden Ästen saßen Schwarzkehlchen mit Mohrenkopf und rostroter Brust.

Auf und ab über wellige Landschaft mit Feldern und Waldflecken führte mich die Straße in vielen Windungen dem Gebirgszug, der »Sierra de la Demanda«, entgegen. Die Straße war nun fast so schmal wie ein Fahrradweg. Bäche sammelten Feuchtigkeit in den Tälern. Die Berge drängten näher. Wolken, weiß gehäuft, quollen am zuvor makellos blauen Himmel. Bauern ritten von ihren Feldern heimwärts. Kleinste Dorfflecken, wie Badarán und Berceo, schienen fast von der Welt abgeschnitten. Dann endete die Straße. Die letzte Ortschaft: San Millán de la Cogolla. Der Begriff Cogalla, ursprünglich Cogulla, bezeichnet die Mönchskutte. Neben dem Dorf im Talgrund ein mächtiges Kloster: San Millán de Yuso. In das warme Licht der Abendsonne getaucht, sah ich hinter hohen Umfassungsmauern Gebäude im klassischen Renaissancestil, eine Barockkirche und Wirtschaftsgebäude.

»Yuso« bedeutet im Altspanischen: das untere. Der Pfarrer in Azofra hatte allerdings gemeint, ich solle nach »Suso« – zu dem oben im Wald gelegenen Kloster – gehen. Dennoch wollte ich nicht versäumen, das große Kloster im Tal kennen zu lernen. Nur sieben Augustinermönche leben in der riesigen Anlage, erfuhr ich. Kaum zu glauben, wie sie das weiträumige Gebäude instand halten können.

»Das schaffen wir schon, der Tag ist lang. Und in den Sommerferien kommen die Novizen.« Sie lächeln, sie schmunzeln, sie strahlen. Sieben alte Männer in braunen Kutten.

»Kommen Sie herein. Sie sind den ganzen Tag gelaufen – da wird eine warme Dusche sicher eine Wohltat sein.«

Hatte ich richtig verstanden? Mönche im Kloster, ich eine Frau, und da sollte ich mich ausziehen und duschen?

Der Prior winkte einem Bruder und der führte mich durch Hallen und lange Gänge, Treppen empor und wieder durch Gänge zu einem weiß gekachelten Badezimmer. Er warf den Wassererhitzer an, lächelte und verschwand: So nötig wäre eine Dusche gar nicht gewesen, dachte ich, nachdem ich mich ja am Morgen im Kloster von Nájera an einem Becken mit fließendem Wasser waschen konnte. Aber das heiße Wasser war dann doch eine Wohltat.

Wohlriechend und mit noch nassen Haaren erschien ich wieder an der Pforte. Bruder Nikolas stand bereit, mir das Kloster zu zeigen.

»Unser Orden ist 1878 hier eingezogen, nachdem das Gebäude 43 Jahre leer stand. Vorher lebten hier Benediktiner, aber die wurden während der Karlistenkriege verjagt. Der Grundstein wurde ja schon 1030 gelegt und zwar im Auftrag des Garcia III., der auch in Nájera das Kloster Santa Maria la Real bauen ließ. Auch hier gab es ein Wunder. Als man die Gebeine des Heiligen vom Bergkloster herabtrug, konnten sich die Träger plötzlich nicht mehr bewegen. Das war genau die Stelle, an der heute das Kloster steht. So hat der Heilige selbst den Ort bestimmt. Von diesem frühen Bauwerk ist aber nichts mehr vorhanden. Alle Einrichtungen stammen aus dem 16., 17. und 18. Jahrhundert.«

Er zeigte mir dann die Kirche, die Bibliothek mit den Handschriften und Büchern aus dem 16. Jahrhundert, manche so schwer, dass sie ein Einzelner nicht zu tragen vermag, und die größten Kostbarkeiten des Klosters, seine Elfenbeinschnitzereien aus den Jahren um 1080.

»Leider wurden auch viele Schätze zerstört«, berichtete der Mönch Nikolas. »Besonders von Napoleons Soldaten, die 1809 unser Kloster heimsuchten und plünderten. Vieles ist für immer verloren, anderes ist in Museen von Leningrad, Berlin, New York, Madrid und Florenz wieder aufgetaucht.«

Ich erzählte Nikolas vom Rat des Pfarrers in Azofra, nach Suso zu gehen. Daraufhin führte mich der Mönch zu einem Kreuzgang und zeigte auf 25 große Tafelbilder, die bis zur Decke die Wände schmückten.

»Da ist das Leben des San Millán dargestellt«, und er erläuterte mir die Legenden vom Leben des Heiligen. »Er wurde Aemilian genannt und war der Sohn eines Hirten. Während er heranwuchs, hütete er die Herden. Nun geschah es, dass ein Eremit sich des Knaben annahm. Aemilian erwies sich als sehr gelehrig, und so wurde sein Lehrer, der Einsiedler Felix, nicht müde, den Jungen auszubilden. Als er ihn nichts mehr lehren konnte, zog Aemilian in die Berge und hauste dort in einer Höhle, um durch Gebet, Entsagung und Einsamkeit zu Erkenntnis zu gelangen. Er begann Wunder zu vollbringen und prophezeite den Menschen ihre Zukunft, gab ihnen Rat, Trost und Seelenfrieden. Viele Besucher kamen, manche wurden seine Jünger, und als er genau einhundert Jahre geworden war, erschien ihm ein Engel, der ihm verkündete, seine Lebensfrist sei jetzt abgelaufen. Daraufhin legte sich San Millán lächelnd zum Sterben nieder und hauchte seinen Atem aus. Selbst nach seinem Tod im Jahr 574 entströmte seinem Leichnam noch der Duft von frischen Rosen.«

»In welchem Jahr?«, fragte ich, denn ich glaubte, die Jahreszahl falsch verstanden zu haben. Doch der Mönch blieb dabei, es sei in Schriften verbürgt. Aemilian wurde zu jener Zeit geboren, als die Westgoten in Spanien einfielen. Mit ihnen erst begann die Verbreitung der christlichen Religion im ganzen Land. Ich nehme an, die Bedeutung von San Millán rührt daher, weil er einer der ersten Einheimischen war, der das Christentum nicht nur verkündigte, sondern auch vorlebte.

Ich schulterte meinen Rucksack und verabschiedete mich von den freundlichen Augustinern. »Wo wollen Sie denn jetzt noch hin? Es wird bald schon dunkel sein«, meinten sie.

Ich hätte nicht sagen sollen, dass ich nach Suso wollte, denn sie protestierten entschieden. Das ginge nicht, dort sei niemand. Suso wäre ganz und gar verlassen. Es reizte mich aber gerade, ein Kloster für mich allein zu haben, doch zu verführerisch war das in Aussicht gestellte Mahl. Ich würde einfach einen Tag länger bleiben und morgen in Suso übernachten.

Das Essen habe ich dann nicht mit den Mönchen eingenommen, was mich auch sehr gewundert hätte, sondern in der Küche, zusammen mit dem Wirtschafterehepaar.

Später, die Nachtwolken verdunkelten den Himmel und die Fledermäuse zickzackten über uns, erzählte Nikolas auf einer Bank im Hof aus seinem 87-jährigen Leben. Und gerät ins Schwärmen, als er mir begeistert und mit viel ausschmückenden Worten von seiner Zeit als junger Missionar in Peru berichtet.

Das Bett ist zu weich und zu warm. Ich kann nicht einschlafen. Warum meinte wohl der Pfarrer, für mich sei San Millán de Suso ein wichtiger Ort? Weil der Heilige einer der ersten Verkünder des Christentums war? Glaubte er, einer wie er würde noch am ehesten die Seele einer Gottlosen erreichen? Wie auch immer, sein Ratschlag hat mir die Erlebnisse in dem Nonnenkloster Cañas geschenkt und die Aufnahme bei den gastfreundlichen Augustinern dazu.

San Millán de Suso

Ich schaue aus dem Fenster der »Klosterzelle«, einem rustikalen Gästezimmer. Die Bergkette leuchtet klar in der Morgenluft und die höchste Erhebung, der San Lorenzo, ragt in das Himmelsblau. Alljährlich, zum Tag des heiligen Lorenzo, wird auf dem Gipfel eine Messe gefeiert, hatte mir Nikolas erzählt.

Später bei der Verabschiedung sagt der Prior, vor mir seien noch nie Gäste in ihrem Kloster beherbergt worden. Wenn schon mal jemand komme, um das Kloster zu besichtigen, dann sind es nur Touristen, die mit dem Auto anreisen und danach gleich wieder wegfahren.

Auch nach Suso gibt es eine Fahrstraße, aber ich finde einen Wanderpfad. Eingesponnen in Waldeseinsamkeit liegt am Berghang das kleine Kloster. Es ist wirklich sehr klein und erinnert mit seinen drei übereinander gestaffelten Dächern entfernt an eine Pagode. Auf einer Seite ist eine Vorhalle mit einer Arkadenreihe angebaut. An den Wänden stehen Steinsarkophage. Durch ein Portal mit arabischen Hufeisenbogen betrete ich das kleine Kloster. Innen ein einziger Raum mit Säulenreihen, wieder mit Hufeisenbögen untereinander verbunden, die nach oben zwei Tonnengewölbe abstützen. Der Boden ist mit Steinfliesen ausgelegt. Wände und Decke sind unverputzt, der warme Ton der gelben Steinquader macht einen anheimelnden Eindruck. Gegensätzliches hat sich zu einer Einheit verbunden. Der Raum, obwohl er klein ist, wirkt derb, kantig und wuchtig und doch gleichzeitig auch leicht, beschwingt und graziös. Zwei sich ausschließende Elemente sind miteinander verschmolzen: das kriegerische Rittertum der westgotischen Christen und die elitäre, hochstilisierte Kultur der Araber.

Dort, wo sich das Gebäude an den Fels anlehnt, führen drei Aushöhlungen tiefer in den Berg hinein. In einer Höhlung befindet sich das ehemalige Grab San Milláns, dessen Gebeine die Mönche mitgenommen haben, als sie 1053 nach Yuso umzogen. Im Dämmerdunkel erkenne ich einen Steinsarg, den eine schwere Platte abschließt. Unter ihr ducken sich vier muskulöse, gnomenhafte Männer, als würden sie die Platte tragen. Obenauf liegt der Heilige als Skulptur, die ihn als ernsthaften, bärtigen Mann zeigt und mich glauben lässt, er könnte auch wirklich so ausgesehen haben. Allerdings weiß ich, dass dieses Grabmal erst 600 Jahre nach dem Tod Milláns geschaffen wurde. Auftraggeber waren die Mönche von Yuso, die die Knochen des Heiligen von hier zum neuen, großen Kloster im Tal mitgenommen hatten, und vielleicht versuchten sie, mit diesem kostbaren Grabmal den Geist des Toten zu versöhnen. In dieser Höhle soll Millán viele Jahre seines Lebens zugebracht haben. Erst nach seinem Tod errichteten seine Anhänger ein kleines Heiligtum. Diese westgotische Kapelle wurde beim Einfall der Araber erstmals zerstört. Den Wiederaufbau beweist die Einweihungsurkunde aus dem Jahre 984. Doch bereits im Jahr 1001 soll der arabische Feldherr Almansor das Kloster erneut verwüstet haben. Im 11. Jahrhundert wurde es wieder aufgebaut, und nun sind die arabischen Einflüsse im Baustil unverkennbar. Dieser Zusammenklang arabischer und frühromanischer Elemente wird als mozarabischer Stil bezeichnet. Nur noch drei weitere mozarabische Bauwerke sind auf dem Pilgerwege erhalten geblieben: San Miguel de Escalada in der Nähe von León, Santo Tomas de las Ollas und Santiago de Peñalba bei Ponferrada. Auf irgendeine Weise hatte der Pfarrer von Azofra recht, mich berühren diese frühesten Bauwerke des Christentums seltsam und geheimnisvoll. Vielleicht, weil sie so sehr im Dunkel der Vergangenheit liegen, sind diese Bauwerke für mich wie Gefäße der Phantasie, in denen Sagen und Mythen ihre unsichtbaren Schwingungen aussenden.

Es ist noch früh am Morgen. Mir steht aber nicht der Sinn danach, weiterzuwandern. Ich möchte einen Tag lang hier bleiben, die Stimmung in mich aufnehmen, die Stille. Nachdenken, träumen, phantasieren. Mir vorstellen, wie San Millán lebte, was er dachte, was er fühlte. Wie er als Knabe Aemilian die Tiere hütete und seine erste Begegnung mit dem Einsiedler Felix hatte – vielleicht dem einzigen Menschen, der den verträumten, grüblerischen Jungen verstand, der ihm zu Einsichten verhalf, von denen er bisher nur eine verschwommene Ahnung hatte. Aemilian öffnete ihm sein Herz, er liebte ihn mehr als den wortkargen Vater, mehr als seine mit den jüngeren Geschwistern beschäftigte Mutter. Felix, der Einsiedler, wurde sein Lehrer. Es gab Probleme. Er vernachlässigte wegen des Unterrichtes seine Pflichten als Hütejunge, doch die Eltern brauchten ihn als Arbeitskraft. Sie machten ihm Vorwürfe, die Mutter weinte. Aemilian schlief kaum noch. Er versuchte, die Anforderungen der Eltern und die des Lehrers gleichzeitig zu erfüllen. Da erkrankte er schwer. Nur langsam genas der Junge. Danach war er verändert, kein Kind mehr, sondern ein nachdenklicher junger Mann. Er verließ die Eltern und sein Dorf, widmete sein Leben ganz den Lehren, die ihm Felix vermittelte. Ich denke ihn mir als einen schlanken Jüngling, der durch die Arbeit als Hirte flink und zäh geworden ist, braun gebrannt von der Sonne. Schwarze Locken fallen ihm bis auf die Schultern. Er hat ungewöhnliche Augen, groß und schwarz. Wen er anblickt, der fühlt sich durchschaut, aber auch verstanden.

Eigenartigerweise schaffe ich es nicht, ihn älter werden zu lassen. Er bleibt für mich der unfertige Jüngling, der noch sucht, der mit sich kämpft, dem es schwer fällt, sich zu entscheiden, und der dennoch weiß, dass er die Familie und seine Freunde verlassen muss, weil ihm ein anderes Leben vorgezeichnet ist. In meiner Phantasie nehme ich selbst die Gestalt verschiedener Figuren an. Zuerst bin ich Felix, der Einsiedler. Diese Rolle macht mir Spaß. Ich freue mich an der Wissbegier und Intelligenz des Jungen. Natürlich kann ich mir nur schwer vorstellen, ihn das Christentum zu lehren, aber ich bringe ihm bei, die Tiere des Waldes zu verstehen, lehre ihn die Sprache der Vögel. Nicht nur, dass jede Vogelart ihren eigenen Reviergesang hat, man kann aus ihrem Gezwitscher und den Rufen viel mehr heraushören: Sie warnen vor Gefahren, sie teilen sich mit, ob sich ein Fuchs anschleicht, ein Marder im Gebüsch lauert oder ein Sperber sie bedroht. Ihr Gesang zeigt an, ob das Nest schon gebaut ist oder erst noch ein Nistplatz gefunden werden muss, ob das Weibchen bereits Eier gelegt hat und brütet oder die Jungen schon geschlüpft sind. Sogar ob es regnen oder am nächsten Tag die Sonne scheinen wird, kann man aus dem Vogelgesang erfahren.

Aemilian ist ein guter Schüler, sein Gehör ist sogar besser als meines, so kann er die feinen Töne noch genauer unterscheiden. Während ich die liebevolle Achtung und Anbetung des Jungen genieße, den ich nicht wie einen Schüler, sondern wie einen Sohn in mein Herz schließe, merke ich, dass ich lieber selbst Aemilian sein würde. Wie oft habe ich mir als Kind gewünscht, wenn ich in den Wäldern meiner Heimat Freyburg umherstreifte, in den tiefen Buchenwäldern des Rödels, jemandem zu begegnen, den ich alles fragen könnte, der mir alles erklären würde. Ich musste alles allein begreifen und lernen. Kein Wunder, dass ich mir in der Welt meiner Kindheit einsam und verloren vorkam, denn es gab niemanden, der mir Rat und Trost geben konnte.

Ich wechsle also von der Person des Einsiedlers in die eines Dorfbuben über und bin nun der Freund des Aemilian. Aber wir sind uns zu ähnlich. Ich bringe keinen Gegensatz zu Aemilian zustande. Der Bub ist wie das jüngere Abbild von Aemilian. Er bewundert den Älteren, folgt ihm überallhin und ahmt ihn so lange nach, bis sie eins werden. Besser gelingt mir da schon das Mädchen. Sie ist fremd im Dorf. Niemand kennt ihre Eltern. Sie wurde als Kleinkind im Wald gefunden und von der Familie des Dorfältesten aufgenommen. Aber sie bleibt die Fremde, der man misstraut, weil ihre Herkunft unbekannt ist. Als ich noch klein bin, leide ich sehr darunter, nicht so wie die anderen zu sein. Ich bin traurig und weine oft. Ich will geliebt sein und in die Gemeinschaft passen. Allmählich merke ich aber, dass mir mein Fremdsein nicht nur Leid bringt, sondern auch Freiheit und Unabhängigkeit, die die Dorfleute nicht besitzen. Ich kann tagelang durch die Wälder streifen, und niemanden kümmert meine Abwesenheit. Ich brauche nicht die schwere Feldarbeit und die eintönige Arbeit im Haus abzuleisten, ich gehe einfach meiner Wege. Die Dörfler schimpfen mich ein unnützes Frauenzimmer. Mich stört ihre Missachtung wenig, hatten sie mich doch auch nicht beachtet, als ich mich noch um ihre Liebe bemühte.

Bei einem meiner Streifzüge begegne ich Aemilian. Er gefällt mir, weil er nicht wie die anderen ist. Seine Lehrzeit bei dem Einsiedler hat er beendet und haust nun allein in seiner Höhle. Ich bleibe bei ihm. Später versuche ich, ihn zu überreden, mit mir zu kommen, hinaus in die Welt. Ich bin neugierig zu erfahren, was es hinter den Wäldern noch zu entdecken gibt. Er aber will nicht mitkommen und behauptet, er müsse bleiben, da ihn die Menschen hier brauchen würden. Das ärgert mich sehr

Pilgerkreuz – im Hintergrund die Berge von Léon

Romanisches Kapitell

Der heilige Jakob als Pilger

Portal der Santiago-Kirche in Puente la Reina

Santa María de Eunate – Templerkirche

Eneriz – Dorf in Navarra

Vor der Kulisse der Kantabrischen Kordillere

Weinland La Rioja – ein neuer Jahrgang wächst heran

Frühnebel am Fuß des Kantabrischen Gebirges

Torres del Río – Blick auf die Kirche Santa María

Weinfelder auf dem Weg nach Cirauqui

Navarra – fruchtbare Kulturlandschaft

Kloster Irache – im Hintergrund das Bergland Montejurra

Peñalba – archaisches Dorf in den Bergen von Aquilianos

Spargelbauer bei Lorca

Villalcázar de Sirga – Marienprozession

Templerburg über Ponferrada

Festungstor

Kloster San Juan de Ortega – jetzt Pilgerherberge

San Martín – romanische Basilika in Frómista

Heiliger Domingo – Darstellung des Hühnerwunders

Santo Domingo de Silos – romanischer Kreuzgang

Kathedrale in Santiago de Compostela – Ziel aller Jakobspilger

Mittelalterliche Pilgerbrücke

Steinerner Brückenschlag

Pilgergrab am Wegrand

Wegkreuz bei Astorga

Dorfkapelle am Weg nach Santiago

Am Ende der Pilgerreise – Kap Finisterre

und wir streiten uns. Ich kann nicht verstehen, dass er sich für diese boshaften Menschen aufopfern will. Niemand von denen verdient meiner Ansicht nach seine Hilfe. Ich kann auch nicht einsehen, warum er stundenlang betet. Wenn mir Aemilian von seinem Gott erzählt, der wie ein Vater sei, blickt er so schwärmerisch, dass ich ihn rütteln und schütteln muss, um ihn wieder zur Vernunft zu bringen. Ich misstraue diesem Gott, wie ich allem misstraue, was ich nicht selbst entscheiden und tun kann. Ich will niemandem das Recht zugestehen, über mein Leben zu verfügen.

Ich frage meinen schwarzgelockten Freund ein letztes Mal, ob er nun mitkäme, aber er hat nur noch seinen Glauben im Sinn und betet unentwegt. Da verlasse ich ihn und gehe allein fort.

Aber ich kann nicht mehr froh sein. Traurig irre ich umher. Gerade, als ich angestrengt überlege, ob ich zu Aemilian zurückgehen soll oder wie ich meine Geschichte zu einem glücklichen Ende bringen könne, höre ich Autolärm. Tatsächlich, zwei Autos! Noch mal Gas geben, Bremsen quietschen, Türen schlagen. Ich finde mich kaum zurecht. Zwar hatte ich die Straße gesehen, aber nicht vermutet, dass sie auch wirklich benutzt wird. Die Leute, die aus den Fahrzeugen steigen, lärmen mit lauten Stimmen, verbreiten Hektik und zerstören damit den Zauber des Ortes. Beim Klicken der Verschlüsse ihrer Fotoapparate springe ich auf, um die Flucht zu ergreifen. Sie entdecken mich noch, wie ich aus dem Heiligtum entweiche und den Berghang hinauf flüchte. Ich sehe noch ihre offenen Münder und höre einen stottern: »Was, was war denn das?«

Ich finde eine Quelle, die ringsum mit Blumen eingewachsen ist. In der Felswand hängen Farne und Moose. Das hätte der romantische Ort sein können, an dem ich als Dorfmädchen Aemilian das erste Mal begegnet bin. Ich steige die Berge hinauf. Der San Lorenzo lockt mich. Er ist so hoch, dass er noch jetzt, im Mai, mit Schneefeldern bedeckt ist. Als ich über die Baumgrenze gelange, erkenne ich aber, dass es bis zum San Lorenzo noch mehrere Täler und Höhen zu überwinden gilt, sicherlich eine Dreitageswanderung. Auf meinem Pilgerweg bin ich erst ungefähr 200 Kilometer vorangekommen. Die Abzweigung nach San Millán zählt schon 50 Kilometer mehr, da will ich nicht noch eine unwegsame Bergtour anschließen. Aber so ohne Ziel habe ich keine Lust, durch die

Gegend zu stapfen, also suche ich mir auf einer Almhöhe einen Platz mit gutem Überblick, um einen Tag auszuruhen. Ringsum kahle Berge, die Täler mit dichten Wäldern gefüllt. Die Almwiese ist mit kurzstieligen Trockengräsern bewachsen, zwischen denen Blumen leuchten, von Wildbienen, Schmetterlingen, Schwebfliegen und Goldwespen umschwirrt. Und Grillen zirpen ihre Lieder. Abgelenkt von der Vielfalt der Natur, gelingt es mir nicht, weitere Aemilian-Geschichten auszudenken. Es ist zehn Uhr abends, als die Sonne glühend hinter den Bergen versinkt und orangerote Farben über den Himmel fließen. Jetzt weht ein kalter Wind über die Bergkuppe, und die Temperatur kühlt ohne Sonnenstrahlung rasch ab. Ich will ins Waldkloster absteigen und dort übernachten.

Erst als es schon Nacht ist, erreiche ich wieder das Kloster Suso. In der Dunkelheit wirkt das alte Gebäude noch geheimnisvoller als am Tage. Im Innenraum riecht es dumpf und modrig. Der Schein meiner Taschenlampe fällt auf die Schädel und Gebeine, die in den Höhlungen der hinteren Lehmwand liegen. Vielleicht sind es die Knochen von Pilgern, die hier oben gestorben sind? Ich hatte sie bereits am Morgen gesehen und auch jetzt im Dunkeln fürchte ich mich nicht. Dennoch wähle ich draußen den Vorbau als Schlafplatz, dort ist die Luft besser. Auch hier bin ich von Toten umgeben. Aneinander gereiht stehen links und rechts Särge. Ich rolle Matte und Schlafsack zwischen diesen Steinsärgen aus. In sieben dieser Sarkophage sollen die Infanten von Lara ruhen, über deren Schicksal ich eine dramatische Geschichte gelesen habe. Sie spielt im 10. Jahrhundert, etwa zur gleichen Zeit, als dieses Heiligtum eingeweiht wurde. Das Geschlecht der Lara war eines der vornehmsten der Gegend. Die sieben Brüder nahmen an der Hochzeit ihres Onkels Ruy Velasquez teil. Jedoch die Braut, Doña Lambra, konnte ihre zukünftigen Neffen nicht ausstehen. Sie stiftete deshalb ihre Spaßmacher an, die Laras zu beleidigen. Um seine Ehre wiederherzustellen, zog einer der Infanten sein Schwert und tötete den Lakai, der sich zu Füßen der Doña Lambra geflüchtet hatte. Verärgert, weil es ihr nicht gelang, den Spaßmacher zu schützen, überredete sie ihren Gemahl, die Tat zu rächen. Der aber wollte sich die Hände nicht schmutzig machen. Deshalb sorgte er dafür, dass die sieben Brüder von den Arabern gefangen wurden. Den Arabern ließ er die Nachricht zukommen, die Jünglinge seien gefährliche Missetäter, die sofort getötet werden müssten. Um nicht die Rache des Vaters auf sich zu ziehen, schickte er seinen bis dahin noch ahnungslosen Schwager Gonzalo Gustíos mit einem diplomatischen Sendschreiben zum maurischen Feldherrn Almansor, jener, der San Millán de Suso zerstört haben soll. In dem Brief stand, der Bote sei auf der Stelle umzubringen. Nun durchschaute Almansor die List. Den ersten Auftrag hatte er noch ausführen lassen, aber als er bemerkte, dass der Überbringer des Schreibens der Vater der zuvor Getöteten sei, ließ er ihn leben. Vielleicht weniger aus Mitleid, sondern um ein Druckmittel gegen Ruy Velasquez in der Hand zu behalten. Viele Jahre war Gonzalo Gustíos ein Gefangener von Almansor. Die Schwester Almansors verliebte sich in den gefangenen Christen und gebar einen Sohn. Ihr Kind, Mudarra, wuchs mit dem brennenden Wunsch seines Vaters auf, die Halbbrüder zu rächen. Und Mudarra ruhte nicht, bis er Ruy Velasquez und Doña Lambra aufspürte und tötete.

Die Überreste der sieben Brüder liegen hier neben mir in ihren Särgen. Sie hatten ein kurzes Leben und einen schnellen Tod durch einen Schwerthieb. Was aber mag mit Mudarra geschehen sein, nachdem er das Rachegelübde seines Vaters erfüllt hatte? Ich könnte mir denken, dass er schon bald in einem der Kämpfe zwischen Christen und Arabern getötet wurde. Auf wessen Seite wird er gestanden haben und wie mag er mit dem Konflikt fertig geworden sein, von Geburt halb Moslem, halb Christ? Und die schöne Schwester Almansors, wie ist ihr Leben verlaufen? Durfte Gonzalo als Greis endlich nach Hause? Was ist aus seiner ersten Frau, die sieben Söhne gebar und wieder verlor, geworden? Ich bekomme eine Gänsehaut, wenn ich mir die vielen Menschen vorstelle, die grausame Schicksale ertragen mussten. Wie viel Verzweiflung und Hass, wie viel Leid, Tränen und Flüche hat es schon auf der Erde gegeben. Verglichen mit dem Mittelalter ist unser Leben scheinbar gesittet und geregelt und die Leidenschaften sind weitgehend gebändigt. Damals jedoch entzündeten sich die Emotionen schnell am verletzten Ehrgefühl. Gekränkte Ehre konnte nur durch den Tod des Gegners wiederhergestellt werden. Jedes Unrecht forderte Rache. Unrecht gebar Gegenunrecht. Tod um Tod! Aber sind wir wirklich anders? Auch wir führen weiter

Kriege und zerstören die Umwelt. Unsere Zivilisation, auf die viele so stolz sind, ist nur wie eine dünne Schale, die kaum verdeckt, dass auch unser Leben von den elementaren Naturgesetzen bestimmt wird.

In der Nacht wache ich immer wieder auf. Im Mondlicht schimmern die Steinplatten der Särge neben mir. Ich träume von einer wilden Schlacht, wache wieder auf und sehe beruhigt den Mond durch die Arkadenbögen schimmern. Ich bin müde, doch kann ich lange nicht wieder einschlafen. Am Morgen erwache ich mit einem schweren Kopf und dem Gefühl der Enttäuschung. Nichts ist geschehen! Was hatte ich denn auch erwartet? Natürlich glaube ich nicht an Visionen. San Millán hätte mir trotzdem erscheinen können, aber nicht einmal im Traum hat er zu mir gesprochen. Hatte nicht der Pfarrer in Azofra versprochen, in San Millán de Suso würde ich Wichtiges über mich erfahren? Zwei volle Tage habe ich für diesen Abstecher aufgewendet, und heute sind es noch einmal zwanzig Kilometer zurück zum Pilgerweg. San Millán! Er hat sich mir nicht gezeigt und mir keinen Rat gegeben.

Von San Millán de Suso nach Santo Domingo

Die ersten Schritte sind mühsam. Die Füße fühlen sich klumpig an; die festen Wanderschuhe zwängen sie ein. Gestern bin ich barfuß oder in den blauen Sandalen gelaufen und hatte gehofft, der Ruhetag würde meinen Füßen gut tun, das Gegenteil ist der Fall. Jetzt spüre ich erst richtig, wie mitgenommen sie nach elf Wandertagen sind. Oder schiebe ich die leidigen Füße als Grund vor, um nicht weitergehen zu müssen? Mir scheint, ich bewege mich im Kreis. Ich hatte geglaubt, ich müsse einfach nur aufbrechen, mich aus verbrauchten, beengenden Bindungen befreien, dann würde sich schon etwas Neues, Sinnvolles ergeben. Aber ich habe kein Ziel. Das ist es! Ich wandere durch mein Leben, ähnlich wie auf diesem Pilgerweg, nehme Strukturen der Landschaften in mich auf, beobachte Tiere und Menschen, freue mich an Blumen und Bäumen, bewundere Kirchen, Brücken und Klöster, fühle Wind und Sonne auf meiner Haut, höre den Vögeln und dem Wasser zu und rieche den Duft der Erde. Aber ich selbst bin gar nicht richtig da. Die Umwelt dringt zwar durch meine Sinnesorgane in mich ein, aber ich selbst, wer bin ich? Ich habe das Gefühl, uralt zu sein und alles schon erlebt zu haben, aber dennoch immer von neuem dieselben Qualen erleiden zu müssen, immer weiter, ohne Ruh wie Ahasver. Als ob ein Kindheitserlebnis mein ganzes Leben bestimmen würde. Die Erinnerung ist so frisch und deutlich, als wäre ich damals nicht erst drei Jahre alt gewesen. Vielleicht ist das Bild deshalb so klar, weil ich zum ersten Mal die Umwelt bewusst wahrnahm. Ich sah eine Landschaft, ähnlich wie ich sie jetzt auf dem Pilgerweg erlebe. Ich spürte den warmen Sommerwind. Auch an den Geruch erinnere ich mich genau, es roch wie hier zwischen den spanischen Feldern. Mein Vater hatte mich auf einen Spaziergang mitgenommen. Emporgehoben auf seinen Schultern und von seinen Schritten gewiegt, wurde ich plötzlich meiner selbst bewusst. So, als sei ein Vorhang vor mir weggezogen worden. Zuerst sah ich die helle Sonne, die alles überstrahlte. Der Himmel war blau und weit. Dann erblickte ich den grün bewachsenen Feldweg und die wogenden Kornfelder, Mohn und blaue Kornblumen zwischen den Ähren. Und dort, wo Erde und Himmel zusammenstießen, dorthin wollte ich gehen, in diese Ferne! Ich wusste plötzlich, dass ich lebte, um immerzu durch die Welt zu wandern, fernen Horizonten entgegen. Mein erstes Gefühl war zunächst Freude, hellauf jauchzende Freude – ich war bereit! Sofort! Gleich! Aber ich musste erst erwachsen werden. Später, als ich älter wurde, kamen allmählich die Fragen: Warum, wozu, weshalb sollte ich durch die Welt ziehen? In mir selbst fand ich Antworten: Ich wollte Zeuge sein, Beobachter, alles sehen, hören, fühlen, schmecken und in mich aufnehmen. Ich bereitete mich intensiv vor. Übte mich schon als Kind, bewusst wahrzunehmen und meine Beobachtungen aufzuschreiben, und ich trainierte meinen Körper für die zu erwartenden Entbehrungen. Ich hütete mich vor allzu engen Bindungen, um niemanden im Stich lassen zu müssen. Als ich dann losgehen wollte, waren die Grenzen meiner Heimat inzwischen geschlossen. Ich studierte Biologie, mit der festen Überzeugung, als Wissenschaftlerin Sibirien und die Mongolei erforschen zu können. Ich hätte wissen müssen, dass ich niemals die Möglichkeit dazu erhalten würde. Manchmal wünschte ich, diese Sehnsucht nach der Ferne möge verschwinden.

Das Biologiestudium war beendet und meine Träume waren scheinbar nicht zu verwirklichen. Aber ich konnte sie nicht aufgeben und ein normales Leben wählen. Mit einem Neoprenanzug gegen die Kälte geschützt, schwamm ich 36 Stunden durch die Ostsee, um aus meinem Land zu flüchten, das für mich keinen Horizont mehr hatte, sondern nur noch Grenzen. Endlich in Westdeutschland angekommen, sollte sich nun erfüllen, wovon ich seit meinem dritten Lebensjahr geträumt hatte! Jetzt wollte ich losgehen! Aber wohin? Alle Himmelsrichtungen waren nun für mich offen. Das war wie ein Schock und ich war unfähig, mich von der Stelle zu rühren. Ich brauchte Zeit, um mich neu zu orientieren, und bewarb mich an einem Forschungsinstitut. Keine feste Anstellung, nein, dazu war ich nicht bereit, aber ein auf drei Jahre begrenztes Promotionsstudium. Das bedeutete natürlich zunächst wieder einen Aufschub. Danach sollte es aber losgehen. Doch die Jahre vergingen, während ich mich mit vielen Dingen beschäftigte, Völkerkunde studierte, um noch besser auf meine Aufgabe vorbereitet zu sein, und auch einige Reisen unternahm. Aber zu der großen Fahrt, die ich mir als Kind fest als Lebensaufgabe vorgenommen hatte, brach ich nicht auf. Damals hatte ich mir eine Expedition in unbekannte Gebiete vorgestellt, ich wollte Pflanzen und Tiere entdecken, die noch nie zuvor ein Mensch gesehen hatte, und fremde Völker aufsuchen, bei ihnen wohnen und ihre Lebensweisen kennen lernen. Doch auf der Erde gibt es keinen Ort mehr, der noch unentdeckt ist.

Ich bin schon weit von San Millán de Suso entfernt. Wenn ich mich umschaue, sehe ich im klaren Morgenlicht die blauen Berge in den Himmel ragen. Vor mir erstrecken sich Felder, gemustert mit grünen Wiesenflecken. Kein Autolärm stört. Ein Bauer zockelt mit einem Pferdefuhrwerk das Sträßchen entlang. Laut schmettert er ein Lied in den frischen Morgen. Stunden später steht die Sonne im Zenit. Sie brennt herunter und verströmt ihre Hitze bis zum Abend. Müdigkeit und Erschöpfung werden mir kaum bewusst, und ich beende die Etappe erst, als ich Santo Domingo de la Calzada erreiche.

In Santo Domingo ändert sich abrupt meine Situation. Da sind sie, die anderen! Es wird mir erst jetzt bewusst, wie allein ich bisher war. Zwar gab es die interessanten Gespräche mit den Pfarrern und Mönchen und die Begegnungen mit Dorfbewohnern, aber gegenseitiger Austausch war nicht möglich. Und die Gesprächspartner mussten zurückbleiben, während ich weiterging. So war ich ein einsamer Wanderer, der eine verrückte Idee verwirklichte. Plötzlich sind sie da, die anderen Pilger: Da sind Atze, ein Holländer, Justin, ein Franzose, und Gerda aus Deutschland. Später kommen noch Tomas, ein Italiener, der Pole Pavel und der Spanier Sergio dazu.

Mein Rucksack und die Wanderschuhe kennzeichnen mich in Pedros Augen als Pilgerin. Pedro ist der Herbergsvater. Gestikulierend stürzt er hinter mir her, als ich einen Weg einschlage, der aus Santo Domingo hinausführt, um unter freiem Himmel ein Nachtlager zu finden. Er meint, das ginge auf gar keinen Fall! Er sei ein Pilgervater, und da hätte ich auf ihn zu hören. In Santo Domingo gibt es die *amigos del camino*, einen Verein, der die historischen Traditionen wieder aufleben lässt. Um das Pilgern zu fördern, stellen die *amigos* unentgeltlich in einem historischen Gebäude, *la casa de peregrinos*, eine komfortable Unterkunft zur Verfügung mit mehreren Zimmern, Küche, Aufenthalts- und Waschräumen. Und Pedro macht es sich zur Aufgabe, jeden Pilger auch tatsächlich in die Herberge zu lotsen. Justin und Gerda sind bereits da. Dann stürmt Atze herein. Ich sehe zuerst nur seine langen Beine, und da der Holländer kurze Hosen trägt, kann ich muskulöse Waden bewundern. Der hat es gut, denke ich neidisch, denn mühelos rennt er mit diesen langen Beinen bis Santiago.

»Von woher kommst du heute?«, frage ich.

»Logroño.«

»Was?« Mir bleibt der Mund offen. Logroño ist 50 Kilometer entfernt! Das ist eine Leistung!

»Ach«, erwiderte er, »ich habe schlimme Probleme beim Laufen. In Logroño musste ich einen Arzt konsultieren und habe zehn Tage lang die Füße gesalbt, massiert und mit Binden umwickelt. Schließlich kaufte ich ein gebrauchtes Fahrrad. Aber diese 50 Kilometer mit dem Fahrrad waren noch schlimmer. Mit dem schweren Rucksack auf dem Rücken konnte ich kaum das Gleichgewicht halten. Statt auf dem Fußweg musste ich auf der Straße fahren. Eine Qual, sage ich euch! Ständig die Lastwagen, fast haben sie mich überfahren.«

Der zweiundzwanzigjährige Junge mit der hellblonden Igelbürste macht einen sehr verzweifelten Eindruck. »Ich glaube, ich muss aufgeben.«

Justin klopft ihm auf die Schulter. »Nur Mut, das schaffen wir schon. Du schenkst dein Fahrrad den *amigos*, und wir gehen zusammen zu Fuß.« Justin ist ein kleiner, dunkler Franzose mit kurzen Beinen und rundem Bauch. Er wird in vier Monaten 60 Jahre alt. Wir sprechen Spanisch miteinander.

Durch die Unterhaltung mit den anderen wird mir deutlich, dass der Pilgerweg die Grenzen zwischen den Menschen aufhebt. Nation, Alter, Religion, Herkunft, Ausbildung, Beruf werden unwichtig. Doch obwohl wir alle das gleiche Ziel haben, folgt jeder seinem eigenen Weg.

»Es ist Zeit. Lasst uns zur Messe in die Kathedrale gehen«, sagt Justin.

Von weitem sehen wir den 70 Meter hohen Glockenturm. Der Kirchenraum hat hallenartige Ausmaße, es sind drei Schiffe, von mächtigen Pfeilerbündeln abgestützt und von Netzgewölben überspannt.

»Seht die Hühner dort.« Justin zeigt auf einen Käfig, in dem sich tatsächlich ein weißer Hahn und eine Henne befinden. Seltsam, Hühnerhaltung in einer Kirche?

»Sie sind hier wegen des Hühnerwunders. Kennt ihr diese Legende?«, fragt Justin und erzählt sie uns gleich: »Ein Ehepaar aus Deutschland wallfahrte mit seinem achtzehnjährigen Sohn Hugonell nach Santiago. In der Herberge von Santo Domingo verliebte sich die Wirtstochter in den hübschen Jungen. Warum auch immer, der junge Deutsche ließ sich nicht verführen. Das Mädchen war sehr gekränkt und ihre Liebe verwandelte sich in Hass. Sie versteckte einen Silberbecher im Gepäck des Jünglings. Der ›Diebstahl‹ wurde entdeckt, und der Richter sprach das Urteil: Tod durch Erhängen, eine damals durchaus übliche Bestrafung von Dieben.«

Justin blickt in die Runde, ob wir uns von seiner Erzählung fesseln lassen. »Passt auf, nun beginnt das Wunder. Als seine Eltern auf der Rückkehr von Santiago wieder am Richtplatz vorbeikamen und weinend am Galgen niedersanken, hörten sie plötzlich die Stimme ihres Sohnes Hugonell: ›Seid nicht betrübt, liebe Eltern. Ich lebe! Der heilige Santiago hat mich gerettet, weil ich unschuldig bin. Bittet den Richter, er soll mich abschneiden lassen.‹ Doch dieser hatte sich gerade zu Tisch gesetzt und rief zornig: ›Euer Sohn ist so lebendig wie diese zwei gebratenen Hühner hier‹. Da begannen Hahn und Henne mit den Flügeln zu schlagen, der Hahn krähte, die Henne gackerte, und sie flogen von der Tafel auf. Die Unschuld des jungen Hugonell war erwiesen.«

»Na, Justin, glaubst du die Geschichte?«, neckte ihn Atze.

»Natürlich! Als Beweis dienen ja die Hühner dort«, erwiderte verschmitzt lächelnd der Franzose.

»Ich denke, dass im Laufe der Zeit immer mehr dazugedichtet wurde«, mischt sich Gerda ein. Der Gottesdienst beginnt. Die Bankreihen sind voll besetzt. Mich macht es verlegen, wenn die Gläubigen während der Predigt niederknien. Atze und ich sind die einzigen, die sitzen bleiben. Das erinnert mich an eine missliche Situation, als ich sechs Jahre war. Die Mutter hatte mich in Dresden in den Zug gesetzt, mit einem Pappschild, auf dem mein Name stand, denn die Großeltern in Lübeck hatten mich noch nie gesehen. Das Erkennen verlief problemlos, aber dann nahm mich die Großmutter unvorbereitet mit in einen Gottesdienst. Das war das erste Mal, dass ich eine katholische Messe erlebte. Ich erschrak heftig, als unvermutet alle Menschen nach unten auf die Knie sanken. Ich kleiner Knirps überragte nun alle. Der Priester, der für mich zuvor durch die Leute verdeckt gewesen war, schaute mir in die Augen. Ich erstarrte und fühlte mich ertappt. Ohne den Grund zu erkennen, flößte mir der Blick des Pfarrers Schuldgefühle ein. Es schien eine Ewigkeit zu dauern, bis endlich die Gläubigen nach oben kamen und ich wieder in ihrer Mitte verschwand. Ich atmete gerade auf und die Erstarrung löste sich, als sie wieder nach unten tauchten. Und erneut war ich dem prüfend-strafenden Blick des Geistlichen ausgesetzt. Aber so oft auch die Leute noch niederknieten, ich kam nicht auf die Idee, es ihnen nachzumachen. In mir sammelte sich Groll an, der sich danach beim Mittagessen mit den Großeltern entlud. Ich weiß den Auslöser nicht mehr, wahrscheinlich war es das Tischgebet des Großvaters. Ich erhob meine Stimme und erklärte kategorisch, es gebe keinen Gott! So ein dummer Quatsch sei das, das wüsste bei uns schon jedes Kind. Alle starrten mich an. Totenstille herrschte.

»Bitte verlasse den Tisch und gehe in dein Zimmer«, befahl die Großmutter.

Ich weiß nicht, wie lange ich dort gesessen haben mag, jedenfalls lange genug, um mich in eine verbitterte Anklage zu steigern. Ich würde es denen schon zeigen, wer hier im Recht ist. Nur weil ich die Wahrheit gesagt hatte, ließen sie mich hungern. Ich würde überhaupt niemals mehr essen, bis sie sich bei mir entschuldigt hätten. Lange müssten sie mich um Verzeihung bitten. Als die Großmutter ins Zimmer trat, war ich wütend und widerborstig. Aber sie sprach gar nicht über den Vorfall, sondern erzählte von ihrer Flucht aus Oberschlesien, wie schwer und furchtbar das gewesen war. »Siehst du«, sagte sie, »als es gar nicht mehr zu ertragen war, half uns Gott. Er steht uns jeden Tag bei, wenn uns das Herz brechen will, weil wir unsere Heimat verloren haben.«

Ich schaute sie groß an und begriff langsam. Die Großeltern taten mir nun sehr Leid. Ich hatte nicht erwartet, dass sie immer noch jemanden brauchten, wie ein Kind, das bei den Eltern Hilfe findet. Erwachsensein bedeutete für mich, ganz allein mit sich selbst und seinen Problemen fertig zu werden. Und ich übte schon sehr entschlossen, ohne Eltern zurechtzukommen. Ich fühlte mich der Oma und dem Opa überlegen. Wenn ich groß bin, dann würde ich niemanden um Rat und Hilfe anflehen müssen, so wie sie ihren Gott.

»Du hast dem Opi sehr weh getan«, sprach sie weiter. »Er leidet schon genug, weil sein Sohn, dein Vater, Gott verlassen hat. Opi hatte sich auf dich gefreut, und nun lästerst du Gott. Geh und entschuldige dich.«

Ich war nun sofort bereit, mich zu entschuldigen. Denn ich hatte Mitleid mit den Großeltern, sie schienen mir hilfebedürftig zu sein, beinahe wie Kranke, mit denen man sehr rücksichtsvoll umgehen musste, und ein bisschen schämte ich mich, dass ich, ein Kind, ihnen überlegen war. Das Erlebnis prägte mich. Nie wieder war ich später in der Lage, einen Disput über Glaubensfragen zu führen. Immer entstand sofort das Gefühl, dem anderen, dem Schwachen, nicht wehtun zu dürfen. Wer Gott braucht, der mag eben an ihn glauben. Ich werde nicht mit ihm streiten, denn es gibt keine Wahrheit an sich. Jeder Mensch hat seine eigene Wahrheit, so viel Wahrheit, wie er zulassen kann, um das Leben auszuhalten.

Der Gottesdienst ist zu Ende. Wir verlassen die Kathedrale. Ein Mann spricht uns an: »*Peregrinos?* Seid ihr Pilger? Ich gehöre zu den *amigos del camino*. Bitte, kommt doch mit, ich möchte euch mit den anderen bekannt machen.« Er führt uns in ein Haus. An einer langen Tafel sitzen die *amigos* und heben grüßend ihre Rotweinkrüge. »Willkommen! Setzt euch!« schallt es uns herzlich entgegen. Wir müssen immer wieder bestätigen, das Refugio in Santo Domingo sei das Beste des ganzen Weges. Ob wir das Grabmal des heiligen Domingo in der Kathedrale bemerkt hätten? Natürlich, wie hätten wir es übersehen können. Santo Domingo ist der Namensgeber und Patron der Stadt. Die 15 *amigos* übertreffen sich gegenseitig an Lautstärke und Wissen, uns über Leben und Taten dieses großen Heiligen zu informieren. Es ist die verblüffende Geschichte, wie einer, mit gewiss großartigen Leistungen beim Brücken- und Straßenbau, Karriere als Heiliger machte. Es heißt, er sei Eremit gewesen, aber er kann kein sehr einsames Einsiedlerdasein geführt haben, denn für seine Bauwerke benötigte er die Hilfe zahlreicher Menschen. Im elften Jahrhundert, als Domingo lebte, führte der Pilgerweg durch eine unsichere Grenzlandschaft, jederzeit war mit Überfällen arabischer Reiterabteilungen zu rechnen oder mit marodierenden Straßenräubern. Der Weg bestand aus der verfallenden römischen Straße oder aus kaum gebahnten Pfaden. Besondere Schwierigkeiten bereitete das Überqueren der Flüsse. Manchmal mussten sie durchwatet werden, oder die Pilger waren auf Fähren angewiesen. Zuerst baute Domingo eine Brücke über den Fluss Oja, mit 24 Bögen überspannte sie den oft gefährlich angeschwollenen Fluss. Domingo schuf sich eine Bleibe östlich der Oja, wo sich heute die Stadt befindet, die nach ihm benannt wurde, und konstruierte fleißig weitere Brücken, Wege und Pilgerherbergen. Wegen seiner Verdienste zum Wohle der Pilger wurde Domingo heiliggesprochen. Er starb im Jahr 1109. Übrigens sind die *amigos* der Meinung, es sei Santo Domingo gewesen, der den blonden Hugonell vor dem Tod am Galgen bewahrt habe.

Von Santo Domingo nach Juan de Ortega

Justin und Atze hatten wie ich ihren Pilgerweg in St.-Jean-Pied-de-Port begonnen, Gerda in Pamplona, weil sie nicht allein das Gebirge überqueren wollte. Rund 200 Kilometer lang sind wir uns nicht begegnet. Atze hatte den größten Vorsprung. Doch er verlief sich in den Pyrenäen und überanstrengte sich, weshalb er in Logroño pausieren musste. Ich habe durch den Abstecher nach San Millán Zeit eingebüßt. Als Letzter war Justin gestartet. Durch größere Tagesetappen gelang es ihm, Gerda, die zwei Tage voraus war, einzuholen. Jeder von uns hatte sich bisher als Alleingänger auf dem Weg gefühlt. Jetzt war es irritierend zu erfahren, dass vor mir und hinter mir noch andere waren. Was ich als einmaliges Erlebnis für mich verbuchte, das hatte vor mir Atze schon gesehen, und nach mir stand es Gerda und Justin bevor. Bei den Gesprächen wandelte sich das irritierende Gefühl bald in eines von Verbundenheit. Ich freute mich, dass auch die anderen vom einsamen Eunate berührt und ebenfalls von den romanischen Portalen begeistert waren und in Puenta la Reina die Brücke bewundert hatten. Die Empfindungen stimmten überein. Jeder hatte außerdem noch seine eigenen Erlebnisse. Wir hörten von Dingen, die auf dem Weg zu finden gewesen waren, aber für die nur einer von uns Augen gehabt hatte. So erlebten wir die Strecke vierfach.

Es ergibt sich von selbst, dass wir am Morgen gemeinsam die *casa del peregrinos* verlassen. Eine Etappe fast nur auf der Landstraße steht uns bevor. Zusammen ist es ertragbarer. Mir scheint, meine Weggenossen empfinden den Lärm, den Gestank und den Rückwind der Fahrzeuge nicht so schlimm wie ich, oder finden sie sich nur besser in das Unvermeidliche? Es gelingt ihnen sogar, sich zu unterhalten, und ich höre ihnen zu, denn es interessiert mich zu erfahren, warum die anderen den Pilgerweg gehen. Gerda erzählt mir von ihrem Leben. Sie macht auf mich einen sehr weichen, unselbständigen und zaghaften Eindruck. Von vornherein hätte ich ihr nicht zugetraut, dass sie eine derartige Strapaze unternimmt und noch dazu den Mut findet, allein aufzubrechen. »Eine Freundin hatte mir versprochen mitzugehen«, erklärt sie, »dann hat sie aber einen Rückzieher gemacht, und ich habe niemanden mehr finden können. Da bin ich allein los, denn ich hatte mich zu sehr auf den Pilgerweg innerlich eingestellt.«

Gerda ist 48 Jahre alt. Im Gespräch merke ich bald, dass sie sich in einer Krise befindet.

»Das ist halt so«, sagt sie, „wenn man drei Kinder hat und sie sind dann plötzlich erwachsen und gehen von zu Hause weg. Ich habe immer verzichtet, was mir nie schwer fiel, denn es war ja für die Kinder. Nun, da sie ihr selbständiges Leben beginnen, merke ich, dass ich selbst gar kein eigenes mehr habe. Ich wollte Malerin werden, hatte sogar einen Studienplatz. Da kam Norbert, mein erster Sohn. Zuerst besuchte ich noch mit Baby die Kurse, hatte zwischen Wickeltisch und Küchenherd den Skizzenblock liegen. Es kam nicht viel dabei heraus. Ich verglich meine kümmerlichen Versuche mit den Fortschritten der Studienkollegen. Es war deprimierend, nahm mir den Mut. Ich war ständig müde und nervös. Da gab ich auf. Als dann noch meine Kinder Georg und Christian geboren waren, hatte ich genug zu tun und dachte kaum noch ans Malen.«

Gerda kam nicht einmal mehr dazu, Ausstellungen zu besuchen. Sie hatte die Malerei völlig aus ihrem Leben gestrichen. »Aus dem ganz tiefen Tief bin ich heraus«, sie lächelt zaghaft, »das war, nachdem Christian, mein Jüngster, mit seiner Freundin zusammenzog. Können Sie sich vorstellen, was das für eine Mutter bedeutet, die drei Söhne allein aufgezogen hat, und plötzlich ist niemand mehr da, der einen noch braucht? Als ich so verzweifelt war, hörte ich zufällig von dem Pilgerweg. Ich weiß nicht, wieso, aber da war dieser Gedanke, wenn du es schaffst bis nach Santiago, dann hat dein Leben noch einen Sinn. Und seitdem ich mich auf die Pilgerreise vorbereitete, ging es mir besser. Ich besuchte einen Malkurs, und jetzt mache ich unterwegs Skizzen. Ich fange wieder neu an.«

Sie sagt es nicht triumphierend, es klingt vorsichtig, als würde sie sich noch nicht recht trauen können, ihre blassblauen Augen aber lächeln selbstbewusster, als es der Klang ihrer Stimme vermuten lässt.

Auch bei Justin ist ein Lebensabschnitt zu Ende gegangen. Er war jahrelang als Montagearbeiter für Erdölfirmen tätig, hat Raffinerien im Kongo und in Libyen mit aufgebaut.

»Nach der harten Arbeit nun diese plötzliche Ruhe«, erklärt er. »Seit einem halben Jahr bin ich bereits in Rente. Gehöre ich etwa schon zum alten Eisen? Nein, jeder Kilometer, den ich zurücklege, gibt mir mehr Kraft!«, verkündet er optimistisch. »Ich habe noch viel vor. Was? Vielleicht erfahre ich es durch den Pilgerweg.«

Die Lebensprobleme des jungen Holländers sind komplizierter. Er weiß sehr gut, was er nicht will, aber er kann sich nicht entscheiden, was er will. Mal taumelt er hierhin, mal dorthin. Atze hat ein Ingenieurstudium begonnen, obwohl ihm alles Technische zuwider ist. Er grübelt nach über den Sinn des Lebens und fasst mitunter extreme Beschlüsse. Weil er meint, durch die Medien falsch beeinflusst zu werden, liest er keine Zeitung, hört kein Radio und sieht kein Fernsehen mehr. Er ist von den Dingen der Welt gleichzeitig abgestoßen und angezogen. Dabei leidet er unter einem rigorosen Absolutheitsanspruch: Er will die eine einzige, richtige Wahrheit finden. Er erlebt Phasen, in denen er sich selbst hasst, dann schließt er sich tagelang ein und ernährt sich nur von Konserven, dann wieder stürzt er sich in hektische Aktivitäten.

»Wenn ich durchhalte bis Santiago, dann habe ich das erste Mal in meinem Leben etwas fertig gebracht. Keiner meiner Freunde glaubt, dass ich es schaffe.«

Ein Auto hupt und hält an. Zwei Spanier steigen aus, winken und kommen auf unsere Seite. Sie schütteln uns enthusiastisch die Hände und umarmen uns begeistert. Sie sind *amigos del camino* und fahren geradewegs zu einem Treffen nach Burgos. Dort wollen sie beratschlagen, wie der Pilgerweg noch attraktiver zu gestalten sei.

»Neue *refugios* müssen gebaut werden!«, rufen sie aus. »Nach jeder Tagesetappe muss es eine Unterkunft geben. Keine primitiven ohne Wasser wie bisher, sondern solche wie in Santo Domingo. Nicht wahr, dort hat es Ihnen gefallen?«

Wieder werden wir umarmt, Küsse auf die Wangen, schon sitzen die beiden *amigos* wieder im Auto, noch mal hupen, winken, »*suerte por el camino* – Glück auf dem Weg«, und da brausen sie davon.

Der Pilgerweg wird seine Wirkung verlieren, wenn tatsächlich eine Kette komfortabler *refugios* aneinander gereiht werden. Pilgern bedeutet auch, Entbehrungen auf sich zu nehmen, also die Mühsale des Weges zu ertragen: Hunger, Durst, Kälte, Hitze, ein hartes Lager, Erschöpfung. Wer sich diesen Plagen stellt und sie überwindet, erfährt eine Art Läuterung und Bewusstwerdung. Selbstverständliches ist plötzlich nicht mehr selbstverständlich. Man merkt, wie viel Kraft es kostet, mit Unbequemlichkeiten fertig zu werden, aber nach der Überwindung erhält man vielfache Kraft zurück. Es sind elementare Erlebnisse, die so im Alltagsleben nicht erfahrbar sind. Deswegen ist der Pilgerzug für jeden eine seine Persönlichkeit beeinflussende Erfahrung. Darum sollten Herbergen wie in Santo Domingo eine Ausnahme bleiben.

»Nichts bleibt, wie es ist«, sagt Justin. »Seien wir froh, dass wir den Weg noch auf diese Weise erleben können.«

»Es werden mehr und mehr Leute nach Santiago pilgern«, prophezeit Atze. »Die Spanier verdienen an dem Pilgerstrom und bauen dann viele Unterkünfte. Und dadurch kommen noch mehr Menschen. Puh, ein schlimmer Kreislauf.«

»Es bleibt jedem freigestellt, wo er übernachtet«, meint Gerda.

»Wer schwimmt schon gegen den Strom«, gibt Justin zu bedenken. »Ich nicht – wenn es bequeme Unterkünfte jetzt schon überall gäbe, ginge ich nicht vorbei. Da wäre ich ja bescheuert. Aber da es sie nicht gibt, war ich in Los Arcos bei einem Pfarrer zum Abendessen eingeladen, und in Cirauqui habe ich bei einer Familie übernachtet. Wenn es zukünftig genügend Herbergen geben wird, werden sich die Kontakte zu den Menschen nicht mehr so einfach ergeben.«

»Durch das Pilgern bin ich selbstbewusster geworden«, sagt Atze. »Schade, wenn der *camino* zu einem touristischen Wanderweg ausgebaut wird, können die Menschen in einigen Jahren nicht diese Erfahrungen machen wie wir jetzt noch.«

»Für mich ist es anstrengend genug, jeden Tag zu laufen«, widerspricht Gerda. »Da bin ich dankbar, wenn ich am Abend ein Quartier vorfinde und duschen und mich erholen kann.« Atze bleibt bei seiner Meinung: »Das Einmalige des Pilgerweges, ein Weg zu sein zu sich selbst, ginge verloren. Nur durch Überwindung von Schwierigkeiten wird man sich der eigenen Kraft bewusst, das lerne ich jeden Tag auf dem *camino*.«

Die Straße führt durch eintönige Felder. Die Grenze zwischen Rioja und Altkastilien verläuft hier. Der Boden scheint in Kastilien weniger fruchtbar zu sein als in der Provinz Rioja; das Getreide wächst spärlich.

Wir erreichen Redecilla del camino, ein eher armseliges Dorf. Dabei deutet der Zusatz »*del camino*« darauf hin, dass Redecilla einstmals eine wichtige Station des Pilgerweges war. Die Kirche birgt eine Kostbarkeit, ein romanisches Taufbecken. Aus einem einzigen großen Stein gehauen, hat es die Form eines Kelches. In die Außenwand des Kelches sind Häuser mit Balkonen, Türmen und Fenstern gemeißelt. Sie stellen das himmlische Jerusalem dar.

Als wir aus der Kirche heraustreten, ziehen gerade Kühe zum abendlichen Melken nach Redecilla ein. Die Herde füllt die Dorfstraße aus, schiebt und drängelt braun-weiß aneinander vorbei. Jede sucht ihre eigene heimische Stalltür, vor der sie geduldig stehen bleibt, bis sie von den Menschen eingelassen wird.

Wir gehen noch gemeinsam bis Belorado, wo die anderen vom Pfarrer ein Matratzenlager zugewiesen bekommen. Ich wandere allein noch zwei Stunden weiter bis in die Oca-Berge. Das Land steigt an, langsam, unaufhörlich. Das Abendlicht ist mild und weich. Grauammern trillern monoton. Ich genieße es, wieder allein zu sein und die Natur zu spüren. Das Zusammensein mit Menschen lenkt ab und die Gespräche strengen an, ich brauche dann wieder Distanz. Vor den Bergen liegt Villafranca *de Montes de Oca*, so benannt nach den Franzosen, die sich hier wie vielerorts in Spanien ansiedelten. Einst war Villafranca einstmals Bischofsstadt; die mächtige Kirche erinnert an den ehemaligen Glanz und Reichtum. Die Tür ist abgeschlossen. Dorfleute erzählen, den Schlüssel hätte nur der Pfarrer. Eine Frau will mir behilflich sein und klopft heftig gegen eine Holztür, zuckt dann die Schultern und meint: »Nicht da!« Niemand weiß, wo der Pfarrer sein könnte. Sehenswert sollen eine Santiago-Figur sein und eine Muschel von den Philippinen, die als Weihwasserbecken dient.

Nur noch Spuren künden von der vornehmen Schönheit des Pilgerhospitals San Anton. Es wurde 1380 gegründet und war bis zum 18. Jahrhundert in Betrieb, jetzt ist es eine zerfallende Ruine.

Außerhalb von Villafranca ein Friedhof. Im Viereck die weißen Mauern. Gräber mit eisernen Kreuzen, halb versunken im Boden, von Gras überwuchert. Holzkreuze liegen zerbrochen auf der Erde und vermodern langsam. Bluthänflinge schwätzen und Goldammern prunken mit ihrem knallgelben Gefieder. Die Berge steigen bis 1200 Meter an. Einsam ist es, und eine stille Schwermut liegt über dem Land. Zu Zeiten der großen Wallfahrt waren die Oca-Berge wegen der Banditen gefürchtet, die in dieser Bergwildnis eine Zuflucht fanden und die Pilgerzüge ausraubten. Zwischen Wacholder und Erika, Kiefern und Kermeseichen richte ich mein Lager. Die Erde ist hart und trocken. Wahrscheinlich war das Klima früher feuchter, denn hier soll es dichte, schier undurchdringliche Wälder gegeben haben. Im lichten Trockenwald von heute finde ich nur mit Mühe ein sichtgeschütztes Nachtlager. Blumen, die mit wenig Wasser auskommen, bedecken den Boden: gelber Hasenklee, weißes Hornkraut, Blutwurz, Heide und Aphodill.

In ferner Zeit ereignete sich in den Oca-Bergen ein Wunder. Ein Jüngling, der plötzlich gestorben war, wurde von Sankt Jakob wiedererweckt. Eigentlich verdankt er dem Heiligen das Leben gleich zweimal. Denn als sich sein Vater, der Herzog der Gascogne, vermählte, blieb diesem während vieler Jahre der ersehnte Erbe versagt. Der Herzog unternahm eine Wallfahrt nach Compostela. Er kehrte zurück, und übers Jahr gebar seine Gemahlin das Wunschkind. Als der Junge 15 Lenze zählte, brach diesmal die gesamte Familie zur Pilgerreise auf, wie es der Herzog gelobt hatte. In den Oca-Bergen erkrankte der Knabe plötzlich und starb. Bei der Beerdigung schrie die Herzogin wie wahnsinnig: »Seliger Jakobus! Da dir Gott, der Herr, die Macht gegeben hatte, mir einen Sohn zu schenken, so bitte ich dich, gib mir mein Kind zurück. Tust du es nicht, so töte ich mich!« Da erhob sich der Junge, als sei er aus einem tiefen Schlaf erwacht und erzählte, wie der Apostel zwei Tage lang die vom Körper getrennte Seele an seiner Brust gewärmt und sie dann auf ein Zeichen des Herrn dem Körper zurückgegeben hatte. »Aber«, sagte der Wiederbelebte traurig, »dort oben ging es mir viel besser. Ich wollte, ich hätte nicht zur Erde zurückkehren müssen.«

Wunderlegenden waren ein beliebter Erzählstoff, um sich am Abend oder bei einer Rast die Zeit zu vertreiben. Sie unterhielten nicht nur, sondern gaben Mut und Hoffnung. Mit jeder Wiederholung wurden die Geschichten glaubhafter.

Ich schlafe fest und ohne Störung bis zum Morgen. Im lichten Wald glüht es orange, flammt es in Rot, als wäre ein Feuer ausgebrochen. Es ist die Sonne, sie geht auf. Bald erreiche ich eine Wasserstelle: »*Fuente de Mojapán*«. Die Bezeichnung bedeutet »Quelle, wo das Brot angefeuchtet wird«. Hier rasteten erschöpfte Pilger, holten das harte Brot ihrer Wegzehrung hervor und weichten es mit diesem kristallklaren Wasser auf. Mir ist noch nicht nach Frühstücken, dafür tut mir die erfrischende Morgendusche gut. Eine prickelnde Gänsehaut überzieht meinen Körper, als ich mich mit dem kühlen Nass übergieße. Ein gelber Lehmweg führt durch den Wald. Es ist einsam. Kein Vogel singt in dieser Trockenheit. Andere Pfade kreuzen meinen – ob ich wohl noch auf dem richtigen bin? Stunden vergehen. Die Sonne brennt. Die dürren Bäume spenden keinen Schatten. Die Hitze ist bedrückend. Wie wenig kann der Mensch ertragen! Einige Grade über dem Normalen und die Kräfte schwinden. Das Wasser ist auch aufgebraucht, alles bis auf einen Notschluck. Zwei Liter, kaum hatte ich sie getrunken, schwitzte ich sie wieder aus. Im flimmernden Licht sehe ich ein zentimeterbreites dunkles Band, es liegt quer über dem Lehmweg. Ich schaue genauer hin. Das Band bewegt sich. Es sind Schmetterlingsraupen, viele, viele, die den Weg queren, Raupen des Prozessionsspinners. Treten sie in großen Mengen auf, fressen sie die Bäume kahl. Vom Totalverlust der Blätter oder Nadeln erholen sich manche Bäume nicht. So kann ein kleiner Nachtschmetterling mitunter Wälder vernichten. Doch das kommt in Mischwäldern selten vor, denn die Prozessionsspinner sind jeweils nur auf eine einzige Baumart spezialisiert. Diese hier sind auf dem Weg, einen Eichenbaum zu finden. Es sieht aus, als würden die meisten Raupen unterwegs umkommen – verhungern, vertrocknen, verdorren. Eine Prozession Sterbender unter sengender Sonne. Die Ersten haben keine Ahnung, wo ein neuer Futterbaum steht. Sie kriechen aufs Geratewohl in einer Richtung, wobei sie die einmal eingeschlagene Richtung auch Hindernissen zum Trotz beibehalten. Dabei orientieren sie sich nach dem Sonnenstand. Entweder kommen sie alle um, oder die Widerstandsfähigsten überleben und finden eine Eiche. Mich berührt diese selbstmörderische Prozession der Raupen. Wie ein Symbol weckt sie archaische Empfindungen. Eine Erinnerung an Vorzeiten, als sich die Menschen auf den Weg machten, neue Siedlungsgebiete zu finden. Wenn die Nahrung nicht mehr für alle ausreichte, wanderte ein Teil des Stammes oder der ganze Stammesclan weiter. So besiedelte die Menschheit allmählich, wahrscheinlich von Afrika aus, die ganze Erde. Immer wieder brachen sie ins Ungewisse auf. Viele gingen zugrunde wie bei den Spinnerraupen, aber es genügte, wenn nur ein paar überlebten.

Auch die Pilgerbewegung gründete sich, obwohl sie religiös motiviert wurde, auf den dem Menschen innewohnenden Trieb, der ihn ins Unbekannte aufbrechen lässt. Noch eine andere Vorstellung entsteht beim Anblick des Raupenzuges. Ich sehe verdurstende Lebewesen, die durch eine ausgetrocknete Gegend irren und sich dennoch an die Hoffnung klammern, dem Sterben zu entkommen. Ein Sinnbild für Wüstenmärsche verzweifelter Menschen. Der Zug, den Moses anführte, ist ein Beispiel. Die Israeliten gelangten letztendlich ins »Gelobte Land«. Andere grausame Bilder drängen sich mir auf: vom Todeszug der Armenier, als die Türken ein ganzes Volk zur Vernichtung in die Wüste trieben, oder von dem der Herero, als nach dem großen Aufstand die Überlebenden, Frauen und Kinder, von kaiserlich-deutschen Truppen erbarmungslos in die Kalahari-Wüste gejagt wurden. Das Raupenband wird dünner. Nur noch Einzelne kriechen dem großen Zug hinterher. Ein hauchfeiner Seidenstreifen bedeckt den Boden, gesponnen von den Vorauseilenden, als Ariadnefaden weist er auch noch dem Letzten den Weg.

Die Eremitage von Valdefuentes liegt über einem Wiesengrund. Ahornbäume spenden Schatten. In einem Teich quaken Frösche. Nach der wüstentrockenen Wanderung erscheint mir der Ort als Oase. Von hier sind es noch knapp zwei Stunden bis San Juan de Ortega. Am frühen Nachmittag erreiche ich dann das Kloster. Nun habe ich viel Zeit, mich zu erholen, denn ich will die Verabredung einhalten und hier auf Gerda, Justin und Atze warten. Die Abtei steht in einer Talsenke inmitten von Feldern und wird nicht mehr von Mönchen bewirtschaftet. Dennoch ist es wieder Tradition, Pilgern hier Unterkunft zu geben.

Sonnendurchglüht strömt der freie Platz zwischen Kirche und Wirtschaftsgebäuden Hitze aus. Die Luft schmeckt nach Staub und Trockenheit. Kein Lebewesen ist zu sehen oder zu hören. Nach Stunden des Wartens im Schatten eines Baumes nähern sich drei Gestalten. Die Rucksäcke fallen zu Boden. Endlich da! Wasser! Wo gibt es Wasser? Ein Krächzen aus trockenen Kehlen. Ich hatte es günstiger als die drei Freunde getroffen, weil ich den anstrengenden Bergpfad zum Teil noch in der Morgenfrühe gehen konnte.

Als hätte er nur gewartet, bis alle da sind, ruft uns der Pfarrer ins Haus. Die Suppe sei fertig. Als einziger Bewohner der Abtei betreut er die Pilger und kocht sogar für sie. Wir löffeln die würzige Gemüsesuppe. »Das Gemüse habe ich selbst im Klostergarten gezogen«, sagt stolz der Pfarrer. Ich bin überrascht von den praktischen Tätigkeiten, die Geistliche in Spanien ausüben.

»Das hat eine lange Tradition«, antwortet der Pfarrer. »Zum Beispiel unser San Juan de Ortega. In dem kleinen Dorf Quintaortuno ist er geboren. Das Leben eines Bauern wäre ihm bestimmt gewesen, wenn er nicht durch besondere Begabung aufgefallen und deshalb in einem Kloster erzogen worden wäre. Nach der Priesterweihe reiste er nach Jerusalem, danach lebte er als Einsiedler in den Oca-Bergen. Später gründete er hier ein Pilgerzentrum, konstruierte die Kirche und die Herberge, legte Wege an und baute Brücken über viele Flüsse. Alles praktische Tätigkeiten. Mit 83 Jahren starb er im Jahr 1163.«

»Das klingt, als sei er ein zweiter Santo Domingo gewesen? Haben sich die zwei gekannt?«, fragt Atze. »Natürlich kannten sie sich«, antwortete der Pfarrer. »San Juan de Ortega war doch ein Schüler des Santo Domingo gewesen.«

Der Priester zeigt uns die romanische Kirche. Innen das prunkvolle Schaugrab des San Juan de Ortega. Eine liegende Alabasterfigur ist von einem spätgotischen Baldachin überdacht. Von Isabella der Katholischen wurde das Grabmal 1474 in Auftrag gegeben. Damals war Boabdil, der letzte arabische Sultan in Granada, besiegt und die fast 800 Jahre dauernde islamische Herrschaft beendet worden. Die katholischen Könige Isabella und Ferdinand befehligten nun ganz Spanien. Der rechte Moment, sich auf die Vergangenheit zu besinnen und die Taten der Wegbereiter wie San Juan de Ortega zu rühmen, damit augenfällig wurde, dass der Kampf gegen die Mauren ein gottgefälliges Werk war.

»Der Name Ortega ist umstritten«, sagt der Pfarrer. »Manche behaupten, er stamme von Ortiga, was Brennnessel bedeutet. Ich glaube aber, mit Ortega ist das Birkhuhn gemeint. Früher gab es viele Birkhühner in den Oca-Bergen.«

»Klingt etwas komisch, nicht wahr«, flüstert mir Atze ins Ohr, »der heilige Juan vom Birkhuhn.«

»Ich finde, der Heilige von der Brennnessel ist noch lustiger«, gebe ich zurück.

Das ehemalige Kloster, das die Augustiner nach dem Tode San Juans in seiner Einsiedelei errichteten, ist nicht so gut erhalten wie die Kirche. Das Dach hat viele Löcher und die Mauern zerbröckeln.

»Sobald genug Geld da ist«, prophezeit der Pfarrer, »wird das Kloster restauriert und zum Parador ausgebaut.«

Die Paradores sind teure Hotels, bei denen trotz aller Originalität Geschichte nur noch Fassade ist, die benützt wird, um reiche Gäste anzulocken. Auch in Santo Domingo wurde das ehemalige Pilgerhospiz zum Parador Nacional umgebaut. Ich ging hinein. Tatsächlich, da war noch die alte Bausubstanz: meterdicke Steinmauern, Säulen und Gewölbe. Dennoch wirkte alles künstlich in Szene gesetzt. Argwöhnisch beäugte mich der Mann an der Rezeption, was jemand in meinem Aufzug wohl in seinen heiligen Hallen verloren hätte. Misstrauisch schickte er mir einen Lakaien hinterher. Ich hoffe, es möge noch lange kein Geld für den Ausbau des Klosters vorhanden sein, und bin dann auch sehr geizig mit meiner Spende für Übernachtung und Verköstigung. Denn wie in alten Zeiten gibt es keinen festen Satz, sondern die Bezahlung ist dem Gewissen und dem Geldbeutel des Einzelnen anheim gestellt. Wenn hier ein Parador entsteht, dann wird auch eine Straße nach San Juan de Ortega gebaut werden. Jetzt atmet der Klosterhof noch die Stille vergangener Zeit. Bald werden hier Autos parken und die Luft mit ihren Abgasen verpesten. Es ist Nacht. Eine schmale Mondsichel. Dunkel hebt sich der Glockenturm gegen den bestirnten Himmel ab. Deutlicher als am Tag erkenne ich hoch oben an der Kirche archaische Fratzengesichter, mystisch vom schwachen Mondlicht beschienen.

Von San Juan de Ortega bis Silos

Herb, stolz, abweisend, kahl und karg, das sind Assoziationen, die sich mir beim Wandern in Kastilien aufdrängen. Weit nach Süden bin ich vom Pilgerweg abgewichen, vielleicht, um der Stimmung in Burgos zu entgehen oder auch nur, um es den Pilgern im Mittelalter gleichzutun, die das berühmte Kloster Silos besuchten.

Es muss an mir liegen, dass mir die Städte regelrecht zur Katastrophe werden. Pamplona war der Auftakt der Negativerfahrungen: nach der Pyrenäeneinsamkeit und dem Frühlingserwachen eine lärmende Qual. Estella, dieser Zwiespalt zwischen romanischen Kapitellen und Fortschrittswahn. Logroño bewältigte ich dank Jesus' Hilfe, statt mich dem Häuser- und Straßengewirr auszusetzen, lauschte ich seinen Erzählungen über Cesare Borgia im Park und ließ mich zu Don Rafael bringen. In Burgos half mir niemand, und diese Stadt war grässlicher als die vorherigen.

San Juan de Ortega verließen wir zu viert – bis Burgos waren es zwanzig Kilometer. Gemeinsames Wandern über Berghöhen. Kalkgestein und zarte blaue Blumen. Wolkenloser Himmel mit einer brennenden Sonne darin. Mitten im Gebirge die Bauerndörfchen Ages und Atapuerca. Bei Villafria, fünf Kilometer vor Burgos, mündete der Pilgerweg in eine verkehrslärmende Autostraße. Eine Gaststätte neben einer Tankstelle. Von außen sah sie nicht sehr einladend aus. Der Hunger war zu groß, so konnten wir nicht wählerisch sein. Die Gäste waren ausschließlich Männer, Fernfahrer. Das Essen, serviert von einer dunkelhaarigen, charmanten Kellnerin – eine Delikatesse! Einstimmigkeitsurteil: Erstklassig! So gut hatte es noch nirgendwo geschmeckt. »Da sieht man es wieder«, sagte Atze, »man soll sich nie vom äußeren Eindruck bestimmen lassen.«

Die anderen waren so angetan, dass sie Wein bestellten und noch länger bleiben wollten. Ich ging voraus und wollte mich mit ihnen wieder in Burgos treffen. Dort angekommen, erfuhr ich, dass es in Burgos gar keine Pilgerunterkunft gibt. Also würde ich die anderen in dieser großen Stadt auch nicht wiederfinden, denn wir hatten keinen anderen Treffpunkt ausgemacht. Da fiel mir die berühmte Kathedrale von Burgos ein. Sicher würden sie es nicht versäumen, sie zu besichtigen. Zuerst umrundete ich das Bauwerk, obwohl reine Gotik, sprach es mich an. Ausgewogen in seiner Größe, nicht zu wuchtig und nicht zu himmelwärts ragend. Viel Zierrat aus steinernem Filigran nach Art der Gotik, aber im rechten Maß, weder zu überladen noch zu verschnörkelt. Kaum zu glauben, dass an dieser Kathedrale, wenn auch mit Unterbrechungen, 300 Jahre lang gebaut wurde und dennoch ein einheitlich wirkendes Werk geschaffen werden konnte. Wie viele Menschenschicksale mögen mit dem Bau verflochten sein? Hochfliegende Hoffnungen, Enttäuschungen, lebenslange Arbeit – 300 Jahre, das sind zwölf Generationen! Im Jahr 1221 wurde der Grundstein gelegt unter Bischof Mauricios. Er trug den Beinamen »der Engländer« und hatte in Paris studiert, war in Rom und im deutschen Kaiserreich gewesen. Aber weder Name noch Herkunft des ersten Architekten sind bekannt. Wie war das – der Anfang? Was musste nicht alles bedacht werden, bei einem so gewaltigen Bauwerk: Berechnungen der Statik, Beschaffenheit des Untergrundes, Auswahl des Baumaterials und sein Transport, die Gerüste, das Bauholz ... Was mir auch einfallen mag, ich sehe nur Schwierigkeiten und Probleme. Wer hatte so viel Mut, sich über alle Bedenken hinwegzusetzen und einfach zu beginnen? Wo hatte er die Kenntnisse erwerben können, die die Planung und Leitung eines solchen Werkes erfordern? Kathedralen wurden ja nicht alle Tage in Auftrag gegeben. Verließ er sich auf seine Intuition? Waren es generationenlange Erfahrungen der Baumeisterzünfte? Wir wissen es nicht und können nur vermuten, wie es damals vor fast 800 Jahren war. Nach nur neun Jahren stoppte der Bau. Dreizehn Jahre lang wurde kein Stein bewegt, erst ein neues Ablassgesetz des Papstes ermöglichte die weitere Finanzierung. Dreizehn Jahre sind kein Zeitraum im Vergleich mit einer Bauzeit von insgesamt 300 Jahren, wohl aber für die Lebensdauer eines Menschen. Was tat der Baumeister so lange: Kämpfte er um den Weiterbau, bekam er inzwischen einen anderen Auftrag, verzweifelte er, wurde er krank, starb er, oder erlebte er noch die zweite Bauphase? 39 Jahre nach Beginn konnte das Gotteshaus als Rohbau geweiht werden. Noch fehlten die Türme, mehrere Portale, Kapellen und so manches mehr. Der Baumeister Hans von Köln wurde aus Deutschland geholt und mit der Errichtung der 84 Meter hohen Wehrtürme beauftragt. Sohn Simon und Enkel Francisco, in Spanien aufgewachsen und mit Spanierinnen verheiratet, führten das gigantische Werk fort.

Heute ist die Kathedrale weniger ein Gotteshaus, sondern ein Rummelplatz für Touristen. Gewiss, da war der großartige Blick hinauf in den Vierungsturm, dieses zu einem kunstvollen Stern geformte Gewölbe – aber die Überfülle der angefügten Kapellen, jede für sich eine Kirche, die reiche Ausstattung und Dekoration machten mich gleichgültig. Da hatte man zu viel gewollt und damit die Harmonie zerstört. Wegen der vielen Menschen konnte die Kathedrale auch kein Ort der Besinnung sein. Da wälzten sich die Touristengruppen von Kapelle zu Kapelle, hallten die Stimmen der Führer in Englisch, Deutsch, Französisch, Spanisch und unaufhörlich klickten die Fotoapparate. Vielleicht wäre die Kathedrale ganz anders, wenn ich allein dort wäre, und dann müsste nur für mich die Orgel spielen, wie ich es in der Kathedrale von Sevilla einmal erlebte.

Sechs Uhr abends – die anderen hatte ich nicht getroffen –, ich müsste mich um ein Zimmer in einem Hotel bemühen, aber meine Kraft reichte nicht, allein der großen Stadt und den vielen Menschen entgegenzutreten. Wie eine Krankheit überfiel mich wieder dieses Gefühl der Vereinsamung zwischen Tausenden unbekannter Menschen. Wo waren sie nur, die drei Einzigen, die ich kannte? Nie würde ich sie in diesem Gewühl finden. Ich konnte nicht anders, ich musste Burgos sofort verlassen. Und dabei doch gleichzeitig dieses Bedauern, nichts gesehen zu haben von dieser alten Königsstadt Kastiliens am Rio Arlanzon, schon 884 als Bollwerk gegen die Mauren gegründet.

Das Denkmal des Cid sah ich noch: Großspurig auf einem stampfenden, schweren Streitross kommt er dahergestürmt. Das Pferd bäumt sich auf, mit starker Hand hält er die Zügel, mit der anderen schwingt er das Schwert empor, der Bart wallt ihm auf die Brust. El Cid, der heldenhafte

Ritter aus dem 11. Jahrhundert. Gerade in diesem Jahrhundert lebten Männer, deren Name bis heute überdauerte: Santo Domingo de la Calzada und San Juan de Ortega und zu dem dritten Heiligen, Santo Domingo de Silos, bin ich gerade unterwegs. Auch der Held El Cid scheint seine Wirkung als Vorbild noch nicht eingebüßt zu haben, denn das Standbild wurde erst 1955 geschaffen, im Auftrag von Franco!

Als wäre ich an diesem Tag noch keine 20 Kilometer gegangen, wandere ich weitere 20 Kilometer südlich aus Burgos hinaus. Wieder der Kontrast – gedrängt die Stadt, menschenleer das Land. Grau besteint sind die Hochflächen, karge Felder dazwischen eingestreut. Ein Schäfer führt seine Herde dem Horizont entgegen. Es ist nicht mehr der westwärts, auf die Abendsonne zielende Pilgerweg, dem ich folge, sondern mit Kompass und Karte suche ich den kürzesten Weg nach Silos anzusteuern. Vier Stunden später dunkelt es. Zwischen langjährigen Gräsern und kleinen gelben Blumen lege ich mich zum Schlafen nieder. Ich sehe nicht mehr die Mondsichel und die Sterne, sondern schlafe sofort ein.

Als ich am nächsten Morgen aufwache, habe ich das Gefühl, der letzte Überlebende auf der Erde zu sein, so weit und einsam ist der Blick ringsum, ausgelaugt und vertrocknet der Boden. Seit Stunden gehe ich, und alles bleibt gleich, als würde ich mich nicht von der Stelle bewegen. Das scheint ein Land nicht zum Leben, sondern um von der Sonne ausgedörrt zu werden, ein Land zum Kämpfen und zum Sterben. Hier ritt er, der von seinem Vater ausgesandte Mudarra, den Tod seiner Halbbrüder zu rächen. Und die Reiterheere der Christen und Muselmanen standen sich hier in der karstigen Weite gegenüber. El Cid hatte sich damals besonders hervorgetan, so sehr, dass er noch heute als spanischer Nationalheld, als Symbolfigur der Reconquista, als Streiter für das Christentum, verehrt wird. Nur nahm er es nicht so genau, für wen und gegen wen er kämpfte. Rodrigo Diaz hieß er eigentlich und wurde um 1050 bei Vivar nördlich von Burgos geboren. Sein Vater war ein hoher Adliger, und für adlige Söhne gab es nur zwei Berufe: Geistlicher oder Krieger. Der kleine Rodrigo wusste, was er wollte: der Stärkste sein! Bald besiegte er in Spielkämpfen nicht nur die Gleichaltrigen. Er muss der geborene Haudegen gewesen sein. Das entging natürlich auch nicht der Aufmerksamkeit des Königs. Sancho II. rief ihn an seinen Hof. Was es damals für einen Edelmann bedeutet haben muss, für seinen König kämpfen zu dürfen, kann ich mir aus heutiger Sicht kaum noch vorstellen. Seine Ehre, die mehr wert war als das Leben, setzte man im Kampf für den König ein. Doch dann wurde Sancho II. ermordet, und Rodrigo hielt seinen neuen Herrn, Alfons VI., den Bruder des Getöteten, für den Mörder. Ein unlösbarer Zwiespalt für einen geradlinigen Haudegen tat sich auf: Konnte er weiterhin seinem König dienen, wenn dieser ein Mörder war? Alfons VI. verbannte den widerspenstigen Paladin vorsichtshalber von seinem Hof. Anstatt sich nun der Bewirtschaftung seiner Güter zu widmen, verdingte sich Rodrigo Diaz beim Feind. Er begab sich mit seiner Gefolgschaft in den Dienst des arabischen Herrschers von Zaragoza. Einige Jahre kämpfte er auf maurischer Seite gegen seine Christenbrüder. Rodrigo erwarb sich bei den arabischen Kampfgenossen hohes Ansehen. Sie gaben ihm den Ehrentitel *saijd* – Herr. Aus *saijd* wurde nach spanischer Schreibweise Cid. So trägt gerade der Nationalheld der Spanier einen arabischen Namen.

Die Jahre vergingen. König Alfons VI. wurde von den Muselmanen, verstärkt durch die Schlagkraft von El Cid und seiner Getreuen, stark bedrängt. Da hörte der König endlich auf seine Ratgeber und löste den Bannspruch. Rodrigo wechselte wieder die Fronten. Das Andenken an seinen Sancho II. war verblichen, der königliche Mörder hatte sich auf dem Thron etabliert. Da konnte nun auch er den Treueeid leisten. Es schien Rodrigo auch keine Gewissenskonflikte zu bereiten, fortan gegen seine arabischen Kampfgefährten anzutreten. Die Lebensaufgabe eines Ritters war der Kampf. Einen gleichrangigen Feind zu unterwerfen erhöhte das eigene Ansehen. Und auch für den Besiegten war die Schmach weniger schlimm, wenn er von einem achtbaren Gegner niedergestreckt wurde. Konflikte, dass Menschen dabei starben, gab es nicht. Der Tod war Schicksal, Bestimmung, ihm konnte niemand entgehen. Gewiss, man trauerte um einen Gefallenen. Der Schmerz um den verlorenen Freund war aber das eine, wichtiger war, dass man stolz auf ihn sein konnte, wenn er tapfer gekämpft hatte, und dann schwor man, seinem Andenken durch viele getötete Feinde Ehre zu erweisen. Diese Verhaltensweisen und Denkmuster erwarben die Ritter in ihrer Knabenzeit, bei Turnieren wurden sie eingeübt. Der Krieg war nur ein verschärftes

Turnierspiel, ein Kampfsport mit tödlichem Ausgang. Ich denke mir, die Menschen konnten das Töten als ständige Beschäftigung nur deshalb ertragen, weil sie eigentlich gar nicht erkannten, dass sie selbst es waren, die töteten. Ihr Arm führte nur aus, was das Schicksal, was Gott ohnehin geplant hatte. Sie alle waren gottbestimmte Wesen. Er allein war für alles verantwortlich. Die Ritter gaben sich redlich Mühe, so viele Menschen wie nur möglich umzubringen, aber sie sahen sich selbst nicht als Mörder, sie waren nicht die Täter, sondern nur ausführende Werkzeuge, ein Schwert in Gottes Faust.

Die Legende berichtet, dass der große *Compeador* El Cid ungefähr mit 50 Jahren tödlich verwundet wurde. Er befahl, nach seinem Tod seinen Leichnam auf ein Pferd zu binden und dieses ins Schlachtfeld zu jagen. Seine Getreuen taten, wie ihnen geheißen. Das Pferd, mit dem Toten auf dem Rücken, stürmte voran, an die vorderste Front. Die Araber erkannten El Cid an seiner Rüstung und dem Umhang. Sie schossen Pfeile ab, bewarfen ihn mit Lanzen. Sie sahen, dass er getroffen wurde und dennoch weiterritt. Da ergriff sie abergläubischer Schrecken. Sie glaubten den Ritter mit Dämonen und Teufeln im Bunde und flohen entsetzt. So gewann Rodrigo Diaz seine letzte Schlacht noch als Toter. Sein Andenken aber hat bis heute überdauert, weil ihm ein Dichter ein Heldenepos schrieb. Vielleicht hat er seinen Helden das erleben lassen, was er, der Dichter, selbst gern erleben wollte, und Traum und Wirklichkeit miteinander verflochten. Die Leben unzähliger Ritter hätten als Vorlagen für Heldengesänge dienen können. Sie waren sich alle sehr ähnlich.

Während ich darüber nachdenke, kommt mir Sancho VII. *el fuerte* in den Sinn, dem ich bei Roncesvalles »begegnete«. Sancho begann 55 Jahre nach dem legendenhaften Tod des El Cid sein Kämpferleben. Noch immer standen sich Mauren und Christen gegenüber, bekämpften sich in Scharmützeln und großen Schlachten, taktierten gegeneinander und miteinander. Kaum jemand weiß heute noch etwas über diesen angeblich 2,25 Meter großen und stärksten Mann seiner Zeit, der dem Sultan Miramamolin den faustgroßen Smaragd vom Turban riss. Oder doch – hat vielleicht die Fantasie des unbekannten Dichters, der *El Cantar de Mio Cid* schrieb, die Helden seiner Zeit zu einem Einzigen, zu »El Cid«, geformt?

Ohne zu rasten, gehe ich seit dem frühen Morgen. Die karge Eintönigkeit der Landschaft bringt mich in einen besonderen Zustand. Es ist, als würde ich durchlässig werden. Meine Sinne sind aufnahmebereit wie sonst nie. Doch nicht nur mit den Augen, der Nase, den Ohren, der Haut nehme ich auf, sondern mir öffnen sich noch andere Ebenen der Wirklichkeit. Es entsteht ein Gleichklang zwischen mir und der Umwelt. Vom Rhythmus der Schritte getragen, tauche ich ein, verschmelze mit der Landschaft. Und während sich die Konturen meines Körpers verlieren, erfahre ich mich innerlich geweitet bis zum Horizont. Endlos möchte ich wandern. Mein Laufen erscheint mir kaum noch erdgebunden, fliegend gleite ich über baumlose Hügelketten und über ausgedörrte, stachelige, braune Grasnarbe. Es sind Tafelberge mit ausgewaschenem Karstboden, dunkles Grün des Wacholders und Steine, Steine, Steine, grau und ausgeblichen, als läge hier das Skelett der Erde bloß. Ich verspüre keinen Hunger, keinen Durst. Ich gleiche mich diesem Land an, bedürfnislos, dürr und trocken, so als würde sich die Landschaft ihre Menschen formen. Wer hier existieren kann, muss anders sein als die, die in fruchtbarer, üppiger Natur leben: wortkarg, hart, unerbittlich, vielleicht grausam, aber ganz bestimmt leidenschaftlich. Das ist das Paradoxe an extremen Lebensumständen: Statt die Gefühle abzutöten, bekommen sie explosive Kraft. Die Gefühle können sich nicht allmählich verströmen, sondern werden zäh verschlossen, so lange zurückgehalten, bis sie sich mit einer Eruption Ausdruck verschaffen. Bei meinem Lauf über die sengende kastilische Hochebene spüre ich: Leidenschaft wie glühende Lava, über der ein Felspfropf liegt. Wie kann einem solchen Übermaß aufgestauter Gefühle Ausdruck verliehen werden? Versagt da nicht jede gemäßigte Form? Ich kann mir vorstellen, dass man dann einfach einen Gott braucht, vor dem man niedersinkt auf die Knie, die Arme emporgehoben, anklagend und gleichzeitig um Erlösung bittend. Aber vielleicht rede ich mir das alles nur ein. Ich sollte lieber mal eine Pause machen und etwas essen. Es kann nicht mehr weit sein bis Quintanilla de las Vifias. Dort will ich unbedingt eine alte Eremitage sehen, weil sie aus dem 7. Jahrhundert sein soll, also etwa die Zeit von San Millán, als noch die Westgoten in Spanien herrschten. Ich habe nun mal eine Vorliebe, der fernsten Vergangenheit nachzugehen, von der kaum noch Spuren zu finden sind.

Die Wegbestimmung mit dem Kompass scheint genau gewesen zu sein. Ich sehe ein Gebäude auf einer Anhöhe liegen. Aus der Ferne betrachtet, sieht Quintanilla de las Vifias nicht wie eine Kirche aus. Sie ist klein, doch wirkt sie durch die strenge Form, die Kanten und Ecken, schwer und bedeutend. Als ich davorstehe, entdecke ich fasziniert, wie die strenge Architektur der Mauern von einem umlaufenden doppelten Fries verspielt durchbrochen wird. Dieser Fries besteht aus kunstvoll in den Stein geschnittenen Figuren: Ranken, Früchten, Blättern und Bäumen, Tauben, Pfauen und Fabelwesen. Jede Figur ist für sich von einem fein ziselierten Medaillonreif eingeschlossen. In zwei Reihen aufgestellt, verzieren die Figuren die gelb-roten Außenwände der Kirche. Wie bei dem Kloster San Millán de Suso habe ich auch hier das Empfinden, als würden sich Gegensätze vereinigen, die man als männliches und weibliches Element bezeichnen könnte. Im Unterschied zum Kloster Suso, das nach der Zerstörung durch Almansor wieder errichtet wurde, soll Quintanilla de las Vifias im 7. Jahrhundert, noch vor dem Einfall der Araber, erbaut worden sein, also muss es rein westgotisch sein. Beim Umrunden des Gebäudes erkenne ich, dass nur noch ein Teil vorhanden ist. Die viereckige Apsis und das Querschiff sind kaum neun Schritte lang und drei Schritte breit, ein Längsschiff fehlt. Zwischen den sorgfältig behauenen rötlichen Quadersteinen sind manchmal breite Spalten. Es sieht aus, als sei die Kirche neu zusammengesetzt worden. Auf einigen Steinquadern an der Apsis sind uralte runenartige Zeichen eingeritzt, Längsstriche mit mehreren kleinen Querbalken und Halbkreise, aus denen Kreuze herausragen. Waren es Steinmetzzeichen? Sie sehen bedeutungsvoll aus, fast wie Beschwörungen, doch ihre Bedeutung ist zusammen mit den Menschen, die sie gezeichnet haben, verschollen. Entfernt erinnern sie mich an Zeichen, die mit Holzkohle an den Wänden einer steinzeitlichen Höhle im Süden Spaniens angebracht worden waren. Fenster hat die Kirche keine, nur schmale, lange Schlitze durchbrechen die Außenmauern.

In der Nähe, im Tal, liegt ein Dorf. Ich erkundige mich nach jemandem, der etwas über das westgotische Kirchlein weiß. »Ja, natürlich, da haben wir doch den Pedro!« Und hilfsbereit führt man mich zu seinem Häuschen. Pedro, sehr eilfertig, kommt aus dem Haus und will mich zur

Anhöhe hinaufführen. Enttäuscht vernimmt er, ich käme geradewegs von dort. Ob er mir nicht etwas über die Kirche erzählen könne? Ja, selbstverständlich, er wüsste alles, und schon schnurrt er seinen Text herunter. Für mich ist nichts Neues dabei. Ich gebe noch nicht auf, frage, warum zwischen manchen Steinquadern große Zwischenräume seien und wo die Steine von dem Langhaus geblieben wären? Er zuckt die Achseln, und weil ich immer noch nicht gehe, wird sein Blick betrübt und zugleich bittend.

»Meine Frau ist schon vor zwei Jahren gestorben«, sagt er. »Zwei Jahre sind eine lange Zeit«, jammert er. Ob ich nicht dableiben wolle? Er habe genügend Platz in seinem Häuschen, Wein sei auch vorrätig, und jede Menge zu essen. Ich verabschiede mich. Da, noch ein letzter Versuch: Er habe so ein schönes, großes Bett, ich solle es mir wenigstens mal ansehen.

»Nur einen einzigen Blick«, bittet er.

Von den kurz zuvor gespürten wilden eruptiven Leidenschaften ist mir nichts geblieben. Ich rechne mir aus, dass ich es vor Einbruch der Dunkelheit bis zum Kloster Silos schaffen könnte. Ohne Rast wandere ich weiter. Ich beeile mich und doch brauche ich noch Stunden. Wieder setzt die kastilische Landschaft ungezügelte Gefühle frei, mir ist gleichzeitig zum Weinen und zum Lachen zumute. Hoffentlich erreiche ich bald das Kloster, dort werde ich geborgen sein. Ich denke an die lächelnden Mönche in Yuso. Eingehüllt in ihre braunen Kutten, hießen sie mich willkommen. Lächelnd führten sie mich durch ihr Kloster, gaben mir zu essen und zu trinken. In Erinnerung an Yuso bewältige ich mehr als 50 Kilometer; ich hätte doch wissen müssen, dass man nicht zweimal das Gleiche erleben kann.

Als ich das Gefühl habe, keinen Schritt mehr gehen zu können, jetzt gleich niedersinken zu müssen, sehe ich die roten Dächer von Silos. Das Kloster liegt nicht abseits der Siedlung, wie ich es mir erträumt hatte, sondern direkt im Dorf. Es ist von einer unglaublich hohen Mauer umgeben, höher als ein mehrstöckiges Haus. Der Anblick dieser Mauer, die keinen Blick auf das Klostergebäude gestattet, verunsichert mich. Mauersegler schreien und pfeilen schwarz durch die Abenddämmerung. Je näher ich komme, umso abweisender wirkt das Kloster. Ich drücke die

Klingel neben der Pforte. Lange muss ich warten. Dann öffnet sich ein Guckloch, ich sehe ein Auge. Die Klappe fällt scheppernd über das Loch, aber die Pforte bleibt geschlossen. Geduldig harre ich wohl eine halbe Stunde aus. Dann wage ich noch mal zu klingeln. Ich bin so erschöpft, dass sich mein Bewusstsein verändert haben muss, denn ich fühle mich wie eine Pilgerin des Mittelalters, und um mir Mut zu machen, spreche ich meine verqueren Gedanken laut aus: »Lasst mich ein! Fürwahr, ich habe ein Recht darauf. Schließlich pilgere ich nach Santiago. Todmüde bin ich jetzt, geschunden an Leib und Seele. Habe mannigfaltigen Gefahren getrotzt. Ausgedörrt von sengender Hitze, war ich preisgegeben den Naturgewalten. Musste widerstehen den Anfechtungen und Verführungen. Ich habe mir ein Nachtlager im Kloster wohl verdient.«

Wieder blickt jemand durch den Spion. Ich sage zu dem Auge: »Bitte, lassen Sie mich ein. Ich bin eine Pilgerin nach Santiago. Den weiten Weg zu Ihrem Kloster bin ich zu Fuß gegangen.«

Schweigen. Es macht mich verrückt, keine Antwort zu bekommen. Ich steigere die Theatralik, ohne zu merken, dass ich eine Rolle spiele. »Bitte, ich bin zu Tode erschöpft. Es ist Ihre Christenpflicht!« Eine Stimme hinter der Tür antwortet: »Jetzt ist keine Besuchszeit! Morgen ab 9 Uhr ist geöffnet. In der Ortschaft können Sie übernachten.« Diese trocken geäußerte Auskunft bringt mich schlagartig in die Realität zurück. In welch lächerliche Situation hatte ich mich da gebracht? Wie dumm, auf ein imaginäres Recht zu pochen, in jedes Kloster eingelassen zu werden. In welchem Jahrhundert leben wir denn? Im Ort finde ich bald eine Unterkunft. Fast an jeder Ecke gibt es ein Hotel oder eine Pension. Silos ist wegen seines berühmten Klosters ein Touristenort.

In der Nacht habe ich einen eigenartigen Traum: Jemand will mich verletzen und zerstört Dinge, die mir gehören. Er zerreißt meine Kleidung. Damit kann er mich nicht treffen, denn an den Sachen liegt mir wenig. Doch dann nimmt er einen Pullover, den meine Schwester gestrickt hat. Ich will ihn daran hindern, doch ich kann es nicht. Als Nächstes fällt er über die Bücher her, zerfetzt Seite für Seite, dann meine Tagebücher, Briefe, Manuskripte. Ich muss zuschauen und kann nichts machen. Ich war überzeugt gewesen, er würde mir nicht wehtun können, weil ich nicht an den Dingen hänge. Erst jetzt, als die Gegenstände zerstört sind, spüre ich, dass sie mir doch viel bedeutet haben. Sie waren ein Teil von mir gewesen, und ich hatte es gar nicht gewusst. Wie immer wache ich früh auf und schlendere durch die Siedlung.

Ein Eselfuhrwerk zockelt die Dorfstraße entlang. Gelbe Hunde mit Ringelschwänzen traben an weiß getünchten Häuserwänden vorbei.

Zwei Frauen halten ihr Morgenschwätzchen von Fenster zu Fenster. Am Touristeneingang zur Klosterkirche und zum Kreuzgang – das Kloster selbst bleibt für Besucher gesperrt – gibt es Eintrittskarten zu kaufen. Besser wäre es, die Mönche würden auch hier niemanden einlassen, denn die schwatzenden und knipsenden Touristen in luftiger Kleidung entweihen den ehrwürdigen Kreuzgang. In der Mitte des Ganges steht eine schlanke, hohe Zypresse. Das Geviert der Säulengänge hat zwei Etagen. Die obere Etage ist für Besucher nicht zugänglich. In der unteren wird meine Aufmerksamkeit sofort von den über 100 Säulen gefesselt. Diese Doppelsäulen sind oben mit einem Kapitell verbunden. Jeweils aus einem einzigen Block herausgearbeitet, versprühen die Kapitelle in beschwingter Virtuosität und Leichtigkeit viel Fantasie. Jedes Kapitell ist anders. Zwar greifen einige gleiche Motive auf, aber sie scheinen dann von verschiedenen Künstlern geschaffen worden zu sein, weil die Ausführung unterschiedlich ist. Da gibt es Kapitelle mit ornamentalen Mustern: Mit großer handwerklicher Fertigkeit ist der Stein wie ein Korb geflochten. Es sieht tatsächlich aus, als würden Weidenzweige über und untereinander geführt. Üppige Vielfalt an anderen mit Figuren, die zwischen Blattwerk und Ranken hervorlugen. Trotz verschwenderischer Phantasie entsteht kein wuchernder Wirrwarr, sondern durch Symmetrie wird der Phantasie Form und Maß gegeben. Besonders die bizarren Fabelwesen interessieren mich. Da gibt es geflügelte Gazellen, andere sind halb Löwe, halb Greif, auch die Harpyen aus der antiken Sagenwelt fehlen nicht. Die Harpyen sind schöne Frauen mit einem Adlerkörper. Dazwischen realistische Darstellungen von Hasen, Hirschen, Vögeln, verwoben und verflochten mit Pflanzenornamenten: Lebensbäumen, Blättern, Blumen, Ranken. Diese Kapitelle wirken nicht wie gemeißelt, eher wie geschnitzt, wie ziseliertes Silbergeschmeide oder wie eine Elfenbeinschnitzerei. Nur zwei Kapitelle, offensichtlich später geschaffen, zeigen Szenen aus dem Leben Christi. Kaum finde ich

Muße, den Kreuzgang auf mich wirken zu lassen, denn ich musste mich einer Touristengruppe anschließen, die von einem Mönch geführt wird. Wenn ich zurückbleibe, winkt er mich ungeduldig herbei. Es gelingt mir nicht, ihm aus den Augen zu kommen. Nicht, dass mich seine Ausführungen nicht interessieren würden; er weiß Dinge zu berichten, die ich in keinem Buch gelesen habe. Aber wichtiger noch ist es für mich, die mystischen Geheimnisse dieses Kreuzganges zu erspüren, aber dazu fehlt die Atmosphäre. Ruhe und Stille bräuchte ich und Alleinsein. Hinter uns folgt bereits die nächste Gruppe, geführt von einem anderen Padre. So muss ich mit den Jahreszahlen, geschichtlichen Fakten, Tatsachen und Vermutungen vorlieb nehmen und versuchen, sie mit meiner Phantasie zu beleben: Bei Ausgrabungen fand man Grundmauern, westgotische Säulen und Kapitelle. Auch hier stand ein westgotisches Heiligtum, ein Kloster, gegründet um 593, das dem heiligen Stephanus geweiht war, so lange, bis Almansor erschien. Derselbe Almansor, der die schöne Schwester hatte, die sich in den Vater der sieben Prinzen von Lara verliebte und den Mudarra gebar.

Das Kloster wurde wieder aufgebaut. Der Kreuzgang soll aus der Zeit stammen, als der heilige Domingo Abt des Klosters war. Sein Lebenslauf gleicht dem Brückenbauer Domingo de la Calzada, dem Straßenbauer San Juan de Ortega und dem Einsiedler San Millán. Das alltägliche Leben der Menschen in den Dörfern wird wohl trotz Auseinandersetzungen mit den Arabern recht gleichmäßig verlaufen sein. Wie auch die anderen Heiligen musste sich der junge Domingo als Hütejunge nützlich machen. Einem aufgeweckten Knaben wie ihm genügte es aber nicht, zu arbeiten, zu essen und zu trinken und später eine Familie zu gründen; er suchte nach einem Sinn für sein Leben. Im Jahr 1032 trat er als Novize ins Kloster San Millán ein. Nach der Priesterweihe lebte er wie vor ihm Aemilian in einer Höhle am San Lorenzo. Doch er fühlte sich zum Erzieher und Lehrer berufen und ging zum Kloster zurück, um Novizen zu unterweisen. Der König von Navarra brauchte gerade Geld, um gegen seinen Bruder, den König von Kastilien, in den Kampf zu ziehen. Das Kloster San Millán war reich und der König forderte den Klosterschatz. Diesem König, Garcia Sanchez III., war die Madonna in der Höhle erschienen und er hatte daraufhin das Kloster von Nájera gestiftet.

Niemand wagte es, sich zu widersetzen, nur Domingo trat dem König entgegen.

Der Dichter Gonzalo de Berceo fand später für den Vorgang die markanten Worte:

Puedes matar el cuerpo, la carne mal traer,
Mas non as en alma, Rey, ningún poder!

Domingo soll gesagt haben:

Du kannst den Körper töten, den Leib quälen
Aber über die Seele, König, hast du keine Gewalt!

Doch der Heilige hat es dann doch nicht darauf ankommen lassen, sondern brachte sich schnell bei dem feindlichen Bruder des Königs, Fernando I., in Kastilien in Sicherheit. Der setzte ihn 1041 als Abt in Silos ein. Eine recht steile Karriere. Neun Jahre nachdem Domingo als Novize angefangen hatte, war er bereits Abt. König Fernando hatte vielleicht den Hintergedanken, mit Domingo die Mönche von Silos zu kontrollieren. Die Mönche waren mit dem neuen Abt zunächst nicht einverstanden und einige verließen aus Protest das Kloster. Aber Domingo muss so überzeugend gewirkt haben, dass sogar der abgesetzte Abt begeistert ins Kloster zurückkam. 32 Jahre dauerte seine Amtszeit in Silos.

Das Kloster blühte auf, erwarb große Ländereien, erhielt Stiftungen und Geschenke. Die Zeit war günstig für Santo Domingo und sein Kloster, denn da die Christen allmählich die Muselmanen zurückdrängten, ging immer mehr Land in christlichen Besitz über. Im Jahr 1073 starb der Abt.

Der Mönch ist mit den Touristen inzwischen am anderen Ende des Ganges. Gerade erklärt er die Holzdecken. Farbenprächtig und fantasievoll sind sie bemalt. 1384, sagt er, seien sie entstanden. Unverkennbar wieder der arabische Einfluss bei den Ornamenten. Daneben sinnige Darstellungen einer verkehrten Welt: Hasen, die einen Hund hängen, Wölfe, die die Messe lesen, Ziegenböcke spielen die Laute, und zähnewetzende Eber tanzen dazu, alles kunstvoll von Ranken umsponnen.

Der Mönch wirft mir einen ermahnenden Blick zu, wahrscheinlich würde er noch ernster blicken, wenn er meine Gedanken wissen würde, was ich zum Beispiel denke über den heiligen Domingo. Mir gefallen einzig die Dichterworte, die man so schön theatralisch auf der Zunge zergehen lassen kann, geeignet, sie jedwedem Tyrannen entgegenzuschleudern. Aber dann feige davonzurennen ... Na ja, ich will nicht zu streng sein – was hätte er gehabt von seiner unabhängigen Seele, wenn ihm der König den Körper getötet hätte? Aber wieso wird einer wegen vernünftigen Kleinmuts, dem Freikauf von Christen aus arabischer Gefangenschaft und erfolgreicher Klosterleitung heiliggesprochen?

Der Mönch doziert nun über die Kapitelle und ihre Entstehung. Er meint, sie seien von zwei Bildhauern geschaffen worden. Die künstlerisch bedeutenderen sind früher entstanden. Ein späterer Meister habe zwei Szenen aus der Geschichte Jesu gefertigt und einige Fabelmotive des Älteren kopiert. Sie unterscheiden sich durch einen weniger feinen, eher derben Stil. Der Mönch erklärt, die frühen Kapitelle seien gewiss zur Zeit Santo Domingos geschaffen worden, und es könne nicht stimmen, dass sie erst im 13. Jahrhundert entstanden und französisch beeinflusst seien, denn unverkennbar hat der Bildhauer orientalischen Geist in sein Werk eingebracht. Und Spanien war dem arabischen Einfluss stärker ausgesetzt als Frankreich. Der Anfang romanischer Bildhauerkunst lag deshalb in Spanien und hat sich von hier auf Frankreich ausgebreitet.

Der Benediktinermönch widmet sich nun den acht großen Relieftafeln, an jedem Eckpfeiler sind zwei. Mir fällt auf, dass es zwischen den Darstellungen an den Kapitellen und den Reliefplatten keinen Zusammenhang gibt. Dort diese fantasievoll sich miteinander verflechtenden Fabelwesen, hier strenge Klarheit der Figuren. Abgebildet sind auf den acht Marmorplatten Szenen aus dem Leben Jesu, die Verkündigung und der Baum Jesse. Wie der Künstler bei formaler Strenge, ja Einförmigkeit der Darstellung so einen großen Ausdruck erreichen konnte! In den Steinplatten schwingt Musik, wenn man sich ruhig verhält, hört man sie. Aber da stört mich der Mönch bereits wieder.

»Da! Sehen Sie«, ruft er, »eine Pilgermuschel. Kommen Sie her, das müsste Sie doch interessieren! Sie sind doch Jakobspilgerin?« Er zeigt auf ein Relief mit drei großen Figuren. Die größte stellt Christus nach der Auferstehung dar, gefolgt von zwei Jüngern auf dem Weg nach Emmaus. Alle drei sind in lange Gewänder gehüllt, barfuß und graziös. Die Tasche von Christus ist mit einer Muschel geschmückt, dem Symbol der Pilgerreise nach Santiago. Der Mönch kommentiert: »Christus tritt hier als Pilger auf. Denn ist nicht jedes Erdenleben eine Pilgerreise? Die irdische Wanderschaft des Herrn auf dem Weg zum Himmel ist ein Beispiel für jeden von uns, um Erlösung zu finden.

In einfacher Klarheit füllen die drei Gestalten die Bildtafel. Das Antlitz Jesu drückt eine herbe Hoheit aus. Der erste Jünger blickt zu ihm empor. So entsteht ein Spannungsbogen zwischen Jesus und den Jüngern. Die Figuren sind plastisch modelliert, doch der Faltenwurf der Gewänder und die Umrisse der Formen sind eher zeichnerisch.

Beim Vergleich der acht Marmorplatten fällt mir auf, dass fünf sich sehr ähnlich sind. Bei ihnen gibt es eine Fülle von Figuren. In Reihen sind viele Gestalten neben- und übereinander angeordnet. Die Bildtafeln mit dem Baum Jesse und Maria Verkündigung scheinen mir von einem späteren Künstler zu stammen. Die archaische Strenge und Einfachheit sind hier durch üppigen Faltenwurf, bewegte Formen und plastische Flächen aufgeheitert. Deshalb wirkt die Verkündigung auf mich fast schon barock. Aber die Platte, die Jesus mit den zwei Jüngern zeigt, ist von allen anderen verschieden. Gerade von diesem Bild geht etwas besonders Eindringliches aus. Es ist scheinbar so wenig zu sehen – nur drei Skulpturen. Und doch, sie ziehen meinen Blick magisch an, lassen mich nicht los, ich muss stehen bleiben und schauen und denken und fühlen. Ich möchte das Rätsel dieses Bildes lösen, sein Geheimnis ergründen. Warum hat sich der Künstler nur auf die drei Dargestellten beschränkt? Hat er gewusst, dass er so eine größere Wirkung erreicht? Warum hat er nur diese eine Tafel gestaltet? Denn ich bin überzeugt, die anderen sind nicht von ihm. Ich glaube, diese Platte ist die älteste, vielleicht stammt sie noch aus dem westgotischen Kloster? Die Führung ist beendet.

Hinter dem Rücken des Benediktiners flitze ich zurück zu dem Relief. Endlich bin ich allein. Auch die anderen Gruppen streben dem Ausgang zu. Ich hoffe, übersehen zu werden. Doch leider, der Mönch hat mich schon entdeckt. Die Tür wird hinter mir geschlossen.

Von Silos bis Villalcázar

Ich bin wieder auf dem Pilgerweg. Drei Tage habe ich für den Umweg von 160 Kilometern gebraucht. Der Wunsch, die anderen Pilger wiederzutreffen, hat mich angetrieben. Wenn ich nur wüsste, wie viele Tage sie sich in Burgos aufgehalten haben! Ob sie weit voraus sind? Ich fühle mich übervoll von dem Erlebten, voll gestopft mit Eindrücken, angefüllt mit Bildern, Tönen, Gerüchen, Gedanken, Gefühlen. Ich kann das Übermaß nicht ordnen, nicht Wichtiges von weniger Wichtigem unterscheiden. Ich werde einige Zeit brauchen, um wieder zur Besinnung zu kommen, nachzudenken, zu verarbeiten. Wieder Platz in mir zu schaffen für Neues. Wenn ich doch mit jemandem reden könnte, der auch Pilgererfahrung hat und im Gespräch das Erfahrene relativieren, vergleichen, klären und bewusst machen könnte. Wenn ich nicht alle drei wiederfinden kann, für wen würde ich mich entscheiden? Gerda? Nein, wir haben zu verschiedene Ansichten, mit ihr könnte ich keine Gefühle und Gedanken austauschen. Justin? Nein, auch nicht. Er ist mir zu realitätsbezogen, zu pragmatisch in seinen Anschauungen. Ja, natürlich, es ist Atze, mit dem ich mich unterhalten möchte, der romantische, etwas wirre, unreife, junge Holländer. Jetzt aus der Entfernung merke ich, dass es Ähnlichkeiten zwischen uns gibt. Es ist reizvoll für mich, mit ihm zu sprechen, er steckt noch nicht in festen, vorgegebenen Lebensbahnen, alles ist noch offen, alles kann noch mit ihm passieren. Nicht, weil er noch so jung ist, sondern weil er etwas sucht, was man nicht finden kann.

Es ist später Nachmittag. Dunkle Regenwolken, ein ungewöhnlicher Anblick nach den sonnengleißenden Tagen in der kastilischen Hochebene. Ich habe die Stadt Burgos wieder erreicht. Die Straßen sind nass, hier muss es kräftig geregnet haben. Ich bin sehr erschöpft. Gestern Mittag war ich noch im Kreuzgang von Silos. Dann bin ich gelaufen ohne

Unterlass: ein unerbittlich blauer Himmel, die weißgrelle Sonne, kein Schatten, eine Erde, ausgetrocknet bis auf das knochige Kalkgestein, zitternde Stille, in der blau geflügelte Heuschrecken die Luft vibrieren lassen, selten ein Vogel. Die Nacht: den harten Boden unter mir, die Last eines mit fremden Welten angefüllten Himmels über mir. Ich hatte das Gefühl, als könne die Erde, dieser ausgebrannte Stern, mich nicht mehr festhalten, als müsste ich bei einer Drehung von ihrer Oberfläche fallen. Nirgendwo könnte ich dann Halt finden, die Schwärze zwischen den flimmernden Punkten würde sich auf mich stürzen und mich erdrücken.

Anderthalb Tage habe ich für 80 Kilometer nach Burgos gebraucht. Die Silhouette der Kathedrale mit ihren hoch aufragenden Türmen vor Augen, gehe ich an der Stadt vorbei. Im Westen, am Stadtende, beginnt der Pilgerweg. Es mag Einbildung sein, aber es ist, als sei ich nun wieder mit allen Pilgern verbunden, ich höre ihre Schritte durch die Jahrhunderte, sehe die wandernden Gestalten, vernehme Stimmen, Lieder und Seufzer, Unterhaltungen, Geplauder, Hilferufe und auch ihr Schweigen.

Hier, wo der Weg beginnt, gab es einst eine berühmte Pilgerherberge, das *»Hospital del Rey«*. Gegründet wurde sie im 12. Jahrhundert und in späteren Jahrhunderten umgebaut und erneuert. Jetzt ist sie verlassen und verfällt. Die Tür zur Kirche ist verschlossen, doch was für eine unvergleichliche Tür! Sie scheint mir das Wichtigste an der Kirche zu sein. In das dunkelbraune Eichenholz sind lebensgroße Gestalten geschnitzt – eine Pilgergruppe. Plastisch treten sie in Erscheinung, realistisch, mitunter fast grotesk im Ausdruck. Wie der Büßerpilger, barfuß und mit einem Stofffetzen um die Hüften. Bart und Kopfhaare umwuchern sein Gesicht, lassen nur die gebogene Nase und tief liegende Augen erkennen. Die Rippen des Brustkorbes wölben sich unter der eingefallenen Haut, die starken Sehnen des Halses und das knochige Schlüsselbein heben sich plastisch hervor. Allein die Beine sind kräftig, sie tragen den ausgemergelten Körper. Stämmig streben sie vorwärts. Schritt für Schritt ringen die nackten Füße dem harten Boden seinen Weg ab. Neben ihm ein ernst blickender Pilger. Rastend stützt er sich auf seinen Pilgerstock. Am Hut die Muschel, unter dem lange Locken hervorquellen. Hinter ihm ein Jüngling im Profil. Der Wind zerzaust sein Haar. Zielgewiss blickt er in die Zukunft. Ihm folgt eine Pilgerfamilie, der Vater schaut zurück, beugt sich zu seinem Sohn hinab. Dieser scheint noch recht munter und springt hinter ihm her. Die Mutter hat einen Säugling dabei, dem sie gerade die Brust gibt. Ein Greis oder eine Greisin, schwer auf den Stock gestützt, ist die Letzte.

Es ist acht Uhr abends. Die Regenwolken hängen noch immer als dichter Vorhang am Himmel. Aber gerade als ich mich schon umwenden und meinen Weg fortsetzen will, schießt die Abendsonne durch ein Wolkenfenster. Es ist ein einzelner Strahl, der die Kirchentür beleuchtet. Das späte Licht vergoldet die Figuren. Die Wirkung auf mich ist eigenartig. Bin ich wegen der Anstrengungen und Entbehrungen nicht mehr ganz bei Sinnen? Mir ist, als würde in dem Moment, als das rotgoldene Licht auf die Tür fällt, die geschnitzte Pilgergruppe lebendig werden. Ich bin tief berührt und bleibe so lange, bis das Licht erloschen und die Sonne untergegangen ist.

Die Abende sind lang, im Sommer. Ich wandere noch zwei Stunden, erreiche das Dorf Tardajos. Bereits in römischer Zeit gab es die Ortschaft, später hatte der Bischof von Burgos hier seinen Palast, und der Herzog von Montemar ließ sich eine Residenz bauen, es gab Herbergen und Hospitäler und zwei Klöster. Von der illustren Vergangenheit ist nichts geblieben, wie in so vielen Orten Spaniens. Es ist ein Dorf, ein richtiges Dorf, es riecht nach Stall, der Mist von Schafen und Mulis liegt auf der Straße, Hunde bellen und Kinder wälzen sich balgend im Staub. Hinter dem nächsten Dorf, *Rabe de las Calzadas*, wasche ich mich an einem klaren Bach und richte mir das Nachtlager zwischen den Feldern. Die Glockentöne der Kirche von Rabe de las Calzadas schwingen durch die Dämmerung. Es ist ein eigenartiger Klang, als ob eine Spieluhr läutet. Ab und zu Hundebellen. Ein Halbmond zieht seine Bahn durch die Nacht.

Am achtzehnten Wandertag führt mich der Pilgerweg weitab von den Straßen durch die einsame Meseta. Die Meseta ist eine Hochfläche, flach wie ein Brett. Kornfelder, so weit das Auge reicht. Unaufhörlich zirpen die Grillen und Feldlerchen flattern gleich schwarzen Punkten im Blau. Ein heftiger, warmer Wind stemmt sich mir entgegen. Nach zwei Wanderstunden erreiche ich einen Abhang, hier fällt die Hochebene steil in ein Tal, unten liegt ein kleines Dorf, Hornillos del Camino. Weiß gekalkte Häuser mit Flachdächern, blauen Türen und Fensterläden. Kein

Mensch ist zu sehen. Die Glocken läuten. Als ich in die Kirche hineinschaue, ist sie voller Menschen, gerade ist Gottesdienst.

Am Ende des Taleinschnittes führt der Pfad wieder zur Meseta hinauf. Plötzlich ein ungewöhnlicher Laut, hell schallt es »prürr, prürr«, ein raues »krük krük« folgt. Ich kenne den Ruf und schaue suchend umher. Ich habe ihn schon einmal in Griechenland gehört. Da fliegt er, dieser außergewöhnlich bunte Vogel. Er hat lange rotbraune und grüne Flügel. Die Kehle ist leuchtend gelb und mit schwarzen Streifen eingefasst. Der Bauch türkisblau. Die Stirn hellgrün, Kopf und Rücken kastanienbraun. Der dunkelgrüne Schwanz hat in der Mitte herausragende Steuerfedern. Dieser etwa drosselgroße Vogel mit dem sehr langen, gebogenen Schnabel ist ein Bienenfresser. Ein zweiter folgt. Nach einigen Flügelschlägen lässt er sich mit schwungvollen Bögen durch die Luft gleiten, und da kommt noch einer, und noch einer: »prürrr, prürrr, prürrrr«. Eine Gruppe tropisch bunter Vögel schwirrt durch die Luft, macht Jagd auf Wespen, Bienen, Hornissen, Hummeln und andere fliegende Insekten. Mit der Beute setzen sie sich auf einen übersichtlichen Sitzplatz, schlagen das Insekt mehrmals auf den Ast, verschlingen es oder sie fliegen mit ihm zu einer senkrechten Lehmwand und verschwinden dort in einem Loch. Die Wand ist durchlöchert wie Schweizer Käse. Das sind die von den Vögeln selbst angelegten Niströhren. Nur mit dem langen Schnabel und ihren winzigen Füßchen graben sie zwei Meter tiefe Gänge.

Am Boden des Lehmabhanges finde ich drei Federn: eine grüne, eine gelbe und eine rotbraune. Lange beobachte ich die Vögel. Ich kann mich nicht satt sehen an der exotischen Farbenpracht ihres Gefieders, dem ungewöhnlichen Flugbild mit den verlängerten Schwanzfedern in der Mitte, dem eleganten Gleiten und ihrer geschickten Jagd auf Insekten. Bienenfresser verhalten sich als Vögel ungewöhnlich – sie helfen sich gegenseitig. Diejenigen, die keine eigene Brut haben, füttern die Jungen der anderen mit.

Ich steige den Abhang hinauf, und wieder zieht sich der Pilgerpfad, ein Wiesenweg, durch die tischebene Platte, Stunden um Stunden, und er will kein Ende nehmen! Das ist die Meseta, von der Pater Don Rafael gesprochen hatte. Ich verliere das Gefühl für die Zeit, denn alles weitet sich zu einem grenzenlosen Raum; ich gehe und gehe, und doch bleibt alles gleich, ich bin ein Nichts in einem unendlich scheinenden Getreidemeer. Gegen Abend wieder ein Talgrund. Von oben blicke ich auf rote Dächer und eine Kirche mit Glockenturm, das Dorf Hontanas. Die Siedlung schmiegt sich in die Senke. Von den Abhängen der Meseta strömen Schafherden zum Dorf. Wie helle Wasserläufe fließen sie zuerst noch oben auf der Ebene, in breiter Front, dann stauen sie sich am Rand, bis sie ihren Weg gefunden haben und sich wie Sturzbäche ins Tal ergießen, unten breiten sich die Schafherden wieder aus und trotten allmählich auf Hontanas zu. Als wolle der Strom nicht versiegen, quillt Herde auf Herde aus der Meseta hervor. Am nächsten Tag werden sie im Morgengrauen wieder in die Hochebene ziehen. Ich verspüre den Wunsch, in Hontanas zu übernachten, male mir aus, wie angenehm es sein wird, wenn in einer Gaststätte endlich mal wieder Teller voller Essen vor mir stehen, mindestens drei verschiedene Gerichte werde ich bestellen. Rotwein will ich mir gönnen und viel reden werde ich. Wie lange habe ich mit keinem Menschen gesprochen! In Silos nur wenige Sätze und seitdem überhaupt kein Wort mehr.

Ich wünsche mir so sehr, die anderen Pilger in Hontanas zu treffen, dass ich gar nicht daran zweifle. Auch in der Nähe bleibt Hontanas eine anheimelnde Ortschaft, friedlich und ruhig, fernab von Straßen, unbeeinflusst von Veränderungen. An weißen Mauern ranken Rosen, vor den Häusern blühen Stauden, Weinlaub umwuchert die Fenster, aus einem Brunnen sprudelt frisches Wasser, aber eine Gaststätte und eine Pilgerherberge gibt es hier nicht. Ich frage ein Kind nach einem Dorfladen. »Hier gibt es nichts zu kaufen«, antwortet es.

»Aber ich brauche Brot.«

»Ja, Brot haben wir, selbstverständlich!«, sagt das Kind, erfreut darüber, mir helfen zu können. Es führt mich nicht zu einem Bäckerladen, sondern zu seinen Eltern. »Wir backen alle unser Brot selber.«

Die Mutter drückt mir einen runden Brotlaib von einem halben Meter in den Arm. Eine Bezahlung lehnt sie freundlich, aber sehr bestimmt ab.

Ich wäre gern in Hontanas geblieben, weil es das verkörpert, was ich mir unter einem Dorf vorstelle. Doch dann finde ich es auch wieder schön, in der Natur zu übernachten. Ich richte mein Lager zeitig, bevor die Sonne untergegangen ist, zwischen Feldern, hinter einer Hecke. Der

Boden besteht aus einer weißgrauen Mergelerde und ist sehr steinig. Das frische Brot schmeckt. Ich esse Käse und öffne eine Büchse mit Thunfisch. Flinke Kaninchen wetzen den Feldrain entlang. Eines überrennt mich fast. Im letzten Moment hopst es seitwärts ins Feld. Zwei-, dreimal springt das Tier hoch in die Luft, um über das Getreide blicken zu können. Es sieht urkomisch aus, wie immer wieder der kleine, neugierige Kaninchenkopf über den Ähren auftaucht. Dann bewegen sich nur noch ein paar Halme.

Der Sonnenuntergang ist wie eine perfekte Inszenierung. Als die letzten aprikosenfarbenen Wolken in die Nacht eintauchen, ertönen plötzlich laute Geräusche. Es rattert und knattert. Da, ein dunkler Schatten und noch einer. Zwei Gestalten bewegen sich aufeinander zu, bilden ein Knäuel. Flügelschlagen, sie prallen in der Luft zusammen und fallen schwer zu Boden. Ein harter Kampf ist entbrannt. In der Dunkelheit kann ich nur die Schattenrisse erkennen. Größe, Gestalt und Laute zeigen mir, dass es zwei Rothuhn-Männchen sind. Sie sind etwas größer als Rebhühner und auffälliger befiedert. Die Männchen ziert eine blendend weiße Kehle, anschließend ein schwarzer Latz, der sich in schwarzen Tropfen auf der dunkelvioletten Brust auflöst. Die Flanken sind schwarz, weiß und braun gebändert, der Bauch ockerfarben, Schnabel und Füße rot. Eine erstaunlich bunte Färbung für einen Hühnervogel, der von vielen Feinden gejagt wird. Nur der Rücken besitzt eine olivbraune Tarnfärbung, die aber ausreicht, wenn sich das Tier platt an den Boden drückt und so alle auffallenden Federpartien versteckt. Von den zwei Kämpfern sehe ich nur die Bewegungen und den schwarzen Körperumriss. Es ist zu dunkel, um den Streit weiterzuverfolgen. Beim Einschlafen höre ich noch ihre Stimmen. Als kämen sie nicht aus Vogelkehlen, klingen sie metallisch und hart.

Als ich die Augen wieder öffne, scheint mir die Sonne ins Gesicht. Es geht sich gut in der Morgenfrische. Die Balz der Rothühner läuft auf Hochtouren. Auf den obersten Spitzen von Erdhügeln und Steinhaufen werfen sich die Hähne in Pose, plustern die Federn auf, um größer zu scheinen, als sie sind, und damit die dekorative schwarz-weiß-braune Bänderung an den Seiten optisch gut zur Geltung kommt, und versuchen, mit nähmaschinenartigen Tönen die Weibchen anzulocken.

Bald senkt sich der Pfad, allmählich diesmal, in ein breites Tal. Der Talgrund ist, sehr eigenartig in dieser trockenen Gegend, mit Nebel gefüllt. Die Sonne gibt ihm einen goldenen Glanz. Der Weg mündet in eine Pappelallee. Es sind herrliche, kräftige Bäume, die mit ihren starken Stämmen und den dunkelgrünen Laubkronen die Straße säumen. Nur ein Moped fährt hier am frühen Morgen. Der Fahrer hält an. Er trägt ein Gewehr über dem Rücken, das mir aus dem vorigen Jahrhundert zu stammen scheint. Ich frage ihn, ob er damit jagen wolle.

»Nein, ich bin kein Jäger, sondern Wächter«, antwortet er. Er passe auf, dass niemand *conejos*, Kaninchen, und *perdiz*, Wachteln, aber so werden auch die Rothühner genannt, schießt. Aus dem Dunst taucht die Silhouette eines hoch ragenden gotischen Bauwerkes auf. Erst als ich davor stehe, erkenne ich, dass es eine Ruine ist. Die Straße führt direkt durch ihre Gewölbebogen hindurch. Das war einmal das Kloster San Antón. Obwohl breite Risse die Außenmauern durchziehen, die Gewölbe auseinander bersten, die Zwischenmauern zerbrochen sind und kein Dach mehr vorhanden ist, wirkt das Gebäude aus dem 14. Jahrhundert noch immer imposant. Der Nebel verstärkt sich und wallt durch die leeren Fensteröffnungen, als sei das Kloster die Kulisse für einen Gespensterfilm. Doch das ist erst der Anfang. Die Pappelallee macht eine Biegung, und dann öffnet sich der Blick auf eine märchenhafte Burg, hoch oben auf einem völlig kahlen Bergkegel. Wieder muss ich an eine Filmkulisse denken, diesmal für einen Märchenfilm. Jetzt fehlt nur noch der Held, der mit seinem Zauberpferd den glatten Berg hinaufreitet, von dem alle anderen abrutschen und in die Tiefe stürzen. Näher gekommen, erkenne ich, dass die Trutzburg ebenfalls nur noch Ruine ist. Einst ließ sie der Westgote Sigerich bauen, deshalb heißt sie *Castrum Sigerici*. Obgleich sie durch ihre Lage auf dem steilen Berg uneinnehmbar scheint, wurde sie schon 882 von Arabern erobert und zerstört. Am Fuße des Lehmkegels liegt die Ortschaft Castrojeriz. Auf einer Türschwelle sitzt ein schwarzes Hündchen in der Sonne und gähnt. Kaum hat es mich erspäht, gebärdet es sich wie ein kleiner Teufel, kläffend und zähnefletschend springt es auf meine Waden zu. Eine Frau eilt aus dem Haus und ruft das Hündchen zurück. Nur widerwillig gehorcht es. Die Frau fragt, ob ich auch nach Santiago ginge. Gestern sei schon ein Pilger, ein junger

Mann, an ihrem Haus vorbeigegangen. Wie er denn ausgesehen habe, frage ich.

»Das war ein ganz langer, dünner Bursche, mit sehr kurzen blonden Haaren, *con los pelos muy cortos y tan rubio*«, antwortet sie.

Das kann nur Atze gewesen sein, freue ich mich. Vielleicht kann ich ihn heute noch einholen.

Castrojeriz gefällt mir. Schade, dass Atze bereits weitergezogen ist. Sonst hätte ich ihn überredet, hier einen Ruhetag einzulegen. Wir hätten zu der Burgruine auf den Berg hinaufwandern und uns überhaupt richtig Zeit nehmen können, die Ortschaft kennen zu lernen. Allein habe ich keine Lust zu bleiben, jetzt, wo ich ihn fast eingeholt habe.

Am Ortsausgang beschwört mich ein Mann, um Gottes willen nicht dem Pilgerweg, sondern der Straße zu folgen. Mir gefällt dieser Ratschlag natürlich nicht.

»*Hija, no es posible, el camino no existe mas, solamente hay piedras. La carretera es muy buena, sigue por la carretera, por favor!* – Tochter, es ist nicht möglich, der Weg existiert nicht mehr, es gibt nur Steine. Die Straße dagegen ist sehr gut, bitte, folge der Straße.«

Es verunsichert mich, wie er so nachdrücklich um mein Wohl besorgt ist, und ich verspreche, seinen Rat zu beherzigen. Doch als der Mann außer Sichtweite ist, denke ich mir, der Weg kann gar nicht so schwierig sein, dass ich nicht doch irgendwie durchkomme. In steilen Windungen zieht der Pfad einen Berg hinauf. Bei jeder Kehre habe ich einen noch schöneren Ausblick auf Castrojeriz, das sich hufeisenförmig um den Burgberg schmiegt. Der Boden glitzert im Sonnenlicht, es sind Glimmerschiefer und Feldspatkristalle, aber es sieht aus wie poliertes Silber. Der breite Bergrücken oben ist mit runden Steinen besät, dazwischen wachsen duftende Gewürzkräuter. Lerchen steigen in die Luft. Ich bin glücklich. Wie gut, dass ich mich nicht habe überreden lassen, auf der Straße zu gehen. Ein Pfad ist natürlich nicht mehr zu erkennen, aber in einem so übersichtlichen Gelände kann man sich nicht verlaufen. Dann stehe ich an der Abbruchkante des Bergriegels und schaue hinab. Der Blick ist überwältigend. Unten liegen, wie ein bunter Teppich, verschiedenfarbige Felder, die sich zu einem harmonischen Muster zusammenfügen.

Da gibt es blaugrüne Flächen mit Frühjahrsgetreide, daneben reift das Winterkorn in Gelbtönen, rot und gelb leuchten brachliegende Felder, auf denen Mohn oder Ackersenf sich angesiedelt haben, dazwischen blendend weiß die gerade umgeackerte Mergelerde. Und über diesem Farbenteppich wölbt sich ein tintenblauer Himmel. Der Anblick macht mich schwindelig, ich weiß nicht, warum, aber plötzlich schießen mir Tränen in die Augen. Ich stehe an der Kante, breite die Arme aus und lache laut. Der Wind weht mir die Tränen aus den Augen, die neu nachfließen, und ich glaube zu fliegen. Ich bin außer mir, es ist ein Gefühl der Ekstase. Ich lache, weine und jauchze, springe, hüpfe, tanze und bin ganz und gar wie von Sinnen. Verrückt, ich bin verrückt. Es ist ein Taumel. Ich fliege, fliege, fliege ... Weit breite ich die Arme aus, und der Wind trägt mich über die grenzenlose Ebene, sanft lande ich am Fuß des Abhanges.

Als meine Entrücktheit langsam von der Vernunft wieder eingeholt wird, merke ich, dass ich keineswegs geflogen bin. Wahrscheinlich mit schwingenden und wedelnden Armen, aber mit den Füßen auf dem Boden, bin ich abgestiegen. Woher nur dieses tranceartige Außersichsein? Nüchtern betrachtet sind da bloß ein paar brachliegende Felder, sonnengebleicht und mit Unkräutern bewachsen, andere mit Getreide bepflanzt. Es ist eine Schönheit, von niemandem gewollt, von niemandem gestaltet. Gerade das ist es, was mich berührt. Der Mensch beackert das Land, sät Nahrungsmittel an, und die Natur zaubert daraus ein Bild voller Anmut und Harmonie. Schnurgerade zieht sich der Weg durch diese »Tierra de Campo«, rechts hüfthoch der Mohn, links die gelben Blüten des Ackersenfs; ich wünsche mir, singen zu können. Ein klarer Bach schlängelt sich durch die Ebene. Er ist tief genug zum Baden. Ich ziehe mich aus und lasse mich in das kühle, klare Wasser gleiten. Die verschwitzte Kleidung wasche ich und lege sie auf einen Busch zum Trocknen. Derweil bräunt mir die Sonne den nackten Körper. Gelbbäuchige Schafstelzen fangen trippelnd und wippend Insekten am Ufer. Im Bach wächst Hahnenfuß, die weißen Blüten wiegen sich im Wasser.

Noch 15 Kilometer bis Fromista. Dort gibt es ein *refugio* und ich bin sicher, Atze anzutreffen. Bei Itero de la Vega überquere ich die elfbögige mittelalterliche Brücke *Pons Fiteria*. Der Fluss Pisuerga führt viel Wasser.

Er speist auch die Bewässerungskanäle, die hier zahlreich das Land durchziehen. Neben einer verwitterten Eremitage liegt ein Friedhof wie ein blühender Garten. Bis zu den Kreuzen hinauf wuchern Winden, Malven und Disteln. In Boadilla del Camino steht auf dem Dorfplatz, umgeben von niedrigen, windschiefen Bauernhäuschen, eine gotische Säule aus dem 15. Jahrhundert. Sie ist gut erhalten und wirkt eindrucksvoll durch ihren reich verzierten kronenartigen Aufsatz. Die Säule weist daraufhin, dass hier in Boadilla Gerichtstage gehalten wurden. Die Kirche Santa Maria ist verschlossen. Eine Bäuerin sagt mir, der *cura* habe den Schlüssel, er sei aber in Fromista und würde erst am Abend zurückkehren.

Auf dem Weg nach Fromista, entlang eines schon vor längerer Zeit angelegten Bewässerungskanals, der mit Schilf und gelben Schwertlilien bewachsen ist, wo Rohrsänger aus voller Kehle schmettern und Frösche platschend ins Wasser springen, beginnt plötzlich, ganz ohne Vorwarnung, mein rechtes Knie zu schmerzen. Der Schmerz ist sofort sehr stark und das Bein wie gelähmt, weil das Knie sich nicht mehr anwinkeln lässt. Eine Weile nehme ich Rücksicht, schone das Knie, indem ich steifbeinig einherhumpele. Aber es wird davon nicht besser. Ich will so tun, als ob da nichts sei. Um mich von dem Schmerz abzulenken, spreche ich laut mit mir selbst. Als das auch nicht mehr hilft, singe ich nun doch. Jetzt passt mein Gesang. Ich kenne nämlich nur Lieder, die ich in der Schule gelernt habe: Arbeiter-, Marsch- und Kampfgesänge. Auf die Melodie kommt es nicht so an, die ist, wenn ich singe, bei jedem Lied gleich, aber dem Rhythmus kann sich sogar ein überanstrengtes Knie nicht widersetzen. So ziehe ich in Fromista ein.

Fromista hat ein Kleinod, die Kirche San Martin. Sie ist einzigartig. So eine Kirche gibt es höchstens noch im Bilderbuch. Es ist eine romanische Basilika aus dem 11. Jahrhundert. Gestiftet wurde sie von Doña Mayor, die auch die Brücke von Puenta la Reina in Auftrag gegeben haben soll. Sie war die Mutter von Garcia III., dem die Jungfrau Maria in der Grotte bei Nájera erschien und der vom Kloster San Millán den Klosterschatz verlangte, um gegen seinen Bruder Fernando in den Krieg zu ziehen. Nach dem Tod ihres Gemahls Sancho III. im Jahr 1035 zog sich Doña Mayor in die Einsamkeit der Meseta zurück. Damals war Fromista, obwohl schon seit Römerzeit existent und in westgotischer Zeit ein bedeutender Ort, durch den Arabereinfall entvölkert worden. Doña Mayor gründete ein Kloster, von dem nur die Kirche erhalten geblieben ist. Schon durch die Farbe des Baumaterials beeindruckt die Basilika; es sind goldgelbe Steinquader, die gleichmäßig bearbeitet und fein verfugt wurden. Im Westen hat die Kirche zwei Rundtürme, die mit flachen Ziegelkappen abschließen, im Osten drei halbrunde Apsiden und einen achteckigen Vierungsturm. Das Dach ist zweifach gestaffelt. Wie bei allen romanischen Bauwerken, aber hier besonders eindringlich, wurde das rechte Maß gewahrt, vollkommen und ausgewogen.

Woher nur wussten damals die Baumeister, wie hoch und breit und lang ein Bauwerk konstruiert werden musste, damit es klingt? Ja, so ist es – in der Romanik verstand man, mit Steinen zu musizieren, ihnen Klänge, Melodien, Rhythmen und Harmonien zu entlocken. Ich frage mich immer wieder, wenn ich vor diesen Wunderwerken stehe, wieso konnten sie das? Woher kamen die Geheimnisse, die die Baumeister generationenlang an ihre Kinder weitergaben? Später dann erlosch das Wissen der Baumeister – als die Kirche ihre Machtposition gewaltsamer aufbaute und die Inquisition immer mehr Opfer forderte.

Das Besondere an der Kirche San Martin, neben der Harmonie aller Proportionen, sind die Dachbalkenkonsolen. An diesen Sparrenenden der Dächer sind über 300(!) Skulpturen. Aber was für Skulpturen! Ein Panoptikum skurriler Köpfe. Waren mir bereits die Sparrenköpfe an der Kirche in San Juan de Ortega seltsam erschienen, für diese Kirche hat der Künstler noch eigenartigere Wesen geschaffen. Da sind Fratzen, Masken und Dämonenhäupter, gekrümmte und verbogene Körper, aufgerissene Mäuler, aber auch realistische Tierköpfe: Pferde, Hunde, Löwen, Eulen, dann wieder Blätter, Blüten, Ornamente. Ohne eigentlichen Plan scheinen die Figuren aneinander gereiht, verspielt und doch viel sagend und bedeutungsvoll. Die meisten können wir heute nicht mehr deuten. Was auf uns lustig und witzig wirkt, sollte die Menschen damals vielleicht erschrecken. Eine der Figuren ist nackt, sonderbar verkrümmt der Körper, der Kopf scheint zwischen den Beinen zu stecken. Es ist ein Gaukler. Solche Jahrmarktskünstler zogen durchs Land und zeigten artistische Schaustücke, über die die Zuschauer lachten und staunten, man amüsierte sich. Und doch war da gleichzeitig auch ein Grauen vor diesen merkwürdigen Menschen, die ihre Körper so unnatürlich verbiegen konnten und deren Leben unstet und gefährlich war. Die Gaukler verkörperten für die sesshaften Bürger das Abweichen vom Normalen, das Übertreten von Grenzen. Davon waren »ehrbare« Bürger fasziniert und gleichzeitig voller Abscheu. Alles, was sie sich in ihrer Fantasie vorstellten, trauten sie diesen Vagabunden zu, auch alle nur denkbaren sexuellen Ausschweifungen. Die Darstellung des Gauklers versinnbildlicht Wollust und Triebhaftigkeit und zeigt die Übertragung der Ängste von sich selbst auf andere. Indem die Menschen ihre eigenen Begierden auf die Außenseitergruppe der Landfahrer übertrugen, konnten sie sich selbst freisprechen. In der Konfrontation gegen das Fremde kann man auf wunderbar einfache Weise die eigene Unzufriedenheit, Frustration, Enttäuschung, Wut und Angst loswerden. Es ist eine elementare Verhaltensweise, die Menschen immer gegenüber denen zeigen, die wegen ihres Andersseins fremd und bedrohlich erscheinen. Ich erinnere mich an die Bäuerinnen von Torres del Rio und ihre Reaktion auf die Zigeunerkinder. Weil sie nicht zur Dorfgemeinschaft gehören und deshalb nicht kontrollierbar sind, weil sie anders leben und aussehen, wird ihnen alles nur Denkbare zugetraut. »Man weiß nie, was sie im Schilde führen. Sie sind zu allem fähig!«, sagten die Bäuerinnen.

Aber nur einige Skulpturen können wir heute noch deuten. Wir verstehen die damaligen Symbole kaum noch. Ich muss wieder daran denken, dass die wenigsten Menschen im Mittelalter lesen konnten und deshalb viel empfänglicher für bildliche Darstellungen waren, sie anders sahen und begriffen. Fast alle Figuren sind vieldeutig. Meist verkörpern sie sowohl Gutes als auch Böses, Richtiges und Falsches, Negatives und Positives. Dort oben an der Dachkonsole sehe ich die Abbildung einer Eule. Ihre positive Symbolik bedeutet:

Erfahrung, Klugheit und Weisheit. Ihre negative verkörpert ein gespenstisches Nachttier, einen Dämon mit gefährlichen Augen und Krallen. Auch der Schlange ist diese Ambivalenz eigen. Sie ist nicht nur böse und schlecht, nicht nur die Verderberin, die Eva mit gespaltener Zunge verführt, sondern sie ist auch die Wissende, sie weiß mehr als andere Lebewesen und sie kann Glück und Fruchtbarkeit bewirken. Welchen Aspekt eine Figur ausdrückt, kann man manchmal an der Zuordnung zu anderen Figuren erkennen und wo sie sich befindet, oben oder unten, rechts oder links, und an beigefügten Details. Von dieser Bildersprache ahnen wir heute kaum noch etwas. Mir scheint, einige Bildhauer hatten ihre Werke auch gegenüber den damaligen Menschen verschlüsselt, so dass selbst die kirchlichen Auftraggeber nicht die Zeichen und Symbole erkannten, die aus vorchristlicher Zeit überlebt hatten. Da die Künstler das Wissen geheim hielten und nur an ihre Nachkommen weitergaben, wird manches aus heidnischer Zeit überdauert haben. Kurios der Gedanke, dass gerade an den Gotteshäusern Siegel einer geheimnisvollen, mystischen Religion eingeprägt sein könnten.

Oft umrunde ich die Kirche, den Kopf weit in den Nacken gelegt, um die so skurrilen, witzigen, phantasievollen und rätselhaften Sparrenköpfe zu betrachten. Nun bemerke ich, dass die Kirche zu ordentlich, zu sauber, zu blank geputzt ist, als sei gerade eine deutsche Hausfrau aus der Fernsehwerbung mit Staubtuch, Putzlappen und Blitzsaubermacher über dieses Bauwerk hergefallen. Tatsächlich ist bei Restaurationsarbeiten die Patina Opfer einer allzu gründlichen Reinigung geworden.

Die Ortschaft Fromista gefällt mir nicht. Wahrscheinlich ist sie in den letzten Jahren zu schnell gewachsen und dadurch gesichtslos geworden. Auch das *refugio* ist keine einladende Unterkunft. Ich bin durch die Nächte unter freiem Himmel verwöhnt, ein stickiger Raum ist eine schlechte Alternative. Und Atze ist anscheinend auch nicht hier.

Weiter geht es nach Poblacion de Campo. Das Knie streikt noch immer. Ich müsste eigentlich wissen, dass ich es bei dem Gewaltmarsch nach Silos überanstrengt habe, aber ich will es nicht wahrhaben. Ich rede mir ein, die beste Medizin gegen ein steifes Bein sei – Bewegung! Bewegung macht locker und geschmeidig. Nur schön laufen, das Knie eifrig hin und her beugen, da wird es sich schon wieder einrenken. Ein Stock wäre nicht schlecht. Ich breche einen Ast ab und benutze ihn als Wanderstock. Das hilft. Leider ist es Akazienholz und mit Dornen gespickt. Als ich nach Poblacion de Campo komme, errege ich humpelnd und mit meinem Dornenstock einiges Aufsehen. Vor allem die Frauen reagieren mitleidsvoll: »*Hija, hijita, que pasa contigo*, Tochter, Töchterchen, was ist denn mit dir passiert?« Ich versichere, alles sei in Ordnung, doch lasse ich mich gern von einer Frau in ihr Haus einladen, eine gute

Gelegenheit, um zu sehen, wie die Menschen hier leben. Gleich beim Eintreten verblüfft mich, wie kühl es innen ist. Während die Sonne draußen eine brütende Hitze produziert, herrscht in dem einfachen Lehmhaus eine angenehme Temperatur. Da braucht es keine modernen Baustoffe, Ventilatoren und Kühlsysteme.

Die Bäuerin bietet mir einen Holzstuhl mit Flechtwerk an und stellt ein Glas mit Rotwein auf den Tisch. Der Raum ist wegen der kleinen Fenster ziemlich dunkel. Langsam gewöhnen sich meine Augen daran. Die Stube ist ein Mehrzweckraum: zum Arbeiten, Essen und Schlafen eingerichtet und mit praktischen Möbeln, Gegenständen und Gerätschaften gefüllt. Es sieht kunterbunt und wirr aus und doch scheint alles zusammenzupassen. Zum Abschied schenkt die Frau mir einen Hirtenstab. »Der ist stabil und glatt«, sagt sie. »Gib mir dafür deinen Akazienast, den kann ich gut als Feuerholz verwenden.«

Nach zwei Wanderstunden sehe ich die eigenartige Kulisse von Villalcázar de Sirga. Kleine geduckte Bauernhäuschen reihen sich um eine riesige, imposante Kathedrale. Was macht eine Kathedrale in einem winzigen, weltabgeschiedenen Bauerndorf? Auch Villalcázar muss einstmals eine reiche, bedeutende und große Ortschaft gewesen sein. Am Dorfbrunnen befeuchte ich die Silastikbinde, die ich mir inzwischen um das Knie gewickelt habe. Ein Mann stürzt wild gestikulierend auf mich zu. Vielleicht darf das Wasser nur zum Trinken benützt werden, denke ich erschrocken. Nein, das meint er nicht. Aber ich müsse sofort mitkommen! Er sei doch Pablo! Ob ich denn noch nichts von ihm gehört habe, von Pablo, dem Pilgervater? Bei ihm gebe es umsonst für alle Pilger eine Suppe und ein Glas Wein. Es ist verblüffend und anrührend, immer wieder auf Menschen zu treffen, für die die vergangene Pilgertradition noch ganz selbstverständlich und lebendig ist.

»Kommen Sie, da ist auch schon ein anderer Pilger«, drängt Pablo.

In einer dunkelgewölbten Gaststätte sitzt Atze an einem Holztisch und hält mir begrüßend den Rotweinkrug entgegen. Pablo hat ihn genau wie mich draußen eingefangen und in seine Gaststube gelockt.

»Wie hast du mich nur so schnell einholen können?«, staunt der Holländer. Er selbst war noch einen Tag länger in Burgos geblieben. Ihm war es in der mit hohen Gittern unterteilten Kathedrale wie mir ergangen. Eigentlich wollte auch er die Stadt gleich wieder verlassen. Aber dann war es schon zu spät; es wurde dunkel. Er fragte eine Frau nach dem Weg zu einer Pension – und die Frau nahm ihn gleich mit zu sich nach Hause, zu ihrer Familie. Am nächsten Tag haben ihn Sohn und Tochter durch Burgos geführt. »Oh, war das anstrengend! Kannst du dir ja vorstellen, wenn ununterbrochen Spanisch auf einen eingeredet wird«, sagt Atze. »Toll war es trotzdem, einfach fantastisch. Ich glaube, jetzt kenne ich alle Kneipen dort. Rein und raus, von einer zur anderen, sind wir gezogen, und überall trafen wir Freunde von Jorge und Maria, so hießen die Kinder meiner Gastgeberin.«

»Was ist mit Justin und Gerda?«, will ich wissen.

»Justin ist sicherlich schon zwei, drei Tage voraus. Gerda wollte mit dem Bus bis León fahren, denn sie befürchtete, die Wanderung durch die einsame Meseta sei zu schwierig für sie.«

»So einsam ist die Meseta gar nicht, wie behauptet wird, man kommt immer mal wieder an einem Dorf vorbei«, entgegne ich.

»Na, die Strecke von Hornillos del Camino bis Hontanas fand ich schon sehr extrem«, meint Atze, »ich habe mich total allein gefühlt. Ich wurde schrecklich depressiv. Doch als ich am Abend nach Hontanas kam, änderte sich meine Stimmung sofort. Hat dir das Dorf auch so gut gefallen? Wieder hatte ich großes Glück und bekam Unterkunft bei einer Familie.«

Ich erzähle dem Jungen, wie es mir ergangen war. Wie gern ich in Hontanas übernachtet hätte, stattdessen einen Brotlaib geschenkt bekam und in der Nacht den Kampf der Rothühner beobachten konnte.

In dem dunklen Gewölbe von Pablos Gaststätte, die einstmals eine Pilgerherberge war, wie er uns sagte, merken wir nicht, wie hell und heiß der Nachmittag ist, wir reden, plaudern, schwatzen, erzählen und berichten, was wir gesehen, gehört, gefühlt, gedacht haben. Manchmal sind wir verwundert, auch enttäuscht, wenn der andere etwas entdeckt und erlebt hat, woran man selber blicklos vorüberging.

»Wieso habe ich die Bienenfresser nicht gesehen?«, wundert sich Atze. »Sind es tatsächlich so bunte Vögel, wie du sie beschreibst? An die Lehmwand bei Hornillos del Camino kann ich mich erinnern. Natürlich! Ich habe mich noch über die vielen Löcher dort gewundert.«

»Du hast doch viel Schöneres erlebt, Jorge und Maria in Burgos kennen gelernt«, werfe ich ein.

»Schade! Diese Tür an der Kirche des Hospitals del Rey hätte ich auch gern gesehen«, unterbricht er meine Beschreibung. »Die muss ja fantastisch sein! Vielleicht gehe ich den Weg noch mal rückwärts, um alles nachzuholen, was ich übersehen habe«, meint er scherzend.

Der junge Holländer hat interessantere Begegnungen mit Menschen gehabt als ich. Er hat nicht draußen übernachtet, sondern er wurde meist gastfreundlich eingeladen oder schlief in einem *refugio*. Trotz seiner Lebensprobleme besitzt er eine sonnige Ausstrahlung. Wenn er sich mit beiden Händen durch seine blonden Igelstacheln fährt und übers ganze Gesicht strahlt, denkt man unwillkürlich: »Das ist aber mal ein netter Junge!« In Castrojeriz traf er Jugendliche, die einen Jugendclubraum ausbauten. Er arbeitete gleich mit. In Boadilla del Camino nahm er an der Messe teil, wurde anschließend vom *cura* zum Abendessen eingeladen und plauderte mit ihm bis zum Morgengrauen.

Pablo, der Pilgervater, hat uns inzwischen zwei Schüsseln mit *sopa del ajo*, einer deftigen Knoblauchsuppe, hingestellt, dazu Brot, Schinken, Wein. Davon bekommen wir erst recht Appetit und lassen uns die Speisekarte bringen. Atze sagt staunend: »Du bist so dünn und isst doch so viel. Wie geht denn das?«

»Alles Training«, antworte ich. »Die Tage vorher habe ich kaum etwas zu mir genommen. In der Fernfahrergaststätte mit der hübschen Kellnerin hatte ich zum letzten Mal richtig gegessen. Jetzt hole ich alles auf und esse mir einen Vorrat an, das ist sehr praktisch, da brauche ich nicht so viel Verpflegung zu schleppen.«

»Ach, wenn ich das nur auch könnte«, sagt er neidisch. »Es ist schon sehr lästig, ständig ans Einkaufen zu denken oder ein Restaurant zu suchen. Aber ich könnte nicht hungern – wenn ich ein paar Stunden ohne Essen bin, werde ich ganz schwach.«

Vom Essen und dem Rotwein sind wir faul und träge geworden. »Eigentlich wollte ich heute noch bis Carrion de los Condes«, sagt Atze, »aber nun mag ich nicht mehr.«

Als wir von Pablo erfahren, dass am nächsten Tag eine Prozession zur Eremitage der *virgen del rio* stattfindet, beschließen wir, noch zu bleiben.

Villalcázar de Sirga

Wuchtig wie eine Trutzburg thront die Kirche Santa Maria de la Blanca im Dorfe. Bescheiden ducken sich die Bauernkaten vor ihr. Eine breite steinerne Freitreppe führt hinauf zum Südportal. Das Portal ist weit von einem hohen Vorbau überdacht. Der tief gestaffelte, spitzbogige Eingang ist gotisch. Zwei Friese mit mannsgroßen Figuren reihen sich über dem Spitzbogenportal. Auf dem oberen ist Jesus dargestellt, umgeben von Aposteln und Evangelisten. Auf dem unteren Fries ist in der Mitte Maria, ihr zur Seite stehen Heilige. Die Kirchentür ist verschlossen. Wir müssen warten, da in Kürze eine Trauung stattfindet. Beim Umrunden des Bauwerkes fällt am südlichen Querschiff eine große Rosette auf. Das Steinfiligran durchbricht die gleichmäßig behauenen, gelben Steinquader der hohen Kirchenwände, die sonst außer schmalen Fensterschlitzen ohne Schmuck sind. Die Kirche, die 1288 fertig gestellt wurde, wirkt trotz des gotischen Portals noch sehr romanisch.

Ein Pulk Autos drängt in das Bauerndorf, in dem Hühner auf den ungepflasterten Straßen picken, Misthaufen hinter den Lehmhäusern duften und Strohballen sich neben den Scheunen stapeln. Aus den Autos winden sich Scharen von Menschen. »Stadtleute«, sagen die Dörfler. »Das sind die Hochzeitsgäste.«

»Es ist also gar keine Dorfhochzeit«, fragen wir enttäuscht.

»Nein, die kennen wir nicht. Die kommen aus Palencia oder Madrid, reiche Leute, die es sich leisten können. Sie heiraten hier, wegen der Folklore. Unser Dörfchen ist berühmt für seine Vergangenheit.«

Die Hochzeitsgesellschaft, es mögen wohl über 300 Leute sein, treibt großen Aufwand. Eine Musikkapelle spielt mittelalterliche Musik, riesige, mehrstöckige Torten werden von Lakaien in höfischer Tracht durch die Menge getragen.

Die Einheimischen nehmen an dem Spektakel kaum Anteil. »Das sind wir schon gewöhnt, da kommen oft welche«, sagen sie. »Es ist unecht, aber wenn es denen Spaß macht ...«

Dafür sind dann fast alle Einwohner zur Abendmesse in der Kirche anwesend. Es ist ein heller Raum. Das gelbe Gestein schimmert warm. Das Licht fällt durch die große südliche Rosette. Starke Pfeilerbündel stützen das Kreuzrippengewölbe. Die Pfeiler drängen sich eng aneinander, fast entsteht der Eindruck geschlossener Säulenwände, und trotzdem wirkt der Raum hallenweit und lichtdurchflutet.

Als die Gläubigen singen, verstärkt sich die weihevolle Stimmung. Mächtig wie eine Brandung schwingen die Töne durch die Kirche, widerhallen und verebben schließlich.

Nach dem Gottesdienst werden wir angesprochen. Wir fallen auf, als einzige Fremde, die an der Messe teilgenommen haben. Da sei eine Feier in einer Bodega, einem Weinkeller, lädt man uns ein. Vier Spanier und wir quetschen uns in ein Auto. Allerdings geht die Fahrt nur 500 Meter weit.

»Warum sind wir die paar Schritte nicht gelaufen?«, frage ich verblüfft. Die Männer lachen.

»Wozu haben wir denn das Auto?«, entgegnen sie entwaffnend. Der Weinkeller ist eine Art Gartenhäuschen mit nur einem Raum, einem winzigen Fenster, der Kamin aber füllt die Hälfte der hinteren Wand aus. Ein großer, runder Holztisch und Holzbänke vervollständigen die Einrichtung.

»Der wichtigste Teil der Bodega liegt unterirdisch«, verkünden sie stolz und führen uns eine schmale Stiege hinab in ein tiefes Gewölbe, in dem dunkel und kühl der Wein lagert. »Da nehmen wir gleich was mit hinauf«, bestimmt Pepe. Er ist Taxifahrer und hat auch das Auto gesteuert. Paco, sein Schwager, ist der Dorfbäcker. Er schlägt die Tücher von zwei großen Bündeln auseinander, und zum Vorschein kommen goldgelbe, noch warme Brotfladen. Jaime und Enrique, zwei Bauern, lüften die Deckel von Töpfen und Schüsseln, die sie mitgebracht haben. Lukullische Herrlichkeiten häufen sich auf unseren Tellern: Leberpasteten, Gulasch, Lammfleisch, Würste, Kartoffelsalat. Ich esse für acht Tage im voraus. Wir essen und trinken bis weit nach Mitternacht. Die Stimmung ist herrlich. Nach einer Weile fällt mir auf, dass ich die einzige Frau in der Gruppe bin.

»Wer hat denn das gute Essen gekocht?«, frage ich.

Synchron ertönt die Antwort: »*Nuestras esposas*, unsere Ehefrauen.«
»Und wo sind sie? Warum feiern sie nicht mit?«

»Mi *esposa*, meine Frau, bleibt lieber zu Hause«, sagt Paco, der Bäcker.

»Mi *señora*, meine Frau, passt auf meinen Sohn auf«, stellt Pepe, der Taxifahrer, fest.

»Mi *mujer*, meine Frau, würde sich nur langweilen«, behauptet Jaime, der Bauer.

Und Enrique schließt kategorisch das Thema ab: »Die Bodegas sind nur für die Männer da, Frauen kommen hier nicht her, außer tagsüber zum Saubermachen.«

»Aber ich bin doch auch eine Frau – macht es euch nichts aus, dass ich in eurem Heiligtum bin?«

»Nein, überhaupt nicht, wieso? Die Bodegas sind ja nicht für Frauen verboten. Sie sind eben einfach nicht mit dabei, weil es so Tradition ist.«

»Früher hatte jede Familie ihren Weinkeller«, erzählt Jaime, »denn es wurde sehr viel Wein angebaut. Wir lebten vom Weinanbau. Aber inzwischen kostet die Weinherstellung mehr, als wir am Verkauf verdienen, deshalb haben sich die Bauern, so wie auch ich, auf Getreide umgestellt. Damit kann man noch einigermaßen existieren. Wein pflanzen wir bloß zum Eigenbedarf.«

»In meiner Bodega habe ich einen unterirdischen Gang gefunden«, berichtet Pepe. »Er war halb verschüttet. Ich habe ihn freigelegt und bin etwa 20 Meter weit hineingekrochen, dann aber hatte ich Angst, er könnte über mir zusammenbrechen.«

Enrique nickt bestätigend und erzählt: »Ich habe den Ausgang eines Tunnels auf meinem Feld gefunden. Als ich Brachland umpflügte, gab der Boden plötzlich nach. Ich fand einen Gang und dem bin ich gefolgt, in der Hoffnung, er würde zu Pepes gut gefülltem Weinkeller führen.«

Alle lachten.

Pepe droht Enrique spaßeshalber: »Ich hätte dich schon erwischt! Meinen Wein lasse ich mir nicht stehlen, Bürschchen!«

»Wisst ihr denn, wer diese Gänge gegraben hat?«, fragt Atze.

»Die Tempelritter, wer sonst«, behaupten die Männer einstimmig.

»Die Templer?«, zweifle ich. »Wozu haben sie sich so viel Arbeit gemacht?«

»Als sie noch mächtig waren, gehörte ihnen hier die ganze Gegend. Sie haben auch unsere Kirche Santa Maria la Blanca bauen lassen. Dann wurden sie verfolgt. Sie haben sich Tunnel gegraben, um bei Gefahr ungesehen flüchten zu können«, antwortet Pepe.

»Woher wissen Sie das?«, will Atze wissen.

»Das erzählen sich die Leute so«, antwortet Pepe. »Aber genau weiß es natürlich niemand.«

Unsere Gastgeber lassen es sich nicht nehmen, uns per Auto zum *refugio* zu bringen. Gleich neben der Kirche liegt ein zweistöckiges, unbewohntes Gebäude, ohne jedes Mobiliar. Es soll einst ein Palast gewesen sein. Auf dem Boden, der mit Steinkacheln ausgelegt ist, breiten wir Matten und Schlafsäcke aus.

Der nächste Tag, der Prozessionstag, ist ein Sonntag. Bis Mittag ist kaum ein Einwohner zu sehen, als sei die Ortschaft in einen Dornröschenschlaf versunken. Atze und ich nutzen den Vormittag, um in die Kirche zu gehen, die wir gestern wegen der vielen Menschen nicht richtig sehen konnten. Nun haben wir genug Zeit und Muße. Überraschend, wie diesem Kirchenraum die unverputzten Mauern zum Schmuck werden. Da ist die schöne Farbe des Steins, seine Bearbeitung zu gleichmäßigen Quadern und die exakte Verfugung. Doch die sichtbaren Äußerlichkeiten können nicht die hoheitsvolle Stimmung erklären. Auch Santa Maria de la Blanca klingt, aber ihre Töne sind andere als die der Kirche San Martin in Fromista. Die Kirche dort, obwohl nach einem männlichen Heiligen benannt, spielte beschwingte Weisen, zu denen sich ein junges Mädchen im Tanze wiegen könnte. Die Kirche hier trägt einen weiblichen Namen – die heilige weiße Maria –, doch ihre Klänge sind männlich: tief, ernst, reif, weise. Sarastros Arie würde gut zu diesem Raum passen.

Rätselnd stehen wir in einer Seitenkapelle vor zwei Sarkophagen. Es sind große Steinsärge mit den Skulpturen eines Mannes und einer Frau. Die Frau ist in lange, faltige Gewänder aus Stein gehüllt und trägt ein Band um Kinn und Haube. In der Hand hält sie eine Frucht, wahrscheinlich einen Granatapfel. Der Mann hat einen gekräuselten Bart, ein gefälteltes Mundtuch, und seine Hand umklammert das Schwert. Auch er hat ein faltenreiches steinernes Totenhemd an, das mit einer breiten Borte verziert ist. An den Grabmälern sind Spuren einer früheren farbigen Bemalung erhalten geblieben.

»Wer mag in diesen Särgen liegen?«, fragt Atze.

Wir entdecken keinen Hinweis.

»*Este son Don Felipe y su esposa Doña Leonora Ruiz de Castro*. Es sind Don Felipe und seine Gemahlin Doña Leonora Ruiz de Castro«, sagt der Pfarrer hinter uns, den wir zuvor nicht bemerkt haben.

»Wer waren sie? Wann haben sie gelebt?«

Der *cura* lächelt über unsere eifrigen Fragen. »Haben Sie etwa noch nichts von dem Infanten Don Felipe gehört, der 1271 ermordet wurde?«

»Nein.«

»Dann wissen Sie auch nichts über seinen Vater, Fernando den Heiligen?«

Stummes Kopfschütteln unsererseits.

»Sollten Sie aber, wenn Sie aus Deutschland sind«, sagt der *cura* streng. »Fernando war mit Beatrix von Schwaben verheiratet. So ist also unser Felipe zur Hälfte ein Deutscher. Er war als fünfter Sohn für eine geistliche Laufbahn bestimmt. Zuerst entwickelte sich alles wie geplant. Er machte Karriere und wurde Abt in Covarrubias, später Bischof von Valladolid und schließlich Erzbischof in Sevilla. Doch plötzlich, vor den letzten Weihen, ließ er sich in den Laienstand zurückversetzen. Diesen Sinneswandel soll eine Frau bewirkt haben, Christina von Norwegen, die Tochter König Haakonsons.«

»Wie kam sie hierher?«, unterbricht Atze erstaunt.

»Sie wurde geholt, als Braut von Alfons X., dem älteren Bruder des Felipe. Doch Alfons, der Thronerbe, wollte plötzlich nichts mehr von der Norwegerprinzessin wissen. Felipe nahm sich der Verstoßenen an. Es muss die große Liebe gewesen sein.« Der Priester lächelt und fährt fort: »Christina war sehr schön, von hohem Wuchs, mit langen, blonden Haaren. Ehrlich gesagt, kann man nicht verstehen, warum Alfons, obwohl er der Weise genannt wurde, eine solche Frau abgelehnt hat. Christina und Felipe wollten heiraten. Alfons schien das nun auch wieder nicht recht zu sein. So schlossen sie, gegen seinen Willen und ohne das diplomatische Protokoll zu beachten, den Ehekontrakt.«

Gespannt haben wir zugehört und wagten keine Zwischenfrage. »Und was passierte dann?«

»Wie immer bei der großen Liebe – sie kann nicht dauern«, sagt weise der Priester. »Schon nach zwei Jahren starb die blonde Norwegerin. Bei Covarrubias, in der Nähe von Santo Domingo de Silos, liegt sie begraben.«

»Ach«, entfährt es uns beiden voller Enttäuschung.

»Die Geschichte geht noch weiter«, sagt der *cura.* »Felipe heiratete erneut. Seine zweite Frau Doña Leonora Ruiz de Castro liegt hier«. Er zeigt auf die Grabfigur. »Die Beziehung Felipes zu seinem Bruder Alfonso war seit der ersten Heirat schwierig und bald verschwor er sich gegen den Bruder und König. Wie er gestorben ist, weiß man nicht; manche Historiker behaupten, Alfons der Weise habe ihn umbringen lassen.«

»Uff, unglaublich, was damals so passiert ist. Die reinsten Krimistories!«, meint Atze.

»Denken Sie etwa, heute passiert das nicht?«, erwidert der *cura.* Er weist auf die Grabmäler und fragt: »Haben Sie sie richtig angesehen? Sie sind einzigartig, und wir in Villalcázar sind sehr stolz auf sie. Einmal wollte man sie schon zu einer Ausstellung nach Madrid holen, aber unsere Leute haben das nicht zugelassen. Sie meinten, denen in Madrid sei nicht zu trauen, sie würden dann gleich unsere Särge behalten. Schauen Sie, nicht nur, dass es sehr wenige bemalte romanische Sarkophage gibt, auch die Darstellungen an den Seitenwänden sind wunderbar. Der Künstler hat keinen umlaufenden Fries geschaffen, sondern jede Szene steht für sich, und zwar frontal auf den Betrachter ausgerichtet. Hier, die drei Reiter mit ihren Pferden, mit den Köpfen nach vorn. Sie führen den Leichenzug an. Die Sargträger, die Klageweiber, Mönche, Kirchenfürsten, Leonora, die sterbend auf ihr Bett sinkt, lauter einzelne Bilder. Es sind nur Szenen von Sterben und Tod, keine einzige Darstellung aus dem Leben von Leonora und Felipe.«

Als wir die Kirche verlassen, flüstert mir Atze ins Ohr: »Also, ich finde es total ungerecht, dass man die Christina so weit weg und allein in Covarrubias begraben hat. Da sie doch die große Liebe des Felipe war, hätte man sie an seiner Seite aufbahren sollen!«

Auf dem Vorplatz der Kirche formiert sich der Prozessionszug. Alle 1300 Einwohner scheinen versammelt zu sein: Kinder, Frauen, Männer, Alte. Die alten Frauen mit ihren schwarzen Kleidern und schwarzen Kopftüchern, die alten Männer, gebeugt, mit wetterzerfurchten Gesichtern und schlurfenden Schritten. Fahnen, Stangen, Heiligenbilder werden mitgeführt. Der Zug bewegt sich auf sandigem Weg. Dumpf tönen die Schritte von über tausend Menschen. Anfangs nur dieses Dröhnen, dann gemurmelte Gebete und schließlich Gesang. Gesang, schwer und tragisch; die drei Kilometer bis zur Eremitage dauert er an. Die Sonne scheint grell, und ein stürmischer Wind bläht die Fahnen und stemmt sich den Menschen entgegen.

»Sie werden sehen«, sagt jemand zu uns, »die *virgen del rio*, die Jungfrau vom Fluss, wird uns Regen schenken.«

»Ja«, bekräftigt eine Frau, »jedes Jahr regnet es nach der Prozession.«

Ich sage auf Deutsch zu Atze: »Ich glaube, die *virgen del rio* war in heidnischer Zeit eine Regengöttin. Es ist ihr nur ein christlicher Kontext übergestülpt worden. Doch noch immer, nach so vielen Jahrhunderten, vertrauen die Menschen auf ihre einstige Kraft.«

Die Eremitage selbst enttäuscht mich. Außen ist sie zwar aus klobigen, verwitterten Steinen errichtet, innen aber völlig verunstaltet: sehr neu und modern. Die Menschenmenge staut sich am Eingang. Die meisten müssen der Messe von draußen beiwohnen. Alle sind heiter, lachen und scherzen. Für sie ist die Prozession eine religiöse Zeremonie, aber auch ein Fest, ein Volksfest. Religion und Leben sind nicht getrennt, sondern eins gehört zum anderen. Die Leute sind stolz auf ihre Jungfrau vom Fluss; sie haben Geld gespendet, damit die Eremitage innen neu gestaltet werden konnte.

Pepe, Paco, Enrique und Jaime erkennen wir kaum wieder, so verändert sehen sie in ihrem Sonntagsstaat aus. Würdevoll stellen sie uns ihre *esposas*, ihre Ehefrauen, vor und mit zärtlichem Vaterstolz zeigen sie uns ihre *hijos*, ihre Söhne. Gemeinsam gehen wir nach Villalcázar zurück. Dort sind inzwischen Verkaufsbuden, Karussells und eine Tanzfläche aufgebaut worden. Jetzt wird gefeiert! Eine Kapelle spielt, die Menschen tanzen, essen, singen und trinken. Nonnen in ihren schwarzen Ordensgewändern lassen sich von einem Kettenkarussell im Kreis drehen.

Von Villalcázar bis Sahagún

Mit noch schwerem Kopf nach so viel Wein beginne ich wieder meine Wanderschaft; nun bin ich schon 21 Tage unterwegs. Die Ruhepause in Villalcázar scheint meinem Knie gut getan zu haben, es schmerzt kaum noch. Der Holländer wäre gern gemeinsam mit mir gelaufen. Ich habe ihm erklärt, warum ich allein gehen möchte. In den Ortschaften gefällt es mir, mit jemandem zusammen zu sein, und mit Atze habe ich mich gut verstanden. Ohne ihn hätte ich wahrscheinlich gar nicht so viele Leute kennen gelernt und mich auch nicht in die Bodega einladen lassen. Aber draußen, in der Landschaft, muss ich allein sein, um die Natur erspüren, erfahren, erleben zu können. Nur wenn ich allein bin, finde ich meinen Rhythmus. Nur dann entsteht ein mystisches Versinken in der Landschaft, das schwebende Gefühl, in Raum und Zeit aufzugehen. Ich habe aber Atze versprochen, in der nächsten Stadt auf ihn zu warten.

Es ist kalt und sehr windig. Ein ungewohntes Wetter nach all den sonnenheißen Tagen. Ich habe einen warmen Pullover und den Anorak an. Tief jagen dunkle Wolken über den Himmel – die Boten der Regengöttin, der Jungfrau vom Fluss.

In Carrion de los Condes, nur zwei Stunden von Villalcázar entfernt, will ich länger bleiben, um meiner Begeisterung für die Romanik zu frönen. In dem kleinen Landstädtchen gibt es gleich zwei romanische Kirchen. Das Portal der Jakobskirche zeigt im mittleren Bogenlauf zweiundzwanzig Handwerker mit typischen Werkzeugen und Tätigkeiten: einen Töpfer mit Krug, einen Bäcker mit einem Brotlaib, einen Musikanten mit Laute, aber auch einen lesenden Mönch und einen saltoschlagenden Gaukler. An fast allen Kirchen gibt es Darstellungen von Heiligen, Aposteln, Engeln, Teufeln und Dämonen, und hier steht plötzlich der arbeitende Mensch im Blickpunkt!

Die Einwohner von Carrion waren im Mittelalter sehr wohlhabend. In dem Pilgerführer aus damaliger Zeit, dem »Codex Calixtinus«, steht: »... der Ort ist reich, es wird Brot und Wein hergestellt, es gibt Fleisch und alle Arten von Produkten.« Wahrscheinlich waren deshalb die Menschen hier so selbstbewusst, nicht Himmel und Hölle abbilden zu lassen, sondern sich selbst, die Handwerker bei ihren profanen Tätigkeiten. Im Kontrast zu diesen tüchtigen Bürgern drohen auf den Säulenkapitellen Ungeheuer. Sie zerfleischen und verschlingen Menschenleiber. Das Reale wird sofort wieder vom Phantastischen durchkreuzt, die Wirklichkeit mit dem Irrealen verwoben.

An der anderen romanischen Kirche, Santa Maria del Camino, fallen die Stierköpfe auf, die paarweise in den Eingang hineinragen. In der Kirche erklärt ein Priester drei Spaniern ein Gemälde. Ich stelle mich dazu. Er erzählt die Legende von den hundert Jungfrauen. Hundert junge Mädchen mussten als Tributzahlung an die Araber ausgeliefert werden. Der Sultan Miramamolin sollte diese »Gabe« erhalten, jener Miramamolin, der einen faustgroßen Smaragd am Turban trug und später von dem Zweimeterrecken Sancho *el fuerte* besiegt wurde. Die Mädchen weinten. Unbeeindruckt von ihrem Jammern und Zagen führten die arabischen Tributeintreiber sie ab. Da erschienen plötzlich zwei Stiere, die Symboltiere der altiberischen Kultur Spaniens, und retteten auf wunderbare Weise die Jungfrauen. Sie konnten in ihre Heimatorte zurückkehren und bestärkt durch das Wunder, verweigerten fortan die Einwohner den schändlichen Tribut. Der Priester weist auf die verwitterten Stierköpfe am Eingang. Sie sollen in Erinnerung an die Rettung gemeißelt worden sein.

Ich gehe durch die ruhige, stille Stadt mit ihren sehr engen Gassen. An der Stadt vorbei fließt der Fluss Carrion. Er führt wenig Wasser, blank liegen die Kiesel im Flussbett. Ockerfarbene Steilufer ragen empor. Am flachen Gegenufer liegt das Kloster Zoil. Ich klingele an der Pforte. Ein kleines Fensterchen in der Tür öffnet sich, und ich sehe das Gesicht einer Nonne. Ich frage, ob ich die Klosterkirche besichtigen könne.

»Selbstverständlich!«, antwortet sie und ruft: »Antonio, *venga*! Antonio, komm!«

Da springt ein etwa elfjähriger Junge herbei. Ich bin überrascht – was will so ein Bürschchen im Kloster?

»Ich mache für die *monjas*, die Nonnen, Besorgungen. Sie sind sehr nett, besonders Schwester Johanna, mit der Sie gerade gesprochen haben«, antwortet er.

Sie kommt uns nach in die Kirche, um Antonio zu sagen, er solle mir auch die Krypta zeigen. So habe ich Gelegenheit, Johanna richtig zu sehen, denn durch das vergitterte Fensterchen konnte ich mir kein Bild machen. Sie wirkt auf mich wie aus einem Märchen. Die Bewegungen ihres grazilen Körpers sind leicht und schwebend, ihre Stimme ist zart und hell, ihr Gesicht strahlt eine innige Lieblichkeit aus. Ein feengleiches Geschöpf. Nie zuvor bin ich einem Menschen begegnet, der so erfüllt von hingebender, sich verschenkender Liebe war. Im ersten Moment bedaure ich, dieses wundervolle Wesen hinter Klostermauern eingesperrt zu wissen. Doch dann denke ich mir, sie würde draußen nicht existieren können, das Leben wäre zu grob für diese fragile, zarte Frau. Gerade weil sie selbstlose Liebe verströmt, würde sie wohl zerbrechen. Ich möchte sie immerzu anschauen. Da aber schwebt sie schon wieder dem Ausgang zu.

Um mit Antonio ins Gespräch zu kommen, sage ich: »Die Schwester Johanna ist sehr schön.«

»Nein!« Seine schwarzen Augen blitzen. »Schön ist ein Wort für Menschen, sie aber ist ein Engel!«

Der Junge führt mich zu den Grabmälern der Grafen Gómez, den *Condes de Carrion*.

»Hier sind die Grafen Diego und Fernando, zwei Brüder, begraben. Kennen Sie ihre Geschichte?«

»Natürlich nicht.«

Der Junge erzählt nicht nur mit Worten, sondern führt ein regelrechtes Schauspiel auf. Er imitiert die Stimmen und das Geräusch klappernder Pferdehufe, rollt mit den Augen, stampft mit den Füßen, jammert und weint, kämpft mit einem unsichtbaren Schwert gegen seine imaginären Gegner. Er zeigt, wie die jungen Grafen Diego und Fernando nach Valencia reiten, dort die Töchter von El Cid zu freien. Der *Campeador* ist von diesen Schwiegersöhnen nicht angetan. Sie scheinen ihm zu weich, nicht kampferprobt genug. Da aber der König diese Hochzeit befürwortet, kann er sich nicht widersetzen. Als ein Löwe aus der Menagerie ausbricht – Antonio brüllt löwenecht –, bestätigt sich der Verdacht El Cids, denn die Schwiegersöhne ergreifen feige die Flucht. Trotzdem muss der Vater seine liebreizenden Töchter Doña Elvira und Doña Sol mit ihren unwürdigen Gatten ziehen lassen. Antonio setzt plastisch in Szene, wie die bösen Grafen über ihre Gemahlinnen herfallen, sie an den Haaren ziehen, ihnen die Kleider vom Leibe reißen und sie verprügeln, bis beide Frauen ohnmächtig am Boden liegen. Im Wald von Corpes lassen die Grafen die beiden Doñas hilflos zurück und reiten weiter nach Carrion, denn eigentlich seien sie nur an der hohen Mitgift interessiert gewesen, die Ehefrauen aber wollten sie wieder loswerden.

Ich denke mir, die stolzen Töchter des Cid werden wie ihr Vater mit dieser Eheschließung nicht einverstanden gewesen sein. Unglücklich und erbost, den ungeliebten Gatten ausgeliefert zu sein, werden sie diese wohl verspottet und verhöhnt haben, bis die Männer wutentbrannt zugeschlagen haben. Die Frauen wurden zufällig gefunden und gerettet. Nun läuft Antonio zur Höchstform auf. Er führt das Duell vor, das El Cid, der Vater der verprügelten Töchter, vor den Augen des Königs gegen die Grafen bestehen musste. Das Ergebnis des Kampfes wurde wie ein Gottesurteil angesehen und geglaubt, dass der Verlierer auch der Schuldige war. Antonio sinkt zweimal, die Hand auf das Herz gedrückt, zu Boden, zuerst als Don Diego und gleich darauf als Don Fernando. Die zwei Töchter wurden neu vermählt, mit den Königen von Aragón und Navarra.

Die Landschaft hinter Carrion de Condes ist flach wie eine Tischplatte. Waren es vorher einzelne hohe Tafeln gewesen, die von Tälern durchschnitten wurden, so ist es jetzt eine weite Ebene, nur durch den Horizont begrenzt. Der schnurgerade Pfad ist mit unzähligen kleinen braunen Steinchen belegt. Wieder habe ich das Gefühl, die Pilgerströme vergangener Zeiten zu spüren. Der Himmel ist weit und doch gleichzeitig so nah, als brauchte ich nur die Arme auszubreiten und hinaufzufliegen. Das Licht flirrt und flimmert über dem glatten Land. Der Boden ist karg und trocken. Das Getreide ist hier schon abgeerntet. Stoppelfelder oder die bereits wieder umgebrochenen braunen Erdschollen sind ausgedörrt.

Außer mir sind Trauersteinschmätzer die einzigen Lebewesen in dieser Ödnis. Sie fliegen vor mir her, als wollten sie mir den Weg zeigen, schwirren eine Strecke voraus, Flügel und Schwanz weit gespreizt, dabei flaggen die schneeweißen Schwanzfedern wie ein Signal, und dann warten sie auf einer Erdscholle oder einem Stein am Wegrand, bis ich sie wieder eingeholt habe. In der Ferne hebt sich eine senkrechte Linie gegen den Horizont ab. Ein Pfahl? Ein abgestorbener Baum? Im Geflimmer der Luft ist das Bild unscharf. Aber weit sind die Entfernungen in der Meseta, die man überblicken kann. Ich nähere mich allmählich der aufragenden Figur, bis ich erkennen kann, dass es ein Schäfer ist, der bewegungslos auf seinen Stock gestützt dasteht.

Er könne kaum leben von dem, was die Schafe einbringen, sagt er. Denn für Wolle, Milch und Fleisch würde von den Aufkäufern, die die Preise diktieren, nicht genug gezahlt werden. Die Dörfer mit ihren Häusern aus erdbraunen Lehmziegeln fallen in der Landschaft kaum auf. Es sind ärmliche Orte, nur eine Hand voll Hütten, aber sie tragen wohlklingende Namen, die an den Pilgerweg erinnern: Calzadilla de la Cueza, Terradillos de los Templarios, San Nicolas del real Camino. Hier scheinen heute kaum noch Menschen zu wohnen. Ich treffe einen alten Mann. Schlurfend läuft er über den buckeligen Dorfweg, eine Schubkarre vor sich herschiebend.

»Wir sind hier nur noch 60 Leute, alle so alt wie ich. Die Jungen wandern weg in die Städte«, klagt er. Resigniert erzählt er vom Ende des Bauernstandes: »Die Preise für Getreide und Wein, für Fleisch und Wolle, überhaupt für alle Agrarprodukte, sind zu niedrig angesetzt. Von dem Verkauf kann niemand seine Familie ernähren.«

Er doziert über Wirtschaft und Politik, über Spanien und die Europäische Wirtschaftsgemeinschaft. Gespannt höre ich ihm zu. Er redet, als würde er vor einem großen Publikum sprechen. Wo hat er gelernt, so brillant zu formulieren? Er macht eine müde Handbewegung: »Mit meinem Sohn habe ich mich oft unterhalten. Ein kluger Junge. Ich habe ihn studieren lassen – Agraringenieur! Doch wie lebt er trotz seines Studiums? Er ist in Deutschland, macht eine dreckige Arbeit, um Geld zu verdienen. Ich wollte, er würde zurückkehren. Aber er sagt, er hätte in Spanien keine Chancen. Doch was nützt ihm das Geld letztendlich?«

Ich spüre den Schmerz im Knie wieder stärker. Die Weite hat mich unaufhaltsam zum Gehen verführt. Etwa vierzig Kilometer habe ich heute zurückgelegt. Mähdrescher bewegen sich wie urzeitliche Ungeheuer über die Felder und hinterlassen kahle Flächen und hart gepresste Strohballen.

Es ist nicht einfach, einen Schlafplatz zu finden, keine Bäume oder Büsche sind als Sichtschutz vorhanden, nur Felder, durchzogen von schnurgeraden, begrünten Wegen. Schließlich entdecke ich eine mit Klee bewachsene Feldecke, die ringsum hinter hohen Halmen verborgen ist. Wie eine reife Orange versinkt die Sonne im Getreidemeer.

Doch bald bereue ich es, mir kein sicheres Nachtquartier gewählt zu haben. Denn dunkel bewölkt sich der Himmel. Die Sendboten der Regengöttin kommen. Wie prall gefüllte, schwarze Säcke hängen die Wolken über mir, bereit, ihre Wassermassen auf mich herabstürzen zu lassen. Es wird Nacht. Noch regnet es nicht. Aber Wetterleuchten! Wie ein Flächenbrand zuckt das Feuer mal hier, mal dort am Himmel. Tausend Irrlichter scheinen durch die Nacht zu tanzen. Doch ich bin zu müde und schlafe ein, trotz der Furcht vor einem prasselnden Gewitterregen.

Ein paar Tropfen, die mir ins Gesicht platschen, wecken mich. Ich ziehe die Hülle des Biwacksackes über den Kopf und bin sofort wieder eingeschlafen.

Am Morgen sehe ich, die Erde ist nicht mal feucht geworden. Ringsum ist sie gepünktelt von kleinen Dellen, der aufgeschlagenen Regentropfen, die aber sofort verdunstet sind, und nur Staub füllt die winzigen Trichter.

Nach Sahagún gelange ich am frühen Morgen. Die Bewohner scheinen alle noch zu schlafen; einsam klappern meine Schritte über das Kopfsteinpflaster.

Der Klang des Wortes »Sahagún« hatte mich eine schöne mittelalterliche Stadt erwarten lassen. Doch schon von weitem bin ich von der Stadtkulisse enttäuscht. Weiße, klobige Speicherhäuser drängen sich in den Vordergrund. In der Stadt herrscht ein Durcheinander von alten, zerfallenden Lehmhäusern und stillosen Neubauten. Ich biege um eine Straßenecke und bleibe verblüfft stehen. Was ist das? Eine Kirche, aber sie besteht aus braunroten Ziegeln. Ein romanischer Backsteinbau. Das Kirchenschiff ist mit zierlichen Blendarkaden und mit Hufeisenbögen und der Turm mit dreistöckigen Fensterarkaden geschmückt. Die Kirche ist im Mudejar-Stil gebaut, der im 11. Jahrhundert in den zurückeroberten Gebieten entstand, häufig ausgeführt von dagebliebenen arabischen Baumeistern. Während die Bauwerke der mozarabischen Romanik schwerer, ernster und mystischer sind, ist die Mudejar-Romanik zierlich und verspielt. Die Kirche San Tirso hier in Sahagún zeigt den Mudejar-Stil in höchster Vollendung. Es ist eine Lust, dieses Bauwerk zu betrachten. Das Mauerwerk ist originell verziert. Die Ziegel wurden verkantet gegeneinander gesetzt und so entstanden Ornamente. Backsteine verwendete man, weil es in der Meseta kein anderes Baumaterial gibt.

Ich überquere die Plaza Mayor – menschenleer und still ist der Platz in der Morgenfrühe –, gehe weiter eine Straße entlang, mit hässlichen Neubauten, lieblos hingeklotzt, aber schön dann die zweite Backsteinkirche von Sahagún, die Kirche San Lorenzo. Wertvoll und auffallend wie eine dunkle Perle steht sie da. Aus Backsteinen konnte man besonders hohe Türme bauen. Mächtig ragt er empor, doch seine Schwere wird wunderbar durchbrochen von hohen Fensterbögen, die sich vierstöckig übereinander reihen.

Am Ortsausgang steht ein weißes Straßenschild, gekennzeichnet mit der Zeichnung der Pilgermuschel. Das Schild verkündet mit schwarzen Buchstaben und Zahlen: »Santiago de Compostela 335 Kilometer«. Es sind nur noch 335 Kilometer bis zum Ziel! Ich hatte mir bis dahin keine Gedanken gemacht, wie weit es noch sein könnte. Jeden Tag bin ich gelaufen, außer den beiden Ruhetagen in Suso und Villalcázar. Morgens hatte ich immer die aufgehende Sonne im Rücken, mittags senkrecht und glühend heiß über mir und abends leuchtete mir der rote Sonnenball ins Gesicht. Jeden Tag vom Morgenrot bis zum Abendrot bin ich gewandert. Das Laufen ist mir zur Gewohnheit geworden. Am Morgen der ausgeruhte Körper, der Geist gespannt auf die Erlebnisse des Tages. Bei Sonnenuntergang eine wohlige Müdigkeit, schwer die Glieder, bleiern die Füße, die Seele voll von dem Erlebten. Ein schönes, ein einfaches, ein sinnvolles Dasein. Ich hatte so ganz im Gegenwärtigen gelebt, von Tag zu Tag, bestimmt vom Lauf der Sonne, die meinem Weg die Richtung angab, von Ost nach West, dass ich das Ziel ganz vergessen hatte. Ich will gar nicht ankommen. Wie schön wäre es, immer so weiter zu wandern, einem Ziel entgegen, das gar nicht existiert oder das sich im gleichen

Maße entfernt, wie man ihm näher kommt, dann brauche ich nie mehr umzukehren, nie mehr zurück, für immer nach Westen wandern, immer weiter ...

Aber da ist das Schild und die Zahl: 335 Kilometer. Auch wenn diese Anzeige die Landstraße betrifft und der Fußweg wegen seines gewundenen Verlaufes länger ist, befinde ich mich bereits im letzten Drittel. Die Provinz León durchquere ich gerade, und dann kommt nur noch Galicien!

Von Sahagún bis León

»Es war wie im Märchen Hase und Igel«, sagt Atze. »Überall wo ich hinkam, warst du schon gewesen. In Carrion de Condes hat mir der Junge, Antonio, von dir erzählt, und auch der *cura* in der Kirche Santa Maria erinnerte sich an dich. In Sahagún sagte mir eine Frau, du hättest sie nach dem Weg gefragt. Ich war am selben Tag wie du in Sahagún, aber erst am Abend. Ich habe dort im *refugio* übernachtet und in einem Restaurant toll gegessen!«

»Ich habe jetzt auch riesigen Hunger. Lass uns essen gehen«, schlage ich vor.

»Ja, aber sag mir erst, wie kommt es, dass du ständig voraus warst und ich trotzdem als Erster in León angekommen bin, ohne dich aber beim Überholen gesehen zu haben?«

»Ich bin nach San Miguel de la Escalada gegangen. So heißt die alte Klosterkirche aus dem Jahr 913. Sie liegt etwa drei Stunden abseits des Pilgerweges.«

»Jetzt werde ich aber langsam böse mit dir«, empört sich Atze. »Immer weißt du von solchen Besonderheiten und sagst mir vorher nichts davon.«

»Erst vom Priester in der Backsteinkirche San Lorenzo in Sahagún habe ich von Escalada erfahren«, rechtfertige ich mich. »Mönche aus Cordoba, die wegen der Araber bis hierher geflüchtet waren, haben diese Klosterkirche bauen lassen. Sie liegt heute einsam auf einem flachen Hügel, umgeben von Kornfeldern. Das mozarabische romanische Bauwerk ist vollendet proportioniert, alles ist stimmig: das Licht, das durch die Alabasterstreifen hereinfällt, die eleganten Säulen aus dunklem und die Kapitelle aus weißem Marmor, die ausgewogene Gliederung der Raumaufteilung, die schwebenden Schwünge der Hufeisenbögen und die grazile Bogengalerie der Vorhalle.«

»Schade, dass ich sie nicht gesehen habe«, bedauert Atze.

In der Altstadt Leóns finden wir eine einfache Gaststätte mit nur einheimischem Publikum. Die Stube ist eng und dunkel, mit alten Holztischen und Bänken. Ein schwarzes Ofenrohr durchzieht den Raum.

»Wie war der Weg von Sahagún bis León für dich?«, fragt der Holländer und erzählt gleich selbst: »Vierzig Kilometer völlige Einsamkeit, endlose Ebene, Felder so dürr und trocken wie die Steppe und dazu die sengende Sonne, eine Hitze! Ich bin fast umgekommen. Nirgendwo eine Wasserstelle. Wie ein Verrückter bin ich gelaufen, weil ich hoffte, dich einzuholen. Zusammen wäre es viel leichter gewesen.«

»Ach, du weißt ja, ich mag extreme Landschaften. Ich habe mich recht wohl gefühlt«, erwidere ich.

»Du willst doch nicht behaupten, dass es eine schöne Gegend ist?«

»Schön ist vielleicht nicht das richtige Wort, aber faszinierend, ungeheuer faszinierend«, sage ich.

»Ungeheuer, ja, da hast du Recht, ungeheuerlich! Und monoton! Monoton und langweilig, so würde ich es beschreiben!«

Wir unterhalten uns in Deutsch, da Atze sehr gut Deutsch spricht.

Die Wirtstochter bringt unser Essen und stellt die Teller auf das dunkelbraune Holz des Tisches. Atze hat sich »*Chuleta de Cordero*« – Lammkotelett –, und ich habe mir »*Cocido maragato*« – ein Leoneser Eintopfgericht – bestellt.

»Weißt du, Atze«, setze ich nach dem Essen unser Gespräch fort, »vielleicht empfinde ich die Natur deshalb so intensiv, weil ich draußen übernachte. Durch den Kontakt zur Erde, das Einbezogensein in den Wechsel von Tag und Nacht, das Erleben von Dämmerung verschwinden die Trennschichten zwischen mir und der Umwelt, ich werde ganz und gar ein Teil von ihr. Denn ich liefere mich ja schutzlos aus. Ich habe nicht mal ein Zelt. Wenn es in der Nacht plötzlich anfängt zu gießen, würde ich pitschnass werden. Trotzdem fühle ich mich geborgen und sicher. Vielleicht weil es elementare Dinge sind, mit denen ich mich auseinander setzen muss: Hitze, Sturm, Gewitter.«

Ein lauter Glockenton. Einer der Gäste ist aufgestanden und schlägt kräftig gegen die große Messingglocke neben der Theke. Alle schauen zu ihm. Der Mann verbeugt sich vor den Wirtsleuten, bedankt sich für

Speise und Trank, nimmt seine Mütze und verlässt das Lokal. Wir bestellen noch zwei *copitas vino tinto de la casa*, Rotwein des Hauses.

»Du bist doch durch Calzadilla de los Hermanos und Calzada del Coto gewandert. Sind dir auch die vielen modernen Häuser in den Dörfern aufgefallen?«, frage ich.

»Ja, die alten Häuser lässt man einstürzen und baut hässliche neue. Dabei könnte man doch auch schöne neue Gebäude errichten.«

»Ich denke mir, es ist wie in den Dörfern in Deutschland. Die Leute lehnen ab, was alt ist, denn es bedeutet für sie: Armut, Mangel, Rückständigkeit, eben all das, was sie mit großen Anstrengungen überwunden haben und woran sie nicht mehr erinnert werden wollen. Das ›Alte‹ soll es, darf es nicht mehr sein. Aber was nun? Ein neuer Baustil muss erst wachsen, er braucht Zeit, sich zu entwickeln. So ist man halt auf diese stillosen Neubauten verfallen und glaubt, sie seien schön, nur weil sie neu sind. Ich sprach mit einer Frau in Calzada del Coto. Sie berichtete mir, ihr Mann habe elf Jahre in Deutschland gearbeitet und Geld gespart, damit es ihnen besser ginge. Vom mühsam erworbenen Geld haben sie sich ein hässliches Betonhaus gebaut. Die Frau aber war sehr stolz und glücklich.«

Der Holländer fügt hinzu: »Na ja, muss sie wohl. In dem Haus stecken ja alle die Entbehrungen und Opfer von elf Jahren und mehr, überhaupt ihr ganzes Leben. Aber trotzdem schade.«

Wir sind die letzten Gäste. Die Bedienung, Tochter der Wirtsleute, setzt sich zu uns. Seufzend sagt sie: »Ach, ich beneide euch. Ihr könnt so vieles sehen. Ich dagegen bin noch nie aus León herausgekommen.«

Atze fragt sie, was sie uns empfehlen würde, in ihrer Heimatstadt zu besichtigen.

»Wie lange habt ihr Zeit?«

»Ein, zwei Tage.«

»Oh, das ist viel zu wenig! Ihr braucht mindestens eine Woche«, meint sie. Nach kurzem Nachdenken rät sie: »Also, unbedingt müsst ihr unsere Kathedrale sehen, denn sie ist wirklich etwas Besonderes, und dann noch das Panteón Real in der Kirche San Isidoro, das ist auch einzigartig.«

Atze lässt die Glocke an der Theke bimmeln, und wir bedanken uns für die gute Bewirtung. Gemächlich schlendern wir durch die Altstadt.

Uns beiden schmerzen die Füße von der Wanderung durch die Meseta. So spazieren wir in Richtung des *refugios*, in einem Nebengebäude der Klosteranlage von San Isidoro. Diese Unterkunft für Pilger hat mehrere Zimmer ohne jedes Mobiliar. Dort hatten wir uns heute wiedergetroffen. Wir queren die Plaza Mayor, einen rings von Häusern umschlossenen Platz mit Arkaden.

»Setzen wir uns in eines der Cafés?«, schlägt Atze vor.

Es ist warm genug, um draußen zu sitzen. Wir bestellen *vino tinto*.

»Weißt du, Atze, León ist die erste Stadt auf dem Pilgerweg, die mir gefällt.«

»Kannst du das schon sagen? Du hast doch gar nicht viel gesehen«, gibt er zu bedenken.

»Ich spüre, dass ich diese Stadt mag. Sie hat Persönlichkeit. Sieh dir mal diesen Platz hier an. Hat er nicht Charakter?«

»Ja, ich finde ihn auch schön. Die Front der Häuser mit den Arkaden, die Ruhe, keine Autos.«

Ich unterbreche ihn: »Das ist mir auch aufgefallen, in León sieht man viel weniger Fahrzeuge als in den anderen spanischen Städten. Es ist eine Stadt für Menschen zum Leben.«

»Ich glaube, die Leoneser sind besonders freundlich.«

»Genau, das finde ich auch. Sie sind offen und herzlich, und jeder scheint jeden zu kennen.«

Atze beendet unseren Lobgesang: »Also verleihen wir León den Titel: schönste Stadt des Pilgerweges!«

Es ist zwölf Uhr Mitternacht, als wir vor der Tür zum *refugio* stehen – verschlossen! Wir drücken die Klingel. Niemand öffnet!

»Verdammt, ich habe meinen Rucksack und den Schlafsack da drin«, stöhnt der Holländer.

»Ich doch auch«, sage ich.

An der rechten Seite entdecken wir ein zwei Meter hohes Tor aus eisernen Gitterstäben. Es ist einfach hinüberzuklettern. Jetzt befinden wir uns in einem schmalen Hof an der Hinterfront.

»Also, wenn ich nicht irre, liegt auf dieser Seite das Zimmer, in dem ich meine Sachen gelassen habe«, sage ich voller Hoffnung, denn ich habe das Fenster offen gelassen.

»Ja, das dort, das muss es sein!«

Atze versucht hochzuspringen. Doch der Fenstersims ist unerreichbar weit oben.

»Ich weiß, wie wir reinkommen. Wenn ich mich auf deine Schultern stelle, erreiche ich das Fenster. Und dann öffne ich die Tür von innen und lasse dich ein«, schlage ich vor. Der Junge ist fast ein Meter neunzig, auf seinen Schultern stehend, kann ich mit den Händen gerade den Fensterrahmen fassen und mich mit einem Klimmzug hochziehen. Geschafft!

Atze jubelt: »Mensch, toll! Mit dir kann man einbrechen!«

»Pssst«, beschwichtige ich ihn, »wir wollen doch jetzt nicht mehr den Pförtner wecken.«

»Wohin gehen wir zuerst?«, fragt er mich unternehmungslustig am nächsten Morgen.

»Frühstücken!«

»Jetzt bin ich baff. Du bist ja auf einmal richtig normal«, staunt er. »Und ich befürchtete schon, du schlägst einen Fastentag vor.«

In einem Straßencafé mit Blick auf die Kathedrale bestellen wir *dos cafés con leche*, zwei Kaffee mit Milch.

»Weißt du, wann die Kathedrale gebaut wurde?«, fragt Atze.

»Nein.«

»Aber ich! Habe ich nämlich in einem Buch über León gelesen. Hör zu. Du erinnerst dich doch noch an Alfons X., den Weisen, der die schöne Prinzessin aus Norwegen verstieß und dessen Bruder Felipe in Villalcázar begraben ist? Dieser Alfons hat den Bischof von León, Martin Fernández, mit Spenden, Stiftungen und Ablässen unterstützt, damit der Bau im Jahre 1205 begonnen werden konnte. Der Baumeister hieß Maestro Enrique. Aber als Bischof Martin Fernández 1289 starb, wurde der Bau gestoppt. Seine Nachfolger wollten kein Geld für das kostspielige Gotteshaus ausgeben. Stell dir vor, über Jahrhunderte blieb diese schöne gotische Kathedrale eine Bauruine. Erst im 16. Jahrhundert wurde sie fertig gebaut.«

Von unserem Platz im Café können wir sie in Muße betrachten.

»Nach der Enttäuschung mit der Kathedrale in Burgos habe ich gar keine rechte Lust hineinzugehen«, sage ich.

Der junge Holländer ist anderer Meinung: »Das ist doch Quatsch! Sie ist wunderschön. Schau dir mal die Fassade an!« An der Westfassade sind nebeneinander drei Portale, darüber eine riesige Fensterrose. Rechts und links stehen die beiden Türme als eigenständige Baukörper, nur durch mächtige Strebepfeiler gegen das Kirchenschiff abgestützt. Der Glockenturm schließt mit einer einfachen steinernen Haube ab, der Uhrturm mit einem kunstvollen Steinfiligran.

»Gehen wir, schauen wir sie uns innen an«, drängt Atze.

Die Portalzone liegt gut geschützt unter einer tiefen Vorhalle, deshalb sind die Skulpturen kaum verwittert. Der Figurenreichtum ist groß; es braucht Zeit, sich wenigstens einen Überblick zu verschaffen. Die beiden Seitenportale zeigen Szenen aus dem Leben Marias. Am Mittelportal ist das Jüngste Gericht dargestellt.

»Schau dir das an! Welch drastische Fantasie!« Atze zeigt auf die rechte Seite des Tympanons. Dort sind zwei riesige Kessel dargestellt, die über dem Feuer hängen. Man sieht die züngelnden Flammen. Teufel werfen die Sünder in das brodelnde Wasser. Der mittlere Teufel trägt eine nackte Frau auf den Schultern, kopfüber lässt er die Schöne mit wohlgeformten Brüsten in den dampfenden Kessel fallen.

Wir öffnen die hohe, mit Schnitzwerk reich verzierte Tür und treten ein. Es dauert lange, bis wir beide etwas sagen können. Auch dann stammeln wir nur: »Ach ... nein ... so was ... das gibt es doch nicht ..., unglaublich ..., wie schön ...« Als würden wir uns in einem bunten Glaspalast befinden, sind wir rings umgeben von farbigen Fenstern. Die Fenster bilden den Raum, das Mauerwerk dient nur als Rahmen. Farbige Lichtspiele, flimmernde Reflexe spiegeln sich in der hohen gotischen Halle wider. In den Fenstern im Osten, dort, wo jetzt die Sonne steht, glühen die Farben besonders intensiv.

»Sieh dir mal dieses Blau an«, ruft Atze ein ums andere Mal aus.

Nicht allein das Blau, alle Farben des Lichts sind vertreten. Einige Fenster und vor allem die Rosetten, zeigen ornamentale Muster, andere Fenster wieder Szenen mit Menschen, Tieren, Aposteln und Heiligen. Es sind aber nicht nur die einzelnen Fenster, die wir bewundern, sondern ihre Gesamtheit, ihre Vielzahl, die diese Kathedrale in einen Lichttempel verwandelt.

Beglückt von dem Erlebnis, schlendern wir ziellos durch León. Wir wollen prüfen, ob unser gestriger flüchtiger Eindruck stimmt, dass dies die schönste Stadt des Pilgerweges ist. Wir sehen stattliche alte Häuser, nicht übermäßig gepflegt, gerade richtig, um lebendig auszusehen. Die Gassen verwinkelt und mit Kopfsteinpflaster, die Straßen schmal, mit mehr Fußgängern als Autos belebt. Die Häuserzeilen sind oft mit Arkaden geschmückt, die Plätze mit Bäumen und wassersprudelnden Brunnen. Die Stadt ist betriebsam, aber nicht hektisch. Die Leoneser nehmen sich Zeit, für eine Plauderstunde mit dem Nachbarn, für ein Schwätzchen mit einem Fremden und für einen *café* oder eine *copita*, ein Glas Wein, in der Bar unter den Arkaden. Das Schwere, Strenge, Ernste, das in der kastilischen Wesensart zum Ausdruck kommt, wird bei den Leonesern durch einen heiteren, eigentlich südländischen Charakterzug überspielt.

»Hier möchte ich bleiben! Hier ist es schön«, zitiert Atze sehr frei nach Goethe.

»Bestimmt sind die Menschen hier so lebensfroh und scheinen eher Italiener als Spanier zu sein, weil León römischen Ursprunges ist«, scherze ich.

»Nee, das ist zu lange her, inzwischen haben sie sich zu sehr vermischt«, geht Atze ernsthaft auf meinen Spaß ein.

Im Jahr 70 n. Chr. befand sich hier die Siedlung einer römischen Legion, die siebente Legion des Augustus. Von »Legion« soll der Name León abgeleitet sein. Im Jahr 540 eroberte der Westgote Leowigild – auch er trägt die Silbe »leo« im Namen, käme also auch als Namenspatron in Frage – mit seinem Heer die römische Ortschaft. Bis zum Jahr 717 existierte León unter westgotischer Herrschaft, dann wurde sie beim Ansturm der Araber verwüstet. Erst König Ordoño II., der von 914 bis 924 regierte, wagte sich aus seinem Versteck im Kantabrischen Gebirge heraus und erbaute León neu als Hauptstadt des asturischen Königreiches.

Vom Laufen auf dem harten Pflaster ruhen wir uns auf einer Bank im Park aus.

»Habe ich dir schon gesagt, dass ich Bildhauer werde?«, fragt Atze.

»Bildhauer?«, echote ich. »Du wolltest doch Dichter, Schriftsteller …«

Er unterbricht mich: »Gedichte kann ich ja trotzdem machen. Aber Bildhauer, das wäre das Richtige für mich. Das weiß ich jetzt ganz sicher!«

»Bist du wegen der Portalskulpturen draufgekommen?«

»Nee. Ich habe mich bereits vor der Pilgerreise mit Bildhauerei beschäftigt, übrigens auch mit Architektur. Weißt du, dass das dort drüben ein Gebäude von Gaudi ist?« Er zeigt auf ein Haus aus weißen Steinen mit schieferdunklen Hauben an den Ecken. Es sieht ungewöhnlich aus.

»Was hast du gesagt? Wer hat es gebaut? Gaudi?«

»Ja, Gaudi, Antoni Gaudi. Er war ein genialer spanischer Architekt. Ich bewundere ihn sehr. Noch ein weiteres Bauwerk von ihm gibt es auf dem Pilgerweg, den Bischofspalast in Astorga. Die bedeutendsten seiner Werke sind in Barcelona. Mir gefällt seine Auffassung von Architektur. Er sagte, ein Haus sei wie ein Baum. Und er meinte das wirklich so. Er studierte die Bauformen der Natur und konstruierte seine Häuser nach organischen Strukturprinzipien. Starre Formen und gerade Linien lehnte er ab, er schuf schräge, gewölbte, gebogene, gewellte, verzweigte, schuppenförmige Gebilde, wie sie eben in der Natur vorkommen. Er konnte mit dem Stein machen, was er wollte. Der Stein war wie Wachs in seinen Händen.«

»Lebt er nicht mehr?«, frage ich dazwischen.

»Nein, er starb 1926. Beim Überqueren einer Straße wurde er von einer Trambahn erfasst und tödlich verletzt. Er war 74 Jahre alt, dennoch wurde er mitten aus der Arbeit an seinem Lebenswerk herausgerissen, der Kirche ›Sagrada Familia‹ in Barcelona. Er wollte mit dieser Kathedrale ein Universum schaffen, eine ganze Welt. Statt statischer Pfeiler und Strebebögen verwandte er baumartige Stützen, die gegabelt und verzweigt die Last der hohen Türme verteilten. Die Fassaden verzierte er mit lebensechten Nachbildungen von Enten, Gänsen, Hühnern, Tauben und anderem Getier und mit naturnah wiedergegebenen Pflanzen. Als Vorbilder für die biblischen Figuren nahm er seine Arbeiter, Bekannte und Nachbarn, von denen er Gipsabgüsse anfertigte und danach seine Modelle schuf. Er war nicht nur Architekt, er war alles! Ein großer Künstler!«

»Und ist sie nicht fertig geworden, die ›Sagrada Familia‹?«

»Nein, an ihr wird immer noch weitergebaut, aber mit großen Unterbrechungen, und es gibt einige Leute, die meinen, der Bau solle ganz gestoppt werden, denn es sei unmöglich, ihn im Sinne von Gaudi zu beenden, denn er hatte eine ungewöhnliche Arbeitsmethode. Er entwickelte seine Ideen während der Arbeit, ständig hatte er neue Einfälle.«

»Was wird nun aus seinem Lebenswerk?«

»Die Fassade steht, sie ragt wie eine bizarre Silhouette aus dem Häusermeer Barcelonas, doch innen ist sie eben leer, ausgehöhlt wie eine Puppenhülle, aus der ein Falter herausgekrochen ist.«

»Toll, wie du das sagst, Atze, ich kann es mir richtig gut vorstellen.«

Mir gefällt die poetische Ausdrucksweise des jungen Holländers. Und obwohl Deutsch ja nicht seine Muttersprache ist, hat er einen erstaunlich reichen, bildhaften Wortschatz.

»Nun hast du mich richtig begeistert für Gaudi, und ich bin sehr neugierig auf den Bischofspalast in Astorga.«

»Hoffentlich bist du nicht enttäuscht. Denn gerade auf dieses Bauwerk trifft nicht zu, was ich gesagt habe. Es soll auch fantasievoll und verspielt sein, aber noch mit starren Formen und geraden Linien.«

»Atze, ich habe wieder Lust zum Laufen. Wollen wir nun zur Kirche San Isidoro gehen?«

An San Isidoro interessiert mich vor allem das Panteón Real, die Grabkammer der Könige, weil es ein Meisterwerk der spanischen Romanik sein soll.

Der Führer, ein Geschichtsstudent, kennt sich gut aus, und wir erfahren, wer eigentlich der heilige Isidoro war und wie seine Reliquie nach León kam.

Der Student ist ein junger Mann mit weichen Gesichtszügen, dunklen, lang bewimperten Augen, einem roten, herzförmigen Mund und schwarzen Haaren, fast bis auf die Schultern. Zu diesem sanften, eher mädchenhaften Gesicht befindet sich der plumpe, aufgeschwemmte Körper in hartem Kontrast. Die verrückte Vorstellung, dieser Mann könnte aus zwei Menschen zusammengesetzt sein, irritiert mich so sehr, dass ich seinen Ausführungen in Spanisch nicht recht folgen kann. Erst die Jahreszahl 636 lässt mich aufhorchen, denn das ist Westgotenzeit!

»Was hat er gesagt?«, frage ich Atze flüsternd.

»Stör mich nicht, ich muss mich auf die Sprache konzentrieren«, entgegnet er.

Der junge Führer blickt in unsere Richtung und wiederholt leicht ärgerlich seinen Satz: »Isidoro war 76 Jahre alt, als er 636 in Sevilla starb. Er war nicht nur Erzbischof gewesen, sondern ein bedeutender Kirchengelehrter. In seinem zwanzigbändigen Werk hat er das gesamte Wissen seiner Zeit zusammengefasst. Viele Bücher aus der Antike, deren Originale heute verloren sind, übersetzte und zitierte er. Seine Gebeine ruhten in Sevilla bis zum Jahr 1063.«

Er unterbricht seine Rede und führt uns in den Saal der Doña Sancha. Sie war die Letzte des Geschlechtes der asturischen Könige, die bis auf den Westgoten Pelayo zurückgehen, dem es im legendären Kampf von Cavadonga im Kantabrischen Gebirge 722 gelang, den Ansturm der Araber zu stoppen – endlich ein Sieg für die Christen.

Asturien war das erste Königreich Spaniens. Als die Christen dann erstarkten, bildeten sich mehrere kleine Reiche am Rande der Pyrenäen und des Kantabrischen Gebirges: Navarra, Kastilien, Asturien, Galicien. Bald waren sie miteinander verfehdet und bekämpften sich ständig.

Der Führer verweist auf die Reliquienschreine mit Elfenbeinreliefs, kostbare Kreuze und Gefäße. Ich kann mit solchen musealen Gegenständen wenig anfangen. Erst als der Führer die Geschichte der Doña Sancha weitererzählt, höre ich interessiert zu.

Fernando I., der König Kastiliens, führte Krieg gegen Asturien, um sein Reich zu vergrößern. Es war der Fernando, zu dem Santo Domingo de Silos geflüchtet war. Im Kampf wurde Bermudo II., der letzte männliche Nachkomme des asturischen Königsgeschlechts, getötet. Der Sieger Fernando heiratete die Schwester des getöteten Bermudo, es war Sancha, in deren Gemächern wir uns befinden. Der Führer deutet auf einen kostbaren Kelch.

»Das ist der Kelch der Urraca, einer Tochter Fernandos und Sanchas.«

Der Führer berichtet die Geschichte des Bechers: »Kaum hatte Fernando durch viele Kämpfe sein großes Reich geschaffen, zerfiel es schon wieder, als es wie üblich unter seinen Kindern aufgeteilt wurde. Seine Tochter Urraca erhielt den südlichen Teil um Zamora. Sohn Sancho II., genannt der Starke, bekam Kastilien – derselbe Sancho II., dem El Cid seinen Treueeid geschworen hatte. Sancho war nicht zufrieden und stürzte sich in einen Kampf gegen seine Schwester Urraca. Sie aber ließ sich nicht einschüchtern. Wie eine Heldin soll sie gekämpft haben. In der Schlacht fiel der »starke Bruder«; ob dabei der andere Bruder, Alfonso VI., nachhalf, wie es El Cid behauptete, ist nicht bewiesen. Jedenfalls profitierte er von dem Tod des Bruders und erbte dessen Land.«

Ich finde es eigenartig, dass trotz dieser mörderischen Geschwisterkämpfe dieses irrsinnige Erbfolgerecht jahrhundertelang erhalten blieb.

Nach dieser Anekdote von Urraca und Sancho erzählt der Führer die Legende von der Auffindung der Reliquien des heiligen Isidoro.

»Fernando und Sancha hatten die Kirche gestiftet und das Panteón als ihre zukünftige Grabkammer bestimmt. Jetzt brauchten sie nur noch eine Reliquie, wie damals üblich, um das Gebäude zu heiligen. Fernando dachte an die Gebeine der Märtyrerin Justa. Er schickte Alvito, den Bischof von León, und Ordofio, Bischof von Astorga, nach Sevilla zu Abbad ben Abu-al-Qasim Muhammad.«

Der Führer, der den Namen runtergeschnurrt hat wie ein Spinnrad, schaut lächelnd in die Runde. Stolz auf seine Übung wiederholt er sie gleich noch einmal. Dann meint er begütigend: »Sie brauchen sich aber diesen schwierigen Namen nicht zu merken. Sie können auch ganz einfach sagen: Abbad al-Mutadid, wie er sich abgekürzt nannte. Vielleicht wundern Sie sich, dass die zwei Bischöfe ohne weiteres zu dem arabischen Herrscher im Süden reisen konnten. Aber es fanden ja nicht dauernd Kämpfe statt und Fernando war so mächtig, dass er in dieser Zeit sogar von den Arabern Tribut fordern konnte. Abbad al-Mutadid empfing die Abgesandten freundlich und war bereit, die Reliquie als Teil seiner Tributzahlung mitzugeben, aber niemand konnte die heilige Justa finden. Die zwei Bischöfe waren entmutigt. Sie konnten schlecht mit leeren Händen zu dem strengen König zurückkehren. In höchster Not hatte Bischof Alvito einen Traum. Der heilige Isidoro erschien ihm im Schlaf. Er zeigte ihm, wo seine Knochen versteckt waren, und verkündete, es sei ihm und nicht Justa bestimmt, nach León gebracht zu werden. Zugleich prophezeite er dem Bischof, dass er León nicht wiedersehen, sondern innerhalb einer Woche sterben werde.«

Der Führer macht eine Pause, um die Spannung seiner Zuhörer zu erhöhen. Dann fährt er fort: »Es geschah alles, wie der Traum vohergesagt. Die Gebeine des San Isidoro wurden an besagter Stelle gefunden.

Abbad al-Mutadid hüllte zum Abschied die Reliquie in kostbare Stoffe und soll den denkwürdigen Satz gesagt haben: »Nun gehst du fort von hier, verehrungswürdiger Isidor, dennoch weißt du selbst, wie sehr deine auch meine Sache ist.«

Der junge Mann schweigt, um die Worte wirken zu lassen. Dann fügt er hinzu: »Neben Phasen fanatischer Eroberungen gab es auch viele arabische Herrscher, die sich von Toleranz in religiösen Fragen leiten ließen, die großmütig, aufgeklärt und vorurteilsfrei waren und die Kunst und Wissenschaft förderten.«

Ein Besucher fügt hinzu: »Dieser Abbad hat ja sogar seine Tochter Zaida mit Alfons VI., dem Sohn Fernandos, vermählt.« Der Führer ergänzt: »Das stimmt. Sie wurde die vierte Gemahlin von Alfons VI., der, nachdem sein Bruder Sancho im Kampf gegen seine Schwester Urraca gefallen war, wieder ein großes Reich regierte.«

Er fordert uns nun auf, ihm in das Panteón zu folgen. Wir treten in einen kryptaähnlichen Raum. Gedrungene Säulen stützen das Kreuzgewölbe. Überraschend sind die Wandmalereien. In dichter Buntheit überziehen sie Decke und Jochbögen bis hinab zu den Kapitellen, keine Stelle bleibt frei. Die Farben leuchten in erstaunlicher Frische. Rot, Grün, Ocker, Sepia, Grau und Weiß überwiegen. Mich erinnert die Art der Darstellungen an mittelalterliche Buchillustrationen.

Die Stimme des Führers hallt durch das Gewölbe: »Unter Fernando II., der von 1157 bis 1188 herrschte, dem Urenkel von Alfons VI., sind diese Malereien entstanden. Der Künstler ist namentlich nicht bekannt. Aber schauen Sie es sich an, man kann deutlich erkennen, dass sich der Meister an byzantinischen Vorbildern orientiert hat. Neben Szenen aus der biblischen Geschichte sehen Sie hier Bilder für jeden Monat. Diese Monatsbilder, in denen der Künstler das Leben auf dem Land gestaltete, geben uns heute eine Vorstellung vom Leben der Landbevölkerung. Entscheiden Sie selbst, ob sich viel verändert hat.«

Weil die Malerei durch ihre Farbigkeit und Fülle den Raum beherrscht, merkt man kaum, wie klein er ist. Nur neun mal sieben Meter messe ich mit meinen Schritten, und niedrig über dem Kopf wölbt sich die Decke, fast kann ich sie mit meiner Hand streifen. Denn das Panteón Real ist ja eine Grabkammer. In einfachen, schmucklosen Steinsärgen sind hier der Sancho Garces III., der Vater von Fernando I., auch Fernando selbst, Sancha und weitere Fürsten und Fürstinnen begraben. Eigentlich hatte Fernando I. das Kloster Santo Domingo de Silos als Ruhestätte für sich bestimmt. Sancha konnte ihn überreden, sich für das Panteón zu entscheiden.

Vielleicht war die Verbindung zwischen beiden recht harmonisch, obwohl ja Fernando einst als Eroberer kam und für den Tod ihres Bruders Bermudo verantwortlich war.

Die Führung ist beendet.

»Du, Atze, jetzt habe ich erst einmal genug von der Vergangenheit. Lass uns zu Licht und Sonne gehen.«

Wir haben Pech. Das Wetter hat abrupt umgeschlagen, kalt ist es geworden und es regnet.

Atze sagt: »Gerade richtig, um etwas zu essen. Ich habe schon wieder einen Riesenhunger.«

Weil es regnet, sind wir nicht wählerisch und gehen in das nächste Restaurant. Es ist gemütlich und das Essen schmeckt gut.

Ohne Atze würde es mir in León nicht so gut gefallen. Es hat Spaß gemacht, mit ihm durch die Stadt zu streifen, Rast zu machen in den Parks, *café con leche* in den Bars zu trinken, die Kathedrale mit den Glasfenstern, San Isidoro und das Panteón zu besichtigen und jetzt zusammen hier zu sitzen. Stundenlang können wir miteinander reden, ohne dass es langweilig wird. Es ist, als würden wir uns lange kennen. Plötzlich sagt er: »Weißt du, ohne dich würde ich mit meinem grünen Fahrrad immer noch zwischen Logroño und Burgos herumirren.«

Er meint es scherzhaft, doch irgendwie werde ich alarmiert von dem Ton seiner Stimme, von dem Blick in seinen Augen. Ich entgegne: »Es war doch Justin, der dich aufgemuntert hat. Er hat dir Mut gemacht, das Fahrrad zu verschenken und mit uns zu laufen.«

»Ja, er hat das gesagt. Aber in Wirklichkeit habe ich nur wegen dir nicht aufgegeben.«

Von León bis Astorga

Ich stehe zeitig auf und schreibe einen Zettel, den ich Atze unter der Tür durchschiebe. »Wir treffen uns in Santiago.« Mir ist klar, er wird enttäuscht sein, weil ich vorausgegangen bin, ohne mich zu verabschieden, ohne es ihm vorher zu sagen. Ich weiß, er wünschte sich, den Rest der Strecke zusammen mit mir zu gehen.

Um sechs Uhr früh verlasse ich das *refugio*. Meine Laune ist schlecht. Ohne es geplant zu haben, bin ich in Richtung der Kathedrale gegangen. Ich drücke die schwere Tür, ja, sie ist offen! Als ich in der hohen Halle stehe, spüre ich, das ist jetzt für meine triste Stimmung der richtige Ort. Es ist düster. Die Sonne steht noch nicht hoch genug, um in die Fenster zu scheinen. Ganz leise, ganz langsam, wandle ich durch den Raum, der allein mir gehört. Ich habe ein seltsam irreales Gefühl, als wäre ich gar nicht vorhanden, als sei ich vor langer Zeit schon gestorben und würde nur noch zum Schein auf der Erde herumgeistern.

Ein Lichtstrahl der höher gestiegenen Sonne trifft im Osten das erste Fenster. Es glüht auf. Kaleidoskopische Farbspiele fließen in die Kirche. Blaue, rote, gelbe, weiße Farbflecken weben ein buntes Muster über die Säulen, Pfeiler und Wände. Das farbige Licht verbindet sich inniglich mit dem dunklen Stein.

Da bin ich nun so weit gelaufen, mit Umwegen nach Suso, Silos, Funate und Escalada werden es wohl jetzt 600 Kilometer sein, aber mir ist, als wäre ich keinen Schritt weitergekommen. Ich bin immer noch diejenige, die ich war, als ich in München meinen Rucksack packte.

Ich gehe zum Ausgang. Die Tür schließe ich hinter mir, da liegt vor meinen Füßen ein junger Mauersegler. Er hat sich zu früh aus dem Nest gewagt, seine Schwungfedern sind noch nicht voll ausgebildet. Sie reichten aber zum Segelflug, so dass er unverletzt auf dem Boden landete, doch kann er sich nicht wieder in die Luft erheben. Vorsichtig nehme ich ihn in beide Hände. Ich spüre die Wärme des Vogelkörpers und das Pochen seines Herzens durch die dunklen Federn hindurch. Zärtliches Gefühl für dieses Vogelkind durchströmt mich. Ich wünschte, ich könnte es mitnehmen, ein Wesen, das mir gehört, das ich füttern und versorgen könnte. Ich erinnere mich an das Erlebnis mit der kleinen Rötelmaus zu Beginn meines Pilgerweges. Damals war ich voller Hoffnung, und die Maus erschien mir als Glücksbringer. Der junge Mauersegler dagegen stimmt mich traurig. Seine Hilflosigkeit macht mir meine eigene Ohnmacht bewusst, meine Einsamkeit, meine Sehnsucht nach Liebe.

Ich setze den jungen Vogel in den Park gegenüber der Kathedrale. Vielleicht finden ihn seine Eltern und füttern ihn, bis er selbst fliegen kann. Würde ich ihn mitnehmen, hätte er überhaupt keine Chance zu überleben.

Traurig verlasse ich León, diese schöne Stadt, in der ich mich gestern noch so wohl gefühlt habe. Mir ist, als sei ich selbst ein aus dem Nest gefallener Vogel, verloren in der Welt, einsam und gefährdet. Wozu? Das Leid und die Qual, diese Vergeudung von Leben, geboren werden, um zu sterben. Ich kann nicht verstehen, warum die Menschen so am Leben hängen – ich wollte nie leben. Dennoch hatte ich zwölf Jahre gebraucht, bis ich wirklich begriff, was das ist, der Tod. Damals beschloss ich, sofort zu sterben. Mir schien das nur logisch. Da es keine Möglichkeit gab, dem Tod zu entgehen, warum dann nicht gleich Schluss machen? Wozu sich abmühen, sich anstrengen, sich plagen und schinden, wenn dann alles umsonst war, wenn nichts bleibt, wenn alles vergeht und erlischt? Ich würde nicht so dumm sein, dieses Spiel mitzuspielen. Ich würde mir das alles ersparen, dachte ich damals. Vor allem hasste ich es, in die Schule gehen zu müssen, die täglichen Hausaufgaben, das ging mir schon lange auf die Nerven, das alles würde ich mit einem Schlag los sein. Ich wurde heiter und war froh, der Last des Lebens ein für allemal ledig zu werden. Wie sollte ich es aber machen? Es geht ja leider nicht so einfach, dass man sagt: »Ich will nicht mehr! Schluss!« Und dann löst man sich auf. Da musste ich mir schon etwas einfallen lassen. Mein Vater war Jäger, zwar hatte er einen vorschriftsmäßig verschlossenen Waffenschrank, aber ein aufmerksames Kind weiß, wie es sich den Schlüssel verschafft. Als wir wieder einmal in der Jagdhütte waren und Vater in der Nähe Kanzeln zur Ansitzjagd baute, nahm ich Gewehr und Munition heraus.

Ein Gefühl ungeheurer Freiheit überkam mich. Froh machte ich mich auf den Weg, mir einen schönen Ort zum Sterben auszusuchen. Ich ging zu meinem Lieblingsplatz bei den Weiden unten am Teich. Ich lud das Gewehr, das war für mich als Tochter eines Jägers kein Problem. Dann streckte ich mich zur Probe auf dem Gras aus und schaute nach, ob auch keine Steine oder Wurzeln da waren, auf die ich fallen könnte. Am liebsten wäre ich so liegen geblieben. Ein warmer Tag, blauer Himmel, die Rohrammern sangen im Schilf und die Teichhühner tickten. Es wäre schön, dachte ich mir, wenn ich zwar nicht mehr leben müsste, aber doch weiter auf der Erde sein könnte, als Geist. Schnell, ohne hinzusehen, entfernte ich die Patronen aus dem Gewehr. Dann nahm ich den Lauf in den Mund. Jetzt musst du abdrücken, sagte ich mir. Geladen hast du und jedenfalls musst du jetzt so tun, als ob du dich erschießen würdest. Ich betätigte den Abzug und im gleichen Moment stellte ich mir vor, wie der Schuss krachen würde, wie mein Kopf, mein Gehirn, wie meine Knochen zerplatzen, zerspringen, zerreißen, wie das alles auseinanderspritzen würde. Die Wucht der Vorstellung warf mich zu Boden. Eine Weile lag ich wie betäubt. Dann war mein erster Gedanke: »Nun kann mir nichts mehr passieren! Da ich so gut wie gestorben bin, kann mir niemand mehr weh tun. Ich bin unverwundbar geworden!«

Doch das war ein Irrtum. Nur eine kurze Zeit wirkte es tatsächlich.

Jetzt aber hilft mir die Erinnerung an meine Kindheitseskapaden, die traurige Stimmung zu überwinden. Ich habe mich tatsächlich nie geändert, immer ist ein bisschen Theater dabei. Nie weiß ich genau, ob das, was ich mir einbilde, nicht doch Wirklichkeit sein könnte.

Das Wandern stimmt mich froh. Ich bin wieder einverstanden mit mir und dem Leben. Die Karte zeigt, dass der Pilgerweg bis Hospital de Orbigo mit der Fahrstraße identisch ist. Ich habe eine glorreiche Idee, wie ich den Unbilden der Straße entkommen kann. In gleicher Richtung verläuft eine Eisenbahnlinie, da könnte ich die Schienen entlang wandern und hätte meine Ruhe.

Vorher komme ich durch La Virgen del Camino und besichtige die 1961 errichtete Kirche, eine fabrikartige Halle aus Beton und Buntglas.

Außen an der Fassade ragen dreizehn sehr eigenartige, sechs Meter hohe Bronzeskulpturen empor. Der Bildhauer José Marfa Subirachs hat sie geschaffen. Sie sollen die zwölf Apostel und in der Mitte Maria darstellen. Auf den ersten Blick sieht es wie von Rost und Säure zerfressenes Metall aus. Langsam erkenne ich Hände mit spindeldürren Fingern. Köpfe wie mit Grind und Schorf bedeckt und durchlöcherte Körper. Den Apostel Jakobus kann ich identifizieren. Schnecken und Tang kleben an seinem Körper, und er ist wie mit langen Algenfäden behangen. Einen Arm streckt er westwärts aus und hält eine Muschel in der Handfläche.

Übertrieben skurril erscheinen mir zuerst diese Skulpturen, aber allmählich werden sie mir vertrauter, und ich finde den Einfall originell, die heiligen Männer und die gebenedeite Maria so darzustellen.

Erleichtert verlasse ich die Straße und gehe weglos durch hohe Wiesen zur Bahnlinie. Nach einem Wäldchen und dem Überspringen eines Baches habe ich es geschafft. Neben den Gleisen verläuft ein schmaler Pfad. Der Bahndamm blüht. Welch ein Unterschied zur Straße! Der Schienenstrang ist Teil der Landschaft, gesäumt von Kiefernwäldern, Hecken und Wiesen, hüfthoch die Gräser und Blumen, insektenumschwirrt. Kein Autolärm und keine Auspuffgase.

Manchmal, wenn der Pfad verwachsen ist, gehe ich direkt auf den Gleisen, balanciere über die rostbraunen Schienen oder mache große Schritte von Holzbohle zu Holzbohle. Dabei fühle ich mich wie in einem Wildwestfilm, als Desperado entlang einer einsamen Bahnlinie.

Lange bevor ich den Zug höre und sehe, vibrieren die Schienen. Pfeifend und Dampfwolken ausstoßend stampft er heran. Aus dem Lokfenster beugt sich weit ein Eisenbahner, winkt und schwenkt begeistert seine Kappe. Dann wieder Stille.

Ein Kuckuck ruft und die Ziegenmelker schnurren. Ziegenmelker sind eigenartige Vögel. Nachts jagen sie im Fluge Insekten. Hirten verdächtigten die langflügeligen und langschwänzigen Vögel, heimlich die Euter der Ziegen leer zu trinken. Ihr monotones, anhaltendes Schnurren klingt eigenartig, seltsame Töne, die gar nicht aus Vogelkehlen zu stammen scheinen. Geduldig halte ich Ausschau nach den gut getarnten Vögeln, die auch »Nachtschwalben« genannt werden. Durch ihr rindenfarbenes Gefieder sind sie kaum zu sehen. Ich suche die Äste der Kiefern ab, auf denen sie gern sitzen. Da hockt vor mir auf dem sandigen Boden zwischen Gräsern und gelben Blumen ein Tier mit großen Augen. Wegen seiner schwarzen Augen, groß wie ein Zehnpfennigstück, ist es mir aufgefallen, denn die Federn sind perfekt an die Farbe des Untergrundes angepasst. Ein junger Ziegenmelker! Die Daunen sind fast vollständig durch fertige Federn ersetzt. Wahrscheinlich kann er schon fliegen, aber er liegt erstarrt da, wohl auf seine gute Tarnung vertrauend. Bevor er sich anders besinnen kann, greife ich mir den Jungvogel, um ihn von nah zu betrachten. Er ist größer als eine Drossel. Das Gefieder ist phantastisch gefärbt, jede einzelne Feder hat viele verschiedene Brauntöne. Es ist sehr weich, deshalb können Nachtschwalben nahezu geräuschlos fliegen. Die Füße sind klein, fast schon verkümmert. Am Schnabel sprießen lange Borsten. Wie bei Katzen dienen diese Tasthaare zur Orientierung in der Dunkelheit. Auch fliegende Insekten erspüren die Nachtschwalben mit ihren Borstenhaaren. In diesem Moment reißt der Vogel seinen Schnabel auf und ein riesiger, roter Rachen öffnet sich. Sein Schlund ist unglaublich groß. Die zwei Hälften des Schnabels klappt er auf wie einen Koffer, so weit, dass er sich selbst verschlingen könnte. Das Innere leuchtet karminrot. Der Vogel in meinen Händen hat sich plötzlich in ein Ungeheuer verwandelt, in einen vorsintflutlichen Drachen, der vielleicht sogar Feuer speien kann.

Es ist klar, dieser Maulaufreißer will mir drohen. Ich erschrecke auch, und fast hätte ich ihn fallen gelassen. Er klappt seinen monströsen Schnabel wieder zu, und ich setze den Vogel vorsichtig zurück auf den Boden. Bewegungslos bleibt er hocken.

Am Nachmittag komme ich an einem winzigen Bahnhof vorbei. Die Station heißt Villadangos del Paramo. Sie wirkt, als würde hier niemals ein Zug halten. Neben den Gleisen spielen Kinder mit alten Puppen und einem Puppenwagen ohne Räder. Später sehe ich Szenen wie aus einem Spitzweggemälde: Ein alter hagerer Mann, schwarz gekleidet, steht in der Wiese, über sich einen schwarzen Regenschirm. Neben ihm, in der Sonne, grast eine Kuh.

Die Sonne versinkt. Der Himmel wird immer dunkler, nur im Westen leuchtet es noch lange orangerot.

Es ist Nacht, als ich die Brücke von Hospital del Orbigo erreiche. Im Mondlicht schimmert die alte, steinerne Brücke sehr geheimnisvoll. Mit zwanzig Bögen überspannt sie das Flusstal des Rio Orbigo. Ich lehne mich über die schwungvoll ausgebuchtete Steinbrüstung und schaue hinab zum Fluss. Zwei Angler stehen am Ufer. Schwarz heben sich ihre Silhouetten gegen das dunkel glänzende Wasser ab. Mir erscheinen sie in dieser seltsamen Mondscheinstimmung wie mystische Figuren, zu ewiglichem Auswerfen der Angel und ewigem Warten verurteilt.

Ein Ritter namens Suero de Quinones ließ sich angesichts dieser Brücke etwas ganz Besonderes einfallen. Im Jahr 1434 gab es keine Scharmützel mit den Mauren mehr zu bestehen, und Suero langweilte sich. Wie sollte ein Ritter noch die Gunst der Dame seines Herzens gewinnen, wenn er keine Heldentaten vollbringen konnte? Er ließ sich ein Kettencollier um den Hals legen, als Zeichen, von einer edlen Dame gefesselt zu sein, und gelobte, ihr zu Ehren 300 Turnierkämpfe auszufechten. Damit es an Gegnern nicht mangelte, blockierte er mit neun Getreuen die Brücke über den Rio Orbigo. Viele Ritter aus Frankreich, Italien, Deutschland und Spanien befanden sich auf dem Weg nach Compostela. An der Brücke über den Rio Orbigo forderte Suero de Quinones die Ritter zu einem Turnier. Dreißig Tage focht er gegen jeden vorüberkommenden und kampfeswilligen Recken und brach 300 gegnerische Lanzen. Viele Menschen wurden verletzt und sogar ein Ritter getötet. Suero aber hatte sein Gelübde erfüllt, die Halsfessel konnte ihm abgenommen werden; in Compostela soll sie immer noch aufbewahrt sein. Doch ob die Schöne vom ritterlichen Heldenmut ihres Anbeters beeindruckt war und ihn erhörte, ist nicht überliefert. Vierundzwanzig Jahre später rächte sich einer der damaligen Verlierer und tötete Suero de Quinones.

In einer Gaststätte frage ich nach dem Weg zum *refugio*. Der Wirt sagt, er selber habe den Schlüssel und wolle mich hinbringen, da der Weg schwierig zu beschreiben sei. Ich solle mich nur eine Weile gedulden. So bestelle ich eine Fischsuppe, mit Tintenfischen, Muscheln, Garnelen und Fischen. Noch nie habe ich eine besser schmeckende Suppe gegessen.

Es ist lange nach Mitternacht, als der Wirt endlich Zeit findet. Das Refugium ist ein Häuschen, in einem Pappelwald gelegen, mit mehreren gut eingerichteten Zimmern: Doppelstockbetten, Schränken und Spiegeln, einer Küche mit Herd und Waschmaschine und einem Kaminzimmer. Ich bin die Einzige im Haus und gehe bald ins Bett.

Der melodische Gesang eines Pirols weckt mich am Morgen. Das Häuschen und der Pappelwald sind schön, hier könnte man ein paar Tage bleiben, doch es drängt mich, weiter zu wandern. In der Nacht muss es geregnet haben. Jetzt spiegelt sich die Sonne in den Pfützen, und der Lehm pappt an den Schuhsohlen. Da der Pilgerweg noch immer entlang der Straße verläuft, wähle ich Feldwege durch die mit Kanälen durchzogene, gartenähnliche Landschaft. Hier scheint alles zu wachsen, auch Kraut und Rüben.

In einem Malvenbusch glitzern die Regentropfen wie Kristalle. Gelbe Schwertlilien wiegen sich an den Gräben und Frösche quaken im Wasser. Elstern, schwarz-weiß befrackt, stolzieren diebisch durchs Gras, und ein Kolkrabenpaar krächzt im Flug mit dumpfen, tiefen Kehllauten.

In Santobanez de Valdeiglesias kommt mir eine Frau auf der Dorfstraße entgegen. Als würde sie mich kennen, umarmt sie mich zur Begrüßung. Sie tut es, weil ich nach Santiago gehe. Ich würde den Weg für sie mitmachen, behauptet sie. Weil es Glück bringt, einen Pilger zu berühren, umarmt sie mich zum Abschied nochmals. Auf dem Kirchturm nisten Störche. Drei Jungstörche mit kurzen, schwarzen Schnäbeln und grauem Daunenkleid lugen über den Nestrand. Über ihnen steht mit roten Langbeinen ein erwachsener Storch.

Hinter dem Dorf führt der Feldweg einen Hügel hinauf. Wein wächst am rotbraunen Berghang. Auf der Bergkuppe wuchert Heide und Macchiagebüsch und prachtvolle Maronenbäume bieten Schatten. Ein Schwarm Dohlen kreist über mir. Ich freue mich über ihre hellen Rufe. »Kjack, kjack, kjack ...«, schallt es zu mir herunter und ich bilde mir ein, sie würden mich grüßen. Kräftig kontrastieren die blauen Bergzüge des Kantabrischen Gebirges weit im Norden zu der rotbraunen Erde hier. Steinschmätzer zwitschern und flaggen weiß mit ihren Schwanzfedern. Kein Mensch begegnet mir unterwegs.

Ich gelange an die Abbruchkante der Hochfläche. Vor mir im Tal liegt Astorga, eine rotweiße Anhäufung von Häusern. Es ist ruhig, nur ab und zu bellt ein Hund.

Astorga – das römische Austurica Augusta – entstand an einer Kreuzung römischer Straßen und war zum Schutz vor germanischen Überfällen ringsum befestigt. Ein Teil dieser Mauer, mehrfach erneuert, umgrenzt noch heute die Stadt. Früher gab es viele Hospitäler; zweiundzwanzig sollen es zur Blütezeit des Pilgerweges gewesen sein. Astorga diente als Erholungsort vor dem Aufstieg ins Gebirge, in die Montes de León, einem steilen Bergriegel, der vom Kantabrischen Gebirge ausgeht. Nur noch 240 Kilometer sind es von Astorga bis Santiago. Die Pilger waren erschöpft, manche fast am Ende ihrer Kräfte. Viele waren bereits als Kranke von zu Hause losgezogen, weil sie sich von Sant' Jago Heilung ihrer Leiden erhofften. Die Pilger hielten sich tage-, oft wochenlang in Astorga auf, bevor sie die Besteigung des Gebirges wagten. Die in die Stadt strömenden Menschen wurden beherbergt und verköstigt, die Kranken gepflegt und die Toten begraben.

Ich verlasse meinen Ausblick neben dem Kreuz aus Granit und steige ab in die Stadt. Am Wegrand sitzt eine alte Frau und strickt. Sie bittet mich, für sie bei meiner Ankunft in Compostela zu beten. Ich verspreche es ihr, obwohl ich nie in meinem Leben beten gelernt habe. Ich werde ihren Wunsch auf meine Art erfüllen. Sie erzählt mir: Ihr Mann sei verunglückt, als ihre acht Kinder noch klein waren. Schwer war es, sie allein durchzubringen, fünf seien gestorben. Ihr Jüngster, ihr Lieblingssohn, ist mit achtzehn Jahren nach Deutschland gegangen. Seit fünfzehn Jahren lebt er in Dortmund, ist mit einer Deutschen verheiratet und hat vier Kinder.

»Sie sind noch nie nach Spanien gekommen«, klagt die alte Frau. »Ich kenne meine vier Enkel nur von Fotos. Mein Sohn ist ein guter Junge, er liebt seine alte Mutter, einmal im Monat schreibt er mir.«

Ich gehe weiter und stehe bald vor der Stadtmauer. Wuchtig, mit halbrund vorspringenden Türmen, bestimmen die Reste der Wehrmauer den Blick auf Astorga.

Mir fällt ein mit Türmchen und Zinnen geschmücktes Schloss aus weißem Granit auf. Es ist der Palacio de Episcopal, der Bischofspalast, den Antoni Gaudi gebaut hat. Ich erinnere mich an das Gespräch mit Atze im Park von León. Er hatte Recht, dieses Bauwerk zeigt noch nicht die der Natur nachempfundenen Elemente. Trotz seiner verspielten Strukturen wirkt es etwas steif und gekünstelt.

Von Astorga bis Ponferrada

»Eine schlechte Regierung haben wir«, sagt Marina. »Wir hier in den Bergdörfern sind denen in Madrid ganz und gar egal.« Marina ist eine Bäuerin, über achtzig Jahre ist sie alt. Sie ist die letzte Bewohnerin von Foncebadon.

»Ich versuche einiges instand zu halten«, die alte Frau breitet hilflos ihre mageren Arme aus, »aber sehen Sie selbst, alles zerfällt. Ich bin zu alt, meine Kraft reicht nicht mehr. Ich habe nur ein paar Ziegen und meinen Hund.« Der struppige Köter bewegt mürrisch die Ohren, als über ihn gesprochen wird. »Die Jungen sind in die Städte gegangen, die Alten sind gestorben, ich bin die Letzte«, sagt sie resigniert. Sicher, es sei sehr einsam, doch sie habe sich daran gewöhnt, denn sie sei zu alt, wegzugehen.

Die Dörfer gehen unter. Wer kann, entflieht der Armut. Ich war durch das verlassene Dorf gegangen, hatte die zerbröckelnden Häuser gesehen, selbst das Dach der Kirche war eingestürzt. Stille, nur das Rauschen des Windes. Ich wähnte mich allein in dem sterbenden Dorf. Da plötzlich die Stimme: »*Adónde vas* – wohin gehst du?« Es war Marina, mit einem Kopftuch um den grauen Schopf, einer abgetragenen Kittelschürze und Gummigaloschen an den nackten Füßen. Wachsam blickten mich ihre Augen aus dem faltenreichen Gesicht an. Ein Gesicht, in dem das Leben eingeprägt ist, vom Alter geschrumpelt wie ein Winterapfel. Sie freut sich über die unverhoffte Begegnung und behandelt mich wie einen lang ersehnten Gast. Sie zeigt mir das Dorf, ihre Ziegen und die kleinen Felder, die sie bepflanzt. Ich bin beeindruckt von der Energie, der Lebenskraft dieser alten Frau – der Letzten von Foncebadon.

Ich gehe weiter. Wie flüchtig doch die Beziehungen zu den Menschen sind, wenn man unterwegs ist, denke ich. Gestern war ich noch in

Astorga gewesen, heute früh im blauen Morgendunst sah ich beim Zurückblicken die türmereiche Stadt schon wieder hinter mir liegen. Auf einer Reise tritt die Vergänglichkeit unseres Lebens am schärfsten hervor. Ich gehe und gehe, und gehe an allem vorbei. Nur für einen Augenblick werde ich gestreift, berührt, getroffen, dann bin ich schon wieder weitergegangen, fort. Aber auch wer ständig am gleichen Ort lebt, entgeht nicht der Vergänglichkeit des Daseins. Nur scheinbar sind die Beziehungen fest und unveränderbar. Aber viele glauben dennoch, sie könnten ihr Leben planen, es zu einem Punkt hinführen und es an einer günstigen Stelle festhalten. Notwendige Entschlüsse, anstehende Entscheidungen werden deshalb oft hinausgeschoben, verdrängt, bis sie wie eine Lawine über uns kommen und dann unsere Existenz gewaltsam verändern. Ich denke, dass es ein Irrtum ist, dauerhafte Sicherheit und Geborgenheit anzustreben. Denn es gibt keine Dauer, das Leben besteht aus einer Kette einzelner, flüchtiger Momente. Nur wollen wir das meist nicht wahrhaben. Erst wenn man sich trennt, wenn man aufbricht und sich auf den Weg macht, verschwinden die Ängste, dann tritt man ein, wird aufgenommen und geborgen im Fluss der Veränderung, wird ein Teil der Bewegung in Raum und Zeit. Tatsächlich ist die Pilgerreise ein Sinnbild für das Leben.

Am Fuße des Monte de León liegt Castrillo de Polvazares, etwa drei Kilometer abseits des Weges. Ich muss den Umweg machen, denn es ist sicherlich die letzte Ortschaft, in der ich Lebensmittel kaufen kann. Die Bewohner der Dörfer in der Maragatería, so heißt das Berggebiet, sollen sehr ärmlich ihr Leben fristen.

Castrillo de Polvazares ist ein malerischer Ort, fast zu schön, um wirklich existent zu sein. Er wirkt auf mich wie eine Rekonstruktion für ein Dorfmuseum: Die Dorfstraße ist kunstvoll mit verschieden getönten Steinen ausgelegt, die Häuser sind alle im gleichen Stil aus braunen Feldsteinen aufgeschichtet. Die Kirche mit einem Storchennest. Fünf Jungstörche lassen ihre schwarzen Schnäbel über den Nestrand hängen. Alles ist sauber, ordentlich, leer geputzt und scheint auf den Besucherstrom zu warten, auf Touristen, die einmal ein »richtiges Dorf« besichtigen wollen. Einwohner sind nicht zu sehen, nur ein großer Hund mit braunem Fell liegt mitten auf der Straße.

Ich finde keinen Lebensmittelladen. Dafür kann ich in einer Bar kaufen, was ich benötige.

Bergig erhebt sich hinter dem Dorf das Land. Karge Weiden mit Mauern aus aufgeschichteten Feldsteinen. Einzelne uralte Bäume mit kuppelförmigen Laubkronen. Wind, Sonne, Einsamkeit. Immer höher geht es hinauf ins Gebirge. Dumpf tönen die Rufe der Wiedehopfe: »Uub, uub, ub, ub, ub, uub, uub …« Die hähergroßen Vögel stochern mit gebogenen, pinzettenartigen Schnäbeln im Erdreich. Leuchtend orangefarben und schwarz ist das Gefieder. Ab und zu richten sie die hohe Federtolle des Kopfes auf. Es ist, als würde im Gras plötzlich eine orangerote Blume erblühen. Die schwarz-weiße Bänderung der Flügel und des Schwanzes kommt erst beim Flug richtig zur Geltung. Mit ihren gerundeten Flügeln flattern sie unregelmäßig und schwankend, so als seien sie große, schwarz-weiße Schmetterlinge. Noch nie habe ich so viele Wiedehopfe gesehen; ich zähle neunzehn auf einmal.

Zwischen den aufgeschichteten Mauern und Steinhaufen sonnen sich riesengroße Eidechsen. Als ich das erste Tier erblicke, glaube ich einen jungen Saurier entdeckt zu haben. Die Echse misst fast einen Meter. Der massige, eckige Schädel ist mit grünlichen Schilden bedeckt, der Rücken schwarzgrün geschuppt, an den Flanken leuchten himmelblaue Punkte. Eine Perleidechse! Die größte in der Familie der Lacertiden, der Eidechsenartigen. Ich bin ihr zu nahe gekommen – mit heftigen Körperbewegungen springt sie von ihrem Sonnenplatz herunter, rennt blitzschnell auf dem sandigen Weg entlang, Staub stiebt auf und schon ist sie in einem großen Erdtunnel verschwunden. Ich bin erstaunt, wie behände sich dieses wuchtige Tier bewegt hatte. Noch viele Perleidechsen sehe ich, doch die erste war zugleich auch die größte von allen.

In römischer Zeit wurde hier in den Bergen der Maragatería nach Erzen geschürft. Es waren nur kleine Bergwerke, und trotzdem sind die Wunden, die damals in die Erde gerissen wurden, noch immer sichtbar. Abseits des Weges entdecke ich die Mine »La Fucarona«. Ein ungefähr fünfzehn Meter tiefer Trichter führt in die Erde, abgestuft in mehreren Terrassen und bewachsen mit Ginster, Heidekraut und Dornenbüschen. Es ist still, die Sonne brütet über dem steinigen, trockenen Land. Da beginnt ein Ortolan sein Lied zu singen. Vor vielen Jahren habe ich zum ersten Mal einen Ortolan gehört. Damals studierte ich in Greifswald Biologie. Das ganze Jahr über waren wir Studenten unterwegs, um Vögel zu beobachten. Wir zelebrierten ein Studentenleben wie aus längst vergangener Zeit. Die Greifswalder Universität war klein, an der biologischen Fakultät studierten insgesamt kaum 50 Biologiestudenten. Studenten, Dozenten und Professoren waren an dieser kleinen Universität recht unabhängig von der Politik des Staates. Wir Studenten fühlten uns frei von den Vorschriften, die an anderen Universitäten galten, und machten, was uns gefiel. Es waren harmlose Dinge, übermütig, ausgelassen und verspielt. Wir zogen durch die Lande, mit Gitarre, Fernglas und Schmetterlingsnetz, sangen alte Burschenschaftslieder, badeten im Winter zwischen Eisschollen im Meer, sprangen nackt ums Lagerfeuer, ernährten uns auf den Exkursionen von Pilzen und Beeren und dem, was auf den Feldern und Bäumen wuchs, holten Fische aus den Reusen, schlichen uns im Dunklen an brunftschreiende Hirsche heran, hausten in Scheunen und verlassenen Gebäuden, brauten unsere Maibowle aus Waldmeisterblättern und nahmen jedes tote Tier für unsere Sammlungen mit. Als wir damals den Ortolan singen hörten, waren wir sehr aufgeregt. Keiner hatte zuvor diesen Gesang vernommen. Ein wenig erinnert er an den einer Goldammer, ist aber weicher, klangvoller, melodischer, schwermütiger. In Erwartung, eine für uns neue Vogelart zu sehen, pirschten wir uns vorsichtig an den Baum, aus dem der Gesang ertönte. Plötzlich stellte sich uns ein Bauer in den Weg. Er schimpfte ärgerlich, weil wir seine Wiese zertrampelten. Wer unser Führer sei, wollte er wissen. Einer sagte: » Es gibt keinen ›Führer‹ mehr, der ist schon lange tot, jetzt weisen uns nur noch die Vögel mit ihren Liedern den Weg, und der führt nun einmal gerade durch die Wiese.«

Währenddessen war ich weitergegangen und sah auf dem Baum einen unscheinbaren Vogel sitzen. Ohne leuchtende Farben, stattdessen mit graugrünem Kopf und rostbraunem Bauch, nur die gelbgrüne Kehle, der gelbe Bartstreif und der hellgelbe Augenring fielen mir auf. Der Vogel flog weg, bevor die anderen Studenten kamen. Das war der erste Ortolan, den ich gesehen habe. Diesmal bleibt der Ortolan sitzen und singt sein melancholisches Lied. Groß und dunkel sind seine Augen, umschlossen von einem hellen Ring.

Ich komme durch zwei kleine Orte, Santa Catalina de Somoza und El Ganso. Die Häuser sind aus Bruchsteinen aufgeschichtet und die Dächer mit Stroh gedeckt. Die Türen verschlossen, das Holz alt und von der Sonne gebleicht. Dörfer wie aus einer anderen Welt. Hier scheint keiner mehr zu wohnen. Erst am Ortsende von El Ganso treffe ich auf drei alte Männer. Sie sitzen am Wegesrand, in dunkler Kleidung und mit schwarzen Hüten auf den Köpfen. Ihre Gesichter zeigen eine stille Zufriedenheit mit sich und ihrem Leben.

Um mit ihnen ins Gespräch zu kommen, frage ich, ob sie aus El Ganso sind.

»Natürlich, Mädchen, woher sollten wir sonst wohl kommen?« Sie lachen gutmütig und ihre alten Gesichter runzeln sich in unzähligen Falten.

»Wovon leben die Menschen hier im Dorf?«, frage ich.

Sie lachen wieder und antworten: »Ob du es glaubst oder nicht, Schöne, wir leben von Luft und Liebe.«

Der mittlere der uralten Männer fragt mich: »Nun sag uns mal, meine Hübsche, wo ist denn dein *novio* – Verlobter?«

»*No tengo novio* – ich habe keinen Verlobten.«

Heiteren Sinnes legen sie zum Spaß ihre Gesichter in betrübliche Falten: »Oh, du Arme, du hast keinen *novio*. Wie traurig und kalt müssen da die Nächte für dich sein.«

Immer höher steigt der Weg. Fünf magere Kühe traben den Hang herunter. Hinter ihnen geht eine Frau. Sie ist in schwarze Gewänder gehüllt und ihr Gang ist ein königlich stolzes Schreiten. Die Frau erscheint mir überirdisch schön. Sie ist groß und schlank. Schwarze Haare, von einem Tuch bedeckt, umrahmen ihr ebenmäßiges Gesicht, in dem glutvolle Augen brennen. Ich möchte die fremdartige Frau länger anschauen, etwas über sie erfahren, doch beeindruckt von ihrer exotischen Schönheit, weiß ich nicht, wie ich sie ansprechen könnte.

So geht sie an mir vorbei, stolz und frei, mit langen, wiegenden Schritten wie eine Wüstennomadin. Da erst fällt mir ein, was ich gelesen habe: Bei den Bewohnern der Maragatería soll es sich um Nachfahren eines Berberstammes handeln, die einst mit der arabischen Invasion ins Land kamen.

Ein Unwetter zieht auf. Es geht sehr schnell. In wenigen Minuten verfärbt sich der Himmel dunkelviolett. Der Wind stemmt sich mir wild entgegen. Kein Baum, nirgendwo ein Unterschlupf. Ich hole meine Regenkleidung heraus. Statt Regen prasseln kirschgroße Hagelkörner vom Himmel. Weißen Murmeln gleich prallen sie von der harten Erde und springen und hüpfen und rollen. Hinter einem Stein gehe ich in Deckung.

Endlich hört es auf zu hageln und regnet nur noch. Als ich in Rabanal del Camino ankomme, regnet es immer noch. Deshalb beschließe ich, hier zu übernachten, auch mit der Hoffnung, das schöne Beduinenmädchen noch einmal zu sehen. Aber ich treffe niemanden. Rabanal scheint wie ausgestorben zu sein. Vor dem Regen geschützt, setze ich mich an die Kirchentür und hole die Verpflegung aus dem Rucksack, die ich im malerischen Dorf Castrillo de Polvazares heute Morgen gekauft habe.

Ein Mann biegt um die Ecke und kommt die Dorfstraße entlang auf die Kirche zu. Die Kapuze des Regenmantels hat er weit ins Gesicht gezogen. Triefend vor Nässe bleibt er vor mir stehen. Er fragt, ob ich wüsste, wo das *refugio* sei. Also auch ein Pilger, denke ich. Er kann wenig Spanisch, und so dauert es eine Weile, bis ich verstehe, dass er aus Polen stammt. Wo er angefangen habe auf dem Pilgerweg, will ich wissen.

»In Polen«, antwortet er.

»Wie denn? Von Polen aus bist du zu Fuß gegangen?«, frage ich entgeistert.

»Ja, alles gelaufen, von Polen.«

Ich kann es nicht glauben, frage: »Wann hast du angefangen?«

»Vor fast einem Jahr, genau am 2. August, bin ich von zu Hause weggegangen. Sieben Länder habe ich durchquert: Polen, Tschechoslowakei, Bulgarien, Ungarn, Schweiz, Frankreich und jetzt Spanien.«

Nein, so was! Da bin ich ja auf einen ganz besonderen Pilger gestoßen. Schade, dass er kaum Spanisch spricht. Ich würde ihn gern so vieles fragen. Pavel ist Dolmetscher, außer Polnisch beherrscht er Tschechisch, Russisch, Ungarisch, Bulgarisch, Rumänisch und Französisch. Sieben Sprachen, von denen ich leider keine verstehe. Englisch und Deutsch spricht er überhaupt nicht, und Spanisch eben nur wenig. Ich lasse aber nicht locker. Zu gern möchte ich wissen, was er erlebt hat und warum er sich zu dieser strapaziösen Pilgerreise durch sieben Länder entschlossen hat. Mühsam bekomme ich heraus, dass er passionierter Wallfahrer sei. Zunächst habe er alle Wallfahrtsorte in Polen besucht, natürlich zu Fuß. Dann wollte er nach Jerusalem, habe aber nur die Erlaubnis erhalten, von der israelischen Grenze ab zu pilgern, deshalb sei er barfuß gegangen, um sich die Aufgabe zu erschweren.

Ich möchte erfahren, warum er das macht. Seine Antwort ist: »Für Gott!«

Wir finden das *refugio* und auch einen Mann, der uns die Tür öffnet. Es ist das ehemalige Schulgebäude, das jetzt leer steht und zerfällt. Durch das schadhafte Dach regnet es herein. Am Boden liegen Holzbalken. Mit Strohbüscheln säubern wir eine trockene Stelle von Staub und Mörtel, um dort das Lager zu errichten.

Mir geht das schwarzäugige Berbermädchen nicht aus dem Kopf, also ziehe ich noch mal den Regenumhang über und spaziere durch das Dorf. Ich begegne nur einer alten Frau. Sie kennt kein Mädchen. Sie sagt, in Rabanal würden nur neun alte Leute wohnen. In den Ferien kämen einige Familien zurück. Rabanal sei kein Ort mehr, in dem man lebt, sondern nur noch zum Sterben gut und um hier Urlaub zu machen, sagt die Alte.

Der Pole liegt schon im Schlafsack, als ich zurückkomme. »Pavel, erzähl mir doch was von deinen Erlebnissen«, bitte ich.

»Da gibt es nicht viel zu sagen.«

»Welche Unterschiede hast du denn zwischen den sieben Ländern festgestellt? Ich meine, wie haben sich die Menschen dir gegenüber verhalten?«, versuche ich ihn auszufragen.

»Ach, die waren alle ziemlich gleich«, antwortet Pavel lakonisch. »Nur in Frankreich hatte ich Schwierigkeiten. Dort waren die Leute sehr unfreundlich. Sie haben mich wie einen Landstreicher behandelt, die Hunde auf mich gehetzt und mir nicht einmal Wasser gegeben.«

»Du sagtest doch, du würdest Französisch können. Warum hast du nicht gesagt, du seiest ein Pilger?«

»Ich habe versucht, mit ihnen zu sprechen. Französisch beherrsche ich gut, weil ich in meiner Arbeit häufig französische Übersetzungen machen muss. Aber die Franzosen haben die Nase gerümpft, weil meine Aussprache nicht perfekt ist.«

Ich entgegne, ich könne nicht glauben, dass die Franzosen ihn wegen fehlerhafter Aussprache schlecht behandelt hätten.

»Es war aber so«, beharrt er. »Die Strecke durch Frankreich war schlimm. Ich war oft verzweifelt. Dagegen sind die Spanier ganz anders. Sie sind begeistert, wenn man überhaupt ein paar Worte ihrer Sprache spricht. Und es ist ihnen egal, ob die Grammatik und die Betonung stimmen.«

Am nächsten Tag regnet es noch immer. Ich erkläre Pavel, dass ich allein wandern wolle. Der Weg hat sich in einen Bach verwandelt. Der Regen ist kalt, und der stürmische Wind verfängt sich im Regenumhang, reißt am Rucksack. Er weht von allen Seiten. Wie ein Derwisch tanzt er um mich herum, schüttet mir den eisigen Regen ins Gesicht und gleich darauf stemmt er sich mir in den Rücken. Der Regen verwandelt sich in Eis. Spitze Eisnadeln treffen meine Haut. Das Unwetter gefällt mir. Von mir aus könnte es noch toller kommen, schade nur, dass man so wenig sieht. Nun fällt auch noch Schnee. Ich kann kaum noch zwei Meter weit blicken, da tauchen plötzlich ein paar Häuser aus dem Schneegestöber auf. Die Strohdächer sind vermodert, die Balken eingeknickt, und auch die Mauern aus aufgeschichteten Steinen zerfallen schon. Bald wird nichts mehr daran erinnern, dass hier einmal Menschen gelebt haben.

Plötzlich tritt eine Gestalt hinter einer Mauer hervor. Ich erschrecke heftig. Denn ich kann mich nicht gut verteidigen mit dem schweren Rucksack auf dem Rücken und behindert von der Regenkleidung.

»Ich bin's doch, der Pavel, erkennst du mich nicht?«, beruhigt mich der Pole. »Ich habe auf dich gewartet. Wir gehen jetzt zusammen! Ich lasse eine Frau nicht allein durch die Berge laufen.«

Ich ärgere mich über diesen Ton und entgegne: »Das kommt nicht in Frage! Ich gehe immer allein!«

Er bleibt stur: »Das ist mir egal. Ich gehe nur, wenn du gehst, und bleibe stehen, wenn du stehen bleibst.«

Wenn es darauf ankommt, stur zu sein, bin ich die Sturste von allen. Nachdem ich bemerkt habe, dass mit Worten bei dem Polen nichts zu erreichen ist, strenge ich alle meine Kräfte an und eile voraus. Bald habe ich einen schönen Abstand zwischen mich und ihn gebracht. Aber ich will diese Bergtour in Ruhe genießen, also verstecke ich mich hinter tropfnassen Ginsterbüschen und warte, bis Pavel vorbeigelaufen ist. Ich lasse ihm einen gehörigen Vorsprung, bevor ich mich wieder auf den Weg mache, und freue mich über die Einsamkeit, über die Gewalt des Windes und die wirbelnden Schneeflocken. Da, wie um mich zu belohnen, leuchtet plötzlich die Sonne hinter den dunklen Wolken. Ihre Strahlen brechen sich vielfach in den Wassertropfen und bald wölbt sich ein Regenbogen über den Bergkuppen, die jetzt sichtbar werden. Es ist ein unwirklicher Augenblick: die tanzenden Schneeflocken und der bunte Regenbogen, die schneebedeckten Bergspitzen und die schwarzen Wolken. Ein Märchen. Ein Traum. Es ist schwer, so viel Schönheit zu ertragen. Ich stöhne, beiße die Zähne zusammen und presse die Fingernägel in die Handballen. Mein Gesicht ist nass vor Tränen, Schnee und Regen. Ich bin glücklich, allein zu sein.

Der *arcos de iris*, wie Regenbogen auf Spanisch heißt, leuchtet noch immer, als ich den Pass auf dem Monte Irago erreiche. Auf dem kahlen Bergrücken befindet sich eine Kapelle und daneben ein Steinhaufen mit einer Holzstange in der Mitte, an deren Spitze ein kleines, einfaches Kreuz befestigt ist, das »Cruz de Ferro«. Den vielleicht sechs Meter hohen und zwanzig Meter breiten Hügel haben die Jakobspilger aufgetürmt. Von alters her war es Brauch, dass jeder Vorübergehende einen Stein mitbrachte und hier ablegte. Ich betrachte lange die Steine. Sie stammen aus verschiedenen Ländern Europas, denn oft trugen Pilger einen Stein von zu Haus im Beutel bis zum Cruz de Ferro. Geschichten über Geschichten, die Schicksale vieler Menschen sind mitsamt den Steinen in diesem Hügel abgelegt worden. Unterwegs habe ich manchen Stein aufgehoben, der mir gefallen hat. Ich wähle den Glimmerschiefer aus, der wie mattes Silber glänzt. Er stammt von dem Bergrücken in der Nähe von Castrojeriz, dort, wo ich glaubte, fliegen zu können. Entschlossen werfe ich meinen Stein zu den anderen. Nun kann er seinen Teil beitragen zu den Geschichten, die dieser Steinhügel zu erzählen weiß.

Der Pass ist eine Wetterscheide; auf der einen Seite herrscht stürmischer Winter, und jenseits davon ist das Wetter sommerlich. Grün öffnet sich das Land unter mir, das das Bierzo genannt wird. Viehweiden, Heideflächen, Ginsterhänge: Grün, violett und gelb schwingt sich die

Landschaft in Wellen auf und ab. Hinter mir erheben sich die kahlen Höhenzüge, von Schnee überhaucht. Wie schön ist die Erde und das Leben! Für so einen Tag lohnt es sich, noch nicht gestorben zu sein.

Im Dorf El Acebo raste ich. Es scheint noch bewohnt zu sein, denn auf der lehmigen Dorfstraße begegnen mir zwar keine Menschen, aber ein paar Hühner und eine Schar Gänse. Neben vielen zerstörten Häusern sind einige noch bewohnbar. Das muss einmal ein schönes Dorf gewesen sein. Kleine einstöckige Häuser aus Holz und Stein. Holzstiegen führen außen am Haus in den zweiten Stock. Altane hängen weit auf den Dorfweg hinaus. Jedoch ist der Zerfall an den meisten Häusern nicht mehr aufzuhalten; den Stiegen fehlen die Treppen, und die Strebepfeiler der Balkone sind morsch. Ich setze mich in einem verlassenen Haus auf den Balkon, der noch trittfest ist. Das Gebäude gegenüber dient als Stall, ein Esel ist dort untergebracht. Bluthänflinge und Hausrotschwänze picken die Krumen auf, die von meinem Brot übrig bleiben.

Der Weg senkt sich immer tiefer hinab in den Talgrund. Esskastanien und Nussbäume wachsen hier. Wasser sprudelt. Und das helle Grün der Weinstöcke ziert die Hänge. Endlich, nach den vielen sterbenden und toten Dörfern, gelange ich in das lebendige Molinaseca. Hier sind die Häuser mit Blumen geschmückt, die Gärten blühen und grünen. Rosen und Wein ranken sich an den Mauern empor. Und es gibt viele Menschen, alte und junge, heiter und freundlich, als seien sie gefeit vor dem bösen Fluch, der die Gebirgsdörfer zerstört hat. Die Kinder laufen lachend und schnatternd hinter mir her, die Frauen winken aus den Fenstern und die Männer sagen, ich solle doch in Molinaseca bleiben, ihre Ortschaft hätte auch ein *refugio*.

Doch ich möchte bis Ponferrada gehen, weil ich vermute, dort andere Pilger zu treffen. Ich habe das Bedürfnis, mit ihnen beim Rotwein zu schwatzen. Gern würde ich auch Pavel, den Polen, wieder sehen – nur im Gebirge wollte ich allein sein.

Am Ortsausgang reicht mir ein Mann über den Gartenzaun reife Erdbeeren. Erdbeeren, die den Geschmack meiner Kindheit haben. Genauso köstlich schmeckten die Beeren, die ich als Kind in fremden Gärten stibitzte. Vielleicht hätte ich diesen freundlichen Wink beachten und doch in Molinaseca bleiben sollen?

Der Weg nach Ponferrada zieht sich schier endlos dahin. Endlich sehe ich im Abendlicht die von Sonne und Regen silberfarben glänzenden Dächer von Ponferrada. Dreißig Störche kreisen über der Stadt. Sie fliegen gravitätisch ihre Spiralen, um sich dann allesamt auf einem riesigen abgestorbenen Baum niederzulassen. Der Baum hat weit ragende glatte, weiße Äste, auf denen die Störche stehen wie Marabus auf einem Affenbrotbaum. In eigenartigem Kontrast zu diesem afrikanischen Bild ragen im Hintergrund die Türme, Kirchen und Häuser von Ponferrada in den Himmel.

Im *refugio* komme ich sehr ungelegen. Gerade wird umgebaut, Bauschutt liegt verstreut, und es riecht nach Farbe und frischem Zement. Vielleicht sind deshalb keine Pilger da? Ich stelle den Rucksack ab und begebe mich wieder auf die Straße mit der Hoffnung, jemanden zu finden.

Da hatte ich es mir so schön ausgemalt, die anderen zu treffen. Wo werden sie jetzt sein? Ob Gerda, die mit dem Bus bis León fuhr, von dort wieder zu Fuß gegangen ist? Justin? Bei seinem Tempo und dem Leistungsdruck, den er sich macht, wird er bereits in Galicien sein. Atze? Vielleicht ist er noch in Astorga, oder hat er schon Villafranca del Bierzo erreicht? Und Pavel? Eigentlich müsste er doch hier sein? Ich sitze allein und einsam in einem Restaurant, ein tolles Essen vor mir, denke an die anderen und langweile mich. Mir macht es absolut keinen Spaß, allein zu essen. Das zweite Mal, dass ich mir einen Abend in einem Restaurant gönne, und er ist genauso verunglückt wie in Nájera. Außer mir sind wieder keine Gäste im Lokal, weil die Spanier erst sehr spät abends ausgehen. Ich leere eine Flasche Rotwein, aber meine Stimmung heitert sich nicht auf.

Ich bin müde, dennoch spaziere ich vor der Rückkehr zum *refugio* ziellos durch die Altstadt. Am Ufer des Flusses Sil beleuchten Straßenlaternen ein wuchtiges Gemäuer. Türme, Mauern und Zinnen, eine mächtige Burg. Auf einer Tafel lese ich: »*Castillo de los Templarios* – Schloss der Tempelritter.« Hier also war einer ihrer Stützpunkte! Ein eigenartiges Gefühl, als sei ich einem Geheimnis ganz nahe gekommen! Wall und Graben umgeben schützend das Schloss. Das Mauerwerk ist derb gefügt aus grob behauenen Steinen verschiedener Größe. Die Burg besitzt etwas Hartes, Auswegloses. Ein Zufluchtsort für Verfolgte? Obwohl die Templer diese Burg noch auf dem Höhepunkt ihrer Macht im Jahr 1178 bauen ließen. Damals besaß der Orden die Oberhoheit über das Bierzo. Im Dunkel des Burghofes glaube ich mich dem Rätsel der Tempelritter auf der Spur. Urgewaltig erheben sich die Mauern und die zinnengeschmückten Türme, aber die Steine geben mir ihr Geheimnis nicht preis. Je länger ich die groben Mauern betrachte, umso weniger scheinen sie mir echt zu sein. Vielleicht sind die Grundmauern, dieser oder jener Wachturm und Teile des Zwingers noch ursprünglich, aber insgesamt erscheint mir die Anlage nun sehr gekünstelt und restauriert zu sein. Der Geist der Templer wohnt nicht mehr in dieser Feste.

Von Ponferrada bis Peñalba

Tommaso begegne ich am Morgen des 29. Tages. Ich habe das *refugio* in Ponferrada zeitig verlassen und mich auf den Weg nach Santo Tomás de las Ollas begeben, drei Kilometer nördlich von Ponferrada, wo eine mozarabische Kirche erhalten geblieben sein soll. Ich überquerte den Rio Sil, ging durch die morgenstillen Straßen und durchschritt das Tor unter dem *torre del reloj*, dem Uhrturm, nach Osten, also zurück Richtung Astorga, bevor ich in ein Sträßchen nach Norden abbiegen wollte. Genau an dieser Stelle treffe ich Tommaso. Er kommt von Molinaseca. Dort hatte er im Refugio übernachtet und war ebenfalls sehr früh aufgebrochen, um bis zum Abend in Villafranca zu sein. Tommaso wäre genau der richtige Kamerad gewesen, um den gestrigen langweiligen Abend unterhaltsam zu gestalten. Tommaso ist Italiener. Er begrüßt mich begeistert mit ausgebreiteten Armen, als sei ich eine jahrelange Bekannte. »Halt, halt! Du gehst in die falsche Richtung! Westwärts liegt Santiago!«, ruft er mir entgegen.

Als ich ihm sage, ich wolle zwei mozarabische Kirchen ansehen, zuerst die in Las Ollas und dann zwanzig Kilometer südöstlich in Peñalba, betrübt sich seine strahlende Miene. »Schade, es wäre lustiger gewesen, gemeinsam zu pilgern.« Auch mir fällt gerade heute das Alleinsein schwer und so biete ich spontan an: »Komm doch mit! Es lohnt sich bestimmt, den Umweg für die zwei Kirchen zu machen.«

Er verzieht schmerzlich sein Gesicht, zeigt auf seine Füße und klagt: »Ich habe sooo große Blasen und zähle die Schritte bis Santiago.«

»Vielleicht hole ich dich bald wieder ein. Ich werde mich beeilen«, verspreche ich.

Das Sträßchen führt steil aufwärts. Mir wird heiß und mein Atem geht rasch.

Seit gestern Abend, nach der Wanderung durchs Gebirge mit seinen toten Dörfern, spüre ich ein starkes Bedürfnis nach Gesprächen, nach Kontakt mit Menschen. Tommaso wäre jetzt ein guter Wandergefährte für mich gewesen. Mir gefiel das spontane Wesen des Italieners. Sein jungenhaftes Gesicht strahlte Offenheit und Fröhlichkeit aus.

Ich gelange in das Dorf Las Ollas. Kleine Katen umgeben einen Platz. Dort, an der nördlichen Front des Platzes, das muss sie sein – die mozarabische Kirche. Es ist ein bescheidenes Kirchlein, ein einschiffiges Langhaus mit einem runden Chor. Trotz ihrer Kleinheit wirkt sie wuchtig und schwer. Das Mauerwerk ist stellenweise ausgebessert. Die Tür ist verschlossen. In einer Bar an der Ecke erkundige ich mich, wer den Schlüssel habe. Ein Junge wird zur Nachbarin geschickt. Sie eilt sofort herbei und öffnet für mich die Tür. Ich trete in einen düsteren Raum, nur durch schmale Schlitze fällt etwas Licht. Als sich meine Augen an das Halbdunkel gewöhnt haben sehe ich einen außergewöhnlichen Altarraum. Unverputzte Mauern aus grob behauenen, unregelmäßigen Steinen bilden die Wände. Algen lassen das Gemäuer grün schimmern. Im Halbrund des Chores sind Hufeisenbögen in die Wand eingelassen. Gleichmäßig. Streng. Archaisch. Mir ist, als würde ich unvermittelt vor dem Eingang in die Vergangenheit stehen. Doch die Durchlässe zwischen den Bögen sind geschlossen.

Lange betrachte ich diesen Altarraum und versuche mir die Menschen vorzustellen, die damals diese Kirche gebaut haben, die hier gebetet, gefleht, gehofft und geweint haben, und glaube, dass mir diese Menschen gar nicht so fremd sind, dass ich wie sie denken und fühlen würde, wenn ich in ihrer Zeit geboren worden wäre.

Als ich wieder ins Tageslicht trete, bleibt die Vergangenheit im Dämmerdunkel hinter mir zurück und ich mache mich erneut auf den Weg nach Ponferrada. Um zu meinem nächsten Ziel, nach Peñalba, zu gelangen, muss ich Ponferrada wieder durchqueren.

Danach führt eine schmale, kurvenreiche Straße südwärts in die Berge. Bevor diese Berge steil ansteigen, ist die Landschaft in sanfte Wellen gegliedert, die mit Weinstöcken bepflanzt sind.

Eines der wenigen Autos hält neben mir. Der Fahrer sieht gut aus. Ob er mich zu einem Kaffee einladen dürfe? Ich bin unschlüssig. Noch immer ist mein Bedürfnis nach Unterhaltung ungesättigt, und das ist nun wirklich mal ein Spanier, der mir gefallen könnte. Ein Kaffee wäre auch nicht schlecht und eine Rast hätte ich schon lange nötig. Aber da ist das Auto. Als Pilger darf ich nicht fahren! Ich habe diesen Vorsatz während der Wanderung so verinnerlicht, dass ich leider ablehnen muss. Erst als das Fahrzeug außer Sicht ist, fällt mir ein, ich hätte ja einsteigen und mich nach dem Kaffeetrinken hier wieder absetzen lassen können. Kaum habe ich das gedacht, kommt der Wagen wieder angebraust. Der junge Spanier beugt sich aus dem Fenster. Verdammt gut sieht er aus! Erwartungsfroh bin ich bereit mitzufahren. Da sagt er, er sei nur deshalb zurückgekommen, um sich für die Belästigung eben zu entschuldigen und sich zu bedanken, denn es stimme ihn glücklich, dass es heutzutage doch noch unverdorbene Frauen gebe, daran habe er schon gar nicht mehr geglaubt. Sagt es, strahlt, jung und verführerisch, gibt Gas und verschwindet. Verdutzt schaue ich ihm hinterher.

Die Straße steigt nun steil an, und der Asphalt ist hart. Die Füße ermüden schneller als auf den weicheren Feldwegen. Ich raste in immer kürzeren Abständen und bald ist mir klar, dass ich bis zum Abend Peñalba nicht erreichen werde. Um ein Nachtlager zu finden, folge ich einem Pfad seitwärts in die Weinberge. Welch eine Erleichterung für die Füße, auf Erdboden gehen zu können. Auf der Kuppe eines Abhanges zwischen Weinstöcken sehe ich eine ebene Wiesenfläche, von Kirschbäumen umstanden. Pralle, dunkelrote, zuckersüße Früchte hängen schwer an den Ästen. Ich esse mich satt. Gräser, Disteln und Kräuter wachsen auf dem Wiesenfleck. Es duftet. Zikaden zirpen unermüdlich. Ein Storch segelt langsam in den violetten Abend. Später schwirren Fledermäuse durch die Nacht. Die Luft ist lau und samtig, eine bezaubernde Sommernacht.

Wie ein glühender Ball springt die Sonne am Morgen über die Berge. Es ist viel Tau gefallen. So können die Pflanzen überleben, auch wenn es wochenlang nicht regnet. Nebliger Dunst füllt das Tal. Die Bergspitzen leuchten golden. Das Sträßchen steigt nun noch steiler an. Jetzt gibt es keinen Wein mehr. Abbrüche, karge Wiesen, einzelne Nussbäume und Kastanien. Es ist eine wildromantische, einsame Gegend. Kein Mensch außer mir ist unterwegs. Die Asphaltstraße endet; nur ein Pfad führt weiter. Eine Kehre und noch eine Kehre, dann sehe ich Peñalba. Ich halte die Luft an! Das ist ein zauberhaftes Dorf! Eingebettet in einen engen Talkessel. Überkrönt von schneebestäubten Felsspitzen. Die Häuser aus Bruchsteinen, mit großen Schieferplatten bedeckt, drängen sich dicht zusammen, beieinander Schutz suchend vor Wetterunbilden.

Holzbalkone, von Regen und Sonne verwittert, hängen an den Außenfronten, und Stiegen aus Holz und Treppchen aus Stein führen zu ihnen hinauf. Häuser dieser Art hatte ich auch in Acebo gesehen, dort waren sie aber von Verfall und Verwahrlosung gekennzeichnet. Peñalba jedoch lebt! Es ist ganz in sich geschlossen, einheitlich in seiner Eigenheit, urtümlich mit seinen Schieferdächern, die aussehen wie Schuppen auf dem Panzer einer Echse. Die Luft ist klar und kühl und trägt den Geruch vom Schnee der Berge. Die Sonne wirft gleißend helle Strahlen. In scharfem Kontrast fällt in das Licht die Schwärze der Schatten.

Peñalba ist ein Dorf aus der Vergangenheit, das bis in unsere Zeit überlebt hat. Die Außenmauern und Dächer, die Treppen und Balkone sind intakt, dort stehen Töpfe mit Blumen, hier ein Sack voll Heu, da hinten ist Brennholz gestapelt und da vorne, über dem Geländer, hängt ein Sattel. Hier wohnen Menschen, doch niemand ist zu sehen. Vielleicht ist es zu früh und die Bewohner schlafen noch? Inmitten des Dorfes liegt die mozarabische Kirche, Santiago de Peñalba, die ich unbedingt sehen wollte. Sie passt mit ihren klobigen Formen in die Umgebung. Wie die Bauernhäuser ist sie aus Bruchsteinen aufgeschichtet und das Dach mit Steinplatten gedeckt. Das Portal der Kirche Peñalba dagegen ist klein und zierlich; mit zwei maurischen Bögen und drei schlanken Säulen liegt es in dem derben Steingemäuer wie eine Perle in rauer Muschelschale. Im Jahre 931 wurde diese Kirche geweiht, die zu einer ehemaligen Klosteranlage gehörte. Mönche aus dem Süden Spaniens, aus Cordoba, bauten hier, nach dem Arabereinfall, im Schutze der unzugänglichen Bergwelt, ein neues religiöses Zentrum auf. Ohne die Unterstützung der Bergbauern hätten sie ihr Werk wohl nicht vollbringen können. Das Kloster von Peñalba war im 10. Jahrhundert der religiöse Mittelpunkt in den Bergen des Bierzo.

Schleifende Geräusche! Es knackt und bricht! Ich folge dem Lärm und sehe eine alte Frau. Ganz in Schwarz gekleidet, zieht sie einen halben

Baum hinter sich her. Sie schleppt ihn vor ihre Haustür und beginnt zu hacken und zu sägen. Von ihr erfahre ich, auch in Peñalba lebten nur noch zwölf alte Leute.

»Wie ist es möglich, dass dieses Dorf so gut erhalten ist?«, frage ich überrascht.

Sie lächelt. »Wir rühren uns eben von früh bis spät. Da, sehen Sie!« Sie weist auf eine andere alte schwarz gekleidete Frau, die tief gebeugt unter einem Tragkorb in die Dorfgasse einbiegt. »Das ist meine Nachbarin. Bereits im Morgengrauen geht sie aufs Feld und jetzt schleppt sie Grünzeug heim, um Ziegen und Kaninchen zu füttern.«

»Wie ist es hier oben im Winter? Sicher ist das Dorf dann monatelang eingeschneit und von der übrigen Welt abgeschnitten?«

»Ja, das stimmt. Aber das sind wir gewohnt. Das war schon immer so. Ich bin hier geboren und kein Mensch bringt mich von hier weg!«, sagt die Alte energisch.

»Wer will denn, dass Sie weggehen?«

»Mein Sohn! Jedes Mal, wenn er mich besuchen kommt, bedrängt er mich. Ich solle zu ihm nach Madrid ziehen. Madrid ist hässlich und ungesund! Ich bleibe hier, basta!«

Ich verabschiede mich von der Frau, und sie hackt weiter ihr Feuerholz. Nachdenklich gehe ich bergab. Denke an die zwölf alten Menschen, zehn Frauen und zwei Männer, die, auf sich allein gestellt, in der rauen Gebirgswelt ihre Existenz vor den Einflüssen des Fortschritts bewahrt haben. Das Bild dieses Dorfes, wie ich es in der Morgenfrühe erlebte, trage ich in mir, ich fühle mich bereichert und bin froh, dass ich Peñalba gesehen habe.

Abwärts bewältige ich die Strecke viel schneller, bald sehe ich wieder die Ebene des Bierzo. Über Ponferrada hängt drohend eine rußschwarze Wolke. Denn Ponferrada ist nicht nur die Altstadt mit seinen Türmen und der Templerburg, Ponferrada ist vor allem eine Industriestadt mit riesigen Schlackenhalden und rauchenden Hochöfen, ein Zentrum der Kohlenförderung und Eisenverarbeitung. Wieder prallen für mich, wie so oft während der Pilgerwanderung, Vergangenheit und Gegenwart direkt aufeinander. Eben noch konnte ich gesunde Gebirgsluft atmen und sah Menschen, die sich in die Natur einfügen und von ihr leben, ohne sie zu zerstören, und nun hier die Industriestadt, die Schmutz und Abfall produziert und die Erde ausgeraubt und verbrannt zurücklässt.

Mühsam ist die Strecke durch Ponferrada, vorbei an hundert Meter hohen Kohlenhalden, durch ein Gewirr lärmerfüllter Straßen und nüchterner Hochhäuser, bis ich endlich aus der Stadt herausfinde. In dem Vorort Fuentes Nuevas auf einem Kirchturm steht ein vereinsamter Storch. Sein Gefieder ist schmutzigbraun gefärbt. Kraftlos hängt sein Kopf herab. Ein kranker Storch, Opfer der Umweltverschmutzung.

Nach Villafranca del Bierzo

In besonders guter Stimmung, leicht und beschwingt, erwache ich morgens an meinem 30. Wandertag. Ich habe wieder draußen geschlafen, unter einem Apfelbaum. Eine frische Morgenbrise belebt mich angenehm. Ich habe das Gefühl, als würde Sekt in meinen Adern perlen. Ich berste vor Tatendurst und Wanderlust.

Das Bierzo ist das flache Land zwischen den zwei Gebirgszügen, den Montes de León mit dem Rabanalpass, die jetzt hinter mir liegen, und der vor mir emporragenden Sierra de Ancares mit dem Cebreiropass, dem Grenzgebirge zu Galicien.

Die Ebene ist schmal, kaum vierzig Kilometer breit. Grünes, fruchtbares Land. Ein herrlicher Sommertag! Die Sonne wärmt und lässt die Früchte reifen. Die Äste der Kirschbäume hängen schwer mit saftstrotzenden dunkelroten und schwarzen Kirschen. Apfelhaine wechseln sich ab mit Weinbergen und gelben Kornfeldern. Eine Landschaft, die im Elysium liegen könnte. Es sind Bilder wie aus meiner Kindheit. So sah es auch in Freyburg aus, wo ich aufwuchs. Zwar gab es keine schneebedeckten Gebirge im Osten und Westen, aber auch Weinberge, Apfelplantagen und Kirschbäume. Und Weintrauben, Äpfel und Kirschen waren die Früchte, nach denen ich als Kind nur die Hände auszustrecken brauchte. Damals gab es in Deutschland noch bunte Blumenwiesen mit Margeriten, Kuckuckslichtnelken und Schmetterlingen wie hier im Bierzo.

Ich sehe meinen Vater, mit kurzen Hosen. Es ist Sommer. Er hat sich das Stück einer alten Wäscheleine um den Bauch gebunden. Am anderen Ende hängt der voluminöse Korbkinderwagen. Im Wagen liegt mein Bruder Ingo, damals noch ein kleines Baby. Der Vater, der sich wie ein Zugpferd mit der Wäscheleine vor den Kinderwagen gespannt hat, zieht ihn den Berg zur Neuenburg hinauf. Mutter versucht den Wagen im Gleichgewicht zu halten. Meine Schwester Marlis und ich schieben von beiden Seiten, so kräftig wir können. Wie ein einziger langer Sommertag erscheint mir die Kindheit im Rückblick, als hätte ich die kalten Jahreszeiten verschlafen.

Auf Feldwegen gehe ich durch lichtgrüne Weinberge. Berauschend schön ist das grüne Bierzo zwischen den zwei Gebirgszügen. Am Nachmittag erreiche ich auf dem Pfad durch die Weinberge Villafranca del Bierzo. Vor der Stadt liegt die Santiagokirche direkt am Wege. Auf den Portaltreppen sitzen zwei schwarzbärtige Spanier aus Madrid. Sie fahren mit Fahrrädern nach Compostela. Heute früh waren sie in Astorga gestartet, haben die Montes de León bei Sonnenschein überquert, sind durch das grüne Bierzo geradelt und wollen bis zum Abend am Cebreiropass sein.

Die Entfernungen schrumpfen, wenn man mit dem Fahrrad unterwegs ist, und so auch die Erlebnisse. Ich werde für die Strecke Astorga–Cebreiro, die sie an einem Tag durchradeln, drei Tage benötigen. Aber während dieser drei Tage sehe ich mehr und lebe intensiver. Das Fahrrad, auch wenn es mit Körperkräften bewegt wird, ist der Gegenstand, der uns bereits der Umwelt entfremdet. Nur wenn man mit den Füßen auf dem Erdboden in Meterdistanzen vorwärtsgeht, lernt man die tatsächlichen Entfernungen kennen. Unsere Sinnesorgane sind an die Langsamkeit des Gehens angepasst. Nur schrittweise sind wir fähig zu erfassen, was um uns herum existiert. Benutzt man Hilfsmittel zur schnelleren Bewegung, können die Sinne nicht mithalten, die Abstände fehlen, es entsteht ein verwischtes Bild, dessen Details man nicht wahrnehmen kann. Mauricio, der eine der beiden Bärtigen, die für mich wie Brüder aussehen, flickt den Schlauch an Franciscos Hinterrad. Sie hätten erst dreimal Platten gehabt, sagt er. Mauricio sei verantwortlich für die Räder. Dafür ist es Franciscos Aufgabe, die richtige Route zu finden. Er blättert eifrig im Pilgerführer und hat die Landkarte ausgebreitet vor sich liegen.

Mauricio und Francisco radeln davon. Nun kann ich in Ruhe die Kirche betrachten. Sie hatte im Mittelalter große Bedeutung. Sie galt als Schwesterkirche der Santiagokirche in Compostela. Pilger, die aus gesundheitlichen Gründen nicht weiterwandern konnten, bekamen schon hier die Generalabsolution. Die Kirche hat zwei Eingänge und noch heute heißt das Seitenportal *puerta del perdón*. Dieses Portal ist trotz der verwitterten Steine noch immer ein besonders eindrucksvolles romanisches Bauwerk aus dem 12. Jahrhundert. Vielleicht war es ursprünglich ohne Portalschmuck aufgestellt worden und erst später erhielt ein durchreisender, unbekannt gebliebener Künstler den Auftrag, es auszuschmücken. Die Figuren reichen über zwei, drei, sogar vier Steinquader, ganz so, als seien die Steine zuerst zusammengefügt und nachträglich mit Darstellungen versehen worden. Auf den stark verwitterten Kapitellen der linken Säulenreihe erkenne ich die Abbildung der drei Könige aus dem Morgenland. Auf dem Kapitell daneben ist der gekreuzigte Christus zu sehen. In die Kapitelle der rechten Seite sind Harpyen, Löwen, Pflanzen und Ornamente eingemeißelt.

Das Tor der Verzeihung, *puerta del perdón*, wird nur im Heiligen Jahr geöffnet, immer dann, wenn der Tag des Jakobus, der 25. Juli, auf einen Sonntag fällt.

Wieder weiche ich eine Stunde vom Pilgerweg ab nach Süden, um auch noch die Kirche San Estéban in Corullón kennen zu lernen. Außerhalb der Ortschaft, am Hang, umgeben von rot behangenen Kirschbäumen und alten Maronenbäumen, liegt die 1086 geweihte kleine, einschiffige Kirche. Mich beeindrucken am meisten die Steinpaletten an den Dachsparren. Es sind archaische Menschendarstellungen, Gesichter wie Masken. Vielleicht hatten diese Figuren Wächterfunktionen? Sollte ihr Blick böse Mächte bannen? Im Mittelalter glaubten viele Menschen noch an die Bildmagie, an den Schutz vor dem Bösen durch Abbildungen.

Von Villafranca bis Cebreiro

Die gelben Farben Kastiliens sind endgültig verschwunden. Alles ist nun grün, üppig grün, und tropft. Der Weg ist ein dahineilender Bachlauf. Nebelfetzen, Wolkenschleier verhängen die Sicht. Die durchnässten Schuhe quietschen bei jedem Schritt, und aufgewärmtes Wasser quillt heraus, um neues, kaltes einzulassen. Ich bin erschöpft, aber ich muss weiter, ich muss den richtigen Weg wiederfinden. Ich habe mich in den regennassen Bergen Galiciens verirrt. Um mich nicht von der Angst überwältigen zu lassen, denke ich zurück an den Beginn meiner heutigen Wanderung:

Es hatte so harmlos begonnen. Aufgewacht war ich unter dem dunkelgrünen Dach eines Nussbaumes, in der Nähe der Kirche San Estéban bei Corullón. Statt blauem Himmel waren graue Regenwolken zu sehen gewesen. Die Luft war schwer vor Feuchtigkeit. Ich wusste, dass ich heute das galicische Gebirge überqueren musste, und bedauerte, wegen des schlechten Wetters wieder keine weite Sicht von den hohen Bergen zu haben. Schon auf den Pässen in den Pyrenäen und in den Montes de León hatte es geregnet und hatten Wolken die Aussicht versperrt. Aber das Unwetter heute übertrifft die anderen. Doch als ich mich am Morgen auf den Weg machte, ahnte ich noch nicht, wie schlecht das Wetter werden würde.

Anfangs verlief der Pilgerweg auf der Landstraße durch ein enges Tal den Fluss Valcarce entlang. Maronen und Nussbäume säumten die Straße. Obwohl noch früh am Morgen, war es schon schwül, und nach nur drei Wanderstunden war ich bereits erschöpft. In Trabadela kam ich an einer Gaststätte vorbei, ich ging hinein, um mich auszuruhen und etwas zu essen. Sonst rastete ich lieber am Wegesrand, aber hier gab es nur die Straße und den Fluss mit steilen Ufern.

Die meisten Tische waren besetzt, erstaunlich an einem Donnerstagvormittag. Ich erfuhr, es sei ein Feiertag.

Wieder öffnete sich die Tür. Ein Mann mit auffällig heller Kleidung, mit beigefarbenen Hosen und weißem Hemd, schob vier Kinder vor sich her in den Raum. Er dirigierte die Jungen und Mädchen an den letzten freien Tisch, da huschte noch eine verschüchterte Frau hinterher. Unsicher, in sich verkrochen, stand sie mit hängenden Armen neben dem Tisch, bis der Mann sie anherrschte, sie solle sich endlich setzen. Der Mann tat sehr großspurig. Mit lauter Stimme, sodass es alle im Lokal hörten, verkündete er: »Heute wollen wir uns mal amüsieren!« Er habe die Woche über schwer geschuftet, nun könne er Frau und Kindern einen schönen Tag bereiten.

»*Mis señores y señoras, que quieren Ustedes*, meine Herren und Damen, was wünschen Sie?«, fragte er gönnerhaft seine Kinder, die stumm und eingeschüchtert auf ihren Stühlen saßen und nicht zu sprechen wagten. Der Mann wurde schnell ungeduldig. Da wollte er ihnen nun mal was Gutes tun, und die dummen Gören sperrten den Mund nicht auf. Die Kinder waren blitzsauber und proper angezogen. Ihre Gesichter waren wach und intelligent, aber verängstigt wie erstmals von der Herde getrennte Zicklein. Der Vater beschimpfte sie ärgerlich. Sie erstarrten nur umso mehr. Da bestellte er Windbeutel und Limonade. Die Frau erhielt das Gleiche wie die Kinder. Auch sie sagte nichts und blickte den Mann nur erschrocken an, wenn er sich ihr zuwandte. Nie sprach er sie mit ihrem Namen an, sondern nannte sie immer nur »*mujer!* Frau!«

Über einem geblümten Baumwollkleid trug sie eine weiße Strickjacke, krampfhaft hielt sie in der einen Hand ein Stofftäschchen, in der anderen das Gebäck, ohne zu essen. Auch die Kinder ließen den Windbeutel lange unberührt auf dem Teller liegen. Schließlich bissen sie kleine Stücke davon ab. Für die Frau und die Kinder musste dieser Ausflug eine Qual sein, sie schienen sich nichts sehnlicher zu wünschen, als endlich wieder gehen zu dürfen. Der Vater wollte seine Familie fröhlich sehen, wenn er schon so spendabel war. Was soll ein Mann nur tun, der mit solch dummen, verstockten Kreaturen geschlagen ist? Er zog seinen Geldbeutel, teilte Münzen unter den Kindern aus und zeigte auf den Spielautomaten. Die Kinder reagierten nicht. Da sammelte er das Geld wieder ein und stakste selber zu dem Automaten. Mit der Zigarette im Mundwinkel stand er lässig da und warf die Münzen ein. Der Mann war klein, aber zäh und sehnig gebaut. Ich konnte mir vorstellen, dass er unerbittlich zuschlägt, wenn er verärgert und betrunken ist. Sein Gesicht war gezeichnet von harter Arbeit und Alkohol. Die verkrampfte Haltung der Frau und der Kinder lockerte sich ein wenig. Sie warteten stumm und starr auf das Ende der Tortur. Der Mann hatte das Geld verspielt. Mürrisch gab er das Zeichen zum Gehen. Die Kinder wirbelten hinaus, die Frau huschte hinterher. Der Ausflug war beendet. Ein lastendes Gefühl von ausweglosem Unglück blieb zurück.

Als ich weiterwanderte, war inzwischen der Verkehr auf der Straße unerträglich geworden, denn das ist die Hauptverbindung nach Coruña. Erst nach 20 Kilometern, bei Herrerias, würde der Pilgerweg abbiegen. Wie sollte ich das so lange ertragen? Mir fiel ein, dass manche Pilger zur Sühne Kreuze mitgeschleppt hatten, sich in Ketten schmieden ließen oder fast nackt und barfuß liefen. Ich dachte, selbst all das würde von der Plage des Straßenverkehrs noch übertroffen. Deshalb zögerte ich nicht, als ein Pfad seitwärts abzweigte. Wo er auch hinführte, auf jeden Fall entging ich so der Straße. Bald stieg er steil aufwärts in die Berge. Neben dem Weg sprudelte ein Bach. Zitronengelbe Gebirgsstelzen tänzelten über die Steine.

Und dann lösten sich die Wolken auf! Sturzfluten flossen herab! Der Weg verzweigte sich mehrmals, aber die Karte wollte ich bei diesem Wetter nicht zu oft hervorziehen, und so verirrte ich mich.

Stunden um Stunden bin ich im Regen bergan gestapft. Der Pass müsste schon längst erreicht sein. Wo ist die Ortschaft Cebreiro? Manchmal gabelt sich der Weg. Jetzt nützt mir auch der Kompass nichts, denn ich weiß überhaupt nicht mehr, wo ich bin. Wenn wenigstens Sicht wäre. Wind und Regen peitschen mir ins Gesicht. Erschöpft hocke ich mich am Weg nieder. Nirgendwo ein trockener Fleck. Zu meinen Füßen bilden sich Pfützen. Von oben tropft Wasser in den Kragen des Regenumhanges und sickert kalt den Rücken hinunter. Also weiter!

Es dunkelt, und noch immer weiß ich nicht, wohin der Pfad führt. Ich beschließe, ihm so lange zu folgen, bis ich eine Ortschaft erreiche oder, wenn er sich spurlos in den Bergen verlieren sollte, eine Nassübernachtung auszuprobieren. Denn der Biwaksack schützt zwar vor Regenspritzern, aber nicht vor sintflutartigen Wolkenbrüchen.

Der Pfad vor mir ist kaum noch zu erkennen. Ich stolpere über eine nasse Wurzel, fange mich nur mit Mühe. Der Weg steigt manchmal steil an, dann fällt er wieder fast senkrecht ab. Ich kann in Dunkelheit und Regen nichts erkennen, aber es muss ein schluchtenreiches Gebirge sein, das ich lieber bei Tageslicht durchwandern würde. Aber die unbehagliche Aussicht auf eine Übernachtung im strömenden Wasser treibt mich vorwärts. Noch habe ich Hoffnung, eine Ortschaft zu erreichen. Dann endlich, nach einem stockfinsteren Hohlweg, in dessen Schlamm ich bis zu den Knien wate – die Schuhe habe ich ausgezogen, die Hosenbeine hochgekrempelt –, heben sich dunkel die Dächer eines Dorfes gegen den Nachthimmel ab. Niedrige, strohgedeckte Hütten, alles still und dunkel. Ich traue mich nicht, irgendwo anzuklopfen und die Bewohner aus dem Schlaf zu reißen. Unschlüssig lehne ich mich an eine kleine Mauer, sodass der Rücken vom Gewicht des Rucksacks entlastet ist. Im Haus gegenüber öffnet sich eine Tür, eine Frau kommt heraus. Sie sieht mich trotz der Dunkelheit und winkt mich heran. Ich bitte sie um einen Schlafplatz in einer Scheune oder einem Schuppen, doch sie lädt mich zu sich ins Haus ein.

Ihr Haus besteht aus einem einzigen dunklen Raum aus unverputzten Feldsteinen mit offener Feuerstelle, einem Hängeregal, wo sauber das Geschirr aufgereiht ist, einem großen Tisch und einem Bettgestell. In einem auf halber Höhe abgeteilten Verschlag quieken Schweine, und drei Katzen schleichen durch die dunkle Wärme. Die Frau legt Holzscheite in das glimmende Feuer, das bald hell aufleuchtet. Ich bin froh, die nasse, verschmutzte Kleidung ausziehen zu können. Sie wird um das Feuer mit Stöcken aufgestellt, wie an einem Lagerfeuer. Die Frau bringt zwei Speckscheiben, die sie zum Rösten direkt in die Flamme legt. Mit einem Glas Rotwein ist der scharf angebratene Speck eine Delikatesse. Der Rauch des Holzes hat ihm eine köstliche Würze verliehen. Später bekomme ich noch eine dicke, wohlschmeckende Gemüsesuppe. Die Wärme, das Essen und der Rotwein machen mich schlagartig müde. Schwer sind die Beine. Wie viele Kilometer mögen es gewesen sein? Ich weiß es nicht. Ich weiß nur, dass ich heute fünfzehn Stunden fast unentwegt gelaufen bin.

Die Frau, sie nennt sich Antonia, rückt eine Bank vor das Feuer. Da sitzen wir, beleuchtet vom rötlichen Feuerschein. Die Katzen schnurren um unsere Beine. Ab und zu klingt das Grunzen der Schweine aus dem Verschlag. Das Feuer flackert und knistert. Ich habe das Gefühl, als sei ich in eine ferne Vorzeit versetzt. So ähnlich muss es in den Behausungen der Kelten und Iberer gewesen sein.

Antonia erzählt, dass sie allein sei. Zwar hat sie erwachsene Kinder in diesem und in den Nachbardörfern. Doch ihr Mann sei vor drei Wochen gestorben, und seinen Verlust wird sie nie überwinden können. Sie klagt nicht, sondern sagt es als Feststellung, die bitter, aber nicht zu ändern ist.

»*El fue tan bueno, un hombre bueno! El hombre mas bueno del mundo!* Er war so gut, ein guter Mann! Der beste Mann der Welt!«, sagt sie traurig. »Wir haben so schöne Jahre miteinander verbracht. Mein Leben ist sinnlos ohne ihn. Doch wenn wir schon nicht gleichzeitig sterben konnten, so war es besser, dass er zuerst ging. Ich ertrage das Leid eher, aber ich warte sehnsüchtig auf die Stunde, ihm zu folgen.«

Ich lege den Schlafsack auf den fest gestampften Boden. Eine der drei Katzen schmiegt sich an meine Seite.

Ich schlafe lange. Das Haus hat nur winzige Fensterluken. Erst als Antonia die Tür öffnet und Licht hereinflutet, erwache ich. Blauer Himmel! Sonne! Als sei das Unwetter gestern ein Spuk gewesen. Antonia erklärt mir den Weg nach Cebreiro.

»Drei Stunden, dann bist du dort«, sagt sie leichthin. Sie weiß ja nicht, wie schwer der Rucksack ist. Außerdem muss ich oft stehen bleiben und die Aussicht genießen. Berge, flammend gelb von Ginsterbüschen. Tiefe Einschnitte, grün und von Wildbächen durchrauscht, Wälder und dann wieder kahle Bergrücken. Ein wolkenloser Azurhimmel. Bluthänflinge und die clownhaften Stieglitze hängen an mannshohen Disteln und zupfen die Samenkörnchen heraus. Kaum zu glauben, dass dieses blühende Gebirge mit dem gestrigen identisch ist.

Die Sonnenstrahlen haben eine große Schlange hervorgelockt. Lang ausgestreckt liegt sie zwischen Steinen und Macchiagebüsch. Ich habe sie nur zufällig entdeckt, denn ihr dunkler, grün gesprengelter Körper ist ideal getarnt. Als würde sich ein Suchbild auflösen, hatte ich plötzlich gesehen, wie sich die Umrisse eines Schlangenkörpers von der Umgebung abgrenzten. Langsam lasse ich den Rucksack zu Boden gleiten und schleiche mich an. Die Körperlänge, die großen Kopfschilde und die runde Pupille des Auges deuten darauf hin, dass es eine Natter ist, also ungiftig. Schlangen sind meine Lieblingstiere.

Als Kind fing ich jedes Jahr eine Ringelnatter, nahm sie mit nach Hause und schlang sie mir, zum Entsetzen meiner Eltern, während der Schularbeiten um den Hals. Die Schlangen wärmten sich an meiner Haut und blieben deshalb ruhig liegen. Auf ausdrücklichen Wunsch meiner Mutter musste sie im Terrarium eingesperrt sein, aber ich ließ ihr heimlich Auslauf. Ich brauchte sie nie zu suchen, nur abzuwarten, bis die Sonne durchs Fenster schien und auf dem Teppich ein warmer Sonnenfleck entstand, dort fand ich dann meine Schlange. Es war nur schlimm, wenn meine Mutter sie zuerst entdeckte.

Ich bin nah an das Tier herangeschlichen. Sie hat noch nichts bemerkt. Jetzt muss ich vorschnellen und zugreifen, möglichst dicht hinter ihrem Kopf, denn auch ungiftige Schlangen beißen und hinterlassen schmerzhafte Hautwunden. Sprung, Griff – und schon windet sich der muskulöse Schlangenkörper in meiner Hand, umschlingt den Arm, ringelt sich wild und schnellt peitschend hin und her. Jetzt erst erkenne ich, wie groß diese Schlange ist. Sie an Kopf und Schwanz fassend, hängt der Körper in meinen ausgebreiteten Armen, also ist sie mehr als anderthalb Meter lang! Ein Prachtexemplar! Ich lege mir die Schlange vorsichtshalber nicht um den Hals. Noch ist sie gereizt durch den Fang. Ihren starken Leib durchziehen wellenförmige Muskelbewegungen. Dunkelolivfarben ist der Rücken und grünlich gesprenkelt sind die Seiten, also könnte es eine gelbgrüne Pfeilnatter sein. Um sicher zu sein, müsste ich die Anordnung ihrer Kopfschilde mit den Angaben in einem Bestimmungsbuch vergleichen. Als ich sie wieder auf den Boden setze und loslasse, zischt sie, ihrem Namen Ehre machend, pfeilschnell davon.

Ein winziges Dorf drängt sich in den Gebirgshang. El Faba. Ein Haus mit blumengeschmücktem Holzaltan gefällt mir besonders. In diesem Moment, als ich es bewundere und mich frage, welche Menschen darin leben mögen, tritt eine hoch gewachsene, schlanke Frau mit einem Madonnengesicht aus der niedrigen Tür. Ihre Augen sind blau und strahlend. Ich bedaure, vorbeigehen zu müssen. Gern würde ich diese Frau kennen lernen, doch mir fällt nichts ein, um sie anzusprechen. Als hätte sie meine Gedanken erraten, fragt sie mich, ob ich eine Weile in ihrem Haus rasten wolle, es sei doch gerade die heißeste Stunde des Tages. Dankbar, in der Nähe der sympathischen Frau sein zu können, folge ich ihr. Sie zeigt mir das Haus. Es sei über 300 Jahre alt und immer im Besitz ihrer Vorfahren gewesen.

Die Mauern und Holzbalken in der Küche sind vom Kochen auf offenem Feuer geschwärzt; es ist eine schier unlösbare Schicht, sagt sie, wie schwarzer Lack. In der Küche steht ein gemauerter Backofen. Maria öffnet die eiserne Ofentür und holt warmes Brot heraus.

»Ich habe es gerade frisch gebacken – kosten Sie mal. Dann wissen Sie, wie richtiges Brot schmeckt«, sagt sie selbstbewusst.

Ich muss auch die Wurst und den Wein probieren. Sie erzählt mir von ihrem Leben hier oben. Alles macht sie selbst, braucht nichts zu kaufen, außer Zucker, Salz, Kaffee. Im Winter seien sie wochenlang völlig eingeschneit. Niemand kommt herauf und keiner herunter. Ihr gefalle es so, wie es ist, sie wolle kein anderes Leben. Ihre zwei erwachsenen Söhne leben noch bei ihr. Sie sind hier verwurzelt und möchten nicht woanders hin. Aber sie finden keine Frauen, die mit ihnen das harte Dasein teilen wollen. Zwei Stunden bin ich geblieben; ich habe kaum gemerkt, wie die Zeit vergangen ist. Ich spüre eine innige Übereinstimmung mit Maria, wie man es nur selten erlebt. Ich trete aus der Tür. Maria bittet mich, noch einen Moment zu warten, sie will aus ihrem Garten eine Blume für mich holen. Da sehe ich auf dem Weg vor dem Haus einen Mann vorbeigehen. Rucksack und Wanderstock kennzeichnen ihn als Pilger. Sein Blick elektrisiert mich.

»*Tu eres la alemana, que se llama Carmen?* Bist du die Deutsche, die Carmen heißt«, fragt er.

»Ja, wieso?«, erwidere ich total verblüfft.

»Na, endlich habe ich dich eingeholt! Alle erzählen sie von dir – Pavel, Tommaso, Atze. Bis gleich, ich warte auf dem Pass auf dich!«, sagt er und marschiert bergan.

Es muss am Rotwein liegen. Mir ist leicht schwindlig und mein Herz schlägt schnell. Warum ist er weitergegangen? Er hätte doch warten können. Bis zum Pass ist es noch wer weiß wie weit. Er hatte so eigenartige Augen. Aus welchem Land mag er stammen? Er hat Spanisch gesprochen, wie auf dem Pilgerweg üblich. Er war groß, schlank, schmales Gesicht, dunkelblonde Haare, nichts Auffallendes außer den Augen. Grün müssen sie gewesen sein oder hellbraun, auf jeden Fall magnetisch.

Ich schreite kräftig aus, vielleicht kann ich ihn einholen. Eine traumhaft schöne Landschaft, ein freier Bergrücken mit Ginster und Fingerhutstauden bewachsen, tief eingeschnittene Täler mit grünen Wiesen, Kastanien und Erlen an den sich aufschwingenden Höhen.

Nach einer Stunde erreiche ich Cebreiro, den ersten Ort auf galicischer Seite, denn auf dem Gebirgskamm verläuft die Provinzgrenze. In Cebreiro stehen die letzten keltischen Häuser, die *pallozas*, niedrig, fensterlos, aus Bruchsteinen errichtet, mit runden Mauern und einem Kegeldach aus trockenem Ginster und Heidekraut. Auf offenem Feuer wurde gekocht, einen Schornstein gab es nicht, und in einem Verschlag waren die Tiere unterm gleichen Dach untergebracht. Aber hier in Cebreiro ist in einem *palloza* das Museum für galicische Volkskunst, in dem zweiten eine Unterkunft für die Pilger, und die anderen dienen nur noch als Ställe.

Aber wo sind sie, die Pilger? Endlich finde ich sie. Sie sitzen an langen Holztischen, trinken und essen. Es ist ein rustikales Gasthaus mit Holzbalkendecke und dicken Steinmauern. Da sind viele Leute, die ich nicht kenne, denn nach Cebreiro führt nicht nur der Fußweg, sondern auch eine Straße. Tommaso sieht mich und winkt. Er will wissen, ob es sich denn gelohnt habe, nach Peñalba zu gehen.

»Das ist die Carmen«, stellt er mich den anderen vor. »Ihr genügt der Pilgerweg nicht, sie muss noch alle möglichen Umwege machen und alte Kirchen aufsuchen.«

Mit am Tisch sitzen fünf Belgier, die mit einem Auto und Fahrrädern auf Tour sind. Abwechselnd fährt einer das Auto, und die übrigen vier radeln. Zwei Franzosen, auch mit Fahrrädern, und drei Spanier mit Auto. Zu Fuß unterwegs sind nur Tommaso, ich und der Grünäugige. Ja, der Pilger, der mich in El Faba angesprochen hatte, sitzt mit am Tisch. Er hat tatsächlich grüne Augen mit einem goldenen Schimmer. Er heißt Sergio und ist Spanier.

Atze und Pavel waren ebenfalls hier, aber sie seien schon weitergewandert, erfahre ich.

Wir besichtigen zusammen die Kirche. Sie ist aus Bruchsteinen errichtet wie die Häuser. Klein duckt sie sich vor dem Gebirgswind an den Erdboden. Der Eingang ist von einer Vorhalle überdacht. Der Turm ragt nur wenig über das Dorf hinaus. Die Kirche ist um 800 erbaut worden. Die rechteckigen Apsiden und das Langhaus sollen noch von diesem frühen Bau stammen. Die Außenmauern der Seitenschiffe, die Westfront mit Kapelle und Taufstein stammen aus dem 13. Jahrhundert. Obwohl die Kirche unzerstörbar scheint mit ihren meterdicken Mauern, war sie schon fast in sich zusammengestürzt, bevor man sie 1962 wieder instand setzte, erzählt uns der Pfarrer. Stolz zeigt er uns in der dreischiffigen Kirche eine Muttergottesskulptur aus dem 12. Jahrhundert. Sie trägt eine juwelengeschmückte Krone auf dem Kopf. Auf ihren Knien sitzt ein Jesuskind. Es schaut auf den Betrachter und hebt segnend die Hand. Es ist keine in sich versunkene Andachtsskulptur, sondern ganz auf Wirkung, auf Ansprache ausgerichtet. Und die Jungfrau Maria ist nicht als liebliches, unschuldiges Wesen dargestellt, eher als reife, selbstbewusste Frau, die mitträgt, wofür ihr Sohn ausersehen ist. Die Gesichtszüge dieser Holzskulptur erinnern mich an Maria, der ich in El Faba begegnet bin.

Der Pfarrer zeigt uns einen Silberbecher aus dem 12. Jahrhundert und berichtet von einem Wunder, das sich in dieser Kirche zugetragen haben soll: Ein Mönch, kein glühender Anhänger des Glaubens, sondern ein Zweifler und Spötter, hielt dessen ungeachtet die Messe. Da kam ein Bauer aus der weit abgelegenen Siedlung Barxamaior in die Kirche. Er hatte sich durch Schnee und Sturm gekämpft. Der Mönch machte sich über den erschöpften Mann lustig: »Was ist er doch für ein dummer Kerl, tut sich solche Beschwerlichkeiten an, nur wegen so einer unnützen Sache wie einer Messe. Wäre er lieber bei Weib und Kind geblieben!«

Als der Mönch das gesagt hatte, verwandelte sich die Hostie in Fleisch, und im Kelch befand sich Blut. Der Mönch erschrak sehr und wurde durch das Wunder bekehrt. Das Ereignis wurde weitererzählt, und viele Pilger, die davon hörten, berichteten bei ihrer Heimkehr von dem eucharistischen Wunder in Galicien. In der Parzivalsage taucht es als Gralswunder wieder auf.

Während die anderen in die Gaststätte zurückkehren, bleibe ich noch eine Weile draußen.

Der Wind faucht über den Pass. Im Westen, dort, wo sich die Sonne senkt, liegt das Meer. Noch ist es nicht sichtbar. Bergrücken staffeln sich hinab in die Ebene von Galicien. Dunkelviolett färbt sich der Himmel, ein letzter heller Schein schimmert dort, wo die Sonne untergegangen ist. Es ist nicht mehr weit bis Santiago, nur noch 143 Kilometer, das ist weniger als die Strecke nach Silos hin und zurück. Santiago de Compostela! Wie wird es sein, wenn ich nach den vielen Wandertagen dort ankomme? Auf einmal freue ich mich auf das Ziel. Vielleicht, weil ich von dem heutigen Tag so reich beschenkt wurde. Da war Antonia, die mich nachts in ihr Haus holte. Dann die Wanderung durch das sommerliche Gebirge, erfüllt vom Duft des Ginsters. Die Begegnung mit Maria in El Faba. Und dann, als ich schon vollkommen glücklich war, als ich mit Freude im Herzen meines Weges ziehen wollte, kam Sergio. Gerade hatte ich mein inneres Gleichgewicht gefunden, war in Übereinstimmung mit mir selbst, da erschien er! Als ich ihn sah, empfand ich die Begegnung als Fügung. Ich wusste sofort: Auf ihn habe ich gewartet! Das Gefühl musste sich nicht entwickeln, es hatte bereits in mir existiert. Noch nie habe ich mich auf diese blitzartige Weise verliebt. Von diesem Sergio weiß ich nichts, und doch wünschte ich – sogleich, sofort–, für immer mit ihm zusammen sein zu können. Es ist, als wären wir von Anbeginn unseres Lebens aufeinander zugesteuert, um uns hier am Cebreiro, dem letzten Pass vor Santiago, zu treffen.

Als ich jedoch in die Gaststätte trat und ihn am Tisch inmitten der anderen fand, wurde ich ernüchtert. Er ist nicht das, was seine Augen versprochen haben. Aber vielleicht ist sein Wesen noch eingesponnen, verpuppt, und ich muss nur Geduld haben, bis es wie ein Schmetterling die starre Hülle durchbricht und die Flügel entfaltet.

Inzwischen ist es Nacht. Die violetten Wolken haben sich schwarz gefärbt. Keine Sterne, kein Mond. Ich gehe zurück in die Gaststätte, bleibe aber nicht lange. Ich brauche Ruhe zum Nachdenken. Im Schein der Taschenlampe finde ich das *refugio*. Im Dunklen wirkt das Keltenhaus noch urtümlicher. Das Kegeldach hängt so tief, dass ich es mit der Hand berühren kann. Die Holzbohlentür ist niedrig. Ich muss mich beim

Eintreten bücken. Innen ist ein ellipsenförmiger Raum, der sich nach oben weitet. Die starke Balkenkonstruktion, die das schwarze Pflanzendach trägt, ist sichtbar. Auf einer Seite des Raumes ist Stroh aufgeschüttet, dort rolle ich meinen Schlafsack aus. Ich höre nicht mehr, wie die anderen Pilger kommen und sich auch zum Schlafen niederlegen.

Spärliches Licht fällt durch eine Mauerluke. Undeutlich sehe ich die Zeiger auf der Armbanduhr – schon acht Uhr! Ich habe wegen der Dunkelheit, die in dem fensterlosen Raum herrscht, wieder länger als sonst geschlafen. Links und rechts neben mir liegen die anderen in ihren Schlafsäcken. Leise stehe ich auf.

Von Cebreiro bis Portomarín

Es regnet! Als ich die knarrende Holztür langsam öffne, schlägt mir als Erstes der Wind wie ein nasser Waschlappen ins Gesicht. Es ist ein Schock! Nach dem gestrigen Sonnentag hatte ich heute mit ebenso schönem Wetter gerechnet. Regen und Nebel verwandeln das Dorf. Die Nässe tropft von den Dächern, die Bruchsteinmauern wirken zyklopenartig. Die Kirche stemmt sich den Windböen entgegen. Nur als schemenhafter Umriss ist der Turm erkennbar. Die Tür ist abgeschlossen. Ich hätte mir gern noch einmal die Marienskulptur angesehen.

Der Weg führt steil bergab und geht schmerzhaft in die Knie. Wie gut, dass ich mich mit dem Stock abstützen kann, den die Frau in Poblacion de Campos mir geschenkt hatte. Sehen kann ich nicht viel. Nebel verhüllt die Landschaft. In Böen stößt der Regen auf mich nieder. Der Wind bauscht den Regenumhang. Ich komme mir vor wie eine nasse Fledermaus, die vom Berg flattert.

Der Abstieg geht mir zu schnell. Jetzt bereue ich, nicht länger in Cebreiro geblieben zu sein. Aber was hätte ich tun sollen, hellwach unter den Schläfern?

Es regnet noch immer, als ich, nun schon im Tal, nach Triacastela gelange. Der Friedhof am Weg ist pflanzenüberwuchert. Malven und Goldraute überragen die Grabkreuze. In der Mitte steht eine Friedhofskirche, der ein Turm aufsitzt, als wäre sie nur die Basis für seine aufragende Größe. Mir kommt auf einmal die Idee, dass jeder Kirchenbau das männliche und das weibliche Prinzip in sich verkörpert: Das Kirchenschiff mit seinem Geborgenheit spendenden Hohlraum, ist ganz auf Innerlichkeit bedacht, und der aufgerichtete Turm strebt nach Wirkung und will Aufmerksamkeit erregen. Die Steine der Friedhofskirche von Triacastela sind von Flechten überzogen, sie sind deshalb dunkel schattiert, fast schwarz. In den Mauerspalten wachsen Büsche und junge Bäume. Mir gefällt, wie diese Kirche mit der Natur eine Einheit bildet.

Durch grüne Täler mit viel Wasser und hohen Bäumen gelange ich am Abend nach Samos. Inmitten üppigen Grüns liegt ein mächtiger Klosterkomplex, das Benediktinerkloster Samos. Die Mönche müssen mit Bedacht dieses fruchtbare Gebiet als ihren Besitz ausgewählt haben. Die Renaissancefassade, die herrschaftlichen Steintreppen, die Wirtschaftshäuser, die langen Wohntrakte, die Kuppel der Renaissancekirche und die zwei Kreuzgänge künden von Reichtum. Als machtvolles steinernes Monument liegt das Kloster Samos inmitten von all dem Grün. Einst eine wichtige Station auf dem Pilgerweg, nimmt das Kloster noch heute Pilger auf, die zu Fuß unterwegs sind. Ein Mönch führt mich in einen hellen Raum mit sechs Betten aus weiß lackiertem Metall, ähnlich wie Krankenhausbetten, und mit weißen Nachttischen. Tommaso trifft als Nächster ein. Wir kochen Spaghetti mit Zwiebeln und Tomaten.

Tommaso ist verheiratet. Er wirkt nicht glücklich, als er über seine Ehe spricht. Nach Santiago ginge er, um sich klar zu werden, wie er leben wolle.

Ein Mönch klopft an die Tür und tritt ein. Er trägt ein schweres, in Leder gebundenes Buch, das Gästebuch des Klosters, und bittet darum, dass wir uns eintragen. Der Mönch setzt sich auf ein Bett und berichtet von Erlebnissen mit Pilgern, die im Kloster übernachteten.

»Diejenigen, die sich anständig verhielten, habe ich mir nicht gemerkt. Aber einige werde ich niemals vergessen. Am lebhaftesten hat sich mir ein Pilger eingeprägt, oder was war er eigentlich? Es ist schon einige Jahre her, da klingelte das Telefon und eine männliche Stimme tat kund, er wünsche im Kloster zu übernachten, aber er werde erst später ankommen. Ich wartete bis Mitternacht. Dann ging ich zu Bett mit der Gewissheit, er habe anderswo eine Unterkunft bekommen. Gegen halb drei wache ich auf. Wüster Radau. Ich eilte zur Pforte, dachte schon, etwas Schlimmes, ein Unglück, eine Katastrophe müsse passiert sein. Vor dem Kloster stand ein Mann, und der schlug wie ein Berserker mit aller Kraft einen dicken Knüppel gegen das Tor. Es war ein furchterregender Anblick. Ich sah mich wehrlos einem Wahnsinnigen gegenüber.

Es stellte sich jedoch heraus, es war der Mann, der telefoniert hatte, und er wollte nur sein Nachtquartier. Stellen Sie sich das vor, um halb drei tobt der wie ein Tollwütiger an einer Klosterpforte – das kann seiner Seele kein Heil gebracht haben.«

Die Erinnerung an das Erlebnis hat den Mönch aufgeregt. Er beruhigt sich aber schnell wieder, lächelt und wünscht uns eine gute Nacht. Das Buch würde er morgen früh abholen. Ich lese die vielen Eintragungen in dem Gästebuch. Fast alle deutschen Pilger bedanken sich herzlichst für die Gastfreundschaft, rühmen die komfortable Unterkunft, das bequeme Bett, die Waschräume, das Essen. Aus den anderssprachigen Inschriften entziffere ich Sätze, die das Nachdenken über die Pilgerschaft beinhalten, die Motive des Unterwegsseins werden angesprochen, philosophische Gedanken über Weg und Ziel dargelegt, religiöse Überzeugungen geäußert und Zweifel bei der Selbstfindung. Warum steht allein bei den Deutschen das leibliche Wohlergehen im Vordergrund? Es ist rührend, ihre dankbaren Lobpreisungen zur vorgefundenen Bequemlichkeit zu lesen, aber keine geistige Kraft, keine Gedanken, keine Gefühle zum Pilgerweg. Das wundert mich. Sind die Menschen in Deutschland durch den Wohlstand bereits zu verwöhnt? Deshalb machen ihnen vielleicht die Unbequemlichkeiten des Weges mehr Beschwerden als Pilgern anderer Nationen, sodass sie gar nicht anders können, als im Gästebuch ihre Dankbarkeit für die Erlösung von den Leiden zu bekunden. Nach den Eintragungen zu urteilen, scheint bei den Deutschen im Mittelpunkt ihres Denkens und Fühlens nur die Dusche zu stehen! Jedenfalls wird ihre segensreiche Wirkung von fast allen Deutschen gepriesen. Ich bin sicher, auch die Pilger aus Frankreich, England, Holland, Belgien, Polen, aus der Tschechoslowakei und aus Spanien haben die Unterkunft genossen, aber warum das Duschen erwähnen, wo es doch so viel Wichtigeres zu sagen gibt?

Als wir schon fast in unseren Krankenhausbetten eingeschlafen sind, kommen drei Franzosen in den Raum. Sie verhalten sich, als seien sie allein im Zimmer, und reagieren nicht auf unsere Bitten, doch etwas leiser zu sein.

Vielleicht verstehen sie kein Spanisch. Sergio, auf den ich insgeheim gewartet hatte, kommt nicht.

Noch bevor die anderen am nächsten Tag aufstehen, bin ich schon pilgerbereit und marschiere durch das grüne Tal. Die Sonne scheint hinter den Wolken, und dunstiger Nebel zieht durch die dichten Kronen der Maronenbäume. Die Luft ist feuchtigkeitsschwer. Windstille. Dieses Galicien ist sehr verschieden von den anderen Provinzen. Seit ich gestern von dem Gebirge abgestiegen bin, kann ich kaum glauben, noch in Spanien zu sein. Galicien ist wie ein Schwamm, es saugt die Feuchtigkeit auf und verwandelt sie in wuchernde Vegetation. Wälder, Wiesen, Felder, Hecken, alles üppig grün. Die Dörfer sehen anders aus. Statt Holzzäunen umgrenzen senkrecht gestellte Steinplatten die Gebäude und Gärten, oft auch die Felder. Die Häuser sind aus fast schwarzen Steinen und mit dunklen Schieferplatten gedeckt. Die Menschen haben die galicischen breitknochigen Gesichter mit tief liegenden Augen. Sie sprechen einen Dialekt, den ich nicht verstehen kann, und auch wenn sie sich um klares Spanisch bemühen, klingt es kehlig. Es sind ernste Menschen, zurückhaltend und verschlossen. Sogar der Himmel ist anders in Galicien. Er hat die Weite verloren und seine glasklare Höhe. Schwer lastet er auf der Erde. Regenträchtig ziehen niedrig die Wolken. Und selbst wolkenloser Himmel hat niemals die azurblaue Leichtigkeit wie in Kastilien. Galicien ist ein fruchtbares Bauernland, aber erdenschwer und dunkel.

Eigentümlich sind die *horreo*. Meist sind sie außerhalb der Ortschaften zu finden, und nur durch beharrliches Nachfragen erfahre ich, dass es Vorratsspeicher sind. Sie sehen aus wie kleine Häuschen. Ein viereckiger, steinerner Kasten, darüber ein Satteldach aus Steinplatten. Die Speicher stehen nicht auf der Erde, sondern auf vier steinernen Säulen mit je einer mühlsteinartigen Steinplatte dazwischen, damit die Mäuse nicht hineinklettern können. Der Dachfirst ist an seinen zwei Enden mit kleinen Türmchen oder Spitzen geschmückt. Die eine trägt das christliche Kreuz, die andere ein keltisches Zeichen, das aussieht wie ein Phallussymbol. So sind die lebensnotwendigen Vorräte doppelt geschützt: vom Christentum und vom heidnischen Abwehrzauber. Eigentlich sind sie Konkurrenten um den Glauben der Menschen, aber hier miteinander vereint in inniger Gemeinschaft und Aufgabenteilung. Selbst die Friedhöfe sind anders in diesem alten Land der Kelten. Statt Gräbern, Grabsteinen und Kreuzen sind Grabhäuser aufgebaut, ähnlich der Form der *horreo*, allerdings verziert mit Steinfiligran. Die Friedhofsmauer ist rings mit Phalluszeichen gespickt. Vor lauter emporgerichteten Phalli kann ich kaum noch Kreuze erkennen. Diese Symbole der Fruchtbarkeit scheinen den Menschen zu einem langen Leben verholfen zu haben, denn fast alle hier Begrabenen wurden älter als 80, einer sogar 92 Jahre.

Zwischen Viehweiden und beschattet von Eichen steht eine unscheinbare romanische Kirche, die Santiagokirche von Barbadelo. Sie ist bemerkenswert in ihrer Einfachheit. Da ist ein Tympanon. Es zeigt außer einem dekorativen Fries einzig eine unbeholfen eingemeißelte Figur. Angewinkelt hebt sie die Arme nach oben. Soll das Jesus Christus sein, der die Eintretenden segnet? Nur die Umrisse des Körpers sind zu erkennen, kein Gesicht, keine Kleidung, keine Details. Einzig diese kleine, einsame Figur, die die Arme ausbreitet.

Dicht auf dicht folgen die Dörfchen hintereinander mit seltsam klingenden Namen: Morgade, Mirallos, Moimentos, Montras ... Mit den Bewohnern komme ich nicht in Kontakt; der Pilgerweg ist beidseits von hohen steinernen Mauern eingefasst. So bleiben Pilger und Dörfler abgegrenzt voneinander. Nur einmal begegnet mir ein etwa fünfzehnjähriges Mädchen. Sie will scheu an mir vorbeigehen. Da bitte ich sie schnell um Wasser, obwohl ich gar keinen Durst habe, sondern nur ein paar Worte reden möchte. Sie zögert, bleibt stehen. Dann nimmt sie meine Wasserflasche und verschwindet hinter den Mauern. Nach kurzer Zeit kehrt sie zurück, mit der gefüllten Flasche und einem Glas, randvoll mit perlendem eiskaltem Wasser, sodass ich meinen Durst stillen und die Flasche als Reserve mitnehmen kann. Sie ist ein pummeliges Mädchen mit grauen Augen, die wie von innen leuchten. Maria Jesus heißt sie. Sie antwortet auf meine Fragen: Sie gehe in Sarria zur Schule. Was sie später machen werde, wisse sie noch nicht. Wahrscheinlich heiraten und im Dorf bleiben, sie kenne niemanden, der bisher aus ihrem Dorf weggezogen sei.

Am Abend leuchtet im Westen ein grüner Schimmer. Im Tal kräuselt sich das Wasser eines Stausees. Auf seinem Grund liegt ein versunkenes Dorf. Portomarín war eine reizvolle mittelalterliche Ortschaft, eine wohlbekannte Station des Pilgerweges. Eine romanische Brücke führt über den Mifio. Die Häuser versanken in den künstlich angestauten Fluten des

Flusses. Die Kirche San Pedro, den Palast der Berbetoros, das Herrschaftshaus der Barone Mazu und die Wehrkirche San Nicolas versetzte man an das Hochufer des neu entstandenen Sees. Jeder Stein dieser Gebäude wurde nummeriert, abgetragen und wieder aufgebaut. Die Häuser sind neu. Im Gegensatz zu den sonst dunklen galicischen Bauernhäusern sind diese blendend weiß. In ihrer Mitte steht wie ein Klotz die turmlose Wehrkirche San Nicolas. Sie wirkt zwischen den modernen Häusern wie ein fremdartiger Torso. Der hohe Kasten ähnelt eher dem Teilstück einer zyklopenartigen Burgmauer als einer Kirche.

Den Stausee überquere ich in der Abenddämmerung auf einer modernen Zementbrücke. Am gegenüberliegenden Ufer ein einzelnes Haus. Auf der Veranda stehen Menschen, winken und rufen. Ich erkenne Tommaso und Pavel. Und Sergio!

Es ist eine Jugendherberge. Auch Nichtpilger können sich einmieten und längere Zeit bleiben, während man in den *refugios* in der Regel nur einmal übernachten darf.

Wir sitzen im Mondschein auf der Terrasse. Pavel und Tommaso sind schlafen gegangen. Sergio spricht Spanisch mit katalanischem Dialekt, ich muss mich sehr anstrengen, ihn zu verstehen. Es ist mir nicht möglich, mit ihm einen Dialog zu führen. Gelingt es mir mal, seinen Redestrom zu unterbrechen und meine Gedanken hinzuzufügen, hört er nicht zu und ist ungeduldig, seinen Gesprächsfaden wieder aufzunehmen. Bereits vorher in der Unterhaltung mit Tommaso und Pavel hatte mir nicht gefallen, wie Sergio sich verhielt. Zunächst war ich froh, als die beiden zu Bett gingen, denn ich hoffte, dass ich Sergio hinter seiner Maske finden könnte. Nun langweilt mich sein Geschwafel. Abrupt stehe ich auf und sage, ich ginge jetzt schlafen. Er folgt mir und als wir in dem schmalen Gang sind, umfasst er mich plötzlich und hat mich schon in sein Zimmer hineingezogen. Ich reiße mich los. Doch bevor ich bis zur Türe komme, hat er mich eingeholt und zerrt mich zum Bett. Ich wehre mich mit aller Kraft. Verärgert hält er inne. »Warum führst du dich so auf? Ich dachte, du willst. Du hast mich doch die ganze Zeit angemacht.«

Vor Wut schimpfe ich auf Deutsch: »Du blöder Trottel, du!«

An der Tür, wieder ruhiger geworden, drehe ich mich noch mal um und sage: »*Asi no!* – So nicht!« und gehe.

Von Portomarín bis Monte Gozo

Am Morgen liegt eine Nebelwand über dem See. Die Sonne steigt höher und durchdringt mit ihren Strahlen den Wasserdampf, wärmt und trocknet. Der Nebel reißt auf, bekommt Risse, Sprünge, Löcher. Die Wasserfläche schimmert hindurch. Nebelfetzen verwehen.

Die Tür ist verschlossen. Ich möchte wie immer die Morgenfrühe zum Wandern nutzen und suche nach einem Ausstieg. Schließlich seile ich mit einem Strick den Rucksack vom Balkon ab, klettere auf einen Absatz hinunter und springe. Geschafft! Der See spiegelt den blauen Himmel. Die letzten zartweißen Nebelschleier vergehen.

Gestern Abend war es zu spät, das neue Portomarín zu besichtigen, vor allem die Wehrkirche möchte ich von nahem sehen. Gebaut im 13. Jahrhundert im Auftrag des Ritterordens San Juan de Jerusalém, ist sie eher vom kriegerischen als religiösen Geist geprägt. Es ist ein strenger, kastenförmiger Bau. Fensterlos ragen die Mauern empor, nur schießschartenartige Einschnitte sind vorhanden. Der rechteckige Kasten ist hoch oben mit Zinnen gezackt. Einziger Schmuck ist eine Fensterrose an der Westfassade. Wahrlich eine Kirche, die dem Schutz und der Verteidigung derer diente, die in ihr Zuflucht fanden. An den Steinquadern sind gelbe Zahlen zu erkennen. Eigenartig zu denken, dass diese so unverwüstlich wirkende Kirche Stein für Stein abgetragen und hier neu wieder zusammengefügt wurde.

An das Langhaus ist im Osten ein runder, kleiner Chor angeklebt. Beim Umschreiten dieser Kirche sehe ich, dass sie drei Portale hat, im Westen, Süden und Norden. Im Gegensatz zu dem streng kriegerischen Erscheinungsbild der Wehrkirche sind sie figurenreich geschmückt. Drastische Darstellungen zeigen Menschen fressende Ungeheuer, Harpyen und saurierartige Wesen, aber natürlich auch Maria mit den Engeln.

Die Ortschaft wirkt uniform. Mit Arkaden aus Granit wollte man der Einförmigkeit entgegenwirken, hat aber das Gegenteil erreicht, weil sie lieblos hingeklotzt wurden. Wegen der frühen Morgenstunden sind wenige Menschen auf der Straße. Mit einer Frau, die gerade frisches Brot gekauft hat, komme ich ins Gespräch. Sie erzählt mir, wie glücklich sie sei über die neuen Häuser. Die sind modern und sauber. Dem alten Dorf, das auf dem Grunde des Stausees liegt, trauere sie nicht nach.

Ich pilgere durch den Wald. Bussarde kreisen im Himmelsblau. Girlitze trillern, und ein Eichhörnchen mit weißem Bauch schwingt seinen Schweif über den rotbraunen Rücken. In Windeseile erklimmt es einen Baum, setzt sich in sicherer Höh auf einen Ast und keckert wütend zu mir herunter. Wegen romanischer Malereien mache ich einen Umweg nach Villar de Doñas. Im Jahr 1184 wurde dort ein Kloster von dem Santiagoritterorden gegründet. Erhalten geblieben ist die Kirche von 1386. Sie diente auch als Mausoleum für die galicischen Ritter, die im Kampf gegen die Mauren gefallen waren. Neben einem kaum befahrenen Landsträßchen liegt diese kleine Santiagokirche, umgeben von mannshohen Stauden des roten Fingerhutes. Den Zugang rahmen arkadenförmige Bögen. Ich gehe hindurch. Es ist still. Kein Mensch ist zu sehen. Die Portaltür ist nicht verschlossen. Sie ist ochsenblutrot gestrichen und mit romanischen Eisenbeschlägen verziert. Eine eindrucksvolle Tür, über der sich drei Archivolten mit reichen Ornamenten spannen. Ein Tympanon ist nicht vorhanden. Auf den Säulenkapitellen sind Harpyen und Pflanzen eingemeißelt. Es wirkt sehr ursprünglich, als sei nichts restauriert worden.

Einschiffig öffnet sich der Kirchenraum. Er wirkt überraschend groß, weil sich an das Querschiff direkt drei Apsiden anschließen, sodass die Kirche eine grottenmäßige Ausweitung erfährt. Der gruftartige Eindruck wird durch die aufgereihten Sarkophage verstärkt. Da sind Rittergestalten in Stein gehauen und steinerne Wandbilder des Santiagoordens: die Muschel und das Schwert.

Die Wände und der mittlere Chor zeigen noch Spuren ehemaliger Malerei. Sie wirkt blässlich und stilisiert. Erst nach längerem Hinschauen werde ich ihrer besonderen Wirkung gewahr. Da ist ein Christus dargestellt nach der Auferstehung. Aber nicht triumphierend, sondern leidend und gequält, so, als sei ihm bewusst, dass sein Opfer umsonst war. Er hat sich halb aus dem Grab erhoben, als wolle er gleich wieder zurücksinken. Die durchbohrten Hände hält er vor dem Körper gekreuzt, der Kopf neigt sich mit schmerzvollem Gesichtsausdruck zur rechten Schulter. Nur zwei Farben wurden für das Bild verwandt, das also eher eine Zeichnung als ein Gemälde ist. Ein dunkler Strich umreißt die Kontur, mit Braunrot sind die Akzente gesetzt: Bluttropfen, Lippen, Haare und Heiligenschein.

In Galicien sind entlang des Pilgerpfades Meilensteine aus hellem Granit aufgestellt mit einer eingeprägten Muschel und mit Kilometerangabe. Alle 500 Meter stehen diese Granitblöcke, einen Meter hoch, nicht zu übersehen. Sie machen mich nervös. Ein hektischer Countdown in 500-Meter-Distanzen: – 68 – 67,5 – 67 – 66,5 – Kilometer bis Compostela! Ich wehre mich dagegen, dass mein Wandern zu einer Kilometerabhakerei entartet. Ich versuche, die Steine zu ignorieren, an ihnen vorbeizuschauen, die Zahl nicht zu lesen, und doch kann ich nicht verhindern, in den Sog der Zahlen zu geraten.

Was in Navarra und Kastilien der rote Mohn war, ist in Galicien der violettfarbene Fingerhut. Allenthalben prunkt er als hohe Staude am Wegesrand.

Am Himmel formieren sich verrückte Wolkenbilder, geheimnisvolle Zeichen, wie Hieroglyphen. Schnell verwirbeln sie, es bilden sich Kreisel und zerrissene Fahnen, aus denen sich wenig später eine neue »Schrift« formt. Die Wolkenränder schimmern in irisierenden Farben. Und die Sonne ist von einem buntfarbenen Ring umgeben. Ich kann mir vorstellen, wie ähnliche Naturerscheinungen mitunter zu Wundererlebnissen geführt haben. Denn der Gedanke liegt dem Menschen nahe, dass ungewöhnliche Erscheinungen etwas zu bedeuten haben. Was abweicht vom Üblichen, muss einen Grund haben, und da ihn die Menschen nicht kennen, werden sie verunsichert und in angsterfüllte Erwartung versetzt. Wenn sie die Erscheinung auf sich beziehen, werden sie glauben, entweder ausgezeichnet oder bestraft zu werden. Die Erregung, die Erwartung, das fixierende Hinschauen bewirkt im Gehirn Schwingungen, eine Art Hypnose, während der es Bilder unserer eigenen Phantasie produziert. So kann es passieren, dass diese Menschen in ihrer Vorstellung ganz wirklich die Muttergottes und andere Gestalten sehen und hören. Ich will ein Experiment machen und versuche mir einzubilden, dieser besondere Himmel mit dem großen irisierenden Kreis um die Sonne und den wirbelnden Hieroglyphen sei ein Zeichen für mich. Ein Zeichen, weil ich so brav gepilgert bin und morgen vor den Toren von Santiago de Compostela stehen werde. Aber schon dieser Gedanke erscheint mir lächerlich und absurd. Ich stelle mir vor, wie die Wassertropfen über 10 000 Meter hoch gerissen werden. Dort gefrieren sie zu Eis. Das Sonnenlicht bricht sich in den Eiskristallen, deshalb können wir den Haloring um die Sonne sehen. Und die »Hieroglyphen« entstehen, weil heftige Stürme in den oberen Luftschichten die ebenfalls gefrorenen Zirruswolken auseinander reißen. Und das alles wegen mir? Ich denke, der Himmel hat genug mit sich selbst zu tun, ihm ist es egal, ob ich nach Santiago gehe oder nicht. Dennoch freue ich mich über die Lichterscheinungen. Übrigens haben mich die drei Baumaugen, von denen Don Rafael gesprochen hatte, nicht angeblinzelt.

Ich meine, Wunder können tatsächlich passieren. Dann nämlich, wenn man an sie glaubt. Alle Wunder entstehen in unseren Köpfen. Der Mensch vermag viel mehr, als er selbst weiß. Unter besonderen Umständen entwickelt er Kräfte und Fähigkeiten, die er sich nicht erklären kann. Er könnte deshalb Angst vor sich bekommen. Deshalb braucht er eine Erklärung für das Ungewöhnliche, er findet sie, indem er sich außerirdische Kräfte vorstellt, himmlische Wesen, göttlichen Geist.

– 54 – 53,5 – 53 – 52,5 – 52 – Die Zahlen nehmen von mir Besitz. Morgen bin ich in Santiago! Unglaublich, der lange Weg soll so schnell schon zu Ende sein? Seit 34 Tagen bin ich unterwegs, morgen ist der 35. Tag! Mehr als 1000 Kilometer sind es gewiss, mit allen Umwegen zu den abseits gelegenen Klöstern und Kirchen. Ich versuche, mich an alles zu erinnern, was ich während der Wanderung erlebt habe, ich bemühe mich, in Gedanken meinen Weg zurückzuverfolgen. Es gelingt nicht! Die Gedanken wollen nicht in die Vergangenheit schweifen, sie stürzen nach vorn, auf Santiago zu.

Ich bücke mich, hebe ein abgefallenes Eukalyptusblatt auf und zerreibe es zwischen den Fingern. Der Duft ist stark. Ich rieche ihn gern.

Eukalyptusbäume sind schön, die Stämme gleichmäßig wie Säulen. Das Holz schimmert glatt und fest wie Marmor. Beim leichtesten Luftzug rascheln die lanzettförmigen Blätter. Wegen ihres besonderen Geruches, ihrer schlanken Schönheit und der silbergrauen Laubkrone, die sich filigran gegen das Himmelsblau abhebt, mag ich sie ganz besonders. Aber ich weiß auch, dass Eukalyptusbäume der Umwelt Schaden zufügen. Man muss sich nur einmal umsehen in einem Eukalyptuswald – kaum eine andere Pflanze kann dort gedeihen. Denn das Laub des Eukalyptus ist hart und imprägniert mit Aromastoffen. Es braucht unendlich lange zum Verrotten. Die herabfallenden Blätter decken Lage um Lage den Boden zu und ersticken alle anderen Pflanzen. Und staubtrocken ist es um ihn herum, weil der Eukalyptus viel Wasser verbraucht. Seine starken Wurzeln senken sich tief in den Erdboden. Sie pumpen das Wasser in die Baumkrone. Deshalb sinkt der Grundwasserspiegel, dort, wo Eukalyptus wächst. Die Landschaft trocknet aus.

Eukalyptus, ehemals nur in Australien heimisch, wird in vielen Ländern Europas, Südamerikas und Afrikas angepflanzt, überall dort, wo die ursprünglichen Wälder abgeholzt wurden. Die Anpflanzung wird als gute Tat bezeichnet, als vorbildliche Maßnahme, um der Erosion des Bodens entgegenzuwirken. Unverfroren lässt man sich die Wiederaufforstung mit hohen Subventionssummen finanzieren. Es sind schamlose Lügen, denn durch den Eukalyptus wird der Boden erst recht zerstört. Wie ein Pumpwerk saugt er alle Feuchtigkeit aus dem Untergrund, und das Land wird trockener als je zuvor. Den Besitzern von Eukalyptusanpflanzungen ist das gleich. Für sie ist wichtig, dass dieser Baum rasant wächst und gutes Geld bringt beim Verkauf an Zellulosefabriken. Dort wird er zu Papier verarbeitet. So wird unter dem Deckmantel naturschützender Wiederaufforstung, die auch noch staatlich subventioniert wird, ein doppelt einträgliches Geschäft betrieben.

Man kann einzelne Bäume pflanzen oder an Straßen als Alleebäume, aber als flächendeckende Anpflanzung sind sie schädlich für die Umwelt.

Mich empört die Frechheit, mit der industriemäßige Nutzung einer Baumart als Naturschutz deklariert und bezahlt wird. Dabei wissen die EG-Subventoren Bescheid über die verheerenden Auswirkungen des

Plantagenanbaus von Eukalyptus, aber es geht ihnen ja nicht darum, die Natur in Spanien zu erhalten, sondern an Spanien zu verdienen, indem sie den industriellen Aufbau unterstützen. Der Beitritt Spaniens zur EG ruiniert den Bauernstand, die kleinen und mittleren Höfe, wie ich bei meiner Wanderung durch die Dörfer feststellte, und vernichtet gleichzeitig auch noch die bisher weitgehend intakte Umwelt. Und das mit der Behauptung, die Natur zu schützen!

Geld für Naturschutzprojekte auszugeben ist der Widersinn an sich; man braucht die Natur nur in Ruhe zu lassen, so wäre sie am besten geschützt. Ein mit Mühe geretteter Tümpel, eine verhinderte Staustufe, ein nicht gebautes Atomkraftwerk dienen nur als Alibi und verstellen den Blick vor der flächendeckenden Erdzerstörung, vor dem globalen Verbrechen der Menschen an der Erde.

Noch immer duften meine Finger nach dem Blatt, das ich zwischen ihnen zerrieben habe. Schade, dass gerade der schöne Eukalyptus so negative Assoziationen weckt. Aber schädlich wird der Baum nur dort, wo er künstlich vom Menschen angepflanzt wird. In Australien wächst er in für seine Ansprüche geeigneten Gebieten, und in den Jahrtausenden der Entwicklung haben sich dort in den Eukalyptuswäldern Lebensgemeinschaften gebildet, Pflanzen und Tiere, die ohne den Baum nicht überleben könnten.

In Melide erfreut mich die letzte romanische Kirche des Pilgerweges. Am Rande des Dorfes liegt die Kirche Santa Maria, inmitten eines Friedhofes, überragt von den hohen Säulen der Zypressen. Die kleine, dunkle Friedhofskirche mit ihren verwitterten Säulenkapitellen trägt in sich den Geist des frühen Christentums, der sich mit dem keltischen Glauben verflochten hat.

Die letzte Nacht vor dem Ziel! Der goldene Sonnenball ist bereits untergegangen. Ich habe mein Nachtlager auf einem Hügel gefunden, zwischen Gräsern, schützend umgeben von Büschen wie ein grüner Burgwall. Der Abend ist klar, wolkenlos. Ein türkisfarbenes Leuchten am Horizont verliert sich im Samtblau des Himmelsgewölbes, an dem silbern die ersten Sterne blitzen. Mir fällt ein, dass die Sterne ja immer am Himmel sind und nur tagsüber vom grellen Sonnenlicht überstrahlt werden.

Im Schein der Taschenlampe schreibe ich in mein Wanderheft:

»Noch 49 Kilometer. Morgen bin ich in Santiago. Vielleicht wird es doch noch zu einem Ziel für mich?«

Als ich die Taschenlampe ausknipse, leuchten viele Lichtpünktchen auf. Glühwürmchen! Wie lange habe ich schon keine mehr gesehen? Die kleinen großen Wunder der Kindheit! Ich lege mich auf den Rücken und schaue hinauf in den Himmel. Über mir leuchtet das breite Band der Milchstraße, es zieht von Ost nach West. Ich erinnere mich an die Legende, die von einem Traum Karls des Großen berichtet. Im Schlaf erschien ihm der Apostel Jakobus und zeigte auf die helle Spur der Milchstraße am Himmel.

»Die Sterne sollen dich zu meinem Grab leiten. Benutze diesen Himmelspfad als Wegzeichen, er wird dich von Ost nach West bis zum fernen Galicien führen.«

Karl der Große ist nachweislich nie in Santiago de Compostela gewesen, doch der Traum vom Sternenweg wurde immer weitererzählt und beflügelte die Phantasie der Menschen.

Ich erwache sehr früh. Die Sterne sind noch nicht verblasst. Ich bleibe im Schlafsack und erlebe, wie es Tag wird. Unmerklich verlöschen die Sterne. Es wird langsam heller. Die Luft verändert sich. Es wird kühl, so als würde die Erde noch einmal kräftig ausatmen, bevor die Sonne wieder ins Tagesgeschehen tritt. Tau senkt sich herab. An der Spitze eines jeden Grashalmes kondensieren Tropfen. Ich schaue zu, wie aus einem feuchten Tupfer eine glänzende Perle wird. Und als die Sonne erscheint, beginnt die Wiese zu dampfen. Nebeldunst, von den Sonnenstrahlen vergoldet, webt einen Schleier über das Land.

Die Menschen sind bereits auf den Feldern. Sie arbeiten mit Hacken und Schaufeln. Ein Mann hat seine Ochsen vor den Pflug gespannt und zieht Furche um Furche durch das dunkle Erdreich.

Ab Amenal ist der Fußweg verschwunden. Eine Autoschnellstraße überrollt das Land. Die Strecke wird zur Pein. Eine Umgehung ist wegen des Raum greifenden Flughafengeländes nicht möglich. Der Verkehr ist dicht. Nicht genug, dass die Fahrzeuge lebensgefährlich rasen und dicht auffahren, ich die Abgase einatmen und den Lärm erdulden muss und von dem sonnenaufgeheizten Asphalt gebraten werde, belästigen mich noch dazu die Autofahrer. Alle Arten von Anmache passieren, von Hupen, Lichtaufblenden, obszönen Handbewegungen bis zum Zeigen der Genitalien. Hitze, Dreck und Lärm brauchen meinen Gleichmut auf. Ich kann den Ärger nicht auch noch schlucken und meine Wut verbergen. Von einer stillen Pilgerin verwandle ich mich in eine Hexe und wünsche mir den Blick der Medusa. Aber auch so muss ich einen Furcht erregenden Anblick bieten. Dabei bin ich mir bewusst, dass Aggression nur Gegenaggression heraufbeschwört. Aber ich kann nicht anders, als meinen Stock zu benützen, wenn Autofahrer anhalten und ihre Hose öffnen. Die Reaktion der Männer auf meinen Angriff ist gefährlich: Sie versuchen, mich zu überfahren! Ich kann mir mein Verhalten auch nur deshalb leisten, weil meine Gegner durch den nicht abreißenden Autostrom behindert sind. Ich wundere mich, warum ich mich wegen der Anmache so sehr aufrege, da ich doch weiß, dass meine Drohgebärden die Männer erst recht herausfordern. Wahrscheinlich benutze ich die Autofahrer gewissermaßen wie Blitzableiter, um eine in mir angestaute Wut loszuwerden. Die Wut ist so groß, dass sie eine andere Ursache haben muss als die dummen Männer und die lästige Straße. Ich ahne, dass ich über mich selbst wütend bin. Denn trotz besseren Wissens mache ich mir Hoffnungen, in Santiago eine Eingebung, eine Erleuchtung, eine Erfüllung zu erfahren. Mir ist klar, es sind Erwartungen und Wünsche, die nicht realisierbar sind. An den Autofahrern reagiere ich meine Enttäuschung ab. Ich stelle mir vor, wie die Pilger des Mittelalters nach Santiago kamen. Sie stimmten frohe Lieder an und voller Erwartung schritten sie ihrem Ziel entgegen. Eine gute Wanderstunde vor Santiago stiegen sie in einen damals noch kristallklaren Fluss, um nicht nur mit reiner Seele, sondern auch mit reinem Körper in der heiligen Stadt Einzug zu halten. Das Waschritual schien so wichtig zu sein, dass es im Codex Calixtinus, dem mittelalterlichen Pilgerführer des 12. Jahrhunderts, ausführlich beschrieben wird. Aus Liebe zu dem Apostel – *»apostoli amore«* – hätten die Pilger die Kleider abgelegt und den ganzen Körper gewaschen. Der Fluss trägt den Namen »Lavacolla«. Es ist eine bildhafte drastische Bezeichnung in Bezug auf die Badezeremonie, denn *»lavar«* bedeutet waschen, und *»cola«* heißt Schwanz.

Santiago de Compostela

Der Raum gleicht einer Gefängniszelle. Die Einrichtung erschöpft sich mit Bett und Waschbecken. Kein Fenster. Ein elendes, stickiges Loch. Ich bin im Obdachlosenasyl gelandet. Ich fühle mich gefangen, obwohl ich nicht bleiben müsste. Als sei ich in eine Falle getappt, komme ich nicht mehr raus. Ich kann mich nicht wehren, ich bin müde und traurig, da wird es wohl das Beste sein, mich in diesem Loch zu verkriechen.

Wie konnte es geschehen, dass ich ausgerechnet in ein Obdachlosenheim geraten bin? Nach schier endlosen Stunden auf der Autoschnellstraße zweigte nahe der Ortschaft San Marcos ein Fahrweg ab und führte auf einen flachen Hügel – ich sah unten eine große Stadt liegen: Santiago de Compostela! Das Ziel!

Es war der »Monte de Gozo«, Berg der Freude, auf dem ich stand. Hier sollen die Pilger mit Tränen in den Augen niedergesunken sein, gebetet und Gott gedankt haben, dass er sie durch alle Gefahren sicher ans Ziel gebracht hat. Da lag sie nun, jene Stadt mit dem Grab des Apostels, der ihre Gedanken während des langen, mühseligen Weges gegolten hatten. Endlich angekommen! Mit Freude im Herzen zogen die Pilger, die sich hier oben versammelt und sich jauchzend und schluchzend umarmt hatten, hinunter in die Stadt ihrer Sehnsucht. Und da stimmte jemand die Verse des Pilgerliedes »Ultreya« an. Sogleich nahmen alle die Melodie auf, und so kamen sie in Santiago an, verbunden durch ihre Freude und den Gesang. Ich hörte ihre Stimmen nachhallen bis in unsere Gegenwart, und vernahm die Verse, die ich in dem Pilgerführer aus dem Mittelalter gelesen hatte:

Deum Pater familias
rex universorum
donaret provincias
ius apostolorum
Jacobus Hispanias
lux illustrat morum.

Als Gottvater,
der König des Himmels,
die Herrschaft über die Länder
unter die Apostel verteilte,
sandte er Jakob als
leuchtendes Vorbild nach Spanien.

Primus ex apostolis
martir Jerosolimis
Jacobus egregio
sacer est martirio.

Jakob, der erste Märtyrer
unter den Aposteln, ist heilig
durch sein edles Martyrium
zu Jerusalem.

Herru Sanctiagu
grot Sanctiagu
e ultreya
e suseia.
Deus aia nos!

Herr Sankt Jakob,
großer Sankt Jakob,
vorwärts jetzt
und immerdar.
Gott helfe uns!

So sangen sie. Ich aber verspürte keinen Freudenrausch. Seltsam nüchtern stellte ich nur fest, dass ich nun wohl angekommen war. Das sollte mein Ziel sein, diese große Stadt? Aber was hatte ich denn anders erwartet? Etwas Besonderes, ohne mir dessen jedoch ganz bewusst gewesen zu sein. Ich fühlte mich plötzlich innerlich sehr müde. Ich dachte, ich müsste einfach an diesem Wirrwarr der Dächer, Kirchtürme vorbeiwandern, einem imaginären Ziel entgegen, ohne jemals anzukommen.

Ich blieb lange auf dem Monte Gozo stehen und versuchte mich auf Santiago einzustellen. Langsam gelang es mir sogar, mich zu freuen: In der Stadt werde ich die anderen Pilger treffen, wir werden zusammen essen, Wein trinken und unsere Ankunft feiern.

Es waren nur noch fünf Kilometer – fünf Kilometer Autostraße! Es gab keinen anderen Weg, um in die Stadt zu kommen. In mir staute sich Groll. Ich verglich meine Ankunft im Gestank der Lastkraftwagen mit dem freudigen Einzug der früheren Pilger. Ich hatte doch ebenfalls wie sie alle Entbehrungen auf mich genommen, bin jeden Meter zu Fuß gegangen, aber mir blieb die Belohnung am Schluss versagt. Enttäuscht stand ich auf dem Platz vor der Kathedrale. Ein imposantes Bauwerk mit

Barockfassade und emporragenden Türmen. Ich fühlte mich vorerst nicht in der Lage hineinzugehen. Erst müsste ich die anderen finden. Ich brauchte Menschen, um die Ernüchterung zu überwinden, und fragte nach dem *refugio*. Schließlich wies mir jemand den Weg. In der Herberge musste ich meinen Pass abgeben. Ich war mit meiner negativen Stimmung so beschäftigt, dass ich nicht auf das hörte, was der Herbergsleiter sagte. Die unerwartete Auskunft, dass noch kein einziger Pilger außer mir da sei, verwirrte mich vollends. Der Mann zeigte mir das Zimmer und fragte mich, ob ich wirklich bleiben wolle, denn die Eingangstür würde jetzt gleich abgeschlossen werden. Da begriff ich, dass es keine Pilgerherberge, sondern ein Obdachlosenheim war. Ich hätte sofort meinen Rucksack greifen und verschwinden können, aber ich hatte das Gefühl, die Falle sei bereits zugeschnappt.

Hier drin in diesem Loch ist es schrecklich, aber wohin sollte ich sonst gehen? Ich weiß nicht, wo die anderen sind. Ich würde sie nie finden in diesem Häusermeer. Ich bin allein und ich fühle mich schlecht. Im Asyl bin ich wenigstens sicher und hier kann ich in Ruhe meine Enttäuschung ausbrüten, mich in Traurigkeit und Bitternis steigern. Und denken, das geschieht dir recht! Ganz umsonst bist du gelaufen! Nun schau, wie es dir ergeht. Oh, ich werde ein Höllengericht über mich halten. Ich sehe mich um, in diesem Loch. Das Bett ist der beste Platz. Ich krieche hinein und ziehe mir die Decke über den Kopf. Es klopft an der Tür. Sie öffnet sich – Atze! Wie ein blonder Engel steht er im Raum, eine Lichtgestalt! Ihn schickt der Himmel, mich zu befreien! Ich stoße einen freudigen Schrei aus und stürze in seine Arme.

»Hol mich hier raus! Bitte, ich will hier nicht bleiben!«

Atze hatte sich in einem Hotel einquartiert, weil er hörte, dass es keine Extraunterkunft für Pilger gibt. Dann suchte er die anderen Pilger, nur zufällig erfuhr er von diesem Asyl und hat mich gefunden.

Es wird ein schöner Abend. Die schreckliche Gefangenschaft in dem Asyl wird zur Farce. Das Leben ist wieder real. Ich erzähle Atze von meinen Einbildungen, und wir lachen zusammen. Er freut sich, mein Retter zu sein.

Santiago ist auch bei Nacht eine betriebsame Stadt. Viele Menschen sind auf den Straßen. Holzstöße werden entzündet, das Feuer lodert.

Wein wird ausgeschenkt, und Sardinen grillen auf dem Rost. Verwundert fragen wir die Einwohner, welches Fest gefeiert wird. Es sei Sonnwendfeier, erfahren wir. Wein lassen wir uns einschenken und kaufen gegrillte Sardinen. An jeder Straße, auf jedem Platz ein brennender Holzhaufen, Musik und fröhliche Menschen. In der Menge entdecke ich Tommaso. Wir umarmen uns. Nun sind wir schon drei Pilger. Atze und Tommaso hatten sich auch unterwegs kennen gelernt.

Es ist eine Nacht zum Feiern. Die Feuerscheine, Musik, Wein, Essen, die Menschen – mir wird taumelig im Kopf. Sich vorzustellen, Atze wäre nicht als rettender Engel erschienen und ich würde jetzt im Obdachlosenheim sein! Wie absurd!

Wir treffen Pavel und ziehen zu viert weiter. Auch Sergio kreuzt unseren Weg, ein Mädchen hängt an seinem Arm, und so verabschiedet er sich auch bald wieder. Ich bin so glücklich in dieser Nacht, dass es mir nichts ausmacht.

Am nächsten Morgen schlafe ich länger als sonst, dann frühstücke ich zusammen mit Atze. Er war sofort nach seiner Ankunft in der Kathedrale gewesen. Sie sei überwältigend, und er müsse unbedingt noch einmal hineingehen. Wir schlendern durch Straßen, die mit breiten Steinplatten gepflastert sind. Dunkle, hohe Häuserfassaden und Arkadenbögen begrenzen die Straßen. Die Mauern der Gebäude sind wegen der hohen Luftfeuchtigkeit, so nahe am Atlantik, mit düsteren Flechten überzogen, dagegen setzen rosa Blumen, die zwischen den Fugen wachsen, fröhliche Akzente. Ein Platz öffnet sich, und vor uns steht die Kathedrale. Sie also war es, die das Denken und Hoffen der Pilger im Mittelalter während der langen, gefahrvollen Wanderung beherrschte. Waren sie dann endlich angekommen, war sie der Ort der Erfüllung. Gestern bei meiner Ankunft hatte ich nicht die Stimmung, jetzt erst nehme ich sie wirklich wahr. Sie ist mächtig, gewaltig! Ein Orgelwerk aus Stein. Alle Kunstrichtungen von Romanik bis Barock haben sich in ihr vereinigt und verewigt. Beachtung heischend türmt sich die Barockfassade auf. Unzählige Gesimse, Balustraden, Fenster, Säulen, Treppen, Skulpturen – immer höher wächst das steinerne Monument empor. Der Blick geht aufwärts, den Kopf weit im Nacken, dann erst endet das himmelstürmende Bauwerk in zwei Türmen, auf deren Spitzen je ein Kreuz steht.

Wir steigen die breite Treppe empor, öffnen die Tür und sehen ein zweites Portal, die alte romanische Eingangspforte, das »Portico de la Gloria«. Auf Säulen stehen lebensgroße Figuren. In der Mitte, auf einer üppig skulpturierten Einzelsäule, thront der heilige Jakobus. Nicht als Ritter auf dem Pferd, der dem christlichen Heer im Kampf gegen die Mauren voranstürmt, ist er dargestellt und auch nicht als mühselig beladener Pilger, sondern als hoheitsvolle Gestalt, als Herrscher, der hier an der Eingangspforte zum Heiligtum seine Gefolgschaft empfängt. Sein Antlitz drückt gütiges Verstehen aus, verständnisvolles Verzeihen und mildtätige Liebe.

Rechts und links neben ihm befinden sich die Propheten und Apostel. Sie haben individuelle Gesichtszüge: nachdenklich, weise, ernst, gütig, aber auch spitzbübisch und pfiffig.

Der Innenraum der Kathedrale ist, im Gegensatz zu der pompösen Außenfassade, wohltuend schlicht und einfach. Ein Raum, um zur Besinnung zu kommen. Ich denke an Maria, die ich an der Straße in Astorga traf, die sich nach ihren Enkeln sehnt und der ich versprach, in der Kathedrale für sie zu beten. Ich bedanke mich bei ihr und allen, denen ich unterwegs begegnete, und die mir so viel gegeben haben.

Am stärksten in der Kathedrale beeindrucken mich die Menschen. Zu jeder Tageszeit habe ich in dem Gotteshaus Gläubige angetroffen, versunken in stiller Andacht. Während der Messe füllen Hunderte, vielleicht sogar Tausende die Kirche. Denn nach Santiago kommen ja nicht nur die paar Fußwanderer, sondern Wallfahrer aus ganz Europa mit Bussen und Autos. In die Mittelsäule des Portico de la Gloria, die den Jakobus trägt, ist die Wurzel Jesse gemeißelt. Sie stellt die Genealogie von David und Salomon bis zu Maria dar. In dieser Säule nun ist eine Vertiefung zu sehen, die dem Abdruck einer Hand ähnelt. Von alters her legen die Pilger ihre Hand an diese Stelle. Sie ist abgegriffen und glatt poliert durch die Berührung von Abermillionen. Geduldig und still warten die Wallfahrer in einer langen Reihe, bis sie den Abdruck berühren können. Jeder Einzelne tritt heran. Voller Inbrunst drücken die Menschen ihre Hand gegen die »Säulenhand«.

Mich berührt der feierliche Ernst dieser Leute, aber mich erschüttert die Macht, die der Glauben auf die Vernunft ausübt. Von diesem Moment an ist mir klar – ich muss bis Finisterre gehen, bis ans »Ende der Welt«. Ich muss für mich ein Gegengewicht schaffen gegen diesen religiösen Wahn, gegen diese Vergötterung und Anbetung, gegen den Wunderglauben.

Tommaso hat erfahren, dass wir Pilger, die zu Fuß gegangen sind, im vornehmsten Hotel, »Los Reyes de Católicos«, drei Tage unentgeltlich beköstigt werden, eine Tradition, die seit Jahrhunderten besteht, als »Los Reyes de Católicos« noch eine Pilgerherberge war.

Aus Neugier gehen wir hin. Atze, Tommaso, Pavel und ich zeigen unsere Pilgerausweise und die Urkunde über unsere Pilgerschaft, die wir in der Kathedrale erhielten. Statt ins Restaurant werden wir in einen Raum neben der Küche geschickt. Er ist vom Fußboden bis zur Decke weiß gekachelt. Die einzigen Möbel sind schmale Holztische und Bänke. Ich stelle mir vor, dass dieser Raum das richtige Ambiente für einen Film abgeben würde, der in einem Irrenhaus oder in der medizinischen Pathologie spielt.

Wir essen aus Höflichkeit, aber auf die beiden noch ausstehenden Einladungen verzichten wir.

Die Straßen und Plätze sind voll mit Touristen, Gästen, Urlaubern, Wallfahrern und Pilgern. Santiago scheint ein immerdauerndes Fest zu feiern. Straßenmusiker spielen keltische Musik. Die Gaststätten, Restaurants und Bars bersten unter dem Andrang der Menschen. Wir vier Pilger, die wir uns unterwegs immer wieder begegnet sind, bleiben während unseres Aufenthaltes in Santiago zusammen. Wir treiben in dem Menschenstrom. Um auszuruhen, lassen wir uns in ein Café schwemmen. An unserem Tisch nimmt ein Pilger aus Salamanca Platz. Er ist ebenfalls zu Fuß gegangen und bereits seit einer Woche in Compostela. Wir fragen ihn nach Justin. Ja, er hat einen Franzosen, der so hieß, tatsächlich hier angetroffen. Nur von Gerda finden wir keine Spur.

Im Laufe des Gesprächs fragt mich der Pilger aus Salamanca, welcher Konfession ich angehöre. Ich antworte wahrheitsgemäß. Sehr konsterniert vergewissert er sich:

»Du bist kein Christ?«

»Nein.«

»Du glaubst nicht an Gott?«

»Nein.«

Er schaut mich fassungslos an. Dann fasst er sich und sagt: »Du lügst, denn wenn du nicht an Gott glauben würdest, dann hättest du nicht den Weg bis Santiago geschafft. Ich selbst war oft nahe daran aufzugeben. Und ich bin ein Mann! Du als Frau hättest die Strapazen nie aus eigener Kraft bewältigen können, denn nur mit göttlicher Hilfe und der des heiligen Jakobus konnte es dir gelingen, also musst du doch an sie glauben, sonst wär dir nicht geholfen worden.«

Sagt es und wendet sich brüsk von mir ab. Er unterhält sich fortan nur noch mit Pavel, Tommaso und Atze. Für ihn existiere ich nicht mehr.

Am späten Nachmittag spazieren wir über das große Geviert der »Plaza del Obradoiro«, setzen uns auf eine der Balustraden neben dem »Palacio Gelmirez«. Der Tag war sonnig gewesen, nun versinkt die Sonne und übergießt den grauen Granit mit goldenem Licht. Tatsächlich, die Kathedrale glüht und flammt in Gelbtönen, wie der Ginster im galicischen Grenzgebirge.

Nachdenklich meint Tommaso: »Was ist nun dran an der Legende? Könnte es nicht doch das Grab des Sankt Jakob gewesen sein?«

Atze gibt zu bedenken: »Das Gebiet hier war in vorchristlicher Zeit ein großer Friedhof, ein *compostum*, darauf soll auch der Name Compostela zurückzuführen sein, also nicht auf *campos stellea*, Sternenfeld.«

»Eben weil es ein antiker Friedhof war, könnte doch der Apostel hier begraben worden sein«, erwidert Tommaso.

»Das wird man nie erfahren können«, sage ich. »Es werden unbeweisbare Vermutungen bleiben. Aber wisst ihr eigentlich, dass die Reliquie ein zweites Mal gefunden wurde?«

»War sie denn verschwunden?«, wundert sich Atze.

»Ja, man versteckte sie, während eines Krieges mit den Engländern. Nach dem Krieg wurde sie vergessen. Die Zeit verging. Es gab niemanden mehr, der wusste, wohin sie gebracht worden war. Erst im vorigen Jahrhundert, im Jahr 1879, ließ Kardinal Payé y Rico die Reliquie suchen. Zwischen zwei Mauern in der Apsis fand man sie. Natürlich konnte niemand sagen, ob es die richtigen Knochen waren, deshalb erklärte sie Papst Leo XIII. für heilig und echt.«

»So richtig kann ich mir das nicht vorstellen, weshalb die Menschen eine Reliquie verehren. Warum ist es für sie so wichtig, ein paar Splitter vom Kreuz und Haare, Knochen, Zähne und was nicht noch alles, eines Heiligen zu besitzen?«, äußert sich Atze.

Tommaso hält dagegen: »Doch, das verstehe ich. Die Teile ihres Körpers und Gegenstände, mit denen die Heiligen in Berührung kamen, tragen eben in sich göttliche Kraft. Wenn man das glaubt, dann besitzt man mit einer Reliquie einen Anteil am himmlischen Heil. Deshalb waren Reliquien im Mittelalter so wichtig. Erst durch sie wurde ein Gotteshaus eine geweihte Stätte.«

Ich füge hinzu: »Die Kirchenfürsten haben sich die Reliquien sogar gegenseitig gestohlen oder stehlen lassen. Ich habe gelesen, dass ein Pilger beim Küssen des Armes einer Heiligenmumie ein Stück abgebissen hat, um es als Geschenk für seine Heimatkirche mitzubringen.«

»Puh, mir wird schlecht«, ruft Tommaso, und Atze verspottet mich: »Du erzählst wieder Märchen, unglaublich!«

»Ist aber wahr!«, sage ich.

»Erzähl doch Legende von dem Sünder«, entgegnet der Holländer.

»Sie ist ganz kurz«, beschwichtige ich Tommaso, der keine langatmigen Geschichten mag. »Also, es war einmal ein Italiener ...«

»Oh, das ist gemein, das sagt sie nur deshalb, weil ich auch aus Italien stamme«, protestiert er.

»Hör doch erst mal zu«, ermahne ich ihn. »Es war also ein Italiener. Er hatte eine so große Sünde begangen, dass sein Beichtvater erschrak und nicht wagte, ihm Ablass zu gewähren. Er befahl ihm, die Sünde auf ein Pergament zu schreiben und mit dem Geschriebenen nach Santiago zu pilgern. Der Sünder tat, wie ihm geheißen. Als er endlich ankam, legte er das Schriftstück auf den Altar und betete um Vergebung. Ein Priester hob das Pergament auf, betrachtete es und fragte den Pilger, welche Sünde er begangen habe. Der Mann begann zu berichten, aber bevor er seine böse Tat nennen konnte, unterbrach ihn der Priester und zeigte ihm das Pergament. Es stand kein Wort darauf. Die Schrift war ausgelöscht, als Zeichen, dass ihm vergeben worden war.«

»Ganz klar«, meldete sich Tommaso sofort, »der Priester hat das Pergament rasch gegen ein anderes eingetauscht, damit der Mann an ein Wunder glauben sollte. Wunder wurden schnell bekannt und machten Santiago berühmt, dann kamen noch mehr Pilger.«

»Ach, Tommaso«, schimpfe ich, »mit deinem Realismus machst du meine schöne Geschichte kaputt.«

»Aber er hat Recht«, sagt Atze. »Darauf bin ich noch gar nicht gekommen. Den Kirchenherren ging es ja stets darum, ihren Einfluss auf die Menschen zu vergrößern. Und da wirkten Wunder eben am besten. Außerdem brauchten sie viel Geld für ihre kostspieligen Bauten. Einen Großteil der Summen erhielten sie aus der Ablassregelung. Je mehr Menschen nach Santiago pilgerten, umso reicher wurde die Kirche.«

Tommaso fügte hinzu: »Man muss sich das mal überlegen, wie viele Leute Jahr für Jahr kamen. Und da die Menschen so große Angst um ihr Seelenheil hatten, spendeten sie alles Geld, das sie erübrigen konnten, der Kirche.«

Ich nicke zustimmend und sage: »Wir können uns das wohl kaum noch vorstellen, wie unentrinnbar die Menschen von Schuldvorstellungen erdrückt wurden. Von Geburt an war der Mensch an die Kirche gebunden und musste sich ihren Gesetzen und Vorschriften unterordnen. Er hatte gar keine Wahl. Austreten aus der Kirche war unmöglich, er wäre als vogelfrei erklärt worden, jeder hätte ihn auf der Stelle töten können. Die Kirche kontrollierte alles, nichts entging ihrer Aufmerksamkeit, sie beeinflusste Kunst und Kultur, bestimmte das Zusammenleben der Menschen, die richtige Ausübung der Ehe, die Erziehung der Kinder, die Moralansichten, selbst wie man zu sterben hatte, sie organisierte Kreuzzüge und Kriege.«

»Und schuf Heilige und Pilgerstätten«, ergänzt Tommaso.

»Ihr habt ja Recht«, wirft Atze ein, »aber ich bin froh, dass Pavel bereits abgefahren ist. Er wäre sehr verletzt durch solche Reden.«

»Dann hätten wir das auch nicht so gesagt. Du sagst auch nicht immer und jedem, was du denkst, oder?«, entgegnet Tommaso.

Während unserer Spaziergänge durch die Altstadt blieb die Kathedrale stets Mittelpunkt. Wir mochten noch so verwinkelten Straßen folgen, am Ende gelangten wir doch immer wieder zu ihr, standen vor einem ihrer zahlreichen Portale. Am besten gefiel sie mir nachts. Dunkel und geheimnisvoll schimmerten dann ihre Steine im Mondlicht.

Ich verbrachte noch einen ganzen Tag in der Stadt. Pavel hatte sich gestern von uns verabschiedet. Für die Rückkehr nach Polen benutzte er den Zug. Tommaso und Atze fuhren heute wieder zurück. Das Gefühl der Freude über das Erlebte mischte sich mit der Melancholie des Abschiedes. Wir drei waren dem gleichen Weg gefolgt, hatten uns in Santiago wieder getroffen, und dennoch war jeder seinen eigenen Weg gegangen. Wir trennten uns mit dem Wissen, dass unsere Lebenswege so weit auseinander liegen, dass wir uns wohl nicht noch einmal begegnen werden.

Am letzten Abend wandere ich allein durch die Stadt. Es gibt noch genauso viele Menschen wie zuvor, aber ich nehme sie nicht recht wahr. In mir ist es ruhig und still geworden. Ich denke an alle Begegnungen auf dem Jakobsweg. Da war Pater Sampedro, der mir zu Beginn der Pilgerreise über die geschichtlichen Hintergründe viel zu erzählen wusste. Ich erinnere mich an die Padres, Priester und Mönche, die mich freundlich aufnahmen, wie die Mönche in San Millán de Yuso, mir Weisungen gaben wie der Pfarrer in Azofra, Legenden und Geschichten erzählten und mich Einblicke gewinnen ließen in mir zuvor fremde und unbekannte mönchische Lebensformen. Und dann die Menschen in den Dörfern: die tatkräftige Wirtin Carmen in Lorca und ihr Sohn Jorge, der mir mit der Schilderung von den Messer wetzenden Einwohnern Schrecken einjagen wollte. Die Bäuerinnen in Torres del Rio, die mir Brote an mein Nachtlager unter dem Kirchendach brachten und blaue Sandalen schenkten. Jesus aus Logroño, der mich zu Pfarrer Don Rafael führte. Die Einwohner von Villalcázar, sie luden Atze und mich zum Essen und Weintrinken in ihre Bodega ein, und dann die Prozession zur »Virgen del Rio«, der Regengöttin. Die alten Menschen, die ausharren in ihren Gebirgsdörfern, die von den jungen Leuten verlassen worden sind. Ich erinnere mich an Antonia, die mich nachts in ihr Haus aufnahm, an die madonnenschöne Maria aus El Fata und an die alte Marina, die Letzte von Foncebadon. Ich begegnete unterwegs Menschen, die auch nach Santiago pilgerten. Wir trafen uns und trennten uns wieder, jeder machte seine Erfahrungen, und hier am Ziel bewirkten vor allem Atze und Tommaso, dass die Apostelstadt doch noch zu einem Erlebnis für mich wurde. Und da waren die Zeugnisse der Vergangenheit, besonders die romanischen Bauwerke von Eunate, Puente la Reina, Estella, San Millán de Suso, Fromista, Sahagún, San Miguel de Escalada, Peñalba ...

Und nicht zuletzt die Landschaft, die hier in Spanien vielerorts noch Lebensraum für Tiere und Pflanzen ist. Reich bin ich beschenkt worden. Viel habe ich erfahren und gelernt. Ich bin keine andere geworden, aber ich bin nun einverstandener mit mir, so wie ich bin.

Ich denke an die Zeit vor 1100 Jahren, als hier, wo später die große Stadt entstehen sollte, ein Hirte das überirdische Leuchten sah. Das Apostelgrab wurde gefunden. Das »Sternenfeld« wurde zu Compostela, der Stadt von Sant' Jago. Das Phänomen der Pilgerfahrten, einer der gewaltigsten Massenbewegungen des christlichen Europas, wurde durch das Jakobsgrab initiiert. Architektur, Bildhauerei, Literatur, Malerei, Musik, aber auch Wirtschaft und Politik des Abendlandes entwickelten sich zu ihrer heutigen Form und Ausprägung unter dem Einfluss des Pilgerweges. Ohne ihn wäre Europa ganz gewiss anders, als es heute ist.

Ich saß lange auf einer Parkbank im Herradura-Park. Die Sonne, die die Türme, Kirchen, Klöster und Paläste vergoldet hatte, ist längst untergegangen. Es ist dunkel geworden. Schwarz heben sich die Silhouetten der Türme gegen den Nachthimmel ab. Morgen früh werde ich bereits unterwegs sein, nach Finisterre, dem Ende der Welt, meinem allerletzten Ziel. Es beginnt leise zu regnen. Die Stille wird von den klaren, weithin schwingenden Glockentönen der Kathedrale durchdrungen.

Finisterre

Es ist schön, wieder unterwegs zu sein. Von Santiago de Compostela hatte ich Abschied genommen. Eine wichtige Erfahrung für mich, doch konnte sie nicht der Abschluss meiner Pilgerreise sein. Ich glaube, erst wenn ich das »Ende der Welt«, Finisterre, erreiche, wird sich mein Unterwegssein wirklich mit Sinn erfüllen. Ich denke darüber nach, was die Bezeichnung »Ende der Welt« für mich bedeutet. Es klingt nach absolutem Ende: Ende der Welt – Ende des Lebens. Das ist aber für mich keine schreckliche Vorstellung. Nicht mehr als Lebewesen existent zu sein ist für mich ein befreiender Gedanke. Die Auflösung ist eine Erlösung von der Verantwortung als Individuum. Meine Substanz als Einzelwesen kann sich dann überallhin verteilen, in alles einfließen, wieder dem Gesamten angehören. Aber solange ich lebe, will ich so individuell sein, wie es nur mir allein möglich ist. Ich will meinen Weg gehen, der mein ist und nur der meine sein kann. Unterwegs auf meinem Lebensweg möchte ich Menschen begegnen, aber ich kann niemandem folgen und will keinem erlauben, mir zu folgen. Vor meiner Pilgerschaft hatte ich mich noch gegen diese Bestimmung gesträubt. Ich bin mir unterwegs immer sicherer geworden, dass ich allein leben muss und will.

Die ersten Kilometer, die ich mich von Santiago de Compostela entfernte, waren eigenartig. Da war ich Tag für Tag von den Pyrenäen nach Westen gewandert, mit dem Namen einer Stadt im Bewusstsein, und die Menschen am Wegesrand wünschten mir:

»Suerte por el camino a Santiago de Compostela!« Und nun pilgere ich weiter, aber Santiago – Santiago liegt jetzt nicht westwärts von mir, sondern im Osten hinter mir. Da ist kein Weg mehr, der als Pilgerweg anerkannt ist, sondern ich habe die Wahl zwischen verschiedenen Pfaden. Mit Karte und Kompass muss ich einen Weg durch die Landschaft suchen. Keine

anderen Pilger und keine *refugios*. Ich bin nicht mehr ein Teil der großen Pilgerbewegung, sondern allein auf einem Weg, den nur ich gehe. Zunächst fühle ich mich sehr einsam.

Heißt das überhaupt noch »pilgern«? Jetzt wandere ich doch nur noch einen beliebigen Weg entlang. Dann erinnere ich mich an die Worte des Pfarrers Rafael. Hatte er nicht gesagt, dass im Mittelalter viele Menschen bis Finisterre pilgerten? Und allmählich, während ich dem Meer entgegengehe, fühle ich mich wieder verbunden mit den Schatten der Vergangenheit.

Ich wähle nicht die Strecke nach Noya, die direkt ans Meer und dann auf einer gewundenen Küstenstraße entlang bis zum Kap führt, sondern ich suche meinen Weg durch das Küstengebirge.

Eine Landschaft von berauschender Schönheit! Mit jedem Schritt fühle ich mich leichter und freier. Ich bin noch weit entfernt vom Meer, etwa achtzig Kilometer, und doch vermeine ich, den Seewind bereits zu spüren, da ist der Geruch von Tang und Salz. Die Luft ist frisch und kühl.

Die Landschaft ist in tafelebene Hochflächen und tiefe Taleinschnitte gegliedert. Mal laufe ich über die steinigen Berge, die mit Ginster, Fingerhut und Heide geschmückt sind, dann wieder steige ich hinab in die grünen Täler, an deren Grund klares Wasser fließt.

Eingebettet in die Natur kleine Dorfflecken. Dicht bei den Häusern gartenkleine Felder. In gelben, braunen und grünen Schattierungen mustern sie die Talhänge. Menschen arbeiten auf den Feldern. Vom gegenüberliegenden Hang schaue ich auf die andere Talseite hinüber, wie auf ein Bauerngemälde von Brueghel. Da bündeln Frauen mit breiten Strohhüten auf dem Kopf das Korn. Schnitter schwingen die Sense. Andere lagern im Schatten unter einem Baum. Eine Frau treibt schwarze und braune Kühe mit einer Gerte den Weg entlang. Eine zweite, ganz in Schwarz gekleidet, balanciert ein Bündel Blätter auf dem Kopf. Dort mäht ein Mann Gras. Einige Leute wenden das Heu und schichten es zu Haufen auf. Ein alter Mann transportiert in einer Schubkarre Steine, die er vom Feld aufgelesen hat, und Kinder zupfen zwischen den Anpflanzungen Unkraut heraus. Tätige Menschen überall; Familien, die säen, was sie zum Leben benötigen, und Nachbarn, die sich gegenseitig helfen. Ich habe das Gefühl, einen Blick rückwärts zu tun, in eine Zeit, als die Menschen mit ihren Händen erarbeiteten, was sie zum Essen brauchten, in eine Zeit, als es noch keine Maschinen gab. Würde ich so leben wollen? Ich könnte auf Dauer keine Lebenserfüllung darin sehen, tagein, tagaus zu arbeiten, nur damit ich zu essen habe. Wenn ich in so einen Zeitraum hineingeboren worden wäre, dann würde ich in jedem Dorf eine Weile bleiben, mir meinen Lebensunterhalt verdienen und dann weiterziehen. Sobald alle Vorräte aufgebraucht wären und ich wieder Hunger hätte, würde ich mich auf dem nächsten Bauernhof verdingen, und so, durch die Welt wandernd, Erfahrungen sammeln. Es ist immer nur ein einziges Lebenskonzept, das ich mir ausmale. Meine Vorstellung sträubt sich gegen eine sesshafte Lebensweise, gegen Dauer und Beständigkeit.

Die Menschen in dieser Gegend sind mir gegenüber verschlossen. Auf dem Pilgerweg war ich keine Fremde, sondern ein Mitglied des großen Pilgerstromes. Dort nahmen die Bauern Anteil mit guten Wünschen. Sie grüßten mich zuerst, stellten Fragen und gewährten mir Gastfreundschaft. Jetzt bin ich eine, die nicht mehr dazugehört. Wenn ich die Leute grüße mit »Guten Tag«, antworten sie »Auf Wiedersehen«. Sie stellen keine Fragen, beginnen kein Gespräch. Da ich als Fremde durch ihr Gebiet laufe, empfinden sie mich als Eindringling. Nur wenn ich länger bleiben würde, könnte ich wohl langsam ihr Vertrauen erwerben.

Die Nächte verbringe ich oben auf den trockenen Hochflächen. Zweimal übernachte ich zwischen Ginster und Heidekraut. Dabei habe ich immer dieses Gefühl der Sicherheit und der Geborgenheit in der Natur. Solange ich mich ihr einfüge, schützt sie mich. Befinde ich mich in einer menschenleeren Gegend, muss ich nicht überlegen, wie ich handeln soll. Das ergibt sich von selbst. Das Leben in der Natur ist eindeutig. Es gibt keine Zweifel, keine Missverständnisse, keine Heuchelei, keine Lügen und keine Liebe. Denn kein Lebewesen – keine Pflanze, kein Tier, kein Mensch – ist wichtig als Individuum, aber sie alle haben teil an dem großen, nicht sinnbezogenen Kreislauf des Entstehens und Wiedervergehens. Wenn ich in der Natur bin, vergesse ich, die Sinnfrage zu stellen. Die Natur wertet nicht, sie kennt weder gut noch schlecht, sie schützt nicht das Schöne und bestraft nicht das Hässliche, sie ist nicht gerecht, aber auch nicht ungerecht. Wer seine menschliche Vorstellung auf die

Natur anwenden will, kann nichts verstehen. Der naturentfremdete Mensch verherrlicht sie: Es entsteht ein sentimentales Naturgefühl von der edlen und reinen, der gütigen und lebensspendenden Mutter Erde. Lernt er sie dann hautnah kennen, erfährt er die Urgewalt der Natur. Sogleich verwandelt sie sich in seiner Vorstellung in ein grausames Ungeheuer, in die brutale, alles Schwache vernichtende Gewalt, in einen furchtbaren, lebensverschlingenden Schlund. Weil der Mensch sich von der Natur entfernt hat, mystifiziert er sie. Weil er selbst urteilt und verurteilt, unterstellt ihr er einen Sinngehalt, den sie doch niemals haben kann.

So wie ich nirgendwo lange bleiben kann, möchte ich mich auch nicht zeitlebens nur in menschenlosen Gebieten aufhalten. Ich fühle mich wie ein Wanderer zwischen den Welten. In der Natur laden sich meine Lebensbatterien auf. Dann, nach einiger Zeit, wird mir langweilig. Ich gehe wieder zu den Menschen, zu den Widersprüchen und Vergeblichkeiten. Das Dasein dort kommt mir vor wie auf der Bühne, jeder sucht sich eine Rolle, sie warten auf den Regisseur und weil keiner erscheint, spielen sie schon mal los, dann fesselt sie das Spiel, sie vergessen den Regisseur und dass sie eigentlich nur eine Rolle spielen. Es macht mir Spaß, auf dieser Lebensbühne zu spielen, es ist unterhaltsam und abwechslungsreich. Wenn ich in einem traurigen Stück mitspiele, vergesse ich, dass das Leben ein Theater ist. Dann bin ich wirklich zu Tode verzweifelt. Erst wenn ich in den tiefen Abgrund gestürzt bin, fällt mir wieder ein, dass es nur Theater ist, dann erlebe ich die lustvollsten Momente meines Lebensspiels.

Am Nachmittag des dritten Tages höre ich den Schrei einer Möwe. Der Geruch von Tang und Algen war immer intensiver geworden. Ein Pinienwald – dann Blau! Blau – das Wasser, blau – der Himmel. Ich stehe auf der äußersten Spitze der schwarzen Granitfelsen, weiß schlagen die Wellen an den Fels, weiß die schreienden Möwen, und blau die wellenbewegte Fläche bis zum Horizont. Finisterre! Ende der Welt! Mir ist plötzlich, als wäre ich schon öfter hier gewesen, zu anderen Zeiten, in anderer Gestalt. Der Wind weht mein Haar durcheinander, bläst es mir ins Gesicht und biegt es seitwärts zu einer blonden Fahne. War es nicht einstmals schwarz gewesen? In meiner Vorstellung sehe ich lange, schwarze Flechten im Winde flattern, sie ändern sich, werden heller, bekommen einen brauen Farbton, dann flammt es rot im Sonnenlicht, um sich schließlich in altersweises Grau umzufärben. Oft war ich schon hier gewesen, in vielerlei Gestalt. Mein Finisterre! Nun bin ich da, am Ende meiner Pilgerreise.

Durch Gestrüpp und Klippen steige ich hinunter zur Wasserkante. Ich ziehe mich aus und schwimme ins Meer hinaus. Das Wasser ist kalt. Es umfängt meinen Körper gewaltsam, sodass mir zuerst der Atem stockt. Allmählich passt sich meine Körpertemperatur an. Wie schön, ein Mensch zu sein!

Später suche ich mir in den Felsen eine ebene Fläche zum Schlafen. Die Sonne senkt sich nach Westen, dort, wo Amerika liegt. Das Ende der Welt ist nicht hier, es ist nirgendwo.

Ich breite die Arme aus und grüße die Elemente: das Meer vor allem, den Wind, die Sonne, die Steine. Ich bin glücklich mit dem Gedanken, dass es für mich nirgendwo einen Platz auf der Erde gibt, denn das bedeutet, ich bin überall zu Hause. Ich schlafe ein, gewiegt von den Geräuschen der Wellen, und wache wieder auf, als der Himmel sich rötet. Zum Abschied schwimme ich nochmals im Meer. Der Wind trocknet meine nackte Haut. Nun bin ich angekommen und gehe wieder, neue Wege, neue Ziele zu suchen. Ich weiß, sie sind nicht eigentlich neu, es bleiben immer die gleichen. Das Leben ist eine ständige Weiterbewegung, die doch nirgendwo hinführt. Ich sehe die Wellen. Weiß schäumen sie auf, wenn sie an die schwarzen Felsen schlagen, dann schwingen sie zurück, um sich von neuem zu krümmen; es sind immer die gleichen Wellen, aber immer andere, immer neue. Realität und Traum. Wirklichkeit und Wunschvorstellung. Ich könnte nicht leben ohne das eine und das andere. Ich brauche die Welt, wie sie wirklich ist und wie ich sie mir ausdenke. Ich muss unterwegs sein, nicht um anzukommen, sondern um immer wieder neu mich selbst zu finden und zu erfinden.

Das Meer, es dringt in mich ein, ich nehme seine Farbe auf, seinen Geruch und das Geräusch der Brandungswellen. Ich habe Zeit, alle Zeit des Lebens.

Ich finde mich wieder in dem Ort Finisterre, an der Bucht gelegen, bevor das Kap ins Meer stößt. Ich sitze auf einer Bank, beschattet von den

Bäumen des Platzes. Es ist der 40. Tag meines Unterwegsseins, ein Sonnabend. Der Platz wird von den Bewohnern des Ortes in ihr Leben einbezogen, so kann ich als Fremde beobachtend teilnehmen. Da sitzen auf der Bank gegenüber zwei Kinder. Der Junge bemüht sich, dem Mädchen das Lesen beizubringen. Sie hat keine Lust und zieht einen Schmollmund. Geduldig ermahnt er die Kleine. Sie gehorcht, folgt seinem Finger und buchstabiert mühselig, dann huschen ihre Augen wieder hinüber zu den ballspielenden Kindern. Unter denen fällt mir ein Mädchen auf! Sie gibt den anderen Anweisungen, kommandiert sie herum. Niemand murrt. Sie gehorchen widerspruchslos ihren Befehlen. Das selbstbewusste Kind hat abstehende schwarze Zöpfe, zusammengerollte Socken und ein pfiffiges, aufgewecktes Gesicht – eine spanische Pippi Langstrumpf. Ein alter Mann sitzt auf der Bank neben mir. Er liest Zeitung. Ein Mütterchen mit geblümter Kittelschürze, grauem Dutt und einem Strohkörbchen am Arm schlurft zu ihm und schreit ihm ins Ohr, dass die Worte über den Platz hallen. Eine Frau in einem hellblauen Kleid fasst die schwarzzöpfige Pippi Langstrumpf an der Hand und führt sie in ein Haus. Eine Tür öffnet sich, und heraus kommt ein kleiner Junge. Der Dreikäsehoch umklammert einen Fußball. Er legt ihn auf den Boden und schießt ihn vor sich her, dabei verliert er selbst fast das Gleichgewicht. Jetzt hat er den alten Mann mit der Zeitung zum Mitspielen auserkoren. Der lässt sich erweichen und schießt den Ball zurück. Der Kleine strahlt, legt den Ball vor sich hin, nimmt Anlauf, rennt, schießt und der Ball landet im Springbrunnen. Ein Vorübergehender fischt ihn heraus, wirft ihn dem Kind zu. Aus einer Bar dringt Musik. Dort sitzen Männer mit ihrem *cafecito* oder ihrer *copita de vino*, Kinder, an rosa Zuckerstangen lutschend, überqueren den Platz, lachen und verschwinden in einer Seitenstraße. Zu dem Platz kommen die Menschen und gehen wieder. Manche bleiben länger, andere nur kurz und tauchen später wieder auf. Das Mädchen, das Lesen lernen sollte, wird von ihrer Mutter gerufen. Froh, dem Lernen zu entkommen, springt sie ins Haus. Der Junge bleibt sitzen mit seinem Buch auf den Knien. Er trägt kurze, weite Hosen und ein weißes Hemd, beides blau umrandet. Er hofft wohl, dass seine Schülerin zurückkommt. Der Mann hat sich wieder seiner Zeitung zugewandt. Der Kleine schießt seinen Ball nun zu einem Baum, aber er trifft ihn nie. Eine Frau tritt aus einem Haus. In der Hand hält sie einen Teller. Sie kommt geradewegs auf mich zu und sagt:

»Ich sehe Sie schon so lange hier sitzen. Es ist Mittag. Gewiss haben Sie Hunger bekommen.« Sie reicht mir den Teller. Auf dem weißen Porzellan liegen drei gebratene Fische.

Literaturhinweise

Aebli, Hans, Santiago, Santiago ... Auf dem Jakobsweg zu Fuß durch Frankreich und Spanien. Klett-Cotta, Stuttgart 1990

Borst, Arno, Die Katharer. Verlag Herder, Freiburg 1991

Breitenbach, Roland, Lautlos wandert der Schatten. Auf dem Pilgerweg nach Santiago de Compostela. Reimund Maier Verlag, Schweinfurt 1997

Domke, Helmut, Frankreichs Süden. Im Bannkreis der Pyrenäen. Prestel Verlag, München 2000

Licht, Ursula, Liebenswertes Langohr. Alles über Esel. Müller Rüschlikon Verlag, CH Cham 1990

Wipper, Heinrich, Der Jakobsweg von Le Puy nach Roncesvalles. 2 Teile. Wanderführer Band 5 und 6. Verlag U. Nink, Solingen 2000

Anhang

1. Allgemeine Informationen zum heiligen Jakobus

Das Grab des Apostels Jakobus

Jakob der Ältere war einer der zwölf Apostel und wurde im Jahr 44 in Jerusalem enthauptet. Engel sollen den Leichnam nach Spanien gebracht haben. Knappe 800 Jahre später wurde ein Hirte von Himmelslicht und Engelsgesang zum Grab des Jakob geleitet – so die Legende.

Grabungen unter der Kathedrale von Santiago de Compostela haben einen antiken Friedhof freigelegt. Ob es sich bei einem der Gräber tatsächlich um das Grab des Apostels handelt, gilt als nicht gesichert.

Jakobus als Schutzpatron und »Matamoros«, der Maurentöter

Das christliche Spanien brauchte im 9. Jahrhundert die göttliche Hilfe im Kampf gegen die Araber (Mauren). Als Santiago Matamoros – als Maurentöter – auf weißem Pferd und mit geschwungenem Schwert »ritt« er in der Vorstellung der Menschen den siegreichen christlichen Heeren voran.

Die Bedeutung des Jakobsweges

Entscheidend ist, dass der Kult des heiligen Jakobus nicht auf Spanien begrenzt blieb. Aus allen Himmelsrichtungen kamen die Pilger: Übers Meer reisten meist die Niederländer und Engländer, die Italiener fuhren mit dem Schiff bis Barcelona und folgten von dort dem Weg durch den Norden Spaniens. Die Deutschen trafen sich in Aachen und pilgerten durch Frankreich und über die Pyrenäen nach Spanien. Vier Wege durchquerten Frankreich. In Spanien folgten die meisten Pilger einem Hauptweg, der parallel zum Kantabrischen Gebirge von Puente la Reina über Santo Domingo, Burgos und León nach Santiago führt.

Im 11. Jahrhundert war die »Blütezeit« der Pilgerfahrten. Damals war die Wallfahrt nach Santiago wichtiger als jene nach Rom oder Jerusalem. Straßen wurden für die Pilger gebaut, Brücken, Herbergen und Hospize.

Das Grab des Apostels war zum Symbol des christlichen Kampfes gegen den

Islam geworden. Aber nicht nur der europäische Adel und die geistlichen Würdenträger pilgerten nach Santiago, um ihre Macht und ihr Ansehen zu verstärken, sondern Tausende einfacher Menschen legten das Pilgergelübde ab. Die Wallfahrt nach Santiago wurde zu einer gewaltigen Massenbewegung des christlichen Abendlandes. Diese, nur aus der mittelalterlichen Gläubigkeit zu verstehende Wanderschaft bewirkte einen kulturellen Austausch, der auf Europa befruchtend wirkte und eine freiheitliche geistige Atmosphäre schuf.
Im Laufe der Jahrhunderte veränderte die Wallfahrt nach Santiago ihren Charakter. Glaubenseifer und religiöse Begeisterung ließen nach. Ende des 16. Jahrhunderts, zur Zeit der Aufklärung, gab es kaum noch Wallfahrer.
Heute allerdings begeben sich mehr und mehr Menschen wieder auf den Weg nach Santiago, gerade um in unserem motorisierten und bequemen Zeitalter sich zu Fuß den Mühsalen des Weges zu stellen – auf der Suche nach Antwort auf Fragen ihres Daseins.

2. Kunst am Jakobsweg

Die romanische Baukunst

Entlang des Jakobswegs in Frankreich und Nordspanien findet man besonders viele Bauwerke aus der Romantik, denn im 11. / 12. Jahrhundert war die Blütezeit der Pilgerbewegung. Speziell in Spanien entwickelten sich folgende Unterstile der Romantik:

Der mozarabische Stil: (9.–11. Jh.) Dabei handelt es sich um eine frühe Form der Romanik, die sich bei den Christen durch Einflüsse der arabischen Invasion entwickelte. Durch Flüchtlinge aus dem von Arabern besetzten Teil Spaniens verbreitete sich dieser Stil bis nach Norden. Typisch für den mozarabischen Stil sind der arabische Hufeisenbogen, die reiche Ornamentik und die mit Gurtbögen angelegten Kuppeln. Aber auch die Baukunst der Westgoten und byzantinische Einflüsse sind an den Bauwerken erkennbar: San Juan de la Pena (nahe Jaca), San Millán de Suso, San Miguel de Escalada, Santiago de Peñalba und Santo Tomás de las Ollas.

Der Mudejar-Stil: (12.–14. Jh.) Auch nach der Rückeroberung durch die Christen blieb der arabische Einfluss auf die Kunst erhalten, sei es, dass manche arabische Baumeister blieben und nun für christliche Auftraggeber arbeiteten oder spanische Handwerker sich deren Kenntnisse aneigneten. Die Kirchen von Sahagún sind beispielhaft für diesen Stil.

3. Klima – wann ist die beste Pilgerzeit?

Mai und Juni sind die optimalen Pilgermonate für den Naturfreund. Allerdings kann es bis ins späte Frühjahr zu Kälteeinbrüchen kommen. Besonders im Massiv Central in Frankreich ist das Klima rau, mit häufigen Regen muss gerechnet werden. Beim Überqueren der Pyrenäen (Ibañetapass 1057 m), in Spanien: der Rabanalpass 1500 m in den Bergen von León und der Pass von Cebreiro 1109 m im Bergland von Galicien, muss auch im Juni mit Schnee gerechnet werden. Infolge des atlantischen Seeklimas können in Frankreich und Galicien das ganze Jahr über anhaltender Regen auftreten. Am geringsten sind die Niederschläge von Juli bis September, dafür leidet man unter der unerträglichen Hitze in der baumlosen Meseta Spaniens. Zudem sind im Sommer besonders viele Pilger unterwegs, die Herbergen werden von Jugendgruppen in Beschlag genommen. Der Herbst ist zwar klimatisch günstig, allerdings ist dann in Spanien die Vegetation verdorrt.

4. Jakobusgesellschaften in Deutschland

Wer eine Pilgerreise plant, kann hier die nötigen Informationen einholen, sich den Pilgerpass schicken lassen, an einer organisierten Pilgerreise teilnehmen, als Mitglied die Vereinszeitschrift beziehen und in regelmäßigen Treffen den Kontakt mit anderen Pilgern pflegen.

Deutsche St.-Jakobus-Gesellschaft
Harscampstr. 20
52062 Aachen
Tel.: 0241-4790127
Zeitschrift: »Der Sternenweg«

Fränkische St.-Jakobus-Gesellschaft
Keesburgstr. 1
97074 Würzburg
Tel.: 0931-797260
Zeitschrift: »Unterwegs im Zeichen der Muschel«

Santiago Freunde Köln
Melanchthonstr. 24
51061 Köln
Tel.: 0221-645044

Jakobsbruderschaft Rohrdorf
Kath. Pfarramt
St.-Jakobus-Platz 3
83101 Rohrdorf
Tel.: 08032-5252

Ultreia
Verein zur Förderung der mittelalterlichen Jakobswege
Löwenstr. 61
70597 Stuttgart (Degerloch)
Tel.: 0711-760066

Sankt Jakobusbruderschaft Düsseldorf
Rathausstr. 29
42659 Solingen

Zeitschrift: »Die Kalebasse«

5. Wanderkarten

Wer durch Frankreich auf der *via podiensis* pilgert, für den ist »Der Jakobsweg von Le Puy nach Roncesvalles«, von Heinrich Wipper, Verlag U. Nink, Solingen 2000, unverzichtbar. 2 Bände im handlichen Taschenformat, leicht, mit allen wichtigen Infos und Karten pro Tagesetappe. Es gibt nichts Besseres!

Für den spanischen Weg stehen Pilgerführer und Karten im Übermaß zur Auswahl. Auf das Thema spezialisiert ist die Verlagsbuchhandlung von Manfred Zentgraf »DER SPEZIALIST FÜR DEN JAKOBUSPILGER«, In den Bödern 38, 97332 Volkach/Main, E-Mail: Jakobuspilger.zentgraf@t-online.de, Tel.: 09381-4492, Fax: 09381-6260. Hier werden Sie allseitig informiert. Sie erhalten freundliche und engagierte Auskünfte und können neueste und ältere Literatur über den Jakobsweg und verfügbares Kartenmaterial bestellen.

6. Ausrüstung

Wer die Infrastruktur des Jakobswegs nutzt, kann auf Zelt und Campingkocher verzichten. Ins Gepäck gehören: Schlafsack, Isomatte (für den Notfall, oder wenn die Herberge voll ist), Regenbekleidung, Sonnenschutzmittel, Sonnenbrille, Wasserflasche (besser zwei), Kopfbedeckung, Notapotheke, besonders Heftpflaster für die Blasen. Für die Bergregionen sind Trekkingstöcke hilfreich, aber der Pilgerstock ist zünftiger. Auch die Pilgermuschel ist für echte Pilger unverzichtbar.

7. Übernachtungen

In Frankreich gibt es zahlreiche Wanderherbergen, so dass jeder seine Tagesetappen nach Bedarf einteilen kann. Anmeldung (Anruf am Abend vorher, notfalls am gleichen Tag von unterwegs) wird fast immer verlangt. Echte Pilgerherbergen sind selten. Einen Pilgerausweis braucht man in Frankreich nicht, während er in Spanien obligatorisch ist, um in den speziellen Pilgerherbergen, den refugios übernachten zu können. Diese sind meist sehr einfach, die besseren haben Jugendherbergscharakter. Oft sind sie unentgeltlich, eine Spende wird aber erwartet. Man darf nur eine Nacht bleiben (außer im Notfall), eine Reservierung ist nicht möglich. Der Pilger kann auch auf Pensionen, Gaststätten, Jugendherbergen, Hotels ausweichen.

Die Deutsche Bibliothek – CIP-Einheitsaufnahme
Ein Titeldatensatz für diese Publikation ist bei
Der Deutschen Bibliothek erhältlich

2. Auflage 2004
© 2004 Frederking & Thaler Verlag, München
Einmalige, ungekürzte Sonderausgabe der Bände
JAKOBSWEG und MUSCHELN AM WEG von Carmen Rohrbach,
© 1991 und © 2002 Frederking & Thaler Verlag, München

www.frederking-thaler.de

Alle Rechte vorbehalten

Text und Fotos: Carmen Rohrbach
Herstellung und Satz: Büro Sieveking, München
Kartografie: Eckehard Radehose, Schliersee
Einbandgestaltung: Petra Dorkenwald, München
Reproduktion: Lorenz & Zeller, Inning a.A.
Druck und Bindung: GGP Media, Pößneck

Printed in Germany

ISBN 3-89405-602-9

Der ganze oder teilweise Abdruck und die elektronische oder mechanische Vervielfältigung gleich welcher Art sind nicht erlaubt. Abdruckgenehmigungen für Fotos und Text in Verbindung mit der Buchausgabe erteilt der Frederking & Thaler Verlag.

Umwelthinweis:
Das Papier wurde aus chlorfrei gebleichtem Zellstoff hergestellt und enthält keine Aufheller. Die Einschweißfolie – zum Schutz vor Verschmutzungen – ist aus umweltfreundlicher und recyclingfähiger PE-Folie.

EINE FRAU ERKUNDET DIE WELT
CARMEN ROHRBACH
BEI FREDERKING & THALER

IM REICH DER KÖNIGIN VON SABA
Auf Karawanenwegen im Jemen
198 Seiten, 23 Farbfotos
geb. mit SU, 14,0 x 22,0 cm
ISBN 3-89405-396-8

Als erste Frau allein mit einem Kamel durch den Jemen: ein Ausflug in eine noch immer vom Zauber von 1001 Nacht behaftete Welt.

SOLANGE ICH ATME
Dramatische Flucht über die Ostsee ans Ende der Welt
248 Seiten, 16 s/w-Fotos
geb. mit SU, 14,0 x 22,0 cm
ISBN 3-89405-442-5

Eine junge Frau schwimmt durch die Ostsee in Richtung Freiheit, doch die Flucht scheitert – ein fesselnder Bericht aus der jüngsten deutsch-deutschen Vergangenheit.

WEITERE TITEL VON CARMEN ROHRBACH

AM GRÜNEN FLUSS
Isar – eine Wanderung von der Mündung bis zur Quelle
geb. mit SU, ISBN 3-89405-433-6

BOTSCHAFTEN IM SAND
Reise zu den rätselhaften Nazca-Linien
kart., ISBN 3-89405-103-5

INSELN AUS FEUER UND MEER
Galapagos – Archipel der zahmen Tiere
kart., ISBN 3-89405-027-6

DER WEITE HIMMEL ÜBER DEN ANDEN
Zu Fuß zu den Indios in Equador
Kart., ISBN 3-89405-048-9

Atlantischer
Ozean
N
0
100 km
Golf von
Biscaya
Gijón
Santander
2615
Picos de Europa
Bilbao
Santiago de Compostela
Melide
Sarria
Cap Finisterre
Azura
Ponferrada
León
Vitoria
Logroño
Vigo
Astorga
Frómista
Sahagún
Burgos
Valladolid
Douro
Soria
Porto
Douro
Salamanca
PORTUGAL
Coimbra
MADRID
SPANI
Toledo
Tajo
Guadiana
Badajoz
Linares